Peter M. Runia, Frank Wahl, Olaf Geyer, Christian Thewißen
Marketing

Peter M. Runia, Frank Wahl, Olaf Geyer,
Christian Thewißen

Marketing

Prozess- und praxisorientierte Grundlagen

6. Auflage

DE GRUYTER
OLDENBOURG

ISBN 978-3-11-133851-4
e-ISBN (PDF) 978-3-11-133877-4
e-ISBN (EPUB) 978-3-11-133892-7

Library of Congress Control Number: 2024951000

Bibliografische Information der Deutschen Nationalbibliothek
Die Deutsche Nationalbibliothek verzeichnet diese Publikation in der Deutschen Nationalbibliografie;
detaillierte bibliografische Daten sind im Internet über http://dnb.dnb.de abrufbar.

© 2025 Walter de Gruyter GmbH, Berlin/Boston, Genthiner Straße 13, 10785 Berlin
Einbandabbildung: MicroStockHub/iStock/Getty Images Plus
Satz: Integra Software Services Pvt. Ltd.

www.degruyter.com
Fragen zur allgemeinen Produktsicherheit:
productsafety@degruyterbrill.com

Inhalt

Vorwort zur 6. Auflage —— XI

Vorworte der Auflagen 1–5 —— XIII

Abbildungsverzeichnis —— XXIII

Tabellenverzeichnis —— XXVII

Abkürzungsverzeichnis —— XXIX

I Grundlagen des Marketings

1 Grundlegende Merkmale und Definitionen —— 3

2 Entwicklungslinien der Marketingtheorie —— 9

3 Marketingmanagement und Marketingprozess —— 11

II Marketinganalyse

1 Umweltanalyse —— 17

2 Marktanalyse —— 23
2.1 Ansätze zur Marktabgrenzung —— 23
2.1.1 Angebotsbezogene Ansätze —— 23
2.1.2 Nachfragebezogene Ansätze —— 25
2.2 Marktteilnehmer —— 30
2.2.1 Konsumentenanalyse —— 30
2.2.1.1 Determinanten des Konsumentenverhaltens —— 31
2.2.1.2 Kaufprozess —— 61
2.2.2 Konkurrenzanalyse —— 68
2.3 Branchenstrukturanalyse nach Porter —— 70

3 Unternehmensanalyse —— 75
3.1 Wertkettenanalyse —— 75
3.2 Ressourcenanalyse —— 77
3.3 7-S-Modell —— 78

4 SWOT-Analyse/Key-Issue-Matrix —— 82

III Zielsystem des Unternehmens

1 Vision und Mission —— 89

2 Unternehmensziele —— 92

3 Marketingziele —— 94

IV Marketingstrategien

1 Systematik der Marketingstrategien —— 99

2 Wettbewerbsstrategien —— 102
2.1 Generische Strategien —— 102
2.2 Strategien nach Kotler —— 107

3 STP-Strategien —— 110
3.1 Marktsegmentierung – Segmenting —— 110
3.1.1 Strategische Geschäftsfelder vs. Marktsegmente —— 110
3.1.2 Segmentierungsgrad —— 111
3.1.3 Verfahren der Marktsegmentierung —— 113
3.1.3.1 Geografische Segmentierung —— 114
3.1.3.2 Demografische Segmentierung —— 117
3.1.3.3 Psychografische Segmentierung —— 121
3.1.3.4 Verhaltensbezogene Segmentierung —— 130
3.2 Zielgruppenbestimmung – Targeting —— 134
3.3 Differenzierung und Positionierung – Positioning —— 136
3.3.1 Differenzierung —— 136
3.3.2 Positionierung —— 137

4 Weitere Strategiemodelle —— 144
4.1 Bildung strategischer Geschäftsfelder —— 145
4.2 Marktfeldstrategie —— 148
4.3 Marktlebenszyklusanalyse —— 151
4.4 Erfahrungskurvenanalyse —— 156
4.5 Portfolio-Analyse —— 158

5 Markenidentität, Markenpositionierung, Markenimage —— 163
5.1 Markenidentität —— 163
5.1.1 Identitätsmodell nach Aaker —— 164
5.1.2 Identitätsmodell nach Kapferer —— 166

5.1.3	Identitätsmodell nach Meffert und Burmann —— **167**	
5.1.4	Identitätsmodell nach Runia und Wahl —— **169**	
5.1.5	Markensteuerrad nach Icon Added Value —— **171**	
5.1.6	Markensteuerrad nach Esch —— **173**	
5.2	Markenpositionierung —— **175**	
5.3	Markenimage —— **180**	

V Marketinginstrumente

1	**Substrategische Dimension der Markenpolitik** —— **185**	
2	**Systematik des Marketingmix** —— **188**	
3	**Produktpolitik** —— **191**	
3.1	Ebenen der Produktpolitik —— **191**	
3.1.1	Produkt —— **191**	
3.1.2	Produktlinie —— **194**	
3.1.3	Produktprogramm —— **196**	
3.2	Analysemethoden der Produktpolitik —— **198**	
3.2.1	Programmanalysen —— **198**	
3.2.2	Produktlebenszyklus —— **200**	
3.2.3	Produkt-Portfolio —— **205**	
3.3	Produktpolitische Entscheidungen —— **206**	
3.3.1	Produktinnovation —— **206**	
3.3.2	Produktvariation —— **211**	
3.3.3	Produktdifferenzierung —— **211**	
3.3.4	Produktrelaunch —— **212**	
3.3.5	Produktelimination —— **212**	
3.4	Markierung —— **213**	
3.4.1	Grundlagen der Markenpolitik —— **213**	
3.4.2	Markenstrategien —— **217**	
3.5	Verpackung —— **224**	
3.6	Service —— **226**	
4	**Kontrahierungspolitik** —— **227**	
4.1	Klassische Preistheorie —— **227**	
4.2	Verhaltenswissenschaftliche Grundlagen —— **230**	
4.3	Preispolitische Entscheidungen —— **237**	
4.3.1	Skimming vs. Penetration Policy —— **237**	
4.3.2	Premium, Middle und Discount Pricing —— **238**	
4.3.3	Preisdifferenzierung —— **240**	

4.4	Preisfestlegung —— **241**	
4.4.1	Kostenorientierte Preisfestlegung —— **242**	
4.4.2	Nachfrageorientierte Preisfestlegung —— **247**	
4.4.3	Konkurrenzorientierte Preisfestlegung —— **251**	
4.5	Konditionenpolitik —— **255**	
5	**Distributionspolitik —— 259**	
5.1	Akquisitorische Distribution —— **260**	
5.1.1	Direkter Absatzweg —— **260**	
5.1.2	Indirekter Absatzweg —— **264**	
5.1.2.1	Absatzhelfer —— **269**	
5.1.2.2	Absatzmittler —— **272**	
5.1.3	Vertragliche Vertriebssysteme —— **279**	
5.2	Marketinglogistik —— **282**	
5.2.1	Teilbereiche der Marketinglogistik —— **284**	
5.2.2	Re-Distribution —— **287**	
6	**Kommunikationspolitik —— 290**	
6.1	Unique Advertising Proposition und Unique Communications Proposition —— **290**	
6.2	Bedeutung der Kommunikationspolitik —— **292**	
6.3	Kommunikationswirkung und Kommunikationsprozess —— **293**	
6.4	Ziele der Kommunikationspolitik —— **297**	
6.5	Push- und Pull-Konzept —— **299**	
6.6	Klassische Kommunikationsinstrumente —— **304**	
6.6.1	Klassische Werbung —— **304**	
6.6.1.1	Formen der Werbung —— **304**	
6.6.1.2	Entscheidungsprozess der Werbung —— **306**	
6.6.1.3	Zielgruppen der Werbung —— **307**	
6.6.1.4	Werbebudgetierung —— **308**	
6.6.1.5	Copy-Strategie —— **310**	
6.6.1.6	Mediaselektion —— **311**	
6.6.1.7	Werbemittelgestaltung —— **317**	
6.6.1.8	Werbetiming —— **320**	
6.6.1.9	Werbeerfolgskontrolle —— **320**	
6.6.2	Verkaufsförderung —— **322**	
6.6.3	Öffentlichkeitsarbeit —— **328**	
6.6.4	Persönlicher Verkauf —— **331**	
6.7	Moderne Kommunikationsinstrumente —— **333**	
6.7.1	Direktmarketing —— **333**	
6.7.2	Sponsoring —— **336**	
6.7.3	Product Placement —— **340**	

6.7.4	Event-Marketing — **344**	
6.7.5	Guerilla-Marketing — **346**	
6.7.6	Internetmarketing — **350**	
6.7.6.1	Standardformen im Web 1.0 — **352**	
6.7.6.2	Weiterentwicklung zur personalisierten Form (Web 2.0) — **353**	
6.7.6.3	Social-Media-Marketing (Web 2.5) — **354**	
6.7.6.4	Kennzahlen für die Messbarkeit von Maßnahmen des Internetmarketings — **359**	
6.8	Integrative Kommunikationskonzepte — **360**	
6.8.1	Corporate Identity — **360**	
6.8.2	Integrierte Kommunikation — **362**	
6.8.3	Cross-Media-Kommunikation — **365**	

VI Marketingkontrolle

VII Marketingplanung

1	**Marketingkonzept nach Becker — 381**	
2	**Inhalte eines Marketingplans — 384**	
2.1	AOSTC-Plan — **384**	
2.2	Marketingplan nach Kotler — **385**	

Literaturverzeichnis — 389

Stichwortregister — 397

Zu den Autoren — 403

Vorwort zur 6. Auflage

Das Erscheinen der 6. Auflage unserer Monografie „Marketing. Prozess- und praxisorientierte Grundlagen" unterstreicht einmal mehr die Bedeutung unseres Werkes in Marketingtheorie und -praxis und seine Etablierung als Standardwerk in der Marketingwissenschaft.

Die bewährte Konzeption und die angestrebte Kompaktheit des Werkes wurden für die nun vorliegende 6. Auflage beibehalten. Der Text wurde zum einen um aktuelle Entwicklungen im Marketing ergänzt, zum anderen wurden veraltete Passagen entsprechend entfernt. Schließlich wurden sprachliche und inhaltliche Ungenauigkeiten beseitigt sowie verwendete Daten, Quellen und Beispiele aktualisiert.

Wie bereits bei der 5. Auflage, wurden in der 6. Auflage lediglich punktuelle inhaltliche Ergänzungen vorgenommen.

Die stetige Optimierung unseres Lehrbuches verdanken wir erneut der kritischen Lektüre von Kollegen und Studierenden.

Abschließend bedanken wir uns bei Lucy Jarman und Maximilian Geßl vom De Gruyter Oldenbourg Verlag für die angenehme Zusammenarbeit.

Peter Runia, Frank Wahl, Olaf Geyer, Christian Thewißen

Vorwort zur 5. Auflage

Die 5. Auflage unserer Monografie „Marketing. Prozess- und praxisorientierte Grundlagen" erscheint bereits 14 Jahre nach der ersten Fassung im Jahr 2005, was die entsprechende Rezeption des Werkes und seine Etablierung als Standardwerk in der Marketingwissenschaft widerspiegelt.

Die prozess- und praxisorientierte Konzeption sowie die angestrebte Kompaktheit des Werkes bildeten auch die Basis für die nun vorliegende 5. Auflage. Aktuelle Entwicklungen in Marketingpraxis und -wissenschaft fanden Eingang in die Neuauflage, obsolete Aspekte führten entsprechend zur Straffung oder Streichung einzelner Passagen. Der gesamte Text wurde einer kritischen Überprüfung unterworfen, bei der sprachliche und inhaltliche Fehler sowie Ungenauigkeiten beseitigt wurden. Verwendete Daten, Quellen und Praxisbeispiele wurden, wo nötig, aktualisiert.

Während die 4. Auflage eine umfangreiche Anpassung in Struktur und Inhalt erfuhr, wurden in der 5. Auflage punktuelle inhaltliche Ergänzungen vorgenommen. Diese betrafen insbesondere die dem Megatrend der Digitalisierung geschuldeten Entwicklungen in der Distributionspolitik (Multi-Channel-Marketing) sowie in der Kommunikationspolitik (Influencer-Marketing).

Die stetige Optimierung unseres Werkes verdanken wir nicht zuletzt den kritischen Hinweisen von Kollegen und Studierenden.

Abschließend bedanken wir uns bei Janine Conrad und Kathleen Herfurth vom De Gruyter Oldenbourg Verlag für die angenehme Zusammenarbeit.

Peter Runia, Frank Wahl, Olaf Geyer, Christian Thewißen

Vorwort zur 4. Auflage

Die 4. Auflage ist dem dankbaren Andenken an Klaus Runia (1938–2014) gewidmet, der auch diese Auflage gerne wieder akribisch studiert hätte.

Die 1. Auflage unserer Monografie „Marketing. Eine prozess- und praxisorientierte Einführung" erschien im Jahr 2005, inzwischen sind zehn Jahre vergangen, und das Buch hat die dynamischen Entwicklungen in Marketingwissenschaft und -praxis kontinuierlich berücksichtigt. Das Lehrbuch wurde ständig erweitert, ohne dass wir den einführenden Charakter und die Kompaktheit des Werkes aufgegeben haben. Bei der 4. Auflage haben wir den Untertitel angepasst, um die zentrale Ausrichtung des Buches als Grundlagenwerk aufzuzeigen. Weiterentwicklungen in der vorliegenden Auflage sind insbesondere auf das große Engagement von Frank Wahl und Peter Runia zurückzuführen.

Die prozess- und praxisorientierte Konzeption des Werkes hat sich in vielerlei Hinsicht bewährt und blieb leitend für die Neuauflage. Wie gewohnt wurde der gesamte Text sprachlich und inhaltlich auf Unzulänglichkeiten überprüft und entsprechend optimiert. Daten und Praxisbeispiele wurden wieder auf den neuesten Stand gebracht.

Die vorliegende 4. Auflage enthält eine überarbeitete Struktur, die noch mehr dem Marketingprozess entspricht. Das Analysekapitel (II) folgt der trichterförmigen Vorgehensweise, Ziel- (III) und Strategieebene (IV) sind kapitelmäßig getrennt. Nach der Betrachtung des Marketingmix (Kapitel V) wird die letzte Phase der Marketingkontrolle ebenfalls in einem eigenen Kapitel (VI) behandelt.

In der 4. Auflage wurde der besonderen Bedeutung der Marke noch mehr Rechnung getragen, indem die Bedeutung der Basisstrategie als grundlegender Strategietyp für die Markenpolitik eines Unternehmens betont wird. Die Markenstrategie ist in dieser Hinsicht als substrategische Dimension im Übergang zur operativen Markenpolitik zu verstehen.

Ferner wurde das Kapitel zur Kontrahierungspolitik komplett neu strukturiert, um ökonomischen und verhaltenswissenschaftlichen Grundlagen der Preispolitik einen gebührenden Raum zu geben. Schließlich wurde der Abschnitt zum Internetmarketing aktualisiert und erweitert, da sich gerade bei diesem modernen Kommunikationsinstrument rasante Entwicklungen vollziehen.

Die stetige Optimierung unseres Lehrbuches verdanken wir erneut der kritischen Lektüre von Kollegen und Studierenden.

Abschließend bedanken wir uns bei Anja Cheong vom De Gruyter Oldenbourg Verlag für die angenehme Zusammenarbeit.

Peter Runia, Frank Wahl, Olaf Geyer, Christian Thewißen

Vorwort zur 3. Auflage

Seit der 2. Auflage unseres Lehrbuches „Marketing. Eine prozess- und praxisorientierte Einführung" sind mittlerweile vier Jahre vergangen. Unser Werk hat sich in der Marketingwissenschaft und -praxis etabliert und erfreulicherweise eine recht große Verbreitung gefunden. Die Marketingdisziplin ist von dynamischer Natur und einem immer turbulenteren Umfeld unterworfen, sodass uns eine Neuauflage notwendig erscheint, um dem aktuellen Status quo des Faches sowie dem selbst auferlegten hohen Praxisbezug gerecht zu werden. Wir hoffen, dass auch die dritte Auflage bei Marketingstudierenden und -praktikern entsprechenden Anklang findet.

Die bewährte prozess- und praxisorientierte Konzeption des Werkes ist geblieben. Der gesamte Text unterlag jedoch einer sprachlichen und inhaltlichen Kontrolle, wobei zudem Daten und Praxisbeispiele auf den neuesten Stand gebracht wurden. Insgesamt liegt der Fokus in der 3. Auflage noch stärker auf dem Konsumgüter- bzw. B2C-Marketing.

Um aktuelle Entwicklungen im Marketing entsprechend zu würdigen, fanden die folgenden Themenbereiche (hier in chronologischer Reihenfolge aufgeführt) Eingang in unser Lehrbuch:
- Strategieebenen in Unternehmen (u. a. Unternehmens- vs. Marketingstrategie),
- „Limbic Map" als Ansatz der psychografischen Segmentierung,
- diverse Ausprägungen von Präferenzstrategien,
- Innovationsprozess im Rahmen der Produktpolitik,
- neue Kategorisierung der Markenstrategien,
- Guerilla-Marketing,
- Social-Media-Marketing im Rahmen des Internetmarketings (in früheren Auflagen: Onlinemarketing).

Die Optimierung unseres Lehrbuches verdanken wir wiederum nicht zuletzt der kritischen Lektüre von Kollegen und Studierenden.

Ein ganz besonderer Dank gilt unserem Kollegen Christoph Busch für seine wertvollen Beiträge bezüglich Guerilla-Marketing und Internetmarketing. Ferner sind wir Simon Roszinsky für seinen Beitrag zum Themenbereich Social Media sehr dankbar.

Abschließend bedanken wir uns bei Thomas Ammon vom Oldenbourg-Verlag für die angenehme Zusammenarbeit.

Peter Runia, Frank Wahl, Olaf Geyer, Christian Thewißen

Vorwort zur 2. Auflage

Bereits knapp zwei Jahre nach dem erstmaligen Erscheinen von „Marketing. Eine prozess- und praxisorientierte Einführung" legen die Autoren die zweite Auflage vor. Wir sind erfreut über die große Nachfrage und weitgehend positive Aufnahme unseres Lehrbuches.

An der grundlegenden Konzeption des Werkes, der Orientierung an dem Marketingprozess und der Marketingpraxis, hat sich nichts geändert. Der gesamte Text wurde sprachlich und inhaltlich optimiert, die für eine Erstauflage typischen kleineren Fehler und Unwägbarkeiten ausgeräumt. Ferner sind Daten und Praxisbeispiele aktualisiert worden. Schließlich wurden in vielen Abschnitten kleinere inhaltliche Erweiterungen vorgenommen.

Grundlegend überarbeitet und erweitert wurden die Abschnitte zur Markierung, Preisfestlegung und Kommunikationspolitik, da die Autoren hier eine tiefer gehende Darstellung anbieten möchten.

Die Optimierung unseres Lehrbuches verdanken wir nicht zuletzt der kritischen Lektüre von Kollegen und Studierenden.

Ein besonderer Dank gilt unseren Kollegen an der Fontys Internationale Hogeschool Economie Olaf Bode, Yvonne Spitz und Dr. Dennis Wörmann für ihre Beiträge zur inhaltlichen Optimierung.

Auch die Anregungen gegenwärtiger und ehemaliger Studierenden im Studiengang International Marketing haben zur Verbesserung des Lehrbuches beigetragen, besonders zu erwähnen sind: Andreas Gaßmann, Irina Janßen, Silke Mertens, Eva Diana Moczko, Simon Roszinsky, Michaela Sieben, Nils Skirlo, Stefan Strommenger, Markus Wasseige.

Abschließend bedanken wir uns bei Herrn Dr. Jürgen Schechler vom Oldenbourg-Verlag für die angenehme Zusammenarbeit.

Peter Runia, Frank Wahl, Olaf Geyer, Christian Thewißen

Vorwort zur 1. Auflage

Jede neu erscheinende Monografie zum Marketing muss sich den Vorwurf gefallen lassen, dass es doch eigentlich schon genug Publikationen zu diesem Thema gibt. Warum also wieder eine neue „Einführung in die Marketinglehre"?

Die grundlegende Idee zu diesem Lehrbuch entstand aus Vorlesungen und Seminaren der Autoren an der Fontys Internationale Hogeschool Economie in Venlo, Niederlande. Die Studierenden kannten zwar die Klassiker der Marketinglehre und nutzten diese für ihre Arbeit, jedoch weisen diese Werke die Nachteile auf, zu umfangreich und zu wenig praxisorientiert zu sein. Zudem entstand bei den Studierenden das Bedürfnis nach klarer Struktur, eindeutigen Definitionen und geeigneten Praxisbeispielen, welche ebenfalls in vielen vorliegenden Publikationen zu kurz kommen.

Zielsetzung des vorliegenden Lehrbuches ist es, eine komprimierte und praxisorientierte Einführung in das Marketing zu liefern. Komprimierung bedeutet hierbei zum einen die Konzentration auf das (klassische) Konsumgütermarketing, zum anderen die Ausklammerung von Themenbereichen wie Marktforschung und institutionellem Marketing (Handelsmarketing, Dienstleistungsmarketing, Investitionsgütermarketing etc.). Die Autoren sind der Meinung, dass zu den ausgesparten Teilbereichen des Marketings bereits eine Reihe hervorragender Publikationen vorliegt, und dass eine allgemeine Einführung diesen für sich genommen sehr komplexen Themen nicht gerecht werden kann.

Praxisorientierung wird im Sinne einer stetigen Erläuterung von theoretischen Konstrukten und Modellen an anschaulichen und aktuellen Praxisbeispielen verstanden. Eine solche didaktische Vorgehensweise führt nach Erfahrung der Autoren zu einem größeren Lernerfolg und ist überdies geeignet, im Rahmen eines modernen kompetenzorientierten Unterrichts eingesetzt zu werden.

Bei allen Bemühungen, eine gleichgewichtige Darstellung der diversen Teilbereiche des Marketings zu erreichen, werden einige Themen ausführlicher präsentiert. Dies gilt für die Darstellung des Konsumentenverhaltens, der Distributions- und der Kommunikationspolitik. Diese Themen sind nach Ansicht der Autoren in der heutigen Marketingpraxis von eminenter Bedeutung und verdienen eine nähere Betrachtung.

Der Aufbau des Lehrbuches folgt dem sogenannten prozessualen Ansatz, d. h., der klassische Marketingprozess dient als Raster für die Darstellung der jeweiligen theoretischen und praxisbezogenen Elemente. Des Weiteren ist die Darstellung durch den konzeptionellen Ansatz von Jochen Becker beeinflusst, der den Zusammenhang des ziel-strategischen und operativen Marketingmanagements geprägt hat.

Das Lehrbuch ist in fünf Teile aufgegliedert: In Teil I (Grundlagen des Marketings) werden Basisbegriffe und Entwicklungen der Marketingtheorie und -praxis aufgezeigt. Teil II (Marketinganalyse) stellt die Notwendigkeit einer ausführlichen Analyse von Unternehmen, Markt und Umwelt als Basis für Marketingkonzepte dar. In Teil III (Strategisches Marketing) wird die Ziel- und Strategieebene des Marketings erläutert, welche einen grundlegenden Handlungsrahmen für das operative Marketing schafft.

Teil IV (Operatives Marketing) thematisiert ausführlich den klassischen Marketingmix, d. h., das Zusammenspiel konkreter Maßnahmen der Produkt-, Kontrahierungs-, Distributions- und Kommunikationspolitik. In Teil V (Marketingplanung und -kontrolle) werden abschließend die diversen Ebenen in Form von Marketingkonzepten oder Marketingplänen zusammengeführt und es wird auf die Bedeutung der Marketingkontrolle als letzten Schritt des Marketingprozesses hingewiesen.

Die Zielgruppe dieser Publikation sind sowohl Studenten der Betriebswirtschaftslehre, insbesondere mit dem Schwerpunkt Marketing, als auch Praktiker, die sich kontinuierlich mit Marketingfragen beschäftigen und ein kompaktes theoretisches Gerüst benötigen.

Ein besonderer Dank der Autoren gilt allen ehemaligen und gegenwärtigen Studenten im Studiengang Marketing für viele Anregungen, die in der einen oder anderen Form in dieses Lehrbuch Eingang gefunden haben.

Wir danken ferner Herrn drs. Jo Grouls, Direktor der Fontys Internationale Hogeschool Economie, für seine Unterstützung.

Schließlich bedanken wir uns bei Frau Meike Keller und Herrn Martin Weigert vom Oldenbourg-Verlag für die angenehme Zusammenarbeit.

Peter Runia, Frank Wahl, Olaf Geyer, Christian Thewißen

Abbildungsverzeichnis

Abb. 1.1	Marketingprozess	11
Abb. 2.1	Komponenten der Makroumwelt	18
Abb. 2.2	STEP-Analyse aus Sicht des Fast-Food-Marktes	22
Abb. 2.3	Kennzahlen des relevanten Marktes	30
Abb. 2.4	S-O-R-Modell des Konsumentenverhaltens	32
Abb. 2.5	Motivationshierarchie nach Maslow	35
Abb. 2.6	Einstellungsmodell nach Fishbein (1967)	37
Abb. 2.7	Dreispeichermodell	39
Abb. 2.8	Produktbeurteilung als kognitiver Prozess	42
Abb. 2.9	Semantisches Netzwerk für die Marke Milka	44
Abb. 2.10	M-R-Modell	50
Abb. 2.11	Familienlebenszyklus	52
Abb. 2.12	Set-Modell am Beispiel von Ketchupmarken	64
Abb. 2.13	Zusammenhang von Customer Journey, Customer Touchpoints und Customer Experience	67
Abb. 2.14	Branchenstrukturanalyse nach Porter	71
Abb. 2.15	Branchenstrukturanalyse am Beispiel der Tafelschokoladenbranche	74
Abb. 2.16	Modell der Wertkette	76
Abb. 2.17	Wertkettenanalyse am Beispiel zweier Möbelhändler	77
Abb. 2.18	Ressourcenprofil einer Marke im Vergleich zur direkten Wettbewerbsmarke	78
Abb. 2.19	7-S-Modell nach McKinsey	79
Abb. 2.20	Stakeholder aus Umwelt, Markt und Unternehmen	81
Abb. 2.21	Ebenen der SWOT-Analyse	82
Abb. 2.22	SWOT-Analyse für eine Hundefuttermarke	83
Abb. 2.23	Key-Issue-Matrix für eine Hundefuttermarke	84
Abb. 3.1	Marketingentscheidungsprozess	87
Abb. 3.2	Marketingziele	94
Abb. 3.3	Zielsystem einer Telekommunikationsunternehmung	95
Abb. 4.1	Generische Wettbewerbsstrategien nach Porter	102
Abb. 4.2	Systematisierung von Wettbewerbsvorteils-/Marktabdeckungsstrategien am Beispiel von Reiseveranstaltern	104
Abb. 4.3	Verfahren der Marktsegmentierung	114
Abb. 4.4	Nielsen-Gebiete	116
Abb. 4.5	Werteprofil des Clusters „treue, ältere DOB-Kundin"	124
Abb. 4.6	Limbic Map	126
Abb. 4.7	Limbic Types	127
Abb. 4.8	Sinus-Milieus 2023	129
Abb. 4.9	Angewendete Segmentierungskriterien für den deutschen Sportschuhmarkt	134
Abb. 4.10	Strategiedimensionen	145
Abb. 4.11	Dreidimensionaler strategischer Suchraum für Sicherheitsnachfrage	147
Abb. 4.12	Strategiedimensionen am Beispiel von Unilever	148
Abb. 4.13	Produkt-Markt-Matrix und Marktfeldstrategien nach Ansoff	149
Abb. 4.14	Idealtypischer Verlauf eines Marktlebenszyklus	152
Abb. 4.15	Marktlebenszyklusverläufe	156
Abb. 4.16	Die Erfahrungskurve bei linear eingeteilten Ordinaten	157
Abb. 4.17	Marktanteils-Marktwachstums-Portfolio der Boston Consulting Group	160
Abb. 4.18	Wettbewerbsvorteils-Marktattraktivitäts-Portfolio von McKinsey & Company	162

Abb. 4.19	Markenidentitätsmodell nach Aaker	165
Abb. 4.20	Markenidentitätsprisma nach Kapferer	166
Abb. 4.21	Komponenten der Markenidentität nach Meffert/Burmann	167
Abb. 4.22	Grundidee der identitätsorientierten Markenführung	169
Abb. 4.23	Markenidentität und Markenimage nach Meffert/Burmann	170
Abb. 4.24	Markenidentität und Markenimage nach Runia/Wahl	171
Abb. 4.25	Markensteuerrad von Icon Added Value	172
Abb. 4.26	Markensteuerrad von Icon Added Value am Beispiel einer Katzenfuttermarke	173
Abb. 4.27	Markensteuerrad nach Esch	174
Abb. 4.28	Markennutzen und Bedürfnishierarchie	176
Abb. 4.29	Positionierungsmodell	178
Abb. 5.1	Relation von Markenstrategien zu den korrespondierenden Marketingbasisstrategien	186
Abb. 5.2	Marketingmix	189
Abb. 5.3	Konzeptionsebenen eines Produkts	192
Abb. 5.4	Kundenstrukturanalyse	200
Abb. 5.5	Typischer Produktlebenszyklus in fünf Phasen	201
Abb. 5.6	Produktlebenszyklus eines Markenartikels (Teil 1)	203
Abb. 5.7	Produktlebenszyklus eines Markenartikels (Teil 2)	203
Abb. 5.8	Produktlebenszyklus eines Markenartikels (Teil 3)	204
Abb. 5.9	Verkürzter Produktlebenszyklus	205
Abb. 5.10	Produkt-Portfolio eines Süßwarenherstellers	206
Abb. 5.11	Grad der Produktinnovation	208
Abb. 5.12	Innovationsprozess	210
Abb. 5.13	Markenwerte 2023	217
Abb. 5.14	Markenstrategien im Wettbewerb	218
Abb. 5.15	Preis-Qualitäts-Relation	228
Abb. 5.16	Preisabsatzfunktion nach dem Gutenberg-Modell	229
Abb. 5.17	Konzepte der verhaltenswissenschaftlichen Preisforschung	231
Abb. 5.18	Absolute und relative Preisschwellen	234
Abb. 5.19	Psychologischer Preis	235
Abb. 5.20	Ergebniswirkung Skimming und Penetration Policy	239
Abb. 5.21	Veränderung der Preisschichten in Konsumgütermärkten	239
Abb. 5.22	Einflussfaktoren der Preisfestlegung	242
Abb. 5.23	Kosten-Plus-Preisbildung am Beispiel einer Schreibtischlampe	243
Abb. 5.24	Preisabsatzfunktion	249
Abb. 5.25	Beispiel Preisabsatzfunktion	250
Abb. 5.26	Geografische Preiskategorien	257
Abb. 5.27	Aktionsfelder der Distributionspolitik	259
Abb. 5.28	Basistypen von Absatzwegen	260
Abb. 5.29	Beispiel für Mehrwegdistribution	266
Abb. 5.30	Channel-Optionen	268
Abb. 5.31	Kostenbeispielrechnung	271
Abb. 5.32	Betriebsformen des Großhandels	273
Abb. 5.33	Logistiksystem einer Unternehmung	282
Abb. 5.34	Auftragsabwicklung	285
Abb. 5.35	Beispiel für ein Anspruchsprofil an ein Distributions-Modulsystem	288
Abb. 5.36	Marketingkommunikationsprozess	296
Abb. 5.37	Regelkreis der Marktkommunikation	300

Abb. 5.38	Push- und Pull-Konzept	301
Abb. 5.39	Mechanik erfolgreicher und nicht erfolgreicher Herstellermarken-Konzepte	303
Abb. 5.40	Entscheidungsprozess der Werbung	306
Abb. 5.41	Copy-Strategie am Beispiel Red Bull	312
Abb. 5.42	Tausend-Leser-Preise	317
Abb. 5.43	Loyalitätsleiter auf dem Weg zum Stammkunden	335
Abb. 5.44	Sponsoring Dextro Energy	339
Abb. 5.45	Red Bull Flugtag	345
Abb. 5.46	Die verschiedenen Ausprägungen des Guerilla-Marketings	346
Abb. 5.47	Ambient Marketingaktion für die Marke Meister Proper	347
Abb. 5.48	Entwicklungsphasen im Internetmarketing	351
Abb. 5.49	Der Social Media Success Key	358
Abb. 5.50	Corporate Identity und Corporate Image	361
Abb. 5.51	Formen der Integrierten Kommunikation	362
Abb. 5.52	Wirkungsweise von Cross-Media-Kommunikation	367
Abb. 6.1	Die vier Perspektiven der Balanced Scorecard	373
Abb. 6.2	Die vier Perspektiven der Marketing Scorecard	374
Abb. 7.1	Konzeptionspyramide	381
Abb. 7.2	Strategieraster	382

Tabellenverzeichnis

Tab. 2.1	Wertetypologie nach Schwartz	38
Tab. 2.2	Arten des Kaufverhaltens	47
Tab. 4.1	Strategietypen am Beispiel des VW-Konzerns	106
Tab. 4.2	Lego-Produktprogramm	117
Tab. 4.3	Positionen im Familienlebenszyklus	120
Tab. 4.4	Segmentspezifische Marktbearbeitungsstrategien	135
Tab. 5.1	Produktprogramm eines Herstellers von Körperpflegeprodukten	197
Tab. 5.2	Sortimentsstruktur eines Supermarkts	198
Tab. 5.3	Kalkulation „Zigarren" (1 von 3)	244
Tab. 5.4	Kalkulation „Zigarren" (2 von 3)	244
Tab. 5.5	Kalkulation „Zigarren" (3 von 3)	244
Tab. 5.6	Handelskalkulation (1 von 3)	245
Tab. 5.7	Handelskalkulation (2 von 3)	245
Tab. 5.8	Handelskalkulation (3 von 3)	245
Tab. 5.9	Vorgabepreis	246
Tab. 5.10	Deckungsbeitragsrechnung am Beispiel eines Elektronikunternehmens	247
Tab. 5.11	Wirkung von Kostenvorteilen	253
Tab. 5.12	Preisbildung bei Ausschreibungen	255
Tab. 5.13	Intermediavergleich	314
Tab. 5.14	Bewertungsmodell zur Analyse relevanter Sportarten am Beispiel der Marke Dextro Energy	337
Tab. 5.15	Erscheinungsformen des Product Placement	342

Abkürzungsverzeichnis

Abb.	Abbildung
ADAC	Allgemeiner Deutscher Automobil-Club
AG	Aktiengesellschaft
Aufl.	Auflage
B2B	Business to Business
B2C	Business to Consumer
b4p	Best for Planning
BCG	Boston Consulting Group
Bd.	Band
CEO	Chief Executive Officer
CI	Corporate Identity
CRM	Customer-Relationship-Management
ECR	Efficient Consumer Response
EDGE	Enhanced Data Rates for GSM Evolution
et al.	et al
EU	Europäische Union
f.	folgende
FAZ	Frankfurter Allgemeine Zeitung
F&E	Forschung & Entwicklung
ff.	fortfolgende
FIBS	Fontys International Business Studies
FIHE	Fontys Internationale Hogeschool Economie
FMCG	Fast Moving Consumer Goods
FOC	Factory Outlet Center
FOM	Hochschule für Oekonomie & Management
GfK	Gesellschaft für Konsumforschung
Ggs.	Gegensatz
GIK	Gesellschaft für integrierte Kommunikationsforschung
GPRS	General Packet Radio Service
GRP	Gross Rating Point
GSM	Global System for Mobile Communications
GWB	Gesetz gegen Wettbewerbsbeschränkungen
Hg.	Herausgeber
HGB	Handelsgesetzbuch
HSDPA	High Speed Downlink Packet Access
i. H. v.	in Höhe von
Jg.	Jahrgang
KI	Künstliche Intelligenz
LTE	Long Term Evolution
Mio.	Millionen
MMS	Multimedia Messaging Service
Mrd.	Milliarden
p. a.	per annum
PAF	Preisabsatzfunktion
PIMS	Profit Impact of Market Strategies
PoS	Point of Sale
PR	Public Relations

RoI	Return on Investment
RoS	Return on Sales
S.	Seite
SEA	Search Engine Advertising
SEM	Search Engine Marketing
SEO	Search Engine Optimisation
SGE	Strategische Geschäftseinheit
SGF	Strategisches Geschäftsfeld
SMS	Short Message Service
S-O-R	Stimulus-Organismus-Response
S-R	Stimulus-Response
UAP	Unique Advertising Proposition
UCP	Unique Communications Proposition
UMTS	Universal Mobile Telecommunications System
USP	Unique Selling Proposition
UWG	Gesetz gegen den unlauteren Wettbewerb
vgl.	vergleiche
VKF	Verkaufsförderung

I Grundlagen des Marketings

1 Grundlegende Merkmale und Definitionen

Märkte sind in der heutigen Zeit dynamischen Einflüssen und Veränderungen unterworfen. Bei vielen Sachgütern (z. B. Kühlschränke) und Dienstleistungen (z. B. Versicherungen) ist der Grundbedarf weitgehend gedeckt. Die Produktlebenszyklen verkürzen sich aufgrund der hohen Geschwindigkeit in den Märkten dramatisch und erzwingen so auch immer kürzere Innovationszeiträume. Innovationsstärke wird dabei immer mehr zum Schlüssel des Unternehmenserfolgs.

Sowohl Konsum- und Investitionsgüterindustrie als auch der Dienstleistungs- und Informationssektor sind davon betroffen. Besonders intensiv ist der Wettbewerb aber in der Konsumgüterindustrie. Die Quote der Flops bei der Markteinführung neuer Produkte liegt hier zwischen 70 und 90 %. Zu den genannten Hintergründen kommt in diesem Industriezweig die vor allem durch Konzentrationsprozesse entstandene starke Stellung des Einzelhandels (z. B. Rewe) hinzu. Die Handelsorganisationen setzen die Herstellermarken der traditionellen Markenartikelindustrie (z. B. Persil von Henkel) mit ihren Handelsmarken (z. B. Tandil von Aldi) unter Druck und erreichen damit in vielen Märkten Anteile von über 40 %.

Die geschilderten Aspekte machen deutlich, wie enorm wichtig und für viele Unternehmen entscheidend für ihr Überleben die richtige Beurteilung und Bearbeitung der Zielmärkte geworden ist. Unternehmen müssen sich heute schnell und flexibel auf neue Marktbedingungen einstellen können, um sich langfristig auf dem Markt zu halten.

Die immer schnelleren Verschiebungen von Marktgrenzen machen heute die Marktabgrenzung und -bearbeitung noch schwieriger. Diese Konvergenz der Märkte ist die zentrale Herausforderung für Marketingwissenschaft und Marketingpraxis.

Im Folgenden werden zunächst die grundlegenden Fachbegriffe des Marketings erläutert und anschließend historische Entwicklungen im Marketing aufgezeigt.

Verkäufer- und Käufermarkt
Die Dominanz der Verkäufer wurde Ende der 1960er-Jahre zu Gunsten der Käufer verschoben; d. h., Verkäufermärkte haben sich zu käuferdominierten Märkten entwickelt. Verkäufermärkte werden dadurch charakterisiert, dass die auf ihnen nachgefragte Menge größer ist als die angebotene Menge. Auf diesen Märkten dominieren die Verkäufer, die ihre Aktivitäten auf den Verkauf bzw. die Distribution des kleineren Angebots (A < N) beschränken. Käufermärkte hingegen sind gekennzeichnet durch ein Angebot, das größer ist als die Nachfrage (A > N). Diese Marktstruktur führt zu einer Vormachtstellung der Nachfrageseite, die eine aktive Marktbearbeitung für Unternehmen notwendig macht. Generell ist eine konsequente Markt- und Kundenorientierung für den nachhaltigen Unternehmenserfolg sowie für die Sicherung des Unternehmens unabdingbar.

Grundbegriffe des Marketings

Die Betrachtungsweisen und Definitionen des Marketings sind vielfältig. Ausgangspunkt dieser Sichtweise sind jedoch meist folgende Grundbegriffe (Kotler/Keller/Bliemel 2007, S. 12 ff.):

- Bedürfnis – Bedarf – Nachfrage,
- Produkt,
- Nutzen – Kosten – Zufriedenstellung – Netto-Nutzen,
- Austauschprozess – Transaktion,
- Beziehung – Netzwerk,
- Markt.

Menschliche Bedürfnisse und Bedarfe sind Ausgangspunkte des Marketings als Disziplin. Hunger, Durst, Behausung (physiologische Existenz), Sicherheit und Zugehörigkeit stellen u. a. lebensnotwendige Bedürfnisse dar, die fest in der menschlichen Natur verankert sind. Ein Bedürfnis in diesem Sinne ist Ausdruck des Mangels an Zufriedenstellung. Das Bedürfnis wird zu einem Bedarf, wenn dieses konkretisiert wird. So kann das Nahrungsbedürfnis zu einem Wunsch nach einer Pizza von Pizza Hut erwachsen. Ein Wunsch wird zur Nachfrage, wenn es sich zum einen um spezifische Produkte bzw. Marken handelt und zum anderen seitens des Verbrauchers die Fähigkeit und Bereitschaft zum Kauf besteht. Das Bedürfnis nach Fortbewegung und der Wunsch, mit einem Ferrari zu fahren, sind zahlreich, jedoch hat nur eine verhältnismäßig kleine Gruppe die Kaufkraft und Bereitschaft, dies zu realisieren. Das Marketing baut auf den bereits bestehenden Bedürfnissen auf und zielt auf die Beeinflussung der Wünsche der Menschen ab. McDonald's versucht mit dem Claim „Ich liebe es" die Wünsche der relevanten Kunden auf seine Produkte zu lenken. Die Nachfrage soll beeinflusst werden, indem das Produkt attraktiv, erschwinglich und verfügbar gemacht wird. McDonald's stimuliert die Nachfrage mit konsequenter Markenaktualisierung.

Bedürfnisse und Bedarfe werden befriedigt und die Nachfrage gestillt durch Produkte. Unter einem Produkt wird in diesem Sinne alles verstanden, was einer Person angeboten werden kann, um ein Bedürfnis oder einen Bedarf zu befriedigen, d. h., sowohl Güter als auch Dienstleistungen. Ziel des Marketings im Rahmen der Unternehmung muss es sein, sich weniger auf das Produkt selbst zu konzentrieren als auf die durch dieses Produkt erzeugte Leistung. Ein Hamburger von McDonald's wird deshalb gekauft, weil Verbraucher ihr Bedürfnis nach Nahrung befriedigen möchten.

Die Entscheidung der Verbraucher, welches Produkt ihr Bedürfnis befriedigen soll, hängt von dem daraus resultierenden Nutzen ab. Nutzen bezeichnet die subjektive Einschätzung des Verbrauchers hinsichtlich der Fähigkeit des Produkts zur Bedürfnisbefriedigung. So werden sowohl McDonald's, Burger King und auch Pizza Hut mit ihren Produkten das Bedürfnis nach Nahrung befriedigen können. Aber für welches konkrete Produkt entscheidet sich der Nachfrager letztlich? Bei einer Präferenz für Burger King würde er sein Bedürfnis wohl normalerweise mit diesem Hamburger befriedigen. Doch da McDonald's derzeit Hamburger im Sonderangebot anpreist, hängt die Kaufentscheidung von einem weiteren Faktor ab, den Kosten für die Bedürfnisbefriedigung. Der Begriff Kosten umfasst hier neben den rein monetären Kosten (aufzuwendender Geldbetrag für das Produkt) auch Kosten für Zeit, Energie und psychische Anstrengungen des Konsumenten. Letztlich wird sich der Konsument für das Produkt entscheiden, welches ihm die optimale Kombination aus Nutzen und Kosten bietet. Das Produkt wird eine Zufriedenstellung beim Verbraucher nur dann erreichen, wenn seine Produktwahl zu einem sogenannten Netto-Nutzen (Nutzen > Kosten) führt. Der Netto-Nutzen ist die zentrale Basis zur Differenzierung und Positionierung einer Marke.

Basis für das Marketing ist der Austausch. Unter Austausch ist hier ein Prozess zu verstehen, durch den die eine Seite ein nachgefragtes Produkt für eine Gegenleistung an die andere Seite erhält. Für einen Austausch in diesem Sinne gelten fünf Prämissen: Mindestens zwei Parteien, jede Partei muss über etwas verfügen, was für die andere Partei von Wert sein könnte, Kommunikation zwischen den Parteien und Möglichkeit der Übertragbarkeit des Tauschobjekts, freie Möglichkeit zur Annahme bzw. Ablehnung des Angebots, Parteien dürfen den Umgang und Austausch mit der anderen Partei nicht ablehnen. Der Erfolg des Austauschs hängt davon ab, ob die beteiligten Parteien sich über die Bedingungen des Austauschs einigen können. Alle Beteiligten möchten durch den Austausch einen Mehrwert für sich schaffen. Können die Parteien eine Einigung erzielen, wird von einer Transaktion gesprochen. Diese Einigung erfolgt in der Praxis durch den Abschluss eines Kaufvertrags, der die vereinbarten Konditionen enthält. Aus einer einmaligen Transaktion wird idealerweise eine (langfristige) Beziehung zwischen Verkäufer und Käufer.

Während sich das Transaktionsmarketing auf Maßnahmen beschränkt, die sich auf den Austauschprozess konzentrieren, stellt das Beziehungsmarketing eine umfassendere Perspektive dar. Nachhaltig qualitative Produkte bzw. Dienstleistungen, die zu einem guten Kosten-Nutzen-Verhältnis angeboten werden, sollen zu einer langfristigen und vertrauensvollen Beziehung zwischen den Transaktionspartnern führen. Im Idealfall soll daraus ein Marketingnetzwerk entstehen, das die Transaktionskosten und den Zeitaufwand der Parteien reduziert.

Die Analyse des Austauschprozesses führt zwangsläufig zum bedeutenden Begriff des Marktes, der im alltäglichen Sprachgebrauch, allerdings unterschiedlich definiert, Verwendung findet. Während viele diesen im institutionellen Sinne als Wochenmarkt und Jahrmarkt kennen, wird er in funktioneller Hinsicht definiert als das Zusammentreffen von Angebot und Nachfrage. Die weit gefasste Definition des Marktes wird dadurch spezifiziert, dass potenzielle Kunden mit einem bestimmten Bedürfnis zum Markt gezählt werden, die willens und fähig sind, durch einen Austauschprozess das Bedürfnis zu befriedigen. Die Tätigkeit auf diesen Märkten mit dem Ausgangspunkt, unter Berücksichtigung der Markt- und Kundenanforderungen Tauschvorgänge zur Bedürfnisbefriedigung von Zielgruppen zu realisieren, wird hier als Marketing bezeichnet.

Aus den oben genannten Grundbegriffen lässt sich nachfolgende Definition des Marketings ableiten: „Marketing ist ein Prozess im Wirtschafts- und Sozialgefüge, durch den Einzelpersonen und Gruppen ihre Bedürfnisse und Wünsche befriedigen, indem sie Produkte und andere Dinge von Wert erstellen, anbieten und miteinander austauschen" (Kotler/Keller/Opresnik 2017, S. 6).

Diese Definition ist jedoch auf einem sehr abstrakten Niveau angesiedelt und somit weniger praxisorientiert. Um dieses Defizit auszugleichen und dem Praxisanspruch dieses Lehrbuches gerecht zu werden, definieren die Autoren Marketing wie folgt:

> Marketing ist die konzeptionelle, bewusst marktorientierte Unternehmensführung, die sämtliche Unternehmensaktivitäten an den Bedürfnissen gegenwärtiger und potenzieller Kunden ausrichtet, um die Unternehmensziele zu erreichen.

Einstellung des Unternehmens zum Marketing

In der Vergangenheit wurde der Schwerpunkt des Marketings am Ende der Wertschöpfungskette gesehen, d. h., das Marketing konzentrierte sich auf die Vermarktungsaufgabe, die unter Einsatz von Marketinginstrumenten wahrgenommen wurde. Die Entwicklung von Märkten und der hierdurch hervorgerufene Wettbewerbsdruck hat eine erweiterte Sichtweise und Definition des Marketings notwendig gemacht. Das Marketing leistet heute in unterschiedlichen Organisationen einen wesentlichen Beitrag zur Erreichung organisationeller Ziele einschließlich des Shareholder Value. Aus diesem Grund ist Marketing im Verständnis dieses Buches als ein Prozess zu verstehen, der auf die gesamte Wertschöpfungskette einer Organisation Einfluss nimmt; d. h., alle Unternehmensfunktionen werden unter den Gesichtspunkten der Kunden- und Marktanforderungen geplant, gesteuert und kontrolliert.

Im Hinblick auf die Unternehmenseinstellung werden nachfolgend vier Konzepte unterschieden, nach denen Organisationen ihre Marketingaktivitäten ausrichten können: Produktionskonzept, Produktkonzept, Verkaufskonzept, Marketingkonzept (Kotler/Keller/ Bliemel 2007, S. 19 ff.).

Nach dem Produktionskonzept, dessen Vormachtstellung bis in die 1950er-Jahre reichte, präferieren die Verbraucher jene Produkte, die verfügbar und kostengünstig sind. Produktionsorientierte Unternehmen konzentrieren sich auf die Erreichung einer hohen Fertigungseffizienz und eines möglichst flächendeckenden Distributionssystems. Dieser Sachverhalt liegt nachvollziehbar auf Verkäufermärkten und auf Märkten, auf denen über Skaleneffekte (sogenannte Economies of Scale) die Produktionsstückkosten gesenkt werden können, vor.

Produktionsorientierte Unternehmen, die das Produktkonzept primär bis in die 1960er-Jahre einsetzten, messen den Komponenten Qualität, Leistung und nachgefragte Eigenschaften ein Höchstmaß an Bedeutung bei. Es wird davon ausgegangen, dass die Verbraucher dies honorieren und den durch diese Komponenten hervorgerufenen Zusatznutzen bezahlen. Unternehmen, die sich ausschließlich auf das Produktkonzept konzentrieren, gehen allerdings das Risiko ein, die Marktanforderungen aus den Augen zu verlieren.

Das Verkaufskonzept als erste Reaktion auf den Wandel vom Verkäufer- zum Käufermarkt geht von der Prämisse aus, dass die Verbraucher keine ausreichende Menge der offerierten Produkte kaufen. Aus diesem Grund muss das Unternehmen aggressiv verkaufen und Absatzförderung betreiben. Ursache hierfür sind in vielen Fällen Überkapazitäten, die aus der zunehmenden Käuferdominanz resultieren. Diese verkürzte Sichtweise, nach der Marketing mit Verkauf gleichgesetzt wird, dominierte bis in die 1970er-Jahre.

Das Marketingkonzept (ab 1980er-Jahre) setzt an den Nachteilen der zuvor genannten Konzepte an. Der Schlüssel zur unternehmerischen Zielerreichung liegt darin, Bedürfnisse des Zielmarkts zu erheben und diese effizienter zu befriedigen als die Wettbewerber. Das Marketingkonzept ist auf vier Säulen aufgebaut:
- Fokussierung auf den Markt,
- Orientierung am Kunden,
- Gewinnerzielung durch zufriedene Kunden,
- ganzheitliches Marketing.

Für ein Unternehmen ist es unabdingbar, eine Fokussierung auf den Markt zu erreichen, d. h., den relevanten Markt abzugrenzen, und für die jeweils ausgewählte Zielgruppe ein geeignetes Marketingkonzept zu erarbeiten. Ausgangspunkt für die Orientierung am Kunden ist die Ermittlung und Festlegung der relevanten Kundenwünsche, um diese zu erfüllen und den Kunden zufriedenzustellen. Die hohe Bedeutung der Kundenzufriedenheit liegt darin begründet, dass der Austauschprozess mit einem Stammkunden deutlich günstiger ist als mit einem Neukunden. Die Kundenzufriedenheit wird zunehmend als Schlüsselfaktor angesehen, der den ökonomischen Erfolg eines Unternehmens gewährleistet. Die Wirkungseffekte der Kundenbindung sollen in Zeiten stagnierender, umkämpfter Märkte und sprunghaften Kundenverhaltens zu mehr Sicherheit, zusätzlichem Wachstum und erhöhten Profiten führen. Die Umsetzung des Marketingkonzepts darf sich nicht auf einzelne Organisationseinheiten, z. B. Abteilungen, beschränken, sondern erfordert ganzheitliches Marketing. Die einzelnen Marketingfunktionen untereinander sowie die Zusammenarbeit der Marketingabteilung mit den anderen Unternehmensbereichen müssen aufeinander abgestimmt werden. Dies zielt darauf ab, dass alle Organisationseinheiten die Zufriedenstellung der Kunden im Fokus haben. Die bestmögliche Befriedigung der Kundenbedürfnisse und Kundenwünsche muss stets mit langfristigen ökonomischen Zielen in Einklang gebracht werden.

Das Marketingkonzept hat zu einer deutlich stärkeren Orientierung der Unternehmen am Markt beigetragen. Globale Entwicklungen und Ereignisse wie Hochwasserkatastrophen in völlig unterschiedlichen Regionen der Erde, Ressourcenverknappung, Massenarbeitslosigkeit und -armut drängen allerdings zu einer Erweiterung des Marketingkonzepts. Hieraus entwickelte sich der Ansatz der Corporate Social Responsibility (CSR), der auf Basis des Grünbuches der Europäischen Kommission (2001) die

Elemente Wirtschaft, Umwelt und Gesellschaft enthält. Ziel ist es, Bedürfnisse nicht nur besser zu befriedigen als die Wettbewerber, sondern dies auch unter Erhalt oder Verbesserung der Lebensqualität zu realisieren. Dieses Konzept wird an dieser Stelle als Social Marketing bezeichnet. Social Marketing in Reinkultur wird von Non-Profit-Unternehmen betrieben, deren betrieblicher Fokus auf „sozialen" Dienstleistungen wie Pflegedienst, Unterstützung der Dritten Welt etc. liegt (z. B. Caritas). Profitorientierte Unternehmen berücksichtigen das Social Marketing übergreifend auf der Metazielebene (vgl. Kapitel III 1). Auch im operativen Marketing kann Social Marketing eine Rolle spielen. Als Beispiel dienen hier diverse Projekte (Regenwald, Artenschutz etc.) von Krombacher mit Umweltschutzorganisationen wie z. B. World Wildlife Fund (WWF).

2 Entwicklungslinien der Marketingtheorie

Die Ursprünge der Marketingtheorie gehen zurück auf den Beginn des 20. Jahrhunderts, wo sich die Betriebswirtschaftslehre, ausgehend von der Nationalökonomie sowie der Handelswissenschaft, als eigenständige Wissenschaft etablierte. Zu den ältesten Ansätzen der Marketingtheorie gehören die institutionen-, waren- und funktionsorientierten Ansätze. Gegenstand der institutionenorientierten Theorie sind empirisch relevante absatzwirtschaftliche Institutionen, insbesondere die Beschäftigung mit den verschiedenen Betriebsformen des Handels. Die warenorientierte Theorie stellt einzelne Produkte bzw. Produkttypologien in den Mittelpunkt der Analyse. Bestimmte Produkteigenschaften erfordern für die jeweiligen Produktkategorien eine besondere Ausgestaltung der Absatztätigkeit. Später hat sich in der Marketingwissenschaft die Differenzierung von Ansätzen für Konsumgüter, Investitionsgüter und Dienstleistungen durchgesetzt. Der warenorientierte Ansatz blendete die Nachfragerseite aus, nämlich den Tatbestand, dass hinter der Kaufentscheidung nicht nur Produkteigenschaften, sondern vor allem psychografische und verhaltensbezogene Charakteristika der Nachfrager stehen. Die funktionenorientierte Theorie setzt sich mit der originären Absatzfunktion eines Betriebs auseinander. Alle bekannten Systematisierungsansätze der betrieblichen Funktionenlehre beschreiben Absatz als wesentliche Grundfunktion. Die Absatzwirtschaft als Funktion bildet ein Teilgebiet der allgemeinen Betriebswirtschaftslehre.

In den USA wurde der Begriff Marketing bereits in den 1930er- und 1940er-Jahren in einer funktionsbezogenen Prägung verwendet. In den 1940er-Jahren löste sich die Marketinglehre in den USA jedoch langsam aus der starren Klammer der Betriebswirtschaftslehre und wurde stark von den Nachbardisziplinen Psychologie und Soziologie beeinflusst. 1945 besaß die Marketinglehre in den USA den Status einer speziellen Sozialwissenschaft, während in Deutschland immer noch die betriebswirtschaftliche Teildisziplin der Absatztheorie im Mittelpunkt von Forschung und Lehre stand.

Zwischen 1945 und 1960 veränderte die amerikanische Marketingtheorie ihr Gesicht grundlegend. Neue Begriffe, neue Schwerpunkte und neue Perspektiven fanden Eingang in die Marketinglehre. Es setzte sich ein Verständnis vom Marketing als Führungskonzeption von Unternehmen durch, welches die traditionelle Lehre von der Absatzfunktion ablöste. Das Marketingmanagement entstand als normativ orientierter Ansatz, der die marketingrelevanten Entscheidungsbereiche an die oberste Unternehmensführung verwies. Aus dieser Perspektive wurden die anderen betrieblichen Teilfunktionen der Marketingfunktion untergeordnet. Neben dieser perspektivischen Veränderung wurden systematisch Methoden, Theorien und Sichtweisen der Sozialwissenschaften übernommen (Bubik 1996, S. 136 ff.).

Die Managementkomponente betont die prozessuale Vorgehensweise der Planung, Koordination, Durchführung und Kontrolle der Marketingaktivitäten, womit Marketingkonzepte zu grundlegenden Unternehmenskonzepten werden. Marketing wird als dominanter Engpass der Unternehmen definiert. Das Erfahrungsobjekt der Marketingwissenschaft war nun nicht mehr allein die betriebliche Absatzfunktion, sondern das Gesamtunternehmen. Im weiteren Sinne erhält das Marketing den Charakter einer allgemeinen Managementlehre.

Weitere Ansätze führen zu einer umfassenden Strukturierung des Entscheidungsraums: So wird im Marketingmix das marketingpolitische Instrumentarium zusammengefasst, dessen koordinierter und integrierter Einsatz als Aufgabe des Marketingmanagements gilt. Revolutionär für die Marketingtheorie war 1960 das Buch „Basic Marketing. A Managerial Approach" von McCarthy, der den Kern seiner Publikation anhand der absatzpolitischen Instrumente systematisiert, die er zu den four P's zusammenfasst: Product, Place, Promotion, Price. Diese Gliederung konnte sich in der Marketinglehre durchsetzen und hat bis heute Bestand. Darüber hinaus gewinnt bei McCarthy der strategische Aspekt an Bedeutung: Die Strategie besteht in der Auswahl bzw. Bestimmung der Zielgruppe, für die dann die Festlegung des optimalen Marketingmix zu ihrer zielgerichteten Bearbeitung erfolgt.

In Deutschland entstand zu Beginn der 1960er-Jahre eine Managementlehre nach amerikanischem Vorbild, wobei die Verbindung von Marketing und Betriebsführung wissenschaftlich möglich gemacht wurde. Das erste integrierende Standardwerk der deutschsprachigen Absatztheorie erschien 1968 unter dem Titel „Einführung in die Lehre von der Absatzwirtschaft" (Nieschlag/Dichtl/Hörschgen). In späteren Auflagen wurde der Begriff Absatzwirtschaft durch Marketing ersetzt und somit eine vollständige Adaption der amerikanischen Theorie vollzogen.

McCarthy's managementorientierte Sicht der vier P's stellt die Geburtsstunde des modernen Marketings dar, das insbesondere durch Kotler – in Deutschland durch Meffert – weiterentwickelt wurde. Der Brückenschlag von der funktionsorientierten Sichtweise (Absatz) zur unternehmensbezogenen Denkhaltung (Marketing) mündet in einer Definition, die Marketing als konsequente Orientierung der Unternehmensaktivitäten an den Bedürfnissen und Wünschen der Nachfrager begreift. Moderne Lehrbücher propagieren ein integriertes Marketing als Unternehmensgrundlage.

Seit den 1980er-Jahren erfährt die Marketinglehre eine ausgeprägte Weiterentwicklung, die sich in den Begriffen Broadening, Deepening und Strategie äußert (Bubik 1996, S. 162 ff.). Im Zuge des Broadening vollzieht sich eine Ausdehnung des Erfahrungsobjekts des Marketings von ausschließlich privatwirtschaftlichen Unternehmungen auf Non-Profit-Organisationen sowie im weitesten Sinne auf alle zielgerichteten sozialen Austauschprozesse („Generic Concept" von Kotler). Der Begriff Deepening stellt eine Erweiterung der Zielsetzungen und Methoden der Disziplin dar; exemplarisch sei hier die soziale Zielkomponente genannt. Diese Perspektive führt zum einen zur Integration umfassender Managementkonzepte in den Marketingkontext, zum anderen zu einer konzeptionellen Sichtweise des Marketings, die sich in den Teilbereichen Analyse, Ziele, Strategie, Mix und Kontrolle äußert. Diese konzeptionelle und zugleich integrierende Perspektive liegt auch dem vorliegenden Lehrbuch zugrunde.

3 Marketingmanagement und Marketingprozess

Wenn das Marketing als generisches Konzept aufgefasst wird und alle sozialen Austauschprozesse dem Marketing zugerechnet werden, dann betreibt jeder private Konsument bzw. Haushalt Marketing. Im engeren Sinne bezeichnet Marketing ein professionelles marktorientiertes Vorgehen, das in der Regel durch Organisationen bzw. Unternehmen angewendet wird. In diesem Kontext ist Marketing eine Managementfunktion. Marketingmanagement findet dann statt, wenn ein Austauschpartner ganz bewusst die Vorgehensweisen durchdenkt, mit denen er die gewünschte Reaktion der anderen Partei herbeiführen kann.

Die American Marketing Association definiert Marketingmanagement wie folgt: „Marketingmanagement ist der Planungs- und Durchführungsprozess der Konzipierung, Preisfindung, Förderung und Verbreitung von Ideen, Waren und Dienstleistungen, um Austauschprozesse zur Zufriedenstellung individueller und organisationeller Ziele herbeizuführen" (Bennett 1995, zit. n. Kotler/Bliemel 2001, S. 25).

Diese Definition betont den Prozess, der die Planung, Koordination, Durchführung und Kontrolle von Marketingaktivitäten umfasst. Die Marketingmanagementfunktion wird in der Praxis mit Mitarbeitern assoziiert, die in erster Linie mit dem Kunden- oder Absatzmarkt zu tun haben, z. B. Verkaufsleiter, Marktforscher, Brandmanager, Produktmanager bis hin zum Marketingleiter und Marketingvorstand. Im weiteren Sinne sind auch Verkäufer und Marketingassistenten mit dem Management von Märkten beauftragt; im engeren Sinne weisen jedoch nur tatsächliche Managementaufgaben wie Planung und Koordination auf Marketingmanager hin.

Die Aufgaben des Marketingmanagements umfassen mithin den gesamten Marketingprozess. Der Marketingprozess besteht aus den folgenden Phasen (vgl. Abb. 1.1):

Abb. 1.1: Marketingprozess (Quelle: eigene Darstellung).

Die Marketinganalyse (Kapitel II) findet auf drei Ebenen statt. Im Rahmen der Marketingkonzeption empfiehlt sich eine „trichterförmige" Vorgehensweise, d. h., am Anfang der Analyse steht die Makroumwelt, danach wird die Mikroumwelt behandelt und schließlich das eigene Unternehmen in den Fokus der Betrachtung gerückt. Die externe Analyse bezieht sich zum einen auf die Umwelt, d. h., Einflüsse und Trends, die von außen auf den relevanten Markt einwirken, und zum anderen auf den relevanten Markt selbst, der räumlich, zeitlich und sachlich abgegrenzt werden muss. Bei der Analyse der Makroumwelt geht es u. a. um demografische und soziokulturelle Entwicklungen sowie um ökonomische und politisch-rechtliche Einflüsse, die weitestgehend nicht beeinflussbar sind. Bei der Analyse des Marktes (Mikroumwelt) werden in erster Linie (potenzielle) Kunden und Konkurrenten betrachtet. Die interne Analyse bezieht sich auf das Unternehmen, seine Stärken und Schwächen; es geht um die Überprüfung der vorhandenen Ressourcen und die Feststellung von Kernkompetenzen etc. Am Ende der Analysephase steht idealerweise eine fundierte Datenbasis, die es dem Unternehmen ermöglicht, Marketingentscheidungen zu treffen.

Auf der Grundlage der Marketinganalyse und abgeleitet aus den Unternehmenszielen werden die Marketingziele (Kapitel III 3) formuliert. Marketingziele können zum einen ökonomischer Art, zum anderen psychologischer Natur sein. Die ökonomischen Ziele fokussieren auf Größen wie Absatz oder Umsatz, Marktanteil und Gewinn. Die psychologischen Ziele beziehen sich u. a. auf Markenbekanntheit, Imagedimensionen und Kundenzufriedenheit. Wichtig ist hierbei, auch die psychologischen Ziele messbar zu machen, indem Ist-Werte und Soll-Werte abgeglichen werden.

Nach Festlegung der Ziele stellt sich die Frage, wie diese Ziele grundsätzlich zu erreichen sind. Marketingstrategien (Kapitel IV) geben die grundsätzliche Stoßrichtung an und stellen den Handlungsrahmen für das Marketing dar. Der Fokus richtet sich allgemein auf die anvisierten Zielmärkte. Auf der strategischen Ebene ist daher die Marktsegmentierung, die Unterteilung eines Gesamtmarkts in Segmente, sowie die Entscheidung, welche Segmente (Zielgruppen) bearbeitet werden sollen, anzusiedeln. Im Rahmen des strategischen Marketings wird ebenfalls eine Differenzierung zur Konkurrenz sowie eine Positionierung des Unternehmens bzw. der Marke im Zielmarkt vorgenommen.

Im nächsten Schritt werden die konkreten Marketingmaßnahmen festgelegt, die erfolgen müssen, um die geplante Strategie operativ umzusetzen und die anvisierten Ziele zu erreichen. Es geht um den Einsatz der Marketinginstrumente (Kapitel V), die üblicherweise kombiniert als Marketingmix zum Tragen kommen. Die klassische Einteilung in Produkt-, Kontrahierungs-, Distributions- und Kommunikationspolitik hat immer noch Bestand und systematisiert die diversen operativen Marketingmaßnahmen. Dabei ist sowohl die Übereinstimmung mit der vorher festgelegten Strategie als auch die Abstimmung der Mix-Instrumente untereinander zu beachten.

Als letzter Schritt im Marketingprozess findet eine systematische Überprüfung von Marketingindikatoren anhand von Soll-Ist-Vergleichen statt. Dies ist die Aufgabe der Marketingkontrolle (Kapitel VI). Diverse Kennzahlen geben Auskunft über den Erreichungsgrad der gesetzten Ziele. Bei signifikanten Abweichungen der Ist- von den Soll-Daten müssen Elemente im Marketingprozess angepasst werden.

Das Marketingkonzept bzw. der Marketingplan (Kapitel VII) ist die schriftliche Niederlegung des Marketingprozesses, wobei der Plan im Hinblick auf Termine und Zeiträume von Maßnahmen sowie verantwortliche Personen nähere Auskünfte gibt. Das Unternehmen muss eine Organisation schaffen, die zur Durchführung des Marketingprozesses in der Lage ist. Dies ist üblicherweise die Marketingabteilung, aber auch andere organisatorische Verankerungen sind möglich.

Der Aufbau des vorliegenden Lehrbuches ist an den idealtypischen Marketingprozess angelehnt. In der Praxis zeigen sich – aus den verschiedensten Gründen – Abweichungen von diesem stringenten Marketingprozess: So werden Teilelemente des Prozesses auch organisatorisch voneinander getrennt, beispielsweise die übliche Trennung von Marketing und Sales (Vertrieb). Bei operativen Maßnahmen wird zudem nicht immer auf den Überbau des Marketingkonzepts abgestellt. Die praktische Erfahrung zeigt jedoch, dass erfolgreiche Marketingkonzepte die Verknüpfung der Prozessphasen und den systematischen Ablauf beherzigen.

II **Marketinganalyse**

1 Umweltanalyse

Das Unternehmen und seine (potenziellen) Konsumenten, Wettbewerber, Lieferanten, Absatzmittler (Mikroumwelt) bewegen sich alle in einem noch weiteren Umfeld (Makroumwelt). Diese Makroumwelt beinhaltet nicht kontrollierbare Variablen und kann vom Unternehmen nicht gesteuert werden. Die besondere Relevanz der Makroumwelt für das Marketing begründet sich insbesondere mit ihrer zunehmenden Komplexität und Dynamik. Die Chancen und Risiken der Dynamik gilt es frühzeitig zu erkennen und bei der Ziel-, Strategie- und Maßnahmenplanung zu antizipieren.

In diesem Zusammenhang ist die Trendforschung zu verorten, d. h., das Sammeln und Analysieren von Signalen aus der Makroumwelt. Diese Forschung stellt die Basis für die Anwendung von Prognoseverfahren bzw. -modellen dar. Aus den einzelnen Prognosen können sich Trends ergeben, wenn die ermittelten Informationen gleichgerichtete Tendenzen aufzeigen.

Die Erforschung von Trends dient der Beschreibung von Veränderungen und Strömungen in allen Bereichen der Gesellschaft. Ihre Identifikation und ihre Diagnose basieren meistens auf einer Zahlenreihe, die durch Fortschreibung eine Aussage über die zukünftige Entwicklung ermöglichen soll (Runia/Wahl 2015, S. 78).

Generell wird zwischen quantitativen und qualitativen Trends unterschieden: Quantitative Trends werden mithilfe mathematisch-statistischer Verfahren gemessen. Im Gegensatz dazu werden qualitative Trends verbal-argumentativ bzw. verballogisch abgeleitet, wenn eine zahlenmäßige Erfassung nicht möglich oder nicht sinnvoll ist (Otto 1993, S. 55 f.).

In der Soziologie steht der Begriff Trend für eine Entwicklung bzw. zukünftige Grundrichtung von Veränderungen (Hillmann 2007, S. 907). Hierauf aufbauend wurde der Begriff des Megatrends von Zukunfts- und Trendforschern entwickelt. Als prominenter Vertreter dieser Fachrichtung gilt der US-Amerikaner John Naisbitt. Er definiert Megatrends als „tiefgreifende und nachhaltige gesellschaftliche, ökonomische, politische und technologische Veränderungen, die sich langsam entfalten und deren Auswirkungen über Jahrzehnte hinweg spürbar bleiben" (Naisbitt/Aburdene 1992, S. 9 f.).

In diesem Zusammenhang wurden für Deutschland vom Zukunftsinstitut die folgenden zwölf Megatrends identifiziert (Zukunftsinstitut 2018): Neo-Ökologie, Konnektivität, Individualisierung, Gender Shift, Silver Society, Globalisierung, Urbanisierung, New Work, Gesundheit, Wissenskultur, Mobilität und Sicherheit.

Aus diesen Megatrends lassen sich relevante Subtrends ableiten, die hier am Beispiel des Megatrends Neo-Ökologie dargestellt werden: Nachhaltigkeit, erneuerbare Energien, Green Tech, biologischer Anbau, Lifestyle of Health and Sustainable (LOHAS) und Fairtrade.

Im Rahmen der Umweltanalyse wird nach den jeweils dominierenden Trends gesucht, von denen zu erwarten ist, dass sie als zukünftige Rahmenbedingungen einen starken Einfluss auf das Unternehmen und seinen Markt (Mikroumwelt) ausüben werden. Diese Einflüsse auf Marktsituationen (Konvergenz der Märkte) soll hier am Beispiel der Telekommunikation verdeutlicht werden: Der Trend zur Vernetzung (Konnektivität) wurde von Apple und Samsung frühzeitig erkannt und als relevant für Marktveränderungen verstanden, während Nokia als ehemaliger Weltmarktführer den Weg vom Handy zum Smartphone zu spät vollzogen hat. Blackberry hingegen kann als ehemaliger Innovator des Smartphones bezeichnet werden, ist hier allerdings auf einer früheren Trendstufe stehen geblieben.

Trends werden direkt spürbar, wenn sie das Verhalten einzelner Anspruchsgruppen prägen. Je früher sie erkannt und antizipiert werden, desto eher ist ein Unternehmen in der Lage, ihre Auswirkungen abzuschätzen und sich darauf aktiv oder proaktiv einzustellen. Die Makroumwelt kann als DESTEP-Analyse nach sechs Komponenten (Demographic, Economic, Socio-cultural, Technological, Ecological, Political-legal environment) differenziert werden (Kotler/Keller/Bliemel 2007, S. 85 ff., vgl. Abb. 2.1).

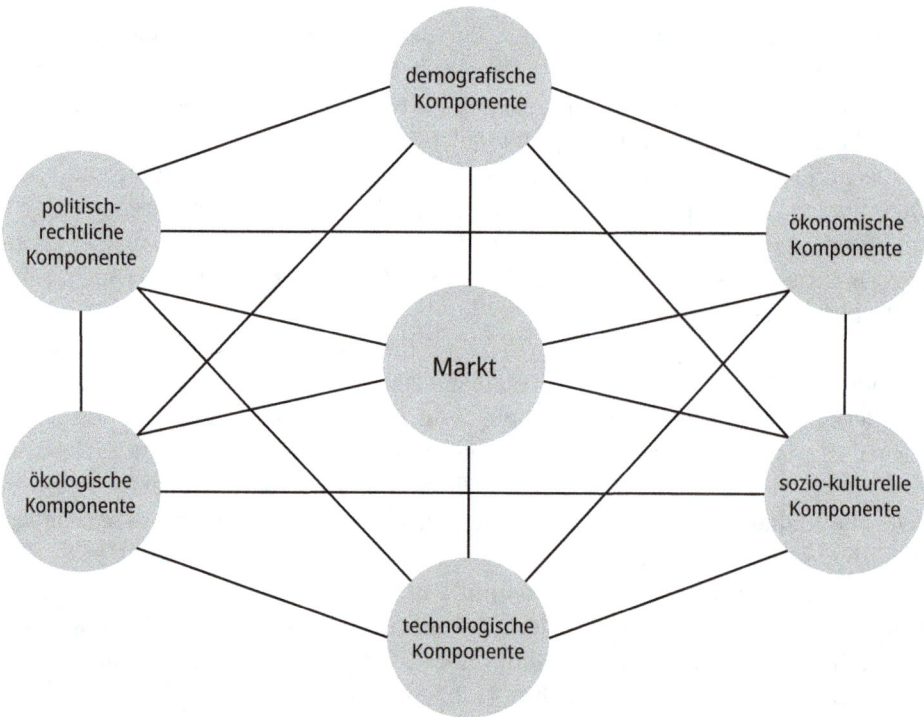

Abb. 2.1: Komponenten der Makroumwelt (Quelle: eigene Darstellung).

Die demografische Komponente umfasst im Wesentlichen die Bevölkerungsentwicklung in den jeweiligen Ländern und wirkt auf die Struktur von Gesellschaften. Kurz- und mittelfristige Prognosen über die demografische Entwicklung einer Gesellschaft können heute als zuverlässig betrachtet werden und umfassen Daten zur Bevölkerung, wie z. B. geografische Verteilung, Altersstruktur, Migrationsraten, ethnische und religiöse Zusammensetzung, Geburten-, Heirats- und Sterberaten etc. Die Trends in der demografischen Entwicklung sind gekennzeichnet durch großes Wachstum der Weltbevölkerung, schwache Geburtenziffern in Deutschland und anderen Industriestaaten, Überalterung der Bevölkerung durch steigende Lebenserwartungen, Veränderungen in der Familienstruktur hin zur Kleinfamilie und zu Singlehaushalten, geografische Bevölkerungsverlagerungen und einen höheren Bildungsstand.

Die demografische Komponente enthält mit dem demografischen Wandel eine der bedeutendsten Entwicklungen. Dieser Wandel äußert sich auf vielfältige Weise, wobei für das Marketing insbesondere die folgenden vier Trends von Bedeutung sind:
- Vergreisung der Gesellschaft,
- sinkende Geburtenrate,
- Zunahme der Singlehaushalte/Änderung der Familienstruktur,
- steigender Bildungsgrad.

Die sogenannte Vergreisung bzw. Überalterung der Gesellschaft steht im Mittelpunkt der Diskussion über den Demografiewandel und hat auch für das Marketing die größte Bedeutung. Als wichtigste Herausforderung resultieren hieraus Konzepte zum „Senioren-Marketing". Die Veränderung der klassischen Alterspyramide ist jedoch gleichermaßen mit dem Rückgang der Geburtenrate zu erklären, die ebenfalls ein Umdenken im Marketing bezüglich neuer Zielgruppen erfordert. Auf die Veränderung der klassischen Familienstruktur bzw. die deutliche Zunahme von Singlehaushalten hat das Marketing bereits mit Convenience-Konzepten u. ä. reagiert. Das steigende Bildungsniveau führt insgesamt zu mehr aufgeklärten Konsumenten und macht die Anforderungen an das Marketing für Produkt- und Dienstleistungsangebote komplexer. Fast alle Konsumgüter- und Dienstleistungsmärkte werden von diesen demografischen Trends (positiv oder negativ) beeinflusst, insbesondere Gesundheits- und Wellnessdienstleistungen, jedoch in ähnlichem Maße auch Konsumgüter wie Nahrungsmittel, Kosmetik, Spielwaren, Automobile, Tourismus etc. (Runia/Wahl 2013, S. 136 f.).

In der ökonomischen Komponente der Umweltanalyse wird betrachtet, welche Einflussfaktoren auf die Güter- und Kapitalmärkte einer Volkswirtschaft wirken, indem sie dort das Angebots- und Nachfrageverhalten prägen. Hierbei sind Kaufkraft, Einkommensverteilung, Sparquote, Geldvermögen, Inflationsrate, Arbeitslosenquote, Zinsniveau, Konsumverhalten etc. zu analysieren. Als wichtigste wirtschaftliche Entwicklung ist die fortschreitende Globalisierung der Beschaffungs-, Absatz- und Finanzmärkte zu betrachten.

Die soziokulturelle Komponente befasst sich mit den Faktoren, welche die Werte und Normen von Gesellschaften beeinflussen. Veränderungen der Werte und Normen können teilweise erheblichen Einfluss auf das Unternehmen und aus Marketingsicht insbesondere auf die Kaufentscheidung haben. Die Grundwerte einer Gesellschaft, wie z. B. Arbeit, Ehe/Familie, Wohltätigkeit und Ehrlichkeit, sind im Allgemeinen beständig. Die kulturellen Grundwerte zeigen sich am Verhältnis des Menschen zu sich selbst, zu ihren Mitmenschen, zu den Institutionen, zur Gesellschaft und zur Natur. Daneben gibt es jedoch auch sekundäre Wertvorstellungen, die sich in Form von Kultur- und Zeitgeistphasen (z. B. Hippies, Yuppies) im Lauf der Zeit wandeln können. Des Weiteren gibt es in jeder Gesellschaft Subkulturen, d. h., unterschiedliche Gruppen mit gemeinsamen Werthaltungen, die sich aus ihrer speziellen Lebenserfahrung oder Lebenssituation ergeben. Beispiele für Subkulturen sind Teenager, Rockerbanden oder religiöse Gemeinschaften. Die soziokulturellen Trends sind z. B. Abwertung traditioneller Werte, Streben nach Selbsterfüllung und einem leichten Leben, Hedonismus, ausgeglichene Work-Life-Balance, offene Beziehungen, nachlassende religiöse und zunehmend weltliche Orientierung. In Verbindung mit dem Megatrend Gesundheit entwickelt sich in Teilen der Bevölkerung eine Selbstoptimierung, welche sich in Form der Protokollierung von sportlichen Aktivitäten und Körperdaten, wie Puls und Gewicht, zeigt. Das gewandelte Verständnis von Gesundheit führt somit zu einer zunehmenden Gesundheitsdynamik innerhalb der modernen Gesellschaft. Unternehmen müssen diese Trends verfolgen und ggf. antizipieren. Im Zuge dieser Trends ist oft von einem tief greifenden Wertewandel die Rede, der sich vielschichtig und zum Teil widersprüchlich darstellt. Auf der einen Seite ist eine zunehmende Individualisierung im Sinne des Strebens nach Selbstverwirklichung und Unabhängigkeit zu konstatieren, auf der anderen Seite als Folge der weltweiten Gefahr des Terrorismus ein erhöhtes Bedürfnis nach Gemeinschaft, Religion und Sicherheit.

Im Rahmen der technologischen Komponente sind Einflussfaktoren auf den Einsatz von Technologie zu untersuchen. Aufgrund immer kürzer werdender Produktlebenszyklen wächst der Druck auf die Unternehmen, was eine Beschleunigung des technischen Fortschritts mit sich bringt. Die technologischen Faktoren haben zumeist einen hohen Einfluss auf die Wertschöpfungsprozesse und die damit produzierten Güter der Unternehmen. Indikatoren hierbei sind u. a. der Automatisierungsgrad, die unterschiedlichen F&E-Aufwendungen der Unternehmen, aber auch die zunehmenden Reglementierungen des technischen Fortschritts durch den Staat in Form von Einschränkungen, Zulassungsverfahren oder Sicherheitsgarantien. Als einflussreichster Trend der technologischen Umwelt soll hier die Digitalisierung im Zusammenhang mit der rasanten Entwicklung des Internets genannt werden. Daraus lassen sich beispielhaft die folgenden Subtrends ableiten: Künstliche Intelligenz (Augmented/Virtual Reality), Internet of Things, Cloud Computing, 3D-Drucktechnik.

Die ökologische Komponente gewinnt stetig an Bedeutung, da aufgrund zunehmender Umweltverschmutzung das Umweltbewusstsein der Konsumenten steigt, was sich z. B. in der verstärkten Nachfrage nach Öko- und Recycling-Produkten widerspiegelt. Veränderungen wie die Verknappung von natürlichen Rohstoffen, schwankende Energiepreise oder die staatliche Umweltpolitik wirken jedoch ebenfalls auf das Angebotsverhalten der Unternehmen. Schließlich ist vor dem Hintergrund des Klimawandels ein verstärktes ökologisches Bewusstsein zu beobachten, das sich in einem anhaltenden Bio- und Wellnesstrend sowie einem grundsätzlichen Wunsch nach einer nachhaltigen Entwicklung (sichtbar im viel zitierten LOHAS, Lifestyle of Health and Sustainability) zeigt.

Die Beeinflussung der Abhängigkeits- und Machtstrukturen durch Rechte in Form von Gesetzen und Verordnungen ist Gegenstand der politisch-rechtlichen Komponente der Umweltanalyse. Die Zahl der Bestimmungen, die in den Wirtschaftsablauf eingreifen, erhöht sich ständig. Zu den wirtschaftsrechtlichen Gesetzen in Deutschland, die wesentlichen Einfluss auf das Marketing haben, gehören u. a. das Gesetz gegen Wettbewerbsbeschränkungen (GWB), das Gesetz gegen unlauteren Wettbewerb (UWG), das Urheberrechts- und das Patentgesetz, das Markengesetz sowie als Beispiel für produktspezifische Rechte das Arzneimittelgesetz. Ziele der Gesetze und Bestimmungen sind die Aufrechterhaltung des Wettbewerbs, der Schutz der Verbraucher sowie die Schaffung der Ausgewogenheit zwischen wirtschaftlichen und anderen Interessen. Generell sind hier z. B. Anpassungen durch die Verpackungs- und Preisangabenverordnung aufzuführen. Wie gravierend und gleichzeitig unbeständig der Eingriff der Gesetzgebung sein kann, zeigt der Entscheid der Bundesregierung, die Atomstromgewinnung zu beenden. Des Weiteren sind als politisch-rechtliche Trends die wachsende Bedeutung des EU-Rechts im Rahmen der Rechtsharmonisierung (z. B. Health-Claim-Verordnung, Nutri-Score), die Vielzahl von Interessenverbänden sowie der verstärkte Einfluss von Verbraucherbewegungen zu nennen.

Alle Komponenten der Makroumwelt sind untereinander vernetzt und können sich gegenseitig beeinflussen. Viele der Einflussfaktoren wirken nicht abrupt, sondern machen sich erst in einem schleichenden Prozess bemerkbar, was es jedoch den Unternehmen ermöglicht, sich frühzeitig darauf einzustellen. So erhöht sich beispielsweise seit mehreren Jahrzehnten in vielen europäischen Ländern die Altersstruktur der Bevölkerung. Einige Finanzinstitute, die diesen Trend frühzeitig erkannt haben, entwickelten bereits in den 1980er-Jahren für ihre Kunden Konzepte zur Altersversorgung.

Die Corona-Pandemie im Jahr 2020 rief in kürzester Zeit vehemente Entwicklungen in der Makroumwelt hervor, welche in allen Komponenten zum Tragen kommen:
- demografische Komponente: Reproduktionsfaktor R
- ökonomische Komponente: Arbeitslosenquote, Kaufkraft, BIP etc.
- soziokulturelle Komponente: Familie und Gesellschaft
- technologische Komponente: Heilmittel und Impfstoff
- ökologische Komponente: Reduktion von CO^2-Emissionen
- politisch-rechtliche Komponente: Lock-Down, Kurzarbeitergeld etc.

Die STEP-Analyse reduziert die sechs zuvor beschriebenen Umweltkomponenten auf die folgenden vier Faktoren:
- Socio-Cultural Environment (demografische und soziokulturelle Komponente),
- Technological Environment,
- Economical Environment,
- Political-Legal Environment.

Die ökologische Komponente wird im Einzelfall den Faktoren Technological, Economical oder Political-Legal Environment zugeordnet.

Die folgende Abb. 2.2 zeigt die STEP-Analyse aus Sicht des Fast-Food-Marktes:

S	+ –	Lifestyle (aktiv, karriereorientiert/wenig Zeit), Trend zu Singlehaushalten ökologisches Bewusstsein der Gesellschaft, Kritik an der Strategie der Standardisierung/„McDonaldisierung", Gesundheitstrend
T	+	technologische Weiterentwicklung bei Geräten zur Zubereitung (Öfen etc.)
E	+ –	Zunahme preissensibler Käuferschichten steigende Kaufkraft; Trend zum höherwertigeren Essen
P	+ –	Lockerung der Werbeverbote Auflagen, Kontrollen Gesundheitsamt

Abb. 2.2: STEP-Analyse aus Sicht des Fast-Food-Marktes (Quelle: eigene Darstellung).

2 Marktanalyse

2.1 Ansätze zur Marktabgrenzung

Die Marktanalyse nimmt eine Schlüsselrolle im Rahmen der Marketinganalyse ein, da sie sozusagen das „Spielfeld" des Marketings betrachtet. Absatzmärkte werden in diesem Sinne als Menge der aktuellen und potenziellen Abnehmer bestimmter Leistungen sowie der aktuellen und potenziellen Mitanbieter dieser Leistungen sowie den Beziehungen zwischen diesen Abnehmern und Mitanbietern (Meffert et al. 2019, S. 49) definiert. Kriterien, die es ermöglichen, Märkte voneinander zu unterscheiden bzw. abzugrenzen und den relevanten Markt für ein Unternehmen zu determinieren, sind markt- und unternehmensspezifisch. Eine Unterscheidung zwischen räumlicher, zeitlicher und sachlicher Abgrenzung unterstützt die Ermittlung des relevanten Marktes. Kriterien für die räumliche Abgrenzung (z. B. lokal, regional, international) und zeitliche Abgrenzung (z. B. täglich, wöchentlich, monatlich, jährlich) sind markt- und vielfach unternehmensübergreifend. Diese Abgrenzungen ergeben in der Praxis kaum Schwierigkeiten. So ist eine räumliche Abgrenzung beispielsweise anhand von Google-Maps problemlos vorzunehmen, z. B. die Begrenzung des relevanten Marktes auf ein Bundesland, eine Region oder ein Stadtgebiet. Die zeitliche Abgrenzung ist in den meisten Fällen irrelevant. Eine eindeutige zeitliche Abgrenzung liegt bei Weihnachts- sowie bei saisontypischen Produkten wie Skiern, Strandkörben, Südfrüchten etc. vor. Die sachliche Abgrenzung wirft jedoch die folgenden Fragen auf: Was sind die Objekte der Marktabgrenzung und welche Kriterien sind für die Bestimmung des relevanten Marktes elementar?

Die Objekte der Marktabgrenzung setzen sich aus den Anbietern, Gütern und Nachfragern zusammen. In Abhängigkeit von der Zielsetzung der Marktabgrenzung werden von den Objekten die elementaren Kriterien abgeleitet. Theoretische und empirische Ansätze beinhalten Merkmale, die eine Differenzierung von Märkten ermöglichen. Theoretische Abgrenzungskriterien führen zu freien vs. regulierten Märkten (z. B. Kontrahierungszwang auf öffentlich geprägten Märkten wie dem Strom-, Gas-, Wasser- und Entsorgungsmarkt), zu offenen und geschlossenen Märkten (z. B. Luftverkehrsmarkt), zu den Marktformen Monopol, Oligopol und Polypol.

2.1.1 Angebotsbezogene Ansätze

Innerhalb der empirisch orientierten Ansätze wird zwischen anbieter-/produktbezogenen und nachfragebezogenen Ansätzen unterschieden. In den anbieter- und produktbezogenen Ansätzen der Marktabgrenzung werden die Unternehmen zu einem Markt zusammengefasst, die ein physisch-technisch ähnliches Produkt herstellen

(Marshall 1925). Die Definition von Ähnlichkeit bezieht sich meist auf marktrelevante Kriterien wie Stoff, Material, Verarbeitung, Form, technische Gestaltung etc.

Die Kreuzpreiselastizität kann ebenfalls als Kriterium für die Marktabgrenzung dienen. Durch die Ermittlung der Kreuzpreiselastizität wird die mengenmäßige Reaktion der Nachfrager in Bezug auf ein bestimmtes Produkt im Falle der Preisänderung anderer Güter festgestellt. Das Vorzeichen der Kreuzpreiselastizität gibt Aufschluss darüber, ob zwischen Gütern eine Substitutions- oder Komplementärbeziehung besteht. Eine Substitutionsbeziehung – positive Kreuzpreiselastizität – liegt im Falle von Butter und Margarine vor, d. h., eine Preiserhöhung bei Butter wird zu einer Steigerung der Nachfragemenge nach dem Substitutionsgut – in diesem Fall Margarine – führen. Aus der Komplementärbeziehung von Mobilfunktelefonen und den dazugehörigen Etuis resultiert, dass die Preiserhöhung von Mobilfunktelefonen zu einer geminderten Nachfrage nach Etuis führt. In diesem Fall weist die Kreuzpreiselastizität ein negatives Vorzeichen auf. Mit zunehmender Kreuzpreiselastizität nimmt auch der Grad der Substitutions- bzw. Komplementärbeziehung zu. Vielfach scheitert der Einsatz der Kreuzpreiselastizität in der Praxis am fehlenden Datenmaterial für ihre Berechnung. Darüber hinaus ist nicht einheitlich geklärt, ab welchem Wert für die Kreuzpreiselastizität Produkte zu einem Markt zusammengefasst werden. Der Einfluss von Marketingmaßnahmen, Wettbewerbsverhalten sowie technologischen Entwicklungen bleibt ebenso unberücksichtigt. Die Zusammenfassung von Substitutionsgütern zu einem Markt ist vielfach problematisch. In der Praxis wird trotz deutlich vorliegender Substitutionsbeziehungen zwischen Produkten die Trennung dieser Märkte, also beispielsweise Butter- und Margarinemarkt, beibehalten. In Bezug auf komplementäre Beziehungen macht eine Zusammenfassung von Komplementärgütern zu einem Markt insbesondere dann Sinn, wenn es sich um symbiotische Produkte wie Tintenstrahldrucker und Tintenpatronen handelt, d. h., Produkte, die nur in einer gemeinsamen Anwendung eine Funktion erfüllen.

Ein weiteres Entscheidungskriterium für die Marktdefinition können subjektive Wirtschaftspläne sein. Hiernach definiert ein Unternehmen den Markt in Abhängigkeit von der subjektiven Einschätzung über die Wettbewerber. Die Absatzmenge hängt in diesem Fall nicht allein von den Aktionsparametern des eigenen Unternehmens ab, sondern auch von denen der Wettbewerber. Dieser Ansatz führt in der Regel nicht zu brauchbaren Marktabgrenzungen.

Das Konzept der physisch-technischen Ähnlichkeit wurde von Abbot (1955) und Arndt (1966) zum Konzept der funktionalen Ähnlichkeit weiterentwickelt. Physisch-technisch ähnliche Produkte können unterschiedliche Funktionen erfüllen (z. B. Rasenmäher vs. Vertikutierer). Das Konzept zieht die Funktion bzw. Bedürfnisbefriedigung als Entscheidungskriterium für die Marktabgrenzung heran. Hiernach werden die Güter zu einem Markt zusammengefasst, die das gleiche Bedürfnis befriedigen bzw. die gleiche Funktion für die Nachfrager erfüllen. Hier zeigt sich bereits eine Tendenz zur nachfrageseitigen Betrachtung.

Als Beispiel für eine angebotsseitige Marktabgrenzung fungiert der Markt für Tafelschokolade: Aufgrund der physisch-technischen Ähnlichkeit werden alle Produkte, die sich nach Stoff, Verarbeitung, Form oder technischer Gestaltung gleichen, zu einem Markt zusammengefasst. Damit gehören alle Schokoladenprodukte in Tafelform zu diesem Markt. Beim Verfahren der Kreuzpreiselastizität werden verschiedene Märkte durch „Substitutionslücken" getrennt. Hier kommen alle Schokoladenprodukte in Nichttafelform (Schokoriegel, Schokobonbons etc.) als Substitute infrage, evtl. auch noch andere Süßigkeiten. Bzgl. der subjektiven Wirtschaftspläne berücksichtigt ein Anbieter alle Konkurrenzprodukte, die von Wettbewerbern auf dem (subjektiv) gleichen Markt angeboten werden. Hierbei entstehen erhebliche Operationalisierungsprobleme aufgrund der fehlenden Verfügbarkeit der Konkurrenzdaten, sodass alle Schokoladenproduzenten relevant sind. Schließlich kann der Markt nach der funktionalen Ähnlichkeit der Produkte abgegrenzt werden, d. h., alle Produkte, die das gleiche Grundbedürfnis befriedigen bzw. die gleiche Funktion erfüllen, gehören zum relevanten Markt. Das Grundbedürfnis Hunger oder Naschen wird von vielen Produkten erfüllt, womit hier keine sinnvolle Abgrenzung ermöglicht wird. Durch die Begrenzung auf Tafelschokolade wird bewusst eine Grenze zu anderen Schokoprodukten bzw. -märkten gezogen (evtl. problematisch: Kinder Schokoladenriegel oder Schokostückchen wie Schogetten), womit zumindest der physisch-technische Ansatz zum Tragen kommt. Die anderen Abgrenzungsmethoden führen zu unscharfen Märkten, sind somit für diesen Markt nicht praktikabel. Der Fokus auf den gesamten Schokoladenmarkt wäre jedoch – aufgrund seiner Heterogenität – zu weit. In der Praxis muss deshalb in jedem Einzelfall überprüft werden, welche Abgrenzungsmethode zu einer trennscharfen Abgrenzung des relevanten Marktes führt.

Zum Abschluss dieses Abschnitts soll in diesem Kontext kurz eine praktische Strukturierung einer angebotsbezogenen Marktabgrenzung am Beispiel des Getränkemarkts folgen, die auf dem Ansatz der physisch-technischen Ähnlichkeit basiert:
- (Gesamt-)Markt: Getränke
- Teilmärkte: alkoholische Getränke, nichtalkoholische Getränke
- Produktkategorien: Biere, Weine, Spirituosen; Softdrinks, Mineralwässer, Fruchtsäfte/Fruchtnektare.

2.1.2 Nachfragebezogene Ansätze

Im Konzept des Relevant Set steht die Bedürfnisbefriedigungskapazität von Markenalternativen im Mittelpunkt der Betrachtung zur Ermittlung des relevanten Marktes. Diese resultiert aus der subjektiven Wahrnehmung des Konsumenten und führt dazu, dass die angebotsbezogene Abgrenzung des relevanten Marktes um die Konsumentensicht erweitert wird. Der relevante Markt ist hier definiert als die Teilmenge der Marken-/Konkurrenzalternativen, aber auch von Marken aus angrenzenden Märkten (Substitutionsprodukte), die dem Verbraucher ins Bewusstsein treten.

Die nachfrageseitige Perspektive beginnt mit der jeweils spezifischen Bedürfnissituation des Konsumenten. Wie bei der funktionalen angebotsbezogenen Marktabgrenzung bereits angeführt, ist das Grundbedürfnis bei Nahrungsmitteln die Sättigung. Allerdings erfolgt in der spezifischen Bedürfnissituation eine Konkretisierung, beispielsweise herzhaftes oder süßes Naschen.

Als Beispiel soll hier der Chipsmarkt dienen, wobei der Konsument beim Verzehr von Chips das herzhafte Naschen als Bedürfnis empfindet. An dieser Stelle können Markenalternativen aus der angebotsbezogenen Betrachtung eine Rolle spielen (z. B. Chipsmarken wie Funny-Frisch, Chio und Crunchips), aber auch Markenalternativen aus angrenzenden Märkten (Substitutionsprodukte), die dem Verbraucher ins Bewusstsein treten (z. B. Erdnussmarken wie Ültje und Pittjes). Das Relevant Set dieses spezifischen Konsumenten umfasst somit die Marken Funny-Frisch, Chio, Crunchips, Ültje und Pittjes. Generell kann davon ausgegangen werden, dass ein Konsument in einer spezifischen Bedürfnissituation drei bis fünf Markenalternativen in seinem Relevant Set gespeichert hat. Beim Ansatz des Relevant Set kommen bereits unterschiedliche Nutzenaspekte zum Tragen. Auf das Beispiel bezogen, betrifft dies den Nutzen Snackgenuss bei den Chipsmarken oder den Nutzen Knabbergenuss bei den Erdnussmarken. Eine weitergehende Betrachtung der Nutzenaspekte ist an dieser Stelle nicht zielführend, da ansonsten bereits eine Vorstufe zur verhaltensbezogenen Marktsegmentierung erreicht wird.

Ein vielfach angewendetes Konzept zur Ermittlung des relevanten Marktes sind die am Kaufverhalten orientierten Ansätze. Der Markt wird durch das tatsächliche Nachfrageverhalten definiert. Datengrundlage ist z. B. das ermittelte Wechselverhalten der Konsumenten. Nutzenaspekte und weitere verhaltensorientierte Eigenschaften stehen im Mittelpunkt der Analyse. Hier wird vielfach bereits die Vorstufe zur Marktsegmentierung (Kapitel IV 3.1) tangiert.

In Anlehnung an die Kundentypendifferenzierung (Kotler 1982, S. 135 ff.) umfasst der relevante Markt Produkte, die von gleichen Kundentypen nachgefragt werden. Die Differenzierungskriterien zur Bestimmung der Kundentypen sind das Kaufobjekt (Was wird auf dem Markt gekauft?), die Kaufmotive (Warum wird auf dem Markt gekauft?), die Kaufakteure (Wer kauft und trägt die Kaufentscheidung?) und der Kaufentscheidungsprozess (Wie wird gekauft?).

In Abhängigkeit von der Ausprägung der oben genannten Merkmale kann zwischen folgenden übergeordneten Markttypen unterschieden werden:
- Konsumentenmärkte (Endverbraucher auf der Nachfrageseite),
- Produzentenmärkte (Weiterverarbeiter auf der Nachfrageseite),
- Wiederverkäufermärkte (Handel auf der Nachfrageseite),
- Märkte der öffentlichen Betriebe (staatliche Institutionen auf der Nachfrageseite).

Das folgende Beispiel zeigt anhand von Sportgetränken auf, wie elementar der Blickwinkel für die nachfragebezogene Marktabgrenzung ist.

Sportgetränke versprechen dem Körper des Menschen vor, während und nach sportlicher Leistung die verlorene Flüssigkeit und die verlorenen Mineralsalze durch bestimmte Mineral-, Kohlenhydrat- und Vitaminkonzentrationen wieder zurückzuführen. Viele dieser Sportgetränke sind isotonisch, was eine schnellere Aufnahme der Inhaltsstoffe im menschlichen Körper bewirken soll. Bekannte Marken in diesem Markt sind Gatorade, Powerade, Isostar usw. Aus der Sicht der anbieterbezogenen Verfahren zur Marktabgrenzung lautet die Bezeichnung Markt für Sportgetränke. Die Produkte in diesem Markt stehen in einer engen Substitutionsbeziehung zu dem Markt der Energiegetränke mit Marken wie Red Bull, Monster, Rockstar und Flying Horse sowie anderen Märkten alkoholfreier Getränke wie Fruchtsäfte und Mineralwässer. Insoweit wäre diese Marktidentifizierung ausreichend.

Interessanterweise ist ein „gepflegtes Bier" nach dem Sport immer schon als eine gute Alternative zu den genannten Produkten anerkannt. Allerdings hat der vorhandene Alkoholgehalt eine schnelle Nebenwirkung, die direkt nach dem Sport so meist nicht gewünscht ist. Ohne diesen unerwünschten Nebeneffekt erfüllt Bier aber einen mit den Sportgetränken vergleichbaren Nutzen. Diesen Umstand hat die Brauerei Erdinger Weißbräu genutzt und ihr Weißbier Erdinger Alkoholfrei als Alternative zu den vorher genannten Marken ausgelobt.

Wie dieses Beispiel zeigt, lässt sich Erdinger Alkoholfrei nach der Anwendung von anbieterbezogenen Verfahren zur Abgrenzung nicht dem Markt der Sportgetränke, aber genauso wenig den durch Substitutionsbeziehungen ermittelten naheliegenden Märkten der Energiegetränke, Fruchtsäfte bzw. Mineralwässer zuordnen.

In diesem Beispiel wählt der Sportler für die spezifische Situation die Marke aus seinem Relevant Set aus, die ihm für diesen Moment die optimale Bedürfnisbefriedigung (z. B. Durstlöschen und Ersetzen verloren gegangener Mineralstoffe im Rahmen von sportlicher Betätigung) verspricht. Die im Relevant Set befindlichen Marken können z. B. Gatorade (Sportgetränk), Red Bull (Energiegetränk) und Erdinger Alkoholfrei (alkoholfreies Weißbier) sein und damit aus der Perspektive der angebotsbezogenen Verfahren drei verschiedenen Märkten zugerechnet werden. Aus Konsumentensicht stellen sie aber einen Markt dar, nämlich den zur persönlichen Bedürfnisbefriedigung.

Welche Marke der Konsument letztlich aus „seinem Markt" auswählt, hängt davon ab, wie hoch der Konsument die Kompetenz der Marke zur Befriedigung seiner Bedürfnisse einschätzt. Teilweise ist er dabei allerdings auch von der Verfügbarkeit der Marke vor Ort abhängig. Wenn er z. B. direkt nach dem Sport ein Geschäft in der Nähe aufsucht, muss er auf das in diesem Geschäft angebotene Sortiment zurückgreifen. Sollte die Marke seiner Erstwahl nicht vorhanden sein, berücksichtigt er die Marke Nr. 2 aus seinem Relevant Set. Dieser Hintergrund verdeutlicht, warum Hersteller für ihre klassischen Markenartikel eine Überallerhältlichkeit anstreben. Nur so stellen sie sicher, dass der Stammverwender ihrer Marke nicht aus der Situation heraus die Konkurrenzmarke kauft und dadurch eventuell diese zu seiner Erstmarke erhebt.

Wie ein Markt abgegrenzt wird, ist eine Entscheidung der verantwortlichen Manager im Unternehmen. Dabei gehört diese Entscheidung zu den wichtigsten, die zu treffen sind, da hier die Grundlage gelegt wird, um den für das Unternehmen relevanten Markt zu identifizieren. Wird dieser Markt zu weit abgesteckt, läuft das Unternehmen Gefahr, falsche Prioritäten zu setzen und sich im Marktgewirr zu verzetteln (z. B. als Anbieter von Tafelschokolade den gesamten Schokoladenmarkt oder sogar Teile des Süßwarenmarkts zu betrachten). Wird dieser Markt zu eng gefasst, begibt sich das Unternehmen in die Gefahr, Markttrends zu verschlafen und potenzielle Wettbewerber erst nach dem Eintritt in diesen eng gezogenen Markt wahrzunehmen (z. B. als Anbieter von Sportgetränken, alkoholfreie Biere nicht als Konkurrenz zu sehen).

Darüber hinaus ist es vor dem Hintergrund der Konvergenz von Märkten notwendig, die Marktabgrenzung aufgrund von veränderten Bedingungen im relevanten Markt bzw. im angrenzenden Marktumfeld anzupassen. Konvergenz bedeutet im Kern, dass ehemals getrennte Märkte zusammenwachsen.

Die Ermittlung des relevanten Marktes ist keine statische Managementaufgabe. Zum einen müssen im Rahmen der Unternehmensplanung Absatzprognosen – Vorhersagen des zukünftigen Absatzes – in festgelegter produktbezogener, zeitlicher und räumlicher Hinsicht durchgeführt werden. Zum anderen verlangen es die Marktdynamik und die Unternehmensentwicklung, die Relevanz des Marktes zu prüfen.

Die folgenden Marktkennzahlen bilden die Grundlage, um die Situation im relevanten Markt zu erfassen und die weitere Entwicklung zu beurteilen. Zugleich sind diese Kennzahlen der Ausgangspunkt für die Formulierung der Unternehmens- und Marketingziele.

Das Marktpotenzial ist die potenzielle Absatzmenge bzw. Umsatzgröße einer Produktgattung auf diesem relevanten Markt. Es gibt an, wie viele Einheiten einer Produktgattung (Absatz) zu entsprechenden Preisen (Umsatz) auf diesem Markt abgesetzt werden könnten, wenn alle denkbaren Käufer über das erforderliche Einkommen verfügen würden und auch zum Kauf unter den angenommenen Bedingungen bereit wären. Das Marktpotenzial definiert somit in diesem Sinne die maximale Aufnahmefähigkeit dieses Marktes.

Das Absatzpotenzial (Umsatzpotenzial) beschreibt den Anteil am Marktpotenzial, den ein Unternehmen glaubt, für sein Produkt in dem relevanten Markt maximal erreichen zu können. Das Markt- sowie das Absatzpotenzial stellen auf Basis von Daten aus der Vergangenheit und Gegenwart abgeleitete maximale Zukunftsgrößen dar. Verständlicherweise ist es nicht einfach, diese Größen eindeutig zu beziffern. Aus diesem Grund bedient sich ein Unternehmen meist der Szenarioplanung. Es werden dabei mehrere Szenarien (z. B. best case, real case, worst case) entwickelt, die sich darin unterscheiden, dass für jedes Szenario unterschiedliche Annahmen in der zukünftigen Entwicklung getroffen werden (best case = optimale Entwicklung, real case = realistisch eingeschätzte Entwicklung, worst case = Entwicklung im schlechtesten Fall).

Das Marktvolumen ist die realisierte bzw. auf kurzfristige Zeiträume prognostizierte Absatzmenge bzw. Umsatzgröße eines Marktes. Es gibt an, wie viele Einheiten einer Produktgattung (Absatz) zu entsprechenden Preisen (Umsatz) insgesamt innerhalb einer festgelegten Zeitperiode (meistens Jahresbetrachtung) in diesem Markt tatsächlich verkauft wurden oder in naher Zukunft (z. B. Planung für das nächste Jahr) abgesetzt werden sollen.

Das Absatzvolumen (Umsatzvolumen) ist die realisierte bzw. auf kurzfristige Zeiträume prognostizierte Absatzmenge bzw. Umsatzgröße, die ein Unternehmen mit seinem Produkt in dem relevanten Markt innerhalb des festgelegten Zeitabschnitts tatsächlich verkauft hat oder in naher Zukunft (z. B. Planung für das kommende Jahr) absetzen will.

Der Marktsättigungsgrad wird errechnet als Verhältnis zwischen Marktvolumen und Marktpotenzial multipliziert mit 100. Er drückt prozentual aus, inwieweit sich die im relevanten Markt tatsächlich erzielte Absatzmenge bzw. Umsatzgröße den jeweiligen potenziellen Kennzahlen annähern, d. h., bei 100 % liegt Marktsättigung vor.

Der absolute Marktanteil wird ermittelt als Verhältnis zwischen Absatz-/Umsatz- und Marktvolumen multipliziert mit 100. Er zeigt den prozentualen Anteil des in Mengen- oder Werteinheiten gemessenen Marktabsatzes eines Unternehmens am gesamten Marktvolumen des relevanten Marktes innerhalb eines bestimmten Zeitraums auf.

Der relative Marktanteil wird errechnet als Verhältnis zwischen unternehmenseigenem absolutem Marktanteil und absolutem Marktanteil des größten Konkurrenten.

Durch die Ermittlung des Marktanteils lässt sich feststellen, wie stark die Position eines Unternehmens mit seinem Produkt bzw. seiner Marke im Vergleich zum Wettbewerb auf dem definierten Markt ist. Daneben ist der Marktanteil die zentrale Kennzahl, um die Entwicklung dieser Marktstellung im Zielmarkt aufzuzeigen. Während der mengenmäßige Marktanteil die „härtere" Messung ist, da die Marktstellung direkt in abgesetzten Verkaufseinheiten gemessen und dargestellt wird, ist der wertmäßige Marktanteil durch die Betrachtung des Umsatzes (Menge × Preis) preisbeeinflusst und dadurch eventuell „entschärft". Die Anbieter von hochpreisigen Produkten weisen z. B. ihre Marktstellung nach außen hin fast immer in der wertmäßigen Größe Umsatz aus, da sich für sie dadurch im Vergleich zur mengenmäßigen Größe Absatz ein höherer Marktanteil ergibt.

Die Marketingzielsetzung der meisten Unternehmen ist die eindeutige Marktführerschaft für ihr Produkt bzw. ihre Marke. Eindeutig bedeutet, dass der Abstand zum Marktzweiten möglichst groß sein soll. Ist die erste Position nicht realisierbar, will ein Unternehmen meist der Führungsgruppe im relevanten Markt angehören. Trifft dies alles nicht zu, wird das Unternehmen in der Regel dazu gezwungen, sich den Bedingungen anzupassen, die durch die Führungsspitze im Zielmarkt vorgegeben werden.

Im Folgenden werden die zuvor erläuterten Marktkennzahlen kompakt zusammengefasst:

– Marktpotenzial
   Summe potenzieller Absatzmengen (Umsätze) einer Produktgattung auf einem bestimmten Markt (Aufnahmefähigkeit des Marktes)

- Absatzpotenzial (Umsatzpotenzial)
  Anteil am Marktpotenzial, den ein Unternehmen für sein Produkt bzw. seine Marke maximal für realisierbar hält
- Marktvolumen
  Realisierte bzw. prognostizierte effektive Absatzmenge (Umsätze) eines Marktes
- Absatzvolumen (Umsatzvolumen)
  Realisierte bzw. prognostizierte effektive Absatzmenge (Umsatz) eines Unternehmens für sein Produkt bzw. seine Marke
- Marktsättigungsgrad
  Verhältnis zwischen Marktvolumen und Marktpotenzial multipliziert mit 100
- Absoluter Marktanteil
  Verhältnis zwischen Absatz- und Marktvolumen multipliziert mit 100
- Relativer Marktanteil
  Verhältnis zwischen eigenem absolutem Marktanteil und Marktanteil des größten Konkurrenten

Nachfolgende Abb. 2.3 zeigt die zuvor beschriebenen Kennzahlen des relevanten Marktes anhand eines Beispiels:

Das Unternehmen A reagiert auf das gestiegene Gesundheitsbewusstsein und die verstärkte Nachfrage nach gesunder Kost und bietet spezielle Müsliriegel als „gesunde Ernährung für zwischendurch" an.

Marktpotenzial	750 Mio. €
Umsatzpotenzial Unternehmen A	120 Mio. €
Marktvolumen	590 Mio. €
Umsatzvolumen Unternehmen A	79 Mio. €
Marktsättigungsgrad	$\frac{590 \text{ Mio. €}}{750 \text{ Mio. €}} \times 100 = 79\%$
absoluter Marktanteil Unternehmen A	$\frac{79 \text{ Mio. €}}{590 \text{ Mio. €}} \times 100 = 13\%$

Abb. 2.3: Kennzahlen des relevanten Marktes (Quelle: eigene Darstellung).

2.2 Marktteilnehmer

2.2.1 Konsumentenanalyse

Die Konsumentenforschung ist eine Forschung, die sich auf das Verhalten der Konsumenten bezieht. Als Konsument wird der Letztverbraucher von materiellen und immateriellen Gütern aufgefasst. Hierzu zählen dann nicht nur Käufer von Waren, sondern auch Kirchgänger, Patienten etc. Mit einem weiten Marketingbegriff korrespondiert somit ein weiter Konsumentenbegriff.

Konsumentenforschung ist ein Forschungszweig, an dem sich traditionell mehrere Disziplinen beteiligen (Interdisziplinarität). Als angewandte Verhaltenswissenschaft mit dem Ziel, das Verhalten der Konsumenten zu erklären, greift die Konsumentenforschung auf folgende Teildisziplinen zurück: Psychologie, Soziologie, Sozialpsychologie, Verhaltensbiologie (Ethologie), Verhaltensphysiologie und Gehirnforschung.

Aus der Psychologie stammen die psychischen Determinanten des Konsumentenverhaltens wie Motivation, Wahrnehmung und Gedächtnis. Es wird auf die individuellen Aspekte der Persönlichkeit abgestellt. Die Soziologie betrachtet den Einfluss kleiner und größerer sozialer Gruppen auf das Individuum. Einflüsse der Familie werden dem Bereich der Mikrosoziologie zugeordnet, Einflüsse der Gesellschaft als solche der Makrosoziologie. Für die Konsumentenforschung sind die sozialen Beziehungen der Konsumenten von Interesse. Die Sozialpsychologische Forschung stützt sich auf den Untersuchungsbereich der Mikrosoziologie. Es geht um das Verhalten des Individuums im sozialen Kontext (Gruppenprozesse, Kommunikation, Sozialisation, soziale Rollen). Die Verhaltensbiologie (Ethologie) versucht aus angeborenen Verhaltensmechanismen der Tiere (Instinkte, Reflexe) Rückschlüsse auf das menschliche Verhalten zu ziehen. Die Verhaltensphysiologie untersucht die Wechselwirkungen zwischen Körperfunktionen und Verhalten. Analyseobjekt ist meist das zentrale Nervensystem (ZNS) des Menschen. Die Gehirnforschung ist im Zuge der Entwicklung des Neuromarketings als neueste Teildisziplin der Konsumentenforschung anzuführen. Die Gehirnforschung ermöglicht Einblicke in die Funktionsweise des Gehirns und identifiziert automatische bzw. unbewusste Prozesse des Menschen sowie emotional psychische Vorgänge.

2.2.1.1 Determinanten des Konsumentenverhaltens

Die folgende Abb. 2.4 gibt ein Totalmodell des Konsumentenverhaltens wieder, d. h., alle Einflussgrößen, die in diesem Zusammenhang eine Rolle spielen. Im weiteren Verlauf des Kapitels werden die Determinanten dann einzeln vorgestellt.

Ziel der Analyse von psychologischen Daten ist es, das Kaufverhalten über die nicht beobachtbaren Vorgänge im Organismus der Personen zu erläutern und ggf. vorherzusagen. Aus den traditionellen S-R-Modellen, welche die inneren Vorgänge noch ausblendeten (Organismus als Black Box) und allein auf der Tatsache beruhen, dass Stimuli Reaktionen hervorrufen, sind so die heute üblichen S-O-R-Modelle entstanden. Die psychischen Einflussfaktoren bilden hier das zentrale Analyseobjekt.

Nachfolgend werden die Elemente des S-O-R-Modells thematisiert. Im Rahmen des Organismus wird zwischen aktivierenden und kognitiven Prozessen unterschieden. Die aktivierenden Prozesse (A) umfassen die Konstrukte Aktivierung, Involvement, Emotionen, Motive, Einstellungen, Werte und Persönlichkeit. Kognitive Prozesse (B) basieren auf einer gedanklichen Informationsverarbeitung und beinhalten Wahrnehmung, Entscheidung, Lernen und Gedächtnis. Beide Arten von Prozessen

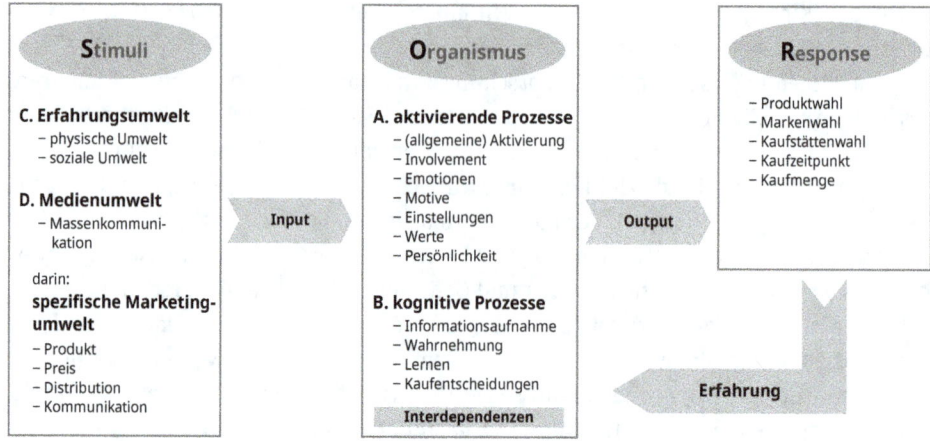

Abb. 2.4: S-O-R-Modell des Konsumentenverhaltens (Quelle: eigene Darstellung).

werden von Innen- oder Außenreizen ausgelöst. Eine stringente Trennung dieser Prozesse ist nur in der Theorie möglich.

Der Bereich Stimuli wird nachfolgend in die Erfahrungs- und Medienumwelt aufgeteilt. Die Erfahrungsumwelt (C) setzt sich aus der physischen und sozialen Umwelt zusammen. Die Massenkommunikation ist Schwerpunkt der Medienumwelt (D), die zunehmend an Einfluss gewinnt.

Der Response als drittes Element des S-O-R-Modells fließt in die nachfolgenden Ausführungen implizit ein.

A Aktivierende Prozesse

Im Falle der aktivierenden Prozesse werden die menschlichen Antriebskräfte entweder unspezifisch angesprochen (Aktivierung) oder spezifische Antriebe geweckt (Emotion, Motivation, Einstellung) (Kroeber-Riel/Gröppel-Klein 2019, S. 54 ff.):
- Emotion
  Innere Erregungsvorgänge, die als angenehm oder unangenehm empfunden und mehr oder weniger bewusst erlebt werden
- Motivation
  Emotionen, die mit einer Zielorientierung für das Verhalten verbunden sind
- Einstellung
  Motivation, die mit einer (kognitiven) Gegenstandsbeurteilung verknüpft ist

Die (allgemeine) Aktivierung ist die Grunddimension aller Antriebsprozesse. Sie wird oft mit Erregung oder innerer Spannung umschrieben und steht in einem unmittelbaren Zusammenhang mit der Funktion des zentralen Nervensystems. Unspezifisch ist eine Aktivierung dann, wenn der gesamte Funktionsablauf im Organismus stimuliert wird. Eine spezifische Aktivierung liegt vor, wenn nur ganz bestimmte Funktionen stimuliert werden. Das Aktivierungsniveau wird als tonische Aktivierung bezeichnet, welche die länger anhaltende Wachheit und die allgemeine Leistungsfähigkeit des Individuums bestimmt und sich nur langsam verändert. Im Mittelpunkt der Betrachtung steht jedoch die sogenannte phasische Aktivierung, d. h., die laufende Anpassung des Individuums an Reizsituationen. Unterschieden wird hierbei zwischen der Aufmerksamkeit als Bereitschaft, Reize aus der Umwelt wahrzunehmen bzw. auszuwählen, und der Orientierungsreaktion als Hinwendung zu einem „neuen" Reiz. Letztere äußert sich z. B. durch eine Kopfdrehung.

Die Messung der Aktivierung findet einmal auf der physiologischen Ebene statt und fokussiert auf die körperlichen Funktionen (z. B. Hautwiderstandsmessung). Werden verbale Angaben von Befragten erhoben, so wird die Aktivierung auf der subjektiven Erlebnisebene (z. B. Erregungswerte auf einer Ratingskala) gemessen. Schließlich wird bei der Aktivierungsmessung auf der motorischen Ebene das beobachtbare Verhalten der Konsumenten (Mimik, Gestik, Kopfbewegung) zugrunde gelegt. Im Zusammenhang mit der apparativen Messung der Aktivierung hat sich eine spezifische Forschungsrichtung entwickelt, deren Ansätze unter dem Begriff Neuromarketing zusammengefasst werden (vgl. Kapitel IV 3.1.3.3). Hierbei werden neurowissenschaftliche Technologien zur Analyse der Aktivierung der Gehirnareale durch marketingspezifische Stimuli wie z. B. Werbeanzeigen eingesetzt. Welchen Erklärungsbeitrag das Neuromarketing zur Aktivierungsmessung im Speziellen und zum Konsumentenverhalten im Allgemeinen leisten kann, muss die zukünftige Forschung aufzeigen. Zum jetzigen Zeitpunkt ist jedoch zu konstatieren, dass die Interpretation der neuronalen Aktivitäten eine geringe Objektivität, Validität und Reliabilität aufweist und die praktische Relevanz des Neuromarketings noch skeptisch beurteilt werden muss.

Eine Aktivierung wird gezielt durch äußere Reize ausgelöst:
- emotionale Reizwirkungen (Schlüsselreize wie „Sex Sells"/Kindchenschema; visuelle, akustische, taktile, olfaktorische Reize),
- kognitive Reizwirkungen (gedankliche Konflikte, Widersprüche, Überraschungen; Verfremdungstechniken, z. B.: „Mann spricht mit Frauenstimme"),
- physische Reizwirkungen (z. B. Größe und Farbe von Werbemitteln).

Ziel des Marketings muss es sein, passive Konsumenten durch Aktivierungstechniken zu erreichen. Ansatzpunkt ist die Steigerung der Aufmerksamkeit in einer Zeit der Informationsüberflutung; beim Konsumenten wird von einer Low-Involvement-Situation ausgegangen, d. h., er nimmt Werbung nur flüchtig wahr und die Aufmerksamkeit ist relativ gering. Aktivierungstechniken finden aber nicht nur in der Kommunikationspolitik Anwendung, sondern auch bei Produkt- und Ladengestaltung sowie Warenpräsentation. Als Quintessenz ist festzuhalten: Je höher die durch Marketingmaßnahmen erzielte Aktivierung des Konsumenten ist, desto effizienter wird die Marketingbotschaft verarbeitet, womit jedoch noch kein höherer Kommunikationserfolg garantiert wird. Das Involvement des Konsumenten, seine „Ich-Beteiligung", beeinflusst in hohem Maße den Grad der Aufmerksamkeit. Es wird nicht umsonst von High- bzw. Low-Involvement-Käufen gesprochen.

Emotionen werden auch als Gefühle bezeichnet. Als Beispiele sind Angst, Glück, Eifersucht und Sympathie zu nennen. Emotionen sind psychische Erregungen, die subjektiv wahrgenommen werden. Nach Izard (1994, S. 66) gibt es zehn primäre (angeborene) Emotionen: Interesse, Freude/Vergnügen, Überraschung/Schreck, Kummer/Schmerz, Zorn/Wut, Ekel/Abscheu, Geringschätzung/Verachtung, Furcht/Entsetzen, Scham, Schuldgefühl/Reue. Alle anderen Emotionen entstehen als Kombination oder Ableitung der primären Emotionen. Emotionen schließen die Konstrukte Aktiviertheit, Aufmerksamkeit und Involvement ein, sie erhalten jedoch zusätzlich noch die Interpretation eines Sachverhalts. Von den reinen Emotionen sind folgende Nuancierungen abzugrenzen. Affekte sind kurzfristig auftretende Gefühle der Akzeptanz (Impulskauf) oder Ablehnung eines Sachverhalts. Stimmungen sind hingegen lang anhaltende, diffuse Emotionen, wie z. B. Niedergeschlagenheit und Sorglosigkeit.

In der Realität tritt eine Vielzahl von komplexen (primären oder abgeleiteten) Emotionen auf; dabei erscheint der Versuch einer Klassifizierung wenig zweckmäßig. Stattdessen macht es Sinn in Form einer Emotionsanalyse die Dimensionen zu erfassen, die allen Emotionen zuzurechnen sind: Erregung (Aktivierung), Richtung (angenehm/unangenehm), Qualität (Erlebnisinhalt) und Bewusstsein.

Die Messung von Emotionen erfolgt zum einen psychobiologisch (Blutdruck, Herzrate, Gehirnwellen etc.), zum anderen als subjektive Erlebnismessung (z. B. durch ein semantisches Differential, vgl. z. B. Bergler 1975, Trommsdorff 1975). Darüber hinaus kann auch eine Beobachtung des Ausdrucksverhaltens (Gestik, Mimik) stattfinden.

Im Marketing geht es vor allem um die Vermittlung emotionaler Konsumerlebnisse. Als spezifische Konsumerlebnisse sind zu nennen: Erotik, soziale Anerkennung, Freiheit/Abenteuer, Natur/Gesundheit, Genuss, Lebensfreude, Geselligkeit etc. Denkbare Vorgehensweisen führen zu Marketingaktivitäten ohne anbieterspezifische Erlebnisse (austauschbare Bildelemente, übliche Werbegeschenke) oder zu Marketingaktivitäten zur Unterstützung eines eigenständigen emotionalen Profils (z. B. Magnum, Bacardi, vormalig Marlboro). Erlebniswirkungen werden durch Bilder, Musik oder Duftstoffe erzielt. Am effektivsten erscheinen Techniken, die mehrere oder alle Sinne des Menschen (Sehen, Hören, Riechen, Schmecken, Tasten) ansprechen, sogenannte multisensuale Konsumerlebnisse. Ursache hierfür ist eine zunehmende Homogenität vieler Produktkategorien.

Motivationstheorien versuchen die Antriebe bzw. Ursachen des Verhaltens zu erklären. Motivation umfasst grundlegende Antriebskräfte (Emotionen) und berücksichtigt eine kognitive Zielorientierung. Beim Individuum findet ein bewusster und willentlicher Prozess der Zielsetzung statt. Motive richten das Verhalten auf ein Ziel aus. Primäre Motive sind angeborene biologische Bedürfnisse wie Hunger, Durst oder Schlaf. Sekundäre Motive sind hingegen erlernt. Intrinsische Motive liegen vor, wenn das Handeln zu einer Belohnung durch den Menschen selbst führt (z. B. Motivation durch Arbeitsinhalt). Extrinsische Motive beziehen sich auf die Belohnung durch die Außenwelt (z. B. Motivation durch Gehalt). Maslow (1975) unterscheidet in seiner Motivationshierarchie fünf Arten von Motiven (Bedürfnissen), wobei jede Bedürfnisstufe erst dann erreicht wird, wenn die darunterliegenden Bedürfnisse erfüllt sind (vgl. Abb. 2.5). Diese strikte Rangfolge der Motive stellt auch die Hauptkritik an diesem Modell dar.

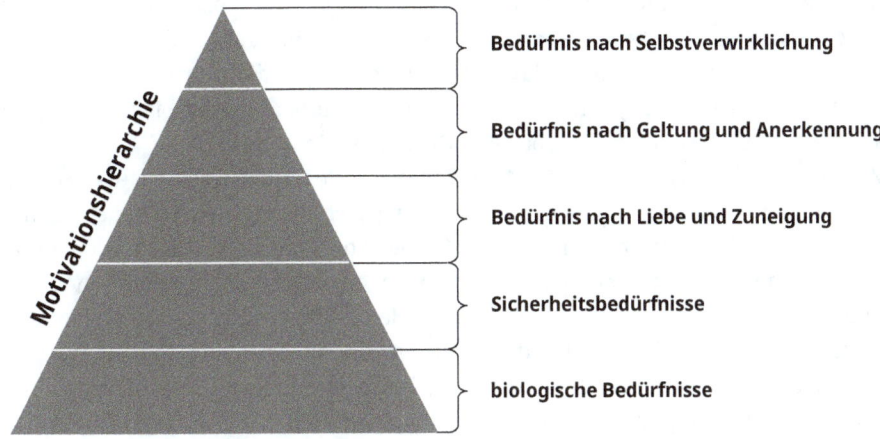

Abb. 2.5: Motivationshierarchie nach Maslow (Quelle: eigene Darstellung).

Die Messung der Motivation muss gleichermaßen Antriebskomponenten wie kognitive Komponenten der Motivation erfassen. Neben der psychobiologischen Messung ergibt sich die Möglichkeit der standardisierten Befragung, z. B. anhand von Ratingskalen. In der Praxis werden Einstellungsmessungen präferiert, da der Motivationsbegriff der kognitiven Theorie sich weitgehend mit dem Einstellungsbegriff deckt. Die Motivation zum Konsum ergibt sich durch die Beziehung zwischen den Antriebskräften und den Zielsetzungen bzw. Handlungsabsichten der Konsumenten. Als wirksame Antriebskräfte zum Konsum gelten: Prestige, Geselligkeit, Natürlichkeit, Erfolg, Jugendlichkeit. Aus dem Prestigestreben ergibt sich z. B. die ökonomisch paradoxe Motivation, mehr von einem Gut zu kaufen, wenn der Preis steigt (Veblen-, Snob-Effekt).

In Kaufsituationen können motivationale und kognitive Konflikte der Konsumenten auftreten. Ein motivationaler Konflikt ist z. B. die Selektion zwischen Automarke A (Prestigemotiv) und B (Sicherheitsmotiv). Ein kognitiver Konflikt liegt dann vor, wenn A gekauft wird und die Vorteile von B zum gedanklichen Konflikt führen (kognitive Dissonanz).

Einstellungen sind innere Bereitschaften eines Individuums, auf bestimmte Reize der Umwelt konsistent positiv bzw. negativ zu reagieren. Der Begriff der Einstellung hat eine beherrschende Rolle in der Marktforschung als Image. Unter Image wird in diesem Sinne die Summe der Einstellungen in Bezug auf ein Objekt (z. B. Marke) verstanden. Bei der Einstellung kommt zu den Motiven noch eine kognitive Gegenstandsbeurteilung hinzu. Beim Konsumenten muss eine subjektiv wahrgenommene Eignung eines Gegenstands zur Befriedigung einer Motivation vorliegen. So ergibt sich eine Einstellung gegenüber einer Marke. Einstellungen werden nur dann verhaltenswirksam, wenn der Konsument involviert ist oder seinen verfestigten Vorlieben folgt. Es lassen sich bezüglich einer Einstellung drei Komponenten unterscheiden: Die affektive Komponente bezeichnet die gefühlsmäßige Einschätzung eines Objekts, die kognitive Komponente beinhaltet das subjektive Wissen über das Einstellungsobjekt, die konative Komponente umfasst die mit der Einstellung verbundene Handlungstendenz (Markenwahl, Kaufabsicht). Es ist davon auszugehen, dass diese drei Komponenten miteinander konsistent sind, d. h., die Einstellung gegenüber einem Objekt beruht auf Fühlen, Denken und Handeln (Kroeber-Riel/Gröppel-Klein 2019, S. 208).

Zur Messung von Einstellungen werden vor allem Ratingskalen als Messinstrumente eingesetzt. Messungen finden auf der psychobiologischen Ebene, auf der Ebene der Beobachtungen (z. B. eingestellte Sender von Autoradios oder Aufkleber an Autos) sowie der Ebene der subjektiven Erfahrungen statt. Dabei werden bevorzugt Befragungen eingesetzt. Ein bekanntes, die Komplexität einer Einstellung beachtendes Verfahren zur Messung (Multiattributmodell) wurde von Fishbein (1967) entwickelt (vgl. Abb. 2.6). Mit diesem Modell werden die affektiven und kognitiven Aspekte einer Einstellung gegenüber ganz bestimmten Objekten ermittelt. Die Messung bezieht sich auf konkrete Merkmale des Einstellungsobjekts, wie z. B. Farbe oder Schnelligkeit eines Autos. Beim Fishbein-Modell wird die Einstellung einer Person nach der folgenden Formel ermittelt:

Soll beispielsweise die Einstellung eines Probanden zum Opel Astra gemessen werden, so erfolgt dies für jede zugrunde gelegte Eigenschaft anhand von zwei Skalen. Für die Eigenschaft Zuverlässigkeit werden folgende Aussagen der Probanden ermittelt:

1. Dass ein Astra zuverlässig ist, halte ich für … (Skala von „sehr wahrscheinlich" bis „sehr unwahrscheinlich").
2. Die Zuverlässigkeit des Astra bewerte ich mit … (Skala von „sehr hoch" bis „sehr niedrig").

Das Fishbein-Modell wird in der Marketingforschung häufig angewendet, jedoch nicht immer korrekt. Darüber hinaus bieten die Messvorschriften des Modells Anlass zur Kritik. Als weiterer Ansatz zur mehrdimensionalen Messung von Einstellungen ist daher das Modell von Trommsdorff (1975) zu erwähnen, welches auf dem Ansatz von Fishbein aufbaut, jedoch dessen messtechnische Nachteile vermeidet. Dieses Modell setzt voraus, dass sich der Konsument an einem produktarttypischen Idealbild orientiert.

Es wurde bereits erwähnt, dass Einstellungen sich als relativ stabil erweisen und nur schwierig zu ändern bzw. zu beeinflussen sind. Dennoch können sich bestimmte Einstellungen eines Menschen im Zeitablauf wandeln. Zum einen erwirbt das Individuum durch unmittelbare Erfahrungen oder den Einfluss der Kommunikation neue

Einstellungsmodell

Fishbein-Modell

$$A_{ij} = \sum_{k=1}^{n} B_{ijk} * a_{ijk}$$

A_{ij} = Einstellung der Person i zum Objekt j
B_{ijk} = Wahrscheinlichkeit dafür, dass Objekt j nach Meinung des Befragten i eine bestimmte Eigenschaft k besitzt
a_{ijk} = Bewertung der Eigenschaft k beim Objekt j durch Person i

Abb. 2.6: Einstellungsmodell nach Fishbein (1967) (Quelle: eigene Darstellung).

Einstellungen (Lernen), zum anderen leitet es seine Einstellungen aus der Beobachtung seines eigenen Verhaltens ab (Selbstwahrnehmung), indem es von seinem Verhalten in bestimmten Situationen auf die dahinter stehenden Einstellungen schließt. Schließlich werden Einstellungen durch Aufnahme und Verarbeitung neuer Informationen gebildet, z. B. Ausgleich von kognitiven Inkonsistenzen, wenn neue Informationen in Beziehung zu vorhandenen gesetzt werden. Für das Marketing ist diesbezüglich interessant, wie (potenzielle) Konsumenten Widerstände gegen die Beeinflussung durch Kommunikationsmaßnahmen entwickeln, d. h., sich bewusst einer Einstellungsbeeinflussung entziehen. Die Widerstände sind in erster Linie auf Irritation und Reaktanz zurückzuführen. Irritation entsteht, wenn eine Kommunikation als besonders peinlich, dümmlich, aufdringlich etc. empfunden wird. Dies ist hauptsächlich von der Gestaltung der Werbemittel abhängig. Ein irritierter Konsument lässt sich nur sehr schwierig beeinflussen. Den gleichen Effekt weist die Reaktanz auf: Wenn eine Person eine Bedrohung bzw. Einschränkung ihrer Verhaltensfreiheit wahrnimmt, entsteht eine Motivation (Reaktanz) sich der erwarteten Einengung zu widersetzen, d. h., zwanghafte Kommunikation wird nicht den gewünschten Effekt haben.

Im Marketing werden Einstellungswerte einmal zur Feststellung des Ist-Zustands auf dem Markt verwendet, andererseits zu Empfehlungen von Soll-Zuständen. Bei den Ist-Werten fungiert die Messung von Einstellungen als Basis für die Erklärung und Prognose des Konsumentenverhaltens sowie zur Feststellung der Wirkung von bereits erfolgten absatzpolitischen Maßnahmen (Erfolgskontrolle). In der Markenführung wird versucht, die Einstellung zu einer Marke an bestimmte Produkteigenschaften zu koppeln, z. B. durch das Hervorheben besonderer Wirkstoffe in Waschmitteln. Ferner führt die Bildung von Marken auch zu einem bestimmten Image eines Unternehmens bzw. seiner Produkte (Einstellungstransfer, z. B. bei Familien- oder Dachmarken). Bereits die Marktsegmentierung kann jedoch nach Einstellungen der Konsumenten erfolgen. Sie wäre dann als psychografisch zu charakterisieren. Bei den Soll-Werten ergibt sich als Zielgröße für das Marketing häufig die Einstellung der Konsumenten zu einem Idealprodukt. Diese Einstellungsmessung dient dann als Grundlage für die Markenpositionierung.

Ein Wert ist eine Auffassung von Wünschenswertem, die für ein Individuum bzw. eine Gruppe kennzeichnend ist und die Auswahl der zugänglichen Arten, Mittel und Ziele des Handelns beeinflusst (Kluckhohn 1962). Werte umfassen Einstellungen und sind zugleich dauerhafter im Vergleich mit diesen. Grundsätzlich lassen sich drei Dimensionen von Werten unterscheiden: Die erste Ebene umfasst Basiswerte des Menschen wie Frieden oder Gerechtigkeit. Die zweite Dimension besteht aus Bereichswerten, die in verschiedenen Lebensbereichen Geltung haben, z. B. im Arbeitsleben. Die dritte Ebene bezieht sich auf produktbezogene Werte. Durch den Konsum bestimmter Produkte werden Werte wie Sauberkeit oder Umweltfreundlichkeit dokumentiert. Werte werden über die Kultur einer Gesellschaft vermittelt und sind den Lebensstilen übergeordnet. Tab. 2.1 zeigt anhand der Typologie von Schwartz die Relevanz von Wertedimensionen für die Produktpolitik.

Tab. 2.1: Wertetypologie nach Schwartz (Quelle: eigene Darstellung).

Wertedimension	Relevanz für Konsumentenverhalten
Konservatismus	traditionelle Produkte; Produkte, die Recht und Ordnung fördern; Produkte, die in derselben sozialen Klasse genutzt werden
emotionale Selbstbestimmung	Produkte, die ein genüssliches, aufregendes und vielseitiges Leben fördern
intellektuelle Selbstbestimmung	Produkte, die Kreativität fördern; Freizeitprodukte
Hierarchie	Produkte, die den sozialen Status und Macht demonstrieren können
Selbstbehauptung	innovative Produkte; Produkte zur Lebenshilfe
Verantwortung	Berücksichtigung sozialer Aspekte von Produkten
Harmonie	umweltverträgliche Produkte; natürliche, gesunde Lebensmittel

Die Persönlichkeit eines Menschen umfasst alle bisher aufgeführten Konstrukte inklusive der im folgenden Abschnitt thematisierten Kognitionen. Die Persönlichkeit ist ein relativ stabiles und normalerweise nicht veränderbares Verhaltensmuster. Sie enthält darüber hinaus bestimmte Anlagen und Züge wie Intelligenz, Musikalität, Sportlichkeit etc. Im Marketing werden häufig Käufertypologien auf Basis der Persönlichkeit erstellt, wobei jedoch in der Regel nur auf einzelne Elemente/Konstrukte abgestellt wird (Meffert/Burmann/Kirchgeorg 2015, S. 128).

B Kognitive Prozesse

Neben den zuvor beschriebenen aktivierenden Prozessen zählen auch die kognitiven Vorgänge zum Organismus. Durch diese gedanklichen bzw. rationalen Prozesse erhält das Individuum Kenntnis von seiner Umwelt und von sich selbst. Das Verhalten wird durch Kognition gedanklich kontrolliert und gesteuert. Die kognitiven Prozesse werden eingeteilt in:
- Informationsaufnahme,
- Wahrnehmung und Produktbeurteilung,
- Lernen und Gedächtnis,
- Produktwahl und Kaufentscheidung.

Die gedankliche Verarbeitung von Reizen (von der Aufnahme des Reizes bis zur dauerhaften Speicherung der Information) erfolgt nach dem bekannten Dreispeichermodell mittels drei verschiedener Gedächtniskomponenten bzw. Speicher:

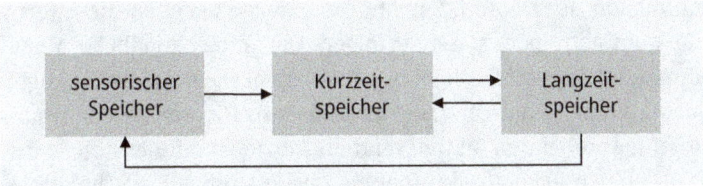

Abb. 2.7: Dreispeichermodell (Quelle: eigene Darstellung).

Der sensorische Speicher (Ultrakurzzeitspeicher) nimmt Sinneseindrücke nur für eine ganz kurze Zeit auf. Seine Kapazität ist sehr groß, die Speicherdauer jedoch sehr kurz, maximal eine Sekunde. Der Kurzzeitspeicher übernimmt aus dem sensorischen Speicher nur einen Teil zur weiteren Verarbeitung; es findet somit eine Informationsreduktion statt. Die Reize werden entschlüsselt und in kognitiv verfügbare Informationen umgesetzt. Der Kurzzeitspeicher kann auch als „menschlicher Arbeitsspeicher" bezeichnet werden, er ist die zentrale Einheit der Informationsverarbeitung. Im Kurzzeitspeicher werden die neuen Informationen mit bereits vorhandenen Erfahrungen im Langzeitspeicher verglichen und in vorhandene Wahrnehmungsschemata eingeordnet. Die Informationen im Kurzzeitspeicher werden entweder schnell wieder gelöscht oder dauerhaft in den Langzeitspeicher übernommen. Der Kurzzeitspeicher hat eine beschränkte Kapazität; so werden z. B. beim flüchtigen Betrachten einer Werbeanzeige in einer Zeitschrift (ca. 5 Sekunden) maximal 20 Informationseinheiten (z. B. einzelne Wörter, Farben, Gegenstände) gespeichert. Der Langzeitspeicher ist mit dem menschlichen Gedächtnis gleichzusetzen: Hier werden Informationen langfristig gespeichert und Wissen aufgebaut. Einmal im Langzeitspeicher abgelegte Informationen werden nie wieder „vergessen", Informationen in den Gedächtnisspuren des Langzeitspeichers nie wieder gelöscht. Diese Aussage mag auf den ersten Blick verwundern, aber das Phänomen „Vergessen" entspricht nicht der Tatsache, dass einst gespeicherte Informationen plötzlich verschwunden sind, sondern drückt nur eine mangelnde Zugriffsfähigkeit aus, d. h., Überlagerungseffekte kommen zum Tragen, sodass bestimmte Informationen schier unauffindbar erscheinen. Das Wissen im Gedächtnis wird meist in Form von semantischen Netzwerken strukturiert (vgl. Abb. 2.9), indem neue Informationen in Beziehung zu vorhandenen gesetzt werden.

Bei der Informationsaufnahme wird zwischen interner und externer Aufnahme differenziert. Die erforderlichen Informationen der internen Informationsverarbeitung werden aus dem Langzeitgedächtnis abgerufen. Beim Individuum liegen gewisse Erfahrungswerte vor, eine gespeicherte Information wird ins Bewusstsein gerufen, beispielsweise die Qualität eines früher besuchten Restaurants. Für die externe Informationsaufnahme sind die von außen aufgenommenen Informationen von Bedeutung, d. h., eine Werbeanzeige wird gelesen und evtl. werden neue Informationen abgespeichert. Eine weitere Unterscheidung geht darauf zurück, dass das Individuum entweder aktiv nach Informationen sucht oder aber die Informationen ohne Absicht und willentliche Bemühungen übernimmt. Sowohl die externe als auch die interne Informationsaufnahme kann aktiv oder passiv erfolgen. Der unterschiedliche Ablauf einer Informationsaufnahme hängt schließlich davon ab, ob aktivierende oder kognitive Kräfte einer Informationsbeschaffung zugrunde liegen: Die Stärke der hinter einer Informationsaufnahme stehenden (aktivierenden) Antriebskräfte bestimmt den Umfang und die Intensität der Informationsaufnahme, die kognitiven Entscheidungsregeln bestimmen die Auswahl der Informationsquellen (Kroeber-Riel/Gröppel-Klein 2019, S. 282 ff.).

Die umfangreiche Differenzierung der Informationsaufnahme zeigt die Komplexität dieses Sachverhalts. Die Konsumentenforschung beschränkt sich daher meist auf externe, visuelle Informationen, z. B. wird den Probanden eine visuelle Vorlage (Werbeanzeige) präsentiert, und daraufhin werden sogenannte Fixationen herausgefiltert. Der Mensch nimmt eine visuelle Vorlage nämlich nicht mit einem Blick wahr, sondern der Blick tastet die Vorlage mit unregelmäßigen Sprüngen (Saccaden) ab. Der Blick verweilt auf für die Informationsaufnahme wichtigen Punkten und springt dann weiter. Das Verweilen des Blickes auf einem Punkt wird Fixation genannt. Bei der Messung von Fixationen wurde festgestellt, dass ein Text dann bevorzugt wahrgenommen wird, wenn er links oben oder rechts unten auf einer Seite steht. Ferner werden die Bilder einer Werbeanzeige gewohnheitsmäßig als erstes fixiert und meistens länger als der Text betrachtet. Es zeigt sich eine Überlegenheit des Bildes für die Informationsvermittlung via Werbung und anderen Kommunikationsinstrumenten, gerade wenn von einem Low-Involvement der Konsumenten ausgegangen werden kann. Durch eine geeignete Platzierung von visuellen Informationseinheiten sowie ihre aktivierende Gestaltung ist demnach die Informationsaufnahme beeinflussbar.

Wahrnehmung ist ein Prozess der Informationsverarbeitung, durch den aufgenommene Umweltreize und innere Signale entschlüsselt werden und einen Sinn (Informationsgehalt) für das Individuum bekommen. Wahrnehmen heißt somit, Gegenstände,

Vorgänge und Beziehungen in bestimmter Weise zu sehen, hören, tasten, schmecken, riechen, empfinden und diese subjektiven Erfahrungen zu interpretieren und in einen sinnvollen Zusammenhang zu bringen (Kroeber-Riel/Gröppel-Klein 2019, S. 304 ff.). Die Wahrnehmung des Individuums findet aktiv, subjektiv und selektiv statt: Wahrnehmung ist ein aktiver Vorgang der Informationsaufnahme und -verarbeitung. Jeder lebt in einer subjektiv wahrgenommenen Welt, nimmt demnach Objekte subjektiv unterschiedlich wahr. Schließlich muss die Wahrnehmung selektiv sein, denn aus einer Vielzahl von Informationen sucht sich das Individuum nur den Teil aus, der für ihn relevant ist. Die Bedeutung der selektiven Wahrnehmung kann am sogenannten Hitchcock-Effekt illustriert werden: Der berühmte britische Filmregisseur Alfred Hitchcock hatte es sich zur Gewohnheit gemacht, in all seinen Filmen selbst in einer kleinen Nebenrolle zu erscheinen. Dies war nach seinem Durchbruch als Regisseur auch den Filmzuschauern bekannt, was dazu führte, dass einige Zuschauer nur auf diesen Kurzauftritt warteten und dabei die Handlung weniger beachteten. Hitchcock löste diese Problematik, indem er in seinen späteren Filmen seinen Kurzauftritt immer in den ersten Minuten des Filmes platzierte. Dieses Beispiel zeigt, wie selektive Wahrnehmung dazu führen kann, dass der Kern einer Kommunikationsbotschaft gar nicht erfasst wird. Die Erkenntnisse zur Wahrnehmung haben für das Marketing insbesondere die Konsequenz, dass immer nur das subjektiv wahrgenommene Angebot der Konsumenten ihr Verhalten bestimmt. Eine negative Wahrnehmung zu haben, heißt dann, dass ein Unternehmen bzw. ein Produkt von einer Vielzahl von Konsumenten in ihrer subjektiven Wahrnehmung negativ beurteilt wird.

Die Produktbeurteilung ist ein Unterbegriff zur Wahrnehmung. Sie bezieht sich speziell auf die Wahrnehmung von real oder bildlich dargebotenen Produkten. Sie kommt durch ein Sortieren und Bewerten der zur Verfügung stehenden Produktinformationen zustande. Ergebnis der Produktbeurteilung ist die wahrgenommene Qualität eines Produkts (Kroeber-Riel/Gröppel-Klein 2019, S. 313 ff.). Grundsätzlich findet bei der Produktbeurteilung ein Vergleich der aktuell aufgenommenen mit den gespeicherten Informationen statt. Aktuelle Informationen kommen in der Form der unmittelbaren Produktdarbietung (Regal, Schaufenster) bzw. der symbolischen Darbietung (Abbildung in Werbeanzeige) zum Tragen. Dabei wird zwischen Produkt- und Umfeldinformationen unterschieden. Direkte Produktinformationen beziehen sich auf physikalisch-technische Eigenschaften des Produkts (Farbe, Form etc.) oder Merkmale des Produktangebots (Preis, Garantie etc.). Produktumfeldinformationen sind zum einen die Angebotssituation, in der die Darbietung stattfindet (Ladengestaltung, Verkaufspersonal), zum anderen die wahrgenommene sonstige Situation, die in keinem Zusammenhang mit der Produktdarbietung steht, wie die Begleitung durch einen Freund.

Die Schlüsselinformationen (information chunks) sind die für die Produktbeurteilung entscheidenden Informationen. Sie bündeln mehrere andere Informationen. Eine Schlüsselinformation wäre der Preis, wenn von ihm direkt auf die Qualität geschlossen wird, oder auch der Markenname. Neben diesen direkten Produktinformationen benutzt die Werbung emotionale Umfeldinformationen, um ein attraktives

Wahrnehmungsklima zu schaffen und die Produktwahrnehmung in die gewünschte Richtung zu lenken. Ein Beispiel für ein emotionales Umfeld ist eine Werbeanzeige für ein Auto, die mit einer erotischen Frau aufgemacht ist.

Gespeicherte Informationen des Konsumenten beziehen sich auf das sogenannte Produktwissen. Das Individuum sucht bei der Reizwahrnehmung nach einem Schema, das für das Verständnis und die Beurteilung des Reizes geeignet ist. Die Wahrnehmung von Produkten oder Marken hängt wesentlich von den Produkt- und Markenschemata ab, über die der Konsument aufgrund seiner Erfahrungen verfügt. Informationen, die ein Schema ansprechen, werden schneller verarbeitet, erleichtern die Produktbeurteilung und werden besser erinnert. Ein gutes Beispiel für ein Schema ist die Vorstellung, dass Manager Männer sind, die smart und gut gekleidet aussehen und mit kleinen Aktenkoffern Flugzeugtreppen hinuntersteigen. Die Werbung macht sich solche Schemata zunutze und bildet Manager dementsprechend stereotyp ab, um eine gewünschte Wahrnehmung zu erzeugen. Neben dieser Vorgehensweise – Übereinstimmung der Werbebotschaft mit einem vorhandenen Schema – gibt es noch die Möglichkeit, Schemata der Konsumenten für die Produktbeurteilung zu ändern. Hierfür haben sich Marken als idealer Ausgangspunkt herausgestellt. Ein bekannter Markenname aktiviert ein Markenschema und beeinflusst so automatisch die gesamte Produktwahrnehmung. Die folgende Abb. 2.8 fasst die Komplexität einer Produktbeurteilung abschließend zusammen:

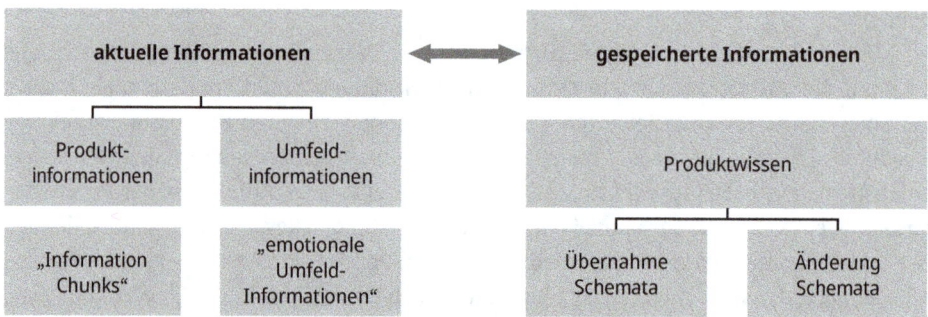

Abb. 2.8: Produktbeurteilung als kognitiver Prozess (Quelle: eigene Darstellung).

In diesem Zusammenhang lohnt sich ein Blick auf drei Denkschablonen, die der Konsument bei der Produktbeurteilung verwenden kann. Denkschablonen liegen dann vor, wenn der Konsument in einer kognitiv vereinfachenden Weise von einem Eindruck auf einen anderen schließt. Erstens ist es möglich, dass ein Konsument von einem einzelnen Eindruck auf die Gesamtqualität eines Produkts schließt, was in diesem Abschnitt bereits als information chunks charakterisiert wurde. Ein bestimmter Markenname bestimmt in diesem Sinne die wahrgenommene Produktqualität. Zweitens wird ein (induktiver) Schluss von einem einzelnen Eindruck auf einen anderen Eindruck als Irradiation bezeichnet, d. h., das Ausstrahlen und Hineinwirken von einem Wahrnehmungsbereich auf einen anderen. Hier ist zum einen das bereits erwähnte Einwirken des Produktumfelds auf das Produkt (z. B. attraktive Frauen werten einen PKW optisch auf) zu verorten, zum anderen kann z. B. auch ein bestimmter Geruch bei Reinigungsmitteln die Einschätzung der Reinigungskraft beeinflussen. Drittens gibt es das Phänomen des Halo-Effekts, bei dem das Urteil über die Gesamtqualität die Wahrnehmung einzelner Eindrücke bzw. Eigenschaften beeinflusst. So beurteilen wir bei guten Freunden auch sichtbar negative Eigenschaften wesentlich moderater als bei Menschen, die wir generell nicht mögen. Dies gilt analog auch für Marken: Von markentreuen Konsumenten wird die Marke insgesamt sehr positiv bewertet, und dies schlägt auf alle Eigenschaften der Marke durch, womit dieser ein hoher Vertrauensvorschuss gewährt wird.

Die klassischen Lerntheorien stellen das Lernen in Form von (gesetzmäßigen) Verknüpfungen zwischen beobachtbaren Reizen S (Stimulus) und beobachtbaren Reaktionen R dar (S-R-Theorien). Das Kontiguitätsprinzip erklärt das Lernen als Ergebnis des gemeinsamen Auftretens zweier Reize. Grundlage eines solchen Lernprozesses ist die räumliche und zeitliche Nähe der beiden Reize. Paradebeispiel ist das berühmte Hundeexperiment von Pawlow sowie seine daraus entwickelte Theorie der klassischen Konditionierung. Pawlow kombinierte bei seinem Experiment einen neutralen Reiz (Glockenklang) mit einem unkonditionierten Reiz (Darbietung von Hundefutter), der zu einer bestimmten Reaktion (Speichelabsonderung) führte. Nach wiederholter gemeinsamer Darbietung beider Stimuli reagierten die Hunde bereits mit Speichelabsonderung, wenn nur die Glocke geläutet wurde. Im Marketing werden häufig Emotionen als unkonditionierte Reize eingesetzt (emotionale Konditionierung). Die Biermarke Krombacher (neutraler Stimulus) wird z. B. mit den unkonditionierten Stimuli Natur und Musik verbunden, was zur Wahrnehmung der Marke als „entspannend" und „natürlich" führt (Baumgarth 2008, S. 61). Nach dem Verstärkungsprinzip ist Lernen das Ergebnis der Verstärkung, die eine Reaktion erfährt (instrumentelle bzw. operante Konditionierung). Das Verhalten eines Individuums basiert demnach auf Umweltreizen, die von ihm als positiv (belohnend) oder negativ (bestrafend) empfunden werden. So gibt es positive Verstärker (Geld, soziale Anerkennung etc.) und negative Verstärker (z. B. soziale Missbilligung). Eine Belohnung findet dementsprechend statt, wenn entweder positive Verstärker dargeboten oder negative Verstärker entzogen werden, Bestrafungen bei umgekehrten Vorzeichen. Belohnte Aktivitäten werden vom Individuum tendenziell verstärkt. Je häufiger die Aktivität einer Person belohnt wird, mit desto größerer Wahrscheinlichkeit wird diese Person die Aktivität ausführen.

Mit den klassischen Theorien lässt sich das komplexe menschliche Verhalten nur unzureichend erklären. Es erfolgt zunehmend eine Ergänzung durch kognitive Ansätze, die Lernen als Aufbau von Wissensstrukturen betrachten. Sie beziehen sich vor allem auf die Funktion des Gedächtnisses, auf die Speicherung und den Gebrauch von Wissen. Der eigentliche Lernvorgang bezieht sich auf die Übernahme von Informationen in den sogenannten Langzeitspeicher.

Der kognitive Verarbeitungsprozess läuft in vier Phasen ab (Kroeber-Riel/Gröppel-Klein 2013, S. 431):
1. Aufnahme von Reizen,
2. Übersetzung der Reize in gedankliche Einheiten, z. B. Bilder (Kodierung),
3. Übernahme der gedanklichen Einheiten in den Langzeitspeicher,
4. Abruf der gespeicherten Einheiten aus dem Gedächtnis.

Das vorhandene Wissen spielt dabei eine Schlüsselrolle für das Speichern. Das Lernen von neuem Wissen ist nur dadurch möglich, dass die aufgenommenen Informationen zu dem bereits gespeicherten Wissen in Beziehung gebracht werden. Dies führt zum Aufbau sogenannter semantischer Netzwerke. Ein Begriff X wird mit anderen Begriffen assoziiert und abgespeichert. Durch unterschiedliche Techniken der Zeichenzuordnung können die mit einer Marke verbundenen Vorstellungen (z. B. Begriffe, Bilder, Slogan oder Musik) an weitere Bezugsrahmen geknüpft werden. Solche Markenschemata lassen sich gut durch semantische Netzwerke darstellen. Die zu betrachtende Marke bildet den Mittelpunkt; von hieraus spannen Linien zu assoziierten Begriffen ein Netzwerk auf. Diese Begriffe oder allgemein Items werden durch Konsumentenbefragungen erhoben. Je näher diese Items im Netzwerk an die Marke platziert sind (in der unteren Abbildung dunkel hinterlegt), desto häufiger wurden sie mit der Marke in Verbindung gebracht. Die Abb. 2.9 zeigt ein semantisches Netzwerk für die Schokoladenmarke Milka.

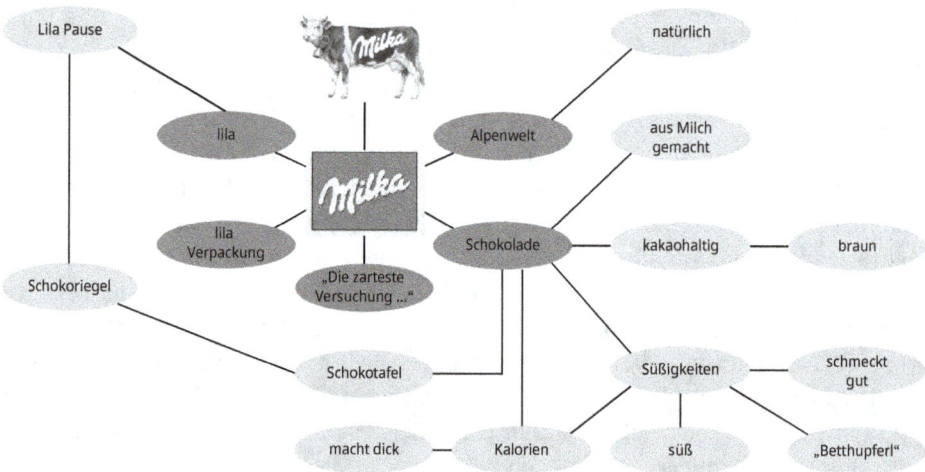

Abb. 2.9: Semantisches Netzwerk für die Marke Milka (Quelle: in Anlehnung an Esch/Wicke 2001, S. 48).

Die vom Konsumenten aufgenommenen Reize werden oft in Form von inneren Bildern kodiert. Je lebendiger ein einzelnes inneres Bild wahrgenommen wird, desto stärker ist sein Einfluss auf das Verhalten. Die Kommunikationspolitik nutzt Bilder, die einen lebendigen Eindruck hervorrufen sollen, d. h., sie müssen assoziationsreich und eigenständig sein. Zum Aufbau eines klaren Vorstellungsbilds über eine Marke ist im Allgemeinen eine wiederholte Darstellung von entsprechendem Bildmaterial erforderlich, wobei ein grundlegendes Bildmotiv beizubehalten ist. Der Begriff des Schlüsselbilds (Key Visual), definiert als visuelles Präsenzsignal der Marke, nutzt diese kognitive Kodierung, um die Markenkommunikation bestmöglich auf den Punkt zu bringen (z. B. Milka-Kuh, Beck's-Schiff).

Das Gedächtnis ist der Langzeitspeicher für Informationen, der durch eine sehr große Kapazität und Speicherdauer gekennzeichnet ist. Die Leistung des Gedächtnisses kann durch freie Wiedergabe von Gelerntem (Reproduktion) ohne Hilfe (Free Recall), durch Reproduktion mit Gedächtnisstützen (Aided Recall) sowie durch Wiedererkennung (Recognition) vorgelegter Materialien gemessen werden. Durch den Recall kann eine aktive, ungestützte Markenbekanntheit, durch Recognition eine passive, gestützte Markenbekanntheit ermittelt werden.

Die Produktwahl kann kognitiv kontrolliert oder emotional bestimmt sein. Ein sehr stark emotional gesteuerter Konsument verhält sich impulsiv. Er reagiert auf eine Produktdarbietung weitgehend automatisch. Beim Gewohnheitsverhalten ist eine stärkere kognitive Beteiligung vorhanden. Der Konsument folgt aktiv verfestigten Verhaltensplänen. Erst wenn der Konsument das Für und Wider einer Produktwahl überlegt und eine bewusste Auswahl trifft, kann von echten Entscheidungen gesprochen werden.

Das Zusammenspiel bzw. die Ausprägung von emotionalen und kognitiven Determinanten einer Produktwahl wird in dem bereits erwähnten Konstrukt Involvement erfasst. Das Produktinvolvement wird im Wesentlichen von dem Interesse bestimmt, das jemand einem Produkt entgegenbringt. Ein Involvement, das sowohl kognitiv als auch emotional ausgeprägt ist, führt zu einem extensiven Kaufverhalten. Hinter einem solchen Verhalten stehen Motive und Konflikte, die den Konsumenten zu stärkeren gedanklichen Aktivitäten bei Informationsaufnahme und -verarbeitung anregen. Ein Involvement, das weder kognitiv noch emotional geprägt ist, kennzeichnet Gewohnheitskäufe (habitualisiertes Kaufverhalten). Der Konsument folgt eingefahrenen Einkaufsschemata, ohne über die Produktauswahl nachzudenken und ohne sich emotional zu erwärmen. Ein Gewohnheitsverhalten kann jedoch auch stark emotional geprägt sein, ohne kognitive Prozesse. Dies ist der Fall, wenn Konsumenten starke emotionale Bindungen zu einer Marke (z. B. Chanel) entwickeln, und diese Marke dann immer wieder ohne gedankliche Aktivitäten bei der Auswahl kaufen. Das impulsive Verhalten ist ein unmittelbar reizgesteuertes Auswahlverhalten, das in der Regel von Emotionen begleitet wird. Der Konsument reagiert weitgehend automatisch. Er wählt das Produkt ohne weiteres Nachdenken, einfach deswegen, weil es ihm gefällt und seinen besonderen Vorlieben entspricht.

Schätzungsweise 10 % bis 20 % aller Käufe sind als echte Impulskäufe auszumachen. Hierbei werden neue Kaufererfahrungen spontan und emotionalisiert gesammelt. Neben diesen „reinen" Impulskäufen gibt es in der Theorie noch die folgenden drei Impulskaufarten. Bei erinnerungsgesteuerten Impulskäufen stellt der Konsument in der Kaufsituation einen Bedarf fest, der ihm nicht mehr bewusst war. Ist der Konsument a priori bereit, situativen Einflüssen spontan nachzugeben, wird von einem geplanten Impulskauf gesprochen. Bei einem suggestiven Impulskauf erfolgt eine argumentative Unterstützung von der Verkaufsseite. In der Praxis wird eine solche Unterscheidung aufgrund von Abgrenzungsschwierigkeiten meist nicht getroffen. Limitiertes Kaufverhalten beinhaltet verfestigte kognitive Verhaltensmuster. Sie können als Umsetzung von bereits vorgefertigten Entscheidungen in Kaufhandlungen aufgefasst werden. Der Konsument hat z. B. ein Relevant Set von Marken, aus denen er seine Kaufentscheidung trifft. Die Auswahl ist somit von Anfang an begrenzt.

Ein gewohnheitsmäßiges Kaufverhalten entsteht allgemein durch die Übernahme von Verhaltensmustern im Sozialisationsprozess (Kinder wachsen mit dem Trinken von Coca-Cola auf) oder durch Beibehalten von Entscheidungen, die sich bewährt haben (ein zufriedener Spiegel-Leser wird den Spiegel immer wieder kaufen). Eine wichtige Voraussetzung für die Gewohnheitsbildung ist die Bewährung einer Marke, die sich in der erlebten Markenzufriedenheit niederschlägt. Markentreue ist somit eine Folge habitualisierter Entscheidungen. Dies wurde insbesondere für den Autokauf nachgewiesen. Für das Marketing sind sowohl Impuls- als auch Gewohnheitskäufe interessant. Das impulsive Verhalten ist ein für das Marketing erzielbarer Soforteffekt. Durch momentane Reizung des Konsumenten wird direkt das Kaufverhalten ausgelöst. Das Gewohnheitsverhalten bringt für das Marketing einen Langzeiteffekt. Der Konsument folgt verfestigten Kaufplänen und bindet sich an Marken.

Bei Kaufentscheidungen mit stärkerer kognitiver Kontrolle spielt das Phänomen des Information Overload eine Rolle. Der Konsument nutzt zu seiner Entscheidung nur einen geringen Teil der angebotenen Informationen. Wird er dazu gebracht, darüber hinaus Informationen zu verwenden, so verringert sich die Entscheidungseffizienz. Damit sind auch die Grenzen der Informationsverarbeitung aufgezeigt, d. h., ein Konsument wird auf Reizüberflutung eher negativ reagieren. Die Produktauswahl folgt kognitiven Programmen. Soll zwischen Alternativen entschieden werden, so wird der kognitiv gesteuerte Konsument Kosten-Nutzen-Abwägungen anstellen. Dabei stützt er sich auf gewünschte Nutzendimensionen, die sein Idealprodukt aufweisen sollen, und eliminiert dabei alle Produkte, bis nur noch eine Alternative übrig bleibt. In diesem Zusammenhang unterscheidet Assael (1987) vier Arten des Kaufverhaltens nach den Kriterien Beschäftigungsaufwand und Markenunterschiede (vgl. Tab. 2.2).

Ein komplexes Kaufverhalten liegt dann vor, wenn Konsumenten sich mit einem Produktkauf persönlich intensiv beschäftigen und zudem zwischen den einzelnen angebotenen Marken erhebliche Unterschiede ausgemacht werden. Eine intensive Beschäftigung findet sich regelmäßig beim Kauf sogenannter High-Involvement-Produkte. Dies sind Produkte, die erstens relativ teuer sind und damit einem gewissen Kaufrisiko unterliegen, zweitens relativ selten gekauft werden und drittens in hohem Maße die Persönlichkeit des Käufers widerspiegeln. Klassisches Beispiel sind der Kauf eines PKW bzw. von Designeranzügen.

Tab. 2.2: Arten des Kaufverhaltens (Quelle: in Anlehnung an Assael 1987, S. 87).

	intensive Beschäftigung mit Kauf	geringe Beschäftigung mit Kauf
bedeutende Unterschiede zwischen angebotenen Marken	**komplexes** Kaufverhalten	**Abwechslung suchendes** Kaufverhalten
geringe Unterschiede zwischen angebotenen Marken	**dissonanzminderndes** Kaufverhalten	**habituelles** Kaufverhalten

Ein dissonanzminderndes Kaufverhalten ist gegeben, wenn wiederum eine intensive Beschäftigung mit der geplanten Anschaffung erfolgt, zwischen den einzelnen Marken jedoch keine nennenswerten Unterschiede wahrgenommen werden. Ein solches Verhalten ist beim Kauf von Teppichen, Wasserbetten oder allgemein Möbeln zu beobachten. Die anvisierten Produkte sind zwar relativ teuer, doch der Konsument sieht zwischen den angebotenen Marken bzw. Fabrikaten keine großen Unterschiede. Oft sind ihm die Markennamen überhaupt nicht bekannt. Somit kommt es vergleichsweise schnell zum Kauf des Produkts. Ausschlaggebend sind oft Sonderangebote oder die Nähe des Händlers zum Wohnort. Hierdurch kommt es jedoch nach dem Kaufabschluss häufig zu sogenannten Dissonanzen, d. h., Zweifeln an der Richtigkeit des Kaufes. Der Kunde versucht, diese Dissonanzen durch eine aktive Informationssuche über das Kaufobjekt zu vermindern und letztlich die Richtigkeit seiner Kaufentscheidung zu bestätigen.

Ein habituelles Kaufverhalten ergibt sich bei Produkten, mit deren Kauf sich der Konsument sehr wenig beschäftigt und bei denen keine bedeutenden Unterschiede zwischen Marken vorliegen, beispielsweise Salz oder Zucker. Wenn der Konsument hier immer zur gleichen Marke greift, so geschieht dies nicht aufgrund von Markenpräferenz, sondern schlicht aus Gewohnheit. Versorgungseinkäufe laufen habituell ab. Der Konsument bewegt sich nach einem eingefahrenen Muster durch das Geschäft und legt die Lebensmittel in der bekannten Reihenfolge in seinen Einkaufswagen, er geht zur Kasse, bezahlt und verlässt das Geschäft schnellstmöglich. In diesem Zusammenhang wird auch von Low-Involvement-Käufen gesprochen. Aufwendige kognitive oder emotionale Prozesse laufen bei einem solchen Kaufverhalten nicht ab.

Ein Abwechslung suchendes Kaufverhalten (Variety Seeking) findet sich dort, wo Konsumenten sich nur in geringem Maße mit dem Kauf beschäftigen, obwohl zwischen den Marken erhebliche Unterschiede vorliegen. Der Konsument wechselt häufig die Marke, z. B. bei Schokoriegeln oder Lakritzen; er greift – bei Lakritzen – mal zu Haribo und mal zu Katjes, um verschiedene Geschmacksrichtungen auszuprobieren oder einfach aus Lust an der Abwechslung.

Die Darstellung der Kaufentscheidung schließt den Bereich Organismus im Rahmen des S-O-R-Modells ab. Nachfolgend werden die auf den Organismus einwirkenden Stimuli näher betrachtet. Als Ursprung der Stimuli lassen sich die Erfahrungs- und Medienumwelt unterscheiden.

C Erfahrungsumwelt

Die Umwelt des Menschen besteht aus allen Gegenständen, die sich im Wahrnehmungsbereich der menschlichen Sinne befinden. Die (Erfahrungs-)Umwelt wird zweckmäßigerweise eingeteilt in physische und soziale Umwelt. Zur physischen Umwelt zählen die natürliche Umwelt wie Berge und Seen sowie die vom Menschen geschaffene Umwelt wie Gebäude und Produkte. Zur sozialen Umwelt gehören die Menschen sowie Beziehungen (Interaktionen) zwischen ihnen.

Es werden ferner direkte von indirekten Beziehungen unterschieden: Direkte Beziehungen entstehen zur näheren Umwelt (Wohnhaus, Familie, Freunde, Stammkneipe), indirekte Beziehungen haben die Menschen zur weiteren Umwelt (selten besuchte Gebäude einer Stadt, Landschaften in der Umgebung, Kollegen anderer Abteilungen etc.). Sowohl die physische als auch die soziale Umwelt kann somit näher oder weiter sein. Hinzu tritt noch die sogenannte Medienumwelt. Während die Erfahrungsumwelt durch direkte Kontakte entsteht, wird die Medienumwelt den Menschen indirekt über Medien vermittelt (Kroeber-Riel/Gröppel-Klein 2019, S. 540 ff.).

Mensch und Umwelt stehen in einer dynamischen Wechselbeziehung zueinander. Die Umweltpsychologie untersucht dabei das Verhältnis der Menschen zu ihrer physischen bzw. materiellen Umwelt. Die physische Umwelt löst konsistente Verhaltensweisen aus. Sie wirkt aufgrund ihrer physischen Reizattribute wie Farbe, Beleuchtung, Geruch etc. sowie ihrer symbolischen Bedeutung. Bevorzugtes Thema der Umweltpsychologie ist die Abhängigkeit des menschlichen Verhaltens von der physischen Umgebung, die durch Wohnungen, Fabriken, Büros, Schulen usw. geschaffen wird. Der Begriff Raum spielt dabei eine entscheidende Rolle, da die Umwelt stets räumlich organisiert ist. Menschen besitzen hervorragende Fähigkeiten, räumliche Umwelten wahrzunehmen und zu erinnern. Die so gewonnenen Informationen werden im Gedächtnis meist durch innere Bilder gespeichert. Der Mensch schafft sich gedankliche Lagepläne, d. h., subjektiv vereinfachte innere Bilder einer räumlichen Ordnung. Sie bilden z. B. die Warenanordnung in einem Geschäft ab. Diese umweltpsychologischen Erkenntnisse können in den Marketingbereich übertragen werden, um die räumliche Orientierung der Konsumenten beim Einkauf zu erklären. So wurde beispielsweise herausgefunden, dass die Platzierung von Produkten in den Randlagen eines Geschäfts besser erinnert wird. Der Kundenfluss in Einzelhandelsgeschäften verläuft ebenfalls entlang der Randlagen, meist dem Uhrzeigersinn entgegengesetzt. Zentrale Bereiche des Geschäfts werden in der Regel weniger bemerkt. Darüber hinaus fördern Markierungen wie Farbflächen und Tafeln das Zustandekommen von wirksamen Lageplänen.

Die physische Umwelt beeinflusst das Verhalten vor allem über emotionale Reaktionen. Ein prominentes Verhaltensmodell wurde von Mehrabian und Russell (1974) entwickelt. Die Umweltreize (S) lösen Gefühle aus, welche als intervenierende Reaktionen (I) das Verhalten (R) gegenüber der Umwelt bestimmen. Die unterschiedlichen Reaktionen gegenüber einer Umwelt hängen von Persönlichkeitsunterschieden (P) ab (vgl. Abb. 2.10).

Die Umweltreize (S) stellen eine Menge von Einzelreizen (Farben, Beleuchtung, Musik etc.) dar, die jedoch eine einheitliche Reizkonstellation bilden, also zusammenwirken. Das Reizvolumen wird durch die sogenannte Informationsrate gemessen. Die zentralen Gefühlsdimensionen (I), die allen emotionalen Reaktionen eigen sind und dafür sorgen, dass jemand sich von einer Umwelt angezogen oder abgestoßen fühlt, heißen Erregung – Nichterregung sowie Lust – Unlust. Erregung/Nichterregung gibt dabei die Stärke der emotionalen Reaktionen an, Lust/Unlust die positive bzw. negative Richtung von Gefühlen. Die gleichen Variablen kennzeichnen auch unterschiedliche Persönlichkeitstypen (P). So gibt es lustbetonte, gegenüber erregenden Reizen aufgeschlossene (sensualistische) Konsumenten, auf der anderen Seite jedoch auch Reizabschirmer. Das Ergebnis der Umweltwirkungen (R) ist nach dem Modell eine Annäherung an die Umwelt oder eine Vermeidung der Umwelt.

Die Erkenntnisse des Modells finden praktische Relevanz durch die sogenannte Umwelttechnik, die versucht, eine emotional wirksame und anziehende Umwelt zu gestalten (z. B. bei Gebäuden, Wohnungen, Läden). Zu den wirksamsten Einzelreizen gehören die unterschiedlichen Farben. Rot liefert die stärkste Erregung, während Blau und Grün als besonders lustbetont gelten. Weitere Elemente der Umweltgestaltung sind Grünpflanzen, Licht und Musik. Wird das Modell auf die Gestaltung von Läden übertragen, so muss die Umwelttechnik bereits bei der Außengestaltung (z. B. Parkplatz, Eingangsbereich) einsetzen. Zentraler Fokus ist aber die Gestaltung des Interieurs (z. B. Warenpräsentation). Durch Berücksichtigung umweltpsychologischer Erkenntnisse können die Verweildauer der Kunden im Laden sowie das wahrgenommene Kauferlebnis positiv beeinflusst werden.

Die nähere soziale Umwelt umfasst die Personen und Gruppen, mit denen der Konsument in einem regelmäßigen persönlichen Kontakt steht: Freunde, Kollegen, Familie, Vereine etc. Das Konsumentenverhalten wird entscheidend von den Einflüssen der näheren sozialen Umwelt bestimmt (Familie, Bezugsgruppen). Die weitere soziale Umwelt umfasst alle Personen und Gruppierungen, zu denen der Konsument keine regelmäßigen Beziehungen unterhält. Hierzu zählen neben Kultur und Subkultur große soziale Organisationen wie Großstädte, Kirche, Parteien, Unternehmen etc. Der Einfluss dieser weiteren Umwelt ist besonders komplex, weil er indirekt wirkt. Ein wichtiger Begriff ist in diesem Zusammenhang der Lebensstil, der z. B. durch bestimmte soziale Milieus vermittelt wird.

Gruppen sind in der Soziologie nur solche Mehrheiten von Personen, zwischen denen Interaktionen stattfinden und die sich durch eine eigene Identität auszeichnen. Personenmehrheiten, auf die dies nicht zutrifft, werden soziale Kategorien oder Aggregate genannt. Eine soziale Kategorie wird definiert als eine Anzahl von Menschen, die ähnliche Merkmale aufweisen. Sie werden lediglich aufgrund dieser Merkmale zu

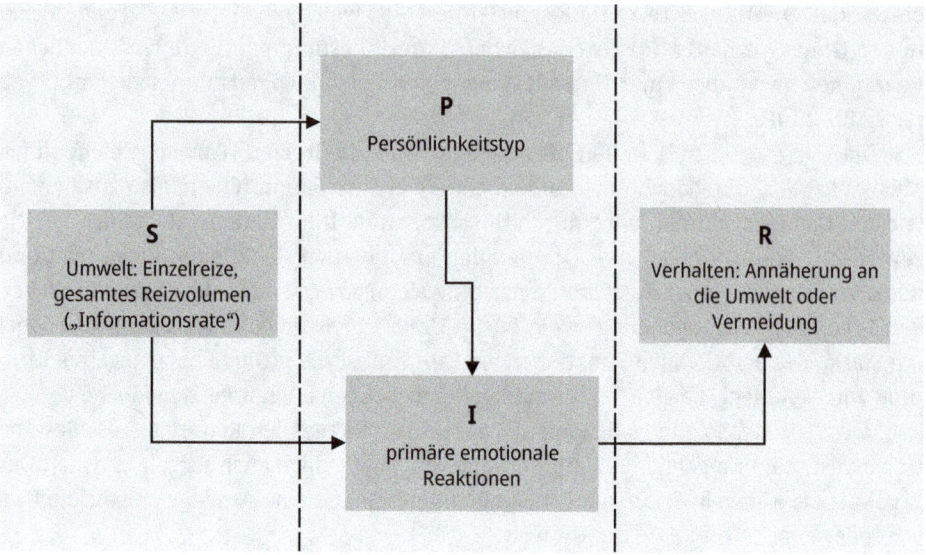

Abb. 2.10: M-R-Modell (Quelle: in Anlehnung an Kroeber-Riel/Gröppel-Klein 2013, S. 514).

einer sozialen Einheit zusammengefasst (soziale Schicht/Klasse, Zielgruppe im Marketing). Ein soziales Aggregat ist eine räumliche Ansammlung von Personen, die keine wechselseitigen Beziehungen zueinander haben. Es entsteht zwar eine beobachtbare, jedoch nicht eine strukturierte soziale Einheit (Publikum, Bewohner eines Stadtbezirks, Hotelgäste).

Als eine soziale Gruppe wird eine Mehrzahl von Personen bezeichnet, die in wiederholten und nicht nur zufälligen wechselseitigen Beziehungen zueinander stehen. Eine Gruppe hat eine eigene Identität, eine soziale Ordnung (Positionen), Verhaltensnormen sowie Werte und Ziele. Gruppen im engeren Sinne werden auch Primärgruppen genannt; Gruppen innerhalb der weiteren sozialen Umwelt werden entsprechend als Sekundärgruppen bezeichnet. Eine Bezugsgruppe ist eine Gruppe, nach der sich ein Individuum richtet. Sie ist deshalb für das Marketing von besonderer Bedeutung.

Die überwiegende Zahl der Haushalte besteht aus Familien. Die Kernfamilie besteht aus Eltern und Kindern und umfasst keine weiteren Verwandten. Eine Familie zeichnet sich durch eine von der jeweiligen Kultur festgelegte Rollenstruktur aus. Mit dem Trend zur Individualisierung hat sich das traditionelle Rollenverständnis in Gesellschaft und Familie grundlegend geändert. Viele Individuen verzichten auf eine Familie und bevorzugen das Singledasein. Frauen streben teilweise nach Unabhängigkeit von ihren Männern und gehen einer eigenen Berufstätigkeit nach. Die Bedeutung der Familie für individuelle und gemeinsame Kaufentscheidungen wird geringer. Stattdessen nimmt der Einfluss sogenannter Bezugsgruppen, also von außerhalb der Familie, zu. Der Familienlebenszyklus ist eine demografische Variable, die bevorzugt dafür verwendet wird, das Verhalten von Konsumenten, die in Familienhaushalten organisiert sind, zu bestimmen.

Der klassische Zyklus umfasst vier Phasen (Kroeber-Riel/Gröppel-Klein 2013, S. 532):
Phase I: unverheiratet, jung (bis 27 Jahre),
Phase II: verheiratet, mit jungen Kindern (bis 37 Jahre),
Phase III: verheiratet, mit älteren Kindern (bis 47 Jahre),
Phase IV: verheiratet, ohne Kinder (diese haben das Elternhaus verlassen).

Der Einfluss des Familienlebenszyklus auf das Konsumentenverhalten gibt den simultanen Einfluss mehrerer sozioökonomischer Größen wieder (Zahl der Kinder, Alter der Eheleute, Einkommen etc.). Jede Phase repräsentiert eine bestimmte Konstellation von Einflussgrößen, die sich durch eine Kombination demografischer Variablen angeben lässt.

Die oben angegebene grundlegende Einteilung des Familienlebenszyklus wurde in den letzten Jahren differenziert und neu definiert. Der traditionelle Familienbegriff wird dabei aufgegeben. Gesellschaftliche Veränderungen, die sich in den Begriffen Singles, zusammenlebende, unverheiratete Paare, gleichgeschlechtliche Ehen etc. widerspiegeln, machten dies notwendig. Gliederungskriterien eines neueren Schemas sind Alter, Familienstand im weiteren Sinne sowie Zahl und Alter der im Haushalt lebenden Kinder. Entscheidende Punkte des Familienlebenszyklus sind Heirat, Scheidung, Tod sowie das Hinzukommen oder Ausscheiden von Kindern.

Der Familienlebenszyklus wird im Marketing häufig als Segmentierungskriterium verwendet, denn er ist ein besserer Prädiktor für das Konsumentenverhalten als einfache demografische Merkmale wie Alter und Einkommen. Das Marketing richtet sich auf die speziellen Bedürfnisse von Zielgruppen wie Singles oder volle Nester aus.

In der Abb. 2.11 finden sich durch spaltenweises Lesen die Hauptphasen. In den Phasen volles Nest I und verzögertes volles Nest sind die Kinder unter sechs Jahre, in volles Nest II und III über sechs Jahre. Die gestrichelte (horizontale) Linie gibt die Alterung der Menschen an, die vertikalen Linien stehen für die folgenden Aspekte: durchgezogene Linie = Tod oder Scheidung, Strichpunkt-Linie = Heirat/Partnerschaft, gepunktete Linie = Kinder kommen hinzu oder fallen weg.

Interessant ist in diesem Kontext die Rolle von Mann und Frau bei gemeinsamen Kaufentscheidungen. Die Konsumentenforschung kam zu folgenden Resultaten (Kroeber-Riel/Gröppel-Klein 2013, S. 554 ff.):
- Der Einfluss des Mannes ist stärker, wenn es um den Kauf von Gebrauchsgütern geht, die außerhalb des Hauses benutzt werden (Rasenmäher) oder technisch sehr komplex sind (Autos). Auch wenn es um Finanzdienstleistungen geht, dominiert der Mann.
- Die Frau dominiert meist bei Kaufentscheidungen für Produkte, die im Haus benutzt werden (Küchengeräte, Möbel, Verbrauchsgüter).
- Bei Produkten mit gemeinsamer Nutzung und von großer Bedeutung nimmt das Treffen gemeinsamer Kaufentscheidungen zu.

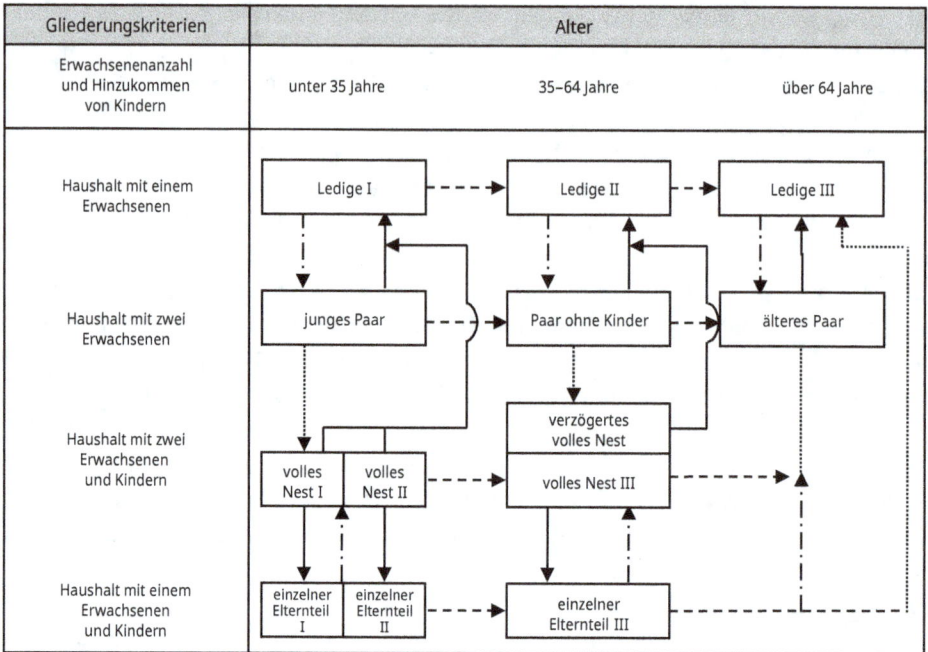

Abb. 2.11: Familienlebenszyklus (Quelle: in Anlehnung an Kroeber-Riel/Gröppel-Klein 2013, S. 535).

Der Einfluss der Kinder auf Kaufentscheidungen ist ebenfalls nicht von der Hand zu weisen. Kleinere Kinder sind für Produkte ihrer Wahl wie Bonbons, Schokolade und Spielzeug bereits als entscheidende Zielgruppe für das Marketing anzusehen. Ältere Kinder (Jugendliche) fällen in erheblichem Ausmaß unabhängige und selbstständige Kaufentscheidungen für Produkte ihres persönlichen Bedarfs (Bekleidung, Musik, Computerspiele, Snacks etc.). Die Eltern üben bei hochwertigen Gebrauchsgütern noch einen wesentlichen Einfluss auf die Kaufentscheidung aus. Jugendliche sind jedoch häufig sehr markenorientiert – insbesondere was Kleidung anbetrifft – und stark von Freunden bzw. Cliquen als Bezugsgruppen beeinflusst.

Unter dem Begriff Bezugsgruppe werden primär Personen oder Gruppierungen gefasst, die das Verhalten und die Einstellungen eines Menschen direkt oder indirekt beeinflussen. Der Einfluss einer Bezugsgruppe bezieht sich allgemein auf das Verhalten gegenüber sozial auffälligen Marken, d. h., das Markenprodukt muss von anderen nicht nur gesehen, sondern auch beachtet werden (demonstrativer Konsum). Es zeigt sich, dass die Markenwahl stärker vom Bezugsgruppeneinfluss bestimmt wird als die Produktwahl, wenn der Konsument den Kauf einer bestimmten Marke als notwendig ansieht, um in der Gruppe Ansehen zu erhalten und sein derzeitiges Image zu verbessern. Innerhalb solcher Gruppen besitzen einige Personen mehr Einfluss als andere und werden als Meinungsführer bezeichnet. Um diese einflussreichen Personen herum baut sich schließlich eine soziale Gruppe auf, die eine Art Gefolgschaft darstellt (Goldenberg et al. 2010, S. 283). Die früher übliche Trennung von sozialer Umwelt und Medienumwelt kann insofern nicht mehr aufrecht erhalten werden, wenn es um Influencer im Kontext von sozialen Medien geht. Die angesprochene Gefolgschaft hat im Falle der Influencer hier ihren Ursprung, findet aber im Rahmen der Medienumwelt insbesondere in sozialen Netzwerken statt.

Aus dem grundsätzlichen Streben nach Akzeptanz und Konformität des Konsumenten in dieser sozialen Gruppe, ergeben sich verschiedene Arten des Einflusses. Bei einem informativen Einfluss orientiert sich der Konsument an den Meinungen oder Empfehlungen der Bezugsgruppe und sucht gezielt nach Informationen, die beispielsweise das Kaufrisiko eines höherpreisigen Produkts minimieren können (Trommsdorf/Teichert 2011, S. 166 f.). Eine normative Wirkung zeigt sich vor allem durch das Einhalten von gewissen Vorgaben, welche innerhalb der Bezugsgruppe in Form von Normen und Regeln gelten. Somit erfolgt in Bezug auf die Kaufentscheidung eine Anpassung an die Gruppe. Der Konsument möchte durch konformes Verhalten Belohnung erfahren und Sanktionen vermeiden. In diesem Kontext ist auch der sogenannte Nutzen- und Belohnungsansatz (Uses-and-Gratification-Approach) zu verorten. Dieser besagt, dass es soziale und psychische Ursprünge von Bedürfnissen gibt, die Erwartungen an die Massenmedien stellen, die zu verschiedenen Mustern der Medienzuwendung führen mit dem Resultat der Bedürfnisgratifikation (Bonfadelli/Friemel 2014, S. 80). Resultierend daraus ergibt sich ein ständiger Vergleich des Individuums mit der Bezugsgruppe hinsichtlich der eigenen Wahrnehmung, Einstellung oder Meinung.

Typisch für die Kommunikation innerhalb einer Primärgruppe ist die persönliche Kommunikation, die mündlich (Face-to-Face) von Person zu Person gerichtet ist. Sie findet regelmäßig statt, sozialer Einfluss wird vermittelt und es gibt laufend Rückkopplungen (Feedbacks) zwischen den Kommunikationspartnern. In der heutigen Zeit umfasst eine persönliche Kommunikation auch eine Kommunikation über soziale Medien. Die grundlegende Wirkung der persönlichen Kommunikation kann anhand eines Modells dargestellt werden, das die Verbreitung einer Nachricht in einem sozialen System (Diffusionsprozess) zum Gegenstand hat. Als Determinanten der Kommunikationswirkung gelten (Kroeber-Riel/Gröppel-Klein 2013, S. 591):
- Merkmale des Kommunikators (Glaubwürdigkeit),
- Merkmale des Kommunikanten (Einstellungen),
- Merkmale der Kommunikationssituation (geografische und soziale Distanz).

Das Ergebnis einer Kommunikation wird wesentlich davon beeinflusst, welche Glaubwürdigkeit ein Kommunikator (Sender) hat. Mit zunehmender Glaubwürdigkeit steigt die Wahrscheinlichkeit, dass eine Kommunikation wirksam wird. Komponenten seiner Glaubwürdigkeit sind sein Ansehen als Experte sowie seine Vertrauenswürdigkeit. Ob die vom Kommunikator vermittelte Nachricht auch ankommt, hängt entscheidend von der Beeinflussbarkeit sowie den Einstellungen der Kommunikanten (Empfänger) ab. Je stärker die Übereinstimmung der dargebotenen Informationen mit den vorhandenen Einstellungen ist, desto höher ist die Übernahmewahrscheinlichkeit für die Nachricht.

Schließlich spielt die Kommunikationssituation eine wichtige Rolle. Sie umfasst alle Bedingungen, unter denen Kontakte zwischen Personen zustande kommen und ablaufen. Eine geografische Distanz erschwert die Kontaktaufnahme; bei abnehmender räumlicher Distanz steigt die Kontaktwahrscheinlichkeit. Die soziale Distanz wirkt ähnlich. Als wesentliche Ursachen sind die Abweichungen im sozialen Status der beteiligten Kommunikationspartner zu nennen.

Die Verbreitung einer Nachricht in einem sozialen Netzwerk wird von vier Wahrscheinlichkeitsgrößen bestimmt (Kroeber-Riel/Gröppel-Klein 2013, S. 593):
- Kontaktwahrscheinlichkeit (dass eine Person zu einer anderen Person Kontakt erhält),
- Informationswahrscheinlichkeit (dass diese Person die jeweilige Nachricht von der anderen Person erfährt),
- Übernahmewahrscheinlichkeit (dass diese Person die Nachricht akzeptiert),
- Weitergabewahrscheinlichkeit (dass diese Person die Nachricht weitergibt).

Die weitere soziale Umwelt wird insbesondere durch den Begriff Kultur repräsentiert. Eine Kultur spiegelt die Übereinstimmung der Verhaltensmuster vieler Individuen wider. Eine Kultur umfasst immer sehr große soziale Einheiten wie Länder oder Sprachgemeinschaften. Die Kultur ist ein Hintergrundphänomen, das unser Verhalten prägt, ohne dass wir uns dieses Einflusses bewusst sind. Sie enthält grundlegende Werte und Normen, für eine Gesellschaft wichtiges Wissen und typische Handlungsmuster, sie wird vermittelt sowohl durch die Erfahrungsumwelt als auch durch die Medienumwelt. Eine Muss-Norm, die über eine Kultur vermittelt wird, wäre z. B. das gesetzliche Verbot des Rauschgiftkonsums, an das sich alle Mitglieder der Gesellschaft halten müssen. Soll- bzw. Kann-Normen legen allgemeine Verhaltensstandards fest und lassen einen gewissen Verhaltensspielraum zu, z. B. das Leistungsprinzip oder bestimmte Dresscodes.

Im Gegensatz zum intergesellschaftlichen Begriff der Kultur bezeichnet die Subkultur einen intragesellschaftlichen Begriff, d. h., soziale Gruppierungen innerhalb einer Gesellschaft bzw. Kultur. Als Subkulturen können z. B. folgende Gruppierungen bezeichnet werden:
- Rassen, Religionen, Nationalitäten,
- Bewohner geografischer Gebiete (z. B. die Bayern),
- Altersgruppen (z. B. Jugendliche bzw. Teenager, Senioren),
- soziale Schichten (z. B. Arbeiterschicht, Mittelschicht).

D Medienumwelt

Generell werden die Menschen bzw. Konsumenten von einer zweiten Wirklichkeit immer mehr beeinflusst, der sogenannten Medienumwelt. Über die Massenmedien werden Stereotype, Idealbilder, Meinungen etc. transportiert und verbreitet.

Die klassische Massenkommunikation ist durch folgende Merkmale gekennzeichnet:

- Verbreitung von Informationen durch technische Hilfsmittel (Massenmedien),
- räumliche/zeitliche Distanz zwischen den Kommunikationspartnern (indirekte Kommunikation),
- einseitige Kommunikation ohne Rückkopplung,
- Kommunikation mit einem großen, anonymen, dispersen Publikum,
- öffentliche Kommunikation ohne begrenzte, personell definierte Empfängerschaft.

Die so dargestellte Massenkommunikation ist nach wie vor relevant, die moderne Internetkommunikation hat diese Merkmale jedoch grundlegend verändert:
- Verbreitung von Informationen auf internetbasierter Technologie,
- räumliche Distanz zwischen den Kommunikationspartnern bleibt vorhanden; zeitliche Distanz wird überbrückt bis hin zur Echtzeitkommunikation (z. B. bei Chatbots),
- zwei- und mehrseitige Kommunikation mit Rückkopplung; das klassische Sender-Empfänger-Prinzip wird aufgehoben,
- personalisierte Kommunikation mit der Möglichkeit individuelle Botschaften zu senden,
- öffentliche (Unternehmens-Website) und beschränkt-öffentliche Kommunikation (Communities).

Zentrales Merkmal der Massenkommunikation ist die Einschaltung von Medien. Es wird zwischen Telekommunikation (TV, Radio, Internet) und Printkommunikation (Zeitungen, Zeitschriften etc.) unterschieden. Der verstärkte Einsatz dieser Medien sowie die rasante Entwicklung der Kommunikationstechnologie haben zu einer Informationsüberflutung geführt. Mehr als 95 % der von den Medien angebotenen Informationen werden nicht beachtet. Die Wirkungen der Massenkommunikation lassen sich nur schwierig quantifizieren. Unmittelbare und indirekte Wirkung müssen gleichermaßen Berücksichtigung finden. So wird durch die Massenkommunikation oft persönliche Kommunikation initiiert. Grundsätzlich werden zwei Wirkungsarten unterschieden: Vermittlung von Information (Wissen) und Beeinflussung von Einstellungen und Meinungen. Informationen über das Weltgeschehen werden überwiegend über die Massenmedien verbreitet. Durch das Internet findet diese Verbreitung deutlich schneller statt.

Der Einzelne setzt sich insbesondere mit jener Art von Massenkommunikation auseinander, deren Inhalt nicht in Widerspruch zu seinen Einstellungen und Meinungen steht. Informationen werden selektiv aufgenommen. Massenkommunikation wirkt in dem Sinne hauptsächlich dadurch, dass sie vorhandene Einstellungen und Meinungen bestätigt und verstärkt. Ferner bestimmen die Massenmedien weitgehend, mit welchen Themen sich das Publikum beschäftigt (Agenda Setting). Neben der Verstärkung vorhandener Einstellungen kann auch eine Veränderung bestehender Einstellungen angestrebt werden. Hierbei wird von der Überzeugungswirkung der Massenmedien bzw. dem systematischen Einsatz sogenannter Sozialtechniken (z. B. Propaganda) gesprochen.

Durch die Massenkommunikation wird der Empfänger aktiviert und emotional stimuliert. Durch die zunehmende Medienkonkurrenz wird es jedoch immer schwieriger, die Aufmerksamkeit der Empfänger für eine bestimmte Sendung zu erreichen. Daneben dient die Massenkommunikation auch zur gedanklichen Anregung der Empfänger. Das inhaltliche Angebot ist letztlich der entscheidende Faktor für den persönlichen Nutzen, der sehr differenziert zu betrachten ist. Ein Motiv für den Mediengebrauch kann Unterhaltung und Entspannung sein, ein anderes Information und Bildung. Der Nutzen richtet sich also nach dem individuellen Motiv des Empfängers.

Werbung als klassisches Kommunikationsinstrument steht oft als Manipulationsversuch in der Kritik. Werbung ist jedoch eine legitime Sozialtechnik, ein universeller sozialer Vorgang, ohne den kein soziales System auskommt.

Für den Konsumenten erfüllt Werbung folgende Funktionen:
- Zeitvertreib und Unterhaltung (lustige TV-Spots, z. B. Late-Night-Kampagne von Check24),
- emotionale Konsumerlebnisse (Natur, Erotik etc., z. B. Krombacher, Axe),
- Informationen für Konsumentscheidungen (Qualität, Sicherheit, Service etc.; z. B. Carglass bei Service),
- Normen und Modelle für das Konsumentenverhalten (fertige Verhaltensmodelle: Anspruchsniveaus, Standards, Anlässe; z. B. Knoppers: „Morgens halb zehn"; Knoppers-Nussriegel: „Nachmittags halb vier").

Wirkungskomponenten umfassen die von der Werbung angesprochenen Antriebskräfte der Konsumenten und die von ihr bewirkte gedankliche Steuerung des Verhaltens, also emotionale und kognitive Prozesse, die zusammen Einstellungen und Kaufabsichten implizieren. Als Bestimmungsgrößen oder Determinanten der Wirkung fungieren die Art der Werbung (emotional, informativ, gemischt) sowie das Involvement der Konsumenten (gering, hoch). Das Zusammenspiel von Wirkungskomponenten und -determinanten führt zu unterschiedlichen Wirkungsmustern. In Abhängigkeit von den Bedingungen, unter denen Werbung stattfindet, löst die eine Werbung diese, die andere Werbung jene Teilwirkungen aus. Die Wirkungen von direkter persönlicher Kommunikation und indirekter Massenkommunikation sind miteinander verflochten und üben gemeinsam den sozialen Einfluss auf den Einzelnen aus. Ein typisches Beispiel ist der Sozialisationsprozess des Kindes. Es wird durch Internet, Fernsehen und Bücher beeinflusst, aber direkt auch durch Eltern, Freunde und Lehrer.

Wenn ein Kommunikator den Empfänger unmittelbar anspricht (ggf. über einen Kommunikationskanal) und ihm einen Kommunikationsinhalt vermittelt, wird von einer einstufigen Kommunikation gesprochen. Der einstufige Prozess bezieht sich auf persönliche und Massenkommunikation. Beim einstufigen Prozess ist die Kommunikation immer direkt. Massenkommunikation und persönliche Kommunikation wirkten lange Zeit getrennt nebeneinander, werden heute aber eher crossmedial eingesetzt, z. B. der Verweis auf die Website im TV-Spot. In der empirischen Forschung wurde die direkte Wirkung der Massenkommunikation relativiert, da sie entgegen dem einstufigen Modell ziemlich gering blieb. Es stellte sich stattdessen heraus, dass nur ein kleiner, aktiver Teil der Bevölkerung die Informationen aufgriff und als Meinungsführer diese Informationen an den weniger aktiven Teil weiterleiteten. Hierdurch kam es zum Modell der zweistufigen Kommunikation. Zuerst wirkt die Massenkommunikation auf die Meinungsführer ein, dann wirken die Meinungsführer auf das übrige Publikum ein, das von der Massenkommunikation nicht berührt wird. Meinungsführer übernehmen zum einen eine Relaisfunktion, sie fungieren als persönliche Übermittler von Nachrichten. Auf der anderen Seite haben sie eine Verstärkungsfunktion inne, da ihr Einfluss außerordentlich groß ist.

Die mögliche Ermittlung und Ansprache der Meinungsführer durch das Marketing wird allerdings skeptisch beurteilt, denn ihre Bedeutung ist auf ganz bestimmte Konsumentscheidungen beschränkt und darf nicht verallgemeinert werden. Ist der Konsument tatsächlich als passiv zu charakterisieren, so muss die Massenkommunikation emotionaler angelegt werden, um ihn zu erreichen. Ist der Konsument aktiv, also auf der Suche nach Informationen, ist für das Marketing wichtig zu erfahren, auf welche Informationen sich die Informationsbedürfnisse des Konsumenten beziehen. Ein Konsument wird bei Entscheidungen über den Kauf von Produkten mit größerem Kaufrisiko die persönliche Kommunikation präferieren. Die Massenmedien dienen zur ersten Problemorientierung und helfen nur bei Produkten mit geringem Kaufrisiko. Die klassische Massenkommunikation kann sich die größere Stoßkraft von Meinungsführern zunutze machen und sich bevorzugt an diese wenden bzw. durch Verwendung der Testimonialtechnik Meinungsführer direkt in die Kommunikation integrieren. Die moderne Internetkommunikation setzt im gleichen Sinne auf die Technik des Influencers.

Exkurs:
Influencer-Marketing als moderne Ausprägung des Meinungsführermodells
Der Ausgangspunkt des Influencer-Marketings liegt beim historischen Begriff der Mundpropaganda, der häufig mit dem traditionellen Empfehlungsmarketing bzw. mit der englischen Bezeichnung Word-of-Mouth (WOM) einhergeht. Arndt (1967, S. 195) lieferte einen ersten Ansatz zur Begriffsbestimmung, welche auch heute noch allgemeine Gültigkeit besitzt. Er beschreibt Mundpropaganda als informelle oder auch persönliche Kommunikation zwischen Konsumenten über eine Marke, ein Produkt oder eine Dienstleistung. Hierbei besteht keine kommerzielle Absicht des Botschaftssenders. Silverman (2001, S. 48) ergänzt diese Definition mit der Möglichkeit einer Übertragung von Mundpropaganda durch verschiedene Kommunikationsmittel wie Telefon oder E-Mail. Somit impliziert diese informelle Konversation nicht zwingend einen mündlichen Informationsaustausch, sondern ist ebenfalls in schriftlicher

Form möglich. Eine persönliche Verständigung ist vor allem durch einen Rückkopplungseffekt gekennzeichnet, der es dem Kommunikator ermöglicht die Reaktion des Kommunikanten unmittelbar einzuschätzen und entsprechend zu reagieren. Laut Westbrook (1987, S. 261) werden vor allem der Besitz, die Nutzung sowie besondere Eigenschaften eines Produkts oder einer Dienstleistung thematisiert und folglich als Empfehlung an andere Konsumenten weitergegeben.

Im Jahr 2001 definierte Tim O'Reilly mit dem Ausdruck Web 2.0 eine neue Entwicklungsphase des Internets sowie die Möglichkeit für Nutzer, Inhalte selbst zu erstellen und diese über verschiedene Kanäle miteinander zu teilen (Huber 2013, S. 13). Plattformen wie Facebook, Instagram, YouTube etc. definieren sich hierbei als Kanäle, die eine wechselseitige Kommunikation und vor allem eine soziale Verbindung zwischen Konsumenten herstellen. Es ist somit zu jeder Zeit möglich Marken- und Produkterfahrungen, öffentlich und für jeden sichtbar, auszutauschen und Empfehlungen auszusprechen.

Die klassische Mundpropaganda erhält demzufolge durch das Web 2.0 eine völlig neue Dimension, da eine Verbreitung nun auch auf nichtanalogem Wege durchführbar ist. Hennig-Thurau et al. (2004, S. 39) nennen in diesem Zusammenhang den Begriff der digitalen Mundpropaganda, im Englischen Electronic Word-of-Mouth (eWOM), und beschreiben damit eine positive oder negative Äußerung über eine Marke, ein Produkt oder eine Dienstleistung, die von einem potenziellen, derzeitigen oder früheren Konsumenten einer Vielzahl von Menschen über das Internet zur Verfügung gestellt wird.

Im Vergleich zum traditionellen Word-of-Mouth zeichnet sich die digitale Mundpropaganda vor allem durch die Schnelligkeit der Informationsverbreitung und der Möglichkeit einer hohen Reichweite innerhalb eines kurzen Zeitraums aus. Mundpropaganda wird hierbei bewusst als Impulsmechanismus eingesetzt, um Informationen zu Unternehmensleistungen, Marken oder Produkten in Form von digitalen Botschaften zu verbreiten, was im höchsten Grad als viraler Netzeffekt zum Tragen kommt.

Eine entscheidende Rolle spielt im Rahmen der Wirkungskraft der interpersonalen Kommunikation die Glaubwürdigkeit des Botschaftssenders. Informationen lassen sich innerhalb der persönlichen Interaktion selektiv auswählen, was zu einer bewussten Botschaftsaufnahme führt. Auf diesem Weg erfolgt eine gefilterte Aufnahme und Verarbeitung des Inhalts und der Konsument erfährt eine Art Entlastung. Darüber hinaus wirkt sich der ständige Rückkopplungseffekt in diesem Prozess positiv auf die Rezeption der Botschaft aus.

Für Konsumenten dient die aktive Nachfrage und Suche nach persönlichen Erfahrungen anderer Konsumenten primär der Risikoreduktion innerhalb des Kaufprozesses. Je stärker dieses Gefühl ausgeprägt ist, desto höher ist die Absicht Mundpropaganda als Entscheidungsfaktor mit einzubeziehen. Aus diesem Grund spielt der Aspekt der Risikoreduktion durch die interpersonale Kommunikation mit einem produkterfahrenen Kunden für den Konsumenten eine tragende Rolle. Das Internet und die sozialen Medien dienen hierbei immer öfter als Kommunikationskanäle und verstärken eine aktive Suche nach Erfahrungswerten anderer Kunden (Walsh et al. 2011, S. 279 f.).

In diesem Zusammenhang ist das Modell der Meinungsführerschaft erneut relevant. Gerade im Influencer-Marketing ist es nicht möglich, eine Person in Meinungsführer und Nichtmeinungsführer zu klassifizieren. Es ist vielmehr eine Beschreibung der persönlichen Einflussstärke hinsichtlich der Meinungsführung, die mehr oder weniger stark ausgeprägt sein kann (Kroeber-Riel/Gröppel-Klein 2019, S. 502 ff.). Hinsichtlich der Marketingpraxis lässt sich heutzutage das Modell der Meinungsführerschaft innerhalb des Electronic Word-of-Mouth einordnen und bietet eine Möglichkeit zur Steuerung von Mundpropaganda. Die Meinungsführer nehmen die Markenbotschaft aktiv auf und agieren innerhalb des Kommunikationsprozesses als Bindeglied zwischen Unternehmen und Konsument (Trommsdorff/Teichert 2011, S. 200 f.). Oftmals werden diese Influencer als Experten auf einem bestimmten Gebiet wahrgenommen, wodurch sich das Ansehen innerhalb der Zielgruppe erhöht und eine positive Beeinflussung auf kritische oder auch unsichere Konsumenten erfolgt. Anzumerken gilt jedoch, dass nicht unbedingt ein hohes themenspezifisches Wissen ein Kriterium der Meinungsführerschaft ist. Personen mit außerordentlicher Fachkompetenz verhalten sich nicht zwingend wie Meinungsführer. Das derzeitige Verständnis von Meinungsführerschaft bezieht sich jedoch weniger auf eine Einflusswirkung im gesamten Lebensbereich, sondern eher auf themenspezifische Kategorien. So wird der produktspezifischen Meinungsführung das größte Interesse innerhalb des Marketings zugeschrieben. Auf diese Weise wird das Ansehen von Marken und vor allem Produkten gestärkt und das Unternehmen profitiert von der Zusammenarbeit.

Ebenfalls lassen sich Meinungsführer hinsichtlich der Nähe zu ihren Meinungsfolgern in drei unterschiedliche Kategorien einordnen. Handelt es sich hierbei um Menschen aus dem näheren sozialen Umfeld, wie Freunde oder Familie, wird von einem realen Meinungsführer gesprochen. Der Ausdruck des virtuellen Meinungsführers beschreibt eine Person, die nicht persönlich, sondern nur aus den Medien bekannt ist, wie z. B. Politiker, Schauspieler, aber auch Blogger. Diese Personen werden oftmals als wichtige Bezugsgruppe und als Ausgleich zu fehlenden realen Kontakten angesehen. Außerdem lassen sich institutionelle Meinungsführer klassifizieren. Hierzu gehören z. B. unabhängige Prüfungsinstitute wie Stiftung Warentest (Dressler/Telle 2009).

Durch die sozialen Medien eröffnen sich neue Möglichkeiten der zwischenmenschlichen Interaktion der Konsumenten und folglich der Verbreitung digitaler Mundpropaganda. So können auch die digitalen Meinungsführer die Rolle eines Experten einnehmen und ihr Fachwissen als unabhängiger Ratgeber an andere Konsumenten weitergeben. Dennoch muss der Expertenstatus nicht zwingend erfüllt sein. Die Meinungsführung bezieht sich dann nur auf die hohe Anzahl digitaler Kontakte (Netzwerkeffekt) und die daraus abgeleitete Reichweite (Schweiger/Schratteneker 2016, S. 51). Somit erfährt das Konzept der Meinungsführung durch das Web 2.0 eine neue Relevanz und die Beeinflussung von Konsumenten durch digitale Meinungsführer bietet eine zusätzliche Möglichkeit die Markenbekanntheit zu erhöhen, ein Markenimage zu generieren oder eine Subzielgruppe (internetaffine Konsumenten) anzusprechen.

Die Ausführungen zeigen, dass Mundpropaganda und Meinungsführerschaft schon früh als zentrale Determinanten im Rahmen der persönlichen Einflussnahme erkannt wurden und somit der Einsatz von Influencern im Marketing kein neues Phänomen darstellt. Dieser Ansatz lässt sich ebenfalls im Rahmen der Testimonial-Gestaltungstechnik finden, was in der Regel den Einsatz prominenter Persönlichkeiten oder Experten für die Kommunikation beschreibt. Diese Personen sollen ihre positiven Erfahrungen mit einem Produkt oder einer Dienstleistung teilen und eine Weiterempfehlung abgeben. Die Art und Weise der Zusammenarbeit mit Testimonials hat sich jedoch aufgrund der zunehmenden Digitalisierung stark verändert. Durch die Reichweitenstärke von Kanälen wie YouTube, Instagram oder TikTok werden klassische Ansätze in moderne Dimensionen überführt und die Entwicklung des Influencer-Marketings wird dabei maßgeblich geprägt (Mühle et al. 2016, S. 78).

Wie in diesem Exkurs thematisiert, beschreibt Influencer-Marketing eine moderne Ausprägung des Meinungsführermodells, die eine bewusste Zusammenarbeit mit und einen gezielten Einsatz von relevanten Personen in der Markenkommunikation, sowohl im Offline- als auch im Online-Bereich, umfasst. Ziel beim Influencer-Marketing ist es, das Verhalten und die Meinungsbildung der Konsumenten durch die Glaubwürdigkeit und die Reichweite des Influencers zu beeinflussen und Informationen zum Vorteil der Marke bzw. des Unternehmens zu verbreiten. Ein Meinungsführer übernimmt gerade in der Phase der Informationssuche innerhalb einer Kaufentscheidung die Aufgabe der Risikoreduktion für den Konsumenten. In Zeiten der Informationsüberflutung können angesehene Meinungsführer Empfehlungen aussprechen, die den Entscheidungsprozess für den Konsumenten effizienter erscheinen lassen.

Response

Das dritte Element des S-O-R-Modells stellt der Response bzw. die Reaktion dar. Im Folgenden werden die in diesem Prozess vorherrschenden Reaktionsweisen aufgeführt.

Im Rahmen des Markenmanagements geht es in erster Instanz im Kontext des S-O-R-Modells darum, in einer bestimmten Bedürfnissituation eine Marke im Relevant Set der Zielgruppe zu verankern. In diesem Sinne löst ein bestimmter Reiz (Stimulus) im Organismus des Zielkunden aktivierende und kognitive Prozesse aus, die zu einer spezifischen Reaktion führen. Diese Reaktion ist dann die Wahl einer bestimmten Marke.

Bei der Marken- bzw. Produktwahl ist generell die Reihenfolge von Erstkauf und Wiederholungskäufen zu beachten. Beim Erstkauf wird die im Relevant Set verankerte Marke auf Produktebene (z. B. durch eine Produktinnovation) kennengelernt. Hier findet auch ein Abgleich der Erwartungshaltung des Zielkunden mit dem dargebotenen Nutzen der Marke bzw. des Produkts statt. Fällt dieser Vergleich negativ aus, d. h. die Erwartungen des Kunden werden durch den oder die Nutzen nicht erfüllt, treten Zweifel an der Richtigkeit der Kaufentscheidung (kognitive Dissonanzen) auf. Bestenfalls sollte es aber zu einer positiven Bewertung dieses Vergleichs kommen, die zu Wiederholungskäufen und im Idealfall zur Markentreue führt.

Eine weitere Reaktion innerhalb des S-O-R-Modells ist die Einkaufsstättenwahl. Analog zur Marken- und Produktwahl ist auch die Einkaufsstättenmarke (Store Brand) der Auslöser für die Wahl einer bestimmten Einkaufsstätte. Im Erstkontakt findet ein Vergleich von Erwartungen an die Einkaufsstätte mit dem erlebbaren Nutzen statt. Bestenfalls kommt es auch hier zu Wiederholungsbesuchen dieser Einkaufsstätte, sodass im Idealfall diese Einkaufsstätte zum Stammgeschäft wird.

Als abschließende Reaktionsweisen im S-O-R-Modell werden Kaufzeitpunkt und Kaufmenge betrachtet. Der Kaufzeitpunkt (Wochentag, Uhrzeit) hängt vom Lebensrhythmus eines Zielkunden ab. Im Organismus bilden sich bestimmte Kaufmuster, z. B. die Bevorzugung bestimmter Wochentage oder Tageszeiten. Heutzutage werden durch sozio-kulturelle Veränderungen diese Kaufmuster teilweise aufgebrochen. Die Wahl der Kaufmenge ähnelt der Reaktionsweise beim Kaufzeitpunkt. Auch hier bilden sich bestimmte Kaufmuster, z. B. Vorratskäufe oder Regelkäufe, die gleichermaßen gesellschaftlichen Veränderungen unterliegen.

Im Laufe seiner Konsumerfahrung greift ein Konsument auf bewährte Erfahrungsmuster zurück, sodass sich im S-O-R-Modell ein Rückkopplungseffekt ergibt, der zu einer Verfestigung des Kaufverhaltens führt. Diese Thematik hat insbesondere auch für die Markenführung eine zentrale Bedeutung.

2.2.1.2 Kaufprozess

In der Marketingliteratur wird der klassische Kaufprozess häufig durch sogenannte Phasenmodelle beschrieben. Die Anzahl und Dauer der einzelnen Phasen sind abhängig von der Art der Kaufentscheidung (extensiv, limitiert, habituell, impulsiv) sowie der von der Güter- und Leistungsart (Verbrauchsgüter, Gebrauchsgüter, Dienstleistungen). Einigkeit besteht bezüglich der Tatsache, dass im Zuge des Kaufprozesses sowohl die Phase vor dem Kauf als auch die eigentliche Kaufsituation sowie der Zeitraum nach dem Kauf von Relevanz sind. Die Einteilung erfolgt daher in Vorkaufphase, Kaufphase und Nachkaufphase.

So beginnt die Vorkaufphase für den Konsumenten idealtypisch mit dem Eintreten eines Problems bzw. der Feststellung eines Bedürfnisses, woraufhin Informationen gesucht werden, um diese anschließend zu evaluieren (Foscht et al. 2015, S. 187). Innerhalb der Kaufphase werden zunächst Alternativen identifiziert, bevor eine Absicht entsteht, welche Alternative zur Kaufentscheidung führt. Die Nachkauf- bzw. Nutzungsphase ist zunächst durch die Verwendung gekennzeichnet, bevor die bis dahin gemachten Erfahrungen evaluiert werden. Diese Bewertung kann sowohl positiv als auch negativ ausfallen. Im positiven Fall kommt es zu Wiederholungskäufen, zur Kundenbindung und idealerweise zur Markentreue. Im negativen Fall kommt es zu einer Enttäuschung, die sich in einer offenen (Beschwerde, Reklamation) oder verdeckten Verhaltensweise (negative Mund-zu-Mund-Kommunikation, Boykott) äußern kann.

Eine andere Möglichkeit zur Einteilung des Kaufprozesses liefern sowohl Solomon (2015, S. 69 ff.) als auch Kotler, Keller und Opresnik (2017, S. 218 ff.) mit ihrem in fünf Phasen aufgeteilten Modell, was sich inhaltlich an dem bereits vorgestellten Kaufprozess orientiert. So lässt sich die Vorkaufphase in die Problemerkennung und die Informationssuche unterteilen, während sich die Kaufphase aus der Bewertung von Alternativen sowie der Kaufentscheidung zusammensetzt (Griese/Bröring 2011, S. 67). Die Nachkaufphase (Verhalten nach dem Kauf) wird nicht weiter unterteilt.

Eine Person kann fünf verschiedene Rollen im Kaufprozess übernehmen. Der Initiator schlägt als erster vor, ein bestimmtes Produkt zu erwerben. Einflussnehmer sind Personen, deren Ansichten oder Ratschläge für die endgültige Kaufentscheidung von Gewicht sind. Der Entscheidungsträger befindet letztlich darüber, ob, was, wie und wo gekauft wird. Der Käufer (Shopper) führt den Kauf tatsächlich aus, während der Benutzer das Produkt schließlich verwendet. Hieraus wird ersichtlich, dass zum einen an komplexen Kaufprozessen viele Personen in verschiedenen Rollen teilnehmen, zum anderen jedoch ein und dieselbe Person mehrere Rollen im gleichen Prozess übernehmen kann. Kauft sich eine junge Frau spontan eine Jeanshose, die sie beim Shopping in einer Boutique entdeckt hat, dann fallen alle oben genannten Rollen in dieser Konsumentin zusammen. Häufig werden jedoch zumindest noch die Einflussnehmer zu Beteiligten des Kaufprozesses.

Die Thematik der Rollen im Kaufprozess wird in Theorie in Praxis unter dem Begriff Shopper Marketing intensiv diskutiert. In diesem Zusammenhang fokussiert sich die Betrachtung auf die zentralen Rollen Shopper (Käufer) und Consumer (Konsument). Der Shopper ist die Person, die ein Produkt oder eine Dienstleistung kauft und der Consumer ist die Person, die ein Produkt oder eine Dienstleistung verbraucht oder nutzt. Diese Unterscheidung ermöglicht es an entscheidender Stelle, dem Point of Sale, den Käufer zu analysieren und zielsicher alle Aktivitäten auf die jeweils richtige Person auszurichten. Der Shopper geht häufig nicht nur für sich als Konsument einkaufen, sondern auch für andere, wie z. B. eine Mutter, die für ihre ganze Familie einkauft. So kommt es in der Praxis des Öfteren vor, dass Verkaufsförderungsmaßnahmen deswegen keinen Erfolg haben, weil sie auf den Consumer ausgerichtet sind und nicht auf den Shopper, der letztlich die Kaufentscheidung am Point of Sale trifft (Runia/Wahl 2017, S. 38 f.).

Die bereits oben beschriebenen Phasenmodelle beziehen sich in der Regel auf komplexere Vorgänge wie den Kauf eines Autos, PCs oder auch einer Jeans. Wichtig ist hierbei die Bedeutung des Kaufobjekts für das Individuum, die sich in einem hohen Involvement widerspiegelt. Es geht also nicht ausschließlich um besonders teure Produkte, sondern eher um für den einzelnen Konsumenten bedeutungsvolle

Produkte, bei denen er planmäßig vorgeht. Nach Kotler/Keller/Bliemel (2007, S. 295 ff.) werden fünf Phasen des Kaufprozesses unterschieden:
- Problemerkennung,
- Informationssuche,
- Bewertung der Alternativen,
- Kaufentscheidung,
- Verhalten nach dem Kauf.

Problemerkennung

Der Kaufprozess beginnt damit, dass der Konsument ein Problem bzw. eine Bedürfnissituation erkennt. Er verspürt eine Diskrepanz zwischen seinem tatsächlichen Ist-Zustand und einem Wunschzustand, den er mithilfe eines Produkts erreichen kann. Eine Bedürfnissituation wird zum einen durch innere Reize ausgelöst, z. B. Hunger oder Durst. Zum anderen kann das Bedürfnis durch einen äußeren Reiz geweckt werden. Der Konsument sieht ein Produkt in einem Schaufenster, sitzt vor dem Fernseher und schaut sich einen Werbespot an oder nimmt eine Bannerwerbung im Internet wahr, folgt einer Produktempfehlung eines Influencers etc. Die Aufgabe des Marketings liegt darin, externe Stimuli zu erzeugen, die beim Konsumenten eine Wunschvorstellung auslösen, um diese durch eine bestimmte Marke zu befriedigen.

Informationssuche

Der stimulierte Konsument versucht, weitere Informationen über die anvisierte Marke zu erhalten. Die Informationssuche kann generell in die interne und externe Suche aufgeteilt werden. So führt der Konsument im Normalfall zunächst eine interne Suche durch, indem das Gehirn auf bereits vorhandene Informationen (Langzeitspeicher) über verschiedene Alternativen geprüft wird, ehe oftmals zusätzlich externe Informationen genutzt werden (Solomon 2015, S. 310).

Eine passive Suche äußert sich in einer erhöhten Wachsamkeit, die den Konsumenten empfänglicher für markenbezogene Informationen macht. Eine aktive Informationssuche besteht aus einer aufwendigen Beschaffung von Informationen. Der Konsument liest Testzeitschriften oder holt sich Rat bei Freunden etc. Er versucht, aus allen ihm zur Verfügung stehenden Quellen Informationen zu ziehen. Neben der eigenen Markenerfahrung greift er auf persönliche Quellen wie Familie, Freunde oder Nachbarn, auf kommerzielle Quellen wie Werbung oder Verkäufer und öffentliche Quellen wie Verbraucherverbände zurück. Das bereits im Rahmen des Influencer-Marketings thematisierte Informationsverhalten sorgt als kommerzielle Quelle im Kaufprozess für eine mögliche Vereinfachung der Informationsbeschaffung.

Die systematische Informationssammlung kann durch ein Set-Modell aufgezeigt werden (vgl. Abb. 2.12).

Aus der Gesamtmenge aller zur Auswahl stehenden Marken, dem Total Set, wird der Konsument nur eine Teilmenge zur Kenntnis nehmen können, die ihm bekannten

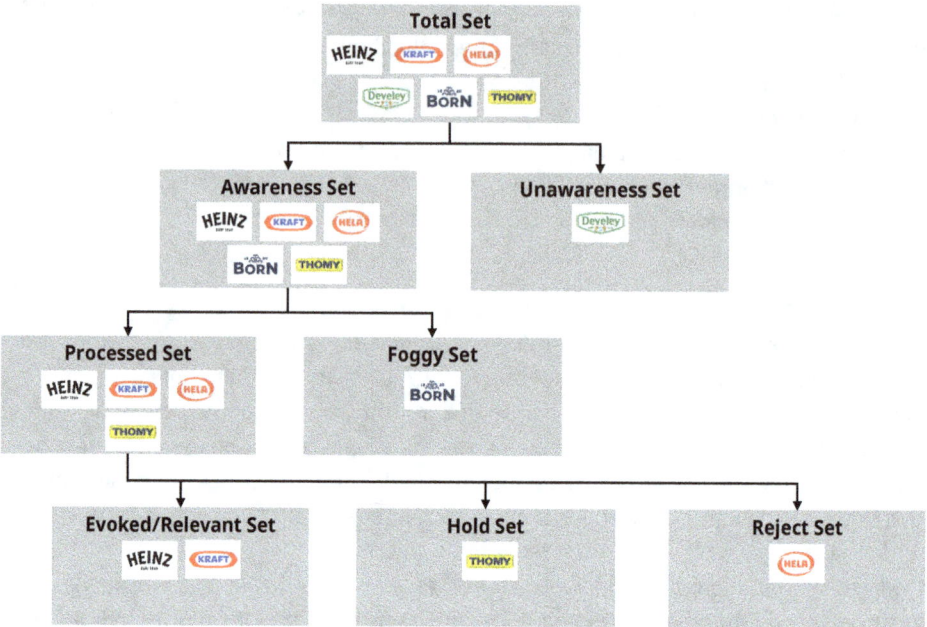

Abb. 2.12: Set-Modell am Beispiel von Ketchupmarken (Quelle: eigene Darstellung).

Marken (Awareness Set). Von den Marken des Awareness Set wird wiederum nur ein Teil im Bewertungsprozess näher betrachtet (Processed Set); über den anderen Teil liegen dem Konsumenten nur unzureichende Informationen vor und die Informationsbeschaffung gestaltet sich aufwendig. Deswegen empfindet er diese Marken als nebulös (Foggy Set). Unter den verbliebenen Marken scheiden einige wegen negativer Produkterfahrung von vornherein aus (Reject Set), andere Marken werden im aktuellen Kaufprozess weder direkt verworfen noch erscheinen sie im Moment als akzeptabel (Hold Set). Marken im Hold Set kämen in Zukunft für den Konsumenten infrage, wenn bestimmte Nutzendimensionen verbessert würden. Übrig bleiben letztlich nur wenige Marken, die in die engere Wahl kommen (Relevant Set). Diese akzeptierte Menge, aus denen die eigentliche Auswahl zum Kauf getroffen wird, wird in der Literatur auch als Evoked Set oder Accept Set bezeichnet. Im vorliegenden Lehrbuch wird der Begriff Relevant Set präferiert. Die Aufgabe des Marketings im Unternehmen besteht in diesem Kontext neben der Bekanntheit als Grundbedingung also darin, die Marken so zu positionieren, dass sie in das Relevant Set des Konsumenten gelangen, mithin überhaupt erst eine Chance erhalten, gekauft zu werden. Im spezifischen Sinne geht es hier um die ungestützte Markenbekanntheit, da diese als freie Nennung den Hinweis liefert, dass diese Marke im Relevant Set eines Probanden verankert ist. Innerhalb des Relevant Set bestimmt das Image als Fremdbild des Probanden die Position der entsprechenden Marke. Bestenfalls ist eine Marke dann auf Position 1 im Relevant Set der anvisierten Zielpersonen.

Bewertung der Alternativen

Aus den verbleibenden Marken trifft der Konsument die endgültige Kaufentscheidung, indem er die relevanten Informationen verarbeitet. Die Frage, wie dieser Entscheidungsprozess abläuft, kann nicht pauschal beantwortet werden. Die bekannten Modelle zum Bewertungsprozess des Konsumenten sind kognitiver Natur. Der Konsument beurteilt hiernach eine Marke auf bewusste, rationale Weise. Beispielsweise bewertet ein Konsument eine Marke nach den für ihn relevanten Nutzenvorteilen. In jeder Marke erkennt er eine Reihe von Markenattributen, die ihm die gewünschten Nutzenvorteile verschaffen. Bei einem PC könnten dies Speicherkapazität, Grafikfähigkeit, Kompatibilität oder Verfügbarkeit von Software sein, bei einem Hotel Lage, Sauberkeit, Preisklasse etc. Der Konsument bildet nun durch eine (mathematische) Bewertungsregel seine Einstellung bzw. Präferenz zu den verschiedenen Markenalternativen heraus, indem er die für ihn relevanten Nutzendimensionen mit einem Gewichtungsfaktor versieht und mit einer Punkteskala bewertet. In diesem Kontext ist der Begriff des Netto-Nutzens (Nutzen > Kosten) zu verankern. Durch eine solche Methodik ergibt sich die Kaufentscheidung für die Marke mit der höchsten Punktzahl. Ein derartiges methodisches Vorgehen findet in der Praxis eher unterbewusst statt.

Kaufentscheidung

In der Bewertungsphase bildet der Konsument seine Präferenz für eine Marke heraus und fasst in der Regel die Absicht, diese Marke zu kaufen. Zwischen der Kaufabsicht und der tatsächlichen Kaufentscheidung können jedoch noch zwei Faktoren zum Tragen kommen. Zum einen kann die Einstellung anderer Personen, z. B. die eines Freundes oder die eines Influencers, die Kaufentscheidung revidieren. Dies ist dann der Fall, wenn der Konsument auf die Meinung dieser Person bezüglich bestimmter Produktkategorien großen Wert legt. Zum anderen können unvorhergesehene situative Faktoren die Kaufabsicht beeinflussen. Eine kurz vor dem Kaufakt eintretende Situation wie Verlust des Arbeitsplatzes oder der Vorrang anderer Anschaffungen kann dazu führen, dass der eigentlich geplante Kauf nun doch nicht getätigt wird. Die endgültige Kaufentscheidung hängt zudem stark vom subjektiv wahrgenommenen Risiko des Kaufes ab.

Verhalten nach dem Kauf

Das Marketing endet nicht mit dem Verkauf eines Produkts, sondern umfasst die sogenannte After-Sales-Phase. Wenn die gekaufte Marke den Erwartungen des Konsumenten gerecht wird, so ist er zufrieden. Übertrifft diese Marke sogar seine Erwartungen, stellt sich Begeisterung ein. Hiermit steigt die Wahrscheinlichkeit von Wiederholungskäufen, Markentreue und einer gesteigerten Empfehlungsbereitschaft. Je größer jedoch die Diskrepanz zwischen den Erwartungen und der tatsächlich erbrachten Markenleistung ist, desto höher wird die Unzufriedenheit des Konsumenten. In diesem Zusammenhang ist das Phänomen der kognitiven Dissonanz anzusiedeln, d. h., der Konsument zweifelt daran, ob seine Kaufentscheidung richtig war. Er fragt sich, ob er nicht vielleicht doch besser eine andere Marke hätte erwerben sollen. Bei vollkommener Zufriedenheit oder Begeisterung kommt es nicht zu solchen Zweifeln. Ein unzufriedener Kunde wählt verschiedene Handlungsalternativen. Der Dissonanzabbau kann durch einfache Rückgabe oder Wegwerfen des Produkts geschehen. Als sichtbare Handlungen können aktiv Beschwerden an das Unternehmen herangetragen werden. Vielfach negativer wirken jedoch unsichtbare Handlungen. Der enttäuschte Konsument berichtet in seinem sozialen Umfeld von seiner negativen Markenerfahrung, er warnt davor oder ruft im Extremfall zum Boykott der Marke auf, was in der heutigen Zeit über Social Media einfacher ist und eine noch drastischere Wirkung (Shitstorm) haben kann.

In diesem Zusammenhang haben Studien herausgefunden, dass zufriedene Kunden nur etwa 3–5-mal von ihrem positiven Erlebnis erzählen, während unzufriedene Kunden etwa 10–15-mal im Umfeld befindlichen Personen von dem negativen Erlebnis berichten. Insofern ist von Seiten des Markenmanagements unbedingt darauf zu achten, dass keine falschen Versprechungen gemacht werden, da dies kontraproduktiv wäre. Für die Markenführung ergibt sich hieraus die Notwendigkeit, kognitive Dissonanzen abzubauen und den Kunden in seiner Kaufentscheidung zu bestätigen, was durch einen effektiven After-Sales-Service geschehen kann.

Grundsätzlich kann festgehalten werden, dass es sich bei den vorgestellten Teilprozessen um idealtypische Einteilungen handelt, welche in der Realität nicht immer durchgehend vorliegen. Vielmehr unterscheiden sich die jeweiligen Phasen je nach Produkt bzw. Leistung sowie nach Art der Kaufentscheidung (z. B. extensiv/impulsiv). So kann die Vorkaufphase beispielsweise bei einem spontan durch Emotionen ausgelösten Kauf (Impulskauf) teilweise oder bei Gütern des täglichen Bedarfs gar vollständig entfallen.

Der klassische Kaufprozess wird in der heutigen Zeit häufig in den Zusammenhang mit einer Customer Journey gebracht. Nach Keller umfasst der Begriff Customer Journey „den gesamten Prozess vor, während und nach einem Produktkauf oder einer Dienstleistungsnutzung. Die Kundenreise beginnt bei der Informationssuche und schließt alle absichtlich oder unabsichtlich angetroffenen Kontaktpunkte ein" (Keller 2017, S. 31). Diese Kontaktpunkte werden als Touchpoints bezeichnet. Der Begriff Customer Touchpoints umfasst dabei alle Berührungspunkte, an denen ein potenzieller bzw. tatsächlicher Kunde mit einer Marke in Berührung kommt. Durch die Interaktion von Verbrauchern an diesen verschiedenen Berührungspunkten entsteht die Customer Experience (Rusnjak/Schallmo 2018, S. 98).

In Zeiten der Digitalisierung steigt die Anzahl dieser Customer Touchpoints stark an. Denn Konsumenten nutzen eine Vielzahl an Endgeräten und Kanälen und bewegen sich fließend zwischen diesen hin und her. Demnach umfasst der Begriff Customer Touchpoint sowohl online und offline, direkte und indirekte, persönliche und mediale sowie bewusste und unbewusste Berührungspunkte zwischen Konsumenten und Marken. Von diesen befindet sich lediglich ein Teil unter der Kontrolle der Markenverantwortlichen.

Verhoef et al. (2009, S. 32) zufolge entwickelt sich die Customer Experience über die Vor-Kauf-, Kauf- und die Nach-Kaufphase hinweg. Sie umschließt demzufolge die gesamte Customer Journey. Die Vor-Kaufphase umfasst dabei die Entwicklung eines konkreten Bedürfnisses sowie das Wahrnehmen eines bestimmten Produkts, welches das Bedürfnis befriedigt. Hinzu kommt die Suche nach entsprechenden Informationen zu dem Produkt und die Abwägung verschiedener Optionen. In der Kaufphase trifft der Kunde die Entscheidung und kauft das entsprechende Produkt. Die Nach-Kaufphase beinhaltet den Konsum des Produkts und damit zusammenhängend seine Bewertung sowie gegebenenfalls entstehende Service-Anfragen (Lemon/Verhoef 2016, S. 76). Zusammenfassend beschreibt die Customer Journey also die Reise eines Kunden vom ersten Customer Touchpoint mit einer Marke bis hin zu einer definierten abschließenden Handlung. Folglich wird die Customer Experience durch das Erleben und Bewerten einzelner Customer Touchpoints bzw. der gesamten Customer Journey gebildet. Sie wird individuell erlebt und kann an den einzelnen Customer Touchpoints sowohl positiv als auch negativ ausfallen (Kranzbühler et al. 2018, S. 446).

Die folgende Abb. 2.13 zeigt den Zusammenhang zwischen Customer Journey, Customer Touchpoints und Customer Experience innerhalb der einzelnen Kaufphasen.

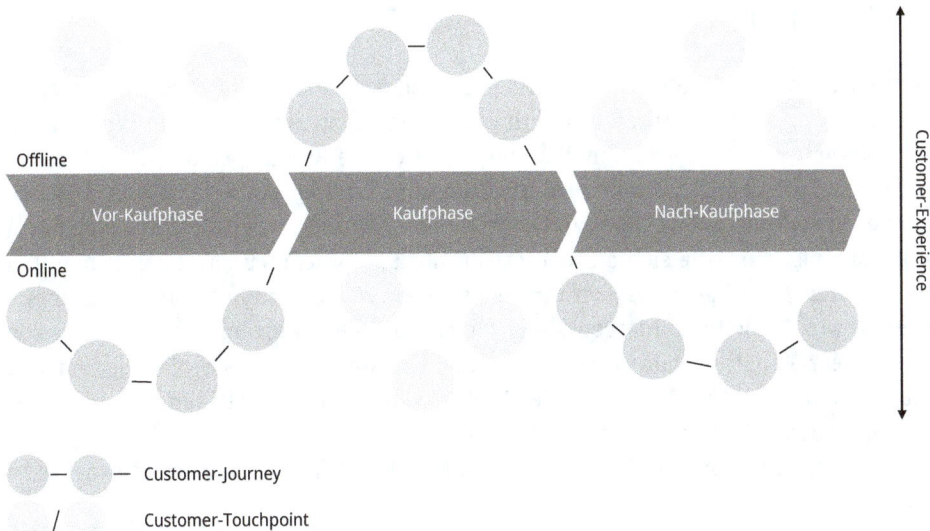

Abb. 2.13: Zusammenhang von Customer Journey, Customer Touchpoints und Customer Experience (Quelle: eigene Darstellung).

Kranzbühler et al. (2018, S. 438) identifizieren zwei voneinander zu unterscheidende Untersuchungsperspektiven des Konstrukts Customer Experience: die statische und die dynamische Perspektive. Studien, die auf der statischen Perspektive basieren, untersuchen das Konsumentenerlebnis an einem oder mehreren Customer Touchpoints mit einer Marke zu einem bestimmten Zeitpunkt. Im Zusammenhang mit der dynamischen Perspektive wird dagegen betrachtet, wie sich die Customer Experience eines Konsumenten im Laufe der Zeit entwickelt. Die dynamische Customer Experience als Ganzes setzt sich demzufolge aus den statischen Kundenerlebnissen an den einzelnen Customer Touchpoints zusammen.

Customer Touchpoints können generell in Offline-Touchpoints und Online-Touchpoints unterschieden werden. Zu den Offline-Touchpoints zählen z. B. TV-, Radio- und Printmedien, aber auch Filialen. Zu den Online-Touchpoints gehören z. B. Website, soziale Medien, Newsletter, aber auch Online-Shops, über die ein Konsument mit der Marke interagiert. Wie die Aufzählung zeigt, können Offline- und Online-Touchpoints sowohl einen kommunikativen als auch distributiven Instrumentalcharakter aufweisen.

Im Rahmen der Markenführung wird im Hinblick auf eine positive Customer Experience jeder Customer Touchpoint dahingehend optimiert, die Erwartungen des Kunden im Sinne des Markenversprechens zu erfüllen bzw. zu übertreffen (Rusnjak/Schallmo 2018, S. 8).

2.2.2 Konkurrenzanalyse

Die Megatrends der Globalisierung und Digitalisierung, welche die Bedeutung geografischer Grenzen in den Hintergrund drängen, führen zu zunehmendem Wettbewerb auf nationalen und internationalen Märkten. Genaue Kenntnisse über den Wettbewerb, d. h., relevante Informationen über die Konkurrenten, sind daher von entscheidender Bedeutung. Dabei gilt es zu beachten, dass Wettbewerber nicht nur diejenigen Unternehmen sind, die sich auf den ersten Blick als solche zu erkennen geben. Ein bedeutender Wettbewerber von Mercedes ist BMW. Aber stehen Luxusautomobile wie das SLR-Modell von Mercedes nicht auch im Wettbewerb mit Luxusbooten von Sunseeker? Pauschal kann diese Frage nicht beantwortet werden. In jedem Fall macht sie deutlich, dass das Feld der Wettbewerber in vielen Fällen weiter gefasst werden muss, als Unternehmen dies häufig tun.

Hierbei lassen sich *vier Wettbewerbskategorien* definieren, um Wettbewerber zu identifizieren:
- Marken-Segment-Wettbewerb,
- Produktklassenwettbewerb,
- Funktionsträgerwettbewerb,
- Generikawettbewerb.

Marken-Segment-Wettbewerber sind diejenigen Unternehmen, die demselben Kundenkreis vergleichbare Produkte oder Dienstleistungen zu entsprechenden Preisen anbieten. Der Begriff Segment muss in diesem Zusammenhang weiter gefasst verstanden werden und bezieht sich eher auf die entsprechende Marktschicht, da die Unternehmen in diesem Fall den gleichen Basisstrategietyp anwenden. Im Falle von Mercedes wären dies beispielsweise BMW und Audi (gehobene Präferenzstrategie). Innerhalb des Produktklassenwettbewerbs identifiziert Mercedes die Unternehmen als Wettbewerber, welche die gleiche Produktklasse im Markt anbieten. In diesem Fall wären dies sämtliche Hersteller von Automobilen, also u. a. Lada, Toyota und Porsche. Nach der Wettbewerbskategorie des Funktionsträgerwettbewerbs werden die Konkurrenten eines Unternehmens noch weiter gefasst. Demnach stehen Unternehmen im Wettbewerb, deren Produkte dieselbe Grundfunktion erfüllen. Im zuvor beschriebenen Falle wäre dies die Funktion Fortbewegung. Und zu den Wettbewerbern könnten Anbieter von Motorrädern gezählt werden, ggf. sogar Anbieter von Transportdienstleistungen wie die Deutsche Bahn oder die Lufthansa. Die weiteste Sichtweise der vier Wettbewerbskategorien stellt der Generikawettbewerb dar. Hiernach gelten alle Unternehmen als Konkurrenten, die mit relevanten Produkten um dieselbe Kaufkraft eines potenziellen Kunden kämpfen. Mercedes kämpft infolgedessen beispielsweise gegen Anbieter von Eigentumswohnungen, Reisen etc. In der Praxis finden überwiegend die ersten beiden Kategorien Anwendung.

Innerhalb der Konkurrenzanalyse können verschiedene Analyseverfahren verwendet werden. Checklistverfahren erlauben die systematische Gestaltung zur Entscheidungsfindung – hierin werden alle relevanten Wettbewerbsinformationen in Listen erfasst. Die Kumulation von Erfahrungswerten soll zur Gestaltung von Prüflisten führen, die alle entscheidungsrelevanten Faktoren berücksichtigen. Einerseits erlauben Checklistverfahren eine einfache und kostengünstige Durchführung der Konkurrenzanalyse. Auf der anderen Seite wirkt sich bei Checklistverfahren nachteilig aus, dass die abgefragten Informationen lediglich quantifizierbar und nicht qualifizierbar sind; ihre Aussagekraft ist aus diesem Grund begrenzt und ihre Relevanz innerhalb der Konkurrenzanalyse als gering zu bezeichnen. Scoringmodelle, sogenannte Punktbewertungsverfahren, ermöglichen entgegen dem Checklistverfahren die Qualifizierung/Gewichtung der Analysedaten. Die Alternativen können an monetären und nichtmonetären Bewertungskriterien gemessen werden. Die Gewichtung der einzelnen Kriterien ermöglicht eine Gesamtbewertung jeder Alternative – diese kann als Entscheidungsgrundlage dienen. Problematisch erweist sich vielfach die Auswahl und Gewichtung der Kriterien. Zu den unterschiedlichen Varianten von Scoringmodellen zählen u. a. die Nutzwertanalyse und das Benchmarking.

Grundidee des Benchmarkings ist es, Unterschiede zum sogenannten Klassenbesten (Best-Practice-Unternehmen) in einer Branche, z. B. in Bezug auf die Dimensionen Qualität und Kosten festzustellen und im Hinblick auf die eigene Leistungsfähigkeit zu bewerten. Die Leistungslücke in Bezug auf Produkte oder Prozesse soll auf Basis dieser Erkenntnisse systematisch geschlossen werden.

Die Konkurrenzanalyse kann entscheidende Informationen für ein Unternehmen liefern, sodass es als unabdingbar gilt, Daten der Wettbewerber im Planungsprozess eines Unternehmens zu berücksichtigen.

2.3 Branchenstrukturanalyse nach Porter

„Bei einer Wettbewerbsstrategie geht es darum anders zu sein. Und das bedeutet, bewusst eine unübliche Anzahl von Tätigkeiten zu wählen, die eine einzigartige Mischung an Werten verheißen" (Porter 1980, S. 12). Das Konzept der Branchenstrukturanalyse nach Porter (1999, S. 33 ff.) misst die Wettbewerbsintensität eines Marktes anhand von fünf Wettbewerbskräften (Five-Forces-Modell) und liefert hiermit ein Indiz über die Branchenattraktivität. Unter einer Branche wird eine Gruppe von Unternehmen verstanden, deren Produkte zueinander im Wettbewerb stehen. Wird einerseits vollkommene Konkurrenz vorausgesetzt, mindert gemäß Porter der Wettbewerb einer Branche die Ertragsrate des eingesetzten Kapitals tendenziell auf die Mindestertragsrate. Andererseits bestimmt die Summe der Stärken eines im Markt agierenden Unternehmens das Gewinnpotenzial in einer Branche, ausgedrückt im langfristigen Ertrag des eingesetzten Kapitals.

Im Rahmen der Branchenstrukturanalyse müssen sich die Anbieter mit folgenden Fragen auseinandersetzen:
– Wie ist der Wettbewerb zwischen den bereits vorhandenen Unternehmen zu charakterisieren?
– Welche Markteintrittsbarrieren existieren, die sich für Newcomer als problematisch erweisen?
– Besteht die Möglichkeit, dass Substitute den Markt beeinflussen?
– Wie stellen sich Struktur und Verhalten der Abnehmer dar?
– Wie sind die Lieferanten aufgestellt?

Die Abb. 2.14 stellt die Branchenstrukturanalyse nach Porter dar.

Rivalität zwischen den bestehenden Unternehmen
Der Wettbewerb zwischen den Branchenteilnehmern hängt von strukturellen Faktoren wie Marktvolumen, Marktwachstum und Marktpotenzial ab. Je größer ein Markt ist und je mehr freies Potenzial (Differenz zwischen Marktvolumen und Marktpotenzial) dieser Markt bietet, desto mehr Marktwachstum ist möglich und desto eher ist auch ein höheres Absatzvolumen (Umsatzvolumen) für ein Unternehmen in diesem Markt erreichbar. Je mehr sich die Branche der Marktsättigung nähert, umso härter wird im Normalfall auch die Rivalität unter den existierenden Anbietern. Ganz besonders ausgeprägt ist die Wettbewerbsintensität in Märkten mit zurückgehendem

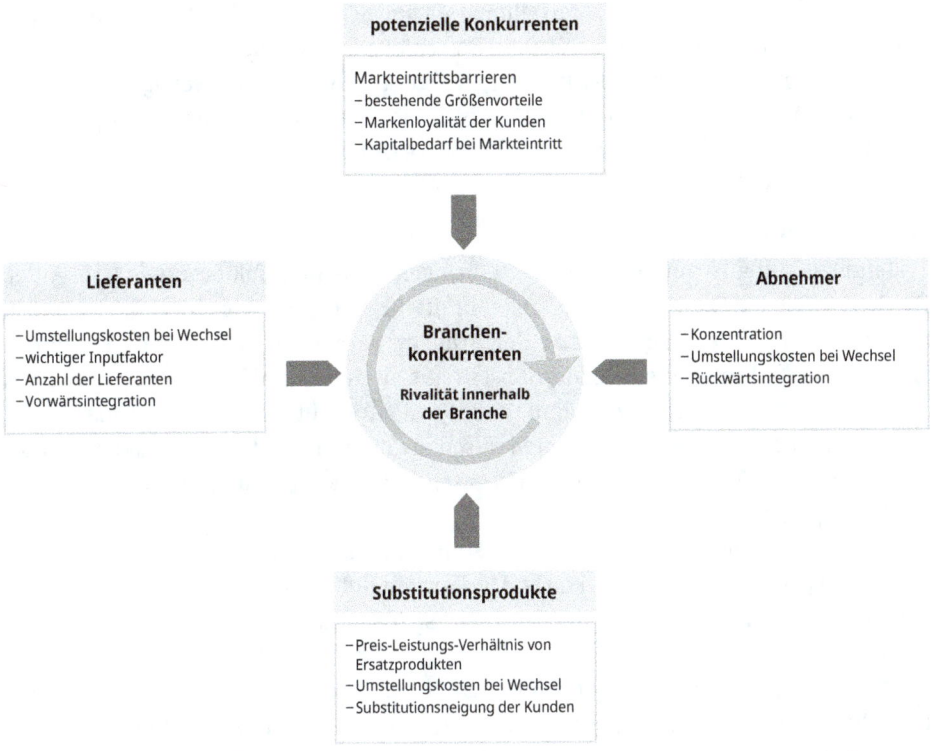

Abb. 2.14: Branchenstrukturanalyse nach Porter (Quelle: eigene Darstellung).

Marktvolumen. Hier muss ein Unternehmen, um seinen Marktanteil zu halten, Absatzvolumen (Umsatzvolumen) zu Lasten der Konkurrenz gewinnen.

Grundsätzlich lassen sich die Reaktionen bei einer hohen Branchenrivalität in einen Preiswettbewerb oder einen Marketingwettbewerb unterscheiden.

Beim Preiswettbewerb reagieren die Anbieter mittels der Kontrahierungspolitik, d. h., mit einer vermehrten Gewährung von Konditionen (z. B. Boni oder Rabatte) bzw. mit einer Reduktion der Verkaufspreise. Die Gefahr beim Preiswettbewerb besteht in einem Imageverlust für einzelne Marken oder die gesamte Branche bzw. in der Eskalation zu einem ruinösen Preiswettbewerb, bei dem einzelne oder mehrere Unternehmen in die Insolvenz getrieben werden.

Beim Marketingwettbewerb reagieren die Anbieter mit dem verstärkten Einsatz der nichtpreisorientierten Marketinginstrumente, d. h., die Produkt-, Distributions- bzw. Kommunikationspolitik wird intensiv genutzt, um die Position der eigenen Marke(n) im Markt zu behaupten oder zu verbessern. Beispielsweise kann ein Unternehmen ein neues oder verbessertes Produkt in den Markt bringen, neue Distributionswege wählen bzw. den Kommunikationsdruck erhöhen. Die Gefahr beim Marketingwettbewerb liegt für ein Unternehmen darin, sich in einer Fülle von operativen Maßnahmen zu verzetteln und dabei die Kosten aus den Augen zu verlieren.

Ursache intensiver Rivalität können eine große Anzahl gleichwertiger Mitbewerber, Marktsättigung bzw. sinkendes Marktvolumen, hohe Fixkosten, überhöhte Kapazitäten sowie fehlende Differenzierung der Marken sein.

Bedrohung durch neue Konkurrenten

Treten neue Akteure auf dem Markt auf, bringen diese Inputfaktoren wie Geldmittel, Erfahrung, Produktionskapazitäten usw. in die Branche ein. Hierdurch können sich die Preis- und Kostenstrukturen in der Branche verändern, d. h., häufig kommt es zum Preisverfall und zu steigenden Kosten aufseiten der etablierten Wettbewerber, was zu einer Verringerung der Rentabilität im Markt führt. Generell ist die Gefahr des Markteintritts neuer Konkurrenten durch die in der Branche vorhandenen Markteintrittsbarrieren sowie durch die zu erwartenden Reaktionen der bisherigen Wettbewerber begrenzt.

Die vorhandenen Markteintrittsbarrieren können z. B. Betriebsgrößenersparnisse (Economies of Scale and Scope), starke Marken, ein hoher Kapitalbedarf, hohe Umstellungskosten für die Abnehmer sowie ein versperrter Zugang zu den Vertriebskanälen sein.

Die zu erwartenden Reaktionen der etablierten Wettbewerber können zum einen in frühzeitigen Preissenkungen bzw. der Vergabe von Konditionen, zum anderen in der Verbesserung der Produktleistung, Ausschöpfung der möglichen Vertriebswege bzw. hohen Kommunikationsanstrengungen bestehen.

Bedrohung durch Ersatzprodukte

Eigene Produkte konkurrieren mit den Leistungen anderer Branchen, die eine weitgehend identische Funktionalität aufweisen. Wie eingangs dieses Kapitels in der Marktabgrenzung verdeutlicht, kommt es hier entscheidend darauf an, wie der relevante Markt abgegrenzt und damit definiert ist, welche Funktionen bzw. Nutzendimensionen zur Bedürfnisbefriedigung im Zielmarkt angeboten werden. Je größer die Ähnlichkeit der Produkte und je geringer die Umstellungskosten (von einem auf das andere Produkt) für die Abnehmer sind, desto größer ist die wirtschaftliche Gefahr, die von diesen Produkten ausgeht. Weitere Faktoren sind die Substitutionsneigung der Abnehmer, ein attraktives Preis-Leistungs-Verhältnis der Ersatzprodukte sowie ein Technologiewandel in der Branche. Ersatzprodukte begrenzen infolgedessen das Gewinnpotenzial einer Branche.

Verhandlungsmacht der Abnehmer

Im Rahmen der Branchenstrukturanalyse kann das Machtstreben der Abnehmer einen wesentlichen Marktfaktor ausmachen. Die Abnehmer sind unter Umständen in der Lage, Einfluss auf das Preisniveau zu nehmen, höhere Qualitäten und bessere Leistungen zu verlangen oder die um die gleichen Konsumenten konkurrierenden Anbieter gegeneinander auszuspielen. Das alles kann dazu führen, dass die Rentabilität in der betreffenden Branche sinkt.

Die Verhandlungsmacht der Abnehmer ist besonders groß, wenn es sich um ein Nachfragemonopol oder -oligopol handelt (hohe Machtkonzentration aufseiten der Abnehmer, z. B. im Lebensmitteleinzelhandel), die Marken in der Branche untereinander unzureichend differenziert sind, die Produkte der Branche für die Leistung der Abnehmer unerheblich sind, die Umstellungskosten (Wechsel von einem zum anderen Anbieter) für die Abnehmer niedrig sind, die Abnehmer glaubhaft mit Rückwärtsintegration drohen bzw. diese betreiben (Handelsunternehmen treten mit Handelsmarken als Anbieter in der Branche auf).

Verhandlungsmacht der Lieferanten
Ebenso wie die Abnehmer können auch die Lieferanten einen wesentlichen Einfluss auf die Wettbewerbsbedingungen in der Mikroumwelt ausüben. Das Niveau der Preise und Konditionen der Lieferanten hat enorme Bedeutung für die Kosten der Einsatzfaktoren (z. B. Rohstoffe) und kann somit die Rentabilität negativ beeinflussen.

Die Verhandlungsmacht der Lieferanten ist besonders groß, wenn sie stärker konzentriert sind als die Branche selbst (Angebotsmonopol oder -oligopol), der Umsatzanteil der Branche am Gesamtumsatz der Lieferanten relativ unbedeutend ist, die Produkte der Lieferanten differenziert sind, ihr Produkt einen wichtigen Input für das Geschäft der Branche darstellt, die Umstellungskosten (Wechsel von einem zum anderen Lieferanten) für die Industrieunternehmen hoch sind, die Lieferanten glaubhaft mit Vorwärtsintegration drohen (Lieferant wird zum Wettbewerber in der Branche).

Die folgende Abb. 2.15 zeigt die Analyse am Beispiel der Tafelschokoladenbranche:

potenzielle Konkurrenten

- Betriebsgrößenersparnisse der etablierten Unternehmen
- Differenzierung (etablierte Unternehmen verfügen über bekannte Marken/Käuferloyalität)
- hoher Kapitalbedarf
- Umstellungskosten für Abnehmer relativ gering
- Zugang zu Vertriebskanälen schwierig, da nahe liegende Kanäle bereits von etablierten Unternehmen bedient werden
- → Markteintrittsbarrieren hoch

Abnehmer

- Konzentration im Einzelhandel (EH) hoch
- Umstellungskosten gering
- Herstellermarken (Mussmarken) für EH erheblich, da Produkte evtl. erwartet oder sogar gefordert werden
- EH bietet Eigenmarken an; Tendenz zu Mehrwert-Handelsmarken

Branchenkonkurrenten

Rivalität hoch, Nischen besetzt, Marken-/Handelsmarkenkonkurrenz, intensive Produkt-/ Kommunikationspolitik, evtl. Problem hoher Austrittsbarrieren

Lieferanten

- Verhandlungsstärke niedrig
- Dritte-Welt-Staaten/Entwicklungsländer
- Kakao, Kuvertüren etc.
- eingeschränkte Macht, da Branchenunternehmen ihre Rohstoffe von verschiedenen Zulieferern erhalten können; auf der anderen Seite ist das Produkt der Lieferanten ein wichtiger Input (Qualität)
- Vorwärtsintegration der Lieferanten schwer vorstellbar

Substitutionsprodukte

- Bedrohung durch Substitutionsprodukte hoch, da viele andere Schokoladenprodukte (Riegel, Pralinen etc.) Konkurrenzprodukte darstellen und gleiche Bedürfnisse erfüllen
- → Die relevanten Substitutionsprodukte hängen stark von der vorgenommenen Marktabgrenzung ab.

Abb. 2.15: Branchenstrukturanalyse am Beispiel der Tafelschokoladenbranche (Quelle: eigene Darstellung).

3 Unternehmensanalyse

Die Unternehmensanalyse als Teil der Marketinganalyse hat das Ziel aufzuzeigen, über welche Kernkompetenzen (besondere Fähigkeiten) das Unternehmen verfügt bzw. zu welchen Handlungen es fähig ist. Als grundlegende Ansätze zur Diagnose werden im Folgenden die Wertkettenanalyse, die Ressourcenanalyse und das 7-S-Modell vorgestellt.

3.1 Wertkettenanalyse

Ein etablierter Ansatz zur Unternehmensanalyse ist die von Michael Porter Mitte der 1980er-Jahre entwickelte Wertkettenanalyse (vgl. Abb. 2.16).

Die Wertkettenanalyse folgt dem Gedanken, dass die Ursachen für Wettbewerbsvorteile bei Betrachtung des Unternehmens als Ganzes nur schwierig zu erkennen sind. Daher wird das Unternehmen in Primär- und Sekundäraktivitäten (unterstützende Funktionen) zerlegt. Diese Aktivitäten werden auf ihren jeweiligen Beitrag zur Wertschöpfung analysiert. Eine systematische Analyse der Wertaktivitäten macht es möglich, die jeweiligen Vor- und Nachteile zu erkennen, die gegenüber dem Wettbewerb bestehen. Hierbei können Ansatzpunkte lokalisiert werden, in denen die Unternehmung relativ besser oder günstiger einzelne Aktivitäten erbringen kann.

Nach der Logik der Wertkette kann ein Wettbewerbsvorteil nur erzielt werden, wenn entweder zu geringeren Kosten als der Wettbewerb gearbeitet wird (Strategie der Kostenführerschaft) oder sich die Unternehmung durch eine spezielle Fertigkeit vom Wettbewerb differenziert (Differenzierungsstrategie). Daher lässt sich eine Analyse der Wertkette in beide Richtungen vornehmen. Oft wird in diesem Zusammenhang auch von der Identifikation von Kernkompetenzen des Unternehmens gesprochen, also wesentlichen Stärken, die zur Festigung der eigenen Marktstellung und zur Differenzierung im Wettbewerb beitragen.

Diese Betrachtung geht auf den Resource-based View (RBV) als grundlegendes Konzept zurück, welcher die unternehmensspezifischen Stärken und Schwächen als Basis für den Aufbau eines relevanten Wettbewerbsvorteils determiniert. Durch einen dreistufigen internen Prozess der Nutzung, Veredelung und Kombination der vorhandenen Ressourcen kann ein Unternehmen eine charakterisierende Kernkompetenz entwickeln und sich so einen dauerhaften Wettbewerbsvorsprung sichern (Prahalad/Hamel 1990, S. 83 ff.; Freiling 2001; Freiling 2004, S. 14 ff.).

Freiling/Gersch/Goeke (2006) klassifizieren weitergehend in Resource-based View (RBV), Competence-based View (CBV) sowie Knowledge-based View (KBV) als Grundlage für ihr Folgekonzept Competence-based Theory of the Firm (CBTF).

Neben der Identifizierung der Ursachen von Wettbewerbsvorteilen zeigt die Wertkettenanalyse auch Möglichkeiten auf, in welchen Feldern neue Wettbewerbsvorteile

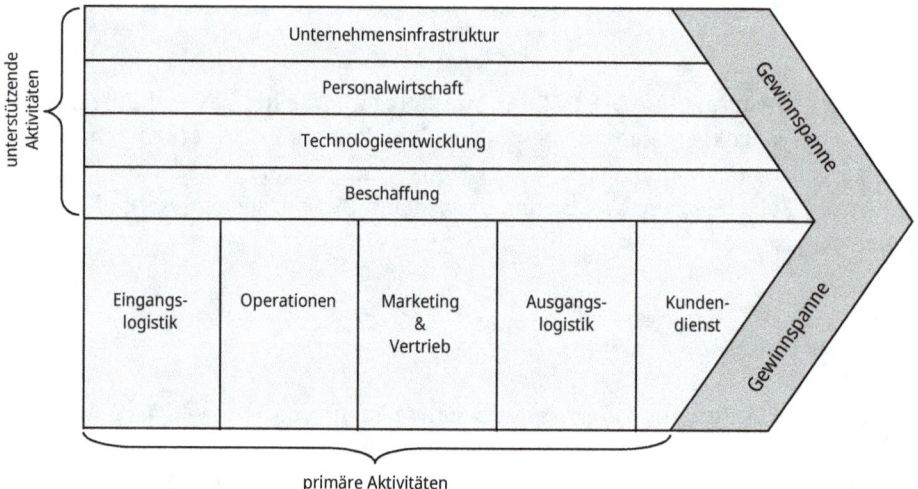

Abb. 2.16: Modell der Wertkette (Quelle: in Anlehnung an Porter 2000, S. 78).

generiert werden können. Darüber hinaus werden jedoch auch Schwachstellen aufgedeckt, die entweder durch interne Verbesserungen behoben oder möglicherweise outgesourct werden können.

Problematisch ist bei der Wertkettenanalyse der relativ hohe Arbeitsaufwand. Insbesondere ist die aktivitätsorientierte Zuordnung der Kosten schwierig, da die meisten Unternehmen über ein Kostenrechnungssystem verfügen, welches auf einer Einteilung in Kostenstellen, -arten und -trägern basiert. Die Umwandlung der zur Verfügung stehenden Zahlen in eine aktivitätsorientierte Zuordnung der Kosten fällt aufgrund von Zuordnungsproblemen eher schwer. Des Weiteren ist oft ein vergleichbares Zahlenmaterial der Wettbewerber nicht erhältlich.

Das folgende Beispiel (vgl. Abb. 2.17) zeigt als Ergebnis einer Wertkettenanalyse die Stärken von Ikea im Vergleich zu einem herkömmlichen Möbelanbieter anhand der folgenden Aktivitäten: Rohmaterial, Herstellung, Montage, Transport, Showroom, Lieferzeit, Anlieferung. Diese Aktivitäten wurden vorher erfasst und als primär klassifiziert. Die Wettbewerbsvorteile von Ikea in allen Primäraktivitäten werden deutlich aufgezeigt. Das Beispiel zeigt zudem, dass eine – oft von fehlenden Datenquellen erzwungene – Vereinfachung der Wertkettenanalyse praktikabel sein kann.

	Rohmaterial	Herstellung	Montage	Transport	Showroom	Lieferzeit	Anlieferung
herkömmlicher Möbelanbieter	je nach Material: – geringe bis hohe Kosten	kleine Mengen: – hohe Kosten	arbeitsintensiv: – hohe Kosten	Luft: – hohe Kosten	zentrale Lage: – hohe Kosten	kleines Lager: – lang	Luft: – hohe Kosten
IKEA	– Geringe Kosten	große Mengen: – geringe Kosten	durch Kunden: – keine Kosten	kompakt zerlegt: – geringe Kosten	außerhalb: – geringe Kosten	großes Lager: – kurz	Abholung durch Kunden: – keine Kosten

Abb. 2.17: Wertkettenanalyse am Beispiel zweier Möbelhändler (Quelle: eigene Darstellung).

3.2 Ressourcenanalyse

Eng verbunden mit der Wertkettenanalyse ist die Ressourcenanalyse. Hierbei werden im Rahmen eines Stärken-Schwächen-Profils relevante Kriterien ausgewählt und die entsprechenden Positionen des analysierten Unternehmens den Positionen des direkten Wettbewerbers gegenübergestellt.

Objekte der Ressourcenanalyse können das Unternehmen, eine bestimmte strategische Geschäftseinheit oder eine spezifische Marke sein. Findet diese Analyse auf Markenebene statt, gilt es schon an dieser Stelle zwischen den diversen horizontalen Markenstrategien (Dachmarke, Familienmarke, Einzelmarke) zu unterscheiden (vgl. Kapitel V 3.4.2).

Bezogen auf das Analyseobjekt wird ein Ressourcenprofil erstellt, welches die relevanten Kriterien als Vergleichsgrößen (Items) enthält. Die Relevanz der Kriterien ergibt sich aus der Einzelfallbetrachtung; die Kriterien können aus allen Phasen des Marketingprozesses entnommen werden. Wichtig ist hierbei das Vorliegen der entsprechenden Daten und Kennzahlen.

Aus der Ressourcenanalyse ergeben sich unternehmens- bzw. markenspezifische Stärken und Schwächen, die abschließend in die SWOT-Analyse Eingang finden.

Die Abb. 2.18 zeigt ein Ressourcenprofil einer Marke, wobei deren Stärken im Marktanteil (Menge, Wert), im Bekanntheitsgrad, in der Imagekongruenz sowie im Produktdifferenzierungsgrad liegen. Die Konkurrenzmarke zeigt neben den Stärken im Innovations- und Distributionsgrad eine deutliche Überlegenheit im Kommunikationsdruck und in der Finanzsituation.

Anzumerken ist bei diesem Modell, dass zum einen die Ressourcenkriterien nach Relevanz ausgewählt werden, zum anderen das Vorliegen einer validen Datenbasis Grundvoraussetzung für eine objektive Anwendung ist. Die Gefahr der Subjektivität kann sich in der Auswahl der Kriterien sowie der angewandten Skalierung und Beurteilung zeigen. Zudem kann das Fehlen von Konkurrenzinformationen die Ressourcenanalyse erschweren.

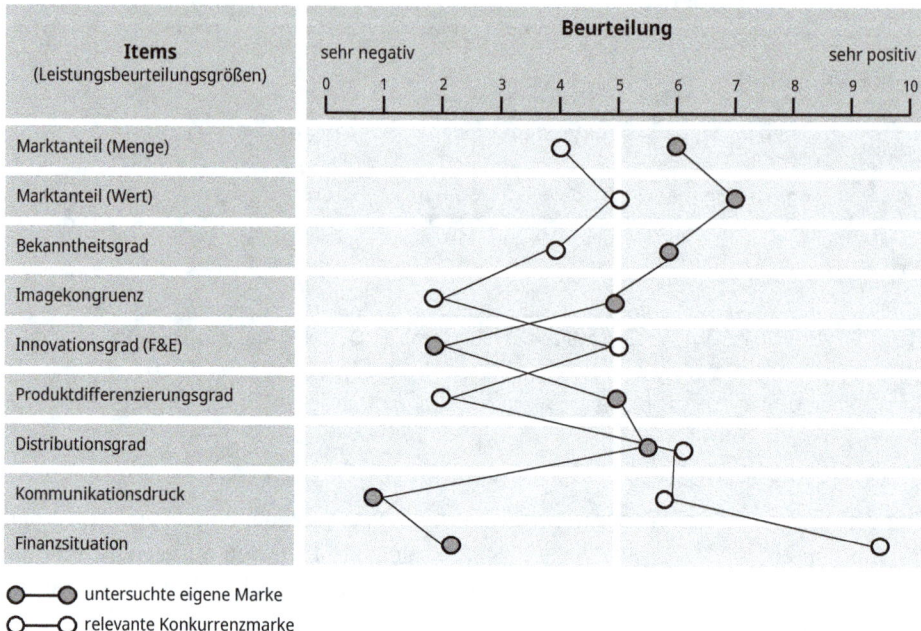

Abb. 2.18: Ressourcenprofil einer Marke im Vergleich zur direkten Wettbewerbsmarke (Quelle: eigene Darstellung).

3.3 7-S-Modell

Ein Ansatz, der neben den harten auch die weichen Faktoren einer Organisation berücksichtigt, ist das vom Beratungsunternehmen McKinsey entwickelte 7-S-Modell. Das 7-S-Modell basiert auf der Annahme, dass ein Unternehmen im Wesentlichen durch sieben Elemente charakterisiert wird (Peters/Waterman 1982).

Die drei harten Faktoren Strategy, Structure und Systems sind in der Regel greifbar und im Unternehmen in Form von Strategiepapieren, Plänen und Dokumentationen der Aufbau- und Ablauforganisation konkret dargelegt. Die vier weichen Faktoren Style, Skills, Staff und Shared Values sind dagegen kaum materiell greifbar und auch schwieriger zu beschreiben. Obwohl diese weichen Faktoren eher im Verborgenen liegen, können sie großen Einfluss auf die harten Faktoren Strategie, Struktur und Systeme haben. Alle Elemente sind miteinander vernetzt, was es erforderlich macht, ihre Interdependenzen zu berücksichtigen. Effektiv arbeitende Organisationen weisen eine ausgeglichene Balance zwischen diesen sieben Elementen auf.

Zum besseren Verständnis werden an dieser Stelle die 7 S einzeln erläutert: Strategy umfasst die Strategien eines Unternehmens, die Handlungsweisen, die ein Unternehmen in Erwartung von oder in Reaktion auf Veränderungen in seiner Umwelt plant, z. B. die bevorzugte Behandlung bestimmter Marken, Produkte oder Märkte. Structure be-

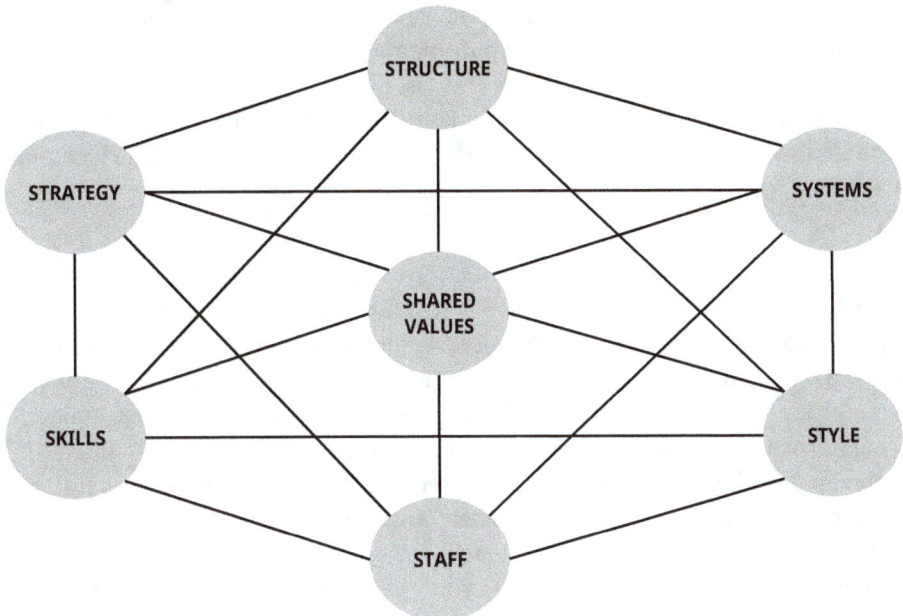

Abb. 2.19: 7-S-Modell nach McKinsey (Quelle: in Anlehnung an Peters/Waterman 2003, S. 32).

schreibt die Koordination und Kooperation einzelner Unternehmensbereiche, mit anderen Worten: die vorliegende Aufbauorganisation und Hierarchie. Systems sind formelle und informelle Prozesse zur Umsetzung einer Strategie in den gegebenen Strukturen, also im übergeordneten Sinn die Ablauforganisation. Mögliche Prozesse können Herstellungssysteme, Materialplanung, Bestellannahme oder im Allgemeinen Supply-Chain-Management sein. Style umfasst zum einen die Unternehmenskultur, d. h., dominante Werte und Normen, die sich im Lauf der Zeit entwickelt haben und zu sehr stabilen Elementen im Unternehmen werden können. Zum anderen zählt zu Style die Managementkultur bzw. der Führungsstil, eher das, was das Management tut, als was es sagt. Skills sind die Fähigkeiten des Unternehmens selbst, unabhängig von Einzelpersonen, also das, was ein Unternehmen am besten kann, seine Kernkompetenzen (z. B. Markenmanagement, Fertigungsprozesse). Staff beinhaltet die Mitarbeiter des Unternehmens mit ihren Fertigkeiten und Fähigkeiten (Qualifikationen). Dies umfasst den gesamten Bereich der Personalwirtschaft, z. B. Personalentwicklung, Mentoring etc. Shared Values beziehen sich schließlich auf die grundlegenden Ideen bzw. Kernüberzeugungen eines Unternehmens. Sie beinhalten die Vision und die Geschäftsgrundlage (Mission) des Unternehmens.

Das 7-S-Modell ist ein grobes, normatives Raster, das einen guten Startpunkt für eine Analyse darstellt. Seine Stärke ist die Berücksichtigung von harten und weichen Faktoren sowie die Hervorhebung der Interdependenzen zwischen den Faktoren. Warum es gerade die genannten Faktoren sind und wie die Analyse im Detail durchgeführt werden soll, bleibt bei diesem Ansatz jedoch offen. Wurde z. B. der Faktor Innovation nur deshalb nicht ins Modell aufgenommen, weil er mit I und nicht mit S beginnt?

Abbildung 2.19 zeigt das 7-S-Modell in kompakter Form. Über diese Darstellung hinaus empfiehlt sich die Erstellung einer Matrix, die S-Konflikte und mögliche Lösungen abbildet.

Exkurs: Stakeholder als übergreifender Ansatz innerhalb der Marketinganalyse

Die Marketinganalyse zeigt auf, dass neben den tatsächlichen und potenziellen Kunden eine Reihe von anderen Interessen- oder Anspruchsgruppen von Relevanz für ein Unternehmen ist. Der Stakeholderansatz versucht, alle relevanten Anspruchsgruppen zu identifizieren und zu kategorisieren. Ein Stakeholder („stake" = Interesse, Anliegen) ist eine Anspruchsgruppe, die mehr oder weniger konkrete Erwartungen an ein Unternehmen hat und Einfluss auf ein Unternehmen nimmt bzw. nehmen kann. Die Stakeholder sind somit in unterschiedlichem Ausmaß von der Unternehmenspolitik betroffen und verfügen über verschiedenartige Sanktionspotenziale.

In der Praxis empfiehlt sich ein situationsspezifisches und systematisches Vorgehen zur Identifikation der relevanten Stakeholder. Grundsätzlich ist die Bedeutung eines Stakeholders für ein Unternehmen desto größer, je weniger es sich dessen Ansprüchen entziehen kann (Abhängigkeitsgrad) und je größer das Sanktionspotenzial (Einflussgrad) der Anspruchsgruppe ist (Bodenstein/Spiller 2002, S. 63). Da der Kreis potenzieller Stakeholder sehr groß ist, gilt es zuerst alle für den Erfolg des Unternehmens relevanten Stakeholder zu ermitteln. Ausgangspunkt bilden die bereits bekannten Stakeholder. Mithilfe von Experteninterviews und weiteren Quellen wird dann der Kreis der Anspruchsgruppen entsprechend erweitert. Als Visualisierung empfiehlt sich die Einordnung der Anspruchsgruppen in eine Stakeholder-Map. Dies ist ein Koordinatensystem mit beliebig zu wählenden Achsenbezeichnungen (bei einem Energieunternehmen z. B. pro/kontra Kernenergie und Politik-/Wissenschaftsnähe), in dem das eigene Unternehmen und anschließend alle betreffenden Stakeholder eingeordnet werden. Die Stakeholder können allgemein in die drei bereits thematisierten Analyseebenen klassifiziert werden.

Die Ansprüche der diversen Stakeholder sind unternehmensspezifisch und somit im Einzelfall zu konkretisieren; die in der Tabelle genannten Ansprüche sind allgemeingültiger Natur.

Unternehmen müssen unter Umständen komplexe Anspruchsgruppennetze berücksichtigen, denen zur Durchsetzung ihrer Ansprüche folgende Handlungsoptionen zur Verfügung stehen (Dyllick 1990, S. 53 ff.):
– Mobilisierung öffentlichen Drucks,
– Initiierung politischen Drucks,
– Mobilisierung der Marktkräfte (Konsumboykott),
– Aktivierung der Gesellschafter des Unternehmens,

- direkte Verhandlung mit dem Unternehmen.

Folgende Abb. 2.20 zeigt mögliche Stakeholder aus Makroumwelt, Markt (Mikroumwelt) und Unternehmen.

	Stakeholder	Ansprüche
Umwelt	– Verbände – Bürgerinitiativen – Medien – Gewerkschaften – Staat/Politik	z. B. Verbraucherschutz z. B. Umweltschutz Artikulation der öffentlichen Meinung Mitbestimmung Handlungsaufforderungen, Steuern, Sicherung inländischer Arbeitsplätze
Markt	– Kunden – Lieferanten – Handel – Konkurrenten	Preis-Leistungs-Verhältnis, hohes Serviceniveau stabile Lieferbeziehungen Unterstützung am POS Definition von Wettbewerbsstandards
Unternehmen	– Eigentümer – Management – Mitarbeiter – Fremdkapitalgeber	Einkommen, Gewinn Macht, Prestige, Entfaltung eigener Ideen soziale Sicherheit, Anerkennung, Selbstverwirklichung solide Kapitalanlage, hohe Verzinsung

Abb. 2.20: Stakeholder aus Umwelt, Markt und Unternehmen (Quelle: eigene Darstellung).

Die Praxis (z. B. diverse Lebensmittelskandale aufseiten von Industrie und Handel) zeigt, dass bestimmte Stakeholder über ein äußerst hohes Sanktionspotenzial verfügen und die Unternehmen nachhaltig beeinflussen können. Im Rahmen der Marketinganalyse sind die Anspruchsgruppen und ihre jeweiligen Ansprüche somit detailliert zu erfassen und bei der Umsetzung eines Marketingkonzepts unbedingt zu beachten.

4 SWOT-Analyse/Key-Issue-Matrix

Wurden bisher die Elemente der Marketinganalyse relativ isoliert voneinander behandelt, folgt mit der SWOT-Analyse ein Ansatz zur integrierten Betrachtung der zentralen Umweltfaktoren (Makro- und Mikroumwelt) und Unternehmensfaktoren. Ziel ist es, durch die Darstellung der unternehmensinternen Stärken (Strengths) und Schwächen (Weaknesses) sowie der unternehmensexternen Chancen (Opportunities) und Risiken (Threats) einen komprimierten Überblick über die wichtigsten Ergebnisse der Marketinganalyse zu erhalten. Damit bildet die SWOT-Analyse den Abschluss der ersten Phase des Marketingprozesses (vgl. Abb. 2.21).

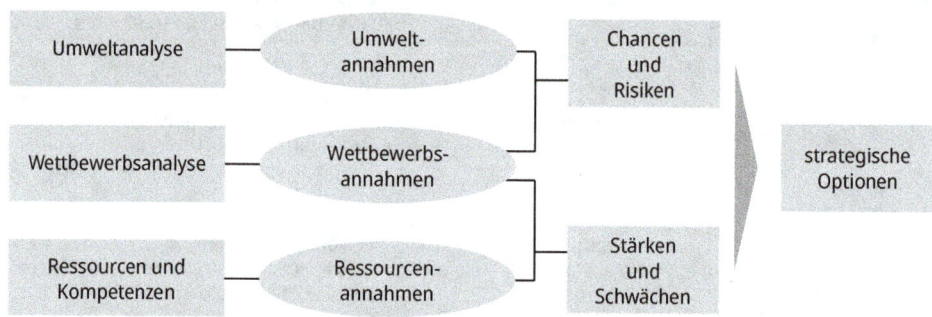

Abb. 2.21: Ebenen der SWOT-Analyse (Quelle: eigene Darstellung).

Im Rahmen der Stärken-Schwächen-Analyse werden die unternehmensbezogenen Faktoren mit Blickrichtung auf den relevantesten Wettbewerber genauer analysiert. Hier gilt es die finanziellen, physischen, organisatorischen und technologischen Ressourcen zu erfassen und zu bewerten (vgl. Kapitel II 3.2).

Die Chancen-Risiken-Analyse ist eine Analyse der externen, d. h., nicht unternehmensbezogenen Faktoren. Die zentrale Aufgabe dieser Analyse liegt in der Erkennung von Diskontinuitäten. Diskontinuitäten sind schwer vorhersehbare Ereignisse, deren Eintritt zum einen eine Gefahr und zum anderen eine Chance darstellen kann (Ansoff 1976, S. 129 ff.). Beispiele hierfür sind das Verhalten von Wettbewerbern, neue Technologien oder Veränderungen politischer Rahmenbedingungen, die sich aus der Analyse der Mikro- und Makroumwelt ergeben haben.

Ein Unternehmen könnte beispielsweise zum folgenden Ergebnis einer SWOT-Analyse gelangen: Stärken des Unternehmens sind ein hoher Markenwert, ein vielfältiges Produktprogramm und eine hohe Finanzkraft. Schwächen stellen ein gering qualifiziertes Personal sowie veraltete Produktionsanlagen dar. Als Chancen werden z. B. Megatrends wie Convenience und Individualisierung gesehen, Risiken sind die Bedrohung durch Hersteller- und Handelsmarken, die von der Politik geplanten Steuererhöhungen sowie eine schwache konjunkturelle Entwicklung.

Als zusätzlicher Schritt im Anschluss an die SWOT-Analyse können im Rahmen einer Key-Issue-Matrix die zentralen Stärken/Schwächen und Chancen/Risiken in einer Vier-Felder-Matrix zueinander in Beziehung gesetzt und strategische Optionen abgeleitet werden. Hierbei wird sich an dem Prinzip orientiert, sowohl Stärken und Chancen zu nutzen als auch Schwächen und Risiken zu minimieren.

Die strategischen Optionen lassen sich in vier Gruppen einteilen. Bei SO-Optionen werden Stärken des Unternehmens verwendet, um Chancen im Umfeld zu nutzen. ST-Optionen zielen darauf ab, durch den Einsatz der internen Stärken die externen Bedrohungen zu neutralisieren oder zumindest zu mildern. Durch WO-Optionen wird versucht, Schwächen durch Partizipation an Chancen zu beseitigen oder zu mildern. Durch den Abbau interner Schwächen wird bei WT-Optionen versucht, die Gefahren im Umfeld zu reduzieren.

Im Folgenden wird der Zusammenhang zwischen der SWOT-Analyse und der Key-Issue-Matrix am Beispiel einer Hundefuttermarke dargestellt.

INTERN	**S** Strengths	– hoher Markenwert – Marktführerschaft – langjährige Markterfahrung – Technologie-Kompetenz – hohe Finanzkraft
	W Weaknesses	– „old-fashioned" Image – geringer Produktdifferenzierungsgrad – schwach ausgeprägte Vertriebsstruktur
EXTERN	**O** Opportunities	– Functional-Food-Trend (u. a. bio, vegetarisch, alters- und rassengerecht) – Trend zur Individualisierung – Hund als hedonistisches Accessoire – steigendes Gesundheitsbewusstsein
	T Threats	– starke Hersteller- und Handelsmarkenkonkurrenz – zunehmende Marktsättigung – mögliche Barrieren für die Anschaffung von Hunden

Abb. 2.22: SWOT-Analyse für eine Hundefuttermarke (Quelle: eigene Darstellung).

Dieses Beispiel zeigt eine idealtypische SWOT-Analyse. Hierbei werden folgende Ausprägungen berücksichtigt, die generell zu beachten sind:
– Reduktion auf die wesentlichen Faktoren,
– Anordnung der Faktoren nach ihrer Wertigkeit.

Die aufgeführte Key-Issue-Matrix (vgl. Abb. 2.23) fokussiert pro Feld die aus Sicht des Unternehmens relevanteste Kombination. Darüber hinaus können weitere Kombinationen Bestandteil einer Key-Issue-Matrix sein, wobei generell darauf zu achten ist, dass der Anspruch einer fokussierten Betrachtung nicht verloren geht.

	Strengths	**W**eaknesses
Opportunities	**SO** Nutzung des hohen Markenwertes, um dem Trend nach Individualisierung zu begegnen	**WO** Potenzial zur Produktdifferenzierung durch Functional-Food-Trend ausschöpfen
Threats	**ST** technologische Kompetenzhoheit nutzen, um der starken Hersteller- und Handelsmarkenkonkurrenz entgegenzutreten	**WT** Imageaktualisierung, um im gesättigten Markt konkurrenzfähiger zu sein

Abb. 2.23: Key-Issue-Matrix für eine Hundefuttermarke (Quelle: eigene Darstellung).

Aus Sicht der Autoren stellt die SWOT-Analyse und optional die Key-Issue-Matrix den idealen Abschluss der Analysephase des Marketingprozesses und damit den Ausgangspunkt für die weiteren Prozessebenen dar.

III Zielsystem des Unternehmens

Basis des konzeptionellen Marketings ist das systematische Vorgehen im Zielmarkt unter Einbeziehung aller relevanter Entscheidungen. Der Marketingentscheidungsprozess ist dabei nie statisch zu sehen, sondern er unterliegt permanent den klassischen Phasen aller Entscheidungsprozesse (vgl. Abb. 3.1):

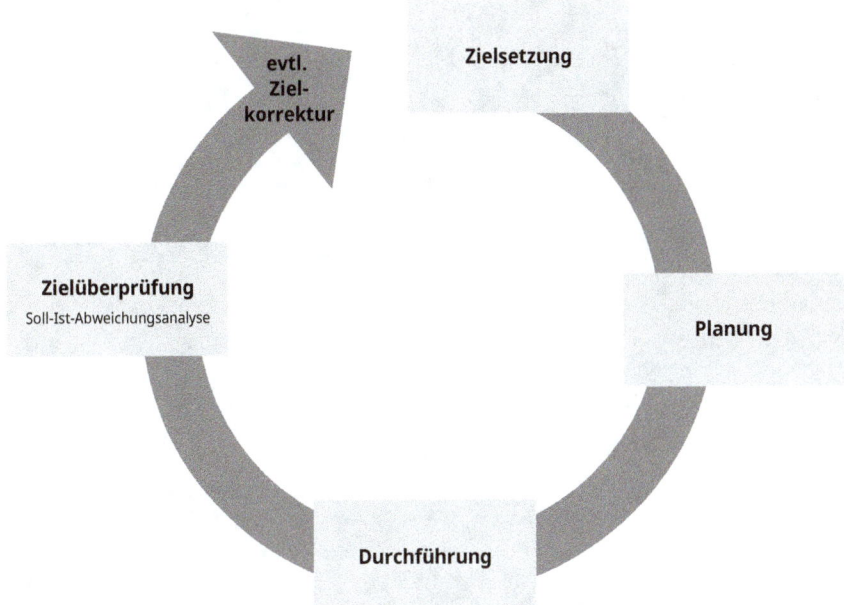

Abb. 3.1: Marketingentscheidungsprozess (Quelle: eigene Darstellung).

Im Zeitablauf wiederholt sich dieser Prozess immer dann, wenn Abweichungen zwischen Zielsetzung (Soll-) und Ist-Situation festzustellen sind bzw. wenn aufgrund der zunehmenden Dynamik und Komplexität der Umwelt-, Markt- und Unternehmenssituation neue Ereignisse eintreten.

Im Marketing sind generell Ziele auf verschiedenen Ebenen in Unternehmen zu berücksichtigen, was auch als Zielsystem, Zielhierarchie oder Zielpyramide bezeichnet wird.

Auf den folgenden Seiten wird das vielschichtige Zielsystem eines Unternehmens betrachtet. Dabei gilt es zu beachten, dass das Zielsystem eines Unternehmens keine standardisierte Musterstruktur darstellt, sondern dass jedes Unternehmen seine spezifische Zielhierarchie aufweist. Grundlegend für das spezifische System sind letztlich die verantwortlichen Entscheidungsträger (Top-Management) in dem betreffenden Unternehmen.

1 Vision und Mission

Unternehmensvision und Unternehmensmission sind die zentralen Bestandteile der Metazielebene, die als Vorstufe operationalisierter Ziele aufgefasst werden.

Die Unternehmensvision kennzeichnet die Grundrichtung der Unternehmung, die sämtliches Denken und Handeln lenken soll. Hier sind die Leitsätze fixiert, an denen sich das gesamte Unternehmen zu orientieren wünscht. Diese Leitsätze beschreiben somit das Wertesystem der Unternehmung.

Die Unternehmensmission entspricht dem Unternehmenszweck, d. h., der Festlegung der grundsätzlichen Geschäftsausrichtung für die kommenden Jahre. Hierdurch kann die Konzentration auf das relevante Kerngeschäft des Unternehmens gelenkt werden. Im Zeitablauf muss die Ausrichtung im Hinblick auf die Erfolgsaussichten überprüft werden. Stellen sich diese innerhalb eines definierten Zeitkorridors nicht ein, ist eine Anpassung der Mission notwendig. Nicht selten zeigt die moderne Wirtschaftswelt innerhalb der Konzentrationsprozesse aber auch eine Rückbesinnung auf das relevante Kerngeschäft der Unternehmung, wobei die Mission zeitgleich eine Neu-Ausrichtung erfährt.

Der Umsetzungsprozess der Unternehmensvision wird stark von der vorherrschenden Unternehmenskultur beeinflusst, also der Art und Weise, wie das Unternehmen intern und extern alle Aktivitäten gestaltet. In diesem Sinne wird die Unternehmenskultur als gelebtes Wertesystem verstanden.

In diesem Kontext stellt die Unternehmensvision das elementare Metaziel dar. Die Metazielebene ist den operationalisierbaren Unternehmens- und Marketingzielen übergeordnet und zugleich Leitlinie für das gesamte Zielsystem eines Unternehmens. Als prägnantes Beispiel soll die Unternehmensvision von A. G. Lafley dienen, der als Präsident und CEO (Chief Executive Officer) bis 2009 den Weltkonzern Procter & Gamble leitete und diesen von 2013 bis 2015 wieder in gleicher Position übernahm. Die Procter & Gamble Company, Cincinnati/USA, wurde 1837 von zwei Europäern gegründet, die in die Vereinigten Staaten ausgewandert waren: William Procter, einem Kerzenzieher aus England, und James Gamble, einem Seifensieder aus Irland. Das Unternehmen hat sich seit seiner Gründung u. a. durch bahnbrechende Entwicklungen in Bezug auf Konsumgüter einen Namen gemacht. So stammen beispielsweise die ersten fluorhaltigen Zahnpasten und die ersten Höschenwindeln aus der Entwicklungsabteilung von Procter & Gamble. Heute gehört Procter & Gamble zu den führenden internationalen Markenartikelunternehmen der Welt. In Deutschland ist Procter & Gamble seit 1960 tätig. Marken im Programm des Unternehmens sind u. a. das Waschmittel Ariel, der Weichspüler Lenor, die Reinigungstücher Swiffer, Pantene Pro-V für Haarpflege und Haarstyling, Wick Erkältungsprodukte, Always Hygieneartikel, Pampers zur Babypflege sowie Gillette für Rasurprodukte. Markenartikel von Procter & Gamble sind in nahezu jedem Haushalt zu finden.

A. G. Lafley beschrieb die Unternehmensvision von Procter & Gamble (2001) wie folgt:
- Das beste Verbraucherprodukte- und Dienstleistungsunternehmen der Welt zu sein und als solches angesehen zu werden – sowohl von den Verbrauchern, Handelspartnern und anderen Interessengruppen als auch von den Wettbewerbern.
- Die führenden Marken zu haben – in jeder Kategorie und in jedem Land, in dem wir vertreten sind – und die Anzahl der Milliarden-Dollar-P&G-Marken von zehn auf zwanzig zu verdoppeln.
- Im Vergleich mit den Wettbewerbern die Besten zu sein, besonders in den wichtigsten Bereichen: Preis-Leistungs-Verhältnis, Produktleistungen, Qualität und Wert, führend bei Innovationen, Markenentwicklung, Verbraucher-Marketing und Handelsbeziehungen, Kosten- und Kapitaleffizienz.
- Das Unternehmen zu sein, in dem die besten Leute arbeiten wollen, denn es bietet herausfordernde und erfolgreiche Karrieren.
- Den Aktionären, einschließlich der Mitarbeiter-Aktionäre, langfristig führende Renditen zu bieten.

Bei diversen Unternehmen werden Vision und Leitlinien noch weiter ergänzt. Im Rahmen einer Corporate Social Responsibility (CSR) fixieren Unternehmen in der heutigen Zeit zunehmend alle Bestrebungen im Hinblick auf Nachhaltigkeit (Sustainability) als zentrale Dimension.

Hier zeigt sich die Relevanz des Megatrends Neo-Ökologie aus der Makroumwelt, der auf alle Wertschöpfungsprozesse eines Unternehmens Einfluss nimmt und somit auf die Reputation des Unternehmens im Sinne der Beziehungen zu den relevanten Anspruchsgruppen einzahlt.

Mittlerweile wird der Begriff Nachhaltigkeit in drei Dimensionen interpretiert:
- ökologische Nachhaltigkeit (Planet): Sie orientiert sich am stärksten am ursprünglichen Gedanken, keinen Raubbau an der Natur zu betreiben. Ökologisch nachhaltig ist eine Lebensweise, welche die natürlichen Lebensgrundlagen nur in dem Maße beansprucht, sodass diese sich regenerieren können.
- ökonomische Nachhaltigkeit (Profit): Eine Gesellschaft sollte ökonomisch nicht über ihre Verhältnisse leben, da dies zwangsläufig zu Einbußen der nachkommenden Generationen führen wird. So gesehen, sollte die Wirtschaft so handeln, dass ein Ausgleich zwischen den Generationen stattfindet.
- soziale Nachhaltigkeit (People): Eine Gesellschaft sollte so organisiert sein, dass es zwischen den sozialen Schichten nicht zu Spannungen kommt und dadurch eine friedliche Koexistenz entsteht.

Den Abschluss der Metazielebene bildet der Code of Conduct (Verhaltenskodex). Dieser fasst die wesentlichen Verhaltensregeln für alle Mitarbeiter des Unternehmens zusammen und bildet eine wesentliche Grundlage für die Unternehmenskultur.

Das Erfassen und Herausstellen der Unternehmensvision hat immer mehr an Bedeutung gewonnen und ist heute längst als Führungsdimension und Erfolgsfaktor eines Unternehmens anerkannt.

Thomas J. Watson jun., ehemaliger Aufsichtsratsvorsitzender von IBM und Sohn des IBM Gründers Thomas Watson sen., hat schon in den 1960er-Jahren in diesem Zusammenhang folgende Meinung vertreten: „Ich bin fest überzeugt, dass jedes Unternehmen, um zu überleben und erfolgreich zu sein, einen soliden Bestand an Grundüberzeugungen braucht, von denen es sich bei allen Entscheidungen und Maßnahmen leiten lässt. Sodann glaube ich, dass der wichtigste Einzelfaktor für den Unternehmenserfolg das getreuliche Festhalten an diesen Grundüberzeugungen ist. Die grundlegende Philosophie, der Geist und der innere Schwung eines Unternehmens haben mit seinem Abschneiden im Wettbewerb viel mehr zu tun als technologische oder wirtschaftliche Ressourcen, Organisationsstruktur, Innovation und Timing" (Watson 1963). Diese Grundüberzeugungen bzw. Leitwerte können als übergeordnete Zielsetzung bzw. Oberziele verstanden werden. Unternehmensvision bedeutet aber auch die Umsetzung der Überzeugungen in die Alltagsarbeit der Mitarbeiter auf allen Unternehmensebenen. Das Geheimnis erfolgreicher Unternehmen liegt darin, dass die Mitarbeiter von der Führungsspitze bis in alle Abteilungen an dieses Unternehmen glauben, dass in diesen Unternehmen eine hervorragende Kommunikation und eine kreative Atmosphäre herrschen.

Die Unternehmensvision macht eine Identifikation der Mitarbeiter mit dem Unternehmen erst möglich. Um das zu realisieren, muss auch das Zielsystem der Unternehmung, das aus den übergeordneten Zielsetzungen (Oberzielen) abgeleitet wird, jede Ebene des Unternehmens erreichen. Basis für die Festlegung dieses umfassenden Zielsystems ist dabei eine detaillierte Analyse der Marketingsituation.

2 Unternehmensziele

Unternehmensziele sind der Ausgangspunkt jeder unternehmerischen Tätigkeit. Typische Unternehmensziele sind: Umsatz, Gewinn, Rentabilität, Shareholder Value, Wachstum, Sicherung der Unternehmensexistenz. Weitere mögliche Unternehmensziele sind Unternehmensimage (bei Dachmarken), Unternehmensreputation (bei allen Stakeholdern), Unabhängigkeit, Produktivitätssteigerungen, Kostensenkungen.

Diese Aufstellung dient als Überblick. Sie erhebt keinen Anspruch auf Vollständigkeit und stellt keine Rangfolge dar. Wie bereits erwähnt, sind unternehmerische Zielsysteme stets unternehmensindividuell. Die Sicherung der Wettbewerbsfähigkeit und die langfristige Gewinnerzielung zählen meist zu den Top-Unternehmenszielen.

Ziele müssen zwei Grundbedingungen erfüllen:
- Sie müssen realistisch sein, um entsprechend der vorhandenen Potenziale und der gegebenen Möglichkeiten arbeiten zu können.
- Genauso müssen sie aber auch eine gewisse Herausforderung enthalten, um einen Ansporn zu geben und so den Geist des Wettbewerbs respektive der Anstrengung im Unternehmen zu fördern.

Die Unternehmensziele legen gewünschte Zustände fest, die in Zukunft erreicht werden sollen, und die unternehmenskulturellen Normen sind die Spielregeln, die weitgehend prägen, wie diese Ziele realisiert werden können oder sollen. Entscheidend ist dabei eine umfassende Mitarbeiterorientierung, die jederzeit und überall unübersehbar zum Ausdruck kommt. Ein Zielsystem kann nur dann zu einer unternehmensspezifischen Stärke werden, wenn es ganzheitlich und ohne Widerspruch ist sowie den Mitarbeitern eindeutig und verständlich vermittelt wird. Das Zielsystem muss bekannt sein, die einzelnen Hierarchie- und Abteilungsebenen motivieren und für das gesamte Unternehmen handlungsleitend wirken. Mark Twain wird die sarkastische Bemerkung zugeschrieben: „Wer nicht weiß, wo er hinwill, wird sich wundern, dass er ganz woanders ankommt!" Das gilt auch für Unternehmensziele.

Damit die komplexen Zielstrukturen einer Unternehmung die hier genannten Kriterien erfüllen, kommt der Zielplanung und Zielfestlegung eine Hauptbedeutung zu, bei der zwei Grundrichtungen unterschieden werden: Im Rahmen der Bottom-up-Planung werden für einzelne Unternehmensbereiche (z. B. Strategische Geschäftseinheiten, Produktlinien, Marken) die Marketingziele – wie Absatz, Umsatz, Marktanteil, Bekanntheitsgrad usw. – in den Vordergrund gestellt, danach wird daraus der geplante Erfolgsbeitrag der Unternehmensbereiche ermittelt und auf dieser Basis werden die Unternehmensziele festgelegt. Umgekehrt werden bei der Top-down-Planung die Ziele der unteren Ebene aus den Unternehmenszielen – wie z. B. Umsatz, Gewinn, Rentabilität usw. – und bestimmten Rahmenbedingungen – wie z. B. Kapazitäten, Know-how und angestrebten Qualitätsstandards – abgeleitet.

Um ein geschlossenes Zielsystem zu erhalten, müssen aus generellen Oberzielen operationale Unterziele gebildet werden, die eindeutig festlegen, was (Zielinhalt), in welchem Umfang (Zielausmaß) und in welchem Zeitraum (Zielperiode) anzustreben ist, beispielsweise die Steigerung des Umsatzes (definierter Inhalt) um 5 % (angestrebtes Ausmaß) im Jahr 2027 (zeitlicher Bezug).

Operationale Ziele sind so genau messbar und nachprüfbar, was einen entscheidenden Erfolgsfaktor für die Steuerung von Unternehmen darstellt. Durch die Aufsplittung der Oberziele in operationale Unterziele entsteht eine Mittel-Zweck-Beziehung, da die Unterziele als Mittel zur Erreichung der Oberziele dienen. Diese Zielstruktur muss in einer komplementären Beziehung stehen, das heißt, die Ziele müssen sich auf allen Ebenen ergänzen und dürfen sich nicht gegenseitig behindern oder aufheben. Zielkonflikte, aber auch neutrale Zielbeziehungen, sind zu vermeiden. Komplementäre Ziele sind so definiert, dass mit einem steigenden Zielerreichungsgrad des einen Ziels auch der Zielerreichungsgrad des anderen Ziels steigt (z. B. Gewinn und Rentabilität).

3 Marketingziele

Die Marketingziele tragen als Bereichsziele zur Erfüllung der Unternehmens(ober)ziele bei (Mittel-Zweck-Beziehung). Neben dem Marketing unterstützen auf dieser Ebene alle weiteren Funktionsbereiche des Unternehmens (Materialwirtschaft, Logistik, Produktion usw.) die Realisierung der Oberziele.

Innerhalb des Marketingbereichs lassen sich zwei Kategorien unterscheiden. Während die ökonomischen Ziele die härteren wirtschaftlichen Messziffern beinhalten, legen die psychologischen Ziele weichere Zielgrößen fest (vgl. Abb. 3.2). Aber auch hier besteht die bereits beschriebene Mittel-Zweck-Beziehung zwischen den beiden Zielkategorien, denn die psychologischen Ziele unterstützen in einem hohen Maße die ökonomischen Ziele. So stellen für Porsche ein hoher Bekanntheitsgrad der Marke, die höchste Einstufung in den Image- und Kompetenzfaktoren Fahrzeugqualität und -zuverlässigkeit im gesamten Automobilmarkt die Basis für erstklassige Absatz- und Umsatzergebnisse dar, die das Unternehmen Porsche seit vielen Jahren erreicht.

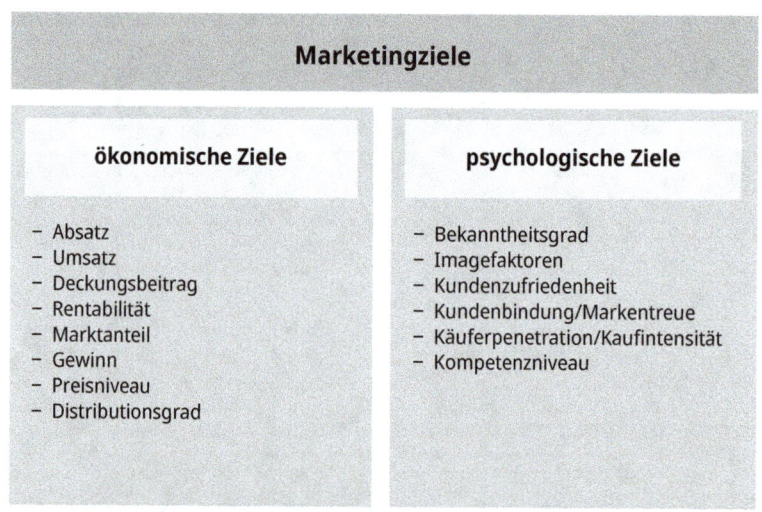

Abb. 3.2: Marketingziele (Quelle: eigene Darstellung).

Die beiden beschriebenen Kategorien stellen die grundlegende Marketingzielsetzung dar. Durch die Formulierung von Instrumentalzielen als Unterziele des Marketingbereichs findet die Konkretisierung auf einer weiteren Ebene statt (Mittel-Zweck-Beziehung). Dies ist nun die dritte Stufe des Zielsystems der Unternehmung, auf der Ziele für das Marketinginstrumentarium fixiert werden. Im Marketing umfassen diese Instrumentalziele die klassischen Mix-Faktoren: Produktpolitik, Kontrahierungspolitik, Distributionspolitik und Kommunikationspolitik. Auch auf dieser Ebene ist es

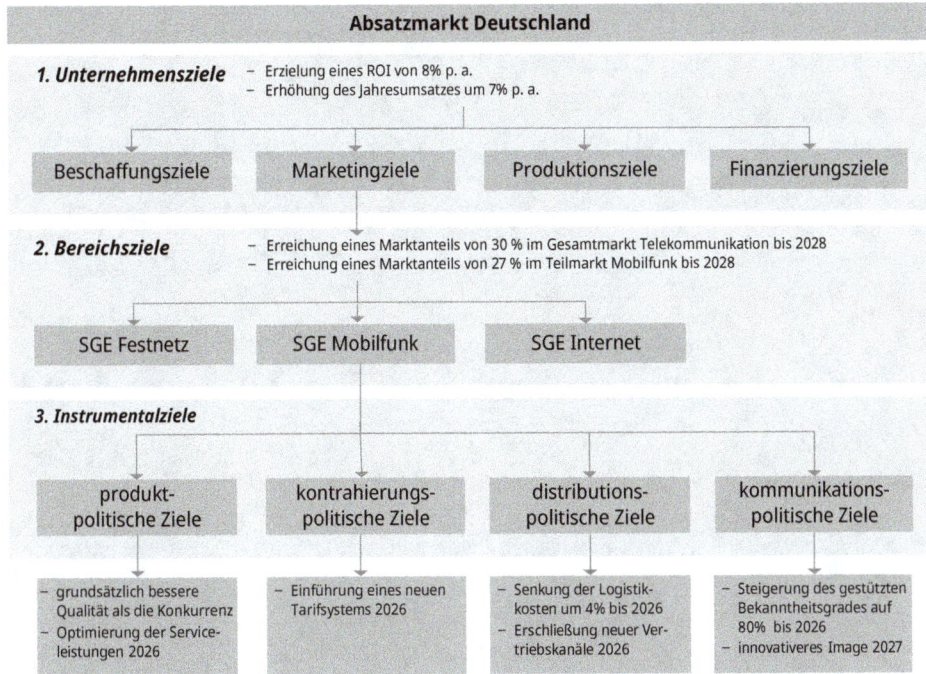

Abb. 3.3: Zielsystem einer Telekommunikationsunternehmung (Quelle: eigene Darstellung).

eminent wichtig, dass die einzelnen Teilziele konsistent aufeinander abgestimmt sind und die Ziele des gesamten Marketings konsequent unterstützen.

Bei der Betrachtung des abgebildeten Zielsystems (vgl. Abb. 3.3) ist anzumerken, dass innerhalb der Instrumentalziele z. B. das Teilziel „Steigerung des gestützten Bekanntheitsgrads auf 80 % bis 2026" bereits vollständig operationalisiert ist, während z. B. das Teilziel „grundsätzlich bessere Qualität als die Konkurrenz" weiter präzisiert werden muss. Die Präzisierung dieses Teilziels erfolgt z. B. auf Grundlage eines konsequenten Qualitätsmanagements (Total-Quality-Management), das wiederum ein System von sich ergänzenden Teilzielen beinhaltet.

In einem Unternehmen sind die Zielstrukturen im Marketing in erster Linie abhängig von der Organisationsgliederung und dem Gefüge der Leistungsbereiche. So können sich die Marketing- und Instrumentalziele auf einzelne Produkte, Produktlinien, Marken oder strategische Geschäftseinheiten beziehen. Hierin spiegelt sich die Strategieorientierung der Unternehmung wider.

IV Marketingstrategien

1 Systematik der Marketingstrategien

Mit der Übernahme des strategischen Managements in den Marketingkontext begann der Versuch, die strategische Ebene zu systematisieren bzw. den Begriff der Marketingstrategie definitorisch zu erfassen. Bevor auf diverse Strategieoptionen eingegangen wird, sollen zunächst die Begriffe Strategie und Marketingstrategie definiert werden.

Unter einer Strategie wird die grundsätzliche Charakterisierung und Kennzeichnung von Verfahrensweisen verstanden, mit denen sich eine Organisation in ihrem Umfeld zu behaupten versucht. Strategien werden als handlungsanweisend bzw. richtungsweisend angesehen – sie sind in der Regel auf lange Sicht konzipiert.

Nach Becker (2013, S. 139 ff.) stellen Marketingstrategien die Verbindung zwischen Ziel- und Mixebene dar. Festgelegte Ziele können nicht einfach in operatives Handeln umgesetzt werden, sondern ein zielorientiertes systematisches Vorgehen bedarf der strategischen Lenkung. Strategien legen den notwendigen Handlungsrahmen fest, um auf diese Weise sicherzustellen, dass alle operativen Instrumente auch konsequent und stimmig eingesetzt werden. Resümierend kann der Begriff der Marketingstrategie wie folgt skizziert werden:
- Festlegung eines allgemeinen Handlungsrahmens,
- Grundsatzentscheidungen über Markterfassung, -bearbeitung und -verhalten,
- Fokussierung auf relevante Zielmärkte,
- Bestimmung grundsätzlicher Stoßrichtungen,
- Festlegung von Prioritäten in Bezug auf den Einsatz vorhandener Ressourcen.

In der Standardliteratur zum Marketing gibt es – im Gegensatz zum Marketingmix – bei den Marketingstrategien keine herrschende Meinung, geschweige denn eine Einigung, was eine Systematik der Strategieebene anbetrifft. Wohl tauchen immer wieder die gleichen Strategietypen auf, teilweise mit anderer Bezeichnung. Bevor die Systematik des vorliegenden Lehrbuches vorgestellt wird, folgt ein kurzer Überblick über vorhandene Ansätze zur Systematisierung von Marketingstrategien.

Bei Kotler/Bliemel (2001, S. 415 ff.) ist eine Systematik nicht erkennbar. Marktsegmentierung und die darauf aufbauenden grundlegenden Strategien der Differenzierung und Positionierung werden zu Recht ausführlich thematisiert. Warum jedoch die Einführung neuer Produkte sowie der Produktlebenszyklus als Strategien vorgestellt werden, bleibt teilweise unklar, da hier eindeutig auf die operative Ebene (Produktpolitik) abgestellt wird. Positiv zu würdigen sind die marktpositionsbezogenen Strategien für Marktführer, Herausforderer, Mitläufer und Nischenbesetzer. Die Marketingstrategien für globale Märkte haben zwar ihre Berechtigung, sind jedoch in erster Linie der geografischen Marktsegmentierung zuzuordnen.

Meffert (2000, S. 233 ff.) unterscheidet in seiner relativ knapp gehaltenen strategischen Ebene zum einen sogenannte abgeleitete Normstrategien auf Basis von Portfolio- oder Marktlebenszyklusanalyse, also bewährte Strategiemodelle, zum anderen marktteilnehmergerichtete Strategien als eigene Systematik. Im Rahmen der abnehmer-, konkurrenz-, absatzmittler- und anspruchsgruppengerichteten Strategien werden bekannte Ansätze wie Porters generische Strategien, aber auch marktverhaltensbezogene Konflikt- und Kooperationsstrategien behandelt, denen es jedoch an Eigenständigkeit und Marketingspezifizität fehlt. Das Stakeholderkonzept (Kapitel II 3 Exkurs) scheint hierbei Grundlage für seine Ausführungen gewesen zu sein.

Nieschlag/Dichtl/Hörschgen (2002, S. 175 ff.) unterteilen das strategische Erfahrungswissen in strategische Denkmodelle und Standardstrategien. Strategische Denkmodelle basieren dabei immer auf einer Matrix und somit auf zwei Bezugsgrößen. Die Autoren nennen in diesem Zusammenhang u. a. die Produkt-Markt-Matrix (Ansoff), die Wettbewerbsmatrix (Porter) sowie die Outpacing Strategies (Gilbert/Strebel), darüber hinaus jedoch auch weniger prominente Modelle wie die Wettbewerbsvorteilsmatrix der BCG und das strategische Spielbrett von McKinsey. Im Gegensatz zu den strategischen Denkmodellen beruhen die von den Autoren aufgeführten Standardstrategien nur auf einem zentralen Leitgedanken. Genannt werden im Einzelnen Marktsegmentierung, Internationalisierung, Markenstrategie, Discountstrategie, Zeitorientierung und Kooperationsstrategie. Während die Unterscheidung zwischen Modellen und Strategietypen und die von den Autoren gewählte Methodik des strategischen Marketings insgesamt einleuchtet, wirkt die Auswahl der Standardstrategien doch recht willkürlich und unstrukturiert.

Weis (1999, S. 65) sieht die Differenzierungsstrategie bzw. das undifferenzierte Massenmarketing im Sinne von Kotler als grundlegende Marketingstrategien. Daneben thematisiert er die Produkt-Markt-Matrix von Ansoff und die generischen (Wettbewerbs-) Strategien von Porter. Darüber hinaus spricht Weis im Rahmen einer Entwicklungsrichtung von Unternehmen von Wachstums-, Stabilisierungs- und Schrumpfungsstrategie, im Rahmen des Marktverhaltens von Angriffs- und Verteidigungsstrategie. Letztgenannte Strategietypen sind jedoch im Sinne eines konzeptionellen Marketings unbrauchbar, da sie einer Methodik entbehren und zu allgemein gehalten sind.

Sehr systematisch geht Becker (2013, S. 147 ff.) vor; er entwirft ein Strategieraster mit vier aufeinander abzustimmenden abnehmerorientierten Strategietypen:
- Marktfeldstrategien (entsprechen der Ansoffschen Produkt-Markt-Matrix),
- Marktstimulierungsstrategien (entsprechen weitgehend Porters generischen Strategien),
- Marktparzellierungsstrategien (entsprechen den Segmentierungsstrategien),
- Marktarealstrategien (lokale, regionale, überregionale, nationale, multinationale, internationale, globale Markterschließung).

Kritikwürdig erscheint der Aspekt, dass die geografische Segmentierung in Form einer Arealstrategie als eigenständiger Strategietyp erfasst wird. Abgesehen davon sind Beckers Strategietypen jedoch gut durchdacht, überschneidungsfrei und vor allem eingebettet in eine Gesamtstruktur.

Die skizzierten Strategieansätze offenbaren zwei Sachverhalte. Auf der einen Seite fehlt eine einheitliche Kategorisierung der Strategietypen, auf der anderen Seite wird die Strategieebene unvollständig erfasst. Darüber hinaus fällt auf, dass bestimmte Strategien überall erwähnt und thematisiert werden, die sich in Wissenschaft und Praxis bewährt haben. Das vorliegende Lehrbuch orientiert sich an diesen Erkenntnissen und bietet einen vollständigen systematischen Überblick über die wichtigsten und insbesondere praxisrelevanten Marketingstrategien.

In Kapitel IV 2 werden zunächst die konkurrenzbezogenen Strategien behandelt. Als Wettbewerbsstrategien werden in diesem Buch neben den generischen Strategien nach Porter auch die Strategien nach Kotler klassifiziert, die sich als einzige explizit mit den Marktpositionen bzw. Marktrollen von Unternehmen beschäftigen. Kapitel IV 3 bezieht sich auf Kotlers S-T-P-Strategien: Dahinter verbergen sich die Verfahren der Marktsegmentierung (Segmenting), die daraus abgeleitete Zielgruppenbestimmung (Targeting) sowie Differenzierung und Positionierung (Positioning). In Kapitel IV 4 werden bewährte Strategiemodelle wie z. B. die Produkt-Markt-Matrix von Ansoff oder das BCG-Portfolio vorgestellt. Diese analytischen Modelle führen zu Normstrategien und damit zu Handlungsanweisungen für Unternehmen.

2 Wettbewerbsstrategien

2.1 Generische Strategien

Bei der Entwicklung der Wettbewerbsstrategie kommt der Bestimmung des zu verfolgenden Wettbewerbsvorteils eine zentrale Rolle zu. Die Wettbewerbsvorteile können auf unterschiedliche Weise aufgebaut und abgesichert werden. Auf der Basis eigener empirischer Untersuchungen der zentralen Wettbewerbsfaktoren entwickelte Porter (2000) die im Folgenden dargestellten generischen Wettbewerbsstrategien (vgl. Abb. 4.1). Seine Überlegungen basieren auf der Erkenntnis, dass jedes Unternehmen eine spezifische Kernkompetenz (Prahalad/Hamel 1990, S. 83 ff.) entwickeln muss, um im Wettbewerb auf Dauer bestehen zu können (vgl. Kapitel II 3).

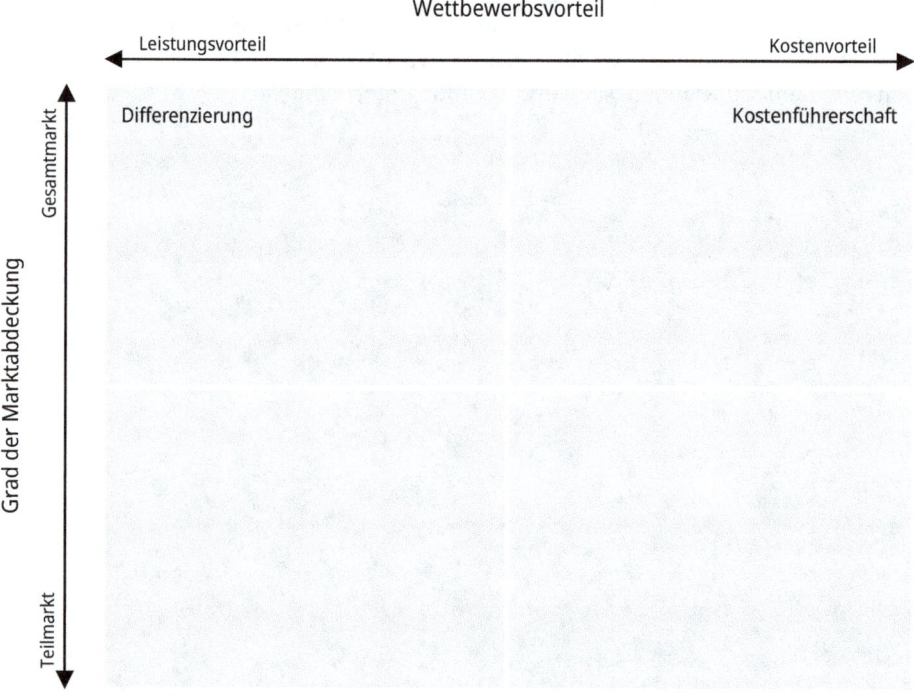

Abb. 4.1: Generische Wettbewerbsstrategien nach Porter (Quelle: eigene Darstellung).

Die Differenzierungsstrategie zielt auf eine leistungsbezogene Überlegenheit des Unternehmens ab. Differenzierungsmöglichkeiten bieten sich beispielsweise in der Qualität einer Leistung, Zusatzfunktionen, Designelementen oder Servicedimensionen. Diese Möglichkeiten werden in erster Instanz zur Bildung von Marken verwendet. Typische Merkmale einer Differenzierungsstrategie auf operativer Ebene sind eine intensive Markenpflege, eine ständige Optimierung der Leistungsfähigkeit der Produkte, ein mittleres bis oberes Preisniveau, ein entsprechender Distributionsgrad und eine intensive Kommunikation.

Hingegen fokussiert die Strategie der Kostenführerschaft die Erreichung der günstigsten Kostenposition in einer Branche. Eine solche Kostenposition eröffnet dem Anbieter einen größeren Spielraum bei der Gestaltung der Preise, d. h., er kann seine Produkte zu niedrigeren Preisen anbieten als seine Wettbewerber. Um diese Kostenposition zu erreichen, wird ein Anbieter in der Regel hohe Absatzvolumina anstreben. Eng mit der Strategie der Kostenführerschaft ist das Konzept der Erfahrungskurve verbunden; sie beschreibt die Entwicklung der Stückkosten in Abhängigkeit von der produzierten Menge (vgl. Kapitel IV 4.4). Typische Merkmale einer Kostenführerschaft sind u. a. eine aggressive Niedrigpreispolitik, eine weitgehende Standardisierung des Leistungsangebots, die Nutzung effizienter Vertriebswege und die Betonung der attraktiven Preise im Rahmen der Kommunikationspolitik. Der Strategiebegriff der Kostenführerschaft führt nach Ansicht der Autoren häufig zu einer Fehlinterpretation, weil strategisch gesehen nicht die Kosten, sondern die niedrigste Preisstellung den Ausgangspunkt dieses Strategietyps bilden. Die Kostenführerschaft stellt somit eine zwingende Voraussetzung für die Preisführerschaft dar.

Eine weitere strategische Grundkonzeption besteht in der Konzentration auf ein Marktsegment. Hierbei wird versucht, durch Spezialisierung auf spezifische Zielgruppen, Wettbewerbsvorteile gegenüber denjenigen Konkurrenten zu erzielen, deren Wettbewerbsausrichtung eine breite Marktabdeckung umfasst.

Porter stellt in seinem ursprünglichen Modell dar, dass die beiden Basisstrategien sowohl auf einen Gesamtmarkt als auch auf einen Teilmarkt bezogen werden können. Er bezeichnet letzteres als Konzentrationsstrategie. Nach Ansicht der Autoren ist eine solche Unterscheidung in heutigen Marktkonstellationen überholt. Gesamtmarkt und Teilmarkt werden im Rahmen einer Marktabgrenzung, d. h. bereits in der Mikroanalyse im Rahmen der Marketinganalyse, festgelegt. Im Rahmen der Segmentierung von Märkten steht der nachfragebezogene Blickwinkel im Vordergrund und damit die Entscheidung, welche Segmente angesprochen werden sollen. Bei dieser Unterscheidung ist die Segmentgröße relevant, mithin die Festlegung des Segmentgrades. Hierbei muss vor allem zwischen Segment- und Nischenbildung unterschieden werden. Während die Segmentbildung (differenziertes Marketing) der eigentliche Hintergrund für die Differenzierungsstrategie darstellt, geht die Nischenbildung (konzentriertes Marketing) noch einen Schritt weiter. Nischen sind in dem Sinne Untersegmente, d. h., feiner definierte kleinere Käufergruppen innerhalb eines größeren Marktsegments.

Zusammenfassend betrachtet stellen diese Strategien grundlegende Stoßrichtungen dar, wie eine Geschäftseinheit bzw. Produktlinie oder Marke Wettbewerbsvorteile erzielen kann. Porter betont explizit und belegt dies durch empirische Untersuchungen, dass, wenn keine dieser strategischen Grundkonzeptionen konsequent verfolgt wird, dem Unternehmen die vielfach beobachtete U-förmige Beziehung zwischen Marktanteil und Rentabilität zum Verhängnis werden kann. In den kritischen Bereichen, in denen das Unternehmen „zwischen den Stühlen sitzt" (Stuck in the Middle), entstehen häufig hohe Verluste.

Die Abb. 4.2 zeigt die Systematisierung der Basisstrategien exemplarisch anhand der Reisebranche.

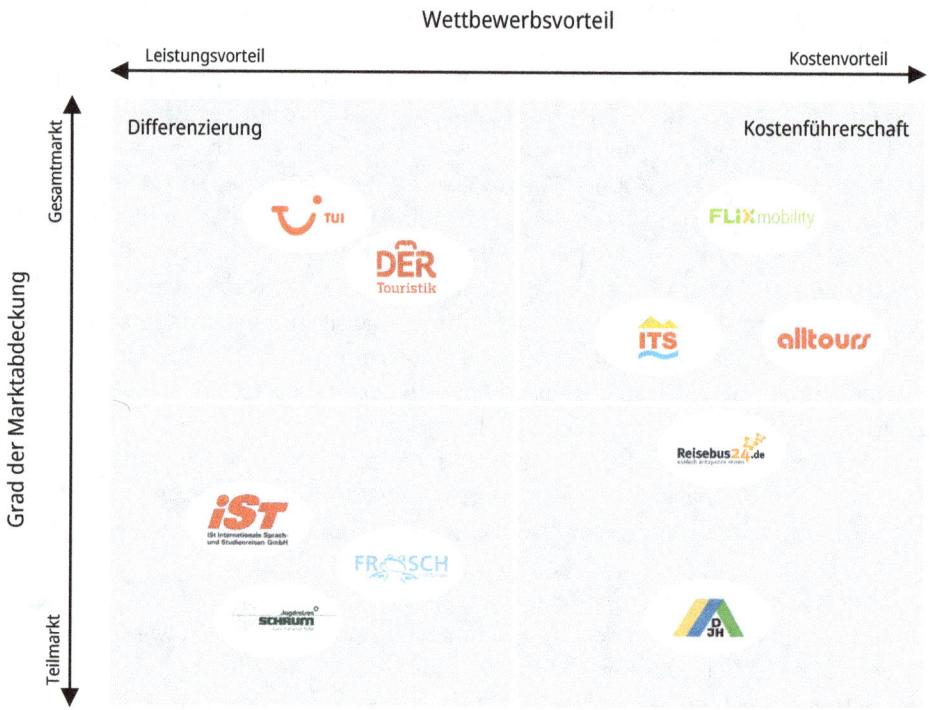

Abb. 4.2: Systematisierung von Wettbewerbsvorteils-/Marktabdeckungsstrategien am Beispiel von Reiseveranstaltern (Quelle eigene Darstellung).

Die Wettbewerbsstrategien nach Porter korrespondieren direkt mit den Marktstimulierungsstrategien nach Becker (2013). Die Erfolgsvoraussetzungen der Preis-Mengen-Strategie liegen in Preis- und Kostenvorteilen gegenüber den Wettbewerbern. Sie ist daher auch als konkurrenzorientierte Kostenführerschaftsstrategie im Sinne Porters zu interpretieren. Im Gegensatz dazu strebt die Präferenzstrategie Leistungsvorteile gegenüber den Wettbewerbern an und korrespondiert daher mit der Differenzierungsstrategie nach Porter. Zwischen den beiden Systematisierungsansätzen lassen sich jedoch zwei wesentliche Unterschiede aufzeigen (Meffert 2000, S. 271). Zum einen ist bei dem Ansatz von Porter der Wettbewerbsvorteil bzw. die Kernkompetenz immer in Relation zur Konkurrenz zu beurteilen, d. h., bei Porter steht der Wettbewerb im Fokus der Strategie, während bei Becker die Marketingkonzeption (vgl. Kapitel VII 1) an sich entscheidend ist und erst in zweiter Instanz die Relation zum Wettbewerb. Des Weiteren weisen die Strategien von Porter einen stärkeren funktionsübergreifenden Bezug auf als die vor allem auf das Marketing bezogene Preis-Mengen- und Präferenzstrategie.

Die Differenzierungsstrategie nach Porter bzw. die Präferenzstrategie nach Becker bilden als Basisstrategie und somit entscheidende Marketingstrategie die Grundlage für die Markenbildung und die Markenführung eines Hersteller- oder Dienstleistungsunternehmens. Herstellermarken sind Waren- oder Firmenkennzeichen, mit denen Herstellerunternehmen ihre Waren markieren. In der Praxis ist damit nicht nur das Kennzeichen selbst gemeint, sondern auch der Artikel, der damit versehen ist. Dieser wird daher als Herstellermarkenartikel bezeichnet (Ausschuss für Definition zu Handel und Distribution 2006).

Die Entscheidung für den Auf- und Ausbau von Herstellermarken und die dafür notwendige stringente Ausrichtung der entsprechenden operativen Markenpolitik als substrategische Dimension ist in erster Linie eine Entscheidung für Qualitäts- und gegen Preiswettbewerb. Voraussetzung hierfür sind eine in der Vision bzw. Mission eines Unternehmens fixierte konsistente Grundorientierung und entsprechende Ressourcen bzw. daraus abgeleitete Kernkompetenzen. Diese Betrachtung geht auf den Resource-based View (RBV) als grundlegendes Konzept zurück, welcher die unternehmensspezifischen Stärken und Schwächen als Basis für den Aufbau eines relevanten Wettbewerbsvorteils determiniert. Durch einen dreistufigen internen Prozess der Nutzung, Veredelung und Kombination der vorhandenen Ressourcen kann ein Unternehmen eine charakterisierende Kernkompetenz entwickeln und sich so einen dauerhaften Wettbewerbsvorsprung sichern (Prahalad/Hamel 1990; Freiling 2001, 2004; Freiling/Gersch/Goeke 2006).

Der konsequente Qualitätswettbewerb bzw. das Anbieten von Leistungsvorteilen begründet Präferenzen im Markt, welche quasimonopolistische Preisspielräume eröffnen und die Realisierung ehrgeiziger Unternehmens- und Marketingziele möglich machen. Hier zeigt sich die Relevanz der Nutzenstiftung im Netto-Nutzen-Vorteil für den Konsumenten einerseits und die Relevanz der Wertstiftung aus dem Wettbewerbsvorteil für das Unternehmen andererseits. Mit der Differenzierungsstrategie bzw. Präferenzstrategie wird eine Positionierung auf mittlerer Marktschicht angestrebt, weshalb dieser Strategietyp auch als klassische Markenartikelstrategie bezeichnet wird. Typische Merkmale auf dieser Marktschicht sind in operativer Hinsicht eine intensive Markenpflege, eine ständige Optimierung der Leistungsfähigkeit der Produkte, ein mittleres Preisniveau, ein hoher Distributionsgrad (Ubiquität) und eine intensive Kommunikation.

Ausgehend von der Differenzierungs- bzw. Präferenzstrategie sind zwei weitere Typen von Basisstrategien zu unterscheiden:

Die gehobene Präferenzstrategie zielt weiterhin auf die Markenkäufer ab, allerdings auf einer höheren Marktschicht, was eine gesteigerte Erwartungshaltung der anvisierten Personen an die Marke (z. B. im Hinblick auf Qualitäts- oder Kompetenzdimensionen) impliziert. Dieser Strategietyp unterscheidet sich von der Präferenzstrategie im Wesentlichen durch die folgenden Kennzeichen: deutlich niedrigere Absatzvolumina, gehobenes Preisniveau, höherer Deckungsbeitrag und selektive Distribution.

Die Premiumstrategie fokussiert die Prestigekäufer (Veblen-, Snob-Effekt) auf der höchsten Marktschicht und weist folgende Merkmale auf: relativ niedrige Absatzvolumina, höchstes Preisniveau, sehr hohe Deckungsbeiträge und exklusive Distribution.

Die soeben beschriebenen grundlegenden Strategietypen markieren die mittlere, höhere und höchste Marktschicht, d. h., hier positionieren sich Herstellermarken auf die dort jeweils ansässigen Käufertypen der Marken- bis hin zu den Prestigekäufern. Aber auch die untere Schicht eines Marktes basiert auf einem hier anzusiedelnden Strategietyp, der als Käufertyp die Preiskäufer in den Fokus stellt, nämlich der Strategie der Kostenführerschaft nach Porter als Voraussetzung für eine Preisführerschaft bzw. der Preis-Mengen-Strategie nach Becker. Charakterisierend für diesen Strategietyp ist die eindimensionale Ausrichtung auf einen (Niedrig-)Preiswettbewerb, d. h., es werden Produkte und Dienstleistungen in Mindest- bzw. Standardqualität zu Niedrigstpreisen unter dem bewussten Verzicht auf sonstige präferenzbildende Maßnahmen angeboten. Dieser marketingstrategische Ansatz bildet die Grundlage für die Handelsmarken, die überwiegend auf dieser Marktschicht vorzufinden sind.

Die Tab. 4.1 stellt die beschriebenen Strategietypen (mit Ausnahme der Preis-Mengen-Strategie) anhand ausgewählter Marken des VW-Konzerns dar (Angaben für den Zeitraum Januar bis September 2010 weltweit). Hierbei kommt zudem die Mehrmarkenstrategie (vgl. Kapitel V 3.4.2) des Konzerns zum Ausdruck.

Tab. 4.1: Strategietypen am Beispiel des VW-Konzerns (Quelle: eigene Darstellung in Anlehnung an Car Center Automotive Research 2010).

	VW	Audi	Porsche
Absatz	4.203.000 PKW	968.000 PKW	81.850 PKW
ø-Preis / PKW	14.021 €	26.857 €	95.199 €
ø-Gewinn / PKW	683 €	2.346 €	14.478 €
Strategietyp	Präferenzstrategie	gehobene Präferenzstrategie	Premiumstrategie

Wichtig ist anzumerken, dass die Charakteristik der Typen von Basisstrategien auf den jeweiligen Marktschichten und der dort vorherrschenden Käufertypen zwar für nahezu jeden Markt gilt, die Betrachtung im Einzelnen sich allerdings immer auf einen räumlich, zeitlich und sachlich abgegrenzten Markt bezieht. Für die Käufertypologie bedeutet dies, dass eine Zielperson als Konsument in einem abgegrenzten Markt als Preiskäufer, in einem anderen als Markenkäufer und wieder in einem anderen als Prestigekäufer auftreten kann. Dieses Konsumverhalten wird als hybrides bzw. bipolares Kaufverhalten (Schmalen 1994; Diller/Gentner/Müller 2000; Schnedlitz 2006) bezeichnet.

Eine Besonderheit in diesem Kontext stellt das Konzept der Mass Customization dar. Mass Customization bezeichnet die kosteneffiziente Herstellung und Vermarktung von Produkten, die auf individuelle Bedürfnisse einzelner Kunden – im Extremfall eines einzigen Kunden – zugeschnitten sind (Piller 2006). Der Begriff „Customization" reflektiert die Strategie der Differenzierung, während der Begriff „Mass" und die damit verbundene Herstellung bzw. Bereitstellung individualisierter Produkte in großen Stückzahlen widerspiegelt. Letztlich bildet hierbei jedoch die durch die Individualisierung bedingte Differenzierung den strategischen Fokus.

2.2 Strategien nach Kotler

Kotler formulierte 1988 vier Typen von Wettbewerbsstrategien, wobei die angestrebte Marktposition der Unternehmen durch ihr Rollenverständnis und ihren Marktanteil als Ausgangsposition im Wettbewerb geprägt ist. Die Perspektive der Strategien nach Kotler ist eng mit der Zielgröße Marktanteil verbunden und stellt keinen eigenständigen Strategietyp dar, sondern ist eher als unterstützendes Element zur Zielerreichung aufzufassen.

Dabei kann zwischen einer Marktführerstrategie, einer Marktherausforderstrategie, einer Mitläuferstrategie oder einer Nischenstrategie unterschieden werden (Kotler/Keller/Bliemel 2007, S. 1110 ff.). Eine mögliche Wettbewerbsstruktur eines Marktes kann beispielsweise wie folgt aussehen: Der Marktführer hat mit 40 % den größten Marktanteil; der stärkste Wettbewerber, also der Herausforderer, hat 30 %. Im Markt befinden sich ferner ein Mitläufer mit 20 % Marktanteil sowie fünf Nischenbesetzer, die zusammen 10 % auf sich vereinigen.

Der Marktführer ist im idealtypischen Fall der Taktgeber hinsichtlich der Parameter Innovation, Qualität, Preisniveau etc. Im Fokus der Marktführerstrategie steht zumeist die Erhaltung der Marktposition. Hierbei kann das Unternehmen in drei Richtungen aktiv werden: Vergrößerung des Marktes, Steigerung des Marktanteils oder Erhaltung des Marktanteils innerhalb des konstanten Marktes. Eine Vergrößerung des Marktes lässt sich durch die Gewinnung neuer Verwendergruppen, die Umsetzung neuer Verwendungszwecke sowie die Steigerung der Verwendungsmenge erreichen. Diese Vorgehensweisen entsprechen den Marktfeldstrategien der Marktdurchdringung und Marktentwicklung (vgl. Kapitel IV 4.2). Die Steigerung des Marktanteils gelingt zumeist durch überlegene Produktentwicklung und -qualität, wobei die Erhöhung der Marketingaufwendungen nach dem PIMS-Programm häufig Marktanteilsgewinne zu Lasten der Wettbewerber bewirkt. Eine Marktanteilserhaltung kann sowohl durch eine Innovationsorientierung des Unternehmens erreicht werden als auch durch ein konstantes Preis-Leistungs-Verhältnis und eine konsequente Markenpolitik, um die Loyalität und Präferenzen der Zielgruppen sicherzustellen.

Eine Strategie der Marktherausforderung beinhaltet eine offensiv geplante Erhöhung des Marktanteils durch Angriff auf den Marktführer, gleichwertige Konkurrenten im Verfolgerfeld oder auf kleinere Unternehmen der Branche. Typische Maßnahmen sind zum einen das Angebot von Qualitätsprodukten, Produktinnovationen, Produktvielfalt, verbesserte Serviceleistungen, neue Vertriebswege und intensive Kommunikation oder aggressive Preispolitik.

Wie die Strategie eines typischen Herausforderers aussehen kann, soll ein historisches Beispiel aus dem amerikanischen Fast-Food-Markt aufzeigen (Trout 2002, S. 90 ff.). Burger King wurde Ende der 1950er-Jahre gegründet und hatte vom Start weg der scheinbar übermächtigen Konkurrenz von McDonald's entgegenzutreten. Die Werbung von Burger King drehte sich in den 1960er-Jahren um den populären Whopper mit dem Slogan „Je größer der Burger, desto besser der Burger". Schnell expandierte Burger King und wurde zur Nummer Zwei im Markt, also zum klassischen Herausforderer. Burger King attackierte in den 1970er-Jahren den Marktführer McDonald's mit einer erfolgreichen strategischen Ausrichtung, die den Schwachpunkt von McDonald's als automatisierte und unflexible „Hamburger-Maschine" betonte. Die neue Kampagne konzentrierte sich auf die Geschmacksveränderung einzelner Kunden. Burger King versprach den Kunden die Erfüllung sämtlicher Sonderwünsche. Diese Kampagne und der dazugehörende Slogan „Have it your way" waren ein großer Erfolg und steigerten den Marktanteil von Burger King enorm. In den 1980er-Jahren wurde die Strategie des Herausforderers Burger King noch schärfer auf den Marktführer McDonald's fokussiert, was sich kommunikationspolitisch in einer vergleichenden Werbung niederschlug, die u. a. eine Blindverkostung beinhaltete, in dem der Whopper gegenüber dem Big Mac bevorzugt wurde. Weiter wurde von Burger King herausgestellt, dass ihre Hamburger größer seien und dass auf Holzkohle Gegrilltes beliebter sei als Gebratenes. In den neuen TV-Spots der 1980er-Jahre wurden diese Vorzüge weiter als Benefits gegenüber dem Marktführer ausgelobt. Die langfristige Ausrichtung der Herausforderstrategie auf den Hauptkonkurrenten und Marktführer zeigte Erfolg in einem weiteren, diesmal noch drastischeren Anstieg des Marktanteils von Burger King. Marktforschungsdaten zeigten auf, dass innerhalb von zwei Jahren etwas mehr als 2.000.000 Kunden von McDonald's zu Burger King gewechselt waren. Als im Zuge des „Burger-Kriegs" Mitte der 1980er-Jahre McDonald's Klage gegen die Werbespots des Konkurrenten erhob, befand sich Burger King beinahe auf Augenhöhe, und die Klage bewirkte aufgrund ihrer Publicity einen zusätzlichen Erfolgsschub. Statt jedoch den Angriff auf den Marktführer fortzusetzen, verlor sich das Unternehmen in internen Machtspielen und einer halbherzigen Dachmarkenkampagne, die Hamburger, Frühstück und Hähnchen abdecken sollte. Dies kam im Kern einer Imitation von McDonald's damals aktuellem Image als „Pausenrestaurant für jede Tageszeit" nahe. Burger King versäumte es, weiter die Schwächen des Marktführers als eigene Stärken zu vermarkten. McDonald's schaffte es hingegen mit dem strategischen Fokus auf Drive-in-Restaurants und die Zielgruppe Kinder die Verhältnisse im Markt wiederherzustellen und den Abstand zur Nummer Zwei deutlich zu vergrößern. Dieses Beispiel zeigt, dass Herausfordererstrategien zum Erfolg führen können, wenn sie stringent auf einen Hauptkonkurrenten im Markt ausgerichtet sind. Allerdings muss diese Strategie auch konsequent verfolgt werden.

Die Strategie des Mitläufers impliziert eine Erhaltung des Wettbewerbsgleichgewichts, d. h., dass sich das Unternehmen im Wesentlichen den größten Unternehmen, insbesondere dem Marktführer, anpasst. Vielfach werden die Produkte des Marktführers adaptiert oder imitiert, wobei häufig die Grenzen der Legalität (Markenpiraterie) ausgelotet werden. Es werden vier strategische Ansätze für einen Mitläufer unterschieden (bezogen auf Produkte des Marktführers):
- Adaption (leichte, aber eindeutige Abweichung, teilweise Verbesserung; Strategie japanischer Autobauer in den 1980er-Jahren),
- Imitation (von Teilaspekten, jedoch erkennbare Unterschiede z. B. in der Verpackung; klassische Handelsmarken),
- Klonung (täuschend echte Nachbildung, gerade noch legal; leichte Abwandlung des Markennamens),
- Piraterie (illegale Markenfälschung; betroffen sind z. B. Marken wie Rolex, Lacoste und Adidas).

Bei der Strategie der Nischenbearbeitung entscheidet sich das Unternehmen bewusst für einen sehr eng gefassten Zielgruppenfokus, der spezielle Kenntnisse erfordert und für größere Unternehmen weniger attraktiv ist. Eine Spezialisierung kann hierbei u. a. auf Einzelkunden, Kundengruppen, geografische Gebiete, Produkte/Produktlinien, individuelle Auftragsfertigung, Qualitäts- und Preisniveaus, bestimmte Dienstleistungen, Vertriebswege und Technologien erfolgen. Voraussetzung für diese Strategie ist das gegenwärtige Volumen und das zukünftige Wachstumspotenzial der Nische. Darüber hinaus müssen spezielle erfolgsrelevante Fähigkeiten und Ressourcen zur Bearbeitung vorhanden sein. Vor dem Hintergrund der Risikominimierung wird häufig eine Mehr-Nischen-Strategie einer Einzel-Nischen-Strategie vorgezogen. Als Beispiel für eine Einzel-Nischen-Strategie soll an dieser Stelle die Marke Bionade der Peter-Brauerei dienen, welche die Nische der Bio-Limonade begründet hat. Als die Marke Segmentniveau erreicht hatte, wurde sie von der Radeberger-Gruppe (Oetker-Gruppe) aufgekauft, weil der Peter-Brauerei Marketing-Know-how und Marketingbudget fehlten.

Als Kritik lässt sich bei den Strategietypen nach Kotler anführen, dass sie keine Konkretisierung der bestimmten Verhaltensweisen aufzeigen und es sich somit eher um Ziel- als um Verhaltensalternativen handelt. Des Weiteren stellt sich generell die Frage, ob mit den Strategien nicht eher angestrebte Rollen von Unternehmen im Markt beschrieben werden.

3 STP-Strategien

Ein Kernbegriff des Marketings ist die Zielgruppe. Der Gesamtmarkt ist oftmals zu groß bzw. besteht aus sehr heterogenen Gruppen von Konsumenten, die nicht alle erreicht werden können, schon gar nicht mit einem eindimensionalen Angebot. Aus diesem Grund ist eine Aufteilung des Marktes in Segmente, die Auswahl von relevanten Zielgruppen und deren passgenaue Bearbeitung eine strategische Ausrichtung, die für marketingorientierte Unternehmen unumgänglich ist.

In diesem Kapitel wird nach einer kurzen definitorischen Abgrenzung das STP-Marketing (Kotler/Keller/Opresnik 2017, S. 311 ff.) ausführlich dargestellt. STP steht für Segmenting, Targeting, Positioning als Schritte der Marktbearbeitung. Der erste Schritt ist die Marktsegmentierung (3.1), die Unterteilung des Marktes in klar abgegrenzte Käufergruppen. Dies geschieht mithilfe von geeigneten Segmentierungskriterien. Der zweite Schritt ist die Zielgruppenbestimmung (3.2), die Festlegung und Auswahl der/des attraktivsten Marktsegmente(s). Der dritte Schritt ist die Differenzierung und Positionierung (3.3), der Aufbau einer tragfähigen Wettbewerbsposition für jedes Zielsegment, also die eigentliche Bearbeitung der Zielgruppe(n).

3.1 Marktsegmentierung – Segmenting

3.1.1 Strategische Geschäftsfelder vs. Marktsegmente

Die in Kapitel IV 4.1 näher beschriebenen strategischen Geschäftsfelder und die an dieser Stelle thematisierten Marktsegmente ähneln sich und führen häufig zu einer synonymen Verwendung. Die Bildung von strategischen Geschäftsfeldern bedeutet ein Aufteilen des Gesamtmarkts in intern homogene „Segmente", die sich – in den Anforderungen der jeweiligen Zielkunden – deutlich voneinander unterscheiden. Damit liegt eine enge Verknüpfung mit der Marktsegmentierung vor. In beiden Fällen findet eine Aufspaltung des Gesamtmarkts in intern homogene und extern heterogene Teile des Marktes statt. Dennoch verbietet sich eine Gleichsetzung der Begriffe bzw. Verfahren. Der Unterschied liegt im Aggregationsniveau. Bei der Abgrenzung strategischer Geschäftsfelder wird auf relativ grobe, direkt beobachtbare Kriterien zurückgegriffen, während bei der Segmentierung viel detaillierter vorgegangen wird. Es ist möglich, innerhalb der grob gebildeten Geschäftsfelder eine Marktsegmentierung nach unterschiedlichen Abnehmergruppen durchzuführen.

Trotz dieser Abgrenzung bleibt zu konstatieren, dass Überschneidungen zwischen Geschäftsfeldbildung und Marktsegmentierung dann nicht zu vermeiden sind, wenn die strategischen Geschäftsfelder anhand zu vieler Dimensionen gebildet werden. In der Praxis wird häufig nur dann von Geschäftsfeldern gesprochen, wenn von einem Unternehmen nicht unterschiedliche Segmente, sondern völlig unterschiedliche (Teil-)

Märkte bedient werden. Dies ist bei Konzernen wie z. B. Mars der Fall, wo u. a. die Geschäftsfelder Süßwaren (Mars, Snickers etc.) und Tierfutter (Sheba, Cesar etc.) existieren.

Die Marktsegmentierung ist ein Basiselement des Marketings, das seinen Ursprung in der klassischen Abgrenzung von Märkten hat. Diese bereits in der Marketinganalyse (Mikroumwelt) abgegrenzten Märkte (vgl. Kapitel II 2.1) bestehen jedoch aus einer Vielzahl von Konsumenten mit sehr unterschiedlichen Anforderungen bezüglich der angebotenen Produkte. Werden Konsumenten mit ähnlichen Bedürfnissen als homogene Gruppen erfasst, so erfolgt eine Aufteilung des Marktes in einzelne Segmente. Die Segmentierung schafft erst die Möglichkeit, heterogenen Kundenbedürfnissen gerecht zu werden.

Marktsegmentierung ist nach Meffert et al. (2015, S. 174) „die Aufteilung eines Gesamtmarktes in bezüglich ihrer Marktreaktion intern homogene und untereinander heterogene Untergruppen (Marktsegmente) sowie die Bearbeitung eines oder mehrerer dieser Marktsegmente". Die Marktsegmentierung besteht damit zum einen aus der Markterfassung und somit dem Prozess der Marktaufteilung, zum anderen aus der Marktbearbeitung, d. h., der Auswahl und der zielgenauen Bearbeitung von Segmenten. In diesem Sinne sind Marktsegmente immer nachfrageseitig zu verstehen (Nachfragesegmente), es handelt sich hierbei immer um Gruppen von Konsumenten. Davon strikt zu trennen sind Teilmärkte im Sinne von Angebotssegmenten: Dieser Begriff wird verwendet, wenn ein Markt unter Berücksichtigung von Produktmerkmalen angebotsseitig in Untermärkte zerlegt wird. So lässt sich z. B. der Markt für Bürobedarf in die Teilmärkte Ordner, Register, Sortiersysteme etc. oder der Markt für Automobile in Kleinwagen, Mittel- und Oberklasse sowie Cabrios, Vans etc. unterteilen. Von Marktforschungsagenturen, die den Unternehmen Daten über Märkte bzw. Teilmärkte zur Verfügung stellen, wird der Körperpflege- und Kosmetikmarkt üblicherweise in die folgenden Teilmärkte aufgegliedert: Hautpflege, Haarpflege, Seifen/Bade- und Duschzusätze, dekorative Kosmetik, Herrenkosmetik, Deomittel. Der Teilmarkt Haarpflege kann bei Bedarf noch weiter in folgende Produktkategorien unterteilt werden: Shampoos, Spülungen, Kuren, Sprays/Lacke, Schaumfestiger, Gele/Creme/Wachse.

3.1.2 Segmentierungsgrad

Bevor ein Unternehmen sich mit relevanten Segmentierungsverfahren auseinandersetzt, stellt sich die Frage nach der Intensität der Segmentierung. Kotler/Keller/Bliemel (2007, S. 358 ff.) sprechen vom sogenannten Segmentierungsgrad und unterscheiden folgende Abstufungen:
- Null-Segmentierung (0 %),
- Segmentbildung (Segmentierung im engeren Sinne),
- Nischenbildung,
- atomisierte Segmentierung (100 %).

Bei der Null-Segmentierung wird kein Unterschied zwischen allen potenziellen Käufern in einem Markt gemacht, dies wird daher auch als Massenmarktstrategie bezeichnet. Ein Unternehmen, das Massenmarketing (undifferenziertes Marketing) betreibt, sieht keine Notwendigkeit in einer Marktaufteilung. Das angebotene Produkt soll alle potenziellen Käufer ansprechen. Die Strategie zielt auf eine undifferenzierte Bearbeitung von Massenmärkten ab, um die größtmögliche Anzahl der Abnehmer zu erreichen. Hinter einer solchen Vorgehensweise steht die Massenproduktion im Sinne von Henry Ford und seinem berühmten T-Modell, später in Deutschland auch der VW Käfer. Eine Massenmarktstrategie führt zu besonders niedrigen Herstellungskosten und teilweise auch Verkaufspreisen (u. a. durch den Erfahrungskurveneffekt), womit ein großes Absatzpotenzial geschaffen wird. Die klassische Massenmarktstrategie wird in der Praxis immer weniger angewendet, weil sie letztlich den Grundprinzipien des Marketings widerspricht. Sie wurde als Standardstrategie in der Geburtsstunde historischer Markenartikel eingesetzt (Odol, 4711, Persil etc.). In der heutigen Zeit verläuft die Markenbildung segmentorientiert und hinter bestimmten Markenprofilen stehen auch entsprechende Käuferprofile. Selbst einst homogene Märkte wie der Strommarkt wurden durch Unternehmen wie Yello segmentiert (Segment der markenaffinen Privat- und Geschäftskunden).

Segmentbildung bezeichnet die eigentliche Segmentstrategie (differenziertes Marketing). Ein Marktsegment besteht aus einer größeren identifizierbaren Kundengruppe innerhalb eines Marktes und wird durch relevante Segmentierungskriterien erfasst. Ein Unternehmen erkennt bei der Betrachtung des relevanten Marktes bezüglich möglicher Segmentierungskriterien Unterschiede zwischen diversen Käufergruppen. Diese Unterschiede liegen z. B. im Alter oder Einkommen der Konsumenten. Werden Kunden über 50 Jahre mit einem höheren Einkommen als attraktives Marktsegment ausgewählt, so gilt es, für diese Kunden entsprechende Nutzendimensionen zu kreieren und zu vermarkten. Eine zielgenaue Bearbeitung des Segments mit allen Marketinginstrumenten wird somit möglich. Segmentmarketing ist in vielen Branchen wie Kleidung, Nahrungsmittel, Getränke, Kosmetik, Automobile etc. üblich und erfolgreich. Segmentstrategien entsprechen dem klassischen Zielgruppengedanken des Marketings und werden im weiteren Verlauf dieses Kapitels eingehend thematisiert.

Nischenbildung (konzentriertes Marketing) geht noch einen Schritt weiter als die klassische Segmentierung. Nischen sind Untersegmente, d. h., feiner definierte kleinere Kundengruppen innerhalb eines größeren Marktsegments. Eine Marktnische ist dann erfolgsversprechend, wenn zwischen den Bedürfnissen der Kunden große Unterschiede existieren bzw. wenn ganz besondere Ansprüche von Kunden bestehen. Hier ergeben sich Chancen für Unternehmen, die Nischen zu identifizieren, die bisher noch nicht oder nur unzureichend bedient werden. An dieser Stelle soll noch einmal die Marke Bionade (vgl. Kapitel IV 2.2) als Beispiel dienen. Im Dienstleistungsbereich wird Nischenbildung vielfach angewendet (Mülltonnenreinigung, Kfz-Anmeldeservice, Botendienste für Senioren etc.), aber auch in der Automobilindustrie werden Nischen entdeckt und besetzt, z. B. Automobile der Spitzenklasse wie der Lamborghini für besonders gut situierte Käufer. Nischenbildung findet häufig auch durch die Begrenzung des Angebots auf eine Stadt oder einen Stadtteil statt. Der Vollständigkeit halber sei noch angemerkt, dass der Übergang zwischen Segment und Nische fließend ist. Eine genaue größenbezogene Abgrenzung ist nicht möglich.

Bei einer atomisierten Segmentierung handelt es sich um individualisiertes Marketing, wobei jeder einzelne Kunde als ein Marktsegment betrachtet und behandelt wird. Der Markt wird bis auf die kleinste Einheit (Segment of One) zerlegt. Die kundenindividuelle Anfertigung von Produkten ist im Handwerk bereits sehr lange üblich (Einzel- oder Auftragsfertigung). Der Schneider fertigt Kleider nach Maß, der Schreiner entsprechend Tische oder Stühle. Die Endprodukte sind Unikate für individuelle Kunden. Der Kunde wirkt an der Gestaltung des von ihm gewünschten Produkts mit. Im B2B-Marketing ist Individualmarketing die Regel, beispielsweise im Flugzeug- oder Anlagenbau. Im B2C-Bereich lassen sich jedoch auch ähnliche Tendenzen erkennen.

Mithilfe von Mass Customization, der Verbindung von differenziertem und individualisiertem Marketing, ist es möglich, auf den Kunden zugeschnittene Produkte und Services anzubieten, welche auf einem großen Absatzmarkt vertrieben werden. Dies gelingt, indem ein Grundmodell eines Produkts, z. B. ein Fahrrad (Gazelle), entwickelt und dem Kunden die Möglichkeit gegeben wird, gewünschte Eigenschaften (Farbe, Lenker, Gangschaltung etc.) selbst zu bestimmen. Auf diese Weise ist z. B. Dell in der Lage, viele unterschiedliche Konfigurationen von PC-Systemen bereitzustellen. Auch in der Automobilindustrie wird in diesem Zusammenhang auf Modellkonfiguratoren zurückgegriffen. Im Dienstleistungsbereich sind Gastronomiekonzepte zu nennen, die es durch Salattheken bzw. Buffets ermöglichen, kundenindividuelle Speisen anzubieten. Finanzdienstleister verkaufen zunehmend Bausteinkonzepte, wobei der einzelne Kunde die Vertragselemente auswählt, die er wünscht. Das Individualmarketing kommt in dieser Form der Kundenorientierung am nächsten. Kann der Kundennutzen auch möglicherweise durch Individualmarketing optimiert werden, so ist eine solche Vorgehensweise für viele Unternehmen nicht praktikabel bzw. lohnenswert, da der Aufwand in Produktion und Distribution häufig zu groß und damit kostentreibend ist.

3.1.3 Verfahren der Marktsegmentierung

Bevor mit einer Segmentierung begonnen werden kann, muss der relevante Markt, wie in Kapitel II 2.1 gezeigt, angebots- und nachfrageorientiert abgegrenzt werden. Zur Aufteilung dieses relevanten Marktes in Marktsegmente bedarf es der Selektion geeigneter Segmentierungskriterien, die zu homogenen Käufergruppen führen. Diese Segmentierungskriterien müssen bestimmte Anforderungen erfüllen (u. a. Freter 1983, S. 43 f.; Backhaus 1995, S. 158 f.):

- Kaufverhaltensrelevanz (Kriterien = Indikatoren für das zukünftige Konsumentenverhalten),
- Messbarkeit (mithilfe bewährter Marktforschungsmethoden),
- Erreichbarkeit (der Konsumenten innerhalb des Zielsegments),
- zeitliche Stabilität (der Segmentinformationen, zumindest für die Planungsperiode),
- Wirtschaftlichkeit (der Segmentierung; Kosten-Nutzen-Analyse).

Die Vielzahl der in Wissenschaft und Praxis angewandten Segmentierungskriterien lässt sich in vier grobe Verfahren kategorisieren (vgl. Abb. 4.3). Diese Verfahren mit den dazugehörigen Kriterien haben sich in Theorie und Praxis bewährt und werden im Folgenden einzeln dargestellt:

geografische Segmentierung
- makrogeografische Segmentierung
  - Nation/Staat
  - Bundesländer/Regionen, ACNielsen-Gebiete
  - Kreise, Städte, Gemeinden
- mikrogeografische Segmentierung
  - Stadtteile
  - Wohngebiete
  - Straßen/Nachbarschaften

(sozio-)demografische Segmentierung
- Alter
- Geschlecht
- Familienlebenszyklus
- sozioökonomische Kriterien
  - Bildungsgrad
  - Beruf
  - Einkommen
- Nationalität
- Religion

psychografische Segmentierung
- (produktspezifische) Einstellungen
- Werte
- Lifestyle (A-I-O)
- Persönlichkeit

verhaltensbezogene Segmentierung
- Anlässe
- Nutzennachfrage (Benefit)
- Mediennutzung
- Preisverhalten
- Einkaufsstättenwahl (Geschäftstreue, Geschäftswechsel)
- Verwenderstatus (Käufer, Nichtkäufer)
- Verwendungsrate (Viel-, Wenigkäufer)
- Markenwahl

Abb. 4.3: Verfahren der Marktsegmentierung (Quelle: eigene Darstellung).

3.1.3.1 Geografische Segmentierung

Häufig wird zunächst das geografische Segmentierungsverfahren gewählt, da diese Kriterien sehr leicht zu erfassen sind. Der relevante Markt wird in verschiedene geografische Einheiten eingeteilt, um regionale Unterschiede zu berücksichtigen. Unterschieden wird die makro- und mikrogeografische Marktsegmentierung. Die Makroebene beginnt mit der Segmentierung einzelner Staaten und endet bei einzelnen Orten bzw. Städten, die Mikroebene beginnt unterhalb des Stadtniveaus.

Im Rahmen der makrogeografischen Segmentierung stellt die Auswahl zu bearbeitender Nationen bzw. Staaten den ersten Schritt dar, wobei die Länderauswahl de facto die Ebene der Segmentierung überschreitet. In der Regel setzt die Segmentierung innerhalb der Landesgrenzen eines Staates an. Auf die Besonderheiten des internationalen Marketings soll hier nicht eingegangen werden. Es folgt die Aufteilung des Marktes (Landes) nach Kriterien wie Bundesländer, Regionen, Städte, Kreise und Gemeinden.

Eine in Deutschland übliche regionale Aufteilung ist die Einteilung in Nielsen-Gebiete, entwickelt vom Marktforschungsinstitut ACNielsen (vgl. Abb. 4.4).

Ferner wird zwischen Stadt- und Landbevölkerung oder zwischen verschiedenen Ortsgrößen differenziert, wenn hier kaufverhaltensrelevante Unterschiede nachgewiesen werden können. Die regionale Aufteilung ist u. a. im Bereich der Ess- und Trinkgewohnheiten eine wichtige Segmentierung. In Norddeutschland werden seit jeher mehr klare Schnäpse getrunken, während im Süden der Konsum von Weißwürsten typisch ist. Je nach Region werden in Deutschland zudem unterschiedliche Arten der gleichen Produktkategorien bevorzugt, z. B. bei Bier (Pils, Alt, Kölsch, Weizen). Hinzu kommen regionale Spezialitäten, die außerhalb der entsprechenden Region Seltenheitscharakter besitzen (z. B. Kuckucksuhren aus dem Schwarzwald).

Des Weiteren ist eine regionale Segmentierung bzw. Begrenzung häufig notwendig für Kleinbetriebe in Dienstleistung, Handel oder Handwerk. Ein Fachgeschäft wird in der Regel einen ortsgebundenen Kundenstrom aufweisen, ein Pizza-Taxi wird nur bis zu einer bestimmten Distanz beliefern. Hier ist die geografische Segmentierung mit der räumlichen Marktabgrenzung gleichzustellen.

Die makrogeografische Segmentierung hat den Vorteil, dass die hierzu notwendigen Daten zumeist in Form von Sekundärmaterial vorliegen, womit die Informationen schnell und kostengünstig verfügbar sind. Zudem können hierdurch bereits wertvolle Hinweise auf eine gezielte regionale Ausrichtung der Marketingkonzepte gewonnen werden. Der Kaufverhaltensbezug ist jedoch relativ schwach ausgeprägt.

Die mikrogeografische Segmentierung versucht, diese Defizite auszugleichen. Sie setzt bei Wohngebietszellen unterhalb des Stadtniveaus an. Durch die Verknüpfung unterschiedlicher Datenquellen können sehr kleine Marktsegmente identifiziert werden: Stadtteile, Wohngebiete, sogar einzelne Straßen. Der Dateninput setzt sich aus regionalen Kenndaten wie Demografie, Beschäftigungs-, Wirtschafts- und Infrastruktur sowie Angaben zu sozialen Milieus oder Lebensstilen zusammen. Durch die Verknüpfung mit anderen Segmentierungskriterien können so kleinste Segmente lokalisiert und gezielt bearbeitet werden.

Hinter der mikrogeografischen Segmentierung steht die Grundidee der Nachbarschafts-Affinität (Meffert/Burmann/Kirchgeorg 2015, S. 184): Es wird vermutet, dass Personen mit gleichem oder ähnlichem sozialem Status oder Lebensstil benachbart oder in ähnlichen regionalen Bezirken wohnen. Lässt sich eine Verbindung zum Kaufverhalten dieser Nachbarschaften aufzeigen, sind gezielte Marketingaktivitäten möglich. Typisch sind in diesem Zusammenhang Studenten- oder Arbeiterviertel. Eine sehr detaillierte Re-

Abb. 4.4: Nielsen-Gebiete (Quelle: eigene Darstellung).

gionaltypologie nach Wohngebieten liegt mit dem ACORN-Ansatz vor (A Classification of Residential Neighbourhoods), welche die BRD in ca. 10.000 Orte und Ortsteile gliedert, die durch ungefähr 60 Kenndaten beschrieben sind. Anwendung findet dieses System beispielsweise im Einzelhandel zur Bildung von lokalen Sortimentsschwerpunkten.

Grundvoraussetzung für die Effektivität der mikrogeografischen Segmentierung ist ein fundiertes Database-Marketing, das durch laufende Pflege und Aktualisierung des Datenbestands gekennzeichnet ist. Dem Vorteil der hohen Aussagekraft einer solch feinen Segmentierung steht der Nachteil der aufwendigen, kostenintensiven Datenbeschaffung gegenüber. Hinzu kommt, dass wichtige differenzierte Daten zum Kaufverhalten oftmals nicht vorliegen.

3.1.3.2 Demografische Segmentierung

Das klassische Verfahren der Marktsegmentierung ist die demografische Segmentierung, d. h., die Aufteilung eines Marktes auf der Basis demografischer Kriterien wie Alter, Geschlecht, Familienlebenszyklus, Ausbildung, Beruf, Einkommen, Nationalität und Religion. Die demografische Marktsegmentierung findet in der Regel anhand mehrerer Kriterien statt. Die demografischen Kriterien werden im Rahmen der Marktsegmentierung am häufigsten eingesetzt, da sie zum einen relativ leicht zu erfassen sind und zum anderen eine Korrelation mit dem Kaufverhalten vermutet wird. Diese Korrelation ist heute jedoch in vielen Märkten nicht mehr unbedingt gegeben, sodass die moderneren Verfahren der psychografischen und verhaltensbezogenen Segmentierung zusätzlich eingesetzt werden, um fundiertere Aussagen zum Käuferverhalten treffen zu können. Im Folgenden werden die wichtigsten demografischen Kriterien einzeln dargestellt sowie Praxisbeispiele aufgezeigt.

Alter

Unternehmen, deren Produktprogramm sich an spezifischen Altersgruppen ausrichtet (Kinder, Teenager, Senioren), segmentieren vordergründig nach dem Alter der Zielpersonen. Bedürfnisse und Kaufverhalten ändern sich mit dem Alter. Beispiele für eine solche Segmentierung sind der Freizeit-, Möbel-, Bekleidungs- oder Spielzeugmarkt. Wie in der Tab. 4.2 dargestellt, nimmt der Spielzeughersteller Lego eine sehr feinmaschige Alterssegmentierung vor.

Tab. 4.2: Lego-Produktprogramm (Quelle: eigene Darstellung).

Alter	Serie	Themenbereiche
1 bis 5 Jahre	LEGO Duplo	Feuerwehr, Bauernhof, Tiere etc.
4 bis 7 Jahre	LEGO Juniors	Baustelle, Auto, Tierklinik etc.
5 bis 12 Jahre	LEGO City	Rettungsflugzeug, Küstenwachzentrum etc.
7 bis 16 Jahre	LEGO Technic	Modellbau

Auch Lebensmittelhersteller segmentieren nach dem Kriterium Alter: So stellt Hipp Babynahrung und Alterskost und Ferrero z. B. mit Mon Chéri eine Praline für Erwachsene her. Piratos von Haribo werden als Erwachsenenlakritz klassifiziert und Fruchtzwerge von Danone sprechen gezielt Kinder an. Getränkehersteller versuchen mit Biermixgetränken wie Dimix oder Cab eine jüngere Zielgruppe zu erreichen. Die Marke Pampers stellt sich im Bereich von Windeln für Kleinkinder in diesem Sinne intensiv auf, dass unterschiedliche Altersbereiche eindeutig fokussiert werden.

Bezogen auf den demografischen Wandel (vgl. Kapitel II 1) gilt es für Markenverantwortliche, relevante Segmentierungskriterien herauszufiltern, sich auf eindeutige Zielgruppendefinitionen festzulegen und diese Zielgruppen mit einer klaren sowie widerspruchsfreien Positionierung anzusprechen. Im Rahmen der demografischen Segmentierung findet eine Betrachtung des Alters statt, aber gerade dieser Blickwinkel verliert durch den Demografiewandel seine absolute Bedeutung. Das psychologische Alter ist mittlerweile charakterisierender als das biologische, und daher tritt bei der Zielgruppenbestimmung auch immer mehr die psychografische Segmentierung in den Vordergrund.

Im Marketing existiert seit einiger Zeit eine inflationäre Vielfalt von Begriffen zur Bezeichnung der älteren Zielgruppe: Best Ager, Third Ager, Mid Ager, Silver Generation, Senior Citizens, Master Consumer, Generation 50plus, Mature Consumer usw.

Die hier genannten Bezeichnungen sind Schlagworte und bieten keine nutzbaren Kriterien zur Abgrenzung, d. h., es gilt, die Zielgruppe über 50 Jahre feinmaschiger zu segmentieren, um daraus relevante Zielgruppen abzuleiten.

Die folgenden Aussagen kennzeichnen allgemeingültig ältere Zielgruppen (Runia/Wahl 2013, S. 140):
- Alter 50 + bedeutet ein um 5–10 Jahre jünger gefühltes Alter,
- tendenziell gehobene Kaufkraft,
- hohe Ausgabebereitschaft (insbesondere für Lebensmittel, Kosmetik, Gesundheit, Mobilität und Freizeit),
- tendenziell Qualitätskäufer,
- hohe Affinität zu umweltfreundlichen Produkten,
- tendenziell hohes Markenbewusstsein,
- Ruhestand ist der Beginn einer späten Freiheit,
- positives Selbstbild,
- ausgeprägtes Informationsbedürfnis.

Die Marke Jägermeister hat in den letzten Jahren eine besondere Entwicklung in ihrer altersbezogenen Zielgruppenstruktur vollzogen. Die 1934 von Curt Mast kreierte Kräuterspirituose mit dem Hubertus-Hirschkopf als unverwechselbares Markenzeichen war lange durch die Unikat-Kampagne „Ich trinke Jägermeister, weil … " geprägt und hatte Ende der 1990er-Jahre eine Zielgruppe im Alter ab 50 Jahren. 1999 erfolgte mit der „Achtung Wild!"-Kampagne die sehr erfolgreiche Verjüngung der Marke mit der Fokussierung auf die Zielgruppe der 18- bis 30-Jährigen, ohne dabei die bisherigen Stammverwender zu verlieren. 2010 startete Jägermeister erneut eine Markenoffensive mit der verstärkten Ansprache der Zielgruppe 30 bis 49 Jahre unter dem Claim „Echt. Jägermeister.". Im Rahmen der Weiterentwicklung der Markenkommunikation wurde der authentische und natürliche Charakter der Marke in den Vordergrund gerückt mit der altersbezogenen Segmentstrategie, weiterhin die partyaffinen jungen Erwachsenen (18–29 Jahre) zu erreichen, aber im Rahmen der Neuausrichtung die anspruchsvollen Genießer (30–49 Jahre) anzusprechen. Hierdurch gelang auch der kommunikative Anschluss an die Zielgruppe ab 50 Jahren. Dieses Beispiel zeigt, dass es möglich ist, eine Marke zu verjüngen und zugleich die Herkunft und Tradition zu bewahren. Heute ist Jägermeister eine der wenigen Marken, deren Zielgruppe Konsumenten im Alter von 18 bis 80 Jahren aufweist.

Diese Auswahl zeigt die nach wie vor große Bedeutung des Alters für die Marktsegmentierung, wobei jedoch das biologische Alter nicht überbewertet werden darf. Nach dem Motto „man ist so alt, wie man sich fühlt" sollte auf das psychologische Alter der Konsumenten abgestellt werden. Die in der Werbung zu beobachtenden jungen Alten wollen nicht als Senioren angesprochen werden.

Geschlecht

Das Geschlecht als Segmentierungskriterium findet insbesondere bei Produktkategorien Anwendung, die in direktem Zusammenhang mit dem Geschlecht stehen, z. B. Kleidung, Schmuck, Haarpflege, Kosmetika, Zeitschriften. Während bei traditionell geschlechtsdominierten Produktkategorien wie Aftershave, Tampons und BHs eine Ausweitung auf das andere Geschlecht ausgeschlossen ist, finden sich heute in vielen Bereichen Angleichungen von Produkten (Unisexprodukte), z. B. „ck one" (Calvin Klein) oder spezifizierte Produkte wie Gillette Venus (Frauenrasierer). In diesem Zusammenhang ist auch der Trend zu mehr Körperbewusstsein bei Männern zu erwähnen, der zu einer höheren Nachfrage von Männern nach Kosmetik- oder Haarpflegeprodukten (Nivea Men, Dove Men + Care) geführt hat.

Familienlebenszyklus

Der Familienlebenszyklus wurde bereits im Rahmen der Konsumentenanalyse erläutert. Familienstand, Zahl der Kinder und Haushaltsgröße werden hier nicht als eigenständige Kriterien genutzt, sondern kombiniert als Position im Familienlebenszyklus (hinzu kommt noch das Alter der Haushaltsmitglieder). Diese Position korreliert mit den Bedürfnissen nach spezifischen Produkten bzw. Dienstleistungen. Die folgende Übersicht zeigt relevante Positionen mit entsprechenden Kauf- und Verhaltensmustern, wobei vorweg angemerkt werden muss, dass sich der Familienlebenszyklus nicht mehr durch starre Phasen von konstanter Dauer kennzeichnen lässt. In diesem Zusammenhang sind der Trend zur Singlegesellschaft, das deutlich spätere Heiratsalter und damit einhergehend die spätere Familiengründung (verzögertes volles Nest) bzw. der Verzicht auf Kinder (dinks = double income, no kids) zu erwähnen.

In diesem Zusammenhang wird häufig der Begriff Haushaltsführende(r) verwendet. Hierbei gilt zu beachten, dass der Haushaltsführende in der Kaufentscheidung und Kaufdurchführung die entsprechende Haushaltsgröße repräsentiert. Diese Entscheidungshoheit erstreckt sich auf die Selbstverantwortlichkeit im Falle eines Singlehaushalts bis hin zur Kollektiventscheidung für eine Großfamilie. Der Familienlebenszyklus in Tab. 4.3 ist daher als idealtypisch zu verstehen.

Tab. 4.3: Positionen im Familienlebenszyklus (Quelle: eigene Darstellung).

Position/Phase	Kaufverhalten
Junge Singles mit eigener Wohnung	wenig finanzielle Verpflichtungen, freizeit- und modeorientiert; Kauf von Kleidung, Urlaubsreisen, Gebrauchtwagen, Grundausstattung der Wohnung (Ikea)
Junge (Ehe-)Paare ohne Kinder	finanziell gut situiert; Kauf vieler Gebrauchsgüter für die Wohnung, hohe Mietausgaben, Reisen
volles Nest I (jüngstes Kind < 3 Jahre)	liquide Mittel sind knapp, da ein Ehepartner kein Einkommen mehr erzielt; neidisch auf Ehepaare ohne Kinder; Kauf von Kindermöbeln, -spielzeug, Geschirrspüler; starker Einfluss der Werbung
volles Nest II (mit älteren Kindern < 16 Jahre)	finanziell wieder besser gestellt; abnehmender Einfluss der Werbung; Kauf von Markenkleidung für Kinder, Ersatz- und Erweiterungsmöbeln, Fahrrädern, Musikinstrumenten etc.
leeres Nest I (Kinder aus dem Haus, ein Ehepartner ist noch berufstätig)	hohes Einkommen, kaum Interesse an neuen Produkten; Kauf von kulturellen Gütern (Bildungsreisen, Theater, Bücher etc.), Produkte für eine gesunde Lebensführung, Neuwagen (bei evtl. Auszahlung der Lebensversicherung)
leeres Nest II (Kinder aus dem Haus, beide Ehepartner pensioniert)	spürbarer Einkommensrückgang, Sicherung des Eigenheims; Kauf von medizinischen Produkten
alleinstehend, im Ruhestand, verwitwet	starker Einkommensrückgang; hoher Bedarf an medizinischen Produkten; soziale (immaterielle) Bedürfnisse wichtiger als materielle

Sozioökonomische Kriterien

Die sozioökonomischen Kriterien umfassen die (Aus-)Bildung, den Beruf und das Einkommen der Konsumenten. Zusammengefasst werden diese drei Kriterien auch als soziale Schichtung verwendet. Hierzu ist anzumerken, dass diese kombinative Verwendung kritisch betrachtet werden muss, da eine hohe Qualifikation zwar häufig, aber nicht unbedingt mit einem hohen Einkommen einhergeht. Daher ist der Einsatz der Einzelkriterien zu bevorzugen. Die Segmentierung nach dem Bildungsgrad ist z. B. bei Zeitungen bzw. Zeitschriften (FAZ, Handelsblatt, Spiegel) sowie bei Urlaubsreisen (Bildungsreisen) zu beobachten. Das Segmentierungskriterium Beruf lässt sich insbesondere dann verwenden, wenn die Nachfrage nach einer bestimmten Produktkategorie in einem engen Zusammenhang zum ausgeübten Beruf steht (z. B. Arbeitskleidung, Werkzeuge, Fachzeitschriften). Die Segmentierung eines Marktes nach dem Einkommen ist in vielen Branchen gängige Praxis, z. B. in der Automobil-, Bekleidungs-, Kosmetik- oder Touristikbranche. Das Einkommen ist ein bedeutsamer Indikator für die Kaufkraft der jeweiligen Zielgruppe. Vor allem die Automobilhersteller bieten Modelle in verschiedenen Preisklassen an, um unterschiedliche Einkommenssegmente gezielt anzusprechen

(Volkswagen), oder fokussieren ausschließlich privilegierte Segmente (Porsche). Bei Gütern des täglichen Bedarfs zeigt das Einkommen jedoch nur einen geringen Bezug zum Kaufverhalten. So kaufen auch einkommensschwache Familien Markenprodukte (z. B. Nutella), während gerade Personen mit hoher Kaufkraft gezielt zu Handelsmarken greifen, um hier zu sparen. Beim Kauf von Gebrauchsgütern spielt das Einkommen eine deutlich größere Rolle, da sich einkommensstarke Segmente eher teurere Autos, Hi-Fi-Anlagen etc. leisten können. Allerdings können sich die einkommensschwächeren Konsumenten durch langfristiges Ansparen auch höherwertige Gebrauchsgüter leisten.

Nationalität
In Ländern, in denen die Wohnbevölkerung aus vielen unterschiedlichen Nationalitäten besteht und sich unterschiedliche nationale bzw. kulturelle Identitäten aufrechterhalten, kann eine Segmentierung nach der nationalen Herkunft sinnvoll sein. Für Deutschland könnte die türkische Bevölkerung aufgrund ihrer Größe ein lohnendes Segment darstellen, was in bestimmten Bereichen, z. B. Printmedien, Mobilfunk (Marke Ay Yildiz des Telekommunikationsanbieters Telefonica) oder Fahrschulen, durch die Verwendung der türkischen Sprache bereits erkannt und genutzt wird. Insgesamt spielt dieses Segmentierungsmerkmal eine untergeordnete Rolle, obschon durch die zunehmenden Migrationstendenzen die Bedeutung zunimmt.

Religion
Das Kriterium der Religionszugehörigkeit ist häufig eng mit dem der Nationalität verbunden. So könnte ein Unternehmen im Bereich der Gastronomie sein Angebot speziell auf Moslems ausrichten, denen der Konsum bestimmter Nahrungsmittel untersagt ist. Dieses Segmentierungsmerkmal ist in Deutschland ebenfalls nur von geringer Relevanz.

Es bleibt zu konstatieren, dass die demografische Segmentierung heute zum einen fast immer aus einer Kombination mehrerer Kriterien besteht, zum anderen häufig durch psychografische oder verhaltensbezogene Kriterien ergänzt wird. Ferner wird die Soziodemografie immer dann eingesetzt, wenn es gilt, Segmente zu beschreiben, die auf Basis anderer Verfahren gebildet wurden. Das deskriptive Element der Demografie ist daher weiterhin unverzichtbar und weist insbesondere im Hinblick auf die Mediaplanung eine hohe Relevanz auf.

3.1.3.3 Psychografische Segmentierung

Die psychografische Marktsegmentierung erfolgt nach den in Kapitel II 2.2.1.1 diskutierten, nicht beobachtbaren psychologischen Konstrukten, wobei in der Praxis die sogenannte Lifestyle-Segmentierung vorherrscht. Daneben werden die Einzelkonstrukte Einstellungen, Werte und Persönlichkeit verwendet. Die psychografischen Kriterien sind deutlich näher am konkreten Kaufverhalten als die demografischen, dafür ist jedoch ihre Erfassbarkeit äußerst schwierig. Vielfach werden die psychografischen Merkmale daher um demografische ergänzt und zusammen zur Beschreibung von Segmenten verwendet.

Einstellungen

Von der positiven oder negativen Einstellung gegenüber einem Objekt (hier: Produkt, Marke) wird auf eine bestimmte Verhaltensweise (hier: Kauf vs. Nichtkauf) geschlossen. Daher leuchtet der Nutzen des Konstrukts Einstellung für die Marktsegmentierung ein. Es empfiehlt sich eine Unterscheidung in allgemeine und produktspezifische Einstellungen (Freter 1983, S. 75). Allgemeine Einstellungen beziehen sich auf generelle Haltungen eines Menschen, z. B. zur Gesundheit, Bildung, Freizeit etc. Diese Einstellungen sind jedoch zu unspezifisch, um daraus ein bestimmtes Kaufverhalten abzuleiten. Von größerer Bedeutung sind die allgemeinen Einstellungen als Komponente der Lebensstilsegmentierung. Ein stärkerer Bezug zum Kaufverhalten kann durch die Verwendung produktspezifischer Einstellungen hergestellt werden, wobei Einstellungen zu bestimmten Produktbereichen (zum Auto, zu Süßigkeiten, zu Spielzeug etc.) bzw. zu spezifischen Produkten oder Marken zugrunde liegen. Einstellungen liefern konkrete Ansatzpunkte und sind zeitlich relativ stabil. Für sich allein genommen reichen sie jedoch meistens nicht aus, um eine fundierte Segmentierung zu ermöglichen.

Werte

Die Werte eines Menschen sind noch stabiler als seine Einstellungen, jedoch zum einen noch schwieriger zu erfassen und zum anderen oft nicht in erster Linie kaufverhaltensrelevant. Werden Global-, Bereichs- und Produktwerte um demografische Kriterien wie Alter, Einkommen, Beruf etc. ergänzt, können – neben den weithin bekannten Yuppies (young, upwardly mobile, urban professionals) – u. a. folgende Typen unterschieden und zur Segmentierung genutzt werden (Pepels 2000, S. 85 f.):
- Dobys (daddy older, baby younger): übertriebene Jugendorientierung,
- Global Kids: starkes Umweltengagement; Einfluss auf Kaufentscheidung der Eltern,
- Mobys (mummy older, baby younger): für ihr Kind ist den Karrierefrauen nichts zu teuer,
- Sandwichers: Erwachsene, die Kinder und Eltern betreuen müssen; kaum Zeit für Konsum,
- Selpies (second life people): Kinder aus dem Haus, wenig Geldsorgen,
- Skippies (school kids with income and purchasing power): Spaß statt Sparen,
- Woofs (well-off older folks): wohlhabende Rentner, denen nichts zu teuer ist,
- Yiffies (young, individualistic, freedom-minded and few): Zufriedenheit und Lebensqualität wichtiger als Wohlstand und äußerer Luxus.

Eine Erweiterung der zuvor aufgeführten Werteansätze stellt der VALS (Value and Lifestyle)-Ansatz dar, der neben der Werthaltung von Konsumenten zusätzlich den Lebensstil beinhaltet. In der aktuellen Ausprägung des VALS-Ansatzes basiert jede der acht Typen auf zwei Dimensionen: primäre Motivation (Ideale, Ziele, Selbstausdruck etc.) und Ressourcen (materiell, immateriell: Bildung, Selbstsicherheit, Führungsqualitäten, Ausdauer etc.) (Strategic Business Insights 2018).

- Innovators: erfolgreich (höchste Einkommen), gebildet, aktiv (höchste Motivation); Kauf hochwertiger Produkte (Selbstverwirklichung, Erlebnisorientierung, Demonstration von Geschmack und Unabhängigkeit),
- Thinkers: reif, sorgenfrei, gebildet, rational; favorisieren Dauerhaftigkeit, Funktionalität und Wert in Produkten,
- Achievers: erfolgreich, karriereorientiert; Kauf von Prestigeprodukten (demonstrativer Konsum),
- Experiencers: jung, enthusiastisch, aktiv, impulsiv; Kauf von Kleidung, Fast Food, Musik,
- Believers: konservativ (Familie, Kirche, Gemeinde, Nation), traditionell, geringe Einkommen; Kauf bekannter Produkte und etablierter Marken,
- Strivers: unbestimmt, in ihren Ressourcen eingeschränkt; Kauf von Handelsmarken und preiswerter Mode,
- Makers: selbstversorgend, familienorientiert, traditionell; Kauf von praktischen und funktionalen Produkten,
- Survivors: geringste Einkommen, älter, resigniert, besorgt, passiv, vorsichtig; Kauf von Stammprodukten und -marken.

Ein weiterer werteorientierter Ansatz wurde von der Marktforschungsagentur TNS Infratest (2010) entwickelt: die Semiometrie. Werthaltungen werden anhand von 210 Begriffen erfasst und in 14 Gruppen, sogenannte Wertefelder, geclustert. Diese Begriffe werden in einem Werteraum aufgespannt mit den beiden Achsen Pflicht – Lebensfreude sowie Sozialität – Individualität. Die Probanden (jährliche bevölkerungsrepräsentative Befragung mit n = 4.300 Teilnehmern) geben an, in welchem Maße sie sich mit einem solchen Begriff verbunden fühlen und bewerten dabei rein emotional (Skala von – 3 = sehr unangenehm bis + 3 = sehr angenehm). Durch statistische Analysen lassen sich Gruppen bilden, die jeweils eigene Wertemuster zeigen. Das Verfahren findet insbesondere Anwendung in der Werbung (Erfassung von Wertegruppen bezüglich des Konsums von Arzt- oder Krimiserien bzw. Talkshows). In einer Studie (Steeger 2004) wurden für Galeria Kaufhof auf Basis der Semiometrie Cluster gebildet und mit vorhandenen Segmenten abgeglichen. Hierdurch wird eine detailliertere Beschreibung bzw. Zuspitzung von Segmenten möglich, wobei die Werthaltungen für sich genommen keine trennscharfe Segmentierung ermöglichen. Die Abb. 4.5 zeigt die Beschreibung eines Clusters von Kunden eines Warenhauses unter Berücksichtigung der relevanten Werte. (Zum Zeitpunkt dieser Studie wurden 13 Wertefelder ermittelt,

Soziodemografika	Einkaufsverhalten	psychologische Werte
Durchschnittsalter: 57 Jahre Geschlecht: 87 % Frauen Familienstand: 67,4 % verheiratet Einkommen: 58 % unter 2.000 €	Durchschnittsumsatz/Monat: 31,70 € bevorzugt Damenmode, Strickmode und Mode für Mollige	wenig lust-/erlebnisorientiert, überdurchschnittlich traditionell, rationaler als Durchschnittskunde sowie sozialer, religiöser und kultureller „Durchschnittsdeutscher"

Semiogramm des Kundenclusters

Wertefeld	Durch-schnittskunde	treue, ältere DOB-Kundin
familiär		
sozial	+	+
religiös	+	+
materiell		
verträumt		
lustorientiert	+	− −
erlebnisorientiert	−	− −
kulturell	+	+
rational	− −	+
kritisch	−	−
dominant	−	−
kämpferisch	−	−
traditionell	− −	+

Konsequenzen für Mailingaktionen
- Gemeinschaftsgefühl vermitteln
- Tradition der Marke/Artikel herausstellen
- bleibende Werte abbilden
- warme Farbtöne, bildliche Darstellungsweise

Beispiel für ein traditionelles Werbeplakat:

Abb. 4.5: Werteprofil des Clusters „treue, ältere DOB-Kundin" (Quelle: eigene Darstellung in Anlehnung an Steeger 2004).

aktuell ist noch das Wertefeld „pflichtbewusst" hinzugekommen; die Kategorie „traditionell" heißt inzwischen „traditionsverbunden".)

Die moderne Hirnforschung geht davon aus, dass die im Rahmen der Konsumentenanalyse (vgl. Kapitel II 2.2.1.1) beschriebenen aktivierenden Prozesse wie z. B. Emotionen, Motive, Einstellungen und Werte den ausschlaggebenden Einfluss im Entscheidungsprozess von Menschen nehmen. Als Vorreiter im Rahmen des Neuromarketings hat sich der deutsche Psychologe Hans-Georg Häusel in diesem Zusammenhang einen Namen gemacht. Seine Limbic Map wird zur Erklärung von Kaufentscheidungen sowie zur Marktsegmentierung verwendet.

Das menschliche Gehirn besteht aus drei Primärbereichen: Stamm-, Zwischen- und Großhirn. Häusel (2004, 2007) ordnet diesen drei Bereichen die drei Motivsysteme Balance, Dominanz und Stimulanz zu.

Das Stammhirn steuert automatische Gewohnheiten sowie die Motorik des Menschen. Hier ist das Balancesystem angesiedelt; wichtige Motive sind Sicherheit, Stabilität, Geborgenheit und Fürsorge. Konsumenten mit dieser Orientierung zeichnen sich durch konservatives Sicherheitshandeln aus, sie verlassen sich auf Traditionsprodukte und Markenartikel, legen Wert auf Qualität und Service.

Dem Zwischenhirn entspringen Spontaneität, Antriebskräfte, Statusbewusstsein etc. Hier befindet sich das Dominanzsystem; wichtige Motive sind Durchsetzung, Macht, Verdrängung und Aktivität. Konsumenten dieser Orientierung streben nach Statusprodukten (z. B. teuere Mode) sowie Produkten, die eine überlegene Kennerschaft signalisieren (z. B. Wein) und neigen zu einem vagabundierenden (tendenziell wechselhaften) Konsumverhalten.

Das Großhirn besteht aus zwei Hemisphären, die eine (meist linke) Hälfte ist als analytisch, logisch und rational zu kennzeichnen, die andere (meist rechte) Hälfte als kreativ und emotional. Hier ist das Stimulanzsystem angesiedelt; wichtige Motive sind Abwechslung, Abenteuer, Neugier und Entdeckung. Es handelt sich bei Menschen mit dieser Orientierung um kritische und sensible Individualisten. Als Konsumenten achten sie auf ein günstiges Preis-Leistungs-Verhältnis und planen ihre Käufe. Stimulanztypen lieben erlebnisorientiertes Einkaufen, kaufen gerne Musik und Filme sowie innovative Produkte.

Zwei Beispiele sollen den Einfluss der beschriebenen Gehirnbereiche auf die Markenführung aufzeigen (Pepels 2009, S. 29 f.): Bei den Bausparkassen spricht Schwäbisch-Hall mit seinem Slogan „Auf diese Steine können Sie bauen" das Balancesystem an, Wüstenrot das Dominanzsystem („Wünsche werden Wüstenrot") und die LBS das Stimulanzsystem („Wir geben Ihrer Zukunft ein Zuhause"). Bei den Automobilmarken setzt Volkswagen aus Tradition auf das Balancesystem, BMW mit „Freude am Fahren" auf das Dominanzsystem, während Audi eher das Stimulanzsystem anspricht („Vorsprung durch Technik").

Die Abb. 4.6 zeigt die Limbic Map mit den drei beschriebenen Motivsystemen; basierend auf den Erkenntnissen der Hirnforschung finden Emotionen und Werte in diesem Modell nun einen festen Platz. Es zeigt sich, dass sich Mischtypen ergeben, wie z. B. Fantasie/Genuss als Vermengung der Motivsysteme Stimulanz und Balance.

Mithilfe des sogenannten Limbic Types Scan, einem Persönlichkeitstest, können die Ausprägungen der Motivsysteme von Konsumenten gemessen werden, sodass eine Klassifizierung vorgenommen werden kann, die zu sieben Typen führt (vgl. Abb. 4.7).

Dem Ansatz von Häusel kommt der Verdienst zu, Erkenntnisse des Neuromarketings für praktische Zwecke nutzbar gemacht zu haben. Bisherige empirische Studien zeigen jedoch insgesamt eine eher geringe Validität der Motivsysteme auf. Dieser Problematik wird unter anderem durch die Verknüpfung mit etablierten Marktforschungsstudien, z. B. Best for Planning (b4p) der Gesellschaft für integrierte Kommunikationsforschung (GIK), entgegengewirkt. Die Zukunft wird zeigen, inwieweit das Neuromarketing einen festen Platz in Marketingwissenschaft und -praxis einnehmen kann.

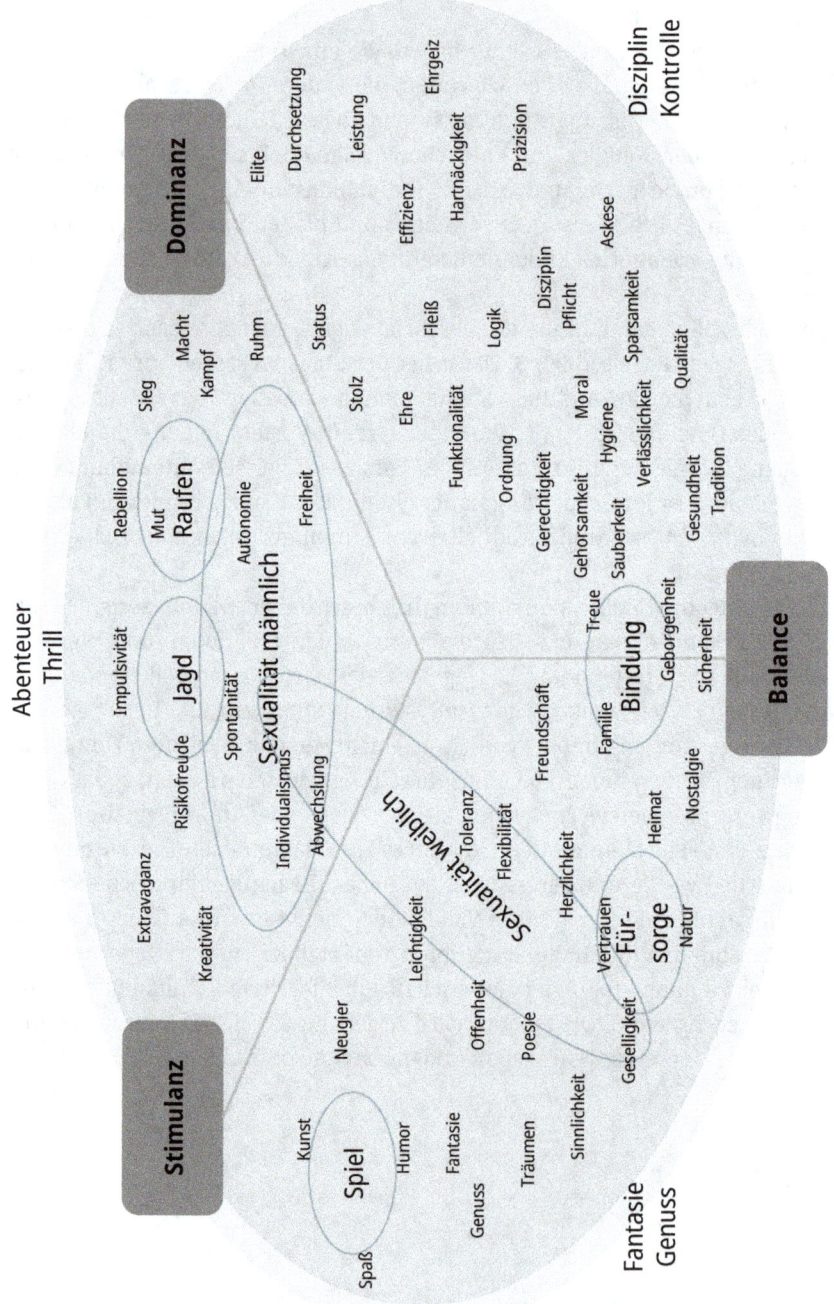

Abb. 4.6: Limbic Map (Quelle: eigene Darstellung in Anlehnung an Häusel 2007, S. 72).

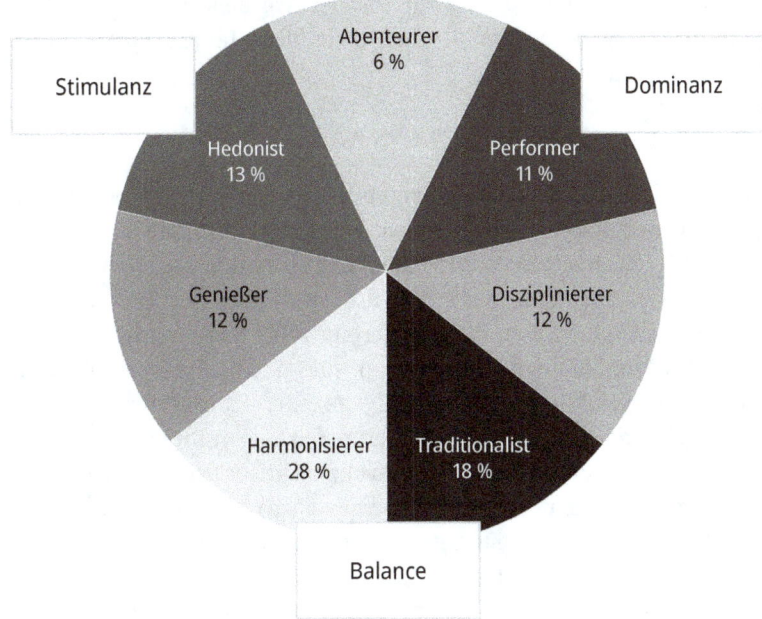

Abb. 4.7: Limbic Types (Quelle: eigene Darstellung in Anlehnung an Häusel 2007).

Lifestyle

Das Kriterium Lebensstil lässt sich sowohl zur Beschreibung einer Gesellschaft als auch von Gruppen oder Einzelpersonen nutzen, und ist somit zur Segmentierung sehr geeignet (Plummer 1974). Unter Lebensstil wird eine Kombination typischer Verhaltensmuster einer Person oder einer Personengruppe verstanden. Er umfasst Merkmale des beobachtbaren Verhaltens und bereits erläuterte psychische Variablen wie Einstellungen und Werte.

Die Messung des Lifestyles erfolgt meist nach dem sogenannten A-I-O-Ansatz, wobei folgende Faktoren erhoben werden:
- Activities: beobachtbare Aktivitäten wie Konsum, Arbeit, Freizeit, Urlaub, Vereine etc.,
- Interests: emotionale Interessen wie Familie, Zuhause, Erholung, Mode, Essen, Gemeinschaft etc.,
- Opinions: kognitive Wertvorstellungen/Meinungen zu sich selbst; soziale Belange, Politik, Wirtschaft, Bildung, Kultur, Zukunft, Produkte etc.

Der Vorteil einer solchen Lebensstilsegmentierung liegt darin, dass eine ganzheitliche Beschreibung der einzelnen Typen vorgenommen wird. Die Ergebnisse von Lifestyle-Studien können aufgrund ihrer Allgemeinheit auf unterschiedliche Produktbereiche übertragen werden. Interessante Segmentierungskonzepte sind z. B. im Getränkemarkt (Spezialbiere) und bei Kosmetikprodukten realisiert worden. Die zeit- und kostenaufwendige Durchführung derartiger Studien stellt den Hauptnachteil dieses Segmentierungsverfahrens dar.

Persönlichkeit

Die Persönlichkeit umfasst alle für das Konsumentenverhalten relevanten psychologischen Konstrukte und ist sehr schwierig zu erfassen. Dennoch erfolgt eine psychografische Segmentierung häufig nach allgemeinen Persönlichkeitsmerkmalen. Hierbei lässt sich zwischen Kriterien des Lebensstils, der sozialen Orientierung, der Risikoneigung und weiteren Persönlichkeitsmerkmalen differenzieren, wobei diese Merkmale nicht trennscharf abgegrenzt werden können (Meffert et al. 2019, S. 231). Die Persönlichkeit kommt z. B. in Attributen wie Ehrgeiz, Selbständigkeit oder Extrovertiertheit zum Ausdruck. Diese Eigenschaften können für sich genommen wegen ihrer schwierigen Messbarkeit sowie ihrer geringen Kaufverhaltensrelevanz nicht zur Segmentierung herangezogen werden. Vielmehr werden Persönlichkeitstypen nach einem Bündel von Attributen erfasst, wobei nicht selten die bereits beschriebene Lifestyle-Segmentierung zum Einsatz kommt. Die Abgrenzung zum Lebensstil ist daher äußerst schwierig. Dennoch soll diese Abgrenzung zur Persönlichkeitssegmentierung erfolgen. Letztere umfasst demnach noch weitere, über den Lebensstil hinausgehende Elemente und führt zu sogenannten Konsumententypologien. Die bekannteste Typologie dieser Art ist der Milieu-Ansatz des Sinus-Instituts. Auf der Grundlage repräsentativer Befragungen werden für Deutschland zehn soziale Milieus definiert. Die Abgrenzung erfolgt anhand der folgenden Hauptkriterien: Lebensziel, soziale Lage, Arbeit/Leistung, Gesellschaftsbild, Familie/Partnerschaft, Freizeit, Wunsch-/Leitbilder, Lebensstil. Hauptergebnis der Sinus-Lebensweltforschung ist die Abgrenzung von sozialen Milieus und ihrer jeweiligen Absatzpotenziale für beliebige Untersuchungsobjekte. Insbesondere bei Automobilherstellern (z. B. Volkswagen, BMW, Porsche) ist die Segmentierung nach den Sinus-Milieus beliebt.

Die Abb. 4.8 zeigt die aktuelle Verteilung der Milieus für Gesamtdeutschland.

Im Einzelnen lauten die zehn Milieus mit ihren Definitionen nun (Sinus-Institut 2024):

- Konservativ-Gehobenes Milieu: Die alte strukturkonservative Elite: klassische Verantwortungs- und Erfolgsethik sowie Exklusivitäts- und Statusansprüche; Wunsch nach Ordnung und Balance; Selbstbild als Fels in der Brandung postmoderner Beliebigkeit; Erosion der gesellschaftlichen Führungsrolle.
- Postmaterielles Milieu: Engagiert-souveräne Bildungselite mit postmateriellen Wurzeln: Selbstbestimmung und -entfaltung sowie auch Gemeinwohlorientierung; Verfechter von Post-Wachstum, Nachhaltigkeit, diskriminierungsfreien Verhältnissen und Diversität; Selbstbild als gesellschaftliches Korrektiv.
- Milieu der Performer: Die effizienzorientierte und fortschrittsoptimistische Leistungselite: globalökonomisches und liberales Denken; gesamtgesellschaftliche

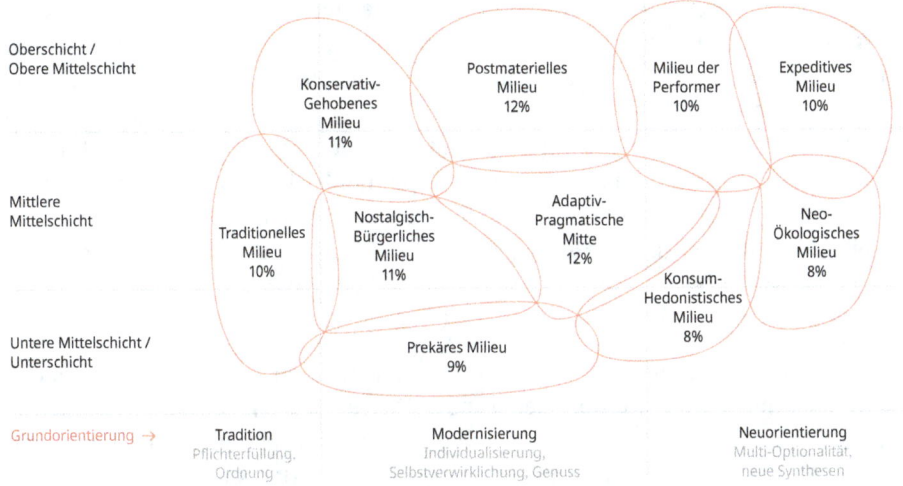

Abb. 4.8: Sinus-Milieus 2023 (Quelle: eigene Darstellung in Anlehnung an Sinus-Institut 2024).

Perspektive auf der Basis von Eigenverantwortung; Selbstbild als Stil- und Konsum-Pioniere; hohe Technik- und Digital-Affinität.
- Expeditives Milieu: Die ambitionierte kreative Bohème: Urban, hip, digital, kosmopolitisch und vernetzt; auf der Suche nach neuen Grenzen und unkonventionellen Erfahrungen, Lösungen und Erfolgen; ausgeprägte Selbstdarstellungskompetenz, Selbstbild als postmoderne Elite.
- Traditionelles Milieu: Die Sicherheit und Ordnung liebende ältere Generation: verhaftet in der kleinbürgerlichen Welt bzw. traditionellen Arbeiterkultur; anspruchslose Anpassung an die Notwendigkeiten; steigende Akzeptanz der neuen Nachhaltigkeitsnorm; Selbstbild als rechtschaffene kleine Leute.
- Nostalgisch-Bürgerliches Milieu: Die harmonieorientierte (untere) Mitte: Wunsch nach gesicherten Verhältnissen und einem angemessenen Status; Selbstbild als Mitte der Gesellschaft, aber wachsende Überforderung und Abstiegsängste; gefühlter Verlust gelernter Regeln und Gewissheiten; Sehnsucht nach alten Zeiten.
- Adaptiv-Pragmatische Mitte: Der moderne Mainstream: Anpassungs- und Leistungsbereitschaft, Nützlichkeitsdenken, aber auch Wunsch nach Spaß und Unterhaltung; starkes Bedürfnis nach Verankerung und Zugehörigkeit; wachsende Unzufriedenheit und Verunsicherung aufgrund der gesellschaftlichen Entwicklung; Selbstbild als flexible Pragmatiker.
- Konsum-Hedonistisches Milieu: Die auf Konsum und Entertainment fokussierte (untere) Mitte: Spaßhaben im Hier und Jetzt; Selbstbild als cooler Lifestyle-Mainstream; starkes Geltungsbedürfnis; berufliche Anpassung vs. Freizeit-Eskapismus; zunehmend genervt vom Diktat der Nachhaltigkeit und Political Correctness.
- Neo-Ökologisches Milieu: Die progressiven Realisten: Optimismus und Aufbruchsmentalität bei gleichzeitig ausgeprägtem Problembewusstsein für die planetaren

Herausforderungen; Selbstbild als Changemaker und Impulsgeber der globalen Transformation; Offen für neue Wertesynthesen: Disruption und Pragmatismus, Erfolg und Nachhaltigkeit, Party und Protest; Nachhaltiger Lebensstil ohne Verzichtsideologie
- Prekäres Milieu: Die um Orientierung und Teilhabe bemühte Unterschicht: Dazugehören und Anschlusshalten an den Lebensstandard der breiten Mitte – aber Häufung sozialer Benachteiligungen und Ausgrenzungen; Gefühl des Abgehängtseins, Verbitterung und Ressentiments; Selbstbild als robuste Durchbeißer.

3.1.3.4 Verhaltensbezogene Segmentierung

Verhaltensorientierte Segmentierungskriterien beziehen sich nicht auf die Frage, wie Kaufentscheidungen zustande kommen, sondern zeigen das Ergebnis dieses Prozesses auf. Diese Merkmale können als eigenständige Segmentierungsvariablen dienen, um auf zukünftiges Kaufverhalten zu schließen (Freter 1992). Der Nachteil einer solchen Segmentierung ist, dass häufig keine Aussagen darüber gemacht werden können, wie lange das beobachtete Kaufverhalten anhält, weil die Identifikation der verantwortlichen Variablen nicht möglich ist. Im Folgenden werden die wesentlichsten verhaltensbezogenen Merkmale erläutert.

Anlässe

Käufer unterscheiden sich bezüglich der Anlässe, zu denen sie ein Bedürfnis entwickeln, ein Produkt nachfragen und es verwenden (Kotler/Keller/Opresnik 2017, S. 326). Das Kriterium der Anlässe hat insbesondere im Konsumgütersektor eine hohe Bedeutung, da eine enge Verbindung zum Verwendungszeitpunkt der Marke vorliegt. Ferner kann auch ein direkter Bezug zur Markenpositionierung bestehen, z. B. bei den Marken Nutella und Knoppers, die sehr lange den Frühstücksanlass prägnant in den Vordergrund der Markenführung gestellt haben.

Häufig ist hier auch die Unterscheidung in berufliche oder private Nutzung relevant: Eine Flugreise kann z. B. geschäftlich oder privat (Urlaub) motiviert sein, der Fluggast hat dann jeweils andere Ansprüche an den Service. Neben solchen produkt- bzw. dienstleistungsspezifischen Anlässen kann ein Unternehmen auch besondere Anlässe im Leben eines Menschen als Ausgangspunkt für eine Segmentierung verwenden. So hat sich eine ganze Branche um das Ereignis Hochzeit gebildet. Es finden sogenannte Hochzeitsmessen statt, bei denen eine Reihe von Anbietern ihre anlassbezogenen Produkte und Dienstleistungen vorstellt (Hochzeitskleid, Hochzeitstorte, Flitterwochen, Catering, Photografie, Wedding Planner etc.). Weitere besondere Anlässe stellen die Geburt eines Kindes, die Kommunion/Konfirmation, der Erwerb eines Eigenheims sowie der Tod eines Familienmitglieds dar.

Nutzennachfrage

Eine wirksame Form der Segmentierung ist die Klassifizierung der Käufer nach dem Nutzen (Benefit), den sie in einem Produkt suchen. In der Theorie gibt es widerstreitende Meinungen, ob dieses Kriterium nun eher der psychografischen oder der verhaltensorientierten Segmentierung zuzurechnen ist. Eine eindeutige Abgrenzung ist jedoch nicht möglich, da es auf die Perspektive ankommt, aus welcher der Nutzen betrachtet wird. Zum einen kann die Nutzensegmentierung als eine Variante der markenspezifischen Einstellungsmessung aufgefasst werden, wobei die affektive Komponente der Einstellung zugrunde gelegt wird (Meffert/Burmann/Kirchgeorg 2015, S. 195 f.). Zum anderen äußert sich der Nutzen in der konkreten Nachfrage nach einem Produkt, wobei das beobachtbare Kaufverhalten im Vordergrund steht. Dieser zweiten, u. a. von Kotler/Keller/Opresnik (2017, S. 325) vertretenen Auffassung wird an dieser Stelle gefolgt.

Die sogenannte Benefit-Segmentierung setzt bei der Ermittlung der wichtigsten Nutzenkomponenten an, welche Käufer einer bestimmten Produktkategorie erwarten. Auf dieser Grundlage werden Segmente als Gruppen von Konsumenten identifiziert, die in einem Produkt einen spezifischen Nutzen suchen. Eine klassische Segmentierung auf der Grundlage der Nutzennachfrage fand in den USA statt (Haley 1968). Im amerikanischen Zahnpastamarkt wurden vier Segmente unterschiedlicher Benefits ermittelt: Gesundheit (Schutz vor Karies), Kosmetik (weiße Zähne), Geschmack (angenehmer Geschmack beim Putzen der Zähne) und Wirtschaftlichkeit (niedriger Preis). Diese Studie bildete den Ausgangspunkt für weitere Benefit-Segmentierungen, die auch heute in der Marketingpraxis vorzufinden sind. Wie auch schon beim Kriterium der Anlässe aufgezeigt, ist gerade der Nutzen für die der Segmentierung nachgelagerten Markenpositionierung relevant. Im Rahmen der Markenpositionierung werden hier relevante Nutzendimensionen festgelegt, z. B. bei der Marke Odol-med3: Schutz vor Karies, Parodontose und Zahnstein.

Mediennutzung

Die Analyse der Mediennutzung (Art und Anzahl der genutzten Medien, Nutzungsintensität) ermöglicht die Festlegung von Kommunikationsträgern für die unterschiedlichen Segmente. Wenn neben der Mediennutzung auch die interpersonelle Kommunikation untersucht wird, können sogenannte Meinungsführer/-folger identifiziert bzw. segmentiert werden. Neben der gezielten Auswahl von Meinungsführern (z. B. Testimonial/Influencer) kommt der zielgruppenspezifischen Selektion der Kommunikationsmedien eine hohe Bedeutung zu. Hierbei ist eine hohe Übereinstimmung zwischen Verwenderstruktur des Mediums und Verwenderstruktur des zu bewerbenden Produkts anzustreben (Meffert/Burmann/Kirchgeorg 2015, S. 196 f.). So verfügt der Fernsehsender N-TV über eine Zuschauerstruktur, die überwiegend aus Personen mit hoher Bildung, anspruchsvollen Berufen und hohem Einkommen besteht. Für die Anbieter von Marken, die auf oberen Marktschichten positioniert sind, kann dieses Segment mit einem TV-Spot auf N-TV ohne große Streuverluste erreicht werden. Generell lassen sich aussagekräftige Segmentierungen durch Media-Analysen bestimmter TV-Programme, Zeitschriften/Zeitungen und Online-Medien ermitteln.

Preisverhalten

Eine Einteilung der Konsumenten in verschiedene Preisschichten verdeutlicht, wie groß z. B. der Anteil der Schnäppchenjäger im Vergleich zu Käufern ist, die normale Preise bevorzugen. Ein preisorientiertes Kaufverhalten lässt sich durch die Reaktion auf Sonderangebote erfassen. Ferner kann die unterschiedliche Preisbereitschaft zu einer Preisdifferenzierung genutzt werden. Neben dem klassischen Schnäppchenjäger, dessen Mentalität mit „Geld sparen = billig" beschrieben werden kann, hat in den letzten Jahren der Konsumententypus des Smart Shoppers an Bedeutung gewonnen, für den „Geld sparen = clever" gilt. Smart Shopper sind an einem hervorragenden Preis-Leistungs-Verhältnis interessiert und darüber hinaus der Ansicht, dass Marken nicht zwingend einen höheren Preis implizieren. In Zukunft wird mit einem Wachstum dieses Verhaltens zu Lasten der Schnäppchenjäger und der stark markenorientierten Qualitätskäufer gerechnet.

Einkaufsstättenwahl

Es gibt einerseits Konsumenten, die bestimmte Betriebsformen des Einzelhandels (Fachgeschäfte, Warenhäuser, Shoppingcenter, Online-Shops etc.) bzw. bestimmte Geschäfte (Stammgeschäfte) bevorzugen. Andererseits suchen Käufer nach Abwechslung und zeigen dies durch einen ständigen Wechsel der aufgesuchten Einkaufsstätten. Im Rahmen der Marktsegmentierung ist die Differenzierung zwischen Erlebnis- und Versorgungskäufern interessant, wobei – analog zum Preisverhalten – auch hier ein hybrides bzw. bipolares Verhalten zu erkennen ist.

Verwenderstatus

Die Konsumenten eines Marktes können nach ihrem Verwenderstatus in Käufer, Nichtkäufer, Erstkäufer oder ehemalige Käufer eingeteilt werden. Für ein Unternehmen stellt sich hier z. B. die Frage, ob mit einem Produkt bzw. einer Produktdifferenzierung gezielt neue Käufer angesprochen werden sollen, d. h., Konkurrenzverwender und Nichtverwender, oder ob die Stammkunden im Mittelpunkt des Interesses stehen. Hier ergeben sich konkrete Hinweise zur Ausrichtung der Segmentierung. Dieses Segmentierungskriterium findet jedoch erst auf der Grundlage anderer Merkmale Berücksichtigung.

Verwendungsrate

Die Verwendungsrate oder -intensität erfasst die Menge eines Produkts, die von Personen/Haushalten innerhalb einer bestimmten Periode ver- oder gebraucht wird. Anhand des Verbrauchsvolumens oder des Kaufrhythmus findet z. B. eine Einteilung der Konsumenten in Vielkäufer (Heavy User) und Wenigkäufer (Light User) statt (Twedt 1972). So können starke Verwender nur einen geringen Prozentsatz der Marktteilnehmer ausmachen, jedoch einen sehr hohen Anteil am Gesamtkonsum bzw. -umsatz aufweisen. Eine solche Segmentierung findet z. B. bei Getränken, Nahrungsmitteln, Arzneimitteln und Kosmetika statt. Aktuelle Kundenkarten- und Kundenclubsysteme mit Bonusprogrammen (Payback, Miles&More) sind operative Maßnahmen, die sich auf eine Segmentierung nach diesem Merkmal stützen.

Markenwahl

Analog zur Geschäftstreue ist bei vielen Konsumenten auch die Markentreue stark ausgeprägt. Bei Kotler, Keller und Bliemel (2007, S. 379 f.) findet sich eine klassische Segmentierung nach der Markenwahl, die bereits in den 1950er-Jahren von Brown entwickelt wurde. Die Käufer von fünf Marken (A, B, C, D, E) werden in die folgenden vier Segmente eingeteilt:

- Ungeteilte Markentreue (AAAAAA; kaufen immer dieselbe Marke),
- Geteilte Markentreue (AABBAB; Markentreue verteilt auf zwei Marken),
- Abwandernde Markentreue (AABBCC; wechseln zu einer anderen Marke und kaufen diese dann künftig),
- Wechselhafte (ACEBDC; keine Markentreue, Abwechslung suchend, Sonderangebote nutzend).

In diesem Sinne gibt es viele Märkte, die durch eine große Markentreue bzw. mit vielen ungeteilt markentreuen Konsumenten gekennzeichnet sind, beispielsweise der Automobil-, Kosmetik- oder Zahnpastamarkt. In solchen Märkten ist es besonders schwierig, Marktanteile von Konkurrenten zu gewinnen, weil viele Konsumenten fest bei einer Marke bleiben.

Verhaltensbezogene Segmentierungsmerkmale sind als alleinige Kriterien nur eingeschränkt aussagefähig. Sie werden häufig als passive, deskriptive Variablen eingesetzt. Als Fazit der Darstellung der möglichen Segmentierungsverfahren bleibt festzuhalten, dass die beschriebenen Kriterien, aber auch die Verfahren selbst, für sich genommen zur trennscharfen Identifikation von Segmenten kaum geeignet sind. Die Praxis der Marktsegmentierung zeigt, dass nur durch die Kombination der Verfahren und Kriterien aussagekräftige und für die Bearbeitung geeignete Segmente definiert werden können.

Die Abb. 4.9 zeigt exemplarisch die Segmentierung des deutschen Sportschuhmarkts anhand möglicher Kriterien.

Für einen Sportschuhproduzenten gilt es erstens die Relevanz der einzelnen Kriterien zu überprüfen, zweitens durch die Kombination der relevanten Kriterien Marktsegmente zu identifizieren, und drittens geeignete Segmente (Zielgruppen) für

geografische Segmentierung		(sozio)demografische Segmentierung	
– Deutschland		– Alter:	16–65 Jahre
		– Geschlecht:	m/f
		– Familienlebenszyklus:	Singles, Paare, Familien
		– Einkommen:	> 2.500 € Haushaltseinkommen brutto (mtl.)
		– Beruf:	Büroberufe, Führungspositionen
		– Bildungsgrad:	mittlerer bis hoher Bildungsgrad

psychografische Segmentierung		verhaltensbezogene Segmentierung	
– Einstellungen:	positive Grundeinstellung zum Sporttreiben	– Anlässe:	Sporttreiben, Freizeit
– Werte:	Innovators, Achievers, Experiencers	– Benefits:	Unterstützungsfunktion, Design, Körpergefühl
– Limbic Types:	Performer, Disziplinierte	– Mediennutzung:	Print, Internet, TV
– Lifestyle:	Activities: Sport, Vereine, Reisen	– Preisverhalten:	Qualitätskäufer, Smart Shopper
– Interests:	Fitness, Gemeinschaft, Mode	– Einkaufsstättenwahl:	Fachhandel, Fachmarkt, Warenhaus, Internet-shop
– Opinions:	Selfness, Bildung, Kultur	– Verwenderstatus:	Neuverwender, Stammverwender
		– Verwendungsrate:	Heavy-, Middle-, Light User
		– Markentreue:	ungeteilte, geteilte, abwandernde Markentreue

Abb. 4.9: Angewendete Segmentierungskriterien für den deutschen Sportschuhmarkt (Quelle: eigene Darstellung).

die Marktbearbeitung auszuwählen. Mit dieser Aufgabenstellung wird somit zum Targeting, der eigentlichen Zielgruppenbestimmung, übergeleitet.

3.2 Zielgruppenbestimmung – Targeting

Sind die möglichen Segmente eines Marktes identifiziert, muss ein Unternehmen die Attraktivität der verschiedenen Segmente bewerten und schließlich eine Entscheidung treffen, welches Segment bzw. welche Segmente bearbeitet werden sollen.

Der Sportschuhproduzent des aufgeführten Beispiels identifiziert u. a. folgende mögliche Zielgruppen:
– spaß- und freizeitorientierte Jugendliche, die viel Wert auf sportliche Aktivität und Designelemente legen,
– Geschäftsleute, die Sport als Ausgleich zum stressigen Berufsalltag betreiben,
– leistungsorientierte Menschen, die an sportlichen Wettbewerben teilnehmen.

Die Auswahlkriterien hängen stark von den individuellen Unternehmens- und Marktgegebenheiten ab. Grundsätzlich sind jedoch folgende Aspekte bei der Zielgruppenbestimmung zu beachten. Die Zielgruppen müssen mit der grundlegenden Unternehmens- und Marketingstrategie vereinbar sein. In diesem Zusammenhang ist die Bedürfnisbefriedigungskompetenz von zentraler Bedeutung. Ein Qualitätsanbieter, bei dem höchste Leistung im Mittelpunkt des Unternehmenskonzepts steht, wird das Segment der preisorientierten Wechselkäufer ausschließen. Anhand der Segmentgröße kann das Segmentvolumen und Segmentpotenzial (analog zum Gesamtmarkt) abgeschätzt werden. Sind Volumen und Potenzial der anvisierten Zielgruppe zu gering, scheidet das Segment für die Bearbeitung aus. Die eigene Stellung im Markt bzw. die Positionen der Wettbewerber geben weitere Anhaltspunkte für die Attraktivität des Segments. Hierzu sind Kennzahlen wie Absatz bzw. Umsatz im Segment heranzuziehen. Die Erreichbarkeit der Zielgruppe durch distributions- und kommunikationspolitische Maßnahmen muss gewährleistet sein, womit eine klare Abgrenzung der Segmente bezüglich Einkaufsverhalten und Mediennutzung notwendig ist. Die zusätzlichen Kosten, die für die Bearbeitung einer neuen Zielgruppe anfallen, müssen geschätzt werden. Selbst wenn alle genannten Punkte auf eine hohe Attraktivität eines Marktsegments hinweisen, muss ein Unternehmen unter Umständen von seiner Bearbeitung absehen, wenn interne Faktoren (z. B. fehlende Ressourcen) oder externe Faktoren (z. B. rechtliche Beschränkungen) dagegensprechen.

Nach dem historischen Ansatz von Freter (1983, S. 110 ff.) können vier Strategien zur Segmentbearbeitung unterschieden werden. Die Tab. 4.4 verdeutlicht diese Strategien anhand zweier Dimensionen:
1. Differenzierung des Marketingmix,
2. Abdeckung des Marktes.

Tab. 4.4: Segmentspezifische Marktbearbeitungsstrategien (Quelle: eigene Darstellung in Anlehnung an Freter 1983, S. 110).

Marktabdeckung	Differenzierung	
	undifferenziert	differenziert
Vollständig	undifferenziertes Marketing	differenziertes Marketing (total)
Teilweise	konzentriertes Marketing	differenziertes Marketing (selektiv)

Im Rahmen der undifferenzierten Strategie wird mit einem Produkt und einem Marketingprogramm(-mix) der Gesamtmarkt bearbeitet, womit eine Null-Segmentierung bzw. eine Massenmarktstrategie vorliegt.

Bei der konzentrierten Strategie ist ein Unternehmen bestrebt, eine starke Marktstellung in einem Segment zu erreichen, indem es sich mit seinem Marketingprogramm auf eine besonders attraktive Zielgruppe konzentriert. Es gibt also nur einen Marketingmix für eine ausgewählte Zielgruppe. Die Marketingaktivitäten können einerseits stringent auf die anvisierte Zielgruppe zugeschnitten werden, andererseits birgt diese Strategie überdurchschnittliche Risiken, da auf potenzielle Gewinne in anderen Segmenten verzichtet wird und eine Risikostreuung unmöglich ist.

Bei der differenzierten Strategie wird zwischen der vollständigen und teilweisen Marktabdeckung unterschieden. Bei der differenzierten Bearbeitung des vollständigen Marktes werden alle Segmente mit einem jeweils eigenen Marketingmix bearbeitet. Diese Strategie kommt wegen ihres hohen finanziellen, personellen und administrativen Aufwands nur für größere Unternehmen in Betracht. Wird der Markt nur teilweise bearbeitet, so werden zwei oder mehr Segmente differenziert mit eigenen Marketingprogrammen bedient. Die differenzierte Strategie weist in der Regel höhere Umsätze auf. Unternehmen müssen jedoch andererseits mit erheblich höheren Kosten rechnen.

Dieser historische Ansatz bildete den Beginn der Segmentierungstheorie. Mittlerweile sind die im Abschnitt 3.1.2 vorgestellten Abstufungen im Segmentierungsgrad undifferenziertes Marketing (Null-Segmentierung), differenziertes Marketing (Segmentbildung), konzentriertes Marketing (Nischenbildung) und individualisiertes Marketing (atomisierte Segmentierung) zu bevorzugen.

Nachdem die Zielgruppe(n) bestimmt ist (sind), gilt es, sich im anvisierten Zielsegment vom Wettbewerb zu differenzieren und eine bestimmte Position in diesem Marktsegment einzunehmen. Dies stellt den dritten und letzten Schritt im Rahmen des STP-Marketings dar.

3.3 Differenzierung und Positionierung – Positioning

3.3.1 Differenzierung

Konsumenten in einem Markt stellen Unterschiede zwischen Marken oder Produkten fest, indem sie diese miteinander vergleichen. Werden diese Unterschiede von Unternehmen effektiv kommuniziert, können sie von den potenziellen Käufern erkannt und im Idealfall abgespeichert werden, womit eine Positionierung im Markt realisiert wird. Um dies zu erreichen, müssen diese Unterschiede folgende Kriterien erfüllen (Kotler/Keller/Bliemel 2007, S. 402 f.): Substantialität, Hervorhebbarkeit, Überlegenheit, Kommunizierbarkeit, Vorsprungssicherung, Bezahlbarkeit, Gewinnbeitragspotenzial, Nachhaltigkeit.

Die Differenzierungsstrategie ist die grundlegende Marketingstrategie: Differenzierung heißt, ein Produkt- oder Dienstleistungsangebot für ein Marktsegment so zu gestalten, dass es sich von den Angeboten der Wettbewerber abhebt. Im Kontext der STP-Strategie stellt dies den dritten Schritt dar. Nach Segmentierung und Zielgruppenbestimmung gilt es, für die ausgewählten Segmente passende Angebote durch Differenzierung von der Konkurrenz zu schaffen. In diesem Sinne wird auf die gleichnamige generische Strategie nach Porter Bezug genommen.

3.3.2 Positionierung

Die Situation auf den Märkten ist heutzutage in den meisten Branchen von wettbewerbsintensiven und dynamischen Prozessen gekennzeichnet. Dabei haben sich auch die Marktstrukturen verändert und so die Marktbearbeitung vor neue Herausforderungen gestellt. Die Anforderungen an die Markenführung sind dadurch wesentlich komplexer geworden. Genau das ist aber heute in Zeiten von massiver Informationsüberlastung und Reizüberflutung ein weiteres Problem. Kroeber-Riel forderte schon 1990 in diesem Zusammenhang die Reduktion von Komplexitäten in der Positionierung und Kommunikation von Marken. Die Umfeldbedingungen zu dieser Zeit, in der das Privatfernsehen in Deutschland noch in den Kinderschuhen stand und es das Internet noch gar nicht gab, waren im Vergleich eher paradiesisch.

Grundsätzlich war es schon immer die Aufgabe der Marketingverantwortlichen, die Marke eindeutig im Bewusstsein der Zielgruppe zu positionieren, damit diese langfristig einen wertvollen Beitrag zum Unternehmenserfolg leistet. Die Ansprüche an diese Aufgabe haben in den heutigen Märkten allerdings neue Dimensionen erreicht.

In erster Linie betroffen von diesen Bedingungen ist die Konsumgüterindustrie, insbesondere die Fast Moving Consumer Goods (FMCG). Hintergrund ist hier die vor allem durch Konzentrationsprozesse entstandene starke Stellung des Handels. Die Handelsorganisationen setzen die Herstellermarken der traditionellen Markenartikelindustrie mit ihren Handelsmarken unter Druck und erreichen in der Summe in vielen Warengruppen Marktanteile bis zu 40 % und teilweise auch schon darüber. Die Auswirkungen dieser Bedingungen für die Markenartikelindustrie führen zu dem seit einigen Jahren zu beobachtenden „Verlust der Mitte-Phänomen". Viele Herstellermarken, die auf der mittleren Marktschicht positioniert sind, geraten im Extremfall in eine „Sandwichposition" (Stuck in the Middle) zwischen den Marken mit Preis-Premium bzw. dem Herstellermarken-Marktführer und den Handelsmarken in der relevanten Warengruppe und verlieren dabei kontinuierlich an Marktanteilen.

Der Verlust der Mitte ist aber nicht nur im Bereich der FMCG zu finden, sondern auch in Branchen, in denen keine derart spezifische Situation auf Ebene der Absatzmittler existiert. Beispielsweise leiden genauso die Mittelklasse-Anbieter im Automobilmarkt unter diesem Phänomen. Traditionelle Mitte-Marken wie Ford oder Opel verzeichnen Marktanteilsverluste, während die Oberklasse mit Marken wie BMW oder Mercedes und frühere Einsteigermarken wie Peugeot, Renault oder Hyundai ihre Marktposition verbessern können (Dudenhöffer 2005).

Das Problem vieler Marken in der mittleren Schicht von Märkten ist, dass sie sich im strategischen Niemandsland befinden. Sie sind entweder unzureichend differenziert und positioniert oder pendeln zwischen Präferenzstrategie und Preis-Mengen-Strategie hin und her. Ungeachtet dessen ist ihre Positionierung verwässert und sie werden von den Konsumenten nicht mehr ausreichend als die Marke identifiziert, die ihnen einen nachvollziehbaren Mehrwert im Nutzen (Netto-Nutzen) bietet. Die Diagnose ist deutlich. Was diesen Marken fehlt, ist die Uniqueness. Sie verfügen über keine eindeutige Einzigartigkeit. Nach wie vor liegt der Schlüssel zum Markenerfolg in der klaren Positionierung. Es muss für die Marke eine Alleinstellungsdimension gefunden werden, die für die Zielgruppe relevant und im Wettbewerbsumfeld einzigartig und damit nicht austauschbar ist (Runia/Wahl 2009, S. 272).

Differenzierung ist notwendig, um sich von den relevanten Wettbewerbern abzuheben. Eine Differenzierung reicht jedoch nicht aus, wenn der potenzielle Käufer sie nicht wahrnimmt. Ein Unternehmen sollte in seiner Kommunikation die Unterschiede herausstellen, die für das anvisierte Zielsegment am sinnvollsten sind, und die es ermöglichen, eine eigenständige Position am Markt zu erreichen. In diesem Verständnis ist Positionierung das Bestreben des Unternehmens, sein Angebot so zu gestalten, dass es im Bewusstsein des Zielkunden einen besonderen, geschätzten und von der Konkurrenz abgehobenen Platz (eine Position) einnimmt (Kotler/Keller/Opresnik 2017, S. 348). Es stellt sich die Frage, welche und wie viele Unterschiede herausgestellt werden sollen, um eine gelungene Positionierung zu erreichen. Viele Unternehmen stellen nur einen einzigen Markennutzen heraus (Einfach-Nutzen-Positionierung). Nach Ries und Trout (1982) sollte hierbei betont werden, dass die Marke bei dieser Eigenschaft die „Nummer Eins" ist. Holsten positionierte sich in der Vergangenheit erfolgreich über die Regionalität, ausgedrückt im Slogan „Im Norden die Nr. 1". Subtiler umschreibt Apollinaris seine führende Position in der Qualität als „Queen of Tablewaters". Andere Unternehmen stellen für ihre Marken zwei oder mehr Nutzen heraus. Ein gutes Beispiel für eine Dreifach-Nutzen-Positionierung ist Odol-Med 3 von Glaxo Smith Kline; die Zahnpasta wird mit drei Nutzendimensionen positioniert (Schutz vor Karies, Parodontose und Zahnsteinbildung).

Der strategische Ansatz besteht darin, eine Innovationsführerschaft für die Produktkategorie zu demonstrieren und sich so vom Wettbewerb zu differenzieren. Generell bergen Mehrfach-Nutzen-Positionierungen die Gefahr der Verwässerung der Markenpositionierung. Letztlich kommt es nicht auf die Anzahl der herausgestellten Nutzen oder Differenzierungen an, sondern auf deren Beitrag zu einer effektiven Positionierung.

In diesem Zusammenhang wird in der Theorie und Praxis für die Positionierung der Ansatz der Unique Selling Proposition (USP) bevorzugt, der im Kern von einer klaren Einfach-Nutzen-Positionierung ausgeht. Die zentrale Bedeutung dieses Ansatzes wird im Folgenden entsprechend berücksichtigt und exemplarisch dargestellt.

Unique Selling Proposition (USP)

Der amerikanische Werbefachmann und Mitbegründer der New Yorker Agentur Ted Bates Rosser Reeves ist Urheber der USP und beschrieb diese als die: „ ... wahrscheinlich ... heute am meisten missbrauchte Folge von Buchstaben in der Werbung" (Reeves 1961). Sein „heute" war 1961, als er seine Ideen und Gedanken zur Werbung zu Papier brachte. Reeves hat mit der Formulierung seiner Vorstellung, dass jedes Produkt ein einzigartiges Verkaufsargument (Unique Selling Proposition) besitzen müsse, das andere Produkte im Wettbewerb nicht innehaben und das so stark ist, dass eine ausreichend große Anzahl von Konsumenten dieses Produkt zu kaufen bereit ist, die Grundvoraussetzung für eine erfolgreiche Positionierung von Produkten geprägt. Sein Ansatz war eine produktbezogene alleinstellende Positionierung, bei der er eine Einfach-Nutzen-Positionierung des Produkts voraussetzte. Die USP dokumentiert ein unverwechselbares Nutzenangebot für die gewählte Zielgruppe.

Für erfolgreiche Werbung leitete Reeves die Forderung ab, dass diese das einzigartige Verkaufsargument in ein einzigartiges Werbeargument zu kanalisieren habe. Er plädierte also für eine Verschmelzung von Kernnutzen und Kernbotschaft, um so die Uniqueness (eindeutige Einzigartigkeit) zu kommunizieren. Die Präsentation der Besonderheit und Einzigartigkeit eines Werbeobjekts unter Konzentration auf eine kaufentscheidende Produkteigenschaft war für ihn somit die Bedingung für die Ausdrucksweise und Gestaltung der Kernbotschaft.

Die Schwierigkeit, heute treffende Beispiele für Produkte bzw. Marken mit einer echten USP zu nennen, beruht in erster Linie auf dem historischen Aspekt. So ermöglichte als erstes Produkt der Walkman von Sony die mobile Musikberieselung außerhalb des Autos und Nutella brachte die Schokolade auf das Brot. Die damalige Uniqueness dieser Marken ist heute nicht mehr gegeben, da im ersten Fall die Hi-Fi-Technologie das Produkt längst überholt hat und im zweiten Fall andere Nuss-Nougat-Cremes die reine produktbezogene Alleinstellung des Ursprungsprodukts verhindern. Dass die überwiegende Zahl der Konsumenten heute noch immer zur Marke Nutella greift, beruht also nicht mehr auf der ursprünglichen USP, sondern auf der vorhandenen Markenstärke (Runia/Wahl 2009, S. 273 f.). In einer abgeschwächten Form kann heute auch dann von einer USP gesprochen werden, wenn ein Anbieter eines Produkts gegenüber anderen Anbietern einen vom Nachfrager wahrgenommenen Wettbewerbsvorteil (Netto-Nutzen-Vorteil) hat (Meffert/Burmann/Kirchgeorg 2015, S. 55), wobei dann jedoch die Einzigartigkeit des Angebots ausgeblendet wird.

Übertragen auf das Modell des Produktlebenszyklus bedeutet dies, dass eine USP hervorragend in der Einführungs- und Wachstumsphase funktioniert, d. h., in weitgehend ungesättigten Märkten. In der Reife- und Sättigungsphase befinden sich die Konkurrenten mit Produktadaptionen auf dem Markt und verhindern die weitere Fokussierung auf die USP, weil die Alleinstellung nicht mehr gegeben ist und von den Konsumenten auch nicht mehr geglaubt wird.

Es empfiehlt sich daher, zwischen einer natürlichen und einer konstruierten USP zu differenzieren:
– Eine natürliche USP ist der funktionale Nutzen, der sich direkt aus dem Produkt ableitet und durch spezifische Eigenschaften und/oder besondere Herstellungsweisen begründet wird. Heute wird dies als echter, ursprünglicher oder faktischer Verkaufsvorteil bezeichnet, bei dem der rationale Kernnutzen bedeutender ist als die Kernbotschaft.

– Bei einer konstruierten USP spielt neben dem funktionalen Nutzen auch der emotionale Nutzen eine Rolle, der sich nur indirekt aus dem Produkt ableiten lässt. Heute wird dies als künstlicher, abgeleiteter oder psychologischer Verkaufsvorteil bezeichnet, bei dem die emotionale Kernbotschaft bedeutsamer ist als der Kernnutzen selbst.

Aufgrund der generellen Schwierigkeit für Marken, heute noch eine natürliche USP zu entwickeln, strebt die überwiegende Anzahl der Marken eine konstruierte USP an. Die einzigartige Kombination von funktionalen und emotionalen Nutzendimensionen führt zu einem vom Nachfrager wahrgenommenen Wettbewerbsvorteil.

Ansätze für eine konstruierte USP lassen sich einfacher finden. Als Beispiel sollen hier die Schokoladenmarken Toblerone und Ritter Sport dienen. Bei der Marke Toblerone stellt die Schweizer Bergwelt, symbolisiert durch das bergförmige Produktformat, im Sinne einer Einfach-Nutzen-Positionierung das Differenzierungsmerkmal dar. Dagegen setzen die Markenverantwortlichen bei Ritter Sport auf eine Dreifach-Nutzen-Positionierung, die das quadratische Produktformat beinhaltet, zudem aber auch auf eine gute Schokoladen-Basisqualität sowie den praktischen Aufreißmechanismus der Verpackung abstellt. In diesem Falle wird die Positionierung durch den Marken-Claim „Quadratisch. Praktisch. Gut" kommunikativ umgesetzt.

Als Reeves seinen Positionierungsansatz aufstellte, war die Situation vieler Märkte nicht vergleichbar mit heutigen Bedingungen. Damals wuchsen die Märkte stark und das Angebot in einem Markt war noch so lückenhaft, dass es für einen Anbieter nicht allzu schwierig war, eine alleinstellende Positionierung zu finden. Aus heutiger Sicht mussten die Märkte weniger stark segmentiert werden und die Produkte verfügten über einen erkennbaren Kernnutzen. Oft wurde dadurch eine quasi-monopolistische Marktstellung aufgebaut und die Nachfrager steuerten so unausweichlich auf die Marke zu.

Heutzutage sind viele Märkte gesättigt, stark segmentiert und die Segmente annähernd besetzt, d. h., die meisten USP sind so gut wie vergeben. Im Vergleich zu damals sind die Produkte im Kernnutzen vielfach austauschbar und über schwächere Nutzendimensionen (z. B. Verpackung oder Service) differenziert. Auch die Kommunikationskampagnen sind in ihrer Kernbotschaft oft zu wenig differenziert oder sogar sehr ähnlich, sodass es Unternehmen immer schwerer fällt, eine produktbezogene alleinstellende Positionierung zu etablieren. Die Suche nach einer USP hat teilweise schon gegenteilige Wirkung und führt zu gefährlichen Konsequenzen. So besetzen Unternehmen Positionen im Markt, die zwar unique sein mögen, die gleichzeitig aber auch so wenig relevant sind, dass ihr Erfolg fraglich wird, weil ihre Marktberechtigung nicht ohne Weiteres einleuchtet.

Ein gutes Beispiel ist hierfür die Geschichte der Sportgetränkemarke Isostar. Das Produkt der Wander AG wurde 1984 als erstes isotonisches Sportgetränk in Deutschland und vier weiteren europäischen Ländern eingeführt und war somit der Pionier für Sportgetränke in diesen Märkten. Isotonie bedeutet, dass die Mineral-, Kohlenhydrat- und Vitaminkonzentrationen des Produkts im Gleichgewicht mit den Konzentrationen im menschlichen Blut stehen und deshalb eine ausgezeichnete Flüssigkeits- und Energiequelle sind. Die Wander AG ließ wissenschaftliche Studien erstellen, die bewiesen, dass der menschliche Körper isotonische Getränke viel schneller aufnimmt als nichtisotonische Getränke. Schon der Namensbestandteil „Iso" sollte diesen Produktvorteil direkt zur Zielgruppe transportieren. Isostar löste also schlagartig ein ursächliches Problem der Sportler, nämlich den Leistungsabfall durch den beim Schwitzen entstehenden Verlust von Wasser und vor allem Mineralsalzen. Das Markenversprechen lautete: „Isostar löscht den Durst, führt dem Körper die verlorene Flüssigkeit und die verlorenen Mineralsalze schnell wieder zu, ohne dabei den Organismus zu belasten." Isostar wurde als neuartiges isotonisches Elektrolytgetränk positioniert. Die Werbekampagne hatte die Headline „Neun von zehn Getränken sind für einen Sportler viel zu langsam" und den Claim „Isostar. Der schnelle isotonische Durstlöscher".

Das bereits in den 1970er-Jahren in den USA im Markt befindliche Elektrolyt-Sportgetränk Gatorade, damaliger und heutiger Weltmarktführer bei den flüssigen Sportgetränken, wurde vom Nahrungsmittelunternehmen Quaker Oats als „schneller Durstlöscher" (Fast Thirst Quencher) positioniert und mit sportlich-emotionalen Akzenten in der Werbung inszeniert. Schon der Ursprung und die Namensgebung der Marke entstanden durch eine Zusammenarbeit mit der Footballmannschaft der University of Florida, die den Namen „Florida Gators" trug. Die Markenverantwortlichen setzten konsequent weiter auf den Sportschwerpunkt in der Kommunikation und gewannen 1991 sogar den US-Basketball-Superstar Michael Jordan als „Sprecher der Marke" und starteten mit ihm als Testimonial die Kampagne „Be Like Mike".

Sowohl Isostar als auch Gatorade hatten also die gleiche Positionierungsbasis als Elektrolyt-Getränk und schneller Durstlöscher, allerdings schien Isostar durch das Wirkungsversprechen als isotonisches Getränk die im Kernnutzen „beweisbarere" USP zu haben. Isostar setzte auf eine funktional-argumentative Kommunikation mit der Zielgruppe, eingebettet in ein sportliches Umfeld, während Gatorade das Sportumfeld direkt für eine emotional-visualisierte Kommunikation der Grundleistung des Produkts nutzte. Im Verlaufe der Jahre musste die Wander AG feststellen, dass der Isotonievorteil von Isostar nicht genügend von der Zielgruppe wahrgenommen bzw. verstanden wurde, sodass dieser als zentraler Aspekt zur Markenbindung nicht ausreichte. Die Coca-Cola Company positioniert ihre Marke Powerade heute nicht einmal mehr als Elektrolytgetränk, sondern differenziert die Marke zum einen als isotonischen Powerade Sportsdrink und zum anderen als funktionales Powerade Sportswater.

Insgesamt zeigt sich, dass der Markt für Sportgetränke eher von konstruierten/psychologischen USPs beeinflusst wird. Die Kompetenz dieser Produkte hat sich im Wesentlichen nicht durchgesetzt, was sich auch in der Umbenennung von Elektrolyt- zu Sportgetränken dokumentiert. Einige wissenschaftliche Studien behaupten sogar, die Produkte wären durch völlig unsinnige Nährstoffzusammensetzungen gekennzeichnet und bezeichnen eine selbst zusammengestellte Fruchtsaftschorle im Mischungsverhältnis von einem Teil Apfelsaft und zwei Teilen Mineralwasser als das ideale Sportgetränk.

Darüber hinaus ist mit der Privatbrauerei Erdinger Weissbräu, die ihr Weißbier Erdinger Alkoholfrei als triaktiven Weißbiergenuss (isotonisch, vitaminhaltig, kalorienreduziert) positioniert und als echte Alternative zu anderen alkoholfreien Getränken wie Mineralwasser, Fruchtsäften oder Sportgetränken auslobt, seit einigen Jahren ein neuer Mitbewerber aus dem Bierbereich in diesen Markt eingetreten. Sehr interessant ist hierbei der Ansatz, alkoholfreies Weißbier als natürliches isotonisches Sportgetränk aufzubauen und gleichzeitig den Geschmack- und Genussaspekt eines „Premium"-Weißbiers zu betonen. Auf diese Weise nutzt Erdinger Alkoholfrei zwei Grundprobleme der klassischen Elektrolyt- und Sportgetränke geschickt aus, um die eigenen Wettbewerbsvorteile zu penetrieren. Zum einen konnten die Klassiker und vor allem Isostar eine gewisse Synthetik des Produkts in der Wahrnehmung der Zielpersonen nie ganz abstreifen und zum anderen gab es bei diesen Produkten oft Schwierigkeiten aufgrund mangelndem Geschmacks oder mangelnder Magenverträglichkeit. Die Erdinger Privatbrauerei formuliert als Markenversprechen: „Erdinger Alkoholfrei ist die durstlöschende und belebende Erfrischung: isotonisch – vitaminhaltig – kalorienreduziert und ist im Vergleich zu anderen isotonischen Sportgetränken frei von chemischen Zusatzstoffen." In der Kommunikation setzt Erdinger eindeutig auf Sporterlebnisse.

Generell ist heute die Beweisführung für eine relevante Markenpositionierung nicht einfacher geworden. Als Beispiel dafür soll die Marke Actimel dienen. Actimel von Danone ist ein probiotischer Joghurtdrink, der laut Markenversprechen nachweislich hilft, die natürlichen Abwehrkräfte des Menschen zu „aktivieren" (Consumer Benefit). Das Wirkungsversprechen (Reason Why) erfolgt über die Joghurtkultur L. Casei Danone. Insoweit liegt hier eine natürliche USP vor. Allerdings wird diese USP mit dem vermehrten Eintritt von Handelsmarken in den Markt für probiotische Produkte zunehmend vom Verbraucher infrage gestellt. Der Konsument ist überfordert, wenn er vor dem Kühlregal steht und sich z. B. zwischen Actimel und BIAC (Aldi) entscheiden muss. Beide Produkte enthalten L. Casei-Kulturen, wobei Actimel als Reason Why für die Bezeichnung der Joghurtkultur den Zusatz „Danone" nutzt.

Während Actimel die Produktkategorie in Deutschland als Innovation etabliert hat und die Positionierung noch vor einigen Jahren einzigartig war, verliert die Begründung der Wirkung (Reason Why) vor dem Hintergrund der immer stärker werdenden Handelsmarken an Beweiskraft. Die Uniqueness wird dadurch im Kern schwächer und der Grad der Einzigartigkeit nimmt ab. Danone versucht vor diesem Hintergrund durch wissenschaftliche Studien die Glaubwürdigkeit des Wirkungsversprechens der Marke zu untermauern. Zudem gehört Actimel zu den Marken mit sehr hohen Kommunikationsaufwendungen. In diesem Zusammenhang ist der Einfluss der EU-Health-Claim-Verordnung zu nennen, der dazu geführt hat, dass die Markenverantwortlichen von Danone den Claim „Actimel activiert Abwehrkräfte" zunächst durch den weniger gesundheitsbezogenen Claim „Starker Start in den Tag" ersetzt haben. Generell wird es für Actimel aber immer schwieriger, den Preisabstand zu den Handelsmarken über den vermeintlichen Positionierungsvorsprung zu rechtfertigen.

Diese Beispiele zeigen, dass darauf zu achten ist, eine klare, widerspruchsfreie Positionierung zu erreichen. Haben die Zielkunden nur konfuse bzw. zweifelhafte Vorstellungen über eine Marke, so führt dies nicht zu einer Abhebung vom Wettbewerb. Ferner wird das Angebot häufig nicht deutlich genug positioniert, sodass der potenzielle Käufer es nur als „eins unter vielen" wahrnimmt (Unterpositionierung). Auf der anderen Seite kann eine allzu scharfe Überpositionierung dazu führen, dass das Leistungsangebot als zu eng empfunden wird.

Die gewählte Positionierung hat weit reichende Folgen für das operative Marketing, denn sie beeinflusst alle Parameter des Marketingmix.

4 Weitere Strategiemodelle

Der Strategiebegriff ist grundsätzlich differenziert zu betrachten und findet auf unterschiedlichen Organisationsebenen Anwendung. Häufig wird von den folgenden drei Ebenen ausgegangen (vgl. Abb. 4.10):
- Gesamtunternehmen/Konzern
- Strategische Geschäftseinheiten (SGE)
- Produktlinien (Marken)

Auf oberster Ebene wird die Strategie des Gesamtunternehmens festgelegt. Klassisch werden aus dieser Unternehmensstrategie Funktionalstrategien (z. B. Beschaffungsstrategie, Produktionsstrategie, Logistikstrategie, Finanzstrategie etc.) abgeleitet. Nach dieser Vorgehensweise stellt auch die Marketingstrategie eine Funktionalstrategie dar. In der Wissenschaft hat in den letzten 20 Jahren eine Angleichung der Begriffe Unternehmens- und Marketingstrategie stattgefunden, die im Extremfall zu einer Gleichsetzung führt. Die heute vorherrschende Auffassung ist sowohl in der Wissenschaft als auch in der Praxis, dass die Marketingstrategie die dominierende Funktionalstrategie bildet und damit eine exponierte Stellung erhält.

Die insbesondere in der Markenartikelindustrie vorherrschende Konzernstruktur mit ihrer Diversifizierung führt zur Bildung von strategischen Geschäftseinheiten, um definierte Geschäftsfelder weitgehend autonom zu bearbeiten. Daraus folgt auf dieser Ebene die korrespondierende Fixierung von Geschäftsfeldstrategien.

Die Geschäftseinheiten bestehen meist aus diversen Produktlinien (Ranges), die als Marken geführt werden. Konsequenterweise erfolgt auf dieser Ebene die Bestimmung der entsprechenden klassischen Markenartikelstrategien. Klassisch bedeutet in diesem Zusammenhang eine eindeutige Differenzierung und Positionierung im Zielmarkt.

Auch bei der Zielmarktdefinition ist die bereits dargestellte Dreistufigkeit zu berücksichtigen. Auf Konzernebene wird hier die Festlegung des relevanten Kerngeschäfts begründet. Auf diesem hohen Aggregationsniveau geht der Detaillierungsgrad über den Marktbegriff hinaus. Das jeweils relevante Geschäftsfeld wird auf der Ebene der Geschäftseinheiten bereits detaillierter definiert, entspricht aber immer noch nicht dem Marktbegriff. Die Bestimmung des relevanten Marktes findet auf Produktlinienebene statt und bildet die Basis für die Marktsegmentierung (vgl. Kapitel IV 3.1).

Gesamtunternehmen	**Unternehmensstrategie**	**relevantes Kerngeschäft**
strategische Geschäftseinheiten	**Geschäftsfeldstrategie**	**relevantes strategisches Geschäftsfeld**
Produktlinien (Marken)	**Markenartikelstrategie**	**relevanter Markt** → Basis für Marktsegmentierung (STP)

(Aggregationsniveau ↓ / Detaillierungsgrad ↑)

Abb. 4.10: Strategiedimensionen (Quelle: eigene Darstellung).

4.1 Bildung strategischer Geschäftsfelder

Die Umwelt eines Unternehmens ist in der Regel zu umfassend und vielschichtig, um sie einheitlich bearbeiten zu können. Diversifizierte Unternehmen erfordern daher eine differenzierte Betrachtung ihres relevanten Kerngeschäftes. Wenn ein Unternehmen wie Nestlé in Feldern wie Milchprodukte, Getränke, Süßwaren, Fertigprodukte, Tiernahrung, Pharmazeutika und Kosmetik agiert, ist es nachvollziehbar, dass in jedem dieser Felder unterschiedliche Rahmenbedingungen und Gesetzmäßigkeiten herrschen und somit auch speziell auf diese Felder zugeschnittene strategische Ausrichtungen erforderlich sind. Dabei ist zu berücksichtigen, dass diese aufeinander abzustimmen sind, um aus Sicht des Gesamtunternehmens einen Risiko- und Finanzmittelausgleich innerhalb des Unternehmens zu gewährleisten. Die Aufteilung des Tätigkeitsbereichs (relevantes Kerngeschäft) erfolgt mithilfe des Konzepts der strategischen Geschäftsfelder (SGF). Hierbei wird das gesamte Tätigkeitsspektrum in intern homogene Geschäftsfelder aufgeteilt, die sich jedoch untereinander in ihren abnehmerbezogenen und sonstigen Charakteristika, z. B. Wettbewerbsintensität oder Technologiebasis, unterscheiden.

In der Literatur finden sich hierzu unterschiedliche Ansätze (Levitt 1960; Hinterhuber 2004a; Bauer 1989). In der Praxis werden SGF häufig vereinfachend rein produktbezogen abgegrenzt. Empfehlenswert ist zumindest eine Produkt-Markt-Kombination (z. B. Immobilienberatung für Privatkunden). Der umfassendste Ansatz geht auf die Arbeit von Abell (1980, S. 18 ff.) zurück. Ausgangspunkt seiner Überlegungen ist die These, dass ein Produkt als physisches Gegenstück der Anwendung von Technologie zur Lösung von bestimmten Problemstellungen für eine spezifische Zielgruppe zu betrachten ist.

Vor diesem Hintergrund schlägt Abell eine dreidimensionale Abgrenzung des SGF anhand der folgenden Dimensionen vor:
- Funktionen – beziehen sich auf das Produkt und legen fest, welche Bedürfnisse durch das Produkt befriedigt werden sollen,
- Abnehmergruppen – stellen die Zielgruppe dar, deren Bedürfnisse angesprochen werden sollen,
- Technologie – beschreibt alternative technologische Anwendungen, wie diese Bedürfnisse befriedigt werden können. Hierbei steht die technologische Basis im Vordergrund, die in der Literatur teilweise auch als Kundenkontaktsituation interpretiert wird.

Das folgende Schuh-Beispiel verdeutlicht die Abgrenzung nach Abell:
- Funktion = orthopädische Schuhe,
- Abnehmergruppe = Senioren,
- Technologie = Gel-Pad.

Das hier dargestellte strategische Geschäftsfeld lautet somit: orthopädische Schuhe für Senioren mit Gel-Technologie.

Entlang dieser Dimensionen lassen sich sogenannte dreidimensionale Würfel aufspannen, die jeweils ein spezielles, potenzielles Geschäftsfeld darstellen.

Die nachfolgende Abb. 4.11 stellt einen groben strategischen Suchraum für die Versicherungswirtschaft dar.

Für die Konkretisierung der Dimensionen empfiehlt es sich, zunächst von einem hohen Abstraktionsgrad der Achsenbezeichnung auszugehen und diesen in einem stufenweisen Prozess zu konkretisieren (Krups 1985, S. 47 ff.). Auf diese Art werden möglichst viele potenzielle Geschäftsfelder berücksichtigt und erfolgsversprechende Alternativen nicht von vornherein ausgegrenzt.

Mit der Konkretisierung des dreidimensionalen Suchraums wird die Voraussetzung zur Lokalisierung und Auswahl der strategischen Geschäftsfelder geschaffen. Dabei ist zu berücksichtigen, dass die Anzahl potenzieller Geschäftsfelder mit zunehmender Differenzierung der Dimensionen exponentiell steigt. Zudem besteht dann die Gefahr, in den Bereich der Marktsegmentierung zu gelangen. Eine simultane Abgrenzung des Geschäftsfelds auf allen drei Dimensionen ist nahezu unmöglich. Daher ist vorher festzulegen, in welcher Reihenfolge die einzelnen Dimensionen bei der Abgrenzung berücksichtigt werden. Die Reihenfolge „Abnehmer – Funktion – Technologie" spiegelt den klassischen Marketingansatz wider, bei dem die Abnehmerbedürfnisse im Mittelpunkt stehen. An der Machbarkeit des Produkts aus Sicht des Unternehmens orientiert sich die Reihenfolge „Funktion – Technologie – Abnehmer". In technologiegetriebenen Märkten kann auch die Reihenfolge „Technologie – Funktion – Abnehmer" relevant sein; beispielhaft kann die LTE-Technologie genannt werden, die dem Mobilfunkmarkt die entscheidenden Impulse für Produktinnovationen gibt, um die Abnehmergruppen gezielt anzu-

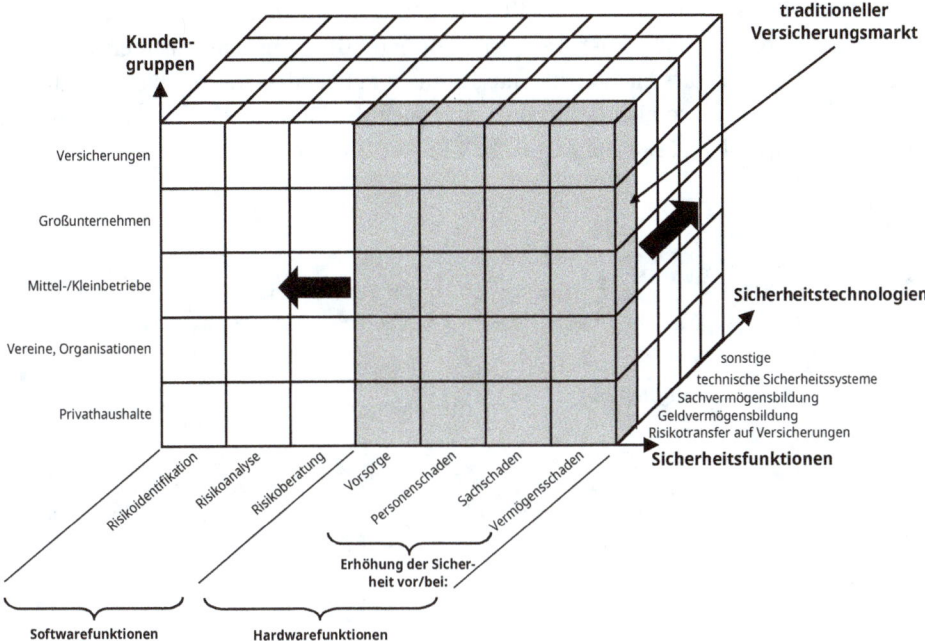

Abb. 4.11: Dreidimensionaler strategischer Suchraum für Sicherheitsnachfrage (Quelle: eigene Darstellung in Anlehnung an Birkelbach 1988, S. 234).

sprechen. Trotz der wissenschaftlich akzeptierten Herangehensweise von Abell hat sich dieser Ansatz aufgrund der skizzierten Komplexität in der Praxis nicht durchgesetzt.

Vom Begriff des strategischen Geschäftsfelds ist der häufig synonym verwendete Begriff der strategischen Geschäftseinheit (SGE) zu unterscheiden. Als grundlegende Eigenschaften strategischer Geschäftseinheiten gelten die Kriterien der Marktaufgabe, der Eigenständigkeit und des Erfolgsbeitrags. Eine strategische Geschäftseinheit – die in der Regel mit einem strategischen Geschäftsfeld korrespondierende organisatorische Einheit – weist demnach folgende Kennzeichen auf:
– Eine eigene, von anderen Geschäftseinheiten unabhängige Marktaufgabe, die auf die Lösung abnehmerrelevanter Probleme ausgerichtet ist,
– Marktauftritt als vollwertiger Konkurrent mit eindeutig identifizierbaren Konkurrenzunternehmen (kein reiner interner Lieferant),
– Formulierung und Implementierung eines weitgehend eigenständigen strategischen Plans,
– Leistung eines spürbaren Beitrags zur Steigerung des Erfolgspotenzials des Gesamtunternehmens.

Die SGF finden ihre organisatorische Verankerung in den SGE. Eine strategische Geschäftseinheit ist für die Bearbeitung eines oder mehrerer Geschäftsfelder direkt verantwortlich. Die strategischen Geschäftsfelder werden allein nach marktorientierten, unternehmensexternen Aspekten gebildet, während SGE unternehmensinterne organisatorische Einheiten darstellen. Beide müssen nicht notwendigerweise übereinstimmen, sondern eine Geschäftseinheit kann durchaus mehrere Geschäftsfelder umfassen und umgekehrt. Das folgende Beispiel in Abb. 4.12 von Unilever greift die Systematik von Abb. 4.10 auf:

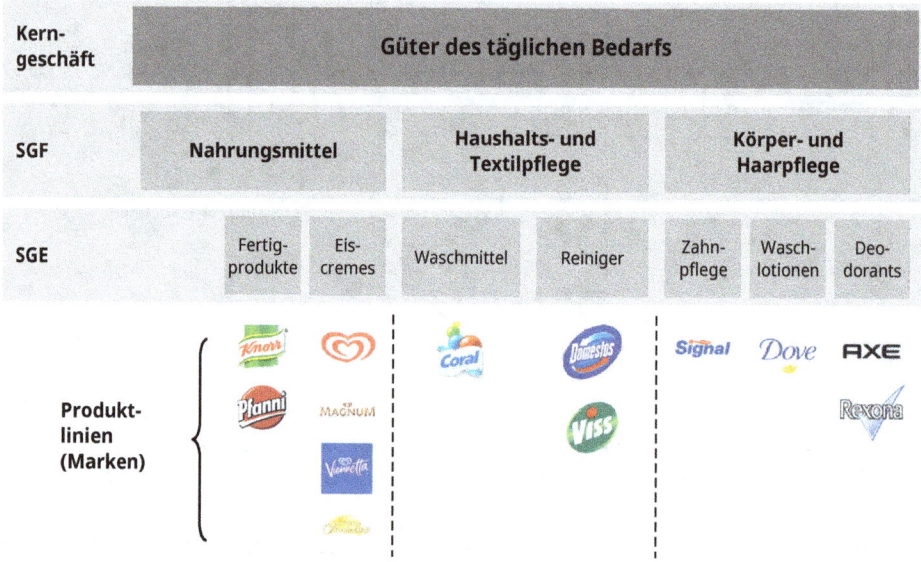

Abb. 4.12: Strategiedimensionen am Beispiel von Unilever (Quelle: eigene Darstellung).

Bezüglich dieser Abbildung ist anzumerken, dass aus didaktischen Gründen auf Basis ausgewählter Marken von Unilever die im vorliegenden Lehrbuch vorgestellten Strategiebegriffe modellhaft verwendet werden.

4.2 Marktfeldstrategie

Für eine Strukturierung möglicher Strategiealternativen kann die klassische Ansoff-Matrix herangezogen werden (Ansoff 1966, S. 13 ff.). Auch in der heutigen Zeit mit stark fragmentierten Märkten ist die Anwendung dieses Modells als Grundlage für strategische Stoßrichtungen in Form von Normstrategien relevant. Die Abb. 4.13 zeigt die klassische Produkt-Markt-Matrix.

Als wesentliches Entscheidungskriterium für die Auswahl der zu verfolgenden Strategien der Ansoff-Matrix kann der Grad der Synergienutzung angesehen werden. Während die Marktdurchdringungsstrategie das höchste Synergiepotenzial aufweist, lassen sich im Falle der Diversifikation kaum noch Synergien nutzen. Diese Reihen-

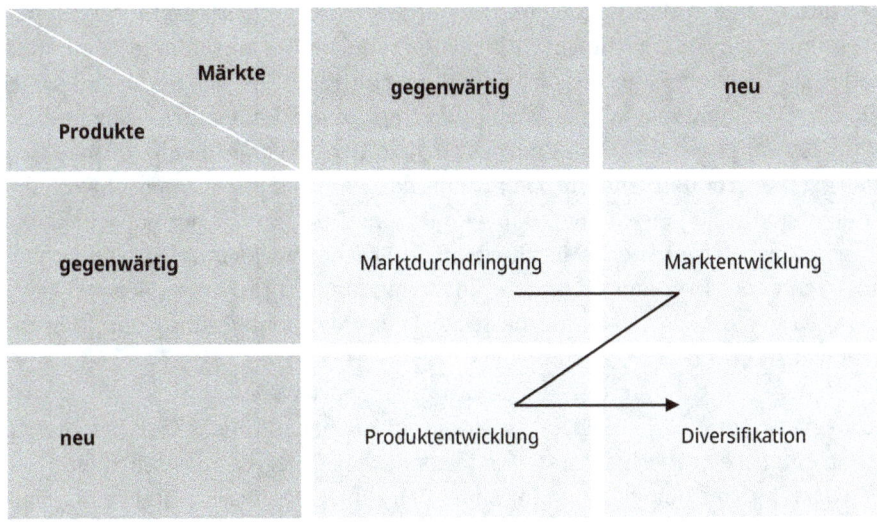

Abb. 4.13: Produkt-Markt-Matrix und Marktfeldstrategien nach Ansoff (Quelle: eigene Darstellung).

folge ist in der Produkt-Markt-Matrix mit dem Pfeil in der Mitte gekennzeichnet. Häufig wird auch der Begriff einer Z-Strategie verwendet, da sich die unter Synergiegesichtspunkten günstigste Strategiereihenfolge als „Z" in der Produkt-Markt-Matrix darstellen lässt.

Die Strategie der Marktdurchdringung bildet historisch gesehen die marketingstrategische Urzelle eines jeden Unternehmens und einer jeden Marke. Unter Ursprungsmarke ist immer eine Einzelmarke zu verstehen. Die Marktdurchdringung beinhaltet die Ausschöpfung des Absatzpotenzials vorhandener Produkte in bestehenden Märkten und setzt operativ auf die Verstärkung der Marketingmaßnahmen. Es sind grundsätzlich drei Substrategien möglich, die auch kombiniert werden können:
– Erhöhung (Intensivierung) der Produktverwendung bei bestehenden Kunden, z. B. durch Schaffung neuer Anwendungsgebiete (z. B. Anpreisung Obstgarten-Joghurt von Danone als Brotaufstrich in der TV-Werbung) oder durch Erhöhung der Verwendungsmenge (z. B. Garnier Fructis Daily Care Shampoo),
– Gewinnung von Kunden, die bisher bei der Konkurrenz gekauft haben, z. B. durch Consumer Promotions, die einen Preisvorteil beinhalten,
– Gewinnung bisheriger Nichtverwender der Produkte, z. B. durch Consumer Promotions wie Verkostungen.

Bei der Strategie der Marktentwicklung wird angestrebt, für die gegenwärtigen Produkte einen oder mehrere neue Märkte zu finden. Der Versuch, neue Marktchancen für bestehende Produkte aufzudecken, umfasst folgende Substrategien:
– Erschließung zusätzlicher Absatzmärkte durch geografische (regionale, nationale oder internationale) Ausdehnung,

- Gewinnung neuer Marktsegmente, z. B. durch speziell auf bestimmte Zielgruppen abgestimmte Produktversionen (marginale Produktanpassungen) oder kommunikative Maßnahmen (Jägermeister: Gewinnung jüngerer Zielgruppen). Ein Beispiel für eine Marktentwicklung ist auch die Strategie des Babynahrungsherstellers Hipp, der aufgrund des Geburtenrückgangs in Deutschland (demografische Umwelt) seine Produkte für die Zielgruppe der jungen Erwachsenen, bevorzugt Frauen um die 30 Jahre, anbot. Dabei fand keine Designänderung statt; die Babygläschen wurden für neue Mischungen wie Frucht und Joghurt verwendet und die Dachmarke Hipp mit „Hippness" in Verbindung gebracht. Das Beispiel zeigt, dass marginale Änderungen für die Strategie der Marktentwicklung durchaus angebracht sind.

Die Strategie der Produktentwicklung zielt darauf ab, neue Produkte für bestehende Märkte zu entwickeln. Hierbei lassen sich folgende Substrategien unterscheiden:
- Entwicklung von Innovationen im Sinne von echten Marktneuheiten, z. B. Pharmamärkte mit neuen Medikamenten oder die IT-Branche – diese werden heute immer seltener,
- Entwicklung von quasineuen Produkten (geringerer Innovationsgrad) wie z. B. Klapp-Fahrrad, Diätmarmelade, Smartphones mit Touchscreen,
- Entwicklung von Produktvariationen (z. B. neue Rezeptur) bzw. Produktdifferenzierungen (z. B. neue Geschmacksrichtung oder Gebindeform).

Eine Diversifikationsstrategie ist durch Einführung neuer Produkte auf neuen Märkten charakterisiert. Je nach Grad der mit dieser Strategie verfolgten Risikostreuung lassen sich drei Diversifikationsformen (Substrategien) unterscheiden:
- Bei der horizontalen Diversifikation wird das bestehende Produktprogramm um Produkte erweitert, die noch im sachlichen Zusammenhang mit dem bestehenden Programm stehen, z. B. bietet ein PKW-Hersteller auch leichte LKW an oder ein Bierbrauer auch Mineralwasser.
- Die vertikale Diversifikation stellt eine Erhöhung der Wertschöpfungstiefe dar. Diese kann sowohl in Richtung Absatz der bisherigen Produkte als auch in Richtung Herkunft der Rohstoffe und Produktionsmittel vorgenommen werden. Bei einer Vorwärtsintegration kann ein Produktionsunternehmen die Handelsstufe übernehmen, indem eigene Verkaufsfilialen bzw. Onlineshops gegründet werden. Bei einer Rückwärtsintegration orientiert sich ein Herstellerunternehmen in Richtung Urproduktion, z. B. betreibt Hipp eigenen Obst- und Gemüseanbau.
- Bei der lateralen Diversifikation begibt sich das Unternehmen in völlig neue Produkt- und Marktbereiche, wobei das Unternehmen aus dem Rahmen seines traditionellen Marktes ausbricht und in weit abliegenden Aktivitätsfeldern tätig wird. Ein Beispiel hierfür ist die erfolgreiche laterale Diversifikation der Mars-Corporation vom Ursprungsmarkt Schokoladenriegel in den Tierfuttermarkt.

Die Produkt-Markt-Matrix steht und fällt mit der Definition des angestammten Marktes. Wird der Markt beispielsweise als Jeansmarkt definiert, stellt die Einführung einer neuen Jeanshose eine Produktentwicklung dar und die Einführung einer Stoffhose eine horizontale Diversifikation. Liegt jedoch die Definition des Jeanshosenmarkts zugrunde, wäre bereits die Einführung einer Jeansjacke eine horizontale Diversifikation.

Die aufgezeigte Z-Reihenfolge wird in der Marketingpraxis nicht immer eingehalten, z. B. bewegt sich eine Marke häufig zwischen Marktdurchdringung und Produktentwicklung. Dies ist der Fall, wenn eine Marke abwechselnd Marktdurchdringung (Markenaktualisierung durch Kommunikationspolitik, z. B. Milka-Kampagne „Im Herzen zart") und Produktentwicklung (Produktvariation, z. B. Milka: Einführung einer zarteren Konsistenz bei allen Produkten) betreibt.

4.3 Marktlebenszyklusanalyse

Das Konzept des Markt- oder Produktlebenszyklus dient als eigenständige Basis zur Formulierung von Strategien. Wie erstmalig bei der Untersuchung von Markenartikeln belegt wurde, durchlaufen Produkte zwischen ihrer Einführung und ihrem Ausscheiden aus dem Markt mehrere Phasen, die sich in Form eines Lebenszyklus rekonstruieren lassen. Auf der Basis dieser Beobachtung entstanden Produktlebenszyklusmodelle, die analog zum biologischen Gesetz des „Werdens und Vergehens" Regelmäßigkeiten in der Entwicklung von Produkten unterstellen (vgl. Kapitel V 3.2.2). Der Produktlebenszyklus befasst sich mit einem bestimmten Produkt und weniger mit den entsprechenden Märkten. Folglich wird mehr ein produkt- als ein marktorientiertes Bild gezeichnet. Der Markt durchläuft jedoch ebenfalls Phasen (Marktevolution) (Kotler/Bliemel 2001, S. 606 ff.). Der Marktlebenszyklus stellt somit den zeitlichen Verlauf eines gesamten Marktes in den Vordergrund und ergibt sich aus einer Aggregation spezifischer Produktlebenszyklen. Hierdurch wird die Aussagekraft dieses Lebenszyklusmodells gesteigert und eine strategische Nutzung ermöglicht. Folgende Grafik stellt den idealtypischen Verlauf eines Marktlebenszyklus dar (vgl. Abb. 4.14):

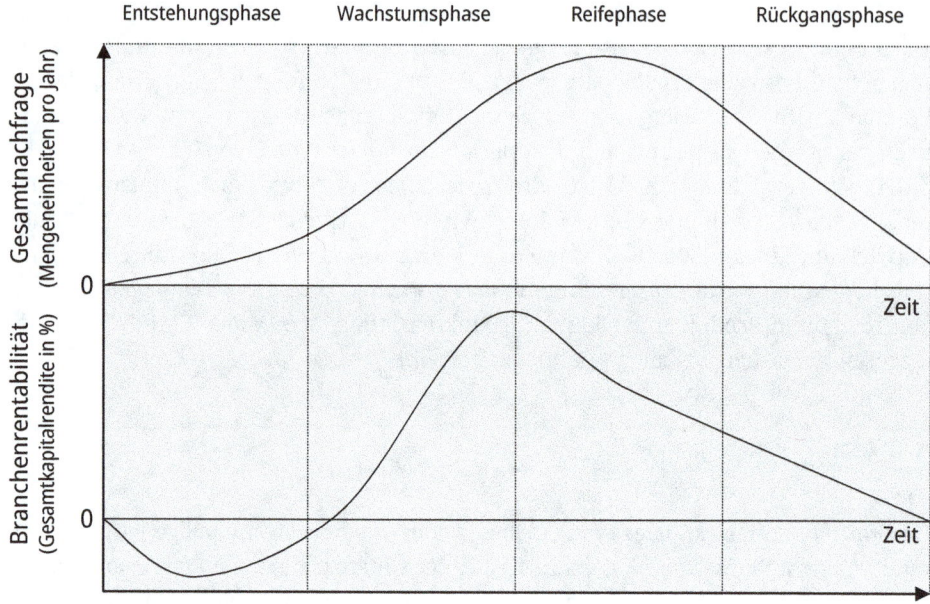

Abb. 4.14: Idealtypischer Verlauf eines Marktlebenszyklus (Quelle: eigene Darstellung in Anlehnung an Meffert/Burmann/Kirchgeorg 2008, S. 68).

Die vier Phasen sind wie folgt zu charakterisieren:
- Entstehung: Hierbei handelt es sich um einen latenten Markt, auf dem Bedürfnisse erkannt und durch eine Produktinnovation befriedigt werden. Dieser entstehende Markt ist durch diffus gestreute Präferenzen gekennzeichnet.
- Wachstum: In dieser Phase des Marktlebenszyklus steigt der Absatz/Umsatz der relevanten Produkte. Der bestehende Markt wird von weiteren Unternehmen penetriert und unbesetzte Segmente des Marktes werden okkupiert.
- Reife: Die Marktteilnehmer decken alle bedeutenden Segmente ab und dringen zunehmend in Konkurrenzsegmente ein, wodurch der Wettbewerbsdruck steigt und die Erlöse in den Segmenten sinken. Diese Entwicklung führt mittelfristig zu immer kleineren Segmenten; dieser Sachverhalt wird als Marktfragmentierung bezeichnet. Langfristig konsolidiert sich der Markt durch den Austritt von nichtmarktfähigen Teilnehmern bzw. Produktvariationen und -differenzierungen der verbleibenden Unternehmen.
- Rückgang: Die Nachfrage nach den marktrelevanten Produkten geht zurück, eine neue Technologie löst die bestehende ab und eine erneute Marktevolution bzw. -revolution kann stattfinden. Letzteres ist im Falle der DVD nachvollziehbar, die sukzessive durch Blu-ray Discs ersetzt wurde.

Der Zusammenhang zwischen dem relevanten Markt und den Technologien macht klar, dass Technologien ebenfalls einem Lebenszyklus unterliegen. An dieser Stelle steht also nicht das einzelne Produkt im Fokus, sondern der relevante Gesamtmarkt mit den darin vorherrschenden Technologien und der darin befindlichen Gesamtheit der Produkte wird betrachtet.

Je nachdem wie lange diese Technologien den Markt bestimmen und wie viele Produkte von ihnen getragen werden, sind drei Technologiestufen zu unterscheiden:
- Basistechnologie,
- Schlüsseltechnologie,
- Schrittmachertechnologie.

Die Verbindung dieser Technologiestufen mit den Phasen im Marktlebenszyklus lässt sich sehr gut am Beispiel des Mobilfunkmarkts in Deutschland verdeutlichen:

Entstehungsphase
Diese Phase im Mobilfunkmarkt in Deutschland war geprägt durch die 1992 eingeführte Basistechnologie GSM (Global System for Mobile Communications). 1998 wurde diese Technologie auf den Standard GSM/GPRS (General Packet Radio Service) erweitert. Dadurch ergab sich z. B. durch die vermehrte Nutzung von SMS (Short Messages Service) eine weitere Marktstimulation, sodass zu diesem Zeitpunkt bei GSM/GPRS von einer Schrittmachertechnologie gesprochen werden konnte.

Wachstumsphase
In dieser Phase diente GSM weiterhin als Basistechnologie und GSM/GPRS sowie die neuerliche Erweiterung GSM/EDGE (Enhanced Data Rates for GSM Evolution) nahmen den Status von Schlüsseltechnologien ein. Als Schrittmachertechnologie trat nun im Jahr 2000 mit UMTS (Universal Mobile Telecommunications System) eine neue Technologiedimension auf, die dem Markt neue Impulse durch die stärkere Nutzung von Dienstangeboten wie MMS (Multimedia Messaging Service) oder des mobilen Internetzugangs verschaffte. 2006 erfuhr der Mobilfunkmarkt in Deutschland durch UMTS/HSDPA (High Speed Downlink Packet Access) eine neuerliche Erweiterung.

Reifephase
Der Reifegrad des Marktes drückte sich im Jahr 2007 dadurch aus, dass die Penetrationsrate (Rate der Marktdurchdringung) im Mobilfunkmarkt auf 112 % stieg, d. h., es gab mehr als ein Vertragsverhältnis pro Nutzer von Mobilfunk in Deutschland. In dieser Phase hatten GSM/GPRS und GSM/EDGE den Status von Basistechnologien und für UMTS/HSDPA zeichnete sich der Übergang von der Schrittmacher- zur Schlüsseltechnologie ab, denn im Jahr 2009 startete die Einführung der neuen Technologiedimension LTE (Long Term Evolution). Mit LTE als Schrittmachertechnologie sollen dem Mobil-

funkmarkt neue Impulse gegeben werden. Durch LTE wird die Übertragungsgeschwindigkeit deutlich erhöht, sodass für den Mobilfunknutzer neue Anwendungen, die eine höhere Datenrate erfordern (z. B. interaktives mobiles TV, Streaming), möglich und auch aus Kostengesichtspunkten attraktiver werden. Im Idealfall führt LTE zu einer erneuten Marktevolution, d. h., durch die neue Technologiedimension wird der Markt auf eine höhere Entwicklungsstufe gehoben, die durch die Akzeptanz der neuen Technologiestufe geprägt ist und zu einer deutlichen Steigerung der Nutzung von Diensten und Anwendungen im Mobilfunkmarkt führt.

Rückgangsphase

Sollten die Technologiedimension LTE und die dadurch möglichen Dienste und Anwendungen in der breiten Mobilfunk-Nutzerschaft nicht die gewünschte Akzeptanz und Nutzungsrate erzielen, würde der Mobilfunkmarkt in Deutschland in die Rückgangsphase eintreten und LTE wäre als Schlüsseltechnologie zu kennzeichnen. Dies würde bedeuten, dass der Markt zwar stark auf LTE als Technologiedimension basiert, die Marktevolution aber ausgeblieben ist. UMTS/HSDPA würde in dieser Phase weiterhin den Status einer Schlüsseltechnologie innehaben.

An dieser Stelle ist anzumerken, dass in diesem Beispiel die Sprachanwendung im Mobilfunk nicht näher betrachtet wird, da die neuen Technologiedimensionen auf Angebote über diese Grundleistung hinaus – z. B. heutzutage auf schnelles Surfen im Internet bis hin zu multimedialen Anwendungen – ausgerichtet sind.

Generell kann die Marktlebenszyklusanalyse zur Typologisierung strategisch relevanter Situationen herangezogen werden und liefert Hinweise für die Ableitung von Normstrategien. Diese grundsätzlichen Ausrichtungen vermitteln Unternehmen einen gewissen Rahmen bezüglich einer sinnvollen strategischen Orientierung ihrer Marketingaktivitäten in verschiedenen Marktlebenszyklusphasen.

Die strategische Relevanz der Marktsituation für den Unternehmenserfolg geht auf das Structure-Conduct-Performance-Paradigma zurück (Mason 1939; Bain 1959). Dieses Paradigma besagt, dass die Struktur eines Marktes einen hohen Einfluss auf das Verhalten und den Erfolg der Anbieter in diesem Markt hat. Anhand von zahlreichen empirischen Untersuchungen wurde diese Grundannahme abgeleitet.

Ausgangspunkt zahlreicher empirischer Analysen ist das PIMS-Programm (PIMS = Profit Impact of Market Strategies). Dieses stellte die umfassendste Datensammlung zur empirischen Fundierung von Geschäftsfeldstrategien dar. Die Zielsetzung des PIMS-Programms war die Gewinnung von gültigen Aussagen über die Einflussfaktoren des Geschäftserfolgs einer SGE. Das PIMS-Programm entwickelte sich aus einem ursprünglich unternehmensinternen Projekt der General Electric Company, mit dem das Unternehmen die eigenen strategischen Erfahrungen analysierte. Seit 1972 existierte das PIMS-Programm als unternehmensübergreifendes Projekt, zunächst unter der Führung des Marketing Science Institute und seit 1975 als selbstständige, nicht erwerbswirtschaftliche Gesellschaft in Form des Strategic Planning Institute in Cambridge, Mass.

Die Datenbank umfasste in Spitzenzeiten Daten von über 3.000 SGE aus über 450 Unternehmen. Das Projekt startete Ende der 1950er-Jahre und wurde 1999 eingestellt. Das PIMS-Programm gilt als Basis für das Erfahrungskurvenkonzept, Lebenszyklusmodelle und Portfolio-Ansätze.

Für jede Geschäftseinheit werden ca. 500 Einzelinformationen erfasst und zu 200 Kerngrößen verdichtet. Die erhobenen Daten lassen sich in sechs Gruppen einteilen:
- Merkmale des geschäftlichen Umfelds: langfristiges und kurzfristiges Marktwachstum, Preisentwicklung, Anzahl und Größe der Kunden, Kaufhäufigkeit und -umfang u. a.
- Wettbewerbsposition der strategischen Geschäftseinheit: Marktanteil, relativer Marktanteil (hier in Relation zu den drei größten Wettbewerbern), relative Produktqualität u. a.
- Merkmale der Leistungserstellung: Investitionsintensität, Ausmaß vertikaler Integration, Kapazitätsauslastung, Produktivität u. a.
- Budgetaufteilung: Budget für klassische Werbung und Verkaufsförderung, Budget für persönlichen Verkauf u. a.
- Strategie der strategischen Geschäftseinheit: Änderungen bei Variablen wie relativer Preis, relative Marketingaufwendungen u. a.
- Erfolg: Return on Investment (RoI), Return on Sales (RoS), Cashflow, Wachstumskennzahlen u. a.

Eine Vielzahl von wissenschaftlichen Studien auf der Grundlage der PIMS-Daten stützt die These der Existenz von sogenannten Laws of Marketplace als allgemeingültige, branchenübergreifende, strategische Prinzipien. Trotz zahlreicher Kritik an dem PIMS-Ansatz besteht unter den Strategieexperten weitgehend Einigkeit darüber, dass das PIMS-Programm einen bedeutenden Beitrag zur Weiterentwicklung des strategischen Denkens geleistet hat.

Zur Ermittlung der zentralen Erfolgsfaktoren werden diese Daten auf Zusammenhänge mit den beiden Erfolgskennzahlen RoI und RoS untersucht.

Als wesentliche Kritikpunkte werden häufig die Subjektivität und die mangelnde Vollständigkeit der verwendeten Variablen sowie die zu einseitige Ausrichtung am RoI als Erfolgskennzahl aufgeführt (Barzen/Wahle 1990). Des Weiteren ermöglicht das PIMS-Programm keinen direkten Vergleich zu einzelnen Hauptwettbewerbern.

Die Beschreibungsmodelle des Entwicklungsprozesses des Marktes sind mit dem Konzept des Produktlebenszyklus vergleichbar und weisen daher auch dessen Schwächen auf. Beispielsweise sind die Phasenabgrenzung und -identifikation nicht eindeutig und die Aussagen nicht allgemeingültig. Des Weiteren ließen sich die unterstellten Marktlebenszyklen empirisch nur selten bestätigen (Polli/Cook 1967). Dies verdeutlichen die folgenden Beispiele empirisch beobachteter Marktlebenszyklusverläufe (vgl. Abb. 4.15):

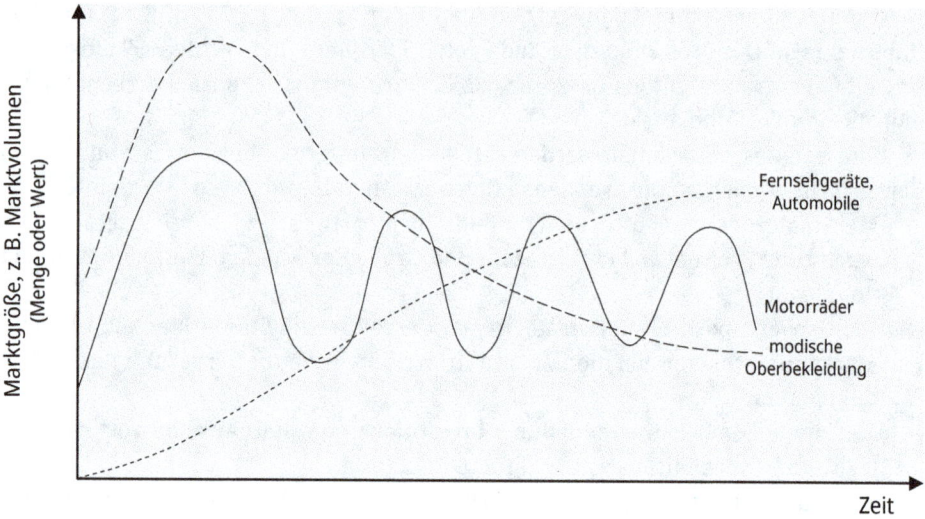

Abb. 4.15: Marktlebenszyklusverläufe (Quelle: eigene Darstellung in Anlehnung an Meffert/Burmann/Kirchgeorg 2015, S. 65).

Trotz zahlreicher Kritikpunkte ist das Marktlebenszyklusmodell ein wichtiges Konzept zur Unterstützung marketingstrategischer Entscheidungen. Der wesentliche Nutzen liegt darin, sinnvolle strategische Verhaltensweisen in verschiedenen Lebenszyklusphasen aufzuzeigen.

4.4 Erfahrungskurvenanalyse

Die Erfahrungskurvenanalyse baut auf der zentralen Rolle des Marktanteils und des Marktwachstums als wesentliche Einflussgrößen auf den Unternehmenserfolg auf. Erstmals wurde der Erfahrungskurveneffekt von der Boston Consulting Group in den 1960er-Jahren anhand von empirischen Untersuchungen über die Preis- und Kostenentwicklung in verschiedenen Branchen festgestellt (Henderson 1974).

Der Erfahrungskurveneffekt besagt, dass die realen, d. h., inflationsbereinigten Stückkosten eines Produkts durchschnittlich um einen relativ konstanten Betrag von 20 % bis 30 % zurückgehen, sobald sich die in kumulierten Produktionsmengen ausgedrückte Produkterfahrung verdoppelt. Der Effekt stellt jedoch nur Kostensenkungspotenziale dar, die erst ausgeschöpft werden müssen, um wirksam zu werden. Die folgende Abb. 4.16 stellt den Kostenverlauf in Abhängigkeit von der kumulierten Menge grafisch dar:

Als Gründe für das im Rahmen der Erfahrungskurvenanalyse postulierte und vielfach empirisch nachgewiesene Kostensenkungspotenzial lassen sich im Wesentlichen zwei Einflussfaktoren nennen:

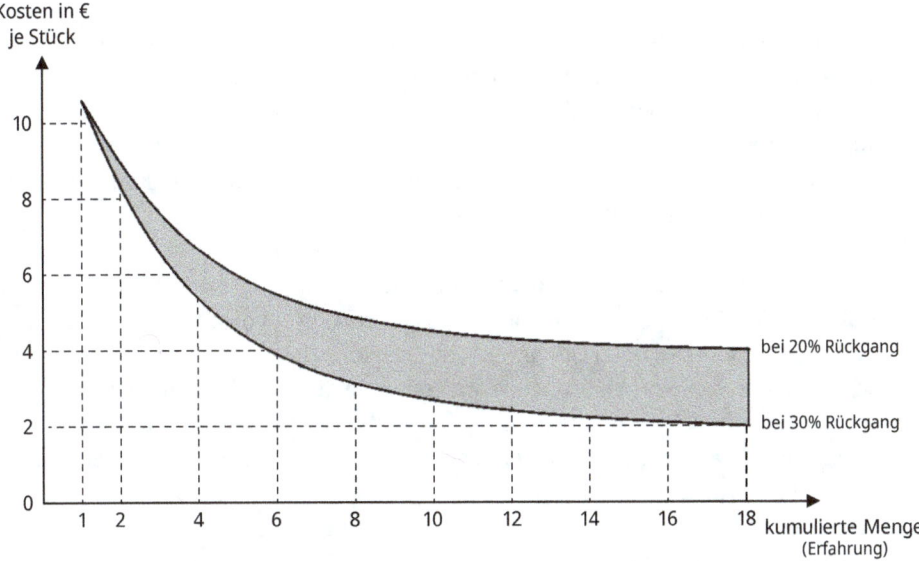

Abb. 4.16: Die Erfahrungskurve bei linear eingeteilten Ordinaten (Quelle: eigene Darstellung in Anlehnung an Coenenberg 1999, S. 203).

- Lerneffekte (Economies of Scope) Es wird davon ausgegangen, dass Arbeiter ihre Fertigkeiten sukzessive verbessern und damit Übungsgewinne realisieren. Dieser Effekt wird häufig als einziger Lerneffekt berücksichtigt. Die Erfahrungskurve beschreibt jedoch die zahlungswirksamen Kostensenkungen in Bezug auf alle Kostenarten, also auch auf Vertriebs-, Forschungs- und Entwicklungskosten etc.
- Skaleneffekte (Economies of Scale) Skalen- bzw. Größendegressionseffekte entstehen z. B., wenn bei wachsenden Kapazitäten günstigere Anlagen, bessere Werkzeuge etc. genutzt und bestimmte Vertriebsmethoden effizienter angewandt werden. Dasselbe gilt auch für Bereiche wie die Arbeitsvorbereitung oder die Forschung und Entwicklung.

Gelingt es einem Unternehmen, einen großen Marktanteil zu erreichen, gewinnt es durch jede Verdoppelung seiner kumulierten Produktionsmenge einen Kostenvorteil gegenüber der Konkurrenz. Das Unternehmen mit dem höchsten Marktanteil besitzt bei gleichem Markteintrittszeitpunkt grundsätzlich ein höheres Kostensenkungspotenzial als die Konkurrenten. Des Weiteren steigt mit wachsendem Marktanteil das Gewinnpotenzial, sofern es nicht zur Senkung des Marktpreises kommt.

Im Rahmen der strategischen Unternehmens- und Marketingplanung ist der Erfahrungskurvenanalyse eine besondere Bedeutung beizumessen, da sich durch die Kenntnis der geltenden Erfahrungskurve folgende Sachverhalte prognostizieren lassen (Bamberger 1981, S. 99 f.):

- langfristige Kostenentwicklung,
- langfristige Preisentwicklung (unter der Prämisse, dass sich die Preisentwicklung zumindest langfristig an der Kostenentwicklung orientiert),
- langfristige Gewinnpotenziale,
- Kosten- und Gewinnauswirkungen einer Marktanteilsveränderung,
- Kostenentwicklung und somit der preispolitische Spielraum der Konkurrenten, sofern deren Marktanteil bzw. Produktionsmengen bekannt sind.

Die naheliegende Basisstrategie auf Grundlage der Erfahrungskurvenanalyse ist die Preis-Mengen-Strategie, d. h., über hohe Stückzahlen Kostenvorteile und nachfolgend Preisvorteile gegenüber der Konkurrenz zu erzielen. Die Verfolgung einer solchen preisorientierten Strategie bedingt eine weitgehende Standardisierung der Produkte, welche die Erzielung von mengenbedingten Kostendegressionseffekten erleichtert bzw. erst ermöglicht. Hier zeigt sich ein zentraler Nachteil, da sich das Unternehmen durch die Standardisierung tendenziell die Möglichkeiten nimmt, auf die besonderen Bedürfnisstrukturen in einzelnen Marktsegmenten einzugehen.

Die Nähe der Erfahrungskurvenanalyse zur Preis-Mengen-Strategie schließt nicht aus, dass der Erfahrungskurveneffekt auch bei Verfolgung einer Präferenzstrategie als Basisstrategie eine Rolle spielen kann, da häufig innerhalb dieses Strategietyps die führenden Unternehmen im Markt vorzufinden sind. Der Erfahrungskurveneffekt liefert in diesem Zusammenhang einen wesentlichen Beitrag zur Verbesserung der Gewinnsituation.

4.5 Portfolio-Analyse

Das weitverbreitetste Denkschema der 1970er-Jahre ist die Portfolio-Analyse. Aus der Finanztheorie wurden die Überlegungen von Markowitz (1959) auf das strategische Management übertragen, der in seiner Portfolio Selection Theory erstmalig die Zusammensetzung eines optimalen Wertpapierportefeuilles bestimmte.

Der Ausgangspunkt der Portfolio-Analyse ist die Einordnung von Geschäftseinheiten, Produktlinien bzw. Marken in eine zweidimensionale Matrix. Eine der beiden Dimensionen wird zumeist von der Umwelt definiert und ist somit von solchen Faktoren bestimmt, die vom Unternehmen nicht direkt beeinflusst werden können (z. B. Marktwachstum, Marktpotenzial). Die zweite Dimension wird von Faktoren bestimmt, die vom Unternehmen direkt beeinflusst werden können (z. B. relativer Marktanteil, relativer Wettbewerbsvorteil). Bei beiden Dimensionen handelt es sich um sogenannte interne und externe Determinanten des Markterfolgs des Unternehmens.

Ziel der Portfolio-Analyse ist die Ableitung von Normstrategien für einzelne Geschäftseinheiten zur Schaffung einer ausgewogenen Struktur aller Geschäftsfelder einer Unternehmung. Die Normstrategien sind dahingehend zu entwickeln, dass das Unternehmen zukünftig über eine ausgewogene Geschäftsstruktur verfügt. Ein Kriterium der

Ausgewogenheit kann hierbei z. B. der Cashflow sein. Cashflow verzehrende Geschäftseinheiten sollten in ausreichendem Maße Cashflow erzeugenden Geschäftseinheiten gegenüberstehen. Umgekehrt sollte es aufzubauende Cashflow verzehrende Einheiten geben, die Gegenstand eines Mitteltransfers von auslaufenden, noch Cashflow generierenden Geschäftseinheiten sind.

In der Ausgestaltung der Portfolio-Matrix gibt es eine Vielzahl von Varianten. Die zwei bekanntesten Portfolio-Ansätze sind das Marktanteils-Marktwachstums-Portfolio (BCG-Portfolio) der Boston Consulting Group sowie das Wettbewerbsvorteils-Marktattraktivitäts-Portfolio (McKinsey-Portfolio) von McKinsey & Company. Beide Ansätze basieren auf identischen Grundüberlegungen, die Vorgehensweisen zur Erstellung des jeweiligen Portfolios weichen jedoch voneinander ab.

Im Gegensatz zum McKinsey-Portfolio werden bei der Erstellung des BCG-Portfolios ausschließlich die Dimensionen Marktwachstum und relativer Marktanteil verwendet (einfaktorielle Bewertung). Beim McKinsey-Portfolio hingegen werden die Dimensionen durch Konglomerate ganzer Einflussfaktorenbündel beschrieben, die anschließend zu den Dimensionen relativer Wettbewerbsvorteil und Marktattraktivität aggregiert werden (mehrfaktorielle Bewertung). Nachfolgend werden beide Portfolio-Ansätze näher betrachtet.

Die theoretischen Grundlagen des Marktanteils-Marktwachstums-Portfolios (Henderson 1971) bilden das Konzept der Erfahrungskurve und das Produktlebenszykluskonzept. Die nachfolgende Abb. 4.17 stellt diesen Zusammenhang grafisch dar:

Die Einordnung der einzelnen Geschäftseinheiten erfolgt innerhalb der beiden Dimensionen Marktwachstum und relativer Marktanteil. Die Achse Marktwachstum wird nach den jeweiligen Wachstumschancen zweigeteilt. In Bezug auf die Trennung zwischen hohem und niedrigem Marktwachstum sind unterschiedliche Grenzen denkbar. Die von der Boston Consulting Group empfohlene Unterteilung bei 10 % beruht auf der Annahme, dass bei einer Rendite von 10 % pro Jahr auf das investierte Kapital und einem Marktwachstum von 10 % kein weiterer Finanzmittelbedarf besteht und ein Unternehmen seine Wettbewerbsposition halten kann. Sollte diese Annahme nicht zutreffen, ist ein Grenzwert zu wählen, der die tatsächlichen Rahmenbedingungen besser widerspiegelt. Bei einem stark diversifizierten Portfolio kann dies z. B. das durchschnittliche Wachstum aller bearbeiteten Märkte bzw. Marktsegmente sein. Die Trennung der Achse relativer Marktanteil sollte als fest vorgegebener Grenzwert bei einem relativen Marktanteil von 1,0 erfolgen, d. h., bei dem Wert, an dem der eigene Marktanteil gleich dem Marktanteil des Hauptkonkurrenten ist. Bei einem relativen Marktanteil > 1,0 wird sichergestellt, dass es nur einen Anbieter pro Markt geben kann, der einen so großen relativen Marktanteil besitzt, dass er die Marktführerschaft innehat und somit annahmegemäß die Voraussetzung für die Erzielung von Erfahrungskurveneffekten erfüllt. Innerhalb der somit entstehenden Vier-Felder-Matrix werden anschließend die relevanten Geschäftseinheiten eingeordnet. Die Geschäftseinheiten werden häufig als Kreise dargestellt, wobei dann die Kreisgröße den Umsatzanteil der Einheit am Gesamtumsatz des Unternehmens wiedergibt.

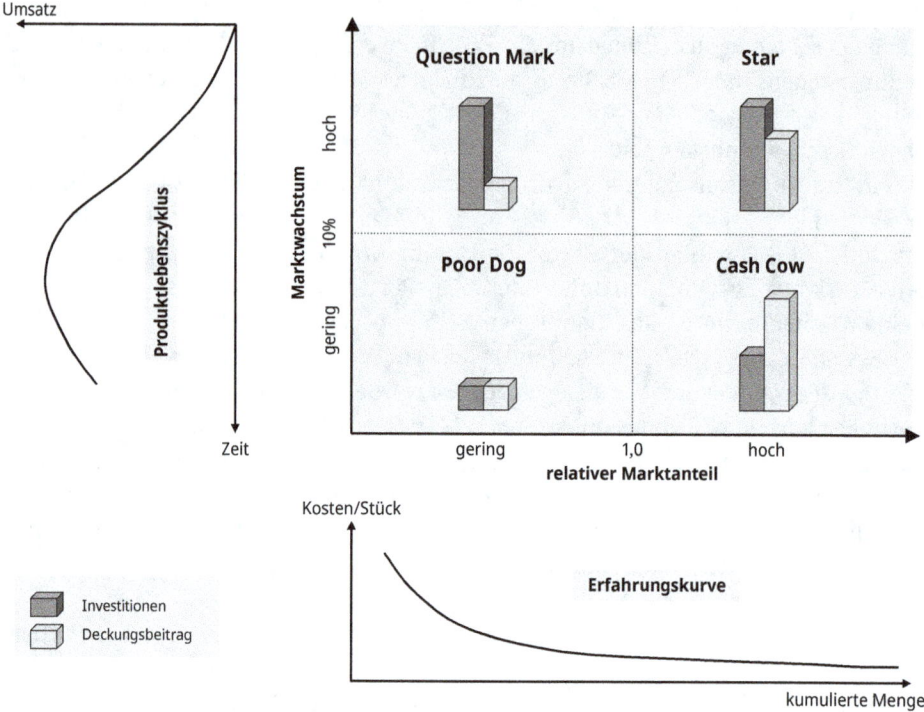

Abb. 4.17: Marktanteils-Marktwachstums-Portfolio der Boston Consulting Group (Quelle: eigene Darstellung).

Aus der Position der einzelnen Geschäftseinheiten innerhalb der jeweiligen Felder im Portfolio lassen sich strategische Stoßrichtungen – sogenannte Normstrategien – ableiten. Für die vier Felder des BCG-Portfolios lassen sich folgende Normstrategien unterscheiden:

Question Marks verfügen über einen geringen relativen Marktanteil, befinden sich jedoch in einem stark wachsenden Markt. Ihre Stellung ist daher ambivalent zu sehen. Einerseits sind sie für die Unternehmung gefährlich, da sie aufgrund des starken Marktwachstums einen hohen Finanzmittelbedarf aufweisen, ohne ihrerseits Finanzmittelüberschüsse zu erwirtschaften. Andererseits bieten Question Marks auch große Chancen, wenn es gelingt, den Marktanteil stark zu erhöhen. Im Rahmen der Selektionsstrategie sind zunächst alle Chancen zur Marktanteilssteigerung zu nutzen. Bestehen keine Möglichkeiten, den Marktanteil zu erhöhen, ist es in der Regel zweckmäßiger, diese Geschäftseinheiten aufzugeben.

Stars sind Geschäftseinheiten mit überdurchschnittlichem Marktwachstum und einer dominanten Marktposition. Sie erfordern in der Regel mehr Investitionsmittel, als sie diese selbst in Form von Cashflow kurz- bis mittelfristig hervorbringen können. Zur Sicherung des hohen Marktanteils oder zum Ausbau des Marktanteils ist eine

Investitionsstrategie zu verfolgen, bei der die erwirtschafteten Finanzmittel sofort reinvestiert werden. Diese Geschäftseinheiten haben die Chance, sich zu Cashcows zu entwickeln und den zukünftigen Cashflow der Unternehmung zu generieren.

Cashcows sind Geschäftseinheiten mit hohem relativem Marktanteil auf kaum wachsenden oder stagnierenden Märkten. Diese Geschäftseinheiten sichern den gegenwärtigen wirtschaftlichen Erfolg des Unternehmens. Im Rahmen der Abschöpfungsstrategie werden die hier erwirtschafteten Finanzüberschüsse in erster Linie zur Unterstützung der Stars und eventuell für den Aufbau von erfolgsversprechenden Question Marks verwendet. Investitionen erfolgen nur, soweit sie zur Marktanteilserhaltung erforderlich sind.

Poor Dogs sind jene Geschäftseinheiten, die sowohl ein niedriges Marktwachstum als auch einen niedrigen relativen Marktanteil aufweisen. Für diese Geschäftseinheiten ist eine Rückzugsstrategie zu empfehlen, da sie in der Regel keine Gewinne mehr erwirtschaften. Neben der Eliminierung der Geschäftseinheiten können Gründe für die Weiterführung der Poor Dogs sprechen. Hierzu zählen beispielsweise die Imagekomponente, Verbundeffekte und der Beitrag zur Fixkostendeckung für das Gesamtunternehmen.

Eine Weiterentwicklung des BCG-Portfolios stellt das Wettbewerbsvorteils-Marktattraktivitäts-Portfolio von McKinsey & Company dar (vgl. Abb. 4.18). Das McKinsey-Portfolio unterscheidet sich vom BCG-Portfolio durch die Unterteilung der Matrix in neun statt vier Felder, wodurch die Normstrategien differenzierter formuliert werden können. Des Weiteren stellen die beiden Achsen das Aggregat einer durch den Anwender selbst zu bestimmenden Anzahl quantitativer und qualitativer Faktoren dar. Einer solchen mehrfaktoriellen Bewertung liegen in der Regel umfangreiche Faktorenlisten zugrunde.

Die Umweltachse Marktattraktivität setzt sich dabei z. B. aus Faktoren wie Marktwachstum, Marktgröße, Marktrisiko, Branchenrentabilität oder Konkurrenzsituation zusammen. Die Unternehmensachse relativer Wettbewerbsvorteil umfasst hingegen Faktoren wie relativer Marktanteil, Produktqualität, F&E-Potenzial oder Qualifikation der Führungskräfte (Hinterhuber 2004a, S. 158 f.). Aus den Faktorenlisten werden die relevanten Faktoren ausgewählt, im Rahmen einer Nutzwertanalyse gewichtet, einzeln bewertet und zu einer Gesamtbewertung summiert.

Durch die Einordnung der Geschäftseinheiten in die neun Felder können differenzierte Aussagen über die Normstrategien getroffen werden. Investitions- und Wachstumsstrategien zielen auf den Aufbau von Wettbewerbsvorteilen. Die hier eingeordneten Geschäftseinheiten lassen ein hohes Erfolgspotenzial erkennen, welches zur Realisierung hohe Investitionen erfordert, die anfangs zu negativen Cashflows führen und Kapital binden. Abschöpfungs- und Desinvestitionsstrategien werden bei den Geschäftseinheiten angewandt, die zwar momentan noch einen hohen Cashflow erwirtschaften, jedoch langfristig nur geringe Entwicklungspotenziale aufweisen. Bei den Selektionsstrategien ist abzuwägen, ob eine offensive Wachstumsstrategie, eine

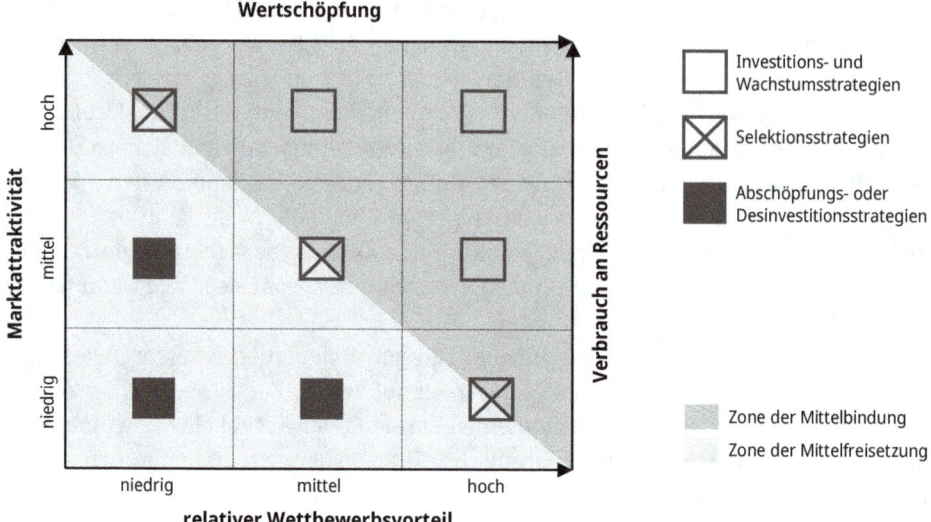

Abb. 4.18: Wettbewerbsvorteils-Marktattraktivitäts-Portfolio von McKinsey & Company (Quelle: eigene Darstellung).

Cashflow-abziehende Abschöpfungsstrategie oder eine Übergangsstrategie anzuwenden ist, die auf die zeitweilige Aufrechterhaltung des Status quo abzielt.

Generell liegen die Vorteile der Portfolio-Analyse in der integrativen Gesamtsicht auf die Geschäftseinheiten und dem einheitlichen Maßstab (z. B. Cashflow), nach dem diversifizierte Unternehmen unterschiedliche Geschäftseinheiten analysieren und vergleichen. Des Weiteren besteht eine hohe Akzeptanz in der Praxis, nicht zuletzt aufgrund der Anschaulichkeit und der einfachen Operationalisierbarkeit. Ein Nachteil der Portfolio-Analyse ist die hohe Komplexitätsreduktion; diese birgt das Risiko in sich, wichtige Faktoren zu vernachlässigen. Im Falle des BCG-Portfolios ist zu bezweifeln, ob die Umwelt- und Unternehmenskomponente angemessen über die Faktoren Marktwachstum und relativer Marktanteil berücksichtigt werden. Die Wettbewerbskomponente wird hierbei vernachlässigt. Die aus den Analysen abzuleitenden Normstrategien sind zu global. Anhaltspunkte, inwiefern die Strategie inhaltlich auszugestalten ist, werden nicht gegeben. Darüber hinaus werden Abhängigkeiten zwischen den einzelnen Geschäftseinheiten nicht berücksichtigt. Aufgrund der theoretischen Annahmen gelten die Kritikpunkte zum Erfahrungskurvenkonzept und zum Produktlebenszyklus auch analog für die Portfolio-Analyse.

5 Markenidentität, Markenpositionierung, Markenimage

Nachdem im vorherigen Kapitel die grundlegenden Strategiemodelle vorgestellt wurden, sollen im folgenden Kapitel die zentralen Begriffe der strategische Markenführung behandelt werden.

Die Marke ist als „ein in der Psyche des Konsumenten und sonstiger Bezugsgruppen der Marke fest verankertes, unverwechselbares Vorstellungsbild von einem Produkt oder einer Dienstleistung" (Meffert/Burmann/Koers 2005, S. 6) zu verstehen.

Die drei wesentlichen Begriffe der Markenführung sind Markenidentität, Markenpositionierung und Markenimage.

Die Markenidentität ist das Selbstbild einer Marke. Dieses Selbstbild erfasst und beschreibt die wesensprägenden Elemente einer Marke, die aus der historischen Entwicklung einer Marke resultieren.

Die Markenpositionierung leitet sich aus der Markenidentität ab. Im Markenmanagement müssen hier für die jeweilige Marke differenzierende und für die Zielgruppe relevante funktionale und emotionale Nutzendimensionen festgelegt werden.

Das Markenimage ist das Fremdbild einer Marke, das im Idealfall das kongruente Spiegelbild der Markenpositionierung in den Köpfen der Zielgruppe darstellt.

5.1 Markenidentität

Die Markenidentität ist das Selbstbild der Marke, welches aktiv von den Markenverantwortlichen festgelegt wird und von allen Mitarbeitern verinnerlicht werden soll. Idealerweise werden die Mitarbeiter damit zu Markenbotschaftern.

Die Identität einer Marke beginnt mit ihrer Geburtsstunde. Zu diesem Zeitpunkt haben alle Marken den Charakter einer Einzel- bzw. Monomarke, d. h. nur ein einzelnes Produkt trägt den Markennamen. Im Ursprung der Marke wird oft schon der funktionale Nutzen begründet. Die Herkunft der Marke basiert meist auf Kompetenzen des Gründers, z. B. die Erfindung einer besonderen Rezeptur, die als Reason Why den funktionalen Nutzen, z. B. eine besondere Wirkung, untermauert. In diesem Sinne war dieser funktionale Nutzen das Alleinstellungsmerkmal der Marke und bildete die natürliche Unique Selling Proposition. Im Laufe der Markenhistorie werden dann weitere Kompetenzen aufgebaut, z. B. die Erweiterung des Wirkungsgrades. Auf diese Weise ergibt sich sukzessive die Gesamtkompetenz einer Marke. Aus der Gesamtkompetenz entwickeln sich mehrere Nutzendimensionen, neben den funktionalen auch emotionale, aus denen eine Auswahl im Hinblick auf die Markenessenz erfolgen muss. Diese Auswahl ist insofern bedeutsam, da nicht alle Nutzendimensionen gleichermaßen zur Markenpositionierung geeignet sind. Zum einen müssen die Nutzen relevant für die anvisierte Zielgruppe und zum anderen differenzierend zu den Wettbewerbsmarken sein. Daraus müssen die Markenverantwortlichen die finale Positionierung festlegen und das Markenversprechen formulieren.

Aufbauend auf der psychoanalytischen Identitätsforschung können vier konstitutive Merkmale zwischen der Identität von Menschen und Marken identifiziert werden. Dies sind die Wechselseitigkeit, Kontinuität, Konsistenz und Individualität (Burmann/Schallehn 2008, S. 9 f.). Die Wechselseitigkeit besagt, dass die Markenidentität erst durch die Abgrenzung zu konkurrierenden Marken entstehen kann. Die Kontinuität schreibt eine Beibehaltung der wesentlichen Markenmerkmale im Zeitablauf vor. Um Widerspruchsfreiheit im Markenauftritt zu erreichen, müssen diese Merkmale jederzeit eine grundlegende Konsistenz aufweisen. Durch die Individualität soll schließlich beim Nachfrager eine wahrgenommene Einzigartigkeit bestimmter Nutzendimensionen im Vergleich zu konkurrierenden Marken aufgebaut werden.

Vor dem Hintergrund der Kontinuität ist jedoch zu vermerken, dass die Markenidentität dennoch einer Aktualisierung und Weiterentwicklung im Zeitablauf unterliegen muss, um sie neuen Anforderungen anzupassen. Diese können sich beispielsweise aus einem gesellschaftlichen Wandel ergeben. Bei aller Veränderung muss allerdings der Kern der Marke stets stabil bleiben und darf nur marginal verändert werden, um ein unklares Fremdbild respektive Markenimage bei den Konsumenten zu vermeiden.

So beinhaltet beispielsweise der Markenkern von Mercedes-Benz die Kernwerte Sicherheit, Komfort und Qualität, welche kontinuierlich im Mittelpunkt der Markenführung des Automobilherstellers stehen (Schüür-Langkau 2012, S. 106). In diesem Zusammenhang fordern Markenverantwortliche oftmals eine Verjüngung der eigenen Marke. Häufig ist damit jedoch nicht gemeint, dass die Marke verjüngt werden muss, sondern, dass jüngere Konsumenten angesprochen und gewonnen werden sollen. Hier ist wiederum zu klären, ob eine Verjüngung und somit Umorientierung eventuell den Markenkern in Frage stellt und darum zu Irritationen bei den Konsumenten führt. Die Ableitung der Markenidentität stellt meist einen Top-Down-Prozess des Top-Managements in Kooperation mit der Marketingabteilung dar, welcher mit der Basis, das heißt den Mitarbeitern, zu erden ist.

Die Markenidentität ist also ein begründender Faktor für den Erfolg einer Marke. Es stellt sich daher die Frage, welche Aspekte die Markenidentität konkret erfasst. Hierzu sind in der einschlägigen Literatur verschiedene Ansätze entwickelt worden. Im Folgenden werden sechs fundamentale Markenidentitätsmodelle vorgestellt.

5.1.1 Identitätsmodell nach Aaker

Einen grundlegenden Ansatz zur Erfassung der Markenidentität stellen die drei Identitätsringe von Aaker dar. Die Markenessenz, als innerster Ring, stellt den statischen Kern und die zentralen Identitätsmerkmale der Marke dar. Die Kernidentität ergänzt die Markenessenz im mittleren Ring um die wichtigsten Identitätsmerkmale, welche langfristig die Marke prägen sollen. Die erweiterte Markenidentität befindet sich im äußeren Ring, sie hat einen dynamischeren Charakter und ermöglicht eine Reaktion der Marke auf Veränderungen in der Markenumwelt (Runia et al. 2013, S. 16 f.). Die folgende Abb. 4.19 stellt das Modell von Aaker anschaulich dar.

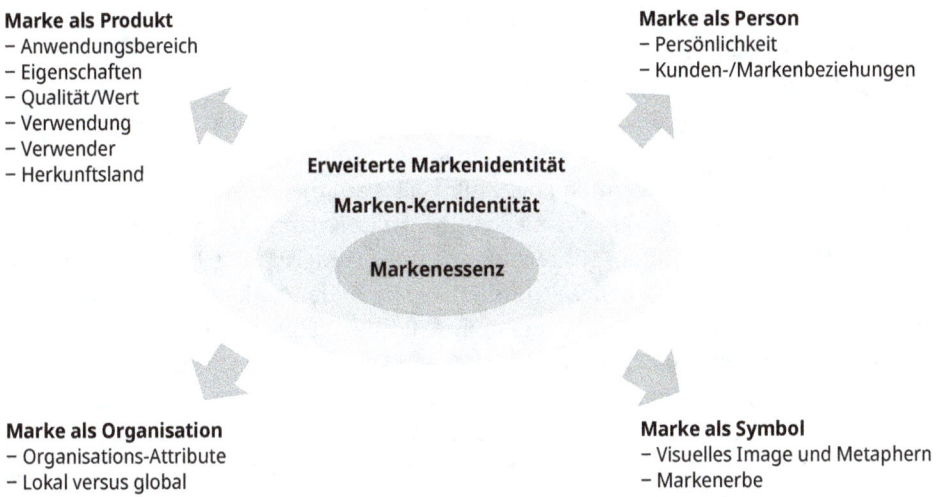

Marke als Produkt
- Anwendungsbereich
- Eigenschaften
- Qualität/Wert
- Verwendung
- Verwender
- Herkunftsland

Marke als Person
- Persönlichkeit
- Kunden-/Markenbeziehungen

Erweiterte Markenidentität
Marken-Kernidentität
Markenessenz

Marke als Organisation
- Organisations-Attribute
- Lokal versus global

Marke als Symbol
- Visuelles Image und Metaphern
- Markenerbe

Abb. 4.19: Markenidentitätsmodell nach Aaker (Quelle: eigene Darstellung in Anlehnung an Aaker/Joachimsthaler 2000: 44).

Über diese Betrachtung hinaus unterscheidet Aaker folgende vier Dimensionen einer Marke: Produkt, Organisation, Person und Symbol. Diese Dimensionen konkretisieren die drei Identitätsringe. Innerhalb der Dimension Marke als Produkt werden produktbezogene Assoziationen mit der Marke festgelegt (Aaker 1996, S. 72 ff.). Die Dimension Produkt umfasst die Aspekte Anwendungsbereich, Eigenschaften, Qualität/Wert, Verwendung, Verwender sowie Herkunftsland der Marke. Die Marke als Organisation beschreibt die Organisationsattribute des Markenherstellers, wie z. B. Innovationsgrad oder Qualifikation der Mitarbeiter. Ferner umfasst diese Dimension auch die Wahrnehmung als lokales oder globales Unternehmen. Die Dimension Person beinhaltet Assoziationen, welche die Markenpersönlichkeit und die Beziehungen zwischen Marke und Kunden betreffen. Die Markenpersönlichkeit enthält alle menschlichen Eigenschaften, die mit einer Marke verknüpft werden können. Vor diesem Hintergrund geht Aaker (1996, S. 141 ff.) davon aus, dass zwischen einer Marke und ihrem Verwender eine vergleichbare Beziehung entstehen kann, wie sie zwischen Menschen besteht. Die Marke als Symbol erfasst schließlich das visuelle Image/Metaphern sowie das Markenerbe. Der Begriff Image ist in diesem Modell eher als bildliche Gestaltung der Marke aufzufassen. Das Markenerbe bezieht sich auf die Historie und enthält prägende Ereignisse der Marke.

5.1.2 Identitätsmodell nach Kapferer

Als ein weiterer bedeutender Ansatz zur Erfassung der Markenidentität hat sich das Identitätsprisma von Kapferer etabliert. Sein Modell besteht aus sechs Identitätselementen, die das Bild von Sender und Empfänger ausmachen, dabei unterscheidet er zwischen Innen- und Außenorientierung der Marke. Als erstes Element sieht Kapferer das Erscheinungsbild (außenorientiert) der Marke und meint damit die physischen Merkmale, welche die Marke kennzeichnen. Das zweite Element stellt die Persönlichkeit (innengerichtet) der Marke dar, d. h. hier spiegelt sich der grundlegende Charakter der Marke wider. Drittes Element ist die Kultur (innenorientiert) der Marke, dabei hat die Prägung der Marke durch eine Kultur als auch die kulturelle Wirkung durch die Marke eine Bedeutung. Als viertes Element nennt Kapferer die Beziehung (außengerichtet) der Marke zu ihren Nutzern und fokussiert hiermit das Bezugssystem zwischen Marke und Zielpersonen. Das fünfte Element bildet die Reflexion (außenorientiert) der Marke durch die Konsumenten, d. h. hier geht es um die wesentlichen Assoziationen, welche die Zielgruppe mit der Marke verbindet. Mit dem sechsten Element des Selbst-Image (innengerichtet) der Marke rundet Kapferer seinen Ansatz ab, wobei er an dieser Stelle auf die persönlichen Wunschvorstellungen der Zielpersonen im Zusammenhang mit der Marke abzielt (Runia et al. 2013, S. 17 f.). Die Abb. 4.20 zeigt das Identitätsprisma nach Kapferer.

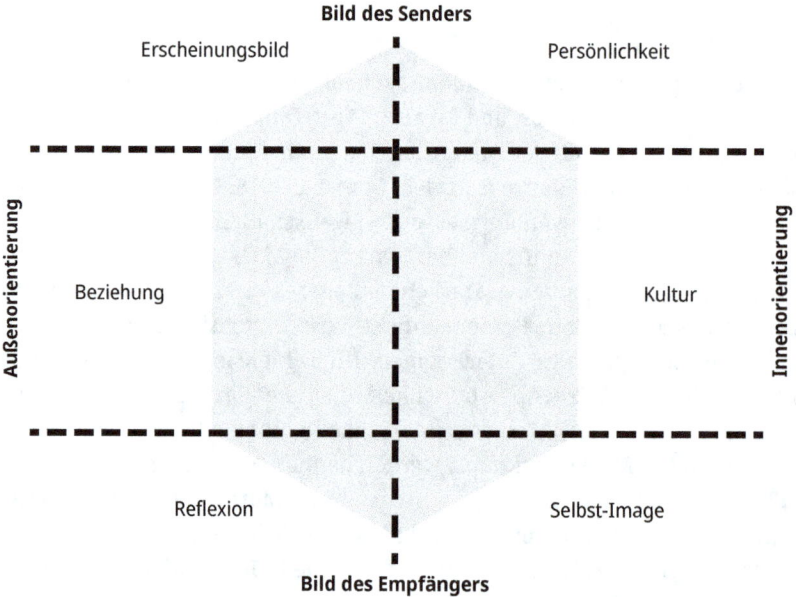

Abb. 4.20: Markenidentitätsprisma nach Kapferer (Quelle: eigene Darstellung in Anlehnung an Kapferer 2008, S. 183).

5.1.3 Identitätsmodell nach Meffert und Burmann

Auf der Grundlage der erläuterten Ansätze von Aaker und Kapferer entwickelten Meffert und Burmann im Jahr 1996 ein Identitätsmodell, welches durch Burmann im Jahr 2003 (Burmann et al. 2003, S. 1) weiterentwickelt wurde. Nach Burmann lassen sich auf der Basis der sozialwissenschaftlichen und psychologischen Identitätsforschung sechs konstitutive Komponenten identifizieren, die eine umfangreiche Beschreibung der Markenidentität ermöglichen: Markenherkunft, Markenkompetenzen, Markenwerte, Markenpersönlichkeit, Markenvision und Markenleistungen. Die Abb. 4.21. stellt diese sechs Komponenten der Markenidentität strukturiert dar.

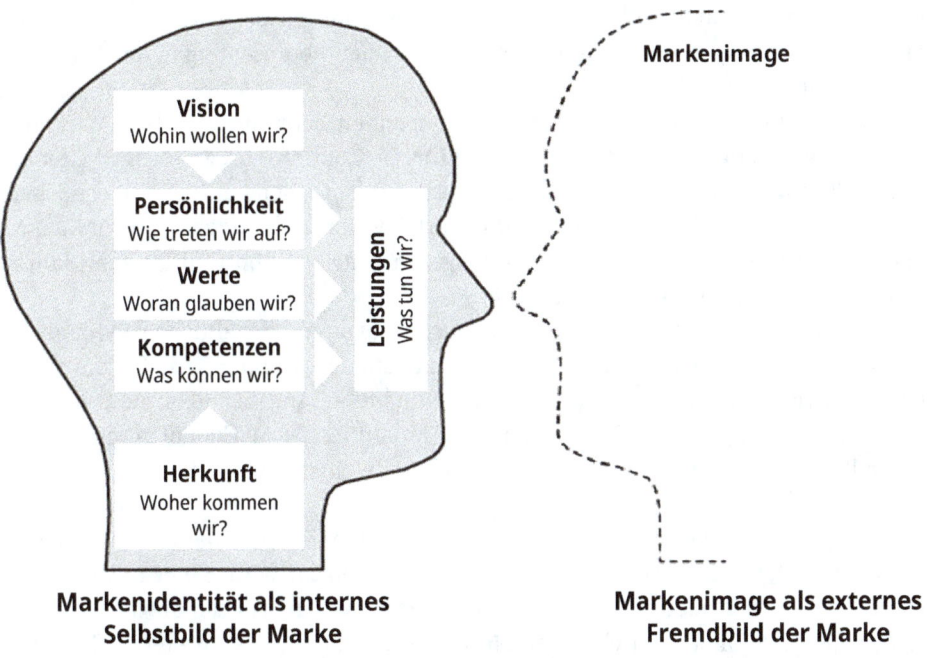

Abb. 4.21: Komponenten der Markenidentität nach Meffert/Burmann (Quelle: eigene Darstellung in Anlehnung an Burmann et al. 2012, S. 44).

Die Markenherkunft dient als das Fundament der Markenidentität. Sie beantwortet die Frage: „Woher kommen wir?". Die Markenherkunft beschreibt im engeren Sinne den Ursprung einer Marke, umfasst in diesem Modell jedoch die folgenden drei Komponenten: zeitliche (Markenhistorie), institutionelle (Branche etc.) und geografische Herkunft.

Die Markenkompetenzen beantworten die Frage: „Was können wir?". Sie vertreten die spezifischen Fähigkeiten einer Marke zur marktgerechten Identifikation und Kombination von Ressourcen. Dies bezeichnet die Fähigkeit, die verfügbaren Ressourcen so zu kombinieren, dass daraus ein überlegener Kundennutzen gegenüber der Konkurrenz entsteht. Die Markenkompetenzen gründen auf zeitweiligen Wissensvorsprüngen (Burmann et al. 2012, S. 50 ff.).

Die Markenwerte repräsentieren die grundsätzlichen Überzeugungen einer Marke und beantworten die Frage: „Woran glauben wir?". Dabei spiegeln sie die fundamentale Auffassung einer Marke wider, ob ein bestimmtes Verhalten oder eine Einstellung wünschenswert ist oder nicht. Gleichzeitig sollen sie zentrale emotionale Komponenten der Markenidentität zum Ausdruck bringen und einen Bezug zum emotionalen Nutzen herstellen, der mittels weniger Aussagen transportiert werden soll.

Die Markenpersönlichkeit beantwortet die Frage: „Wie kommunizieren wir?". Im Sinne einer menschlichen Persönlichkeit findet sie ihren Ausdruck im non-verbalen und verbalen Kommunikationsstil der Marke. Der markenspezifische Kommunikationsstil wird hierbei von der Markenherkunft und den Repräsentanten der Marke geprägt (Burmann et al. 2003, S. 23).

Während die Markenherkunft die Vergangenheit betrachtet, gibt die Markenvision die langfristige Entwicklungsrichtung für die Zukunft vor. Sie beantwortet die Frage: „Wohin wollen wir?". Hierbei bezieht sie sich auf einen zukünftig zu erreichenden Soll-Zustand der Markenidentität. Die Markenvision weist einen geringen Konkretisierungsgrad auf und ist durch einen längeren Zeitraum von fünf bis zehn Jahren geprägt (Meffert et al. 2019, S. 267).

Die Markenherkunft und die Markenvision formen den zeitlichen Rahmen für die Ausgestaltung der übrigen Identitätskomponenten sowie die Basis für die anhaltende Entwicklung und Anpassung der Markenidentität. Angaben über die Bedeutung der Identitätskomponenten für die konkrete Gestaltung der Markenidentität sind nur unter Berücksichtigung der bestehenden Rahmenbedingungen individuell zu treffen (Burmann et al. 2012, S. 58).

Die grundlegende Art der Markenleistungen beruht auf den Markenkompetenzen und bestimmt, wie eine Marke für den Nachfrager nutzbar wird. Sie beantworten die Frage: „Was vermarkten wir?". Hier wird bestimmt, welche Nutzen die Marke bieten soll. Die Kompatibilität zwischen den Markenleistungen und den weiteren fünf Identitätskomponenten hat entscheidende Bedeutung für die Glaubwürdigkeit der Marke, da diese vom Nachfrager immer ganzheitlich wahrgenommen wird (Meffert et al. 2019, S. 267).

Beim Modell von Meffert und Burmann wird im Vergleich zu den vorherigen Modellen zum ersten Mal das Markenimage als angestrebtes Spiegelbild der Markenidentität betrachtet. Somit gelten Meffert und Burmann als Urheber der identitätsorientierten Markenführung, bei der zwischen einer Inside-out-Perspektive und einer Outside-in-Perspektive unterschieden wird. Das Selbstbild der Marke (Markenidentität) wird als Nutzenversprechen (Positionierung) an die Zielgruppe übermittelt (Inside-out). Hieraus ergibt sich das Fremdbild der Marke (Markenimage), welches als Feedback zurückgespiegelt wird (Outside-in). Dieser Zusammenhang wird in der folgenden Abb. 4.22. gezeigt.

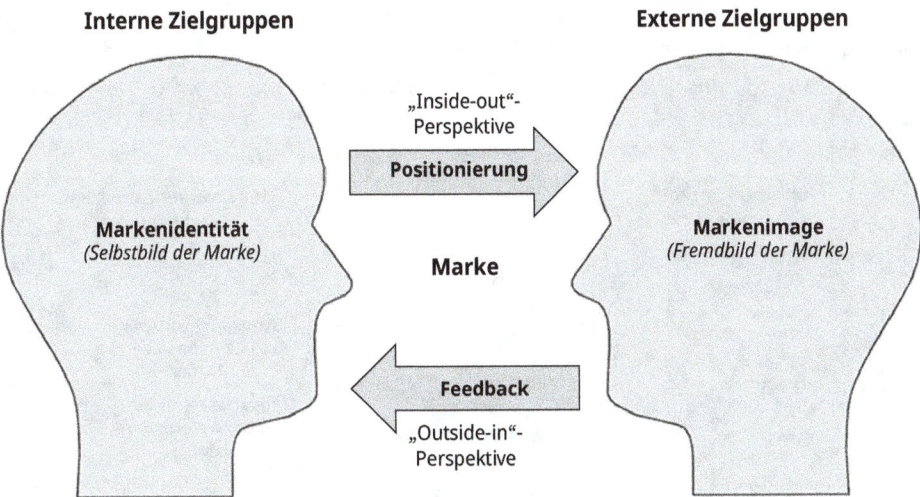

Abb. 4.22: Grundidee der identitätsorientierten Markenführung (Quelle: eigene Darstellung in Anlehnung an Meffert et al. 2005, S. 52).

Grundvoraussetzung für die Bildung des Markenimages ist die Markenbekanntheit und somit das Vorhandensein der Marke im Awareness Set. Ist das Markenimage für die Zielperson relevant, besteht eine hohe Wahrscheinlichkeit, dass die Marke in das Relevant Set dieser Zielperson gelangt. Eine annähernde Kongruenz von Selbst- und Fremdbild kann als Erfolg einer stringenten Markenführung gewertet werden.

Die Markenidentität steht dem Markenimage gegenüber, welches dem Fremdbild in der Zielgruppe bzw. in den Anspruchsgruppen entspricht. Das Markenimage formt sich zeitverzögert zur Markenidentität, weil es sich um einen Lernprozess in der Zielgruppe handelt, ausgelöst durch die Vermittlung der entsprechenden Identitätsmerkmale.

Die Vermittlung der Markenidentitätsmerkmale findet auf der operativen Ebene an allen relevanten Brand Touchpoints statt. Hier trifft das aus der Markenidentität abgeleitete Markennutzenversprechen auf die Markenerwartungen der Zielgruppe. Ferner ergibt sich aus der Markenidentität das Markenverhalten, welches im Idealfall zu einem Markenerlebnis führt. Hieraus entwickelt sich der wahrgenommene Markennutzen bei den Zielpersonen. Im Modell nach Meffert und Burmann spiegelt dieser Markennutzen sämtliche Komponenten der Markenidentität wider, wie in Abb. 4.23 dargestellt.

5.1.4 Identitätsmodell nach Runia und Wahl

Um sowohl die vom Unternehmen entwickelte als auch die vom Konsumenten wahrgenommene Markenperspektive ausreichend zu berücksichtigen, stellen Runia und

Wahl (2011) auf dem Grundgedanken von Meffert/Burmann bezogen einen weiteren Identitätsansatz vor. Darin werden die Merkmale der Markenidentität und des Markenimages gegenübergestellt und eine Wechselbeziehung aufgezeigt, wie aus der Abb. 4.24 ersichtlich wird.

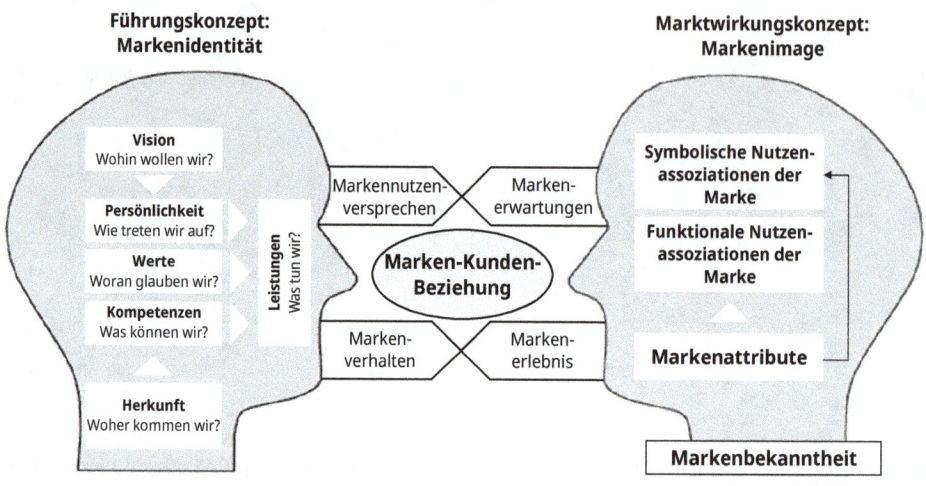

Abb. 4.23: Markenidentität und Markenimage nach Meffert/Burmann (Quelle: eigene Darstellung in Anlehnung an Burmann et al. 2012, S. 103).

Die Markenidentität setzt sich in diesem Modell aus den vier Komponenten Markenherkunft, Markenkompetenz, Markenessenz und Markenversprechen zusammen. Die Markenherkunft umfasst den Ursprung der Marke und die bisherige Markenhistorie. Die Markenkompetenz zeigt die Gesamtkompetenz der Marke auf, bestehend sowohl aus Basis- als auch Kernelementen. Unter Markenessenz wird im Rahmen dieses Modells die Positionierung verstanden, welche ausgewählte funktionale und emotionale Nutzendimensionen beinhaltet. Diese ausgewählten Nutzendimensionen bilden das Markenversprechen, welches auf der operativen Ebene als Markenbotschaft zum Tragen kommt.

Diese Merkmale der Markenidentität (Selbstbild der Marke) werden dann dem Markenimage (Fremdbild der Ziel- und Anspruchsgruppen) gegenübergestellt. Grundvoraussetzung für die Imagebildung einer Marke ist die ungestützte bzw. gestützte Markenbekanntheit.

Das Markenimage besteht in diesem Modell aus den drei Komponenten Markenelemente, funktionale Nutzendimensionen und symbolische Nutzendimensionen. Die Markenelemente sind die gelernten Markenkennzeichen und gelten als die gestalterische Ausdrucksform der Markenidentität. Die funktionalen Nutzendimensionen entsprechen den wahrgenommenen funktionalen Benefits und die symbolischen Nutzendimensio-

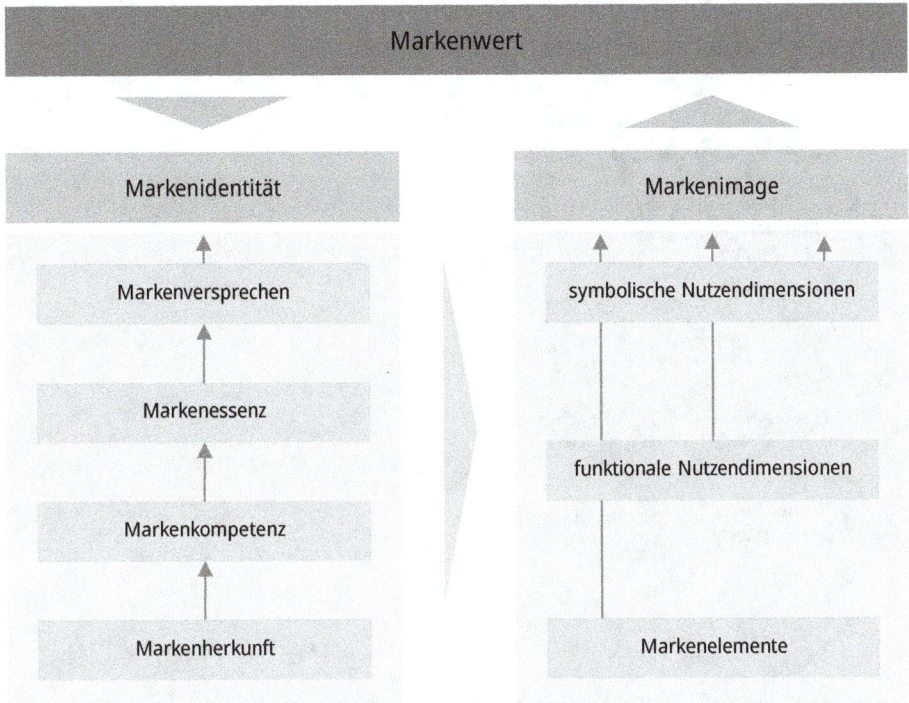

Abb. 4.24: Markenidentität und Markenimage nach Runia/Wahl (Quelle: eigene Darstellung).

nen den wahrgenommenen emotionalen Benefits, welche die Markenpersönlichkeit ausmachen.

Ziel ist der Aufbau eines schlüssigen Markenimages durch Vermittlung einer eindeutigen Markenpositionierung. Hierdurch entsteht ein Markenwert aus Konsumentensicht als Summe der Einstellungen. Dieser Markenwert kann aus Unternehmenssicht mit psychologischen und ökonomischen Verfahren ermittelt werden.

5.1.5 Markensteuerrad nach Icon Added Value

Das Markensteuerrad von Icon Added Value (heute: Kantar Added Value) als Identitätsansatz berücksichtigt die moderne Hemisphärenforschung und damit die Einteilung des menschlichen Gehirns in zwei miteinander verbundene Hirnhälften. Während die linke Hemisphäre eher für die sprachlich-rationale Aufnahme, Verarbeitung und Speicherung von Informationen verantwortlich ist, erfasst die rechte Gehirnhälfte stärker bildlich-emotionale Eindrücke und speichert diese ganzheitlich. Der Identitätsansatz von Icon Added Value betont die Unterscheidung zwischen rationalen und emotionalen Markenelementen und spiegelt in seinem Aufbau die geschilderten Funktionen der beiden Gehirnhälften wider (Runia et al. 2013, S. 18 f.). Die folgende Abb. 4.25 stellt das Markensteuerrad anschaulich dar.

Abb. 4.25: Markensteuerrad von Icon Added Value (Quelle: eigene Darstellung).

Die linke Hälfte des Markensteuerrads stellt die Kernbereiche Markenkompetenz sowie Benefit und Reason Why als vorwiegend rationale Elemente in den Fokus der Betrachtung. Daneben symbolisiert die rechte Hälfte die emotionalen Elemente der Marke wie Tonalität sowie Markeniconographie bzw. Markenbild.

Im Folgenden werden die vier Bestandteile des Markensteuerrads nach Icon Added Value im Einzelnen behandelt.

– Markenkompetenz: Diese umfasst die Herkunft und somit den Ursprung der Marke, die historische Entwicklung sowie die im Zeitablauf aufgebaute Kompetenz. Die Markenkompetenz gibt Antwort auf die Frage „Wer bin ich?".
– Benefit und Reason Why: Der Benefit stellt die Markennutzen dar, welche sich in funktionale und emotionale Nutzendimensionen unterteilen lassen. Der Reason Why begründet diese Nutzendimensionen glaubhaft. Benefit und Reason Why beantworten die Frage „Was biete ich an?".
– Tonalität: Die Tonalität beinhaltet die Charaktereigenschaften und Persönlichkeitsmerkmale der Marke in Form von Adjektiven. Sie gibt Antwort auf die Frage: „Wie bin ich?".
– Markeniconographie: Die Markeniconographie bzw. das Markenbild umfasst zentrale Schlüsselbilder bzw. ein Key Visual. Zudem können weitere sensorische Stimuli markenkongruent definiert werden. Hier wird die Frage „Wie trete ich auf?" beantwortet.

In der Abb. 4.26 wird das Markensteuerrad nach Icon Added Value am Beispiel einer Katzenfuttermarke anschaulich dargestellt.

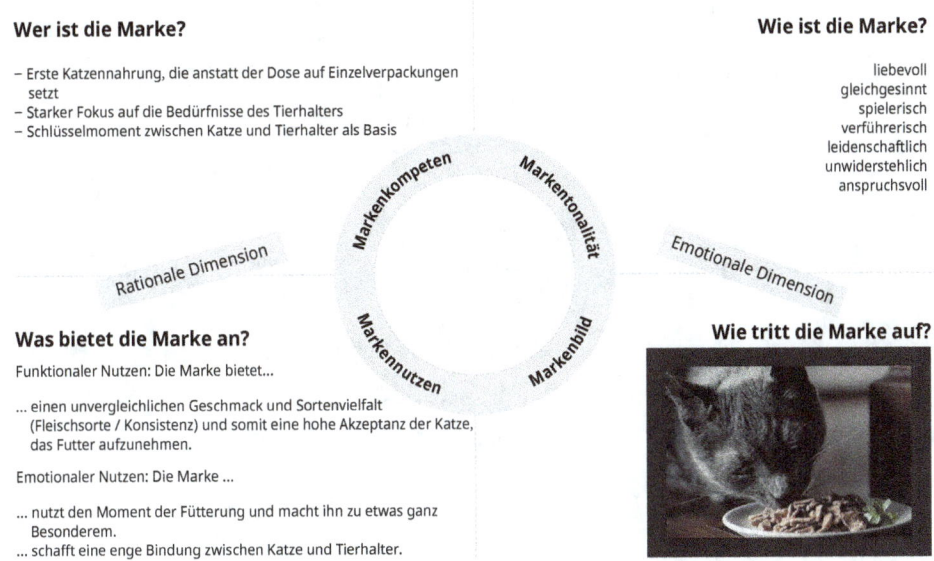

Abb. 4.26: Markensteuerrad von Icon Added Value am Beispiel einer Katzenfuttermarke (Quelle: eigene Darstellung mit Foto von Felice Wölke auf Unsplash.com).

5.1.6 Markensteuerrad nach Esch

Als sechster Ansatz wird im Folgenden das Markensteuerrad von Esch beschrieben, welches eine Weiterentwicklung des Ansatzes von Icon Added Value darstellt. Basierend auf den Erkenntnissen der Hemisphärenforschung werden in Analogie zu den beiden Hirnhälften des menschlichen Gehirns zwei Seiten differenziert. Bei diesem modifizierten Markensteuerrad von Esch steht die Markenkompetenz als dauerhafter Kern der Markenidentität im Mittelpunkt der Betrachtung. Auf der linken Seite werden die Markenattribute und der Markennutzen erfasst. Auf der rechten Seite werden die Markentonalität und das Markenbild aufgeführt. Diese vier Bereiche, die sich um die Markenkompetenz formieren, stellen dabei eine Konkretisierung der Markenkompetenz dar. Während die Markenkompetenz als dauerhafter Kern generell unverändert bleibt, können die vier umliegenden Bereiche im Zeitablauf angepasst werden (Esch 2012, S. 101). Die Abb. 4.27 zeigt das Markensteuerrad nach Esch.

Die Markenkompetenz hält die zentralen Charakteristiken einer Marke fest und beantwortet die Frage: „Wer bin ich?". Sie kann sowohl funktionale als auch emotionale Inhalte enthalten und bezieht sich dabei auf vier Elemente. Dies sind erstens die

174 — 5 Markenidentität, Markenpositionierung, Markenimage

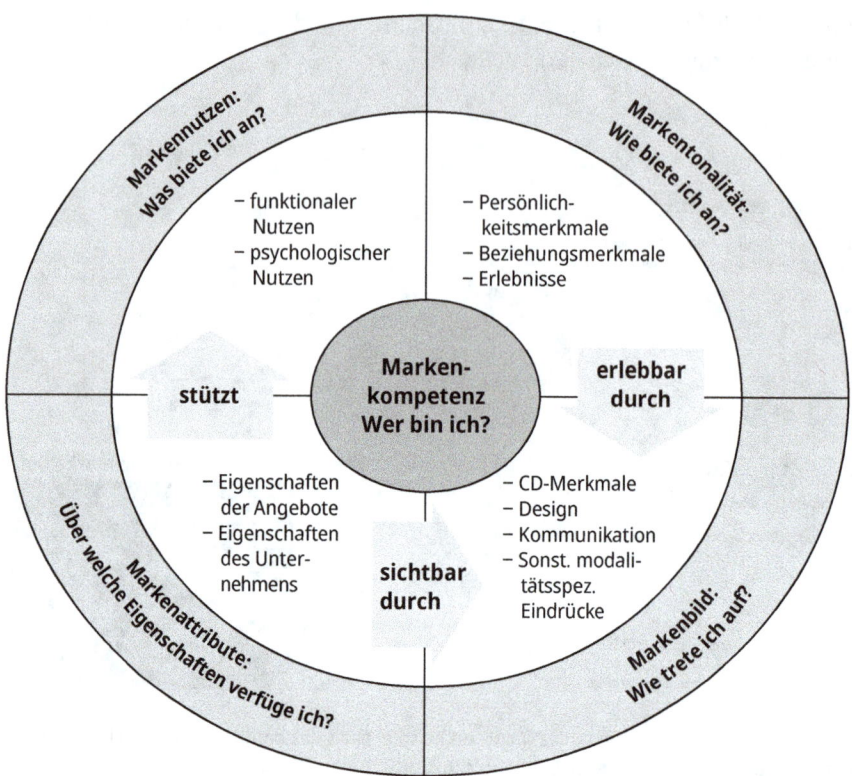

Abb. 4.27: Markensteuerrad nach Esch (Quelle: eigene Darstellung in Anlehnung an Esch 2008, S. 102).

Markenhistorie und die Zeitdauer der Marke im Markt, welche Anhaltspunkte für eine unverwechselbare Kompetenz der Marke geben können und weitere Bereiche des Markensteuerrades positiv beeinflussen. Zweitens die Markenherkunft, worunter unter anderem Assoziationen mit landestypischen Werten verstanden werden. Drittens die Rolle der Marke im Markt und viertens zentrale Markenassets, wie beispielsweise Fertigungstechniken sowie Forschungs- und Entwicklungs-Know-How.

Die rationale Seite des Markensteuerrades bilden der Markennutzen und die Markenattribute. Die Trennung dieser Bereiche ist bedeutend, da Konsumenten ein Nutzenbündel zur Bedürfnisbefriedigung erwarten, welches durch entsprechende Markenattribute begründet sein sollte. Innerhalb des Markennutzens ist grundlegend zwischen dem funktionalen und dem psychosozialen Nutzen zu unterscheiden. Der Markennutzen beantwortet dabei die Frage: „Was biete ich an?". Der Bereich Markenattribute unterscheidet hingegen Eigenschaften des Unternehmens bzw. der Angebote und beantwortet die Frage: „Über welche Eigenschaften verfüge ich?". Wesentlich ist, die Beziehung zwischen Nutzen sowie Attributen verständlich herzustellen, um ein Verständnis dafür zu schaffen, wie sehr ein bestimmter Nutzen gestützt wird (Esch 2012,

S. 102 ff.). Im Vergleich mit dem Markensteuerrad von Icon Added Value entsprechen die Markenattribute dem Reason Why.

Die emotionale Seite des Markensteuerrades bilden die Markentonalität und das Markenbild. Die Markentonalität erfasst die emotionalen Assoziationen, die mit einer Marke verknüpft werden sollen, und beantwortet die Frage: „Wie biete ich an?". Die Tonalität beinhaltet die Markenpersönlichkeit, welche alle menschlichen Eigenschaften, die mit einer Marke verbunden werden sollen, erfasst. Weitere Dimensionen der Markentonalität sind die Beziehungen zwischen Marke und Konsument sowie die Erlebnisse, die mit einer Marke verknüpft werden sollen. Das Markenbild enthält schließlich alle multisensualen Eindrücke, die zusammen das innere Vorstellungsbild der Konsumenten von einer Marke ergeben. Es beantwortet somit die Frage: „Wie trete ich auf?". Vor diesem Hintergrund ist der Begriff Corporate Design zu nennen, welcher ein Element im Rahmen der Corporate Identity ist, hier jedoch im Sinne eines visuellen Teils des Markenbildes fungiert (Esch 2012, S. 102). Das Corporate Design beinhaltet demnach sämtliche Erscheinungsformen eines Unternehmens, die einem Gestaltungskonzept folgend, erarbeitet worden sind. Als Beispiele dienen Logo, Schrifttyp, Arbeitskleidung und Büroeinrichtungen.

Als Fazit der Betrachtung diverser Modelle zur Markenidentität ist resümierend festzuhalten, dass die Modelle von Aaker und Kapferer von historischer Bedeutung sind und einen eher theoretischen Charakter aufweisen. Für die Anwendung im praktischen Markenmanagement sind diese Modelle weniger geeignet. Die Modelle von Meffert/Burmann sowie Runia/Wahl bilden eine wissenschaftliche Basis zur Gestaltung und zur Messung von Markenidentität, Markenpositionierung und Markenimage als Gesamtbetrachtung. Hier liegt der Fokus auf der anzustrebenden Kongruenz von Markenidentität/-positionierung (Selbstbild) und Markenimage (Fremdbild). Die Markensteuerräder nach Icon Added Value und Esch sind vor allem für die Markenführung in der Praxis geeignet. Ein Markensteuerrad ist eine zusammenfassende Darstellung der Marke, die als Grundlage für die operative Markenführung genutzt werden sollte.

5.2 Markenpositionierung

Im Kapitel IV 3.3.2 wurde bereits im Rahmen der STP-Strategien das Thema der Markenpositionierung behandelt. An dieser Stelle soll der Zusammenhang zwischen der Markenidentität und der Markenpositionierung als Basis zur nachfolgenden Imagebildung stärker verdeutlicht werden. Die Markenpositionierung bildet das Markenversprechen, welches in der operativen Markenführung als Markenbotschaft formuliert wird.

Die Markenpositionierung ist die Konzentration auf die ausgewählten Nutzendimensionen aus der Markenidentität, die für die Zielgruppe relevant und im Wettbewerbsumfeld einzigartig und damit nicht austauschbar sind (Runia/Wahl 2009, S. 272).

Die Basispositionierung einer Marke beruht auf funktionalen und emotionalen Nutzendimensionen. In Bezug auf Konsumgüter kann folgende Strukturierung der Nutzendimensionen als Basiskategorisierung gelten:
- funktionaler Nutzen: besonderer Geschmack, besondere Konsistenz, besondere Wirkung, besondere Leistung
- emotionaler Nutzen: besondere Genussmomente, besondere Erlebnismomente, gutes Gewissen, besonderes Sicherheitsgefühl

Der Reason Why, also die Begründung der Nutzendimensionen, unterstützt in erster Linie den funktionalen Nutzen, z. B. besondere Rezeptur, besondere Zutaten bzw. Inhaltsstoffe, besonderes Herstellungsverfahren, besondere Technologie. In Kombination mit dem funktionalen Nutzen kann der Reason Why auch den emotionalen Nutzen untermauern. So kann bei einem Nahrungsmittel die Rezeptur zu einem besonderen Geschmack führen, der zur gleichen Zeit einen besonderen Genussmoment auslöst.

Eine zentrale Facette im Rahmen der Markenpositionierung ist somit der Markennutzen. Dieser gliedert sich, wie zuvor dargestellt, in funktionale und emotionale Nutzendimensionen. Diese lassen sich wiederum tiefergehend fünf weiteren Dimensionen zuordnen: dem utilitaristischen, ökonomischen, sozialen, sinnlich-ästhetischen und hedonistisch-intrinsischen Markennutzen (Burmann/Stolle 2007, S. 73 ff.).

Genannte fünf Dimensionen werden in Abb. 4.28 mit der Bedürfnispyramide von Maslow verknüpft, welche die menschlichen Bedürfnisse wie folgt ordnet: Grundbedürfnisse, Sicherheit, soziale Beziehungen, soziale Anerkennung und Selbstverwirklichung.

Abb. 4.28: Markennutzen und Bedürfnishierarchie (Quelle: eigene Darstellung in Anlehnung an Burmann/Stolle 2007, S. 78).

Der funktionale Markennutzen teilt sich auf in den utilitaristischen und den ökonomischen Nutzen. Der utilitaristische Nutzen basiert auf den Grundelementen einer Markenleistung und geht einher mit der Orientierungs-, Informations-, Risikoreduktions- und Vertrauensfunktion von Marken. Analog zu der Bedürfnispyramide von Maslow erfüllt der utilitaristische Nutzen die Grund- und Sicherheitsbedürfnisse an eine Marke. Der ökonomische Nutzen basiert auf finanziellen Komponenten, wie dem Preis-Leistungs-Verhältnis. Im Hinblick auf die Bedürfnispyramide ist auch der ökonomische Nutzen den Sicherheitsbedürfnissen zuzuordnen (Burmann/Stolle 2007, S. 73 ff.).

Der symbolische (emotionale) Markennutzen ist an den Bedürfnissen der Ziel- und Anspruchsgruppen ausgerichtet und kann extrinsisch oder intrinsisch motiviert sein. Eine extrinsische Motivation bedeutet, dass sich ein Konsument durch den Kauf einer Marke nach außen darstellen möchte. In diesem Fall wird auch von einem Prestigenutzen oder einem sozialen Nutzen gesprochen. Dieser unterstützt nach Maslow das Bedürfnis nach sozialer Anerkennung. Die intrinsische Motivation hingegen ist eine innerliche Freude am Konsum einer Marke, die nicht nach außen kommuniziert wird. Sie teilt sich auf in einen sinnlich-ästhetischen und einen hedonistisch-intrinsischen Markennutzen. Der sinnlich-ästhetische Markennutzen zielt auf die Bedürfnisbefriedigung durch ästhetische Komponenten wie das Design einer Marke oder eine Assoziation mit Schönheit ab und unterstützt das Bedürfnis nach Selbstverwirklichung. Im Fokus des hedonistisch-intrinsischen Markennutzens stehen Komponenten wie Lust und Genuss sowie eine persönliche kognitive oder emotionale Stimulation (Burmann/Stolle 2007, S. 76 f.).

Damit eine fundierte Positionierungsentscheidung für eine Marke getroffen werden kann, ist im Vorfeld eine Positionierungsanalyse durchzuführen. Im Rahmen einer Positionierungsanalyse werden Marken eines bestimmten Marktes in einer mehrdimensionalen Abbildung räumlich angeordnet. Diese Anordnung erfolgt aus Sicht des Konsumenten und wird in zwei- oder mehrdimensionalen Positionierungsmodellen verdeutlicht. Das Positionierungsmodell veranschaulicht die subjektiv wahrgenommene Stellung der eigenen Marke sowie der Wettbewerbsmarken und die Idealvorstellungen der Konsumenten in Bezug auf wesentliche Positionierungseigenschaften. Je näher die Marken räumlich beieinander liegen, desto ähnlicher sind ihre Images und umso austauschbarer werden sie von den Konsumenten wahrgenommen. Diese Zusammenhänge sind in der Abb. 4.29 in theoretischer Form ersichtlich.

Je näher sich die Position einer Marke an den Idealvorstellungen der Konsumenten befindet, umso höher ist die Übereinstimmung der Markenmerkmale mit diesen Vorstellungen und die resultierende Kaufwahrscheinlichkeit für diese Marke. Dabei ist zu berücksichtigen, dass zahlreiche relevante Positionierungseigenschaften existieren, die jedoch nicht alle in einem Positionierungsmodell berücksichtigt werden können. Hier wird der Grundgedanke der Positionierung ersichtlich, nämlich die Konzentration auf wenige relevante Positionierungseigenschaften (Nutzendimensionen), mittels derer idealerweise ein Wettbewerbsvorteil realisiert werden kann (Sattler/Völckner 2013, S. 52 ff.).

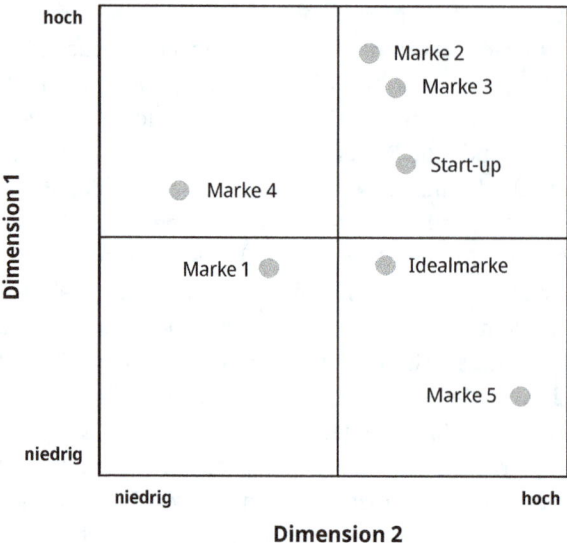

Abb. 4.29: Positionierungsmodell (Quelle: eigene Darstellung).

Demnach wird die Markenidentität, unter Berücksichtigung aktueller und künftiger Positionen der relevanten Wettbewerbsmarken sowie aktueller und künftiger Konsumentenbedürfnisse, innerhalb der Markenpositionierung weiter spezifiziert. Dies ist mit einer Fokussierung auf wenige relevante Nutzendimensionen verbunden, für die eine Marke stehen soll. Als Beispiel kann BMW mit den Nutzendimensionen dynamisch, herausfordernd und kultiviert genannt werden. Bei der Auswahl der Positionierungsdimensionen ist zu beachten, dass sie den Bedürfnissen und Wünschen der Konsumenten entsprechen und für diese relevant sind. Die Befriedigung der Konsumentenbedürfnisse stellt dabei eine notwendige Prämisse für eine erfolgreiche Positionierung der Marke dar (Esch 2012, S. 90).

Im Rahmen von Positionierungsmodellen wird bezüglich der Nutzendimensionen zwischen Points-of-Difference und Points-of-Parity unterschieden. Die Differenzierungsstrategie als Basisstrategie strebt per se eine möglichst weit entfernte und eigenständige Positionierung der Marke gegenüber den Wettbewerbsmarken an (Points-of-Difference). Dies bedeutet, dass die als Points-of-Difference angestrebten Nutzendimensionen von keiner Wettbewerbsmarke besetzt sind. Im Gegensatz dazu handelt es sich bei den als Points-of-Parity bezeichneten Nutzendimensionen um solche, die von vielen Wettbewerbsmarken belegt werden. Bezüglich der Differenzierungsstrategie ist zu konstatieren, dass nur die Points-of-Difference für eine tragfähige Positionierung in Frage kommen.

In diesem Zusammenhang stellt die Unique Selling Proposition (vgl. Kapitel IV 3.3.2) eine Positionierung dar, bei der die Points-of-Difference zu einer Alleinstellung (Uniqueness) führen. Dies impliziert in der Regel eine konstruierte USP, bei der die einzigartige Kombination von funktionalen und emotionalen Nutzendimensionen zu einem vom Nachfrager wahrgenommenen Wettbewerbsvorteil führt. In der Markenführung gilt es, eine solche Positionierung im Rahmen der Customer Experience über alle Customer Touchpoints zu transportieren, sodass die relevanten Nutzendimensionen sich bei der ausgewählten Zielgruppe als Markenimage verfestigen.

Die einmal festgelegte Positionierung sollte langfristig festgelegt werden. Einflüsse aus der Marketingumwelt können jedoch dazu führen, dass eine Anpassung im Rahmen des Markenmanagements vorgenommen werden muss. In diesem Zusammenhang sind die Begriffe Repositionierung und Neupositionierung zu thematisieren.

Die Repositionierung einer Marke definiert Feddersen wie folgt: „Markenrepositionierung beschreibt die Variation funktionaler und/oder symbolischer Nutzenmerkmale einer bereits in den Markt eingeführten Marke mit der Absicht, die Nutzenassoziationen relevanter Zielgruppen zieladäquat zu verändern" (Feddersen 2010, S. 33).

Während bei der Repositionierung nur einzelne Nutzendimensionen variiert werden, findet bei der Neupositionierung eine Anpassung sämtlicher Nutzendimensionen statt. Bei der Re- bzw. Neupositionierung geht es um die strategische Markenführung, während eine reine Markenaktualisierung die operative Markenführung beinhaltet. Die Positionierungsentscheidungen beziehen sich immer auf die zielgruppenrelevanten Nutzendimensionen. Im Gegensatz dazu wird bei der Aktualisierung einer Marke die bestehende Positionierung mit dem Ziel geschärft, die Marke stärker im Relevant Set der Zielgruppe zu verankern.

Es gibt verschiedene Gründe für ein Unternehmen, sich für eine Re- oder Neupositionierung einer Marke zu entscheiden. Auslöser für eine Anpassung der Positionierung können eigene Probleme mit der bestehenden Markenpositionierung sein oder Veränderungen der Positionierung der Wettbewerbsmarken. Veränderungen sind hierbei immer auf der Ebene der Nutzendimensionen relevant. Da die Neupositionierung ein Extremfall ist und nur relativ selten in der Praxis vorkommt, konzentrieren sich die weiteren Ausführungen auf die Repositionierung.

Eine Repositionierung ist vor allem nötig, wenn sich Bedürfnisse und Einstellungen von Nachfragern verändern oder sich zukünftig voraussichtlich ändern werden, wodurch einzelne Nutzendimensionen nicht mehr relevant sind oder das Marktsegment dadurch schrumpft und unrentabel wird. Ein weiterer Auslöser für eine Repositionierung ist eine stärkere Konkurrenzmarke, die Ähnlichkeit in der Positionierung aufweist.

Eine erfolgreiche Repositionierung ist nur möglich, wenn diese sich weiter auf die Wurzeln der Markenidentität bezieht. Je mehr die Repositionierung von der Ursprungspositionierung abweicht, desto schwieriger und langwieriger ist es für die Nachfrager, die neue Positionierung zu lernen und anzunehmen, sodass sich auch ein kongruentes Markenimage aufbaut. Ein möglichst hoher Fit zwischen neuer und alter Positionierung ist daher essenziell für den Erfolg.

Der funktionale Nutzen einer Marke ist historisch begründet und dient dem Wettbewerb als Orientierung. Hierdurch ergibt sich im Zeitablauf jedoch ein geringeres

Differenzierungspotenzial zur Konkurrenz, da die Wettbewerbsmarken sich auf dieser Ebene eher aneinander annähern. Dadurch erhält der emotionale Nutzen im Rahmen der Differenzierung eine größere Bedeutung. Bei der Repositionierung muss die Markenführung beachten, dass diese zur Anpassung des entsprechenden Markenimages in der Zielgruppe führt. Dies bedeutet, dass die neuen Nutzendimensionen von den Konsumenten noch erlernt werden müssen. Hier kommt in erster Linie das operative Markenmanagement zum Tragen, welches die Markenbotschaft durch den Einsatz der Marketinginstrumente, insbesondere der Kommunikationspolitik, transportieren muss.

Die neu gewählten Nutzendimensionen der Marke müssen konform des Dreispeichermodells (vgl. Abb. 2.7) zunächst ihren Weg in den sensorischen Speicher finden, indem die ausgesendeten Reize aufgenommen werden. Anschließend müssen die Inhalte im Kurzzeitspeicher weiterverarbeitet werden, sodass sie schließlich im Langzeitspeicher (Gedächtnis) dauerhaft abgespeichert werden können. Im Idealfall wird die Marke mit dem durch die Repositionierung erneuerten Image im Relevant Set aktualisiert.

5.3 Markenimage

Das Markenimage ist das Fremdbild einer Marke, das im Idealfall das kongruente Spiegelbild der aus der Markenidentität abgeleiteten Markenpositionierung in den Köpfen der Zielgruppe darstellt. Allgemein bilden Images als mehrdimensionale Größe einen Überbegriff für alle Assoziationen, die mit einem Objekt verbunden werden. In Anbetracht weitgehend ähnlicher Merkmale werden die Begriffe Einstellung und Image innerhalb der Literatur auch synonym verwendet. Bezogen auf die Markenidentität ist das Markenimage das subjektiv wahrgenommene Fremdbild der Marke, welches sich in den Köpfen der Konsumenten bildet. Stimmen die Markenpositionierung als das Selbstbild und das Markenimage als das Fremdbild der Marke überein, ist die Basis für den Aufbau einer starken Marke gegeben.

Nicht selten weichen Markenpositionierung und Markenimage jedoch voneinander ab. Dies ist beispielsweise dann der Fall, wenn im Markenmanagement unterschiedliche Botschaften kommuniziert und somit eine inkonsistente Wahrnehmung bei den Konsumenten erzeugt. Im Idealfall führt ein unverwechselbares Markenimage auf der Grundlage kongruenter Nutzendimensionen zu einem Wettbewerbsvorteil der Marke.

Entscheidende Voraussetzung für die Imagebildung einer Marke ist die Markenbekanntheit. Diese misst die Fähigkeit potenzieller Nachfrager, sich ohne Gedächtnisstütze in einer bestimmten Bedürfnissituation an eine Marke zu erinnern (ungestützte Markenbekanntheit) oder diese unter Zuhilfenahme einer visuellen oder akustischen Unterstützung wieder zu erkennen (gestützte Markenbekanntheit) und dieses Wissen einer Produktkategorie zuzuordnen (Burmann et al. 2012, S. 59). Erstere entspricht dem sogenannten Brand Recall, der ein Indiz für die Verankerung der Marke im Relevant Set darstellt. Bei der gestützten Markenbekanntheit wird synonym auch von Brand Recognition gesprochen. Die Verankerung im Relevant Set basiert auf dem Markenimage, welches die Markenpositionierung auf Zielgruppenebene widerspiegelt.

Durch den Aufbau eines schlüssigen Markenimages können Kaufpräferenzen und eine anhaltende Markentreue beim Konsumenten hervorgerufen werden, die sich im Markenwert widerspiegeln. Dieser Markenwert stellt einen bedeutsamen Vermögenswert für das Unternehmen dar.

Grundsätzlich können die Methoden zur Messung des Markenimages in qualitative und quantitative Verfahren unterteilt werden. Im Kontext der Imagemessung sorgen qualitative Verfahren für die Identifikation zentraler Imagedimensionen einer Marke, während quantitative Verfahren die Wertbeiträge einzelner Imagedimensionen zum Gesamtimage ermitteln. Neben diesen Grundtypen existieren noch sogenannte Kombinationsverfahren, die sowohl qualitative als auch quantitative Aspekte berücksichtigen.

Als Hauptkritik an den Verfahren zur Markenimagemessung ist festzuhalten, dass der Imagebegriff sich häufig auf die Markenidentität mit all ihren Komponenten bezieht und nicht auf die Markenpositionierung, die nur ausgewählte Komponenten umfasst. Die Markenpositionierung mit den ausgewählten und für die Zielgruppe relevanten Nutzendimensionen wird über die Markenbotschaft in der operativen Ebene an die Zielgruppe herangetragen. Somit können auch nur diese Nutzendimensionen zur Imagebildung bei der Zielgruppe führen. Strenggenommen müssten dann auch nur diese gemessen werden.

V Marketinginstrumente

1 Substrategische Dimension der Markenpolitik

Klassisch entspringt die Markenbildung und die Markenführung dem Strategietyp der Differenzierungsstrategie nach Porter bzw. der Präferenzstrategie nach Becker als Basisstrategie eines Hersteller- oder Dienstleistungsunternehmens (vgl. Kapitel IV 2.1).

Die Entscheidung für den Auf- und Ausbau von Herstellermarken und die dafür notwendige stringente Ausrichtung der entsprechenden operativen Markenpolitik als substrategische Dimension ist in erster Linie eine Entscheidung für Qualitäts- und gegen Preiswettbewerb. Der konsequente Qualitätswettbewerb bzw. das Anbieten von Leistungsvorteilen begründet Präferenzen im Markt und bildet so die Grundvoraussetzung für die klassische Markenartikelstrategie. Die Marketingaktivitäten haben demzufolge eine Wirkung, die sowohl zur Markenstärkung als auch zur Markenschwächung und Markenverwässerung führen kann. Im Idealfall zeichnet sich eine Marke durch Markenstärke aus, d. h., dass sie eindeutige Assoziationen hervorruft und diese in aktives Kaufverhalten sowie in eine hohe Markentreue umwandelt.

Der dargestellte Hintergrund verdeutlicht, dass die Markenführung im Hinblick auf die Notwendigkeit einer differenzierten Marktbearbeitung enorme Herausforderungen an ein Unternehmen stellt. Sämtliche Marketingaktivitäten führen beim Konsumenten zu einem markenspezifischen Vorstellungsbild.

Rückführend auf die zuvor diskutierte Bedeutung der Basisstrategie als grundlegender Strategietyp für die Markenpolitik eines Unternehmens ist die Markenstrategie als substrategische Dimension im Übergang zur operativen Markenpolitik zu verstehen, d. h., es erfolgt mit diesem Schritt der Eintritt auf die Ebene der Marketinginstrumente, und zwar hier insbesondere der Produktpolitik.

Mit dem Bezug zu den jeweils relevanten Typen von Basisstrategien lassen sich die Markenstrategien korrespondierend in Ebenen des vertikalen Wettbewerbs gliedern. Wie Abb. 5.1 zeigt, spiegelt sich hier die strategische Struktur eines Marktes operativ wider.

Die drei Markenstrategien der Hersteller zeigen sich in klassischen Markenartikeln (z. B. Milka), Selektionsmarken (z. B. Miele) und Luxusmarken (z. B. Rolex). Diese stellen damit die operativen Ausprägungen der Basisstrategien Präferenzstrategie, gehobene Präferenzstrategie und Premiumstrategie dar.

Diese Markenstrategien weisen einen sehr starken Bezug zum jeweils relevanten Preisniveau auf. So wird bei Luxusmarken ein mindestens fünfmal höherer Preis als der Durchschnittspreis der Kategorie angesetzt. Fassnacht (2013) verwendet hierzu ein Beispiel aus dem Textilmarkt (Kategorie Herrenhemden): Als Luxusmarke fungiert Hermès mit einem Preis von 540 € für ein Herrenhemd. Zum Vergleich werden die Selektionsmarke Ralph Lauren (99 €) und die klassische Marke McNeal (39,95 €) herangezogen.

Durch die Discountisierung der Gesellschaft und die Entwicklungen im Bereich der Handelsorganisationen haben sich auch die Bedingungen zur Marktbearbeitung verän-

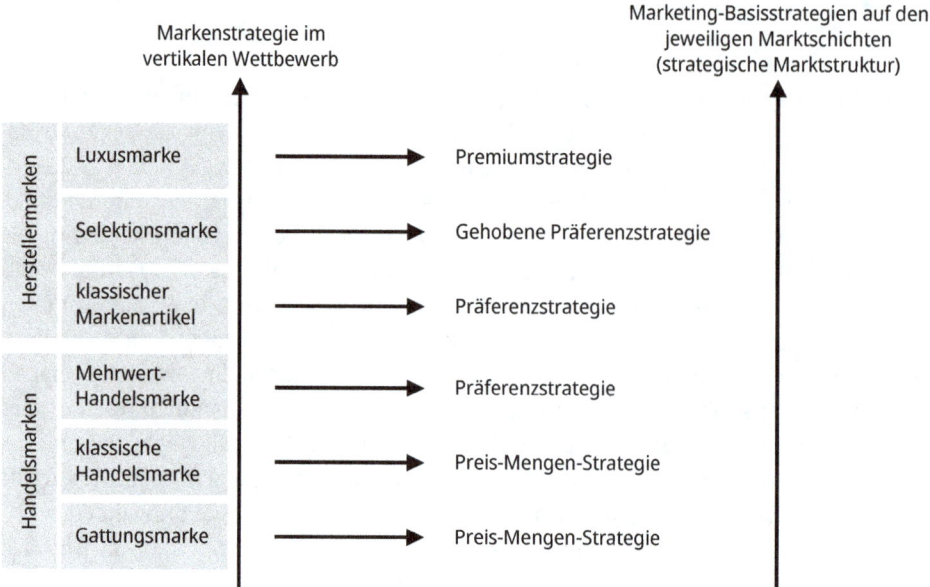

Abb. 5.1: Relation von Markenstrategien zu den korrespondierenden Marketingbasisstrategien (Quelle: eigene Darstellung).

dert (Fritz/Lorenz/Hauser 2007). Vor diesem Hintergrund sind auch drei Markenstrategien im Handel entstanden. Dies schlägt sich auch in der organisatorischen Verankerung des Markenmanagements innerhalb der Handelsbetriebe nieder. Beispielsweise bietet die Rewe-Group innerhalb ihrer Eigenmarkenpolitik im Sortiment ihrer Vertriebslinie Rewe die Gattungsmarke Ja!, die klassische Handelsmarke Rewe Beste Wahl und die Mehrwert-Handelsmarke Rewe Feine Welt an.

Eigenmarken des Handels sind als Waren- oder Firmenkennzeichen zu verstehen, mit denen Handelsunternehmen Waren markieren und exklusiv über eigene Verkaufsstellen distribuieren. In der Praxis ist damit nicht nur das Kennzeichen selbst gemeint, sondern auch der Artikel, der damit versehen ist. Dieser wird daher als Handelsmarkenartikel bezeichnet (Ausschuss für Definition zu Handel und Distribution 2006).

Die Gattungsmarken (No-Names, Generika) befinden sich in der Preiseinstiegsschicht und genügen qualitativen Mindestanforderungen. Diese Waren besitzen keinen oder nur einen unauffälligen Markierungsnachweis und tragen oft nur eine Gattungsbezeichnung, z. B. „Zucker" (Schenk 2004, S. 128). Gattungsmarken sind häufig bei Verbrauchsgütern des täglichen Bedarfs vorzufinden und werden in der heutigen Handelslandschaft meist als Sortimentsmarke geführt, beispielsweise Gut&Günstig (Edeka-Gruppe) oder Ja! (Rewe-Group). Die Gattungsmarken repräsentieren auf operativer Ebene den Basisstrategietyp der Preis-Mengen-Strategie in Reinform (Becker 2013, S. 223 f.).

Die klassischen Handelsmarken besitzen ein Qualitätsniveau, das teilweise bereits mit der Qualitätsstufe der klassischen Markenartikel vergleichbar ist, bieten dabei jedoch einen deutlichen Preisvorteil. Sie sind insbesondere bei Produktkategorien mit einem geringen Innovationsgrad als Nachahmung der entsprechenden Herstellermarken zu finden (Schenk 2004, S. 128). Die klassischen Handelsmarken lassen sich in Individualmarken und Warengruppenmarken unterscheiden. Bei Individualmarken wird mit dem Markenlogo nur ein einzelnes Produkt gekennzeichnet (z. B. das Waschmittel Tandil von Aldi). Bei Warengruppenmarken werden Produkte verwandter Natur unter einem Logo angeboten. Ein einschlägiges Beispiel hierfür ist Balea (Kosmetikprodukte) vom Drogeriemarktfilialisten dm. Auch die klassischen Handelsmarken können auf den Basisstrategietyp der Preis-Mengen-Strategie zurückgeführt werden (Becker 2013, S. 219 ff.).

Die Mehrwert-Handelsmarken, in der Literatur auch häufig als gehobene Handelsmarken (Becker 2013, S. 226 ff.) bzw. Premium-Handelsmarken (Becker 2013, S. 226 ff.; Schenk 2004, S. 128) bezeichnet, sind in den letzten Jahren als Entwicklung in der deutschen Handelslandschaft zu konstatieren (GfK 2012, S. 6). Waren es zu Anfang ökologische Produkte unter den Markennamen Füllhorn (Rewe-Group) und Naturkind (Tengelmann-Gruppe), die sich mit dem Produktvorteil der Natürlichkeit an die gesundheitsbewussten Konsumenten richteten (Ahlert/Kenning/Schneider 2000, S. 35 f.), erfolgte die Weiterentwicklung zu sortimentsübergreifenden Mehrwert-Handelsmarken wie Edeka Selection (Edeka-Gruppe) und Rewe Feine Welt (Rewe-Group). Die Mehrwert-Handelsmarken stellen derzeit für den Handel das wichtigste Profilierungsinstrument dar. Sie markieren die höchste Stufe der Handelsmarken und werden durch aufwendige Markierung und Verpackungsgestaltung sowie spezifische Kommunikation zur direkten Konkurrenz der klassischen Markenartikel aufgebaut (Schenk 2004, S. 128 f.). Mit dem für Eigenmarken des Handels höchsten Preisniveau orientieren sich die Mehrwert-Handelsmarken preislich ebenfalls an den klassischen Markenartikeln. Hierbei kommt zum Ausdruck, dass diese Markenstrategie des Handels den Übergang von der Preis-Mengen-Strategie zur Präferenzstrategie als Basisstrategie darstellt, d. h., hier konkurrieren zum ersten Mal Handelsmarken nicht nur operativ, sondern auch basisstrategisch mit den Herstellermarken (Becker 2013, S. 226 ff.).

In vielen Fällen werden Handelsmarken von Markenherstellern gefertigt, so werden beispielsweise für Aldi Sun-Snacks (Knabberartikel) von Lorenz Bahlsen, Sweetland-Lakritz von Katjes-Fassin und Choceur-Schokolade von Storck produziert. Den Markenherstellern dient dies nicht als strategische Ausrichtung, sondern vielmehr als Maßnahme zur Kapazitätsauslastung ihrer Fertigungsanlagen.

Der Vollständigkeit halber sei abschließend noch der Begriff der Storebrand erwähnt. Das Handelsunternehmen versucht hierdurch eine Gesamtpositionierung zu erreichen. So wird das Handelsunternehmen aus Sicht der Konsumenten als Eigner aller angebotenen Produkte wahrgenommen. Das Paradebeispiel für eine Storebrand ist Aldi. Im Rahmen des elektronischen Handels gilt der analoge Begriff E-Storebrand, z. B. Amazon oder Zalando.

2 Systematik des Marketingmix

Basierend auf der grundlegenden Marketingstrategie und der relevanten Markenstrategie müssen bei der Planung des Marketingmix alle Marketinginstrumente so aufeinander abgestimmt werden, dass sich eine optimale Kombination bezüglich der Erreichung der Marketing- und Unternehmensziele ergibt. Die Abstimmung findet zum einen interinstrumentell, d. h., zwischen den einzelnen Marketinginstrumenten, zum anderen mit der strategischen Ebene statt, d. h., die gewählte Marketingstrategie sowie die korrespondierende Markenstrategie stecken den Handlungsrahmen für die Einzelmaßnahmen ab. Marketing auf der Mixebene zielt direkt auf die Zielgruppe (Zielsegment) ab und ist so der nach außen sichtbare Teil des Marketings.

Der Begriff des Marketingmix geht zurück auf McCarthys klassische Four P's (Product, Price, Place, Promotion) und bezeichnet die von einem Unternehmen eingesetzte Kombination von marketingpolitischen Instrumenten. Der klassische Marketingmix teilt die möglichen operativen Maßnahmen in vier Bereiche ein: Produkt-, Kontrahierungs-, Distributions- und Kommunikationspolitik.

Die vorliegende Monografie folgt dieser Einteilung und stellt die diversen Begriffe und Modelle im Rahmen dieser vier Bereiche dar. Dabei bezieht sich der Markenbegriff an dieser Stelle ausschließlich auf die Markenpolitik, d. h., auf die rein operative Betrachtung der Marke, und ist somit ein Teilbereich der Produktpolitik. Trennscharfe Abgrenzungen zwischen den Instrumenten sind oftmals nur theoretischer Natur, darauf sei an dieser Stelle explizit hingewiesen. So stellt beispielsweise der persönliche Verkauf sowohl ein kommunikationspolitisches als auch – im Rahmen des Direktvertriebs – ein distributionspolitisches Subinstrument dar, klassischerweise wird er jedoch der Kommunikationspolitik (Personal Selling) zugeordnet. Schließlich wird von der oft üblichen Erweiterung um das fünfte P, „Personnel", abgesehen, da die Mitarbeiter eines Unternehmens für das ganze Marketing eine wesentliche und unverzichtbare Ressource darstellen, die nicht auf ein Zusatzinstrument der Mixebene reduziert werden darf.

Die Abb. 5.2 zeigt den Marketingmix in der Unternehmensumwelt.

Die Beschreibung des operativen Marketings beginnt mit der Produktpolitik. Sie beschäftigt sich mit sämtlichen Entscheidungen, die im Zusammenhang mit der Gestaltung des Leistungs- bzw. Produktprogramms eines Unternehmens stehen. Dargestellt werden die drei Ebenen der Produktpolitik, produktpolitische Maßnahmen und Analysemethoden, darüber hinaus die Markenpolitik sowie die Besonderheiten bei Verpackung und Service.

Die Kontrahierungspolitik (Preis- und Konditionenpolitik) umfasst alle Entscheidungen und Maßnahmen, die bei der Ermittlung eines Preises für ein einzelnes Produkt getätigt werden müssen. Neben Fragen der Preisfestlegung werden preisliche Substrategien und Maßnahmen wie u. a. Skimming/Penetration und Preisdifferenzie-

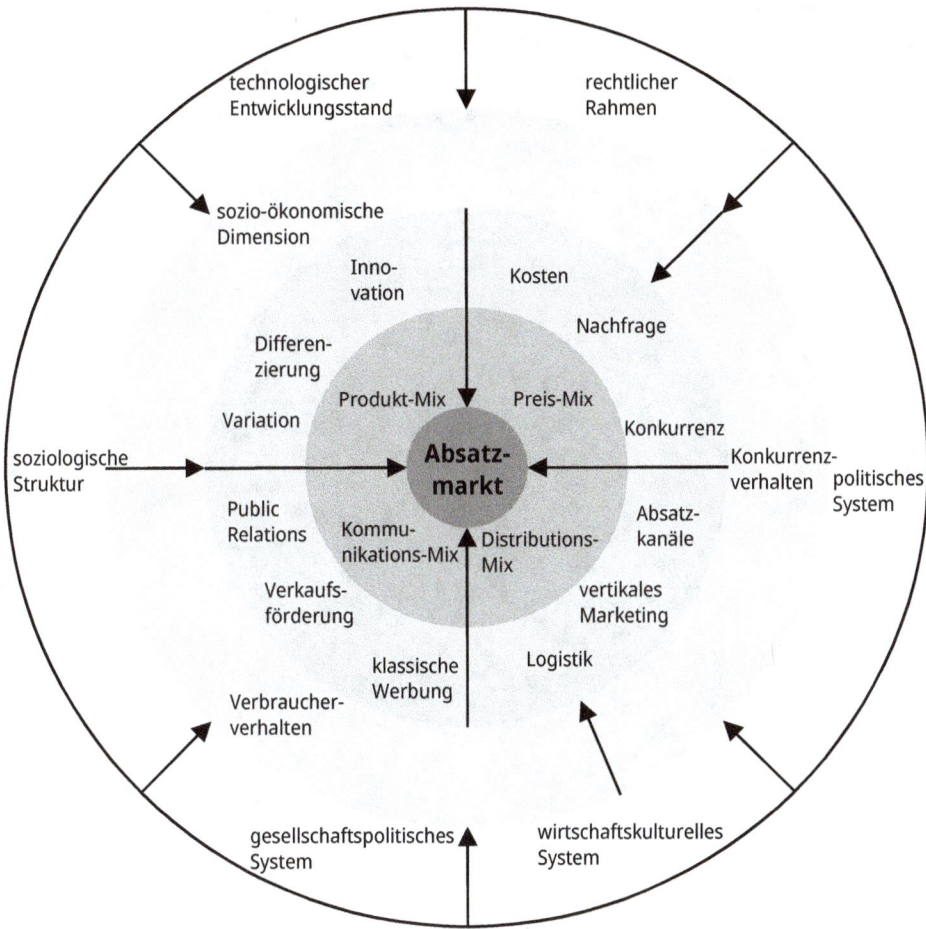

Abb. 5.2: Marketingmix (Quelle: eigene Darstellung).

rung behandelt. Daneben wird in Kurzform noch der Teilbereich der Konditionenpolitik erörtert.

Im Rahmen der Distributionspolitik geht es um die Übermittlung einer Leistung vom Produzenten zum Konsumenten. Hier wird zwischen Absatzwegepolitik und physischer Distribution (Marketinglogistik) unterschieden, wobei dem ersteren Begriff eine weitaus größere Bedeutung zukommt. Hier geht es um die Grundfrage zwischen direktem und indirektem Vertrieb und infolgedessen um vertragliche Gestaltungsmöglichkeiten sowie – beim indirekten Absatz – um die diversen Betriebsformen des Handels.

Die Kommunikationspolitik umfasst schließlich alle Maßnahmen zur Kommunikation bzw. Bekanntmachung und zum Verkauf der Produkte und Dienstleistungen. Die Kommunikationsinstrumente werden in den klassischen Kommunikationsmix

(Werbung, Verkaufsförderung, Öffentlichkeitsarbeit, persönlicher Verkauf) eingeteilt. Daneben werden moderne Instrumente wie z. B. Direktmarketing oder Internetmarketing behandelt. Der Abschnitt zur Kommunikationspolitik schließt mit integrativen Kommunikationskonzepten ab, die diverse Kommunikationsinstrumente kombinieren bzw. zusammenführen.

3 Produktpolitik

3.1 Ebenen der Produktpolitik

Die Produktpolitik umfasst die Entscheidungsebenen Produkt, Produktlinie und Produktprogramm. Typischerweise kommt dem Management die Aufgabe zu, durch die Festlegung der strategischen Geschäftsfelder und Marktsegmente den Rahmen für die Produktpolitik abzustecken. Dabei wird darauf hingewiesen, dass in der unternehmensinternen Betrachtung oftmals die Begriffe Geschäftseinheit und Produktprogramm bzw. Produktlinie synonym verwendet werden. Ein Großkonzern besteht z. B. aus einer Reihe von Tochtergesellschaften mit eigenständigen Produktprogrammen, die aber als strategische Geschäftseinheiten betrachtet werden. Aus anderer Perspektive besteht das Produktprogramm aus allen angebotenen Produkten des Unternehmens, wobei diese dann in Produktlinien eingeteilt werden. Es macht Sinn, diese Begrifflichkeiten scharf abzugrenzen. In der Praxis sollte in jedem Fall deutlich definiert werden, was im konkreten Einzelfall unter einem Produktprogramm bzw. einer Produktlinie verstanden wird. Daher wird im Folgenden konsequenterweise auf die Einordnung der Geschäftseinheiten in die Ebenen der Produktpolitik verzichtet, da die Geschäftsfeldabgrenzung de facto eine unternehmensstrategische Entscheidung darstellt.

Auf der Ebene des Produkts wird zunächst der Produktbegriff mit seinen Nutzenelementen diskutiert, bevor diverse Typologien aufgezeigt werden.

Eine Produktlinie ist eine Gruppe von Produkten, die aufgrund bestimmter Kriterien in enger Beziehung zueinanderstehen. Der Marketingfokus liegt oft auf Produktlinien, die unter einer Marke mit einem gemeinsamen Marketingkonzept geführt werden.

Das Produktprogramm bezeichnet die Gesamtheit aller Produktlinien und Produkte eines Herstellers. Im Handel wird synonym von einem Sortiment gesprochen, welches in Warengruppen und Artikel aufgeteilt wird. In diesem Zusammenhang werden die mögliche Breite und Tiefe eines Programms bzw. Sortiments erörtert.

3.1.1 Produkt

Ein Produkt im Marketingverständnis ist alles, was auf Märkten zum Kauf angeboten wird, um Bedürfnisse zu befriedigen. In diesem Sinne wird der Produktbegriff sehr weit ausgelegt. Produkte lassen sich nach materiellen Kaufobjekten wie Bücher, Kleidung oder Staubsauger (substanzieller Produktbegriff) sowie nach immateriellen Gütern (Dienstleistungen) wie Reinigung, Finanzberatung oder Haarschnitt unterscheiden. Darüber hinaus können auch Personen Produkte sein, die beispielsweise über Casting-Formate vermarktet werden. Ferner sind Orte bzw. Regionen (London, Mallorca, Niederrhein etc.) Produkte, die insbesondere touristisch vermarktet werden können. Des Weiteren sind auch Daten bzw. Informationen (Marktdaten, Kundenadressen etc.) dem Produktbegriff zuzuordnen. Im Marketingverständnis umfasst ein Produkt somit eine Reihe verschiedener Ausprägungen, wobei im vorliegenden Lehrbuch in erster Linie auf materielle Produkte und zum Teil auf Dienstleistungen abgestellt wird. Die mit einem materiellen Produkt verbundenen Elemente wie Markierung, Verpackung oder Service sind ebenfalls substanzielle Bestandteile eines angebotenen Produkts.

Der Produktbegriff muss marketingbezogen jedoch noch um eine weitere Komponente erweitert werden: den Nutzen. Der gesamte, den Konsumenten angebotene Nutzen wird unter dem Produktbegriff subsumiert. Der Nutzen eines Produkts ist wesentlich für das Marketing, denn letztlich soll dem Konsumenten ein Nutzen verkauft werden. In diesem Zusammenhang ist es wichtig, zwischen einem Grund- und einem Zusatznutzen eines Produkts zu unterscheiden. Nach Bänsch (1996) ist der Grundnutzen die aus den physikalisch-funktionalen Eigenschaften eines Produkts resultierende Bedürfnisbefriedigung (z. B. saubere Zähne durch Zahnpasta). Auf der Grundnutzenebene ist es heute marketingstrategisch kaum noch möglich, sich vom Wettbewerb zu differenzieren. Eine Ausnahme bildet der Nutzenanbau, der auf Ebene des Grundnutzens angesiedelt ist, z. B. natürliche Inhaltsstoffe bei Biokosmetik. Häufig spielen jedoch diverse Zusatznutzen eine entscheidende Rolle. Ein Zusatznutzen ist eine über den Grundnutzen hinausgehende Bedürfnisbefriedigung. Bei der Zahnpasta kann dies eine besondere Farbgebung oder die Erzeugung frischen Atems sein. Bei vielen Produkten stellt sich der Zusatznutzen durch ästhetische Eigenschaften wie Form und Farbe (z. B. Styling eines Toasters) oder durch soziale Eigenschaften wie das Prestige einer Luxusmarke (Rolex) dar. Kotler/Bliemel (2001, S. 716 ff.) erweitern diese nutzenorientierte Sichtweise und sprechen von fünf Konzeptionsebenen (vgl. Abb. 5.3).

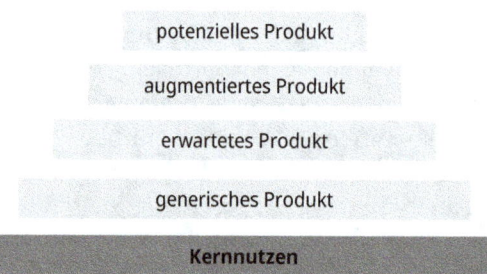

Abb. 5.3: Konzeptionsebenen eines Produkts (Quelle: eigene Darstellung in Anlehnung an Kotler/Bliemel 2001, S. 717).

Am Beispiel eines Kinos sollen diese Konzeptionsebenen erläutert werden. Unterhalb des eigentlichen Produkts steht der Kernnutzen, den der Kunde mit dem Produkt verbindet, in diesem Falle also Unterhaltung oder Entspannung. Das Basisprodukt (generisches Produkt) ist die Grundversion eines Produkts (Leinwand, Projektor, Film und

Stühle). Das erwartete Produkt enthält die Eigenschaften, die ein Kunde im Normalfall von einem Produkt erwartet, beim Kino eine hohe Bild- und Soundqualität, bequeme Sitze, Klimaanlage, Snacks etc. Auf der vierten Ebene findet der eigentliche Marketingwettbewerb statt: Das augmentierte (vergrößerte) Produkt enthält Elemente, die über die normale Erwartung des Kunden hinausgehen, so kann ein Kino sich durch ein spezielles Programm (Filme im Originalton, Director's Cut), besonderes Ambiente (Gestaltung der Möbel, Wände und Decken), vielfältige Serviceleistungen (Platzreservierung etc.) oder Sonderveranstaltungen profilieren. Die letzte Ebene, das potenzielle Produkt, umfasst alle Aspekte und Zusatznutzen, die in der Zukunft noch denkbar sind. Beim Kino ist dies insbesondere von der technologischen Entwicklung abhängig (evtl. „virtuelles" Kino). Das Modell der Konzeptionsebenen eines Produkts ist zeitpunktbezogen. Wird das Modell zu einem späteren Zeitpunkt noch einmal betrachtet, so zeigt sich, dass das ehemals potenzielle Produkt auf der augmentierten Ebene und das ehemals augmentierte Produkt auf der erwarteten Ebene (Normalfall) zu finden ist.

Eine Produkthierarchie umfasst – ausgehend vom Grundbedürfnis – verschiedene Abstufungen bis hin zum einzelnen Artikel.

Im Folgenden wird eine Hierarchie am Beispiel von Shampoo dargestellt:
- Grundbedürfnis: Pflege, Schönheit, Attraktivität,
- Produktfamilie: Körperpflegemittel, genauer Haarpflegeprodukte,
- Produktkategorie: Shampoos,
- Produktlinie: alle Shampoos eines Herstellers (Schwarzkopf),
- Produktgruppe: Pflegeshampoos der Schauma-Range,
- Produkt: Schauma-Shampoo Frucht & Vitamin (400 ml).

Das aufgeführte Beispiel zeigt einerseits, dass solche Hierarchien Sinn machen, da sie ein Ordnungsschema bieten. Auf der anderen Seite sind die Begriffe oft nicht trennscharf. Letztlich bilden auch die Schauma-Shampoos eine Produktlinie (Range), denn in der Praxis werden Linien oft nach Marken gebildet. Die dargestellte Hierarchie ist somit nur eine Möglichkeit der Kategorisierung.

Im Marketing hat sich abhängig von Produkteigenschaft und Anwendung eine Reihe von Produkttypologien entwickelt, wobei einzelne Produkttypen spezifische Marketingmaßnahmen nach sich ziehen. Im Folgenden sollen zwei gängige Typologien vorgestellt werden.

Die volkswirtschaftliche Gütertypologie unterscheidet zunächst bei den Wirtschaftsgütern zwischen Investitions-(Produktions-)Gütern, die von gewerblichen Abnehmern nachgefragt werden, und Konsumgütern, bei denen die Endverbraucher Nachfrager sind. Bei den im Marketing vordergründig interessanten Konsumgütern ist ferner zwischen Verbrauchs- und Gebrauchsgüter zu unterscheiden. Verbrauchsgüter sind materielle Produkte, die nach einem oder wenigen Verwendungseinsätzen konsumiert werden, z. B. Mineralwasser, Schokoriegel oder Duschgel. Diese Güter werden schnell verbraucht und haben daher kurze Wiederkaufzyklen, was eine intensive Marktbearbeitung erfordert. Zudem muss tendenziell mit niedrigen Margen kalkuliert werden. Gebrauchsgüter sind dagegen materielle Produkte, die in der Regel viele Verwendungseinsätze überdauern, z. B. Staubsauger, Bohrmaschine oder Kühlschrank. Diese Güter erfordern einen höheren Service- und Beratungsaufwand, umfangreiche Garantieleistungen und erzielen tendenziell höhere Margen. Von den materiellen Gütern sind nach dieser Typologie noch die Dienstleistungen als immaterielle Güter abzugrenzen.

Eine bekannte Typologie teilt Konsumgüter nach den Kaufgewohnheiten der Konsumenten ein. Convenience Goods (Güter des bequemen, mühelosen Kaufs) sind Produkte, die ein Konsument häufig, unverzüglich und mit minimalem Vergleichs- und Einkaufsaufwand erwirbt, z. B. Zigaretten, Zeitungen und Fertigmenüs. Neben den meist regelmäßig wiederkehrenden Produktkäufen gehören auch Impulskäufe (z. B. Kaugummi im Kassenbereich) sowie Dringlichkeitskäufe (z. B. Regenschirm) zu den mühelosen Käufen. Shopping Goods sind Produkte, bei deren Kauf ein Konsument umfangreiche Such-, Vergleichs- und Auswahlprozesse durchläuft. Zum Vergleich werden Kriterien wie Qualität, Preis, Design, Funktionalität etc. herangezogen. Beispiele für Shopping Goods sind Möbel, Kleidung, Waschmaschinen, Hi-Fi-Anlagen, PCs etc. Specialty Goods sind Produkte mit besonders eigenständigem Charakter, für deren Erwerb eine gewisse Anzahl von Konsumenten einen sehr großen Aufwand tätigt. Zu denken ist z. B. an spezielle Ausrüstungen für Bergsteiger oder Angler, Antiquitäten, Unikate, Gemälde, ganz seltene Typen von Gütern, Sammelstücke aller Art. Die Beispiele zeigen, dass es sich bei Specialty Goods zwar in der Regel um relativ hochwertige Produkte handelt, es bei der Charakterisierung aber vielmehr um den Wert geht, den der individuelle Käufer diesem Gut beimisst.

3.1.2 Produktlinie

Eine Produktlinie ist eine Gruppe von Einzelprodukten, die aufgrund bestimmter Kriterien (Markenzusammenhang, Bedarfs- oder Funktionszusammenhang, produktionstechnischer Zusammenhang, distributionspolitischer Zusammenhang) in enger Beziehung zueinanderstehen. Der korrespondierende Begriff im Handel ist die Warengruppe (Category). Die Hauptproblematik beim Begriff der Produktlinie liegt in der genauen Bestimmung, welche Produkte zu einer Linie (Range) gehören. So könnten bei Henkel alle Waschmittel als Produktlinie oder die dazugehörigen Marken wie Persil oder Spee als einzelne Linien bzw. Sublinien erfasst werden. Zudem stellen die Waschmittel bei Henkel eine strategische Geschäftseinheit dar, womit eine Überschneidung zum Linienbegriff vorliegt. Diese aufgezeigte Schwierigkeit führt dazu, in jedem Einzelfall die Begriffe Produktprogramm und -linie unternehmensbezogen festzulegen.

Bei der Gestaltung einer Produktlinie gibt es eine Reihe von Möglichkeiten (Kotler/Keller/Bliemel 2007, S. 503 ff.):

Trading-down („Abwärtsstrecken")
Die Produktlinie wird am unteren Ende um ein Produkt erweitert, um entsprechende Marktsegmente bedienen zu können. Als Beispiel kann BMW mit der Einführung des 1er-Modells (Kompaktwagen) gelten. Ein solches Vorgehen birgt das Risiko einer Imageverwässerung, da das Unternehmen bisher kaufkräftigere Segmente bedient hat. Zudem könnte bei FMCG eine fehlende Akzeptanz des neuen Produkts im Einzelhandel vorliegen. Schließlich ist mit einer scharfen Reaktion des Wettbewerbs in den unteren Marktsegmenten zu rechnen, insbesondere von den Konkurrenten, die sich ausschließlich auf preisorientierte Zielgruppen konzentrieren und entsprechende Economies of Scale aufweisen.

Trading Up („Aufwärtsstrecken")
Die Produktlinie wird am oberen Ende um ein Produkt erweitert, um entsprechend obere Marktsegmente abdecken zu können. Japanische Automobilhersteller, aber auch Ford mit dem Scorpio oder Hyundai mit dem Genesis, haben in der Vergangenheit diesen Weg verfolgt und sind in die obere Mittelklasse im Automobilmarkt aufgestiegen. Aktuell kann das Modell A8 von Audi als Beispiel für das Aufwärtsstrecken gelten. Auf diesem oberen Qualitätslevel versprechen sich die Unternehmen in erster Linie höhere Margen, da entsprechende Zahlungsbereitschaften der Kunden zu erwarten sind. Hauptrisiko eines solchen Vorgehens ist, dass Konsumenten und Handel dem Hersteller die Kompetenz für solch hochwertige Produkte absprechen.

Zweiseitiges Strecken
In diesem Fall erfolgt die Ausweitung der Produktlinie (gleichzeitig) in beide Richtungen, nach oben und unten, um relativ zügig alle relevanten Marktsegmente abdecken zu können. Diese Maßnahme ist eher theoretischer Natur, wenn auch das Vordringen von Volkswagen, aus der Mittelklasse kommend, in die Oberklasse (Phaeton) und in den Kleinwagenbereich (up!) als historisches Beispiel dienen kann. Diese Vorgehensweise ist markenpolitisch eher kritisch zu sehen und kann zu einer Markenerosion führen, insbesondere wenn wie im vorliegenden Fall des Phaeton die Basisstrategie von Volkswagen (Präferenzstrategie) verlassen und die Ebene der gehobenen Präferenzstrategie anvisiert wird.

Auffüllen
In die bestehende Produktlinie werden neue Produkte eingefügt, wenn Lücken vorliegen, z. B. fehlende Größen-, Mengen- oder Qualitätsabstufungen bzw. Geschmacksrichtungen. Diese Angebotslücken sollen durch das Auffüllen der Linie geschlossen werden, um möglichst viele Präferenzen in der anvisierten Zielgruppe zu bedienen. Beispielsweise führt die Marke Milka eine Vielzahl von Schokoladentafeln, z. B. Milka Kuhflecken 100g. Das Auffüllen birgt das große Risiko der Kannibalisierung, d. h., die

eigenen Produkte nehmen sich gegenseitig die Käufer weg. Wenn eine Produktlinie bezüglich der Anzahl der zugehörigen Produkte überstrapaziert wird, kommt es zur Verwässerung von Wahrnehmungsgrenzen zwischen den einzelnen Produkten.

Modernisierung

Die Produktlinie kann je Produkt nacheinander oder aber für alle Produkte der Linie gleichzeitig erneuert werden. Es entstehen somit keine neuen Produkte, sondern die Maßnahme bezieht sich auf die vorhandenen Produkte, die einem Facelifting unterzogen werden. Dies gilt insbesondere für die Automobilindustrie, ist aber auch im High-Tech- oder IT-Bereich eine notwendige Vorgehensweise (neue Software-Versionen, z. B. Microsoft Office 365). Bei Verbrauchsgütern erfolgt eine Modernisierung meist durch Anpassung des Verpackungsdesigns.

Herausstellung

Innerhalb einer Produktlinie werden ein oder mehrere Flaggschiffe herausgestellt, welche die gesamte Linie repräsentieren sollen. Als treffendes Beispiel ist hier der Golf von Volkswagen zu nennen. Bei den FMCG können z. B. die Universalcreme von Nivea sowie die Goldbären von Haribo als Beispiele genannt werden. In diesem Fall sollen von dem herausgestellten Produkt positive Ausstrahlungseffekte (Spill-over-Effekte) ausgehen, welche die ganze Linie beeinflussen.

Bereinigung

Die Produktlinie wird um Produkte bereinigt, die wenig erfolgreich sind (im Handel sind dies „Penner"-Produkte im Gegensatz zu „Renner"-Produkten). Entscheidungen über die Bereinigung orientieren sich vordergründig an Deckungsbeiträgen oder Ressourcenüberlegungen. Bei der Bereinigung von Produktlinien ist jedoch zu beachten, dass Verbundbeziehungen zwischen Produkten der Linie bestehen, die unter Umständen nicht aufgegeben werden können. Zudem kann es unternehmenshistorische Gründe geben, ein schwaches Produkt in der Linie zu behalten, weil dieses einst das Ursprungsprodukt der Marke war bzw. das ursprüngliche Kerngeschäft des Unternehmens ausgemacht hat. Ferner kann es notwendig sein, wenig ertragreiche Produkte wie Zubehör oder Ersatzteile in der Linie zu behalten, weil diese vom Kunden erwartet werden bzw. die angebotene Linie komplettieren.

3.1.3 Produktprogramm

Das Produktprogramm umfasst die Gesamtheit aller Produktlinien und Produkte eines Herstellers. Vom Begriff des Produktprogramms sind die Begriffe Produktions- und Absatzprogramm abzugrenzen. Das Produktionsprogramm umfasst alle selbst hergestellten Produkte eines Herstellers, während das Absatzprogramm auch zugekaufte Handelswaren bzw. erworbene Lizenzprodukte enthält. In diesem Sinne kann das Absatzprogramm somit wesentlich größer sein als das Produktionsprogramm. In der Praxis ist der Zukauf von Produkten und die Fremdproduktion aus Kostengründen weit verbreitet.

Die grundsätzliche Ausrichtung des Produktprogramms orientiert sich nach Meffert/Burmann/Kirchgeorg (2015, S. 366) in der Regel an den folgenden Prinzipien:
– Herkunftsorientierung: Das Programm wird durch die Herkunft des Materials (Kunststoffe, Metall etc.) bestimmt.
– Bedarfsorientierung: Das Programm wird den Kundenbedürfnissen entsprechend zusammengestellt, z. B. Haushaltsgeräte, Sportartikel etc.
– Preislagenorientierung: Das Programm ist durch die Zugehörigkeit zu einer bestimmten Preislage gekennzeichnet, z. B. bei Computern IBM vs. Medion, wobei hier auch unterschiedliche Basisstrategien zugrundeliegen.

Das Produktprogramm eines Herstellers wird anhand eines Beispiels verdeutlicht:

Tab. 5.1: Produktprogramm eines Herstellers von Körperpflegeprodukten (Quelle: eigene Darstellung).

Produktlinie 1: Körperpflege	Produktlinie 2: Hautpflege	Produktlinie 3: Mundpflege
Duschgel a, b, c	Cremes a–h	Mundwasser a, b
Schaumbad a, b	Gesichtswasser a, b	Zahncreme a, b, c
Hartseife a, b, c, d	Aftershave a, b, c	Zahnseide a
Flüssigseife a	Preshave a	Zahnpflegekaugummi a
Deospray a, b, c, d		Lippenpflegestift a
Deoroller a, b		

Die Programmbreite gibt die Anzahl der angebotenen Produktlinien wieder, während die Programmtiefe durch die Anzahl der Produkte innerhalb einer Produktlinie repräsentiert wird. Es wird dann entsprechend von einem breiten oder tiefen Produktprogramm gesprochen (Ggs.: enges und flaches Produktprogramm). Beim abgebildeten Beispiel verfügt das Unternehmen somit über drei – nach Kundenbedürfnissen gebildete – Produktlinien, die jeweils aus einer Reihe von Einzelprodukten bestehen. Bei den Produkten wird dann auf einer weiteren (nicht dargestellten) Ebene zwischen verschiedenen Poduktvarianten unterschieden. Während große Markenkonzerne wie Henkel, Procter & Gamble oder Unilever über ein relativ breites und zugleich tiefes Produktprogramm verfügen – insbesondere, wenn die Marken als Linien definiert werden – hat ein Unternehmen, das nur eine oder wenige Produktlinie(n) produziert bzw. anbietet ein (relativ) enges und tiefes Programm.

Am Beispiel eines Supermarkts in Tab. 5.2 wird die Sortimentsstruktur eines Handelsunternehmens erläutert:

Tab. 5.2: Sortimentsstruktur eines Supermarkts (Quelle: eigene Darstellung).

Warengruppe 1: Getränke	Warengruppe 2: Butter, Milch, Käse	Warengruppe 3: Fleisch, Wurstwaren	Warengruppe 4: Snacks	Warengruppe 5: Süßwaren	Warengruppe 6: Nonfood
Artikel 1	Artikel 1	Artikel 1	Artikel 1	Artikel 1	Artikel 1
Artikel 2	Artikel 2	Artikel 2	Artikel 2	Artikel 2	Artikel 2
Artikel 3	Artikel 3	Artikel 3	Artikel 3	Artikel 3	Artikel 3
Artikel n	Artikel n	Artikel n	Artikel n	Artikel n	Artikel n

Das Sortiment des Beispiel-Supermarkts besteht aus sechs Warengruppen, die eine Zusammenfassung von Artikeln gleicher Art darstellen. Die kleinste Einheit des Sortiments, die Sorte, wird in der Abbildung nicht aufgeführt. Gleichartige Sorten, die sich nur geringfügig unterscheiden, bilden den übergeordneten Artikel. Ein Supermarkt führt z. B. den Artikel Pringles in den Sorten Original, Classic Paprika und Sour Cream & Onion. Von dieser in der Handelsbetriebslehre üblichen Unterteilung des Sortiments wird in der Marketingpraxis begrifflich abgewichen: Pringles bildet eine Artikelgruppe und die einzelnen Geschmacksrichtungen und Packungsgrößen werden als einzelne Artikel aufgefasst, die durch eine Artikelnummer und eine entsprechende GTIN (Global Trade Item Number) gekennzeichnet sind. Ein Supermarkt verfügt somit über ein relativ breites (Anzahl der verschiedenen Warengruppen) und tiefes (Anzahl der Artikel innerhalb einer Warengruppe) Sortiment. Ein Fachgeschäft zeichnet sich dagegen durch ein enges und tiefes Sortiment aus, da eine Konzentration auf eine oder wenige Warengruppen vorliegt.

3.2 Analysemethoden der Produktpolitik

Als Grundlage für produktpolitische Entscheidungen fungiert eine Reihe von Analysemethoden, von denen im Folgenden vier wesentliche Methoden vorgestellt werden.

3.2.1 Programmanalysen

Bei Programmanalysen geht es um die Überprüfung der Produktprogrammstruktur anhand einer Reihe von Kriterien bzw. Kennzahlen.
Die Programmanalyse orientiert sich an folgenden Kriterien:
– Altersstruktur,
– Umsatzstruktur,
– Kundenstruktur,
– Deckungsbeitrag,
– Rentabilität und Produktivität.

Die Analyse der Altersstruktur eines Produktprogramms gründet sich auf den Lebenszyklus der einzelnen Produkte. Eine Altersstrukturanalyse ist besonders wichtig für Unternehmen mit sehr umfangreichen Produktprogrammen, z. B. aus der Pharma- oder Nahrungsmittelindustrie. Die Lebenserwartung der einzelnen Produkte ist je nach Position im Lebenszyklus sehr unterschiedlich. Ein zu großer Anteil von alten Produkten birgt ein großes Risiko, während eine ausreichende Anzahl neuer Produkte die Expansions- und Überlebenschancen eines Unternehmens sichern kann. Es ist stets auf ein ausgewogenes Verhältnis von alten und neuen Produkten zu achten. Weitergehende Implikationen sind dem Abschnitt über den Produktlebenszyklus zu entnehmen.

Eine weitere wichtige Analysemethode ist die Betrachtung der Umsatzstruktur des Produktprogramms. Der Umsatz ist eine wichtige Kennzahl, da er den Umfang der Geschäftsaktivitäten in den verschiedenen Bereichen des Programms verdeutlicht. Aus der zeitlichen Entwicklung der Umsatzzahlen lassen sich zudem wichtige Erkenntnisse über die Marktsituation der einzelnen Produkte ableiten. Mithilfe diverser grafischer Darstellungsformen, z. B. Lorenzkurve, wird die Verteilung des Gesamtumsatzes auf die einzelnen Produktlinien bzw. Produkte aufgezeigt. Die Umsatzstruktur zeigt die mögliche Abhängigkeit von bestimmten Produkten. Ferner vermittelt sie einen Einblick in die Verteilung der kapitalintensiven Produktionskapazität auf einzelne Produkte, sodass Produkte mit einer ungünstigen Relation von Absatzanteil und Produktionskapazitätsanteil evtl. eliminiert werden müssen.

Eine ähnliche Analyse bildet die Untersuchung der Kundenstruktur. Analog zur Umsatzstruktur wird hier die Verteilung des Gesamtumsatzes bzw. der Verkaufsmenge auf einzelne Kunden betrachtet, wobei Abhängigkeiten von bestimmten Kunden aufgezeigt werden (vgl. Abb. 5.4). Wenn beispielsweise mit einem Kunden über 50 % des Umsatzes erzielt werden, liegt eine sehr hohe Abhängigkeit von diesem Kunden und damit verbunden ein hohes Risiko vor, da der Abnehmer dann bestimmte Konditionen – unter Androhung eines Lieferantenwechsels – diktieren kann. Dieses Phänomen wird häufig unter dem Stichwort der Nachfragemacht des Handels diskutiert. So hat der Discounter Aldi eine Reihe von mittelständischen Betrieben aus der Landwirtschaft als Lieferanten für Obst und Gemüse, die nicht selten mehr als 90 % ihres Absatzes mit Aldi erzielen. Die Analyse der Kundenstruktur führt ferner zu einem Kundenprofil von A-, B- und C-Kunden, das im Rahmen von aktuellen CRM-Ansätzen zur Kundeneinteilung und entsprechenden Bearbeitung genutzt wird.

Die wichtigste Kennzahl zur Überprüfung des Erfolgs eines Produktprogramms ist der Deckungsbeitrag als Differenz zwischen dem Erlös und den eindeutig zurechenbaren variablen Kosten eines Produkts. Der Deckungsbeitrag sollte die Fixkosten abdecken und idealerweise noch für einen ausreichenden Gewinn sorgen. Die Erreichung eines hohen Gewinns als Unternehmensziel kann nur durch möglichst hohe Deckungsbeiträge im gesamten Produktprogramm realisiert werden, da der Fixkostenblock dann schneller abgedeckt und somit das Betriebsergebnis verbessert wird. Eine wichtige Zusatzinforma-

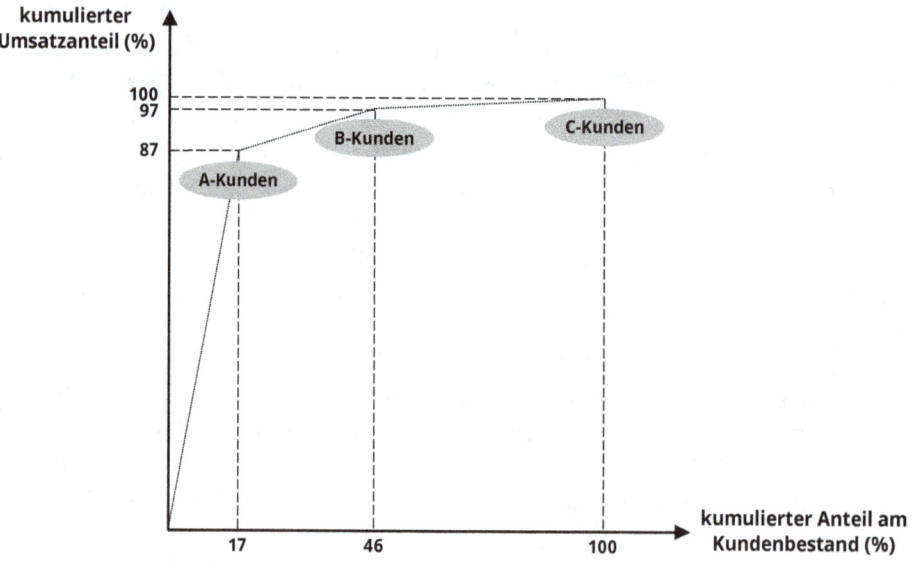

Abb. 5.4: Kundenstrukturanalyse (Quelle: eigene Darstellung).

tion bietet der Vergleich von Umsatz- und Deckungsbeitragsanteil, der besonders erfolgreiche Produkte identifiziert, die programmpolitisch gefördert werden müssen.

Für weitergehende Analysen der Programmstruktur kommen Rentabilitäts- und Produktivitätskennzahlen infrage. Je nach Detaillierungsgrad der Analyse sind weitere Kennzahlen denkbar, die auf diverse Bezugsgrößen (Produkt, Produktlinie, Absatzgebiet etc.) ausgerichtet sind. Zur weitergehenden Betrachtung sei auf den Abschnitt zur Marketingkontrolle (vgl. Kapitel VI) verwiesen.

3.2.2 Produktlebenszyklus

Ein bekanntes Modell in der Marketinglehre und -praxis stellt der idealtypische Produktlebenszyklus dar. Dem Modell liegt die Vorstellung zugrunde, dass alle Wirtschaftsgüter einem Gesetz des Werdens und Vergehens – analog zum biologischen Lebenszyklus von der Geburt bis zum Tod eines Menschen – unterliegen. Der klassische Ausgangspunkt des Produktlebenszyklus ist immer ein einzelnes Produkt. In der folgenden Darstellung des Modells wird ein Verlauf unterstellt, bei dem aus einem Einzelprodukt eine Produktlinie entsteht, die unter einer Marke geführt wird.

Das idealtypische Modell unterstellt einen S-förmigen Verlauf, wobei üblicherweise die Einteilung in fünf Phasen erfolgt. Auf der Abszisse wird die Zeit (t) abgetragen, auf der Ordinate die Umsätze (U) und der Gewinn (G) pro Zeiteinheit.

Die Abb. 5.5 stellt den klassischen Zyklus mit der entsprechenden Phaseneinteilung dar:

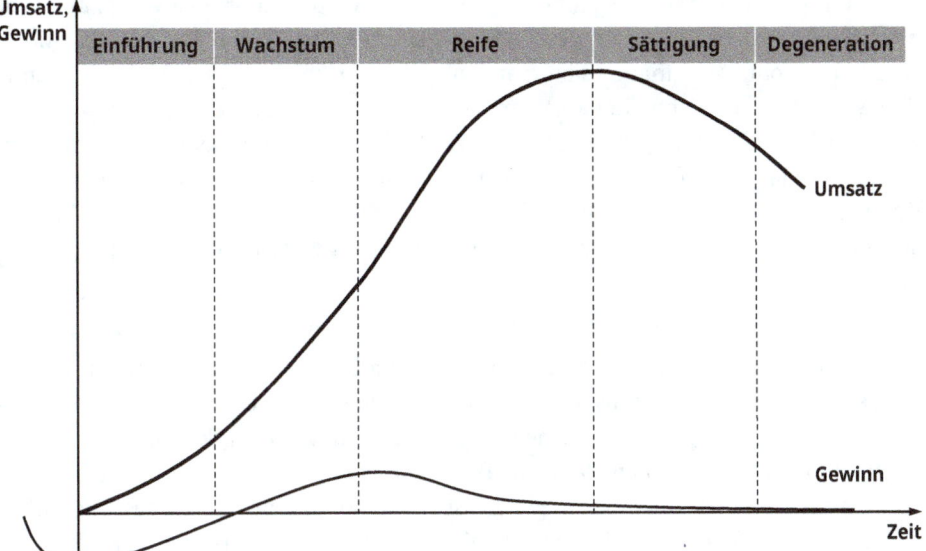

Abb. 5.5: Typischer Produktlebenszyklus in fünf Phasen (Quelle: eigene Darstellung).

Jedes Produkt durchläuft die fünf Phasen unter den eingangs genannten Bedingungen, wobei der phasenbezogene Zeitraum, die absolute Lebensdauer eines Produkts bzw. einer Produktlinie (Marke), Monate, Jahre oder Jahrzehnte (z. B. Odol, Maggi, Persil) betragen kann.

Im Folgenden werden die Phasen anhand ihrer Hauptcharakteristika skizziert:

Einführung
Mit der Einführung des Produkts in den Zielmarkt ist die Entwicklungsstufe abgeschlossen. Anfangs befindet sich die Urversion des Produkts im Markt, die idealtypisch eine echte Innovation ist. Voraussetzung ist nun, dass der Marktwiderstand gebrochen wird, d. h., es entscheidet sich, ob das Produktkonzept vom Markt angenommen wird. In dieser Phase finden die höchsten Marktinvestitionen (Distributions- und Kommunikationsmaßnahmen) statt, um das Produkt im Markt zu etablieren. Die steigende Umsatzkurve erklärt sich durch Neugierkäufe bzw. den Erfolg der Kommunikation. In der Einführungsphase wird in der Regel die Gewinnschwelle noch nicht erreicht, da die erwähnten Investitionen dazu führen, dass ein Verlust bewusst in Kauf genommen wird.

Wachstum
In der Wachstumsphase erreicht das Produkt die Gewinnschwelle und wird durch die Wirkung der Kommunikationspolitik einem größeren Kreis von Zielpersonen bekannt. Bei kurzlebigen Verbrauchsgütern kommt es hier bereits zu Wiederholungs-

käufen. Insbesondere bei Konsumgütern ist hier das Floprisiko zu verorten. Mögliche negative Produkterfahrungen verhindern weitere Käufe, sodass es schon in dieser Phase zur Produktelimination kommen kann. Auch treten bereits erste Imitatoren in den Markt ein, die versuchen, an der möglichen Marktexpansion zu partizipieren. Damit sich das Produkt von denen der Wettbewerber abhebt, kommt jetzt als produktpolitische Maßnahme die Produktvariation, d. h., die Weiterentwicklung des Produkts, in Betracht. Nach zunächst überproportionalen Umsatzzuwächsen stabilisiert sich die Zuwachsrate. Mit Erreichen der Reifephase wird der höchste Gewinn erzielt.

Reife
Die Reifephase ist gekennzeichnet durch ein weiteres absolutes Umsatzwachstum bei gleichzeitigem Absinken der Zuwachsraten und der Umsatzrendite. In dieser Phase ist der Wettbewerb sehr stark ausgeprägt, da Konkurrenten massiv in diesen Markt investieren, zudem treten noch Nachzügler in den Markt ein. Der ehemalige Innovator kann durch Produktdifferenzierung (Verbreiterung des Angebots) seine Marktposition stärken oder zumindest stabilisieren. Am Ende der Reifephase erreicht die Produktlinie das Umsatzmaximum.

Sättigung
Die Sättigungsphase beginnt mit dem Absinken der Umsatzkurve, die Gewinne nehmen weiter ab. Durch diverse Maßnahmen im Marketingmix, z. B. Erschließung neuer Absatzkanäle, Erinnerungswerbung oder Rabattgewährung, kann diese Phase verlängert werden. Alternativ kann durch einen Relaunch des Produkts bzw. der Marke versucht werden, einen neuen Aufschwung der Kurve zu erreichen. Das Unternehmen kann aber auch zu dem Ergebnis kommen, dass weitere Investitionen in das Produkt bzw. in die Marke nicht wirtschaftlich sind, sodass der Eintritt in die Degenerationsphase nicht aufgehalten wird.

Degeneration
In der letzten Lebensphase des Produkts tendiert der Umsatz gegen Null und es werden Verluste erzielt, bis das Produkt bzw. die Marke schließlich vom Markt genommen wird (Produktelimination). Begründet werden kann dieses Produktsterben insbesondere mit dem technischen Fortschritt, der eine Produktkategorie überholt, z. B. die Verdrängung von Handys durch Smartphones.

Analog zur Kurve des Produktlebenszyklus ist der von Rogers (1962, S. 162) herausgefundene Diffusionsprozess zu betrachten, der die Nachfrageentwicklung von bestimmten Nachfragertypen abhängig macht: Innovatoren (2,5 % aller Nachfrager), Frühadoptierer (13,5 %), frühe Mehrheit (34 %), späte Mehrheit (34 %), Nachzügler (16 %). Dies trägt auch zur Erklärung der Nachfrageentwicklung in den jeweiligen Phasen bei.

Die Abb. 5.6–5.8 charakterisieren einen klassischen Markenartikel (Präferenzstrategie) in den einzelnen Phasen des Lebenszyklus. Hierbei wird als mögliche sechste Phase die Wiederbelebung (Relaunch) separat aufgeführt.

3.2 Analysemethoden der Produktpolitik — 203

Phase / Merkmale	Einführung	Wachstum	Reife	Sättigung	Degeneration	Wiederbelebung
Umsatzvolumen	gering	schnell ansteigend	Spitzenumsatz	rückläufig	rückläufig	steigend
Kosten	hohe Kosten pro Kunde	hohe Kosten pro Kunde	Ø-Kosten pro Kunde	Ø-Kosten pro Kunde	niedrige Kosten pro Kunde	hohe Kosten pro Kunde
Gewinne	negativ	steigend	hoch	fallend	fallend/ negativ	negativ
Kunden	Innovatoren	Frühadoptierer	frühe Mehrheit	späte Mehrheit	Nachzügler	Innovatoren 2-ter Generation
Marktsituation	Monopol	Oligopol	Polypol	Polypol	Oligopol	Monopol oder Oligopol
Bekanntheit	gering	steigend	hoch	hoch	abnehmend	steigend
Instrumentalziele auf Produktebene	Produktinformation / Marktwiderstand brechen	Optimierung der Produktleistung	Verbreiterung der Produktleistung	Stabilisierung der Produktleistung	Stabilisierung oder Rücknahme der Produktleistung	erneuter Aufbau der Produktleistung

Abb. 5.6: Produktlebenszyklus eines Markenartikels (Teil 1) (Quelle: eigene Darstellung).

Phase/ Instrument	Einführung	Wachstum	Reife	Sättigung	Degeneration	Wiederbelebung
Produkt	Kernnutzen des Basisprodukts vorstellen	Zusatznutzen aufbauen	Produktlinie erweitern und vertiefen	Produktlinienstatus halten	Produktlinie verkleinern	neue Nutzendimension etablieren oder Added Value hinzufügen
Kontrahierung	Skimming vs. Penetration	Strategiekonform (Basisstrategie)	defensiv	defensiv	Senkung	Skimming vs. Penetration
Distribution	Distributionsnetz stufenweise aufbauen	Distributionsnetz verdichten	Distributionsnetz stabilisieren	Distributionsnetz stabilisieren	Distributionsnetz sukzessive auslichten/unrentable Distributionspunkte schließen	neue Distributionswege schaffen
Kommunikation	Produkt bei Innovatoren/ im Handel bekannt machen, informieren/ überzeugen	Produkt in breiter Zielgruppe bekannt, interessant machen (Aufklärung über neue Vorteile)	Imageprofilierung (Aktualisierung)/Differenzierungsmerkmale und Markenvorteile betonen	Imagestabilisierung	Kommunikation auf Niveau herunterfahren, das zur Erhaltung treuester Kunden nötig ist	Aktualisierung in bestehender Zielgruppe/ Gewinnung neuer Zielsegmente

Abb. 5.7: Produktlebenszyklus eines Markenartikels (Teil 2) (Quelle: eigene Darstellung).

Phase/ Instrument	Einführung	Wachstum	Reife	Sättigung	Degeneration	Wiederbelebung
Produkt	Grundprodukt/ Produktinnovation	Produktvariation/Verbesserung der Qualität, Ausstattungsmerkmale, Designelemente, Serviceleistungen, Garantien	Produktdifferenzierung/ unterschiedliche Modelle, Gebindeformen, Geschmacksrichtungen usw.	idealtypische Phase für Relaunch	absatzschwache Artikel eliminieren	Revitalisierung, Relaunch/ wesentliche Produktverbesserung, neue Verwendungsmöglichkeiten
Kontrahierung	Basispreis/ evtl. Probierpreis	Basispreis	Basispreis/ evtl. Bonussystem	Basispreis/ evtl. Rabattformen	Preissenkung	Preisstabilisierung/Preisanhebung bei Relaunch mit hohem Innovationsgrad
Distribution (Distributionsgrad)	gering	steigend	hoch (Ubiquität)	hoch (Ubiquität)	rückläufig	Rückgewinnung/ Aufbau neuer Absatzkanäle
Kommunikation	Einführungswerbung	Expansionswerbung	Erinnerungswerbung	Erinnerungswerbung; bei Relaunch: Werbung zur Um-/ Neupositionierung	Reduktionswerbung zur gezielten Eliminierung eines Produktes	Werbung zur Um-/Neupositionierung

Abb. 5.8: Produktlebenszyklus eines Markenartikels (Teil 3) (Quelle: eigene Darstellung).

Da zum einen die idealtypische Abfolge in der Praxis nur selten zum Tragen kommt und zum anderen der steigende Wettbewerbsdruck tendenziell zu einer Verkürzung von Produktlebenszyklen führt, zeigt die Abb. 5.9 ein modifiziertes Modell.

Grundsätzlich sind dem Lebenszyklusmodell folgende Kritikpunkte entgegenzuhalten (Meffert 2000, S. 343):
- fehlende Allgemeingültigkeit (wenig empirisches Beweismaterial),
- fehlende Gesetzmäßigkeit des Lebenszyklus (Idealtypus),
- Phasendauer kann durch marketingpolitische Maßnahmen deutlich beeinflusst werden,
- Veränderungen der Umweltfaktoren eines Unternehmens bleiben unberücksichtigt,
- fehlende eindeutige Kriterien zur Phasenabgrenzung.

Trotz dieser nachweislich vorhandenen Schwächen des Modells betrachten die Autoren den Produktlebenszyklus als Grundlagenmodell zur Ableitung von produktpolitischen und weitergehenden operativen Entscheidungen.

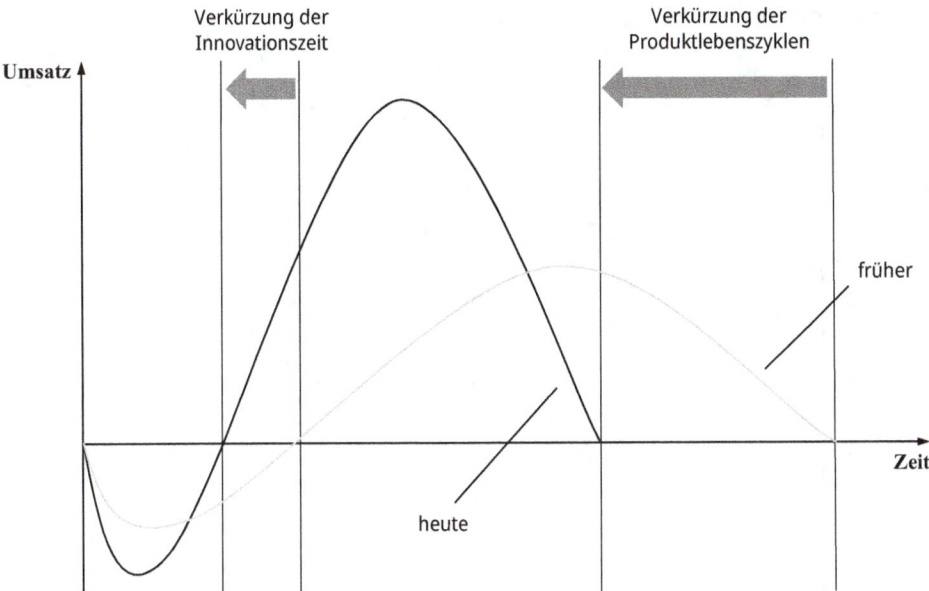

Abb. 5.9: Verkürzter Produktlebenszyklus (Quelle: eigene Darstellung in Anlehnung an Wildemann 2009, S. 6).

3.2.3 Produkt-Portfolio

Die Portfolio-Analyse kann prinzipiell auf allen Entscheidungsebenen der Produkt- bzw. Programmpolitik eingesetzt werden. Sie bezieht sich je nach Perspektive auf strategische Geschäftseinheiten, Produktlinien (Marken) oder Produkte. Da die Portfolio-Analyse im Rahmen der Strategiemodelle (vgl. Kapitel IV 4.5) bereits ausführlich thematisiert worden ist, soll an dieser Stelle nur kurz auf die produktpolitische Bedeutung dieses Modells eingegangen werden.

Beim Produkt-Portfolio geht es darum, die einzelnen Produkte eines Produktprogramms bzw. einer Produktlinie anhand bestimmter Erfolgsfaktoren in einer Matrix zu platzieren, um einen Einblick in die aktuelle Produktsituation zu erhalten. Ziel ist es, stets ein relativ ausgewogenes Portfolio zu besitzen. Die gewählten Dimensionen beziehen sich auf unternehmensexterne und -interne Erfolgseinflüsse. Anknüpfungspunkt für die meisten Portfolio-Modelle ist das PIMS-Projekt, wonach dem Marktanteil eine zentrale Bedeutung für die Gewinnhöhe, den RoI und den Cashflow zukommt. Hinzu kommt die Marktwachstumsrate als externer Faktor. Grundregel: Je höher das Marktwachstum und der eigene Marktanteil, desto höher ist auch die Rentabilität.

Abbildung 5.10 zeigt die Portfolio-Analyse auf Produktlinienniveau an einem Beispiel.

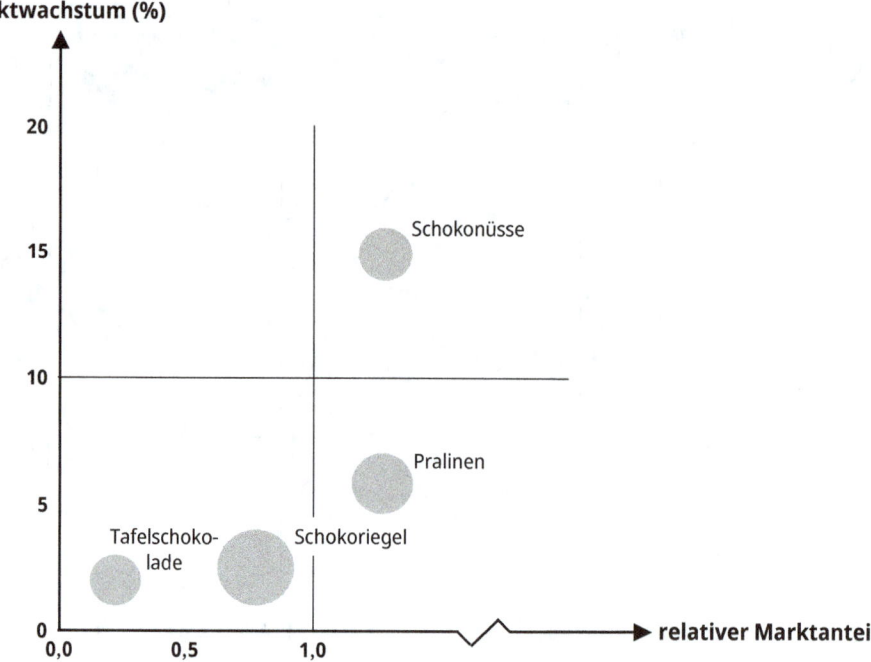

Abb. 5.10: Produkt-Portfolio eines Süßwarenherstellers (Quelle: eigene Darstellung).

Das Beispiel zeigt das Portfolio eines Süßwarenherstellers, welches aus vier Produktlinien besteht. Die Produktlinie Schokonüsse ist der Star, die Produktlinie Pralinen fungiert als Cashcow und die Produktlinien Schokoriegel und Tafelschokolade stellen die Poor Dogs des Unternehmens dar.

3.3 Produktpolitische Entscheidungen

Das relevante Spektrum produktpolitischer Entscheidungen umfasst Produktinnovation, Produktvariation, Produktdifferenzierung, Produktrelaunch und Produktelimination. Diese werden in den folgenden Abschnitten dargestellt.

3.3.1 Produktinnovation

Der Begriff der Innovation ist ein in Wirtschaft und Politik überstrapaziertes Schlagwort geworden. Seit Schumpeter gilt die Produktinnovation als Motor der Wirtschaft und Garant für Wirtschaftswachstum. Aus betriebswirtschaftlicher bzw. marketingorientierter Perspektive besteht für ein Unternehmen eine Innovationsnotwendigkeit, um im Wettbewerb zu bestehen. Auf der anderen Seite stellen hohe Flop-Raten von Neuprodukten ein zentrales Problem im Marketing dar. Produktinnovation wird hier verstanden als die Einführung eines neuen Produkts in den Markt durch ein Unternehmen bzw. die Aufnahme eines neuen Produkts in das bestehende Produktprogramm eines Unternehmens. Das Problem dieser Definition ist, dass unabhängig vom Objekt der Innovation (Produkt) die Neuheit als solche stets ein relativer Begriff ist.

Zur näheren Beschreibung und Klassifizierung einer Produktinnovation können nach Meffert/Burmann/Kirchgeorg (2015, S. 371 ff.) vier Dimensionen herangezogen werden:

- Die Subjektdimension bezieht sich darauf, für wen ein Produkt neu ist. Für den Konsumenten ist dies eine veränderte Nutzenstiftung, für den Hersteller selbst der Grad der produkt- bzw. produktionstechnischen Veränderung. In diesem Sinne ist für einen Hersteller die Erweiterung des Produktprogramms um ein neues Produkt eine Produktinnovation.
- Die Intensitätsdimension beschreibt den Innovationsgrad. Hiernach kann eine geringfügige Modifikation eines Produkts bereits eine Innovation darstellen. Auf der anderen Seite sind Marktneuheiten bzw. Weltneuheiten als echte Innovationen heute selten. Ausnahmen bilden technologisch ausgeprägte Märkte (Multimedia, Unterhaltungselektronik) und der Pharmamarkt (Entwicklung neuer Medikamente, z. B. ein Aidspräparat). Eine Beschränkung der Produktinnovation auf Markt- oder gar Weltneuheiten würde den marketingbezogenen Problemen der Planung und Einführung neuer Produkte jedoch nicht gerecht. Stattdessen sollten auch Unternehmensneuheiten als Produktinnovationen aufgefasst werden.
- Die Zeitdimension (Innovationszeitraum) ist nur schwierig zu erfassen. Generell bleibt zu konstatieren, dass sich der Zeitraum, in dem eine Innovation als neu wahrgenommen wird, in den letzten Jahren erheblich verkürzt hat.
- Die Raumdimension bezeichnet den Aspekt, dass ein in einem geografischen Markt bereits verkauftes Produkt für einen anderen geografischen Markt eine Neuheit bzw. Innovation darstellen kann. Dies betrifft z. B. die schrittweise Einführung neuer Produkte in Auslandsmärkte.

Anhand der Dimensionen wird klar, dass der Begriff der Produktinnovation marketingtheoretisch weit ausgelegt werden muss, um die praktische Problematik der Produktneueinführung zu erfassen. Echte Innovationen sind heute fast nur noch in der Pharmaindustrie sowie in hochtechnologischen Branchen zu finden. Quasi-Innovationen verfügen über einen mittleren Innovationsgrad; sie greifen auf vorhandene Produktkategorien zurück, z. B. Light-Biere, Diätmarmelade, E-Bikes etc. Me-too-Innovationen sind streng genommen keine Innovationen (Innovationsgrad = 0), da sie meist zu 100 % vorhandene Produkte bzw. Marken in wesentlichen Elementen mit Ausnahme von juristischen Einschränkungen kopieren. Die nachfolgende Abb. 5.11 zeigt diese graduelle Abstufung von Produktinnovationen:

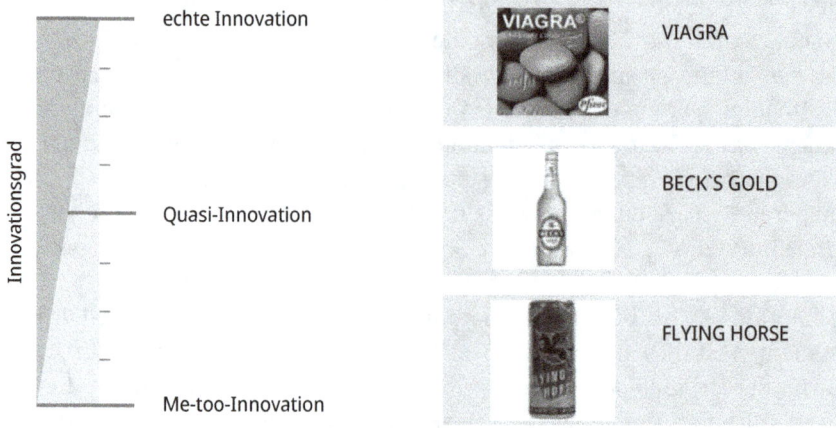

Abb. 5.11: Grad der Produktinnovation (Quelle: eigene Darstellung).

Produktinnovationen nehmen eine besondere Stellung innerhalb der Produktpolitik ein. Gesättigte Märkte, hoher Wettbewerbsdruck, die Austauschbarkeit von Produkten, Überkapazitäten im Produktionsbereich, Umweltschutz- und Produkthaftungsgesetze sowie die Verkürzung von Produktlebenszyklen drängen die Unternehmen dazu, Ressourcen für die Entwicklung neuer Produkte freizumachen. Produktinnovationen führen zu enormen Wachstumschancen. In der Literatur sind idealtypische Prozesse von Neuprodukteinführungen entwickelt worden, deren Hauptaugenmerk auf Kreativitätstechniken sowie Marktforschungsmethoden liegt (vgl. z. B. ausführlich Scharf/Schubert/Hehn 2009, S. 287 ff.). Innovationsprozesse laufen jedoch sehr branchen- (F&E-dominierte Branchen wie die Pharmaindustrie) und auch unternehmensspezifisch (z. B. formalisierter Prozess bei Beiersdorf oder 3 M) ab.

Trotz der differenzierten Vorgehensweise beim Innovationsmanagement sind üblicherweise die folgenden Phasen im Innovationsprozess zu unterscheiden (vgl. Abb. 5.12):
1. Ideengewinnung,
2. Ideenbewertung,
3. Produktkonzeption,
4. Produktentwicklung,
5. Markteinführung.

Im Idealfall einer konzeptionellen Vorgehensweise sollte die Marketingstrategie bereits eine grobe Suchrichtung für ein neues Produkt aufzeigen. Im Rahmen der Marktfeldstrategien kommen eine Produktentwicklung im bestehenden Markt bzw. eine horizontale Diversifikation in einem neuen Markt infrage (vgl. Kapitel IV 4.2). Aus der strategischen Zielmarktbestimmung ergeben sich mögliche Suchfelder für Produktinnovationen. Die Grundlage für die Entwicklung neuer Produkte bilden Produktideen, die sowohl aus internen als auch aus externen Quellen stammen können. Interne Quellen sind die eigenen Mitarbeiter (betriebliches Vorschlagswesen) bzw. die diversen Abteilungen im Unternehmen, insbesondere die Marketing- sowie die Forschungs- und Entwicklungsabteilung. Ideenanstöße aus dem F&E-Bereich werden häufig mit dem Schlagwort Technology Push bezeichnet, da die Innovation in diesem Falle nicht vom Markt ausgeht, sondern vom Unternehmen, basierend auf den vorhandenen Ressourcen, in den Markt „hineingedrückt" wird. Im Gegensatz hierzu wird bei Ideenanstößen aus dem Absatzmarkt von einem Demand Pull gesprochen, was einer konsequenten Marketingorientierung entspricht. Externe Quellen zur Ideenfindung sind in diesem Kontext Wettbewerber, Kunden, Absatzmittler und Lieferanten, aber auch Ideengeber aus dem weiteren Umfeld wie Experten, Forschungsinstitute und Erfinder. Die Ideengewinnung innerhalb des Unternehmens findet in der Regel mithilfe von Kreativitätstechniken statt. Dabei werden intuitiv-kreative Verfahren (z. B. Brainstorming, Brainwriting, Synektik, Weblogs), systematisch-logische Verfahren (z. B. Problemanalyse, morphologischer Kasten) sowie kombinierte Methoden (z. B. Methode der sechs Hüte) unterschieden.

Einen übergreifenden Ansatz stellt die Methodik des Design Thinking dar. Diese Methode stellt die Nutzer zentral in den Mittelpunkt des Handelns (Customer Centricity), indem ganz spezifische Kundenanforderungen am Anfang des Innovationsprozesses analysiert werden, die grundlegende Voraussetzung für die weiteren Prozessschritte sind. In diesem Kontext kommt es in der Zukunft zu einem immer stärkeren Einsatz von KI-Technologien.

Nachdem die ersten Produktideen skizziert und ausgewählt wurden, kommt es zur Ideenbewertung, die das Ziel hat, Erfolg versprechende Produktideen zu selektieren. Im ersten Schritt erfolgt eine Grobselektion, z. B. anhand von Checklisten. Die grundsätzlich brauchbaren Produktideen werden marktseitig durch Gruppendiskussionen mit sogenannten Lead Usern bzw. Fokusgruppen überprüft, bevor sie dann einer intern feineren Bewertung unterliegen. Diese Feinbewertung findet meist mithilfe von Scoring-Modellen statt, die auf ausgewählten Bewertungskriterien und entsprechenden Gewichtungen beruhen (vgl. Kapitel II 2.2.2). Am Ende dieses Bewertungsprozesses steht eine überschaubare Anzahl vielversprechender Produktideen.

Im Rahmen der Produktkonzeption erfolgt die Transformation der Produktidee in ein Produktkonzept, welches das zukünftige Produkt im Hinblick auf die für Konsumenten relevanten Eigenschaften (Verwendungsanlässe, funktionale und emotionale Benefits) beschreibt. Das erste Grobkonzept enthält nur einzelne Konzeptelemente, die z. B. mithilfe von Moodboards dargestellt werden, danach folgt die Einordnung des Produktkonzepts in den Wahrnehmungsraum der Konsumenten. Am Ende dieser Phase liegt eine möglichst vollständige und konkrete Beschreibung des zukünftigen Produkts vor (z. B. Produkt- und Markenname, Inhaltsstoffe, Verpackungsgestaltung, Preislevel, Claim etc.), welche evtl. noch durch Konzepttests oder Conjoint-Analysen gestützt wird.

In der Phase der Produktentwicklung werden die im Produktkonzept festgelegten Nutzenerwartungen in geeignete physisch-technische Produkteigenschaften übertragen. Die F&E-Abteilung entwickelt Prototypen, die anschließend mittels Produkttests überprüft werden (z. B. im Sensoriklabor bei Nahrungs- und Genussmitteln). Danach finden die endgültige Festlegung der Markenelemente sowie die Verpackungsgestaltung statt. In einem weiteren Produkttest erhalten ausgewählte Testpersonen das Produkt zum probeweisen Gebrauch. Abschließend erfolgen Wirtschaftlichkeitsanalysen (z. B. Gewinnvergleichsrechnung, Break-even-Analyse, Kapitalwertmethode) als Basis der Einführungsentscheidung. Ziel dieser Analysen ist die Überprüfung, in welchem Ausmaß sich bei einer Produkteinführung ein ökonomischer Erfolg einstellen kann.

Die letzte Phase im Innovationsprozess ist die Markteinführung. Häufig wird der endgültigen (nationalen) Einführung eines neuen Produkts ein Test des als marktreif erachteten Produkts unter kontrollierten Bedingungen in einem räumlich begrenzten und repräsentativen Testmarkt vorgeschaltet. Diese Testmarktphase in einem regionalen Gebiet (wie z. B. früher Haßloch) wird in der Regel durch eine Panelforschung begleitet. Der hohe Kosten- und Zeitaufwand regionaler Testmärkte sowie die potenzielle Bekanntmachung des neuen Produkts bei Konkurrenzunternehmen führen immer häufiger zu Testmarktsimulationen im Labor oder Teststudio, welche die genannten Nachteile ausgleichen, jedoch eine geringere Realitätsnähe aufweisen. Nach dem Abschluss der Testmarktphase folgt die endgültige Einführung des neuen Produkts in den Zielmarkt.

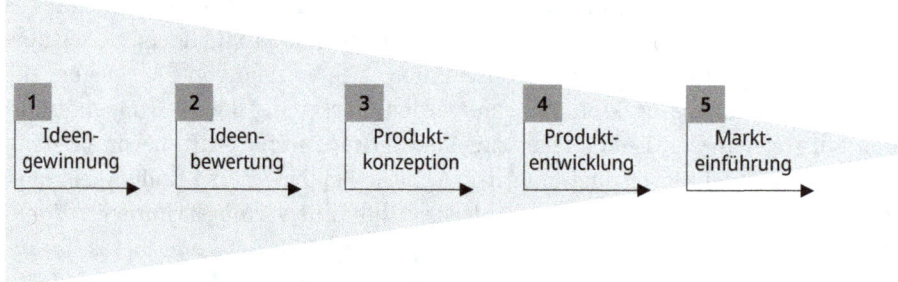

Abb. 5.12: Innovationsprozess (Quelle: eigene Darstellung).

Die Autoren weisen ausdrücklich darauf hin, dass an dieser Stelle bewusst ein produktpolitischer Fokus gewählt wurde. Bei einer Gesamtbetrachtung des Innovationsprozesses muss konsequenterweise die vollständige Marketingkonzeption berücksichtigt werden.

Als Beispiele für erfolgreiche Produktinnovationen können technische Neuerungen wie Smart-TV, neue Produktkategorien wie Protein-Riegel oder neue Darreichungsformen wie Persil Discs sein. Innovationscharakter haben zudem Produkte mit zum Teil kommunikationspolitisch unterstellter verbesserter Leistung bzw. Qualität, wie z. B. Spül- oder Waschmittel mit neuer „Anti-Schmutz-Formel". Vielfach sind diese Innovationen jedoch eher in den Variationsbereich einzuordnen. Die Einführung der Discs von Persil in den Waschmittelmarkt tendiert jedoch wieder eher zu einer Produktinnovation. Diese Beispiele zeigen die Schwierigkeit, eine strikte Trennlinie zwischen Produktinnovation und -variation festzulegen.

3.3.2 Produktvariation

Produktvariation bezeichnet die Veränderung bzw. Verbesserung bereits vorhandener Produkte. Produktvariationen bilden mithin einen Ansatz, um Produkte nach ihrer Markteinführung den sich ändernden Verbraucherbedürfnissen anzupassen bzw. den Konkurrenzvorsprung abzusichern. In diesem Sinne können Produktvariationen wesentlich zur Verlängerung von Produktlebenszyklen beitragen.

„Bei der Variation bleiben die Grundfunktionen des Produkts erhalten, es werden lediglich ästhetische, physikalische, funktionale und/oder symbolische Eigenschaften verändert" (Meffert 2000, S. 437). Ästhetische Variationen betreffen Produkteigenschaften wie Design, Farbe, Form. Dies findet häufig bei Automobilen, Haushaltsgeräten, Kleidung oder Möbeln Anwendung; als ästhetische Variation ist jedoch auch die Änderung der Verpackung im Bereich der Lebensmittel anzusehen. Physikalische Variationen betreffen z. B. die Materialart oder die technische Konstruktion, funktionale Variationen die Ausstattung oder Haltbarkeit eines Produkts. Diese Art der Produktvariation ist häufig bei Werkzeugen oder allgemein bei technischen Geräten zu finden. Ein gutes Beispiel stellt zudem der TV-Geräte-Markt dar, in dem Fernsehgerätehersteller immer neue Variationen mit neuer Basistechnik einführen. Schließlich betrifft die symbolische Variation in erster Linie die Anpassung oder Änderung des Markennamens oder -logos eines Produkts (z. B. „Aus Raider wird jetzt Twix"; Markenwechsel von Dänisches Bettenlager zu Jysk im Jahr 2021; Markenwechsel von Uncle Ben's zu Ben's Original 2021). Diese Form der Variation ist jedoch als kritisch zu betrachten, da sie die Markenpolitik betrifft. Diese Beispiele zeigen, dass die Variationsparameter durchaus kombinativ verwendet werden können.

3.3.3 Produktdifferenzierung

Der in der Marketingliteratur verwendete Begriff der Produktdifferenzierung, als das zeitlich parallele Angebot mehrerer Varianten eines Produkts, unterscheidet sich von der Produktvariation durch den Verbleib des Basisprodukts im Markt. Die Produktvariation dient in erster Linie zur Weiterentwicklung von Produkten und damit zur Ablösung der Ausgangsversion, während die Produktdifferenzierung das Produktangebot im Markt breiter macht, insbesondere durch die Einführung verschiedener Verpackungsgrößen, Modelle oder Geschmacksrichtungen. Hierdurch wird dem Abwechslung suchenden Kaufverhalten (Variety Seeking) der Zielpersonen Rechnung getragen.

3.3.4 Produktrelaunch

Ein Sonderfall der Produktvariation ist der Produktrelaunch. Er kennzeichnet die umfassende Veränderung von Produkteigenschaften eines auf dem Markt eingeführten, aber deutlich in der Abschwungphase befindlichen oder bereits eliminierten Produkts. Der Relaunch bezeichnet somit die Wieder(neu)einführung eines Produkts. Die umfassende Veränderung des Ursprungsprodukts geht meist einher mit Änderungen in den anderen Mixparametern. Als Beispiele können die Wiedereinführung der Marken Afri-Cola und Yes gelten. Grundsätzlich steht hinter einem Relaunch jedoch immer die grundlegende Revitalisierung eines Produkts bzw. einer Marke, die sämtliche Mixparameter einbezieht. Ein Beispiel für diese Ausprägung des Produktrelaunchs ist die umfassende Neupositionierung von Jägermeister.

3.3.5 Produktelimination

Die Produktelimination wurde bereits im Rahmen der Bereinigung von Produktlinien kurz thematisiert. Produktelimination bedeutet die Aufgabe bisheriger Produkte bzw. deren Herausnahme aus dem Produktprogramm. In diesem Abschnitt soll die Elimination eines einzelnen Produkts behandelt werden. Ein wesentlicher Grund für die Produktelimination liegt in der internen Konkurrenz der Produkte um knappe Unternehmensressourcen wie Marketingbudget oder Produktionskapazität. Um eine fundierte Entscheidung gegen ein Produkt treffen zu können, bedarf es einer systematischen Überwachung des Produktprogramms anhand quantitativer und qualitativer Daten (Meffert/Burmann/Kirchgeorg 2015, S. 425).

Als quantitative Eliminierungskriterien gelten z. B. sinkender Umsatz, sinkender Marktanteil und sinkende Deckungsbeiträge. Als qualitative Kriterien kommen unter Umständen hinzu: Einführung von Konkurrenzprodukten, negativer Einfluss auf das Unternehmensimage, Änderung der Bedarfsstruktur der Kunden, Änderung gesetzlicher Vorschriften, technologische Veralterung. Sprechen diese Kriterien letztlich für eine Elimination des Produkts, so muss abschließend noch überprüft werden, ob Verbundbeziehungen zu anderen Produkten bestehen, die einer Herausnahme des Produkts widersprechen. Gleichsam können Produkte aus Imagegründen (Ursprungsprodukt) im Programm verbleiben. Allerdings sollten auch Produkte mit hoher emotionaler Bindung eliminiert werden, wenn alle Kriterien dies sinnvoll erscheinen lassen.

3.4 Markierung

In Kapitel V 1 wurde die vertikale Markenstrategie als substrategische Dimension vorgestellt. Der folgende Abschnitt fokussiert die rein operative Markenpolitik. Hierbei werden zunächst grundlegende Begriffe der Markenpolitik behandelt und anschließend die horizontalen und internationalen Markenstrategien aufgegriffen.

3.4.1 Grundlagen der Markenpolitik

Als zentrales Objekt der Markierung wird zuerst der klassische Markenartikel thematisiert. Ausgehend von einer klaren Differenzierung und Positionierung auf der strategischen Ebene (vgl. Kapitel IV 3.3) sind auf der operativen Ebene die folgenden Kennzeichen zu konstatieren:
- einheitliche Markierung,
- evolutorische, nachhaltige Gestaltung,
- konstante oder verbesserte Qualität,
- mittlere Preiskategorie bis höhere Preiskategorie (Preispremium),
- Ubiquität (= Überallerhältlichkeit) im relevanten Markt,
- intensive Kommunikation.

Die Markenführung stellt enorme Herausforderungen an die Unternehmen. Sämtliche Marketingaktivitäten führen beim Konsumenten zu einem markenspezifischen Vorstellungsbild, d. h., Marketingaktivitäten haben eine Wirkung, die sowohl zur Markenstärkung, aber auch zur -schwächung und -verwässerung führen kann. Um die Marke nachhaltig erfolgreich zu gestalten, müssen die Marketingaktivitäten den gesamten Managementprozess durchlaufen, d. h., geplant, gesteuert und kontrolliert werden.

Eine Marke fungiert rechtlich als Eigentums- und Herkunftsnachweis. Nach dem Markengesetz entsteht der Markenschutz durch die Eintragung beim Patent- und Markenamt. Es können alle Zeichen, z. B. Wörter oder Abbildungen, aber auch Hörzeichen (z. B. Titelmelodien von Fernsehserien) eingetragen werden, die geeignet sind, Waren eines Unternehmens von denen anderer zu unterscheiden. Das Warenzeichen ist der rechtlich geschützte Teil der Marke, der den Gebrauch ausschließlich dem Anbieter zusichert. Nach der Anmeldung der Marke wird beim Patent- und Markenamt ein Markenblatt geführt, das u. a. die genaue Beschreibung der Marke selbst sowie den Markeninhaber enthält. Das Symbol ® signalisiert die eingetragene Marke (Registered Trademark).

Nachdem das Recht an einer Marke erworben wurde, können verschiedene Funktionen eine Rolle spielen. Hierbei werden die Perspektiven Nachfrager, Anbieter und weitere Anspruchsgruppen unterschieden. Im Folgenden werden die wesentlichen Funktionen aus der jeweiligen Perspektive betrachtet.

Aus einer verhaltenstheoretischen Sichtweise heraus bietet die Marke dem Nachfrager die folgenden Funktionen:

Als erstes ist hier die Orientierungs- und Informationsfunktion zu nennen, wodurch dessen Suchaufwand verringert wird. Die Marke beinhaltet dabei Informationen über den Anbieter und hilft dem Nachfrager, sich in einer unübersichtlichen Produktvielfalt zu orientieren. Damit geht eine vereinfachte Suche einher, die als Konsequenz zu leichteren Kaufentscheidungen führt. Ist die Marke einmal in das Bewusstsein der Personen (Relevant Set) gelangt, wird sie automatisch abgerufen, wenn bestimmte Bedürfnisse befriedigt werden sollen. Ist der Kunde mit der Marke zufrieden, so ist die Wahrscheinlichkeit hoch, dass er beim wiederholten Kauf erneut zur präferierten Marke tendiert. Das reduziert zum einen die Komplexität und senkt die Such- und Informationskosten.

Ferner bieten Marken eine Qualitätssicherungsfunktion. Hier wird die Marke als Leistungsmerkmal durch den Nachfrager wahrgenommen, welche eine definierte Qualität beinhaltet. Für den Konsumenten spielt die durch die Qualität generierte Sicherheit hier die entscheidende Rolle. Dies kann die Entscheidung für eine bestimmte Marke im Kaufprozess bestärken. Im Zeitablauf kann aus Sicht der Nachfrager ein höheres Qualitätsniveau für eine Marke eingefordert werden.

Eine weitere Funktion stellt die Vertrauensfunktion dar. Im Auswahlprozess zwischen verschiedenen Marken reduziert diese Funktion die wahrgenommene Gefahr für den Nachfrager, eine subjektiv falsche Kaufentscheidung zu treffen (Köstinger 2008, S. 12). Grundvoraussetzung für die Vertrauensbildung ist die Markenbekanntheit. Vertrauensbildung beim Nachfrager entsteht in erster Linie durch die spezifische Markenkompetenz. Diese Kompetenz spiegelt sich in der definierten Qualität bzw. im Leistungsversprechen der Marke wider. Das Vertrauen wird durch die Verwendung der Marke weiter manifestiert, indem die definierte Qualität bzw. das Leistungsversprechen vom Nachfrager wiederholt überprüft wird. Somit führt die Vertrauensfunktion insgesamt zu einer höheren Sicherheit bei der Kaufentscheidung.

Eine Marke bietet ebenfalls eine Identifikationsfunktion bzw. Symbolfunktion. Dabei überträgt der Nachfrager Markeneigenschaften auf sich selbst und definiert so sein Selbstbild. Marken dienen auch dazu, die eigene Persönlichkeit zu symbolisieren, sofern der Marke Eigenschaften zugeschrieben werden, mit der sich der Nachfrager identifiziert. Im Rahmen der Markenverwendung können sich beim Nachfrager Eigenschaften bilden, welche auf die Marke zurückzuführen sind. In diesem Fall werden Marken als stellvertretende Vorbilder angesehen. Somit kann die Symbolfunktion das Kaufverhalten am stärksten prägen (Meffert et al. 2005, S. 12).

Ebenso können Marken eine Prestigefunktion innehaben. Durch die Verwendung einer bestimmten Marke kann beispielsweise die vorhandene Kaufkraft oder die Zugehörigkeit zu einer bestimmten gesellschaftlichen Schicht ausgedrückt werden. Die Marke dient hier der Selbstdarstellung und Profilierung nach außen, kann aber auch zur Steigerung des Selbstwertgefühls beim Nachfrager selbst führen (Lehner 2007, S. 11).

Für den Anbieter sind die folgenden Funktionen einer Marke zu unterscheiden:

Als erste Funktion einer Marke für den Anbieter ist die Präferenzbildung zu nennen. Um diese Präferenz zu erreichen, muss die Marke Nutzendimensionen aufbauen, die für die Zielgruppe in der Bedürfnissituation relevant sind. Wenn dies gelingt, kann die Marke in das Relevant Set des Zielkunden gelangen und idealerweise die Top-of-Mind-Stellung besetzen. Dadurch nimmt die Marke eine bevorzugte Stellung im Kaufprozess ein und wird somit Konkurrenzmarken vorgezogen.

Die Funktion der Marke als Qualitätssignal ist analog zur Nachfragerperspektive zu betrachten. Hierbei geht es nicht um die eigentliche Produktqualität, die z. B. durch Güteklassen festgelegt wird, sondern um die darüber hinausgehende bestimmte Qualität einer Marke, die als Leistungsversprechen aufzufassen ist. Diese definierte Qualität sollte langfristig ausgerichtet sein. Umwelt- oder Markteinflüsse (Makro- oder Mikroumwelt) können jedoch im Zeitablauf dazu führen, dass die definierte Qualität der Marke auf ein höheres Leistungsniveau gebracht werden muss.

Präferenzbildung und Qualitätsdimension bilden die Basis für eine weitere Funktion: die Schaffung eines preispolitischen Spielraums. Diese Funktion führt dazu, dass die Zielgruppe die Nutzendimensionen der Marke entsprechend monetär vergütet und weniger stark auf Preissteigerungen reagiert (Michelis 2014, S. 148 f.). Durch eine spezifische Einzigartigkeit der Marke kann bestenfalls ein Preispremium gegenüber dem Wettbewerb erzielt werden.

Als weitere Funktion ist die Erschließung von Wachstumspotenzialen zu nennen. Hierbei wird eine etablierte Marke als Basis für neue Produkte genutzt. Dies kann zur Erweiterung der Produktlinie oder zur Dehnung der Marke in neue Produktkategorien bzw. neue Märkte führen. Hierdurch kann das Potenzial einer Marke für den Anbieter zukunftsorientiert ausgeschöpft werden.

Die Ausschöpfung von Wachstumspotentialen führt zur Steigerung des Markenwertes und somit zu einer weiteren Funktion aus Anbietersicht. Somit wird die Marke zu einem bedeutenden Vermögensgegenstand für das Unternehmen, der sich im Markenwert ausdrückt. Dieser Markenwert umfasst eine verhaltenswissenschaftliche und eine ökonomische Sichtweise. Die verhaltenswissenschaftliche Perspektive wird aus den Wachstumspotenzialen der Marke abgeleitet und führt so zur ökonomischen Betrachtung und monetären Bewertung der Marke.

Eine weitere Funktion stellt die segmentspezifische Marktbearbeitung dar. Jede Marke sollte per se ein klar definiertes Segment (Zielgruppe) ansprechen; darauf aufbauend bietet diese Funktion für Unternehmen die Möglichkeit mit unterschiedlicher Marken auch verschiedene Segmente anzusprechen, sodass jede Marke mit ihren spezifischen Nutzendimensionen differenzierter auf die Bedürfnisse der jeweiligen Zielgruppe eingehen kann (Opresnik/Rennhak 2012, S. 165).

In der erweiterten Betrachtung können Marken neben der Fokussierung auf Zielgruppen auch den anderen Anspruchsgruppen eines Unternehmens (Stakeholder) eine Orientierung geben. Darunter fallen beispielsweise Mitarbeiter, Aktionäre, Investoren, Lieferanten, Wettbewerber, Absatzmittler, politische Instanzen, Journalisten oder Interessensverbände. Diese Orientierung spiegelt sich in erster Linie in der Vertrauensfunktion wider, die allen relevanten Anspruchsgruppen der Marke zuteilwird.

Der Markenname ist der Teil der Marke, der verbal ausgedrückt werden kann (expressis verbis). Z. B. wurde mit der Einführung der Mini-Salami Bifi im Jahr 1972 eine neue Produktkategorie eingeführt. Der Name basiert auf dem englischen Wort für Rindfleisch „beef" in Verbindung mit dem Klang der deutschen Verniedlichungsform „-i". Das Markenlogo ist dagegen der Bestandteil der Marke, der als Gestaltungsform, Schriftform oder in der Farbgebung dargestellt wird. Beispielsweise geht das Rautenmuster als Markenzeichen der Bayrischen Motoren Werke (BMW) auf den Umstand zurück, dass das Unternehmen zunächst mit der Produktion von Flugzeugmotoren in München begann. Die Farben Weiß und Blau entsprechen den Farben des Bundeslandes Bayern. Bei den Markenlogos kann zwischen Schriftlogos (z. B. VW) und Bildlogos unterschieden werden. Konkrete Bilder können ferner einen Bezug zur Marke aufweisen oder ohne einen Bezug gewählt werden. Ein Beispiel für ein Bildlogo ohne Bezug zur Marke ist das Krokodil von Lacoste, während der Apfel von Apple den Markennamen visualisiert.

Bei der Wahl des Markennamens ist insbesondere auf dessen Prägnanz und Diskriminationsfähigkeit zu achten, da dies eine wesentliche Bedeutung für das Wiedererkennen der Marke hat. Die Diskriminationsfähigkeit zielt darauf ab, dass der Markenname (aber auch das Markenzeichen und die Verpackungsgestaltung) charakteristische Merkmale aufweist, die eine klare Differenzierung von anderen Marken ermöglichen. Gerade bei deskriptiven Markennamen mit direktem Bezug zum Angebot (z. B. TV-Movie) ist die Gefahr der Austauschbarkeit relativ groß. Daher wird häufig statt eines direkten Angebotsbezugs ein assoziativer Bezug hergestellt, z. B. bei Nutella oder Du Darfst. Zum Teil wird durch den Namen überhaupt kein Bezug zum Angebot genommen; dabei werden bedeutungslose Buchstabenkonstellationen (AXA, Elmex) oder Worte mit eigenständiger Bedeutung (Bärenmarke, Yes) verwendet.

Neben Markenname und -logo werden häufig auch Slogan (synonym: Claim) und Jingle als Brandingelemente definiert (Baumgarth 2008, S. 187 f.), wobei diese Elemente eine deutlich höhere Flexibilität im Zeitablauf aufweisen und nach Ansicht der Autoren eher im Bereich der Kommunikationspolitik zu verorten sind. Slogans und Jingles sind zumindest dann als feste Bestandteile einer Markierung zu verstehen, wenn sie kontinuierlich über einen langen Zeitraum unverändert bleiben. Als Beispiele für solche Slogans können LBS („Wir geben Ihrer Zukunft ein Zuhause") und Haribo („ ... macht Kinder froh und Erwachsene ebenso") genannt werden. Bezüglich der Verwendung von Jingles als Brandingelement sei die bekannte Tonfolge der Deutschen Telekom an dieser Stelle erwähnt.

Darüber hinaus kann die Marke einen wesentlichen Vermögensbestandteil für die Unternehmung darstellen. Auf rund 503 Mrd. US-Dollar beziffert sich beispielsweise der Markenwert (Brand Equity) der Marke Apple (vgl. Abb. 5.13). Bevor jedoch ein solcher (in den USA aktivierbarer) Kapitalwert erreicht werden kann, muss folgende logische Kette durchlaufen werden: Für eine unbekannte Marke muss zunächst eine Markenbekanntheit (in der relevanten Zielgruppe) erreicht werden. Darauf aufbauend wäre eine Markenakzeptanz in der Form zu erreichen, dass die potenziellen Kunden die Marke X zumindest nicht ablehnen. Eine Markenpräferenz ist erreicht, wenn der Kunde unter Wettbewerbsmarken die Marke X auswählt. Zur uneingeschränkten Markentreue kommt es nur dann, wenn der Kunde in jedem Fall bei jeder Kaufentscheidung die Marke X wählt. Neben dem oben genannten Kapitalwert entsteht so zugleich ein besonderer Nutzenwert (Brand Value) für den Kunden.

Rang (Vorjahr)	Marke	Markenwert 2023 (Milliarden $)	Markenwert 2022 (Milliarden $)	Land
1. (1.)	Apple	503	482	USA
2. (2.)	Microsoft	317	276	USA
3. (3.)	amazon	277	275	USA
4. (4.)	Google	260	252	USA
5. (5.)	SAMSUNG	91	88	Südkorea
6. (6.)	TOYOTA	65	60	Japan
7. (8.)	Mercedes-Benz	61	56	Deutschland
8. (7.)	Coca-Cola	58	57	USA
9. (-)	Nike	54	50	USA
10. (13.)	BMW	51	46	Deutschland

Abb. 5.13: Markenwerte 2023 (Quelle: eigene Darstellung in Anlehnung an Interbrand 2024).

3.4.2 Markenstrategien

Während in Kapitel V 1 bereits der Zusammenhang von Basisstrategien und Markenstrategien im vertikalen Wettbewerb diskutiert wurde, findet hier die Gesamtbetrachtung der operativen Dimension der Markenstrategien statt.

Dabei ergeben sich drei Perspektiven (vgl. Abb. 5.14):
– Markenstrategien im vertikalen Wettbewerb,
– Markenstrategien im internationalen Wettbewerb,
– Markenstrategien im horizontalen Wettbewerb.

Im Rahmen des vertikalen Wettbewerbs werden die diversen Ebenen an dieser Stelle nur kurz skizziert, da die ausführliche Behandlung dieser Perspektive bereits im Rahmen der substrategischen Betrachtung erfolgt ist.

Bei den Herstellermarken existieren die folgenden drei Markenebenen:
– klassischer Markenartikel,

- Selektionsmarke,
- Luxusmarke.

Analog zu den Herstellermarken ergeben sich auch bei den Handelsmarken drei Ebenen:
- Gattungsmarke,
- klassische Handelsmarke,
- Mehrwert-Handelsmarke.

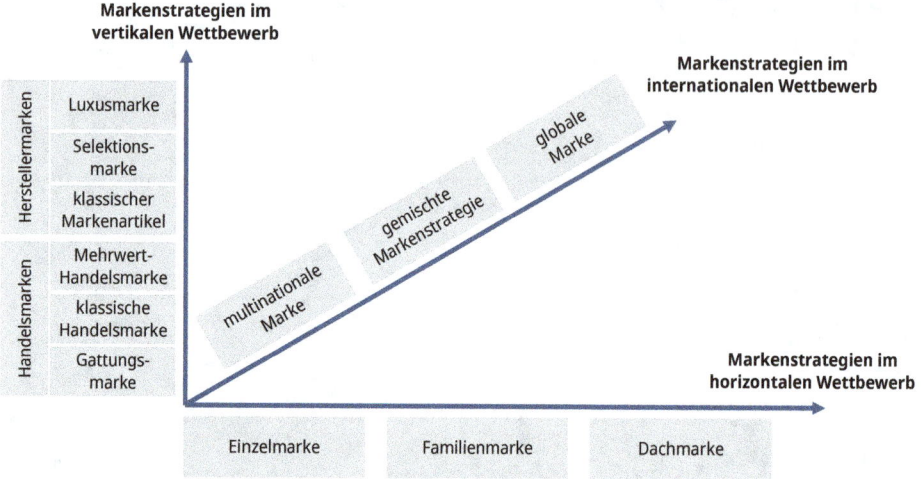

Abb. 5.14: Markenstrategien im Wettbewerb (Quelle: eigene Darstellung in Anlehnung an Meffert/Burmann/Koers 2002, S. 136).

Global Player sehen sich im internationalen Wettbewerb mit dem Problem konfrontiert, die erfolgversprechendsten Markenstrategien identifizieren zu müssen. Individuelle und länderspezifische Markenkonzepte auf den einzelnen Märkten kennzeichnen die multinationale Markenstrategie. Diese erlaubt zum einen eine bessere Marktnähe und die Berücksichtigung der spezifischen Verbraucherpräferenzen. Zum anderen sind hiermit aber auch deutlich höhere Kosten verbunden. Als Beispiel für die multinationale Markenstrategie kann der Biermarkt angeführt werden, der durch länderspezifische Marken charakterisiert wird. Die globale Markenstrategie setzt bei den Nachteilen der multinationalen Strategie an, indem sie ein einheitliches und konsistentes Markenkonzept ohne Berücksichtigung nationaler Unterschiede realisiert. Auf diese Weise sollen mengenbedingte Kostensenkungseffekte (Economies of Scale, Produktstandardisierung) zu einer Reduzierung des Kostenniveaus beitragen.

Diese Vorteile sind primär kostenorientiert und aus der Marketingperspektive häufig kritisch zu betrachten. Erfolgreiche Beispiele für eine solche Markenstrategie sind standardisierte Dienstleistungen (McDonald's), High-Tech-Unternehmen (IBM),

Prestigegüter (Louis Vuitton) sowie nicht kulturgebundene Güter (Coca-Cola, Levi's). Der Nachteil der globalen Markenstrategie kann in der Vernachlässigung von nationalen Besonderheiten sowie in Reibungsverlusten zwischen Mutter- und nationalen Tochtergesellschaften durch eine zentralisierte, oktroyierte Markenpolitik liegen. Aus diesem Grund eignet sich dieser Strategietyp eher für Produkte und Dienstleistungen mit einem hohen Standardisierungsgrad, die zudem nicht kulturgebunden sind.

Um die Vorteile der multinationalen und globalen Markenstrategien weitestgehend zu nutzen, entscheiden sich viele Unternehmen für eine gemischte Markenstrategie. Basis dieses Strategietyps ist es auf der einen Seite den Standardisierungsgrad auszuschöpfen und auf der anderen Seite landesspezifische Gegebenheiten zu beachten. Henkel ist in der Waschmittelbranche einen ähnlichen Weg gegangen. Lange Zeit verfolgte Henkel eine multinationale Markenstrategie, die durch die Unternehmensentwicklung in Form von diversen Akquisitionen lokaler Marken bedingt war. Mittlerweile kann das markenpolitische Vorgehen als gemischt bezeichnet werden. Zum Markenportfolio zählen u. a. internationale Marken wie Persil, Dixan, Weißer Riese und weitere nationale Marken wie Spee und Perwoll.

Im horizontalen Wettbewerb stehen den Unternehmen folgende Typen von Markenstrategien zur Verfügung.

Klassische Beispiele für die Einzelmarkenstrategie sind The Coca-Cola Company mit den Einzelmarken Coca-Cola, Sprite, Fanta, Mezzo Mix etc. sowie Ferrero mit Duplo, Mon Chéri, Giotto etc. Jede Produktkategorie (z. B. im Falle von Sprite die Produktkategorie Zitronenlimonade) eines Unternehmens wird unter einer eigenen Marke angeboten. Die theoretische Extremform (Einzelprodukt = Einzelmarke) ist historisch zu betrachten und wird heute kaum noch erfüllt, am ehesten noch vom Unternehmen Ferrero, wo z. B. Mon Chéri die charakteristische mit Branntwein gefüllte Praline kennzeichnet, von der es nur wenige Varianten gibt. Dennoch ist auch eine Marke wie Coca-Cola (Produktdifferenzierung durch z. B. diverse Geschmacksrichtungen und Gebindeformen) als Einzelmarke zu bezeichnen, da sie sich letztlich auf eine Produktkategorie bezieht.

Dagegen entfernt sich P&G mit Meister Proper von der Einzelmarkenstrategie, da die Marke vom Ursprungsprodukt Reinigungsmittel mittlerweile auf andere Produktkategorien wie Schmutzradierer übertragen wurde. Hier ergibt sich eine Entwicklung zur Familienmarke. Diese Entwicklung hat sich in den letzten Jahren verstärkt, was u. a. an den Beispielen von Nimm 2 (Ausweitung der klassischen gefüllten Fruchtbonbons auf u. a. Kaubonbons und Lollys) und Nutella (Ausweitung der Nuss-Nougat-Creme auf Kekswaffel) verdeutlicht werden kann. Die Vorteilhaftigkeit der Einzelmarkentrategie besteht vor allem in der Möglichkeit, für jede Marke eine eigene Markenidentität aufzubauen. Ferner ist die Konzentration auf eine definierte Zielgruppe möglich. Zudem werden negative Ausstrahlungseffekte auf die anderen Marken vermieden und es ist ein geringer Koordinationsbedarf notwendig. Hiermit ist jedoch in der Regel ein hoher Marketingaufwand verbunden. Der Aufbau einer Markenpersönlichkeit erfordert wesentlich mehr Zeit als bei Familien- oder Dachmarken. Bei immer kürzeren Produktlebenszyklen besteht zudem die Gefahr, dass der Break-even-Point nicht mehr erreicht wird. Nicht unterschätzt werden sollte die Problematik, in der heutigen Zeit noch geeignete und schutzfähige Markennamen zu finden. Einzelmarken können schließlich zur Bezeichnung einer ganzen Produktgattung und damit zum Gattungsbegriff werden (Tempo, Tesa, Uhu, Fön). Hierbei besteht die Gefahr, dass sich die Markenbekanntheit nicht gleichermaßen im Nachfrageverhalten widerspiegelt; vielmehr neigen preissensible Nachfrager dazu, Konkurrenzprodukte zu kaufen (z. B. Kokett statt Tempo).

Werden mehrere verwandte Produktkategorien unter einer Marke ohne Bezugnahme auf den Unternehmensnamen angeboten, wird eine Familienmarkenstrategie verfolgt. Unterschiedliche Marken können auf diesem Wege innerhalb eines Unternehmens nebeneinander existieren. Einerseits können hiermit positive Ausstrahlungseffekte und somit eine Akzeptanz beim Verbraucher und Handel erreicht werden, andererseits besteht die Gefahr, dass ein sogenannter Badwill-Transfer stattfindet. Weitere Vorteile von Familienmarken sind spezifische Profilierungsmöglichkeiten von Produktlinien, die Verteilung des Markenbudgets auf mehrere Produktkategorien, die Partizipation neuer Produkte am Goodwill der Familienmarke sowie der Aufbau von Markenkompetenz. Neben dem angesprochenen Badwill-Transfer sind als weitere Nachteile zu nennen: Gefahr einer Markenüberdehnung, notwendige Beachtung der Basispositionierung, Begrenzung des Innovationspotenzials durch den Markenkern. Gefährlich ist überdies, wenn der Handel Familienmarkensysteme nicht voll aufnimmt bzw. nicht als Systeme präsentiert. Beispiele für eine Familienmarkenstrategie finden sich bei Beiersdorf (z. B. Nivea, Tesa, Hansaplast), Mondelez International (z. B. Milka, Jacobs) und Unilever (z. B. Unox, Du Darfst).

Neben Konsumgütern kommt die Dachmarkenstrategie vielfach bei Investitionsgütern und Dienstleistungen zur Anwendung, d. h., sämtliche Produkte eines Unternehmens werden unter einer gemeinsamen Marke (in der Regel Firmenname) geführt. Produkte von Dr. Oetker oder Bayer tragen zur Profilierung und Stützung der Dachmarke bei. Weitere Beispiele für Dachmarken sind IBM, Allianz oder die Deutsche Bank. Die unter der Marke geführten Produkte sollten allerdings in einem sachlichen Zusammenhang stehen, um eine mögliche Markenerosion zu vermeiden. Durch eine Dachmarkenstrategie kann das Floprisiko von Produkteinführungen gesenkt und die Akzeptanz bei Konsumenten gesteigert werden. Einerseits kann eine unverwechselbare Marken- und Unternehmensidentität erreicht werden, andererseits besteht die Gefahr negativer Ausstrahlungseffekte bei fehlgeschlagenen Produkten. Weitere Vorteile sind dadurch gegeben, dass alle Produkte den notwendigen Markenaufwand gemeinsam tragen und jedes neue Produkt am Goodwill der Dachmarke teilhaben kann. Als Nachteil ist der Zwang zu einer eher breiteren Positionierung der Dachmarke zu sehen, wodurch die Konzentration auf einzelne Zielgruppen schwierig wird. Zudem können Innovationen nicht explizit ausgelobt werden.

An dieser Stelle sei darauf hingewiesen, dass in der Praxis der Begriff der Familienmarke häufig eine untergeordnete Rolle spielt und stattdessen relativ schnell von Dachmarken gesprochen wird. So wird bei Beiersdorf die theoretisch als Familienmarke zu bezeichnende Marke Nivea als Dachmarke definiert. Bei GSK wird auch bei Odol der Dachmarkenbegriff verwendet, obwohl die Marke theoretisch ebenfalls als Familienmarke zu sehen ist. In der Praxis findet die Familienmarke am ehesten zur Kennzeichnung von größeren, zusammenhängenden Produktlinien Verwendung.

Neben den Reinformen von Markenstrategien existieren auch Kombinationen der Strategietypen. Diese Variante wird u. a. von Henkel in der Form eingesetzt, dass Henkel als Unternehmensmarke und z. B. Somat, Perwoll und Pril als Einzelmarken agieren. Der konzeptionelle Ansatz besteht hierbei darin, starke Einzelmarken aufzubauen und deren Markenkraft durch die Kompetenz einer Unternehmensmarke zu verstärken (Endorsed Branding). Alle Waschmittelpackungen von Henkel tragen neben der spezifischen Einzelmarke zusätzlich das Unternehmensmarkenlogo, in der Kommunikation wird ebenfalls der Bezug zur Unternehmensmarke hergestellt, wobei die Unternehmensmarke in diesen Fällen eben nicht als Dachmarke fungiert und daher auch nicht in direkter Umgebung des Einzelmarkenlogos verwendet wird.

Die Unterscheidung zwischen Einzel-, Familien- und Dachmarken bzw. die Frage nach der Grenze zwischen diesen Markenstrategien stellt sich oftmals als schwierig dar, weshalb an dieser Stelle noch eine nähere Erläuterung folgen soll. Aus historischer Perspektive starteten Unternehmen immer entweder mit einer Dachmarke oder einer Einzelmarke: Fiel die Wahl auf eine Dachmarke, wurden mehrere relativ homogene Produkte unter einer gemeinsamen Marke geführt, die dem Namen des Unternehmens entsprach (z. B. Ford, Dell). Die Einzelmarkenstrategie bedeutet in Reinform: eine Marke = ein Produkt = ein Versprechen (Nutzenversprechen). In dieser Form begann die Geschichte bekannter Marken wie z. B. Maggi, Nivea und Nutella. Heute sind die meisten Einzelmarken im FMCG-Bereich zur Familienmarke gestreckt (z. B. Axe, Ariel, Persil). Eine Einzelmarke liegt heute dann noch vor, wenn die Marke auf eine Produktkategorie zurückgeführt werden kann (z. B. Pringles – Stapelchips, Sprite – Zitronenlimonade). Mischstrukturen in Form von Markenstrategiekombinationen sind in der Unternehmenspraxis häufig vorzufinden und oft durch Mergers & Acquisitions (M&A) ausgelöst.

In der Marketingliteratur wird bei der Kombination verschiedener Markenstrategien von Markenhierarchie bzw. Markenarchitektur gesprochen. Die Extrempunkte möglicher Markenhierarchien bilden das Branded House (Dachmarkenkonzept) und das House of Brands (Einzelmarkenkonzept). Bei Subbrands und Endorsed Brands finden Kombinationen von Markenebenen statt. Bei den Subbrands bildet die Dach- oder Familienmarke die Grundlage für die Markenkompetenz. Bei den Endorsed Brands begründet die Einzelmarke die Markenkompetenz und die Unternehmensmarke nimmt eine ergänzende Rolle ein.

Bei den Subbrands ergeben sich folgende Ausprägungen:
- Master Brand as Driver (z. B. Nivea Men),
- Co-drivers (z. B. Nestlé Schöller).

Bei den Endorsed Brands sind folgende Ausprägungen zu unterscheiden:
- Strong Endorsement (z. B. Polo von Ralph Lauren),
- Token Endorsement (z. B. Persil von Henkel),
- Linked Name als Sonderform (z. B. Nescafé, Nesquik, Nespresso).

Die Mehrmarkenstrategie ist gekennzeichnet durch die Führung von zwei und mehr Marken im selben Markt. Dies ist zum Beispiel im deutschen Waschmittelmarkt zu beobachten. Der Henkel-Konzern tritt hier mit den folgenden Marken auf: Persil, Weißer Riese, Spee. Diese Mehrmarkenstrategie dient der Abschöpfung eigenständiger Segmente innerhalb einer Marktschicht durch eine gezielte und bedarfsgerechte Konsumentenansprache auf Basis der Präferenzstrategie. Darüber hinaus soll die Konkurrenz im eigenen Haus die Leistung erhöhen. Den Vorteilen der Absicherung von Wettbewerbspositionen und größerer Regalfläche im Einzelhandel sowie der Verringerung des Floprisikos stehen die Nachteile eines höheren Koordinationsbedarfs, einer möglichen Übersegmentierung sowie Kannibalisierungseffekten entgegen. Im Automobilmarkt existieren Mehrmarkenstrategien auch auf verschiedenen Marktschichten, was z. B. beim Volkswagen-Konzern durch die Marken Volkswagen (Präferenzebene), Audi (gehobene Präferenzebene) und Porsche (Premiumebene) umgesetzt wird (vgl. Kapitel IV 2.1).

Die Markentransferstrategie erlaubt Unternehmen, die positiven Imagekomponenten von einer Hauptmarke auf ein Transferprodukt einer anderen Produktkategorie zu übertragen (z. B. Camel-Zigaretten und Camel-Boots oder Granini-Fruchtsäfte und Granini-Bonbons). Dies führt vor allem zu einer Reduzierung des Marketingaufwands und des Floprisikos. Allerdings kann hiermit auch eine Markenverwässerung verbunden sein. Beim Markentransfer ist unbedingt auf die imagemäßige Ähnlichkeit zwischen Haupt- und Transferbereich zu achten. In diesem Zusammenhang ist der Begriff der Lizenzmarke zu erwähnen. Der Inhaber einer Marke (Lizenzgeber) räumt einem anderen Unternehmen (Lizenznehmer) das Recht ein, diese Marke für seine eigenen Produkte zu verwenden. Als Gegenleistung für das Nutzungsrecht verpflichtet sich der Lizenznehmer zur Einhaltung vertraglicher Vorgaben und zur Zahlung einer Lizenzgebühr. Die bekanntesten Lizenzmarken kommen aus den Bereichen Mode (Boss, Joop), Sport (Adidas, Puma) und Genussmittel (Mövenpick, Camel). Diese Marken werden in diversen Bereichen in Lizenz genutzt, z. B. Adidas und Boss in der Produktkategorie Aftershaves. In einigen Bereichen wie z. B. Brillen, Kosmetik oder hochwertiger Eiscreme ist bereits seit Jahren ein häufiges Auftreten von Lizenzmarken zu konstatieren. Entscheidend für den Erfolg des Markentransfers durch Lizenzmarken sind Kompetenz und Tragfähigkeit der Ursprungsmarke. Eine besondere Form der Markenlizenzierung stellt das Merchandising dar, also die Übertragung einer Marke auf Geschenkartikel, Fanprodukte oder Souvenirs, die zur Identifikation mit der Marke beitragen sollen (z. B. Mützen, T-Shirts, Teddybären, Kugelschreiber, Kissen, Tassen etc.). Diese Produkte werden bevorzugt über eigene Shops (Verkaufsfilialen oder Onlineshops) vertrieben.

Eine zunehmend an Bedeutung gewinnende Markenstrategie ist das Co-Branding. Dies ist dadurch gekennzeichnet, dass verschiedene Marken zusammen vermarktet werden. Ein Anbieter versieht ein Produkt, das bereits isoliert einen Markenartikel darstellt, zusätzlich mit einer Markierung, deren Rechte ein anderes Unternehmen besitzt. Dies umfasst zum einen die Allianz zwischen Marken, die zwar unabhängig vermarktet werden, aber in einem komplementären Verhältnis zueinanderstehen (Waschmittel Ariel in Verbindung mit einer Waschmaschine von Bauknecht), zum anderen die Entwicklung eines Neuprodukts, welches zwei oder mehr Marken umfasst (z. B. Master-Card des FC Bayern München bzw. andere unternehmensspezifische Kreditkarten). Im weiteren Sinne können auch Kooperationen diverser Marken auf Internetplattformen oder bei Bonussystemen (Payback) als Co-Branding bezeichnet werden. Eine Sonderform des Co-Brandings stellt das Dual Branding dar, wo im Gegensatz zum Co-Branding zwei Marken eines Eigentümers in einem kombinierten Angebot in Erscheinung treten, z. B. Jacobs Cappuccino Specials Milka von Mondelez International. Im Produktionsgüterbereich hat sich in diesem Kontext der Begriff Ingredient Branding bzw. Inbranding durchgesetzt. Bekannteste Beispiele hierfür sind die Getränkeverpackungsmarke Tetra Pak in Kombination mit diversen Getränkemarken sowie die Chipmarke Intel Pentium als Komponente vieler Computer („Intel inside").

Zum Abschluss dieses Abschnitts sei noch auf eine in der Marketingliteratur häufig verwendete Einteilung bezüglich der Weiterentwicklung von Marken und Produktlinien (Markenwachstum) hingewiesen. Wenn ein Unternehmen innerhalb bereits bestehender Produktlinien unter bereits bestehenden Markennamen zusätzliche Produkte aufnimmt, die sich z. B. durch neue Farben, Formen, Packungsgrößen, Geschmacksrichtungen und Ausstattungsmerkmale von den bisherigen unterscheiden, liegt eine Linienausweitung (Line Extension) vor, die der Produktlinienentscheidung des Auffüllens entspricht. Beispielsweise hat Lorenz unter dem bestehenden Markennamen Erdnuß Locken die Flips-Variante Mexican Style eingeführt. Wird der bestehende Markenname auf neue Produktkategorien übertragen, handelt es sich um eine Markenbereichsausweitung (Brand Extension), was weitgehend der vorher beschriebenen Markentransferstrategie entspricht. Die Autoren vertreten im Gegensatz zu der von Kotler (2006) geäußerten Vorstellung, eine gute Marke könne auf unendlich viele Produktkategorien übertragen werden (als Beispiel nennt er Virgin), die Meinung, dass die Transfermöglichkeiten einer Marke durch die Gefahr einer Markenerosion begrenzt werden. Bei der Parallelmarkenführung (Multibrands) entwickelt ein Hersteller zwei oder mehr Marken. Diese Vorgehensweise wurde bereits als Mehrmarkenstrategie beschrieben. Wenn ein Unternehmen neue Produktlinien entwickeln möchte, die zu keinem der bestehenden Markennamen passen, dann muss es beides neu entwickeln, neue Produkte und neue Marken. Dies kann auch durch Akquisition von Unternehmen bzw. Marken realisiert werden.

3.5 Verpackung

Die Verpackung ist ein Element der Produktpolitik und wird definiert als „die lösbare Umhüllung eines Gutes (Packgutes), um es zu schützen und andere Funktionen zu erfüllen" (Pfohl 1995, S. 141). Die Bedeutung der Verpackung hängt von den spezifischen Eigenschaften der Produkte ab. Sie spielt vor allem bei Verbrauchsgütern eine zentrale Rolle (Schokoriegel, Konfitüre, Zahnpasta), aber auch bei Gebrauchsgütern (Rasierer, Spielzeug, MP3-Player) kommt der Verpackung eine besondere Rolle zu.

In der Literatur werden der Verpackungspolitik die folgenden Funktionen zugeschrieben:
- Die Produktionsfunktion umfasst die geeignete Grundverpackung (unmittelbares Produktbehältnis), die zur Aufnahme der Produkte dient, z. B. Flaschen bei Getränken.
- Die Logistikfunktion beinhaltet insbesondere die Schutz-, Lager-, Transport- und Informationsfunktion. Es geht hierbei um den reibungslosen Ablauf im Logistikprozess. Die Schutzfunktion zielt auf den Schutz des Packgutes vor Beschädigungen ab (z. B. Folierung). Im Rahmen der Lagerfunktion steht die Fähigkeit der Verpackung zur Stapelung auf Palettensystemen im Mittelpunkt. Die Transportfunktion sorgt für die Verladung der Paletten auf Lastkraftwagen bzw. den Einsatz von Containern. Die Informationsfunktion umfasst sämtliche Kennzeichnungen von Verpackungen in Form von Codes (z. B. Radio-Frequency Identification = RFID), die zur ständigen Erfassung und Verfolgung der Verpackungseinheiten dienen.
- Die Rechtsfunktion umfasst gesetzliche Vorgaben zur Verpackungsgestaltung, z. B. Verpackungsgesetz, Lebensmittelkennzeichnungsverordnung.
- Die Mengenabgrenzungsfunktion dient zur Portionierung von losen, pulverförmigen oder flüssigen Stoffen (z. B. Verpackung von Mehl in 500g-Tüten).
- Die Zielgruppenfunktion bezieht sich auf unterschiedliche Gebindegrößen zur Abdeckung verschiedener Sub-Zielgruppen (Singles, Paare, Familien; z. B. 200ml Duschgel für Singles, 400ml für Paare, 1000ml für Familien).
- Die Identifizierungsfunktion unterstützt die Wiedererkennung einer Marke aufgrund der spezifischen Verpackung (z. B. Perrier, Capri Sun, Underberg, After Eight).
- Die Handelsfunktion umfasst die optimale Präsentation einer Marke am Point of Sale. Hauptfokus ist hierbei die Stammplatzierung der Marke im Regal, die im Idealfall zur direkten Wahrnehmung und Wiedererkennung der Marke im Ladenlokal führt. Zudem muss die Verpackung im Falle von Zweitplatzierungen (z. B. Displays) im Rahmen der Verkaufsförderung wirksam sein.
- Die Kommunikationsfunktion betont in erster Linie Markenelemente wie Name, Logo und Farbe. Neben der Marke können auch der Inhalt (z. B. Produktdarstellung bei Fertiggerichten) und die Zielgruppe (z. B. Kinder bei Spielzeug) kommuniziert werden. Zusätzlich finden auch Angaben wie Gütezeichen (z. B. Handelsklassen,

DIN-Normen) und -siegel (z. B. Öko-Label) Verwendung. Zur Kommunikation der Nährwertqualität dient in diesem Zusammenhang der Nutri-Score.

In der Marketingliteratur wird die Verpackungsgestaltung zum Teil als Element der Markierung aufgefasst, das integrativ neben Markenname und Markenzeichen fungiert (Esch 2010, S. 216, Langner 2003, S. 26 f.). Hierbei stellt die Verpackung das „Gesicht" der Marke dar und erfüllt eigenständige kommunikative Aspekte. Die Verpackung kann für multisensuale Eindrücke sorgen, z. B. die markentypische Form bei Maggi und Odol sowie das „Ploppen" beim Öffnen von Pringles und Flensburger Pilsener, ferner spielen auch das Verpackungsmaterial, die Haptik und die verwendeten Farben eine Rolle. Duft- und Geschmacksstoffe, die beim Produkt selbst zum Einsatz kommen, runden die Multisensualität bei der Verpackungsgestaltung ab. Wichtig ist die aufeinander abgestimmte Umsetzung von Markierung und Verpackung, damit die Konsumenten ein klar assoziierbares Wissen über die Marke aufbauen können.

Abschließend sei auf die spezifischen Anforderungen hingewiesen, die Hersteller, Handel und Verbraucher bezüglich der Verpackung haben (Nieschlag/Dichtl/Hörschgen 2002, S. 672). Der Hersteller legt Wert auf eine kostengünstige Verpackung, die in der Produktion eine hohe Abfüllgeschwindigkeit ermöglicht. Sie soll zudem zur Profilierung und zur Vermittlung intendierter Qualitäts- und Preisvorstellungen geeignet sein. Schließlich soll die Verpackung die gewünschten Informationen enthalten und kommunizieren. Für den Handel ist die optimale Nutzung seines Regalplatzes entscheidend, was entsprechende Ansprüche an die Produktverpackung impliziert. Die Verpackung muss ferner scanningfähig, selbstbedienungsgerecht und gut zu handhaben sein. Schließlich ist dem Handel genau wie dem Hersteller die Verkaufsförderungsfunktion der Verpackung wichtig. Der Verbraucher erwartet von einer Verpackung ein ansprechendes Design bzw. eine hohe Anmutungsqualität. Der Inhalt der Verpackung sollte sichtbar sein oder durch die Verpackung deutlich kommuniziert werden. Die Verpackung muss leicht zu öffnen und auch wieder leicht zu verschließen sein, und eine Verbrauchswirtschaftlichkeit sollte gewährleistet werden. Schließlich spricht die Möglichkeit der Zweitverwendung viele Verbraucher an, nicht zuletzt aus ökologischen Gründen.

Der Megatrend der Nachhaltigkeit führt zu einer grundsätzlichen verstärkten Diskussion der Verpackungspolitik hinsichtlich ihrer ökologischen Folgen, die als ökologischer Fußabdruck thematisiert wird. Die Berücksichtigung ökologischer Aspekte trägt zunehmend dazu bei, dass z. B. Folien sowie Verpackungen aus Papier/Pappe/Kartonnagen recycelt werden. Hier greift auch die Richtlinie des Europäischen Parlaments und des Rates über die Verringerung der Auswirkungen bestimmter Kunststoffprodukte auf die Umwelt aus dem Jahr 2019, die in erster Linie die Vermeidung von Plastikmüll zum Ziel hat.

Als ein Beispiel kann die Umstellung der Verpackungen von Ritter Sport auf recyclefähiges Papier gelten. Die Zweitverwendung (z. B. Senfglas als Trinkglas) oder Dauerverwendung (Nachfüllpacks) von Verpackungen stellen in diesem Zusammenhang sinnvolle Möglichkeiten dar. Das Innovationsmanagement einer Marke muss in Zukunft das Nachhaltigkeitsthema in den Mittelpunkt der Verpackungspolitik stellen.

3.6 Service

Eine zunehmende Homogenität von Produkten hinsichtlich Leistung, Qualität, Design und Lebensdauer hat dazu geführt, dass in vielen Märkten der Service als einzig sichtbares Differenzierungskriterium wahrgenommen wird. Service wird im Folgenden als Element des erweiterten Produktbegriffs aufgefasst, der für einen Zusatznutzen zum eigentlichen Produkt sorgt.

Historisch gesehen ist Service als typische Neben- oder Zusatzleistung zu charakterisieren, die häufig als Kuppelprodukt durch den Absatz der Hauptleistung entstand. Heute ist Service zwar nach wie vor ein Teil der Produktkonfiguration und ein Element der Produktpolitik, jedoch viel mehr als aktiv und eigenständig zu vermarktende Absatzleistung zu sehen.

Grundsätzlich kann zwischen technischem Service (z. B. Reparatur, Montage, Wartung, Ersatzteilversorgung) und kaufmännischem Service (z. B. Umtauschrecht, Lieferung) unterschieden werden. Dies ist im B2B-Marketing (z. B. Produkt-/Anlagenschulungen bei Siemens) von essenzieller Bedeutung.

Im B2C-Marketing spielt der Service bei klassischen Verbrauchsgütern eine untergeordnete Rolle, kann allerdings in Form von Telefon-Hotlines, z. B. Typberatung bei Haarpflegeprodukten oder Rezeptservice bei Backwaren (z. B. Verweis auf die Website von Dr. Oetker) eingesetzt werden. Die entsprechenden Telefonnummern bzw. Internetadressen sind meistens auf der Produktverpackung aufgedruckt oder über einen QR-Code lesbar.

Im Rahmen von CRM-Konzepten spielt vor allem der After-Sales-Service eine wichtige Rolle, wobei Beschwerdemanagementsysteme zur Kundenbindung beitragen sollen. Service im engeren Sinne umfasst den Kundendienst nach dem Kauf (After-Sales-Service wie z. B. Beschwerdemanagement), im weiteren Sinne könnten auch Serviceleistungen vor dem Kauf (z. B. Beratung, Bestelldienst) hinzugerechnet werden. Die besondere Bedeutung des Service liegt in seiner Möglichkeit, effektives Kundenbindungsmanagement zu betreiben. Hierbei muss zum einen höchster Wert auf Zuverlässigkeit und Schnelligkeit gelegt werden, zum anderen ist jedoch auf die Kostenkomponente des Services zu achten.

Nahezu alle materiellen Angebote von Unternehmen sind mit einer Dienstleistung verbunden – die Bedeutung der Dienstleistung am Gesamtprodukt ist jedoch unterschiedlich. Hierbei kann im Wesentlichen zwischen dem reinen Sachgut, dem Sachgut in Verbindung mit einer Dienstleistung und der reinen Dienstleistung unterschieden werden.

4 Kontrahierungspolitik

Die Kontrahierungspolitik umfasst neben der reinen Preispolitik (Preisbestimmung, Preisdifferenzierung) auch die Konditionenpolitik (Preisnachlässe, Absatzkreditpolitik, Lieferungs- und Zahlungsbedingungen).

Der Preis hat nach wie vor eine hohe Bedeutung als Kaufkriterium, was durch folgende Marktentwicklungen beeinflusst wird: Globalisierung des Wettbewerbs, Entstehung von Überkapazitäten bei stagnierendem Marktvolumen (Marktsättigung) und Verstärkung des Preisbewusstseins aufgrund stagnierender bzw. sinkender Realeinkommen, insbesondere bei Nachfragern in den industrialisierten Ländern. Aufgrund von Konzentrationsprozessen in Industrie und Handel nutzen die Einkäufer ihre Nachfragemacht verstärkt zur Aushandlung günstigerer Preise. Preisaggressive Betriebsformen des Einzelhandels geben diese Beschaffungsvorteile an die Endabnehmer weiter und verschärfen somit den Preiswettbewerb. Schließlich entsteht durch die weitere Verbreitung des E-Commerce bzw. M-Commerce eine erhöhte Markttransparenz, die mit einer schnelleren Verfügbarkeit von Informationen über die Eigenschaften und Preise konkurrierender Produkte verbunden ist.

Der Einfluss des Preises auf z. B. Umsatz, Gewinn und Marktanteil ist eminent wichtig, da Nachfrage und Wettbewerb wesentlich schneller auf Preisänderungen reagieren als auf andere Marketingmaßnahmen. Ausgangspunkt für die Preispolitik ist die relevante Basisstrategie (vgl. Kapitel IV 2.1) sowie die substrategische Dimension der Marke (Markenidentität und Markenimage).

Die Markenidentität stellt das Selbstbild der Marke dar und bildet die Voraussetzung für das Markenimage als Fremdbild der Marke. In diesem Zusammenhang ergibt sich die Preis-Image-Konsistenz, die eine dem Markenimage entsprechende Preisstellung erfordert. Als Teil der Preis-Image-Konsistenz ist die Preis-Qualitäts-Relation zu bezeichnen, die sich auf die funktionalen Nutzendimensionen bezieht.

Die Abb. 5.15 zeigt das Verhältnis von wahrgenommener Qualität und wahrgenommenem Preis anhand von ausgewählten Marken und deren Positionen im Computermarkt.

4.1 Klassische Preistheorie

Die klassische Preistheorie basiert auf der Nachfragekurve, die auch als Preisabsatzfunktion (PAF) bezeichnet wird. Die PAF ist das grundlegende Konzept zur Behandlung preispolitischer Entscheidungen mithilfe der klassischen Preistheorie. Sie drückt die funktionale Abhängigkeit der Absatzmenge x vom Preis p aus: $x = x(p)$. Die Kenntnis darüber, welche Menge des Produkts die Kunden zu welchem Preis kaufen würden, ist besonders wichtig für die Preisfestlegung bei neuen Produkten. Dabei ist die PAF immer eine Aggregation individueller Preisabsatzfunktionen.

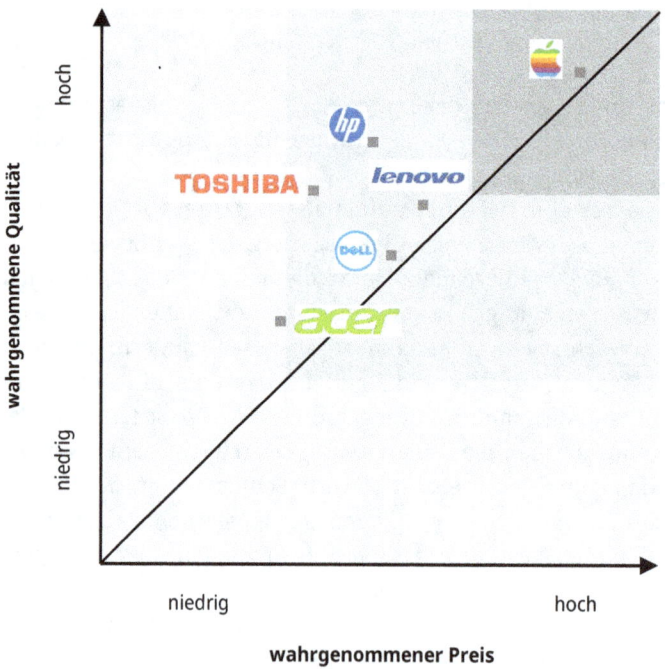

Abb. 5.15: Preis-Qualitäts-Relation (Quelle: eigene Darstellung in Anlehnung an Kotler/Keller/Bliemel 2007, S. 591).

Solche individuellen PAF kommen in zwei Ausprägungen vor: Beim Ja/Nein-Fall kauft der Kunde das Produkt, wenn es einen bestimmten Schwellenpreis nicht überschreitet (Prohibitivpreis), abhängig vom wahrgenommenen Nutzen und von den finanziellen Möglichkeiten (Budget). Dies ist charakteristisch für die Anschaffung dauerhafter Gebrauchsgüter (z. B. Auto, Gefrierschrank, Computer). Beim Variable-Menge-Fall kauft der Kunde nicht nur ein Exemplar des Produkts. Er kauft eine bestimmte Menge des Produkts in Abhängigkeit vom Preis. Die vom Kunden gekaufte Menge ist in der Regel umso niedriger, je höher der Preis ist. Dieser Fall ist typisch für Verbrauchsgüter (Lebensmittel, Kosmetikprodukte). Die aggregierte PAF zeigt, welche Menge des Produkts von der Gesamtheit der betrachteten Kunden zu welchem Preis gekauft wird. Im Allgemeinen unterscheiden sich die Kunden hinsichtlich ihrer individuellen PAF, sodass die Struktur der aggregierten PAF von der individuellen abweicht. Im Ergebnis besitzt die aggregierte PAF jeweils eine negative Steigung. Je höher der Preis ist, desto weniger wird gekauft. Knickstellen verschwinden bei einer hinreichend großen Anzahl von Kunden, d. h., der Funktionsverlauf wird glatt und die Funktion kann mit Methoden der Differentialrechnung analysiert werden.

Es lassen sich diverse Formen der Preisabsatzfunktion unterscheiden, wobei der linearen PAF und der PAF nach dem Gutenberg-Modell die größte Bedeutung zukommen.

Die lineare PAF setzt eine lineare Abhängigkeit der Menge x vom Preis p voraus. Wesentlicher Vorteil der linearen PAF ist ihre Einfachheit. Liegt eine Reihe von Preis-Mengen-Kombinationen vor, lassen sich die Parameter der Funktion ohne großen methodischen Aufwand mithilfe der bivariaten Regressionsanalyse festlegen. Die lineare PAF weist in der Unternehmenspraxis häufig eine zufriedenstellende Anpassung an empirische Daten auf. Die Anwendung empfiehlt sich jedoch nur dann, wenn relativ kleine Preisänderungen analysiert werden sollen, da über große Preisintervalle der Grenzabsatz möglicherweise nicht konstant bleibt.

Gutenberg unterstellt eine PAF mit einem flachen mittleren Teil und zwei steilen Randbereichen (vgl. Abb. 5.16). Diese Funktion enthält die Annahme, dass Unternehmen innerhalb eines bestimmten Bereichs den Preis variieren können, ohne dass dies starke Auswirkungen auf den Absatz hätte (monopolistischer Bereich = flacher Teil der PAF). Dieser monopolistische Bereich entsteht dadurch, dass Kunden Präferenzen für Marken aufbauen, die ihre Preissensibilität reduzieren. Aus Sicht des Kunden gibt es aufgrund dieser Präferenzen in gewissem Umfang keine alternative Marke, sodass die präferierte Marke hier quasi eine Monopolstellung hat. In diesem Sinne weist das Gutenberg-Modell gerade für die Marketingpraxis eine hohe Relevanz auf.

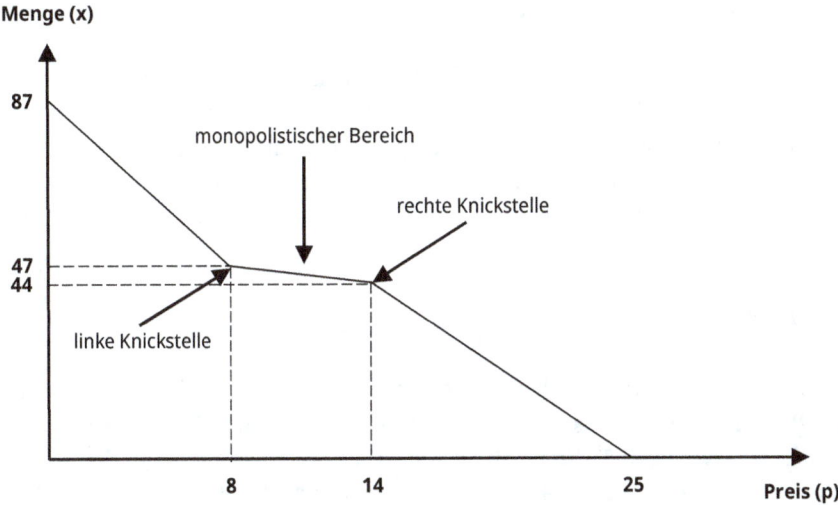

Abb. 5.16: Preisabsatzfunktion nach dem Gutenberg-Modell (Quelle: eigene Darstellung).

Die Preisabsatzfunktion kann auf unterschiedliche Art und Weise empirisch bestimmt werden, wobei Expertenbefragungen und die Analyse realer Marktdaten eher weniger genutzt werden, im ersten Fall wegen einer evtl. zu subjektiven Einschätzung, im zweiten Fall wegen der Betrachtung von Vergangenheitsdaten und der kaum möglichen Isolierung reiner Preiseffekte. Bei Preisexperimenten stellt der Preis die zentrale experimentell manipulierte Variable dar. Auf Basis von Manipulationen des Preises werden

Reaktionen von Nachfragern (Kauf/Nichtkauf oder Kaufmenge) analysiert und zu Preisabsatzfunktionen transformiert. Bevorzugt werden hierbei Feldexperimente in Testgeschäften. Direkte Kundenbefragungen sind relativ einfach und kostengünstig. Ihre Validität ist jedoch eingeschränkt, da aufgrund der preisbezogenen Frageformulierung die Aufmerksamkeit der Probanden sehr stark auf den Preis gelenkt wird. Dies kann ein atypisch hohes Preisbewusstsein hervorrufen. Folgende Fragenkategorien sind bei direkten Kundenbefragungen möglich (Homburg 2015, S. 685 ff.):

- direkte Preisschätzung des Produkts: Wie viel € beträgt Ihrer Meinung nach der Preis dieses Produkts?
- allgemeine Preisempfindung: Wie beurteilen Sie den Preis von x € für dieses Produkt?
- Preisfairness: Welchen Preis würden Sie für dieses Produkt als fair empfinden?
- Preisakzeptanz: Würden Sie dieses Produkt bei einem Preis von x € kaufen?
- maximale Preisbereitschaft: Bei welchem Preis würden Sie dieses Produkt gerade noch kaufen?
- Zusammenhang zwischen Preis und Absatz: Wie viele Einheiten würden Sie von diesem Produkt bei einem Preis von x € kaufen?
- Wirkung von Preisänderungen auf den Absatz: Bei welcher Preiserhöhung würden Sie von Produkt A zu B wechseln?

Bei einer indirekten Kundenbefragung ist der Preis nicht mehr zentraler Gegenstand der Befragung, sondern eines von mehreren Merkmalen eines Produkts. In diesem Kontext kommt häufig die Conjoint-Analyse als Methode zum Einsatz, die ein Abwägen zwischen Preis und wahrgenommenen Nutzendimensionen beinhaltet und so ein hohes Maß an Realitätsnähe aufweist.

4.2 Verhaltenswissenschaftliche Grundlagen

Neben rationalen Kosten-Nutzen-Überlegungen spielen psychologische Faktoren eine besondere Rolle im Rahmen der Preispolitik. Drei grundlegende Phänomene sollen dies verdeutlichen (Thaler 1985, Thaler 1980, Kaas/Hay 1984).

Die Preisbereitschaft wird von Preiserwartungen und der wahrgenommenen Fairness der Transaktion beeinflusst. Dies kann am Kauf eines Erfrischungsgetränks erläutert werden, welches zum einen in einem Supermarkt in Strandnähe, zum anderen in einem exklusiven Urlaubshotel gekauft wird. Gemäß der klassischen Preistheorie müsste die Preisbereitschaft des Urlaubers in beiden Szenarien gleich sein. Eine empirische Untersuchung ermittelte die folgenden Preisbereitschaften: 1,50 € vs. 2,65 €. Die Preisbereitschaft wird also beeinflusst von den Erwartungen der Kunden darüber, welche Preise sie üblicherweise im Supermarkt bzw. in einem exklusiven Urlaubshotel bezahlen müssten. Der höhere Preis im Urlaubshotel ist aus Sicht der Kunden „fair", da hier z. B. höhere Personalkosten vorliegen bzw. auch für Service und Ambiente bezahlt wird.

Ferner werden bei der Bewertung von Preisunterschieden weniger die absoluten als vielmehr die relativen Preisunterschiede herangezogen. Nach der klassischen Preistheorie ist der Wert einer Geldeinheit absolut und daher immer gleich. Bei zwei Fotoapparaten mit den Preisen 59 € vs. 49 € und zwei Videokameras mit den Preisen 495 € vs. 485 € ergibt sich eine Preisersparnis von jeweils 10 € bei einem Umweg von 10 Minuten zu einem anderen Geschäft. Eine empirische Untersuchung zeigt, dass der Umweg tendenziell häufiger für das Produkt mit dem geringeren Basispreis gewählt wird. Der relative Wert des Geldes ist hierbei entscheidend: 10 € in Bezug auf 29 € ergeben 34 %, 10 € in Bezug auf 495 € nur 2 %.

Objektive Preise werden nicht linear in subjektive Preise transformiert. So wird ein Preis von 9,98 € von den Kunden subjektiv als unverhältnismäßig günstig eingestuft, während 10,19 € nach der gleichen Logik als unverhältnismäßig teuer beurteilt wird. Hier ist der sogenannte Preisschwelleneffekt (hier Preisschwelle = 10 €) zu berücksichtigen, bei dem Über- und Unterschreitungen einer Preisschwelle unterschiedliche Wahrnehmungen auslösen.

Diese drei Beispiele zeigen die Bedeutung der psychologischen, genauer gesagt verhaltenswissenschaftlichen Forschung für die Preispolitik anschaulich auf. Die Abb. 5.17 enthält alle wesentlichen Konzepte der verhaltenswissenschaftlichen Preisforschung und stellt diese in einen prozessualen Zusammenhang. Diese Aufstellung von Homburg/Koschate (2005) bildet das Grundgerüst für die folgenden Ausführungen.

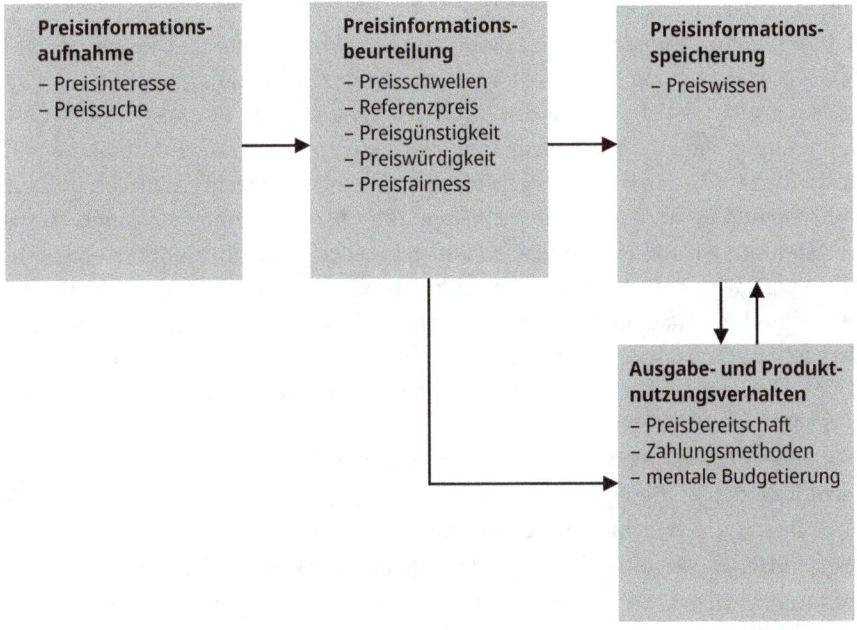

Abb. 5.17: Konzepte der verhaltenswissenschaftlichen Preisforschung (Quelle: eigene Darstellung).

Bei der Preisinformationsaufnahme sind Preisinteresse und Preissuche zu unterscheiden. Das Preisinteresse bezeichnet das Bedürfnis der Kunden, nach Preisinformationen zu suchen, um diese bei ihren Kaufentscheidungen zu berücksichtigen. Mit dem Preisinteresse sinkt tendenziell die Bereitschaft, für ein Produkt einen höheren Preis zu zahlen. Der Preis ist in diesem Sinne interessant bei den folgenden Nachfrageentscheidungen: Markenwahl (Ausnutzung von Preisunterschieden alternativer Marken), Packungsgrößen- bzw. Mengenwahl (Ausnutzung von Preisunterschieden bei verschiedenen Mengen), Distributionskanal- und Einkaufsstättenwahl (Ausnutzung von Preisunterschieden bei unterschiedlichen Handelsbetrieben), Wahl des Einkaufszeitpunkts (Ausnutzung zeitlicher Preisunterschiede, insbesondere bei Dienstleistungen).

Zum Preisinteresse der Konsumenten liegen empirische Befunde in vielfältiger Hinsicht vor. Sozial schwache Verbraucher sind häufig weit weniger preisinteressiert, als es ihre Einkommenssituation erwarten lässt. Bei luxuriösen Produkten (z. B. teure Uhren, Schmuck, Delikatessen) zeigen viele Verbraucher an Preisinformationen nur ein geringes Interesse, während sie beispielsweise bei Grundnahrungsmitteln keine Mühe bei der Beschaffung von Preisinformationen scheuen, um auch geringe Preisunterschiede auszunutzen. Der ungebrochene Trend zum stärkeren Preisinteresse lässt sich vor allem durch den Markterfolg der preisaggressiven Betriebsformen des Lebensmitteleinzelhandels mit ihrer konsequenten Preisorientierung erklären. Hieraus ergibt sich insbesondere in Deutschland auch bei anderen Betriebsformen des Einzelhandels eine Orientierung an der Niedrigpreispolitik, die sich vor allem in den sogenannten Dauerniedrigpreisen zeigt.

Das zunehmende Preisinteresse beeinflusst das Konsumentenverhalten. So tendieren die Verbraucher zur zeitlichen Verlagerung der Informationsaktivitäten von der Kaufvorbereitungs- in die Kaufdurchführungsphase, d. h., an den Point of Sale (PoS). Damit einher geht die Verlagerung von der aktiven zur passiven Aufnahme von Preisinformationen. Es wird auf Preisinformationen zurückgegriffen, die beim Kauf ohne Mühe verfügbar sind, statt vor dem Kauf aktiv nach Preisinformationen zu suchen. Da sich nunmehr der Bedarf u. a. an den gebotenen Preisinformationen ausrichtet, wird gekauft, was vom Handel als besonders preisgünstig dargestellt wird. Zusätzlich erfolgt eine Vereinfachung des Verhaltens durch die Nutzung generalisierender Einkaufsregeln (z. B. größere Packungen sind preiswerter als kleinere Packungen, die Qualität von Markenartikeln ist besser als diejenige von Gattungsmarken, deshalb ist ein höherer Preis gerechtfertigt).

Die Unternehmen können versuchen, das Preisinteresse der Konsumenten gezielt zu steuern, indem z. B. die eigene Preiswürdigkeit in der Kommunikation unterstrichen wird. Durch die Hervorhebung von Imagekomponenten sowie von Qualitäts- und Servicevorteilen kann das Preisinteresse gedämpft werden. Schließlich ist eine Lenkung des Preisinteresses möglich, beispielsweise durch die Einführung einer günstigeren Zweitmarke in Verbindung mit einer bewussten qualitativen Abgrenzung der Hauptmarke.

Die Preissuche beschreibt die von den Kunden tatsächlich unternommenen Bemühungen, Preisinformationen über verschiedene Produkte zu erhalten. Die durch den Megatrend der Digitalisierung entstandene Möglichkeit, das Internet (z. B. Preisvergleichsportale wie Verivox) als zentrale Quelle zur Preissuche zu nutzen, hat in vielen Märkten für eine erhöhte Preistransparenz gesorgt. Eine entscheidende Dimension der Preissuche ist die Intensität, mit der die Kunden nach Preisinformationen suchen. Diese Intensität ist besonders hoch,
- wenn preisbezogene Informationen mit wenig Aufwand zu beschaffen sind,
- wenn das Preis-Leistungs-Risiko als hoch eingeschätzt wird,
- wenn der Preis des Produkts eine hohe Belastung für das Budget des Kunden darstellt,
- wenn der Kunde das eigene Preiswissen als unzureichend einschätzt.

Bei der Preisinformationsbeurteilung sind die folgenden Konstrukte zu berücksichtigen: Preisschwellen, Referenzpreise, Preisgünstigkeit, Preiswürdigkeit, Preisfairness.

Kunden beurteilen Preise unterhalb einer bestimmten Preisschwelle deutlich günstiger als bei Erreichen oder Überschreiten dieser Preisschwelle. Absolute Preisschwellen stellen die Ober- und Untergrenzen des Bereichs der von Kunden als akzeptabel beurteilten Preise dar, außerhalb derer das Produkt nicht gekauft wird. Relative Preisschwellen beziehen sich auf die Bewertung der Preise innerhalb des über die absoluten Preisschwellen abgegrenzten akzeptierten Preisbereichs.

Preise unterhalb der unteren absoluten Preisschwelle führen in der Regel zu Zweifeln an der Produktqualität, Preise oberhalb der absoluten oberen Preisschwelle werden meist aufgrund fehlender Kaufkraft nicht akzeptiert. Die absolute Höhe der Preisschwelle ist insbesondere vom verfügbaren Einkommen und dem Anspruchsniveau der Konsumenten abhängig. Beim Überschreiten einer relativen Preisschwelle verschlechtert sich das Preisgünstigkeitsurteil sprunghaft, sodass der veränderte Preis einer anderen Preisgünstigkeitskategorie (sehr billig – billig – normal – teuer – sehr teuer) zugeordnet wird, also z. B. ein Preis für ein Produkt, der ursprünglich als billig empfunden wurde, nun als normal eingeschätzt wird. Der Konsument ordnet die von ihm wahrgenommenen Preise innerhalb einer Produktkategorie (im Handel = Warengruppe) in bestimmte Zonen ein, die unterschiedlich groß ausfallen (vgl. Abb. 5.18). Die Grenzen dieser Zonen werden als relative Preisschwellen bezeichnet.

Die relativen Preisschwellen ergeben sich aus der Perspektive der folgenden Käufertypen: Preiskäufer, Markenkäufer I, Markenkäufer II, Prestigekäufer. Diese vier Käufertypen korrespondieren mit der unteren, mittleren, höheren und höchsten Marktschicht. Die Unternehmen positionieren sich mit ihren Hersteller- und Handelsmarken auf die dort jeweils ansässigen Käufertypen auf Grundlage der in Kapitel IV 2.1 vorgestellten Basisstrategien.

Da runde Preise (z. B. 1 €, 10 €, 100 €) für viele Kunden Preisschwellen darstellen, sind sogenannte gebrochene Preise, also Preise knapp unter diesen Schwellen, in der Praxis weit verbreitet. Psychologische Preise sollen dem Nachfrager den Eindruck

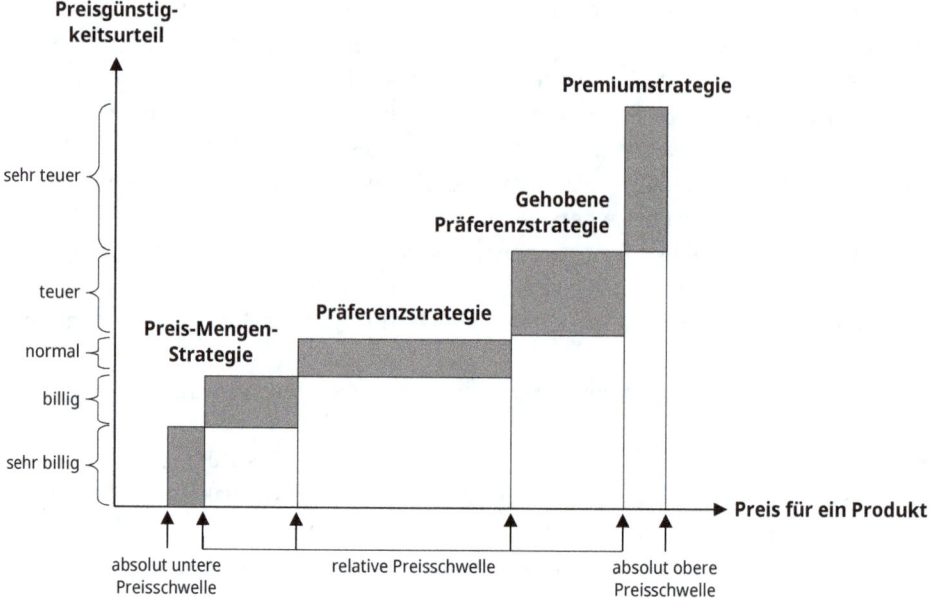

Abb. 5.18: Absolute und relative Preisschwellen (Quelle: eigene Darstellung).

vermitteln, es handele sich um einen besonders günstigen Preis. In Werbeanzeigen und auf Preisschildern wird ein Frischkäse beispielsweise nicht für 1,00 € (Preisschwelle), sondern für 0,99 € angeboten (vgl. Abb. 5.19). Dies soll im Bewusstsein des Nachfragers dazu führen, dass dieser das Produkt eher im 90-Cent-Bereich ansiedelt als im 1-€-Bereich.

Nicht alle Preisbereiche üben auf den Konsumenten die gleiche Signalwirkung aus, was zur vielfachen praktischen Anwendung gebrochener Preise führt. Die Konsumenten teilen ein Preiskontinuum in diskrete Abschnitte auf: 4,95 € sind noch lange nicht 5 €; 2,98 € wird als Preis zwischen 2 und 3 € empfunden. Preisziffern werden von den Konsumenten in der Regel von links nach rechts mit abnehmender Intensität wahrgenommen, sodass die erste Ziffer, z. B. die 9 bei 9,95 €, die Preiswahrnehmung am stärksten beeinflusst. Maximalpreise gibt ein Konsument sich als runde Werte vor, wobei eine marginale Überschreitung meist als noch vertretbar angenommen wird. Bleiben die Preise jedoch unter diesen runden Werten, ist der psychologische Effekt wesentlich größer, da der Kunde das Gefühl hat, noch etwas sparen zu können. Insgesamt vermitteln gebrochene Preise wie z. B. 0,43 € für einen Liter Vollmilch den Eindruck einer sorgfältigen und ehrlichen Kalkulation seitens des Anbieters.

Einflüsse aus der Makroumwelt können dazu führen, dass psychologische Preise angepasst werden müssen. So führte die Euro-Einführung im Jahr 2002 dazu, dass gebrochene Preise, die unter Preisschwellen angesiedelt waren, sich verschoben (z. B. 2,99 DM → 1,53 €) und neue Preisfestlegungen (z. B. 1,49 € oder 1,59 €) notwendig machten.

Abb. 5.19: Psychologischer Preis (Quelle: eigene Darstellung).

Nicht selten wurde die Euro-Einführung dann zu einer verdeckten Preiserhöhung genutzt. Die Mehrwertsteuererhöhung von 17 % auf 19 % im Jahr 2007 führte zu ähnlichen Problemen, da sich rein rechnerisch beispielsweise ein Preis von 9,99 € auf 10,25 € erhöhte.

Die Nachfrager orientieren sich bei der preislichen Einschätzung des Produkts häufig an sogenannten Referenzpreisen. Referenzpreise sind Preise, die der Kunde bei der Beurteilung anderer Preise als Vergleichsmaßstab heranzieht. Diese Preise leiten sie aus Erfahrungen oder Empfehlungen ab. Konsumenten richten ihre Nachfrage nicht nur an einem absoluten Preis aus, den sie im Geschäft vorfinden. Die Kaufentscheidung machen sie zusätzlich abhängig von der Abweichung des tatsächlichen Preises vom Referenzpreis. Liegt der tatsächliche Preis unter dem Referenzpreis realisieren die Verbraucher einen Preisvorteil et vice versa. Empirisch nachgewiesen ist, dass Referenzpreise bei Kaufentscheidungen eine wesentliche Rolle spielen. Bei der Bildung des Referenzpreises stellen die bisher für das Produkt bezahlten Preise eine wichtige Einflussgröße dar. Ferner reagieren Kunden auf Überschreitungen des Referenzpreises stärker als auf betragsmäßig gleiche Unterschreitungen des Referenzpreises.

Unternehmen können sich diese Referenzpreise zunutze machen, indem sie die unverbindlichen Preisempfehlungen des Herstellers (z. B. Lindt), Konkurrenzpreise oder frühere Preise neben dem Angebotspreis abbilden. Durch die folgenden Maßnahmen können gezielt Referenzpreise aufgebaut werden:

- Preisauslobungseffekt: Bei niedrigpreisigen Artikeln sollte ein Preisnachlass besser prozentual angegeben werden. Bei höherpreisigen Produkten wirkt sich die Auszeichnung der absoluten Ersparnis positiver auf das Preisurteil aus.
- Mondpreiseffekt: Angabe eines überhöhten Normalpreises wirkt sich positiv auf die Beurteilung des Angebots aus.
- Preisgegenüberstellungseffekt: Gegenüberstellung von aktuellen und (angeblich) ehemals geforderten und z. B. durchgestrichenen Preisen soll dem Nachfrager eine besondere Kaufgelegenheit suggerieren.
- Preisplatzierungseffekt: Darstellung der Handelsmarken als günstige Alternativen. Durch die Platzierung von Markenartikeln in der Regalnachbarschaft werden die Handelsmarken als günstiger beurteilt.

Häufige Sonderangebote bzw. Niedrigpreise wirken sich jedoch negativ auf die Wahrnehmung des Basispreises einer Herstellermarke aus, denn der Referenzpreis wird dann bei kontinuierlich sinkenden Preisen immer niedriger angesetzt.

Die Preisgünstigkeit eines Produkts wird beurteilt, indem ein Kunde einen Preis nicht auf der Basis von Nutzenüberlegungen bewertet, sondern auf der Basis eines Vergleichs mit einem anderen Preis (z. B. dem Referenzpreis).

Bei der Preiswürdigkeit setzt der Kunde den subjektiv wahrgenommenen Produktnutzen ins Verhältnis zum zu zahlenden Preis. Die Beurteilung von Produkten durch den Nachfrager basiert in erster Linie auf diesem Preis-Leistungs-Verhältnis. Während der Preis als objektiv bezeichnet werden kann, ist die Einschätzung über die Leistung, die vom Nachfrager häufig mit der Qualität gleichgesetzt wird, weitgehend subjektiv, da sie durch das Markenimage beeinflusst wird. In diesem Sinne stellt der Preis für Konsumenten einen direkten Qualitätsindikator dar und stellt so auf Imagedimensionen ab: Ein hoher Preis wird üblicherweise als Indikator für eine hohe Qualität interpretiert und umgekehrt. Diese Tatsache setzen Unternehmen gezielt in ihrer Preispolitik ein, indem sie versuchen, ihrer Marke durch die Erweiterung in eine höhere Preislage ein höherwertiges Image zu verleihen. Je detaillierter die Produktinformationen sind, desto geringer ist die Bedeutung des Preises bei der Produkteinschätzung durch den Nachfrager. Sind diese Informationen nicht verfügbar, ist der Preis als Qualitätsmerkmal von höherer Bedeutung. Prozentual gleiche Preisunterschiede werden als annähernd gleichbedeutend vom Nachfrager wahrgenommen, d. h., dass der Preisunterschied zwischen 10 € und 11 € dem Preisunterschied zwischen 50 € und 55 € entspricht.

Als letztes Konstrukt im Rahmen der Preisinformationsbeurteilung ist die Preisfairness zu betrachten. Kunden empfinden Preiserhöhungen als gerecht bzw. fair, wenn sie mit Kostensteigerungen des Anbieters begründet werden. Einer Preissteigerung, der unterstellt wird, dass sie lediglich auf dem Streben nach höheren Gewinnen beruht, wird dementsprechend als weniger fair beurteilt.

Im Rahmen der Preisinformationsspeicherung umfasst das Preiswissen (auch: Preiskenntnis) sämtliche preisbezogene Informationen, die im Langzeitgedächtnis eines Nachfragers verankert sind, z. B. gespeicherte Referenzpreise. Es wurde empi-

risch nachgewiesen, dass sich Kunden vielfach nicht an exakte Preise erinnern können, sondern Preise häufig eher als Rangfolge speichern. Das subjektive Preiswissen kann in die folgenden Bereiche unterteilt werden:
- allgemein verwendbares Preiswissen: Hierzu zählen beispielsweise der als durchschnittlich empfundene Preis in einer Produktkategorie (mittleres Preisempfinden), die Endpunkte der Preisverteilung (teuerster und günstigster Preis), absolute Preisbereitschaftsschwellen oder der beim letzten Einkauf bezahlte Preis.
- markenbezogenes Preiswissen: Kenntnis genauer Preise oder zumindest von Preisrangfolgen verschiedener Marken.
- geschäftsbezogenes Preiswissen: Preisrangfolge einer Stammmarke oder Bekanntheit der Preise in verschiedenen Geschäften, Vorstellungen über das Ausmaß der Unterschiede im Preisniveau zwischen Geschäften und innerhalb eines Geschäfts (z. B. in unterschiedlichen Warengruppen).
- aktionsbezogenes Preiswissen: Häufigkeit und Ausmaß von Preisaktionen und typische Zeitpunkte der Preisabsenkung (z. B. nach dem Weihnachtsgeschäft).

Abhängig vom Preiswissen des Konsumenten ergibt sich innerhalb des Ausgabe- und Produktnutzungsverhaltens die individuelle Preisbereitschaft, aber auch die Zahlungsmethoden nehmen hier Einfluss: So bezeichnet der Kreditkarteneffekt die höhere Zahlungsbereitschaft bei Zahlung mit Kreditkarte im Vergleich zur Barzahlung. Weiter wirkt sich die Höhe des Kreditrahmens positiv auf das Ausgabeverhalten aus. Die Bündelung von Leistungen kann schließlich zum Rückgang des Konsums einer bereits gezahlten Leistung führen. Dies wird als Fitnessstudioeffekt bezeichnet, da nachgewiesen wurde, dass die Nutzungshäufigkeit der Leistungen eines Fitnessstudios bei monatlicher Zahlung deutlich höher ist als bei quartalsweiser oder gar jährlicher Zahlung. Eine mentale Budgetierung bezeichnet das Festhalten an fixierten Budgets für Ausgabekategorien und hat entsprechende Auswirkungen auf das Ausgabeverhalten und Konsumverhalten in diesen Produktkategorien.

4.3 Preispolitische Entscheidungen

Ausgangspunkt von preispolitischen Entscheidungen ist die jeweilige Basisstrategie (Premiumstrategie, gehobene Präferenzstrategie, Präferenzstrategie, Preis-Mengen-Strategie).

4.3.1 Skimming vs. Penetration Policy

Skimming und Penetration Policy zählen zu den häufig diskutierten Entscheidungen in der Preispolitik. Die Skimming Policy, auch als Abschöpfen bezeichnet, ist gekennzeichnet durch einen maximalen Preis bei der Einführung eines Produkts mit hohem Innovationsgrad, basierend auf einer hier vorhandenen Kaufbereitschaft der Innovatoren. In der Einführungsphase sind die Absatzmengen niedrig und die Stückkosten relativ hoch. Ziel der Skimming Policy ist es, in der Anfangsphase sehr hohe Deckungsbeiträge zu generieren. Sie erlaubt, die Konsumentenrente innovationsaffiner Zielkunden abzuschöpfen. Prämisse für den erfolgreichen Einsatz dieser Preisausrichtung ist eine ausreichend große Anzahl von Zielpersonen, die bereit ist, diesen relativ hohen Preis für das Produkt zu bezahlen. Zudem muss gewährleistet sein, dass Konkurrenzprodukte nur begrenzt auf dem Markt sind, was durch den hohen Innovationsgrad der Neueinführung vorausgesetzt werden kann. Die hohen Deckungsbeiträge machen den Markt für potenzielle Wettbewerber interessant. Dies stellt ein Risiko dar. Vor diesem Hintergrund ergibt sich innerhalb der Skimming Policy die Bedingung, den Ursprungspreis sukzessive herabzusetzen, um die Gefahr des Markteintritts von Wettbewerbern zu reduzieren. Die Skimming Policy kommt insbesondere bei technologisch anspruchsvollen Produkten wie Digitalkameras und Smart-TVs zur Anwendung, da hier Innovationsvorsprünge geschaffen werden können. Ausgangspunkt der Skimming Policy ist der Präferenzbereich innerhalb der Basisstrategien.

Die Penetration Policy bezeichnet die schnelle Diffusion des Neuprodukts durch die Wahl eines im Vergleich zur Skimming Policy deutlich niedrigeren Preisniveaus. Dies gründet auf einem Produkt mit einem vergleichsweise geringeren Innovationsgrad. Prinzipiell fungiert auch hier der Präferenzbereich innerhalb der Basisstrategien als Grundlage; der Gedanke, dass hier die Preis-Mengen-Strategie als Basis dient, ist falsch, weil bei diesem Strategietyp der Innovationsgrad gegen Null tendiert. Im weiteren Verlauf des Produktlebenszyklus kommen die positiven Wirkungseffekte aus der Erfahrungskurve zum Tragen. Die Penetration Policy bietet den Vorteil, dass der niedrige Preis für potenzielle Konkurrenten eine Eintrittsbarriere darstellt. Das in kurzer Zeit erreichbare hohe Absatzvolumen führt zu niedrigen Stückkosten, was sich wiederum positiv auf die Ertragssituation auswirken kann. Die Stückkostendegression eröffnet ferner Preissenkungspotenziale in aggressiven Wettbewerbssituationen, wobei dies auch Risiken hinsichtlich der Generierung der eigenen Deckungsbeiträge birgt. Die Penetration Policy erweist sich dann als vorteilhaft, wenn Preisvorteile von den Konsumenten registriert werden und diese kurzfristig zu Marktanteilsgewinnen führen. Darüber hinaus darf die Penetration Policy nicht negativ mit dem Markenimage korrelieren.

Der zeitliche Horizont der Gewinnwirkung spielt die zentrale Rolle, ob ein Unternehmen sich für die Skimming oder Penetration Policy entscheidet (vgl. Abb. 5.20).

4.3.2 Premium, Middle und Discount Pricing

Die Preispolitik sollte auf einer geeigneten Preispositionierungsstrategie beruhen, die strategiekonform in die Marketingkonzeption eingebettet ist. Hiermit wird den entsprechenden Marktschichten Rechnung getragen und die Preispolitik kontinuierlich über-

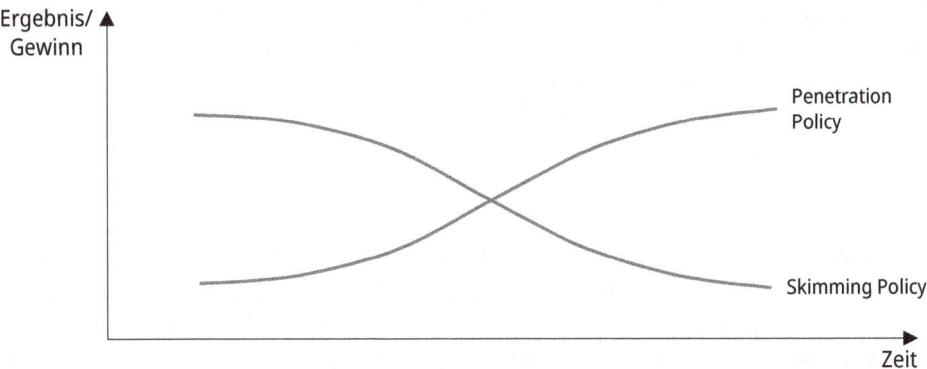

Abb. 5.20: Ergebniswirkung Skimming und Penetration Policy (Quelle: eigene Darstellung).

prüft. Innerhalb der Preispositionierung können drei Preisschichten (vgl. Abb. 5.21) in Anlehnung an die gewählte Basisstrategie unterschieden werden:
- Premium Pricing,
- Middle Pricing,
- Discount Pricing.

Die oberste und damit preishöchste Schicht ist das Premium Pricing. Hier liegt die Basisausrichtung der Premiumstrategie zugrunde. Darunter ist das Middle Pricing angesiedelt, das einen weiteren Preisbereich abdeckt und die Basisstrategien der gehobenen Präferenz und der Präferenz repräsentiert. Das Discount Pricing stellt die preisniedrigste Variante der drei Preisschichten dar und ist auf die Preis-Mengen-Strategie zurückzuführen. In der Vergangenheit konnte die Preisschichtenstruktur von Konsumgütermärkten häufig in Form einer Zwiebel visualisiert werden, d. h., sie wurde – von unten nach oben – durch einen Anteil des Discount Pricing von rund einem Viertel, einem hohen Anteil des Middle Pricing und einem verhältnismäßig kleinen Anteil des Premium Pricing (rd. < ¼) charakterisiert.

Marktschicht	Zwiebel	Glocke
Premium Pricing		
Middle Pricing		
Discount Pricing		

Abb. 5.21: Veränderung der Preisschichten in Konsumgütermärkten (Quelle: eigene Darstellung).

Diese Zwiebel hat sich durch verschärften Preiswettbewerb insbesondere zwischen Hersteller- und Handelsmarken in Richtung Glockenform zu Lasten des Middle Pricing verändert (Verlust-der-Mitte-Phänomen).

4.3.3 Preisdifferenzierung

Im Rahmen der Preisdifferenzierung werden identische Produkte und Leistungen zu unterschiedlichen Preisen angeboten, um eine Steigerung des Deckungsbeitrags durch die Abschöpfung der Konsumentenrente (zu verstehen als unterschiedliche Kaufkraftniveaus) zu erreichen. Dem liegt der Gedanke zugrunde, dass es zum einen potenzielle Kunden gibt, die bereit sind, einen höheren Preis für ein Produkt zu zahlen. Zum anderen gibt es Konsumenten, deren Preisakzeptanz niedriger einzustufen ist. Durch die Differenzierung der Preise können beide Gruppen bedient und die Gewinnsituation des Anbieters verbessert werden. Prämisse für die erfolgreiche Preisdifferenzierung ist, dass die Nachfrager mit unterschiedlicher Preisbereitschaft identifiziert und klassifiziert werden können.

Im Folgenden werden die spezifischen Formen der Preisdifferenzierung erläutert. Diese unterscheiden sich hinsichtlich der Kriterien, auf Basis derer unterschiedliche Preise festgelegt werden:
- zeitliche Preisdifferenzierung,
- räumliche Preisdifferenzierung,
- personelle Preisdifferenzierung,
- quantitative Preisdifferenzierung,
- Preisbündelung.

Innerhalb der zeitlichen Preisdifferenzierung werden differierende Preise in Abhängigkeit des Kauf- bzw. Nutzungszeitpunkts festgelegt. Es wird unterstellt, dass ein Produkt oder eine Dienstleistung zu unterschiedlichen Zeiten verschiedenen Nachfragern unterschiedlich viel wert ist (Enzweiler 1990, S. 248). Urlaubsreisen sind beispielsweise während der Ferienzeiten, d. h., zur Hauptreisezeit teurer als in der Nebensaison. Die Ursache für die zuvor beschriebene Preisdifferenzierung liegt in den zeitbedingten Präferenzunterschieden der Kunden. Zeitabhängige Kostenunterschiede treten hingegen auf, wenn durch den Faktor Zeit Mehr- oder Minderkosten entstehen. Nachttransporte sind in der Regel teurer als Transportleistungen, die während der Hauptarbeitszeit durchgeführt werden. Dies kann beispielsweise durch Überstundenzuschläge begründet sein. Im Rahmen von Erneuerbaren Energien und sogenannten Intelligenten Netzen beschäftigen sich z. B. Energieversorgungsunternehmen mit dieser Thematik. Ziel ist es, preisliche Anreize zu schaffen, wenn Strom im Überfluss vorhanden ist (z. B. nachts und bei starkem Wind) und ihn zu verteuern, wenn das Angebot knapp ist (z. B. zur Mittagszeit). Als Sonderform der zeitlichen Preisdifferenzierung ist das sogenannte Yield-Management aufzufassen.

Das Yield-Management dient jedoch eher der kurzfristigen Kapazitätssteuerung (z. B. Last-Minute-Reisen im Flugzeug- und Hotelgewerbe).

Die räumliche Preisdifferenzierung kann zum einen durch die Kostenkomponente und zum anderen durch Präferenzunterschiede begründet sein. Präferenzunterschiede im Rahmen der räumlichen Preisdifferenzierung liegen vor, wenn regional aufgrund bestimmter Vorlieben ein anderes Preisniveau erzielt werden kann. In diesem Sinne wird für ein Produkt in Abhängigkeit von der geografischen Verkaufsstelle ein anderer Preis festgelegt (z. B. Autobahn- vs. Landstraßentankstellen). In die räumliche Preisdifferenzierung sind ferner unterschiedliche regionale Preise für Grundstücke und Wohnraum einzuordnen sowie die Sitzplatzkategorien innerhalb eines Kinos oder Theaters. Ebenso kann eine ortsbezogene Konkurrenzsituation Hintergrund für diese Form der Preisdifferenzierung sein.

Die personelle Preisdifferenzierung basiert auf Kriterien, die spezifischen Merkmalen des Käufers obliegen und somit einen Bezug zur Segmentierung aufweisen. Hierzu zählen demografische Kriterien wie Alter, Geschlecht, Familienstand, Einkommen. Beispielsweise sind die Kosten für Versicherungsleistungen wie Lebensversicherungen an das Alter des Nachfragers gekoppelt, d. h., mit zunehmendem Alter steigen auch die zu zahlenden Beiträge. Typisch für die personelle Preisdifferenzierung sind spezifische Preistarife im Theater für Rentner oder Studenten oder die für Frauen kostenfreie Nutzung einer Flirtline. Einige Unternehmen betrachten bei ihren Kalkulationen den Kunden während seines gesamten Lebenszyklus (Life Cycle Costing) und arbeiten zeitweise unter den Selbstkosten. Der langfristige Kundenwert, d. h., der Lebensertragswert, ist allerdings positiv.

Gibt es eine Relation zwischen durchschnittlichem Stückpreis und abgesetzter Menge, wird von der quantitativen Preisdifferenzierung gesprochen. Auf dieser Basis entstehen vorkalkulierte Preisstaffeln, die nicht mit dem Mengenrabatt als direkten Rechnungsabzug verwechselt werden dürfen. Diese Form der Preisdifferenzierung wird auch durch unterschiedliche Preise bei divergierenden Packungsgrößen angewendet.

Anders als die oben genannten Varianten der Preisdifferenzierung geht die Preisbündelung von einer Kombination zweier Produkte oder Leistungen aus. Diese Form der Preisdifferenzierung verfolgt das Ziel, die Konsumentennachfrage durch ein gebündeltes Angebot mit einem spezifischen Preis (Paketpreis) besser zu bedienen (z. B. Kinokarte mit Gastronomieangebot gekoppelt, Happy Meal bei McDonald's).

4.4 Preisfestlegung

Ausgangspunkt für die Preisfestlegung ist die Basisstrategie. Grundsätzlich sollten für die Preisbestimmung kosten-, nachfrage- und konkurrenzbezogene Faktoren berücksichtigt werden (vgl. Abb. 5.22). Diese Faktoren werden im Folgenden getrennt betrachtet. Es sei jedoch darauf hingewiesen, dass diese drei Ansatzpunkte der Preispolitik nicht als alternative Entscheidungsausrichtungen zu verstehen sind, sondern idealerweise simultan in preispolitische Entscheidungen einbezogen werden (Hüttner/Ahsen/Schwarting 1999, S. 191). Dabei stellt der Preis, den die Nachfrager für eine Leistung maximal zu zahlen bereit sind, die Preisobergrenze dar und die Kosten der Leistungserstellung die Preisuntergrenze. Zusätzlich sind die Preise der Konkurrenz bei der Preisermittlung zu beachten. In der Praxis ist es denkbar, dass aufgrund spezieller Marktbedingungen ein oder zwei dieser Faktoren zu vernachlässigen sind. Die folgenden Erläuterungen beziehen sich primär auf das Problem der Preisfestlegung für neue Einzelprodukte, nicht auf Preisentscheidungen innerhalb von Produktlinien.

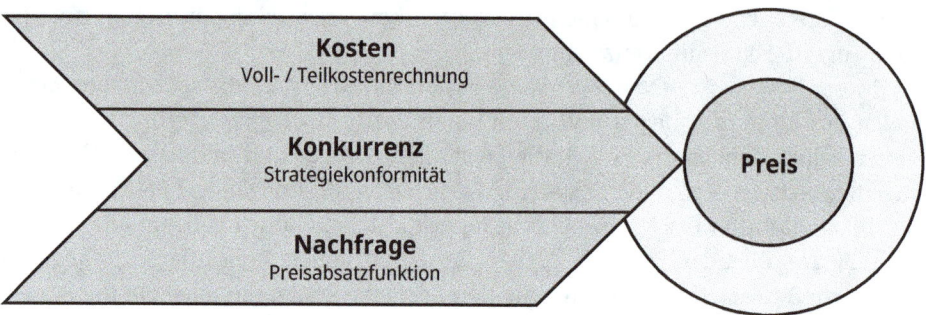

Abb. 5.22: Einflussfaktoren der Preisfestlegung (Quelle: eigene Darstellung).

4.4.1 Kostenorientierte Preisfestlegung

Die Daten der Kostenrechnung sind in vielen Fällen Ausgangspunkt für die Bestimmung der Preise für Produkte und Dienstleistungen. Die preispolitische Entscheidung hängt dabei maßgeblich von der Unterscheidung zwischen fixen und variablen Kosten ab. Erstgenannte sind innerhalb bestimmter Intervalle von der Ausbringungsmenge unabhängig, während variable Kosten abhängig von der Ausbringungsmenge sind.

Vollkostenrechnung (Kosten-Plus-Preisbildung)
Viele Anbieter nutzen bei der Preiskalkulation die Kosten-Plus-Preisbildung (vgl. Abb. 5.23). Ausgangspunkt hierfür sind die gesamten Stückkosten, die um einen Gewinn- und Risikozuschlag erhöht werden.

Diese simple, auf Vollkosten basierende Kalkulation weist jedoch erhebliche Gefahren auf. Zum einen werden die Fixkosten i. H. v. 450.000 € nicht verursachungsgerecht auf weitere Kostenträger (Produkte) verteilt; sie lassen in diesem Zusammenhang keine Schlussfolgerungen auf den tatsächlichen Produkterfolg zu. Zum anderen fördert dieses Kalkulationsverfahren die Negativwirkung der Fixkosten auf rückläufi-

variable Kosten je Stück i. H. v.	20 €
fixe Kosten i. H. v.	450.000 €
prognostizierte Absatzmenge i. H. v.	200.000 Stück
Kalkulation Kosten gesamt je Stück:	$20{,}- + \dfrac{450.000{,}-}{200.000 \text{ Stück}} = 22{,}25 \text{ €} / \text{Stück}$
22,25 € zzgl. Gewinn-/Risikoaufschlag i. H. v. 20%:	26,70 €/Stück
	Angebotspreis (netto)

Abb. 5.23: Kosten-Plus-Preisbildung am Beispiel einer Schreibtischlampe (Quelle: eigene Darstellung).

gen Märkten, auf denen die geminderte Absatzmenge zu einer geschwächten Fixkostendegression führt. Darüber hinaus wird der Reaktion des Wettbewerbs und der Preisbereitschaft der Nachfrager nicht Rechnung getragen. Die Vollkostenrechnung kann nur dann als sinnvoll erachtet werden, wenn die geplante Absatzmenge zum festgelegten Preis tatsächlich erreicht wird.

Das oben beschriebene Prinzip der Kostenpreise (Cost Plus Pricing), Selbstkosten plus Gewinnzuschlag, ist die einfachste Form der Preisfindung. Die Selbstkosten ergeben sich dabei aus der Kostenträgerrechnung, wobei die Anwendung diesbezüglicher Kalkulationsverfahren der Art und Tiefe des Produktprogramms und dem jeweiligen Produktionsverfahren Rechnung tragen muss (Hüttner/Ahsen/Schwarting 1999, S. 192).

Ausgangspunkt für die Kalkulation in der Konsumgüterindustrie sollen die Materialkosten sein. Im nachfolgend beschriebenen Beispiel eines Herstellers von hochwertigen Zigarren handelt es sich hierbei insbesondere um Einzelkosten für Tabakblätter und Banderole sowie um Gemeinkosten (vgl. Tab. 5.3–5.5). Neben den gesamten Materialkosten fließen Einzel- und Gemeinkosten für die Fertigung der Zigarren sowie in diesem Fall Sondereinzelkosten der Fertigung in die Berechnung der Herstellkosten ein.

Weitere Kostenkomponenten sind die Verwaltungsgemeinkosten, die u. a. Kosten für die Buchhaltung, die zentrale Personalabteilung und die Geschäftsführung enthalten. Diese beziffern sich für das hier beschriebene Unternehmen auf 14 %. Darüber hinaus werden in der Kalkulation der Selbstkosten für die Zigarren Vertriebsgemeinkosten (5 %) sowie Sondereinzelkosten des Vertriebs berücksichtigt.

Da ein wesentliches Anliegen ökonomischen Handelns in der Erzielung eines Gewinns liegt, wird dieser ebenfalls in die Kalkulation einbezogen. Der Barverkaufspreis sowie die Berücksichtigung eines dem Kunden gewährten Skontos sowie die Vertreterprovision führen zum Zielverkaufspreis der Zigarren i. H. v. 138.976,93 € für 1.000 Einheiten.

Tab. 5.3: Kalkulation „Zigarren" (1 von 3) (Quelle: eigene Darstellung).

Kalkulation Zigarren	(in € für 1.000 Einheiten)
Materialeinzelkosten	27.600,00
Materialgemeinkosten (7 %)	1.932,00
Materialkosten gesamt	**29.532,00**
Fertigungslöhne	30.200,00
Fertigungsgemeinkosten inkl. Verpackung (105 %)	31.710,00
Sondereinzelkosten der Fertigung	703,00
Fertigungskosten gesamt	**62.613,00**
Herstellkosten der Zigarren	**92.145,00**

Tab. 5.4: Kalkulation „Zigarren" (2 von 3) (Quelle: eigene Darstellung).

Kalkulation Zigarren	(in € für 1.000 Einheiten)
Herstellkosten der Zigarren	92.145,00
Verwaltungsgemeinkosten (14 %)	12.900,30
Vertriebsgemeinkosten (5 %)	4.607,25
Sondereinzelkosten des Vertriebs	320,50
Selbstkosten der Zigarren	**109.973,05**

Tab. 5.5: Kalkulation „Zigarren" (3 von 3) (Quelle: eigene Darstellung).

Kalkulation Zigarren	(in € für 1.000 Einheiten)
Selbstkosten der Zigarren	109.973,05
Gewinnaufschlag (15 %)	16.495,96
Barverkaufspreis der Zigarren	126.469,01
Kundenskonto (2 %)	2.779,54
Vertriebsprovision (7 %)	9.728,38
Zielverkaufspreis der Zigarren	**138.976,93**

Entgegen dem Herstellerunternehmen kann der Handel auf einen wesentlichen Teil des Leistungserbringungsprozesses – der Produktion des Produkts – keinen Einfluss nehmen (vgl. Tab. 5.6–5.8). Ausgehend vom Listeneinkaufspreis wird zunächst der Lieferantenrabatt abgezogen und es ergibt sich der Zieleinkaufspreis. Dieser wird um den Lieferantenskonto reduziert, was zum Bareinkaufspreis führt. Aus der Addition der Bezugskosten (u. a. Kosten für Verpackung, Transport und Versicherung) resultiert der Bezugs- oder Einstandspreis.

Tab. 5.6: Handelskalkulation (1 von 3)
(Quelle: eigene Darstellung).

Handelskalkulation	(in €)
Listeneinkaufspreis	100,00
Lieferantenrabatt (7 %)	7,00
Zieleinkaufs- bzw. Rechnungspreis	93,00
Lieferantenskonto (2 %)	1,86
Bareinkaufspreis	91,14
Bezugskosten	25,00
Bezugs- bzw. Einstandspreis	**116,14**

Im Rahmen der Selbstkostenkalkulation werden die Handlungskosten ermittelt. Hierbei handelt es sich um jene Kosten, die im Rahmen der Tätigkeit des Handelsunternehmens entstehen (z. B. Raum-/Lagerkosten, Personalkosten, Marketingkosten).

Tab. 5.7: Handelskalkulation (2 von 3)
(Quelle: eigene Darstellung).

Handelskalkulation	(in €)
Bezugs- bzw. Einstandspreis	116,14
Handlungskosten (18 %)	20,91
Selbstkosten	**137,05**

Auf Basis des Barverkaufspreises, der bereits den Gewinnaufschlag für das Handelsunternehmen enthält, werden Preisnachlässe wie Skonti und Rabatte sowie mögliche Vertreterprovisionen kalkuliert. Es ergibt sich der Listenverkaufspreis, auf den dann die Mehrwertsteuer aufgeschlagen wird.

Tab. 5.8: Handelskalkulation (3 von 3)
(Quelle: eigene Darstellung).

Handelskalkulation	(in €)
Selbstkosten	137,05
Gewinn (20 %)	27,41
Barverkaufspreis	164,46
Kundenskonto (2 %)	3,50
Vertreterprovision (4 %)	7,00
Zielverkaufs- bzw. Rechnungspreis	174,96
Kundenrabatt (4 %)	7,29
Listenverkaufspreis	182,25
Mehrwertsteuer (19 %)	34,63
Bruttoverkaufspreis	**216,88**

Neben den Kostenpreisen ist noch das Prinzip der Vorgabepreise zu erwähnen (vgl. Tab. 5.9), welches auf der vorausgehenden Bestimmung von Ergebnis-Zielgrößen, wie Gewinn oder Rentabilität, beruht. Im ersten Schritt wird die Zielgröße festgelegt (z. B. Gewinnziel = 10.000.000 €). Anschließend wird die abzusetzende Menge unter Bezugnahme auf die Produktionskapazität geschätzt (z. B. 10.000 Stück). Danach folgt die Schätzung der dabei entstehenden Kosten (z. B. 20.000.000 €), woraus sich dann der erforderliche Gesamterlös berechnen lässt (30.000.000 €). Schließlich kann der Preis mittels Division des Gesamterlöses durch die abzusetzende Menge bestimmt werden (Stückpreis = 3.000 €). Eine solche Vorgehensweise ignoriert jedoch den Preis-Mengen-Mechanismus vollkommen. Deshalb kann eine solche Preisfestlegung nur dann Sinn machen, wenn auf dem Zielmarkt eine hinreichende Angebotslücke besteht und die Nachfrage sehr unelastisch ist, sodass die volle Ausbringungsmenge zu einem beliebigen Preis absetzbar wäre.

Tab. 5.9: Vorgabepreis (Quelle: eigene Darstellung).

Prinzip der Vorgabepreise	Kalkulation
Gewinnziel	10.000.000 €
abzusetzende Menge	10.000 Stück
Kostenschätzung	20.000.000 €
erforderlicher Gesamterlös	Gewinnziel + Kostenschätzung = 30.000.000 €
Preis	Gesamterlös / Menge = 3.000 €/Stück

Teilkostenrechnung

Die Kalkulation auf Basis von Teilkosten setzt an dem primären Kritikpunkt der Kosten-Plus-Preisbildung an. Als Grundlage dienen die variablen Kosten, die eindeutig nach dem Verursachungsprinzip der Kostenträger bzw. der Produkte zugerechnet werden können. Die Fokussierung auf die variablen Kosten darf allerdings nicht zu Lasten der fixen Kosten gehen, diese müssen mittelfristig ebenso gedeckt werden wie die variablen, um den Fortbestand des Unternehmens zu gewährleisten. Kurzfristig kann die Schwelle aus der Summe variabler und fixer Kosten allerdings von den Erlösen unterschritten werden. Dem liegt die Tatsache zugrunde, dass die fixen Kosten das Betriebsergebnis in jedem Fall belasten. Sobald der Verkaufspreis die variablen Kosten übersteigt, generiert das Unternehmen einen positiven Deckungsbeitrag. Auf diesem Wege können Unternehmen kurzfristig auf schwierige Marktbedingungen wie zunehmenden Wettbewerb und Preisdruck flexibel reagieren. Der Deckungsbeitrag (Teilkostenrechnung) ist definiert als die Differenz zwischen dem Preis und den variablen Einzel- und Gemeinkosten. Die Fixkosten werden als Block erfasst.

Tab. 5.10: Deckungsbeitragsrechnung am Beispiel eines Elektronikunternehmens (Quelle: eigene Darstellung).
Ein Elektronikunternehmen hat zwei Produktarten: TV-Geräte und Blu-ray-Player. Der Verkaufspreis eines TV-Gerätes beträgt 350 €, für den Blu-ray-Player beträgt der VP 250 €. Zu den relevanten Daten zählen:

	TV	Blu-ray
Absatzmenge	1.000 Stück	1.250 Stück
Umsatz/Produktart	350.000 €	312.500 €
variable Kosten	180 €/Stück	165 €/Stück
variable Kosten/Produktart	180.000 €	206.250 €
Deckungsbeitrag I	170.000 €	106.250 €
Fixkosten		175.000 €
Ergebnis		**101.250 €**

Die fixen Kosten sind kurzfristig nicht abbaubar; sie entstehen in jedem Fall. Der Verlust würde also im Falle eines absoluten Produktionsstopps 175.000 € betragen. Aus diesem Grund trägt ein Verkaufspreis > 180 €/Stück der TV-Geräte und ein Verkaufspreis > 165 €/Stück der Blu-ray-Player zur Deckung der Fixkosten bei.

In der oben gezeigten sogenannten einstufigen Deckungsbeitragsrechnung (vgl. Tab. 5.10) wurden sämtliche Fixkosten en bloc dem Deckungsbeitrag I gegenübergestellt. Entgegen dieser Vorgehensweise besteht auch die Möglichkeit innerhalb einer mehrstufigen Deckungsbeitragsrechnung, den Fixkostenblock aufzusplitten und Teile der Fixkosten beispielsweise der Gesamtstückzahl einer Produktart, einer Produktgruppe oder einem ganzen Unternehmensbereich zuzuordnen.

In diesem Zusammenhang ist auch die Break-even-Analyse zu nennen. Sie erlaubt eine Aussage hinsichtlich des Absatz- und Umsatzvolumens, ab dem eine Unternehmung die Gewinnzone erreicht. Am Break-even-Point ist die Umsatzfunktion gleich der Kostenfunktion. Der klassische Break-even-Point ergibt sich rechnerisch aus der Division der Fixkosten durch die Differenz von Verkaufspreis und variablen Kosten (BEP = $k_f / (p - k_v)$).

4.4.2 Nachfrageorientierte Preisfestlegung

Im Rahmen der nachfrageorientierten Preisfestlegung ist zu beachten, dass jede Preisalternative grundsätzlich zu einem anderen Nachfrageniveau führt. Je unelastischer die Nachfrage nach einem Produkt ist (z. B. Benzin), desto mehr kann sich ein hoher Preis für den Anbieter lohnen. Die Nachfrageorientierung bei der Preisfestlegung setzt voraus, dass von den Preisvorstellungen der Verbraucher ausgegangen wird. Der Verbraucher fällt Preiswürdigkeitsurteile und setzt für sich Preisschwellen fest, zu denen er bestimmte Produkte noch kaufen würde. Die Preissensibilität eines Verbrauchers ist u. a. geringer, wenn die Alleinstellung der Marke ausgeprägt ist, der

Marke ein besonderer Nutzen oder eine besondere Exklusivität zugeschrieben wird, die Ausgaben für ein Produkt im Vergleich zum Gesamteinkommen gering sind und das Produkt in Verbindung mit bereits gekauften Produktsystemen verwendet wird.

Innerhalb der nachfrageorientierten Preispolitik wird somit versucht, Preise aus den Preisvorstellungen und darauf aufbauenden Bereitschaften zur Zahlung bestimmter Preise seitens der Nachfrager abzuleiten. Entscheidend sind also hiernach nicht die Kosten einer Leistung, sondern der Wert, den die Kunden dieser Leistung beimessen. Da die Preisvorstellungen und Zahlungsbereitschaften nicht bei allen Nachfragern identisch sind, ergibt sich immer das Problem der adäquaten Aggregation dieser Daten.

Ein wesentliches Hilfsmittel zur Gewinnung der angesprochenen Daten sind Preistests, die wie folgt unterschieden werden können (Hüttner/Ahsen/Schwarting 1999, S. 195 f.): Durch Preisschätztests sollen die subjektiven Preisvorstellungen und -kenntnisse der Nachfrager ermittelt werden. Den Probanden wird ein Produkt oder ein Bild des Produkts vorgelegt, um sie dann zu fragen, was dieses Produkt nach ihrer Einschätzung im Geschäft kostet. Preisempfindungstests dienen der Erfragung der subjektiven Einstufung der Günstigkeit einzelner Preise seitens der Nachfrager. Die Probanden werden dazu aufgefordert, die Preisgünstigkeit auf einer Ratingskala (z. B. von „sehr günstig" bis „sehr teuer") einzustufen. Durch Preisbereitschaftstests wird die Bereitschaft der Nachfrager, ein Produkt zu einem bestimmten Preis zu kaufen, direkt abgefragt (z. B. „Würden Sie zu diesem Preis das Produkt X kaufen?" oder „Welchen Preis würden Sie für das Produkt X maximal zahlen?"). Im Rahmen von Preiswürdigkeitstests werden die Kundenurteile hinsichtlich der Bewertung von Preis-Leistungs-Relationen bestimmter Angebote erhoben.

Die Basis nachfrageorientierter preispolitischer Entscheidungen bilden letztlich Kenntnisse über die zu erwartenden mengenmäßigen Reaktionen der Nachfrager auf unterschiedliche Preishöhen. Es bedarf einer realistischen Schätzung der Wechselwirkung zwischen Preis und Absatzmenge, was zum einen durch die Schätzung der gesamten Preisabsatzfunktion, zum anderen durch die Ermittlung von Preiselastizitäten ermöglicht wird (Hüttner/Ahsen/Schwarting 1999, S. 196 ff.).

Die Preisabsatzfunktion (auch: Nachfragereaktionsfunktion) stellt die mengenmäßige Reaktion der Nachfrager auf die Preisforderung eines Anbieters dar. Die Preiselastizität der Nachfrage ist definiert als Verhältnis zwischen relativen Nachfrageänderungen nach einem Produkt und der diese initiierenden Preisänderung dieses Produkts. Die Preiselastizität hat in der Regel negative Werte, weil Preiserhöhungen im Allgemeinen mit einem rückläufigen Absatz einhergehen und umgekehrt. Bei $\varepsilon = -1$ entspricht die relative Mengenänderung der relativen Preisänderung. $\varepsilon < -1$ deutet auf einen preiselastischen Absatzbereich hin, d. h., der Absatz reagiert überproportional auf Preisänderungen. Bei $0 > \varepsilon > -1$ wird von einem preisunelastischen Absatzbereich gesprochen, die relative Absatzänderung ist hier kleiner als die relative Preisänderung.

Die Preiselastizität der Nachfrage ist eher gering bei (Homburg 2015, S. 680):
- ausgeprägter Alleinstellung der Marke am Markt,
- beschränkter Kenntnis der Konkurrenzprodukte,
- geringem Preis für das Produkt im Verhältnis zum Einkommen des Kunden,
- geringem Kaufpreis für das Produkt im Verhältnis zu den Gesamtkosten der Produktnutzung über den Lebenszyklus hinweg,
- Produkten mit einem hohen Maß an Qualität, Prestige und Exklusivität in den Augen der Kunden,
- dem Kauf eines Produkts vor dem Hintergrund früherer Käufe beim gleichen Anbieter (Wechselbarrieren).

In methodischer Hinsicht können Preisabsatzfunktionen relativ unproblematisch durch eine Regressionsanalyse bestimmt werden, wenn eine hinreichend große Zahl von Daten vorliegt. Ferner bietet die Conjoint-Analyse die Möglichkeit, Preisabsatzfunktionen zu ermitteln, wenn Preisbestandteile als Merkmalsausprägungen systematisch variiert werden. Die Abb. 5.24 stellt eine idealtypische Preisabsatzfunktion (PAF) dar.

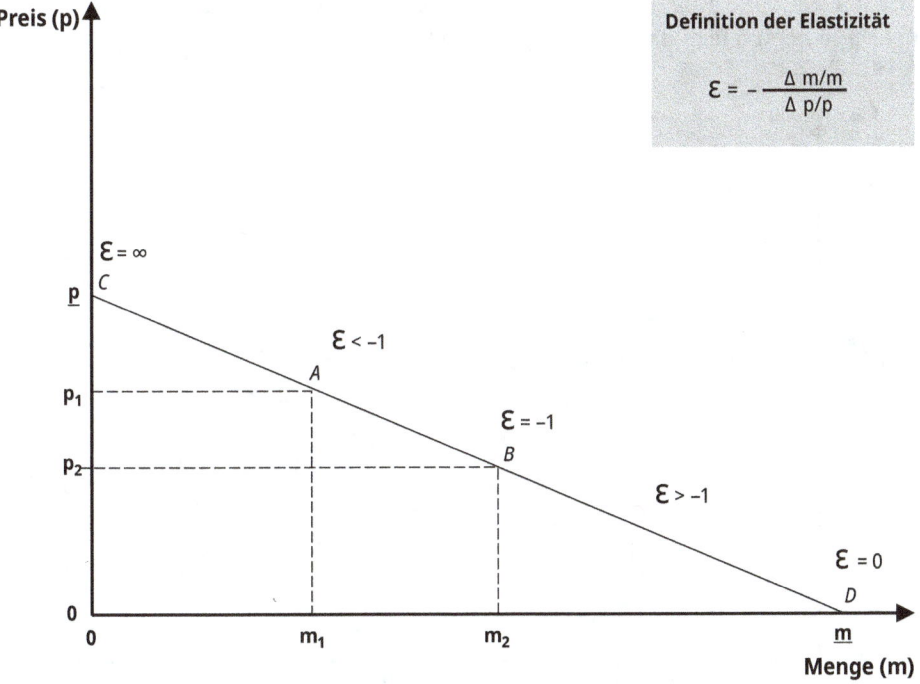

Abb. 5.24: Preisabsatzfunktion (Quelle: eigene Darstellung).

Der Preis p stellt den sogenannten Prohibitivpreis dar, d. h., den Preis, an dem sich kein Stück mehr absetzen lässt, während m die Menge des Gutes darstellt, ab der das Gut wertlos wird, da die Nachfrage gesättigt ist. Die Elastizität der Nachfrage ist für p_1 (p_2) durch das Verhältnis der Streckenabschnitte bestimmt: AD/AC (BD/BC). Im vorliegenden Fall ist AD > AC, die dem Preis p_1 zuzuordnende Elastizität der Nachfrage ist kleiner – 1 – eine Preissenkung führt zu einer Erhöhung des Umsatzes. Da die Steigung der Nachfragekurve in der Regel negativ ist, wird die Formel für die Preiselastizität mit einem negativen Vorzeichen versehen.

Im elastischen Bereich einer PAF können die Unternehmen ihren Umsatz trotz Preissenkungen erhöhen, da der relative Mengenzuwachs die relative Preissenkung übersteigt. Dagegen werden die Unternehmen im unelastischen Bereich einer PAF trotz Preiserhöhungen ihren Umsatz steigern können, da der relative Preiseffekt den relativen Mengenrückgang übersteigt. Daher gilt generell, dass Preiserhöhungen nur im unelastischen Bereich und Preissenkungen nur im elastischen Bereich einer PAF vorgenommen werden sollten. Ein Beispiel soll dies verdeutlichen (vgl. Abb. 5.25): $p_1 = 8$, $p_2 = 7$; $m_1 = 20$, $m_2 = 30$; $\varepsilon = -10/-1 * 8/20 = -4$ ($\varepsilon < -1$). Eine Preissenkung um 1 € führt somit zu einer Absatzsteigerung um 10 Stück. Der Umsatz beträgt vor der Preissenkung 160 €, danach 210 €. Umgekehrt würde eine Preiserhöhung im unelastischen Bereich von 3 € auf 4 € zu einem Absatzrückgang von 70 auf 60 Stück führen. Es ergibt sich eine Elastizität von – 0,42 ($\varepsilon > -1$). Der Umsatz beträgt vor der Preiserhöhung 210 €, danach 240 €.

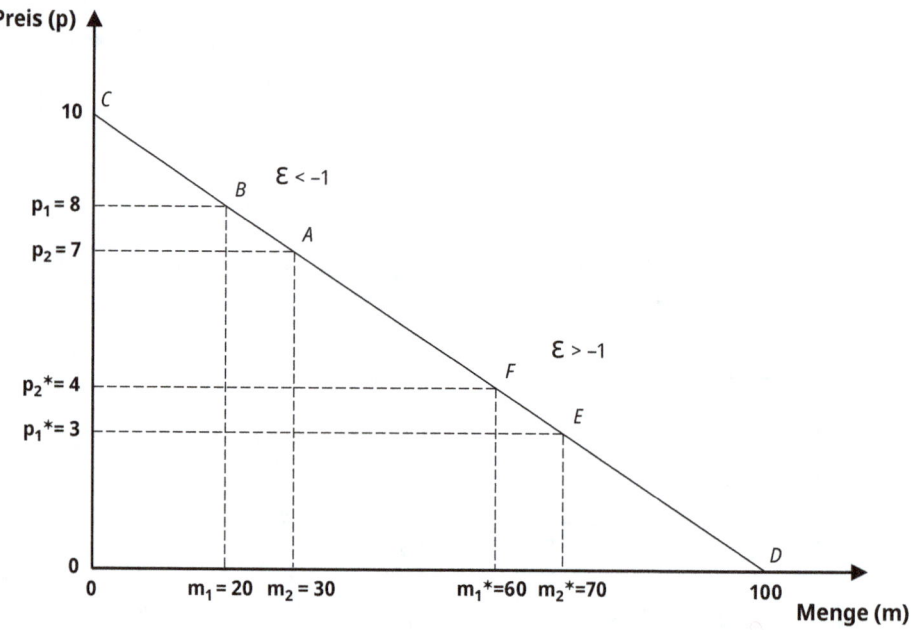

Abb. 5.25: Beispiel Preisabsatzfunktion (Quelle: eigene Darstellung).

In vielen Fällen wird es kaum möglich sein, realistische Preisabsatzfunktionen zu schätzen. Dies ist jedoch in der Praxis häufig auch gar nicht notwendig, weil von einem bestimmten Preisniveau ausgegangen werden kann und deshalb meist Kenntnisse über die zu erwartenden Mengenreaktionen auf geringere Preisänderungen reichen. Diese Informationen können durch die empirische Ermittlung von Preiselastizitäten gewonnen werden, basierend entweder auf historischen Daten oder speziellen Experimenten; z. B. Ladentest, bei dem ein Produkt in einer Reihe ausgewählter Testgeschäfte über einen bestimmten Zeitraum angeboten und für jedes Geschäft eine andere Preishöhe festgesetzt wird.

In diesem Zusammenhang ist eine Reihe von Effekten zu nennen, die zu einer psychologischen Verzerrung idealtypischer Preisabsatzfunktionen führt:

- Qualitätseffekt: Käufer verbinden mit einem höheren Preis ein höheres Qualitätsniveau eines Produkts.
- Veblen-Effekt: Käufer sehen in einem höheren Preis ein höheres Prestige.
- Snob-Effekt: Sinkt der Preis eines vormals elitären Gutes, sodass auch nichtelitäre Schichten zu Käufern werden können, nimmt der Snob-Käufer Abstand von diesem Produkt.
- Smart-Shopper-Effekt: Käufer fordern in Extremform Markenqualität zum Discountpreis.
- Panik-Effekt: Je schneller der Preis eines Gutes steigt, desto stärker wird der Kaufwunsch des Interessenten (z. B. Aktien). Dieser Effekt ist auch bei „Hamsterkäufen" zu beobachten.
- Bandwagon-Effekt: Ein Produkt wird dann stärker nachgefragt, wenn alle es wollen (z. B. iPhone).

Der von den Kunden subjektiv empfundene Wert ist Ausgangspunkt für das Perceived-Value-Pricing. Über die Markenpositionierung bauen die Unternehmen im Bewusstsein des Nachfragers einen möglichst hohen Wert auf. Hieran anlehnend wird ein Preis in einer Höhe festgesetzt, die den empfundenen Wert möglichst abschöpft.

4.4.3 Konkurrenzorientierte Preisfestlegung

Das Verhalten der Konkurrenten sollte bei der Festlegung der Preise ebenso Berücksichtigung finden wie Nachfrage und Kosten. Im Angebotsoligopol treffen wenige Anbieter (z. B. in der Mobilfunk- und Energiebranche) auf viele Nachfrager. Der Oligopolist wird einerseits von der Preisgestaltung seiner Konkurrenten beeinflusst, andererseits muss er auch die Reaktionen der Nachfrager in seinem Kalkül berücksichtigen. Im Gegensatz zum Polypol ist die Marktmacht der Anbieter so groß, dass Veränderungen der Angebotsmenge eines einzelnen Anbieters zu spürbaren Auswirkungen bei den anderen Anbietern führen. Dieser Sachverhalt wird als konkurrenzgebundene Preispolitik bezeichnet. Das Verhalten des Oligopolisten kann aggressiv geprägt sein, d. h., er versucht die Wettbewerber aus dem Markt zu verdrängen. Häufig ist dieses Verhalten mit einem ruinösen Preiswettbewerb verknüpft. Steht die Sicherung der Marktmacht im Fokus der Anbieter, wird häufig aufgrund stillschweigender Absprachen die Preiskonkurrenz ausgeschlossen. Ein solches Verhalten lässt sich insbesondere bei Unternehmen der Mineralölbranche wie Aral, Shell, Jet erkennen, wo Preisänderungen eines Anbieters innerhalb kürzester Zeit von anderen Anbietern adaptiert werden. Beruht die Preispolitik allein auf Entscheidungen des geordneten Wettbewerbs und steht an Stelle des Wunsches nach Schwächung der Wettbewerber die Koalition im Mittelpunkt des Interesses, kann das Verhalten als wirtschaftsfriedlich bezeichnet werden.

Eine besondere Betrachtung im Rahmen der konkurrenzorientierten Preisfestlegung findet im sogenannten Marken-Segment-Wettbewerb statt, der sich, wie in Kapitel II 2.2.2 dargestellt, eher auf die jeweilige Marktschicht bezieht. Hintergrund dieser Perspektive ist die Verwendung des gleichen Basisstrategietyps der dort agierenden Marken. Aus dem Blickwinkel einer bestimmten Marke ergeben sich drei Möglichkeiten der Preisfestlegung: oberhalb, auf und unterhalb des Preisniveaus der Konkurrenz innerhalb der Marktschicht. Bedingung für eine solche Preisfestlegung ist das Vorhandensein der entsprechenden Nutzendimensionen, d. h., die aus Konsumentensicht wahrgenommenen Nutzenniveaus. In diesem Sinne wird Marke A von Konsument X höherwertiger eingeschätzt als Marke B von Konsument Y. Ein höheres Nutzenniveau setzt einen im Vergleich zur Konkurrenz höheren Netto-Nutzen voraus, während bei einem niedrigeren Nutzenniveau ein geringerer Netto-Nutzen ausreicht. In der mittleren Preisfestlegung herrscht unter diesen Gesichtspunkten eine nutzenbezogene Markengleichwertigkeit.

Im Rahmen der Markenpolitik können sich Unternehmen einen preispolitischen Spielraum schaffen, in dem zum einen der Kunde den Anbieter nicht wechselt und zum anderen der Oligopolist keine Reaktion seiner Wettbewerber fürchten muss. In dem über diesen Bereich nach oben bzw. unten hinausgehenden Abschnitt muss hingegen mit Kundenabwanderung und Reaktionen der Wettbewerber gerechnet werden. Gelangen Wettbewerber in diesen kritischen Bereich, so führt das zur Gewinnung von Kunden der Konkurrenten. Daraus kann eine Kettenreaktion entstehen, an deren Ende die jeweiligen Wettbewerber über nahezu identische Marktanteile verfügen, aber das Preisniveau und damit das Umsatzvolumen und das Ergebnis deutlich reduziert sind. Darum ist der Eintritt in diesen kritischen Bereich nur selten erstrebenswert, z. B. wenn es das primäre Unternehmensziel ist, einen Wettbewerber völlig aus dem Markt zu drängen. Dieses Vorgehen ist insbesondere dann Erfolg versprechend, wenn wie im unten dargestellten Beispiel Unternehmen I die Kostenstruktur von Unternehmen II bekannt ist und die Kapazität von Unternehmen I ausreicht, um die Gesamtnachfrage zu erfüllen (vgl. Tab. 5.11).

Tab. 5.11: Wirkung von Kostenvorteilen (Quelle: eigene Darstellung).

	Unternehmen I	Unternehmen II	Preissenkung Unternehmen I	Preisadaption Unternehmen II
Nachfrage	50.000 Stück	50.000 Stück	50.000 Stück	50.000 Stück
Preis/Stück	7,00 €	7,00 €	4,90 €	4,90 €
Umsatz gesamt	350.000,00 €	350.000,00 €	245.000,00 €	245.000,00 €
Kosten fix	20.000,00 €	20.000,00 €	20.000,00 €	20.000,00 €
Kosten variabel/Stück	4,50 €	5,50 €	4,50 €	5,50 €
Kosten gesamt	245.000,00 €	295.000,00 €	245.000,00 €	295.000,00 €
Ergebniswirkung			**0,00 €**	**−50.000,00 €**

Im obenstehenden Beispiel bieten die Unternehmen I und II eine identische Menge desselben Produkts zu demselben Preis an. Auf diesem Wege erzielen sie jeweils einen Umsatz i. H. v. 350.000 €. Allerdings verfügt Unternehmen I verglichen mit II über Kostenvorteile i. H. v. 1,00 € je Stück. Wenn Unternehmen I seinen Preis auf 4,90 € je Stück reduziert und Unternehmen II den Preis adaptiert, um keine Marktanteile zu verlieren, wird dies zu einem Verlust für Unternehmen II i. H. v. 50.000 € führen. Langfristig wird Unternehmen II bei diesem Preisniveau vom Markt verschwinden und Unternehmen I seine Preise voraussichtlich wieder anheben, um das Unternehmensergebnis zu verbessern.

Zusammenfassend lässt sich die konkurrenzorientierte Preisfestlegung auf verschiedene Ausrichtungen zurückführen (Hüttner/Ahsen/Schwarting 1999, S. 202 f.). Die aggressive Preispolitik zielt auf einen scharfen Preiswettbewerb ab, bei dem durch Preisunterbietung Marktanteile zu Lasten der Konkurrenten hinzugewonnen werden. Ein solcher Preiskampf ist letztlich nur dann Erfolg versprechend, wenn ein Anbieter über nachhaltige Kostenvorteile verfügt, die er an den Markt weitergeben kann. Betriebswirtschaftlich sinnvoll ist eine aggressive Preispolitik dann, wenn der niedrigere Erlös pro Stück durch eine größere Absatzmenge überkompensiert werden kann. Die initiative Preispolitik beinhaltet die Absicht, die Konkurrenten zur Anpassung und die Nachfrager zur Orientierung in Bezug auf die eigenen Angebotspreise zu veranlassen. Bei der dominanten Preisführerschaft verfügt ein Anbieter aufgrund seines Absatzvolumens und seiner Ressourcenausstattung über eine derartige Marktmacht, dass kleinere Anbieter gleichsam gezwungen werden, sich seinen Preisen anzupassen. Bei einer barometrischen Preisführerschaft existiert eine kleinere Gruppe mehrerer ähnlich starker Wettbewerber, von denen einer als informeller Preisführer anerkannt wird. Im Falle der adaptiven Preispolitik verzichtet ein Anbieter darauf, seine Preise aktiv zu bestimmen. Er ordnet sich entweder einem Preisführer unter oder kalkuliert nach branchenüblichen Grundsätzen, wobei jeweils explizit oder implizit Leitpreise vorliegen.

Zur Vermeidung von ruinösen Preiskämpfen sind folgende Ansätze zu empfehlen:
- Vermeidung von Überreaktionen bei Preisänderungen der Konkurrenz. Eine Preissenkung sollte z. B. nicht durchgeführt werden, wenn davon auszugehen ist, dass alle Wettbewerber den Preis anpassen werden.
- Verschleierung der eigenen Preise, z. B. durch Preisbündelung oder komplexe, dynamische nichtlineare Preissysteme. Dadurch ist eine schwierige Vergleichbarkeit für Wettbewerber und Nachfrager gegeben.
- Einführung einer Zweitmarke, die preisaggressiver am Markt auftreten kann. Dadurch kann die Hauptmarke bei entsprechender qualitätsorientierter Führung weitestgehend aus dem Preiskampf herausgehalten werden.
- Schaffung von Zusatznutzen für die Nachfrager bei Produktneueinführungen. Dadurch kann das Preis-Leistungs-Verhältnis positiv beeinflusst werden, ohne die Preise zu senken.

In der unternehmerischen Praxis werden verstärkt Preise auf Basis von Leitpreisen festgelegt. Als Leitpreis fungiert entweder der Preis des Marktführers oder der gemittelte Marktpreis. Die Orientierung am Leitpreis wird unabhängig von der Kosten- und Nachfragesituation beibehalten. Der gewählte Preis in Abhängigkeit vom Leitpreis kann höher, gleich oder niedriger als der Preis der bedeutendsten Wettbewerber sein. Auf oligopolistisch geprägten Marktstrukturen setzen die Anbieter ihre Preise auf einem ähnlichen Niveau fest. Diese Bestimmung des Preises eignet sich insbesondere bei homogenen Gütern.

Die konkurrenzorientierte Preisbildung dominiert auch bei der Teilnahme an Ausschreibungen. Primäres Ziel ist es vielfach, den Zuschlag für die Ausschreibung zu erhalten. Bei Ausschreibungen von größeren Aufträgen organisationaler Kunden wird die nachgefragte Leistung (z. B. Bauvorhaben) häufig vollständig standardisiert, sodass es für den Kunden rational ist, den Preis als einziges Entscheidungskriterium heranzuziehen. Das sogenannte Competitive Bidding bezeichnet in diesem Kontext das Unterbieten der Konkurrenten mit dem Ziel, dennoch einen Preis zu erzielen, der ein angemessenes Gewinnniveau ermöglicht.

Bei Ausschreibungen orientieren sich die Unternehmen zum einen an der eigenen Kostensituation und im besonderen Maße an den zu erwartenden Preisen der Wettbewerber. Die Ermittlung des Erwartungswerts des Gewinns gibt dem Unternehmen Aufschluss darüber, wie hoch der Gewinn bei einem bestimmten Zuschlagswahrscheinlichkeitswert ist, den es zu maximieren gilt.

Ein Dienstleistungsunternehmen nimmt z. B. an einer Ausschreibung für die Erbringung von Reinigungsarbeiten teil (vgl. Tab. 5.12). Das Unternehmen kalkuliert vier Angebotsvarianten mit unterschiedlichen Preisen und daraus resultierenden Gewinnen. Der Anbieter misst den Varianten unterschiedliche Wahrscheinlichkeiten für den Erhalt des Zuschlags bei und berechnet somit den erwarteten Gewinn. Das Dienst-

Tab. 5.12: Preisbildung bei Ausschreibungen (Quelle: eigene Darstellung).

Variante	Preisangebot	Gewinn	Wahrscheinlichkeit für den Zuschlag der Ausschreibung bei diesem Preisangebot	Erwartungswert Gewinn
1	10.000 €	100 €	0,8	80 €
2	10.500 €	500 €	0,4	200 €
3	11.000 €	1.100 €	0,3	330 €
4	11.500 €	1.600 €	0,1	160 €

leistungsunternehmen wird sich im oben dargestellten Beispiel für die Variante 3 entscheiden, da der Erwartungswert des Gewinns mit 330 € am höchsten ist.

4.5 Konditionenpolitik

Innerhalb der Kontrahierungspolitik stellt die Konditionenpolitik einen bedeutenden Bestandteil dar. Sie gestaltet die Rahmenbedingungen für das Angebot von Produkten und Dienstleistungen. Auf der Anbieterseite kann die Konditionenpolitik als Abweichung vom Grundpreis angesehen werden, mit dem Ziel, den Kunden zu beeinflussen.

Elemente der Konditionenpolitik sind:
– Rabatte, Skonti, Boni,
– Absatzkredite,
– Lieferungs- und Zahlungsbedingungen.

Unter Rabatten wird die Gewährung von Preisnachlässen verstanden, die ein Anbieter seinen Kunden mittels direktem prozentualem Abzug vom Rechnungspreis gewährt. Ziel von Rabatten ist in erster Linie die Umsatz-/Absatzausweitung. Im weiteren Sinne wird hiermit das Ziel der Kundenbindung anvisiert.

Der Preisnachlass setzt im Normalfall eine Gegenleistung voraus, die durch die folgenden Rabattarten schon in ihrer Begrifflichkeit zum Ausdruck kommt. Mengenrabatte werden dem Kunden aufgrund der Abnahme einer definierten Menge eines Produkts zugestanden. Diese können gewährt werden, weil der Anbieter durch die Erhöhung der Menge einen Kostenvorteil realisieren kann. Der Treuerabatt ist ebenso ein Mittel innerhalb der Rabattpolitik, um die Bindung zwischen Kunden und Anbieter zu stärken. Er zielt allerdings in einem sehr hohen Maße auf die langfristige und nachhaltige Beziehung zwischen Anbieter und Kunden ab. Händler- bzw. Funktionsrabatte werden in erster Linie dem Handel für die Übernahme bestimmter Aufgaben gewährt, z. B. Lagerhaltung, Kommissionierung und Regalpflege. Zeitrabatte orientieren sich am Zeitpunkt der Bestellung von Produkten. Innerhalb unterschiedlicher Zeitrabatte findet insbesondere der Saisonrabatt Anwendung. Dieser wird gewährt, wenn Kunden außerhalb der jeweiligen Saison die Bestellung durchführen. Der vorherrschende Zeitrabatt in FMCG-Märkten ist jedoch der Aktionsrabatt. Hierbei zeigt sich deutlich die Verknüpfung der Preispolitik mit der Kommunikationspolitik, da der Begriff der Aktion eng mit einer Verkaufsförderungsmaßnahme (Aktionspreis) gekoppelt ist (vgl. Kapitel V 6.6.2).

Die Gewährung von Skonti, auch als Barzahlungsrabatte bezeichnet, zielt auf eine verbesserte Liquiditätssituation des Unternehmens ab. Hierbei handelt es sich um prozentuale Preisnachlässe, welche die Abnehmer für unverzügliche Zahlung erhalten. Der Skonto kann als Finanzierungsmethode angesehen werden.

Zur Stärkung der Kundenbindung kann der Bonus verwendet werden, der als ein nachträglicher Preisnachlass zu verstehen ist. Dieser wird einem Kunden zumeist am Jahresende in Form einer Umsatzrückvergütung vom Lieferanten für das Erreichen einer definierten Umsatzgröße gewährt, die in der Regel eine Steigerung zum Vorjahr beinhaltet. Aus diesem Grund wird der Bonus aus Herstellersicht gegenüber dem Handel im Rahmen von Leistungssteigerungsabkommen vereinbart.

Durch Absatzkredite sollen (potenzielle) Kunden durch die Gewährung oder Vermittlung von Krediten oder Leasingangeboten zum Kauf veranlasst werden (Meffert/Burmann/Kirchgeorg 2015, S. 505). Ziel der Ausstattung potenzieller oder bereits vorhandener Kunden mit Kaufkraft ist die Steigerung des Absatzvolumens. Gerade hier ist auch wieder die Kundenbindung als Zielgröße relevant.

Lieferungs- und Zahlungsbedingungen stellen die dritte Komponente in der Betrachtung der Konditionenpolitik dar. Die Lieferungs- und Zahlungsbedingungen sollten Bestandteil jedes Kaufvertrages sein. Es sind Bestimmungen und Regelungen, unter welchen Rahmenbedingungen das Produkt bereitgestellt wird. Die Lieferungsbedingungen regeln die Übernahme der Transportkosten. National können folgende Lieferbedingungen vereinbart werden: Werksabgabepreis, Frei-Haus-Preis, Regionenpreis, Frachtbasispreis, Preis mit flexibler Frachtkostenübernahme (vgl. Abb. 5.26).

Entscheidet sich der Anbieter für den Werksabgabepreis, trägt der Käufer ohne Ausnahme alle Kosten der Beförderung. In den Lieferbedingungen des Anbieters wird dies mit der Formulierung ab Werk ausgedrückt. Einerseits ist mit dem Werksabgabepreis geregelt, dass der Kunde die Frachtkosten selbst trägt. Andererseits wirkt sich dies für den Hersteller nachteilig aus, wenn Wettbewerber räumlich näher am Kunden liegen, da dies einen Kostenvorteil darstellt.

Das Gegenteil zum Werksabgabepreis stellt der Frei-Haus-Preis dar (Lieferbedingung: frei Haus). Hierbei gilt für alle Kunden unabhängig von ihrem Standort derselbe Preis inklusive Kosten für die Beförderung. Der im Angebotspreis zu berücksichtigende Preis für die Frachtkosten entspricht den gemittelten Beförderungskosten. Der Verwaltungsaufwand ist in diesem Fall geringer. Zudem werden Kunden, die weiter vom Anbieter entfernt sind, subventioniert, während Unternehmen in der näheren Umgebung durch diese lieferbezogene Mischkalkulation schlechter gestellt werden.

Die Unterscheidung nach verschiedenen Regionenpreisen stellt eine Zwischenform von Werksabgabe- und Frei-Haus-Preis dar.

Diese Preiskategorie legt für unterschiedliche geografische Bereiche einen Gesamtpreis fest, der für die im jeweiligen Bereich ansässigen Kunden angewandt wird. Diese Form der Preisbildung gleicht die nichtverursachungsgerechte Verteilung der Frachtkosten des Frei-Haus-Preises teilweise aus. Nichtsdestotrotz handelt es sich hierbei um eine lieferbezogene Mischkalkulation, in dem Kosten einzelnen Kunden in Rechnung gestellt werden, diese de facto aber nicht durch die betroffenen Kunden verursacht werden. Dieser Kategorietyp wird beispielsweise vom Logistikdienstleister UPS verwendet. Als problematisch erweist sich hierbei die Definition der Regionen.

Die Frachtbasis ist ein vertraglich festgelegter Ort, ab dem der Käufer die Frachtkosten für die Ware übernehmen muss. Die Frachtparität hingegen ist der vertraglich festgelegte Ort, bis zu dem der Verkäufer die Frachtkosten zu tragen hat. In Deutschland sind für bestimmte Massengüter Frachtbasen definiert, z. B. Essen für Kohle und Oberhausen für Walzwerkerzeugnisse. Diese Konditionengestaltung trifft in der Regel nur bei Industriegütern zu.

Generell wählen viele Anbieter einen Preis mit flexibler Frachtkostenübernahme. Sie übernehmen vollständig oder teilweise die Frachtkosten, um Kunden zu gewinnen oder zu binden. Die Argumentation auf der Anbieterseite für Preise mit flexibler Frachtkostenübernahme konzentriert sich auf Economies of Scale and Scope.

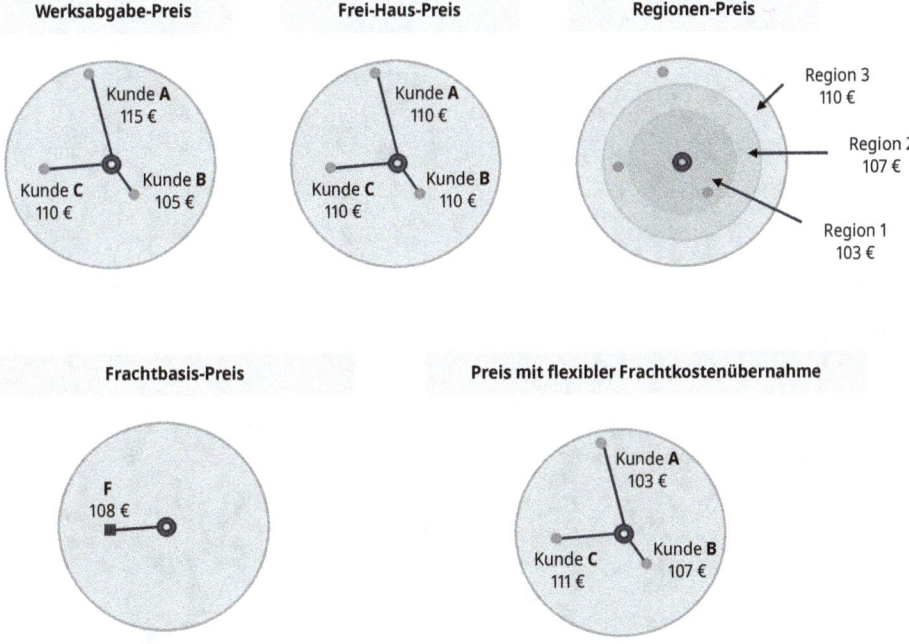

Abb. 5.26: Geografische Preiskategorien (Quelle: eigene Darstellung).

Die Zahlungsbedingungen enthalten auch Informationen über den Zeitpunkt der Bezahlung der Ware. In Deutschland finden überwiegend folgende Zahlungsbedingungen Anwendung:
– Vorauszahlung,
– Anzahlung,
– Zahlung Zug um Zug, d. h., sofort, netto Kasse,
– Zahlung nach Lieferung,
– Ratenzahlung,
– Zahlung mit Wertstellung.

Ist keine Regelung über die Zahlung getroffen, gilt gesetzlich, dass die Zahlung mit der Lieferung der Ware fällig ist. Die vorher beschriebenen Lieferungs- und Zahlungsbedingungen gelten für Geschäftsaktivitäten auf dem Binnenmarkt Deutschland. Lieferungsbedingungen im Außenhandel werden in internationalen Handelsbedingungen geregelt, den sogenannten Incoterms (International Commercial Terms). Übliche Zahlungsbedingungen innerhalb des Außenhandels sind Vorauszahlung, Anzahlung, Dokumente gegen Kasse, Dokumente gegen Akzept, Dokumente gegen Akkreditiv, Rembourskredit und Forfaitierung, die nachfolgend allerdings nicht weiter erläutert werden.

5 Distributionspolitik

Die bisher eher auf die Warenverteilung beschränkte Ausrichtung der Distribution ist heute durch die Erweiterung auf drei Funktionsebenen gekennzeichnet, die im Folgenden erläutert werden. Im Vordergrund steht die Verteilungsfunktion für Waren und Dienstleistungen, d. h., es werden Möglichkeiten geschaffen, die für die entsprechende Präsenz der Leistungen eines Unternehmens in den gewählten Verkaufsstellen (beispielsweise Regalplatz im Handel) sorgen. Darüber hinaus umfasst die Distribution im Unternehmen auch punktuelle oder generelle Rückholleistungen (Redistribution). Punktuelle Redistribution findet z. B. bei Rückrufaktionen von Automobilherstellern aufgrund von Materialproblemen statt. Beispiele für generelle Rückholleistungen sind alle Mehrwegsysteme, wie sie in der Getränkeindustrie für Standard-Bierflaschen oder Standard-Mineralwasserflaschen Anwendung finden. Letztlich gehört auch der gesamte Recyclingprozess für die Entsorgung von Produkten und/oder deren Verpackung (beispielsweise Verkaufs- und Transportverpackungen) in das Aufgabenfeld der Distributionspolitik (Specht 1998, S. 327 ff.). Grundsätzlich lässt sich die Distributionspolitik in zwei Aktionsfelder unterteilen (vgl. Abb. 5.27):

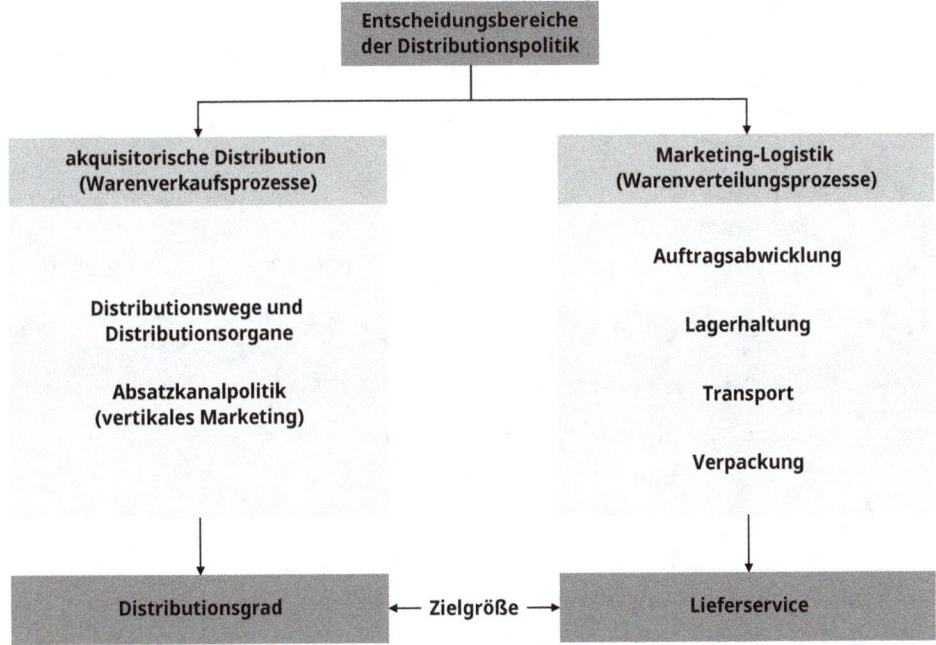

Abb. 5.27: Aktionsfelder der Distributionspolitik (Quelle: eigene Darstellung in Anlehnung an Scharf/Schubert 2001, S. 286).

Während bei der akquisitorischen Distribution die Warenverkaufsprozesse Hintergrund sind, werden innerhalb der physischen Distribution/Marketinglogistik die Warenverteilungsprozesse gesteuert.

5.1 Akquisitorische Distribution

Hauptentscheidungsbereich für das Unternehmen ist hier die Wahl der Absatzwege und der Absatzorgane. Ein Unternehmen kann zwischen zwei Basistypen von Absatzwegen wählen (vgl. Abb. 5.28):

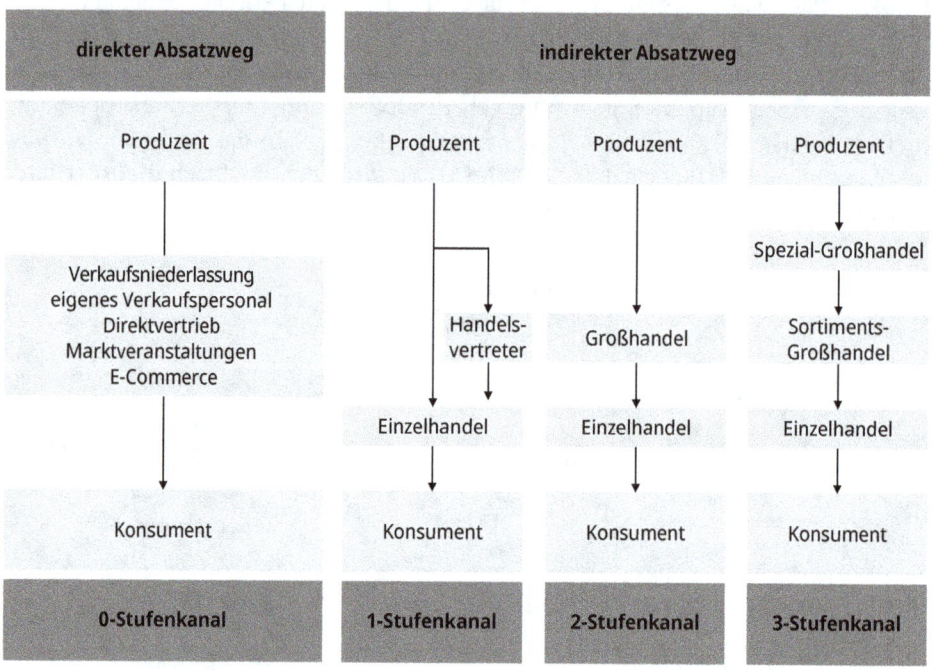

Abb. 5.28: Basistypen von Absatzwegen (Quelle: eigene Darstellung).

5.1.1 Direkter Absatzweg

Charakter des direkten Absatzwegs ist, dass der Hersteller beim Verkauf seiner Produkte an den Endabnehmer alle Verteilungsaufgaben selbst organisiert und durchführt. Er umgeht dabei den klassischen, institutionellen Handel. Da der Hersteller keine Handelsstufe integriert, wird deshalb auch vom Null-Stufen-Kanal gesprochen. Der Produzent setzt ausschließlich betriebseigene Verkaufsorgane (z. B. Verkaufsniederlassungen und/oder eigenes Verkaufspersonal) ein und verzichtet vollständig auf unternehmensfremde, rechtlich und wirtschaftlich selbstständige Absatzorgane. Dabei ist zu beachten, dass auch dann von Null-Stufen gesprochen wird, wenn die Herstellerfunktion teilweise oder ganz outgesourct wird (z. B. Eismann, Bofrost) oder wenn rechtlich selbstständige Handelsvertreter (vgl. Kapitel V 5.1.2.1) eingesetzt werden. So arbeiten beispielsweise viele Finanzdienstleiter simultan mit eigenen Außendienstmitarbeitern (Reisende) und Handelsvertretern, was für den Kunden nicht ersichtlich ist. Der gleiche Fall ergibt sich, wenn eigene Filialen und von Franchisenehmern geführte Filialen für den Vertrieb sorgen. Entscheidend ist somit weniger die streng funktionale oder juristische Sichtweise, sondern die vom Unternehmen intendierte Nullstufen-Wirkung. Das Unternehmen wird so als Absender bzw. Vermarkter der Produkte wahrgenommen.

Verkaufsniederlassungen werden häufig von großen Unternehmen neben der Verkaufsabteilung in der Zentrale eingesetzt, um direkt Abnehmer im In- und/oder Ausland zielgerichtet und strategiekonform zu erreichen. Baut ein Unternehmen selbst einen größeren Kreis von Verkaufsniederlassungen auf, wird von einem Filialsystem gesprochen. Im Bereich des institutionellen Einzelhandels ist ein Filialunternehmen durch mehrere, räumlich voneinander getrennte Verkaufsstellen (Filialen) gekennzeichnet. Das Statistische Bundesamt definiert ein Unternehmen ab fünf Filialen als Filialunternehmen.

Eigenes Verkaufspersonal sind Reisende, Key-Account-Manager oder Mitglieder der Geschäfts-/Marketing-/Vertriebsleitung:

Reisende sind Angestellte der Unternehmung, die als Verkaufspersonen im Außendienst weisungsgebunden tätig sind. Juristisch gesehen sind Reisende Handlungsgehilfen (§§ 59 ff. HGB) mit Handlungsvollmacht (§ 54, § 55 HGB), die u. a. Kaufverträge anbahnen oder abschließen, Kunden informieren und beraten sowie weitere Serviceleistungen erbringen. Hierzu gehören oft die Entgegennahme von Mängelrügen oder das Sammeln von wertvollen Marktinformationen. Als Vergütung erhalten Reisende meistens neben einem festen Gehalt (Fixum) eine umsatzbezogene Provision und Spesen.

Key-Account-Manager betreuen für Unternehmen sehr bedeutsame Schlüssel- bzw. Großkunden. Diese Kunden zeichnen sich dadurch aus, dass sie eine überproportional große Absatz-, Umsatz-, Markt- und/oder Gewinnbedeutung für das Unternehmen haben. Die Bedeutung kann bis zur Abhängigkeit von diesen Kunden wachsen.

Mitglieder der Geschäfts-/Marketing-/Vertriebsleitung stellen vielfach in kleineren Unternehmen und in Unternehmen der Investitionsgüterindustrie das eigene Verkaufspersonal dar. Da hier die Kundenbeziehungen sehr individuell gepflegt werden müssen, werden die Verkaufsaufgaben von Mitgliedern der Leitungsebene geleistet. Oft liegt in diesen Unternehmen ein sehr hoher Spezialisierungsgrad vor, der nur von einem ausgewählten Kreis an Personen in entsprechende Verkaufsargumentationen überzeugend umgesetzt werden kann.

In der Konsumgüterindustrie ist der direkte Absatzweg eher die Ausnahme. Aber es existieren auch hier Beispiele für erfolgreiche direkte Vertriebssysteme. Ein solches

System hat das Unternehmen Bofrost etabliert, das seit der professionellen Umsetzung der Unternehmensidee im Jahr 1966 Privathaushalte mit Tiefkühlkost und Eiskrem durch eigene Verkaufsfahrer beliefert. Der Markenname Bofrost wurde 1971 kreiert und setzt sich aus dem Nachnamen des Unternehmensgründers Josef H. Boquoi und dem beschreibenden Wort „Frost" zusammen. Im Gegensatz zu den langjährigen Wettbewerbern Langnese-Iglo und Dr. Oetker, die von Anfang an auf den indirekten Vertrieb setzten, baute Bofrost den damals neuartigen Vertriebskanal ständig weiter aus und übernahm 1984 die Marktführerschaft im Direktvertrieb von Tiefkühlkost und Eiskrem. Auch heute dominiert Bofrost den Direktvertrieb weiterhin mit deutlichem Abstand vor dem Wettbewerber Eismann. Allerdings werden hier, wie in vielen anderen Konsumgütermärkten auch, die Discounter und darunter vor allem Aldi und Lidl immer mehr zu großen Konkurrenten. Im Vergleich zu den anderen Markenartikelunternehmen, die ihr Distributionssystem auf den indirekten Vertrieb aufgebaut haben, hat der Marktführer Bofrost durch die Fokussierung auf den direkten Vertriebskanal für sich eine deutliche Differenzierung im Wettbewerb mit diesen Unternehmen geschaffen und damit gleichzeitig eine zusätzliche Möglichkeit in den Händen, um den Discountern länger Paroli bieten zu können.

In Zeiten der weiter drastisch zunehmenden Handelsmacht in den Konsumgütermärkten hat die Konzentration auf den indirekten Absatzweg und damit die Vernachlässigung einer Nutzung von direkten Vertriebssystemen für viele Markenartikelunternehmen zu einem echten Bumerang-Effekt geführt. Dies lässt sich allein schon von zwei Tatsachen her ableiten. Erstens müssen selbst die größten Konsumgüterkonzerne Listungsgebühren für die Einführung von neuen Produkten oder für die Erweiterung bestehender Produktlinien an den Handel bezahlen. Zweitens sind die Marken dieser Unternehmen mit wachsender Dynamik von der Konkurrenz durch Handelsmarken betroffen, wobei einige Unternehmen paradoxerweise selbst Lieferant der jeweiligen Eigenmarke mancher Handelspartner sind, um so diese Distributionsmöglichkeit – wenn auch nicht für die eigene Marke – wenigstens für das eigene Unternehmen zu sichern und dadurch Produktionskapazitäten auszulasten.

Diese Hürden stellen sich den Unternehmen mit direkten Absatzwegen nicht in den Weg. Allerdings ist der Aufbau und das Betreiben direkter Distributionssysteme normalerweise enorm kostenaufwendig und mit Sicherheit auch nicht für jedes Unternehmen zu realisieren. In der heutigen Zeit bietet ein herstellereigener Onlineshop jedoch die Möglichkeit, einen Direktvertrieb kostengünstig aufzubauen.

Viele der heute bekanntesten Unternehmen im Direktvertrieb sind schon seit Jahrzehnten erfolgreich auf den betreffenden Märkten tätig. So brachte z. B. die von dem Chemiker Earl S. Tupper gegründete Tupper Plastic Company bereits 1946 in den USA unter dem Namen Tupperware das erste Polyethylenprodukt für den Haushaltssektor, die damalige „Wunderschüssel", auf den Markt. Am Anfang verkaufte das Unternehmen seine Produkte über Warenhäuser, Eisenwarenhandlungen und sonstige Einzelhandelsgeschäfte. Bald stellte sich aber heraus, dass der Einzelhandel mit der sachgerechten Erklärung des die Produkte kennzeichnenden luft- und wasserdichten Sicherheitsverschlusses überfordert war. Daraufhin entwickelte die Tupper Plastic Company parallel zum indirekten Vertrieb über den Handel ein eigenes Heimvorführungssystem, um den Kundinnen die Produkte ausführlich in der angenehmen Atmosphäre des eigenen Anwendungsbereichs, dem Haushalt, vorstellen zu können. Der Erfolg dieses Systems stellte sich schnell ein und das Unternehmen zog seine Produkte bald vollständig aus dem Handel zurück. Seit 1951 wird Tupperware daher ausschließlich über die eigene Organisation, nämlich über Beraterinnen und Gruppenberaterinnen, vorgeführt und angeboten. Heute ist das ursprüngliche Heimvorführungssystem besser bekannt als „Tupper-Party" und ein markenrechtlich geschützter Name, der für das System des Unternehmens Pate steht.

Leider machten auch frühzeitig einige Direktvertriebsunternehmen negativ auf sich aufmerksam und brachten so den Begriff Direktvertrieb zeitweise in Misskredit, weil sie entweder die Berater und Vertriebspartner durch teure Einstiegspakete übervorteilten oder das Vertriebssystem im Sinne einer „Drückerkolonne" mit der Ausrichtung auf kurzfristige Absatzerfolge nutzten, anstatt ein qualitatives Beratungssystem aufzubauen. Mittlerweile sind in diesem Zusammenhang auch verschiedene Begriffsalternativen wie Strukturvertrieb, Multi-Level-Marketing (Pyramidensystem) oder Channel-Marketing entstanden.

Nach eigenen Angaben als Antwort auf Vorurteile und Klischees gegenüber dem Direktvertrieb wurde bereits 1967 als Arbeitskreis unter dem Namen „Gut beraten – zu Hause gekauft" der heute in Berlin ansässige Bundesverband Direktvertrieb Deutschland e.V. gegründet. Dieser definierte schon in den 1980er-Jahren Verhaltensstandards für den Direktvertrieb, die verbindlich für alle angeschlossenen Mitglieder des Bundesverbands gelten und deren Einhaltung durch eine unabhängige Kontrollkommission überprüft wird. Die Zielsetzung des Verbands ist die umfassende und transparente Information über den Direktvertrieb und die angeschlossenen Mitgliedsunternehmen wie u. a. Amc (Alfa Metalcraft Corporation), Avon Cosmetics, Tupperware, Vorwerk.

Der Bundesverband Direktvertrieb Deutschland (2018) charakterisiert den Direktvertrieb wie folgt:
- Direktvertrieb ist der persönliche Verkauf von Waren und Dienstleistungen an den Verbraucher in der Wohnung oder am Arbeitsplatz, in wohnungsnaher oder wohnungsähnlicher Umgebung.
- Kennzeichnend für den Direktvertrieb ist immer der direkte, persönliche Kontakt zwischen Anbieter und Kunde, der einen beiderseitigen Informationsaustausch ermöglicht und mit einer intensiven Beratung des Kunden verbunden ist.

Der Pionier im Direktvertrieb in Deutschland ist das 1883 von Carl und Adolf Vorwerk gegründete Familienunternehmen Vorwerk. Legendär sind bis heute der Staubsauger Kobold aus dem Jahr 1930 und die multifunktionale Küchenmaschine Thermomix aus dem Jahr 1970. Der Direktvertrieb erfolgt dabei klassisch im Haustürgeschäft oder über Partys bei Interessenten. Neben dem Direktvertrieb, an dem das Unternehmen nach eigener Aussage festhalten wird, setzt Vorwerk aktuell auf zusätzliche Vertriebswege in Form eigener Filialen an hochattraktiven Standorten sowie auf einen eigenen Onlineshop, um auf das geänderte Kaufverhalten zu reagieren (Reisener 2012).

Direkte Absatzsysteme sind bei Investitionsgüterunternehmen sehr häufig anzutreffen. Um ihre gewerblichen bzw. industriellen Kunden direkt und trotzdem auf einer breiteren Vertriebsbasis ausgewählt zu erreichen, setzen diese Unternehmen auch auf Marktveranstaltungen wie Messen und Ausstellungen (z. B. ANUGA – Allgemeine Nahrungs- und Genussmittel-Ausstellung), die entweder ausschließlich oder zu bestimmten Tagen von einem ausgewählten Fachpublikum besucht werden.

Der Dienstleistungssektor hat ebenfalls seinen Distributionsschwerpunkt im direkten Vertrieb. Viele Dienstleistungsunternehmen setzen dabei auf eigene Vertriebssysteme (z. B. Reisende, Filialen, Onlineverkauf). Finanzdienstleistungen und Reisen werden oft auch von Absatzhelfern wie Handelsvertretern, Maklern oder Kommissionären vertrieben.

Im Rahmen der akquisitorischen Distribution hat auch das Internet unter dem Begriff E-Commerce bzw. M-Commerce eine zentrale Rolle eingenommen. Durch dieses schnelle, zeitunabhängige, interaktive und global nutzbare Medium ergibt sich eine Vielzahl von interessanten Möglichkeiten zur direkten Kundensteuerung. So werden z. B. in vielen Business-to-Business-Bereichen (B2B) komplette Ausschreibungs- und Abwicklungsprozesse von Aufträgen der beteiligten Unternehmen über das Internet gelenkt. Genauso findet aber auch im Business-to-Consumer-Bereich (B2C) der Direktabsatz zum Konsumenten statt (z. B. Dell, E-Sixt).

Zusammenfassend lässt sich konstatieren, dass die Pluspunkte bei der Wahl von direkten Vertriebssystemen die gute Eigenkontrolle des Absatzgeschehens und die Kommunikationsmöglichkeiten aus erster Hand zum Kunden sind. Auf der Negativseite schlagen der relativ hohe organisatorische und finanzielle Aufwand und die Beschränkung der möglichen Distributionsbasis zu Buche. Für die Beschreibung der indirekten Absatzwege müssen nur die Vorzeichen dieser Aussagen getauscht werden.

5.1.2 Indirekter Absatzweg

Kennzeichen des indirekten Absatzwegs ist es, dass der Hersteller innerhalb seiner Vermarktungsstrecke zum Endverbraucher gezielt unternehmensfremde, rechtlich und wirtschaftlich selbstständige Absatzorgane einsetzt. Hierbei übernimmt der klassische, institutionelle Handel wesentliche Verteilungsfunktionen für den Produzenten. Je nachdem, wie stark der Handel als Absatzkanal in die Distributionskette des Herstellers eingeschaltet ist, wird in Ein-Stufen-, Zwei-Stufen- und Drei-Stufen-Kanal unterschieden. Bei dieser Bezeichnung ist die Anzahl der integrierten Handelsstufen und die Länge der gesamten Vermarktungsstrecke sofort ersichtlich.

- Ein-Stufen-Kanal: Der Produzent vertreibt seine Waren über den Einzelhandel an den Endabnehmer. Den Vertrieb zum Einzelhandel kann er dabei über eine eigene Verkaufsorganisation z. B. mit Reisenden und/oder über selbstständige, wirt-

schaftlich unabhängige Absatzhelfer wie Handelsvertreter, Kommissionäre oder Handelsmakler vornehmen.
- Zwei-Stufen-Kanal: Der Produzent distribuiert seine Waren an den Großhandel, der wiederum für die Weiterverbreitung an den Einzelhandel sorgt, wo der Konsument erreicht wird.
- Drei-Stufen-Kanal: Der Produzent verkauft seine Waren an eine spezielle Großhandelsform (z. B. Spezialgroßhandel), von der aus eine zweite Großhandelsebene eingeschaltet wird, die dann wiederum den Vertrieb an den Einzelhandel organisiert, wo der Endverbraucher die Produkte vorfindet.

Indirekte Absatzsysteme sind im Konsumgüterbereich vorherrschend. Wie bei allen Marketinginstrumenten muss konsequenterweise auch die Distributionspolitik an dem strategischen Ansatz eines Unternehmens orientiert sein. Entsprechend der gewählten Basisstrategie des Herstellers sind drei Distributionsformen zu unterscheiden (vgl. zu den korrespondierenden Strategietypen Kapitel IV 2.1).

Intensive Distribution: Diese Distributionsform basiert auf der Präferenzstrategie im mittleren Bereich eines Marktes (Marktschicht) und ist somit Grundlage für das Markenartikel-Konzept. Da die klassische Marke durch nahezu Überallerhältlichkeit (Ubiquität) gekennzeichnet ist, bedarf es einer möglichst breiten Distributionsbasis. Es gilt also, möglichst viele Distributionsalternativen auf dem Weg zum Konsumenten einzubeziehen. Coca-Cola als Weltmarke ist hierfür ein erfolgreiches Beispiel.

Selektive Distribution: Diese Distributionsform repräsentiert die gehobene Präferenzstrategie. Es erfolgt eine stringente Selektion der Absatzmittler unter Verzicht auf weitere Absatzchancen durch solche Handelsbetriebe, deren Image nicht 100 % dem Markenimage entspricht. Generell trifft dies für alle Marken zu, die ausgewählt über den autorisierten Fachhandel mit angemessener Beratungskompetenz vertrieben werden (Selektionsmarken-Konzept). Das gilt z. B. für die Württembergische Metallwarenfabrik, besser bekannt unter dem Markennamen WMF, die Erzeugnisse für Tisch und Küche wie Bestecke, Kochgeschirre, Tafelgeräte, Schneidwaren und Kaffeemaschinen in erster Linie über den gehobenen Facheinzelhandel an den anspruchsvollen Verbraucher vertreibt. Hinzu kommen auch selektive Distributionspunkte in führenden Warenhäusern und bei ausgewählten Versendern.

Exklusive Distribution: Diese Distributionsform berücksichtigt die Premiumstrategie im oberen Bereich eines Marktes und ist Grundlage für ein Luxusmarken-Konzept. Die Auswahlkriterien des Herstellers für Absatzmittler sind hier noch strenger gefasst als bei einer selektiven Distribution. So gewähren Produzenten hier oft Exklusivrechte für die Vermarktung der Markenware innerhalb bestimmter Gebiete, belegen den Händler aber mit einem Verbot, Konkurrenzprodukte im Sortiment zu führen. So behält der Hersteller weitestgehend die Kontroll- und Steuerungsmöglichkeiten seiner Marketingaktivitäten in seiner Distributionskette zum Konsumenten. Beispielsweise sind die Edel-Motorradmarken Ducati und Harley-Davidson exklusiv distribuiert.

Messbar sind diese Formen durch die Kennzahl Distributionsgrad, die in numerische und gewichtete Distribution unterschieden wird. Die numerische Distribution beziffert die Anzahl der Geschäfte, in denen ein Produkt distribuiert ist, während die gewichtete Distribution die Umsatzbedeutung dieser Geschäfte berücksichtigt. Aus Vereinfachungsgründen wird an dieser Stelle z. B. eine Gesamtanzahl von 100 Geschäften unterstellt. Ist ein Produkt X in 60 Geschäften vertreten, beträgt die numerische Distribution 60/100. Haben diese 60 Geschäfte einen Umsatzanteil von 80 % der Umsätze aller 100 Geschäfte, lautet die gewichtete Distribution für das Produkt X 80/100. Der Distributionsgrad des Beispielprodukts X wird in der Praxis als 60 num./80 gew. dargestellt. Die Kennzahl Distributionsqualität, als Verhältnis von gewichteter zu numerischer Distribution, sagt aus: Distributionsqualität > 1 = gute Distributionsqualität; Distributionsqualität < 1 = schlechte Distributionsqualität.

Die Pluspunkte bei der Wahl des indirekten Distributionssystems sind die mögliche breite Distributionsbasis und das Verlagern der Absatzfunktion auf die Absatzmittler. Die Negativseite ist der teilweise Einfluss- und Kontrollverlust und die Entfernung vom Endabnehmer.

Mehrwegdistribution

Vielfach finden in unserer komplexen Wirtschaftswelt Distributionswege nicht mehr nur in Reinform Anwendung, sondern Unternehmen nutzen Systeme zur Mehrwegdistribution (vgl. Abb. 5.29).

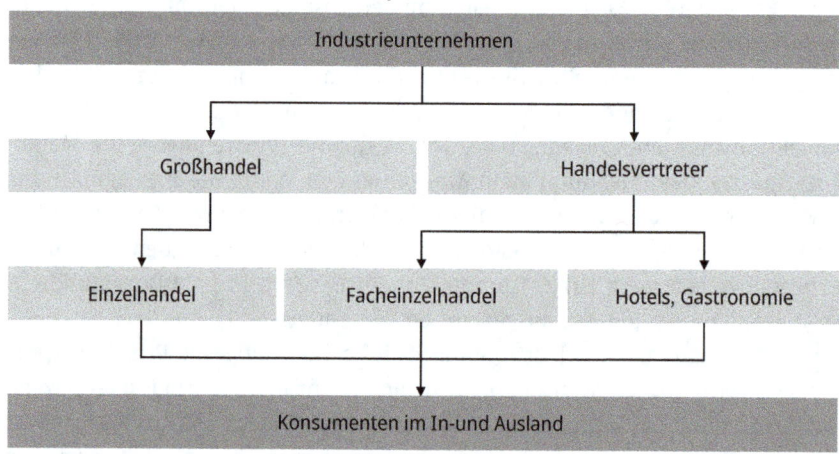

Abb. 5.29: Beispiel für Mehrwegdistribution (Quelle: eigene Darstellung).

Mehrwegdistribution kann dabei innerhalb des indirekten Absatzwegs stattfinden oder auch direkte und indirekte Distributionskanäle kombinieren. So beschränkt z. B. das bereits erwähnte Unternehmen WMF den Vertrieb nicht nur auf indirektselektive Distributionswege, sondern es setzt seine Produkte auch im direkten Absatz über eigene Filialen und einem Werksverkauf ab. Neben der Ausrichtung auf die Zielgruppe der privaten Konsumenten bearbeitet WMF auch den gewerblichen Hotel- und Gastronomie-Sektor als Zielgruppe. Das Unternehmen zählt weltweit zu den führenden Ausstattern guter Restaurants, gepflegter Hotels und qualitätsbewusster Großverpfleger. Im Zuge der Digitalisierung erweiterte auch WMF sein Distributionssystem um einen Onlineshop als Vertriebskanal, womit die Brücke von der klassischen Mehrwegdistribution zum modernen Begriff des Multi-Channel-Marketings geschlagen wurde. Dieser Begriff bezieht sich auf die distributive Ausrichtung in einem Mehrkanalsystem, wobei häufig die Trennung von Marketingaktivitäten in Offline- und Online-Kanälen im Fokus steht.

An dieser Stelle ist darauf hinzuweisen, dass in Literatur und Praxis neben dem Begriff des Multi-Channel-Marketings auch die Begriffe Multi-Channel-Management und Multi-Channel-Handel verwendet werden.

Multi-Channel-Marketing im weiteren Sinne umfasst die Bereitstellung verschiedener Distributionskanäle für Produkte durch Unternehmen. Durch die Zunahme der Vertriebskanäle, insbesondere durch digitale Möglichkeiten, steigen die Anforderungen an die Koordination des Distributionssystems. Multi-Channel-Marketing im engeren Sinne bedeutet das parallele Angebot von zwei oder mehr Vertriebskanälen, wobei diese isoliert voneinander eingesetzt werden, d. h., es finden keine Verknüpfungen statt. Entweder kann der Kunde z. B. ein Produkt im Ladenlokal des stationären Einzelhandels oder durch eine Bestellung im Onlineshop erwerben.

Das Cross-Channel-Marketing stellt eine Entwicklungsstufe des Multi-Channel-Marketings dar, indem die vorhandenen Distributionskanäle kombiniert eingesetzt und benutzt werden können. Beispielsweise recherchiert ein Kunde im Onlineshop und entscheidet sich für die Bestellung eines bestimmten Produkts, welches er dann zu einem vereinbarten Zeitraum im Ladenlokal abholt (Click & Collect).

Die derzeit höchste Entwicklungsstufe wird als Omni-Channel-Marketing bezeichnet. Hierbei werden dem Kunden alle vorhandenen Vertriebskanäle des Unternehmens in verknüpfter Form dargeboten (vgl. Abb. 5.30). Der Kunde kann hier alle Kanäle des Unternehmens in kombinierter Weise nutzen, sodass die Grenzen zwischen den Kanälen verschwimmen und dem Kunden ein nahtloses und einheitliches Einkaufserlebnis geboten wird. In dieser Entwicklungsstufe ist es egal, mit welchem Kanal der Kunde seinen Kaufprozess beginnt und ob er zwischendurch die Kanäle wechselt. Auch die simultane Nutzung zweier Kanäle, wie z. B. die Nutzung des Smartphones beim Einkauf in einem Ladenlokal, ist hier möglich. Wichtig ist, dass die Kundendaten stetig auf allen Kanälen synchronisiert werden.

Das Multi-Channel-Marketing bietet Industrieunternehmen die Chance, ihr Absatzpotenzial optimal auszuschöpfen, den Einsatz aller absatzpolitischen Instrumente in den jeweiligen Absatzwegen genauer zu steuern und eine bessere Auslastung der Kapazitäten zu erreichen. Nachteile können dadurch entstehen, dass z. B. Unterschiede in Image, Preis und Service zu einer Verwässerung des Vermarktungskon-

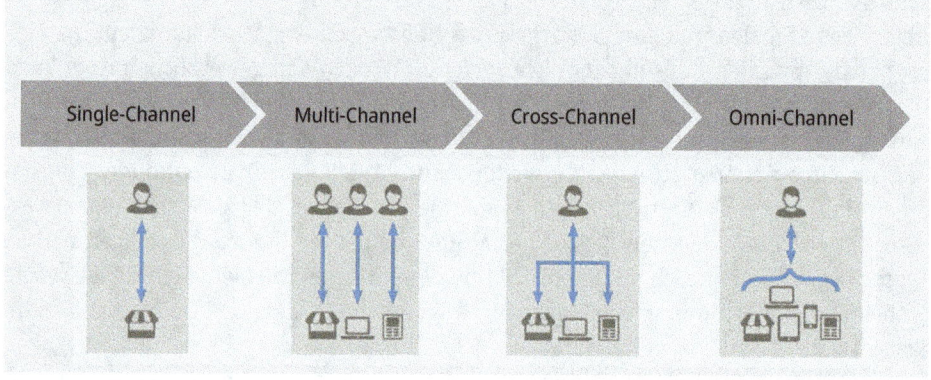

Abb. 5.30: Channel-Optionen (Quelle: eigene Darstellung).

zepts führen. Entscheidend für eine erfolgreiche Umsetzung eines Multi-Channel-Marketings ist die konsequente konzeptionelle Ausrichtung und Bearbeitung der jeweiligen Distributionskanäle.

Distributionssysteme werden von Unternehmen allerdings nicht nur aktiv aufgebaut, sondern die durch Konzentrationsprozesse entstandene und weiterwachsende Marktmacht des Handels zwingt gerade die Konsumgüterhersteller reaktiv dazu, ihre Distributionsstrategien zu überdenken und anzupassen. Viele Markenartikler setzen das Multi-Channel-Marketing als Abgrenzung im Rahmen von Zweitmarkenstrategien bzw. unterschiedlichen markenstrategischen Optionen ein. Einerseits distribuieren sie beispielsweise die Hauptmarke intensiv über den klassischen Handel exklusive Discounter im Rahmen ihres Markenartikel-Konzepts an die Markenkäufer. Andererseits bekommen Discounter das Produkt im Rahmen einer Preis-Mengen-Strategie geliefert. Der Discounter vermarktet dieses Produkt als seine Handelsmarke und spricht so die Preiskäufer an. Auf diese Weise binden die Industrieunternehmen sowohl die Marken- als auch die Preiskäufer (wenn auch über die Handelsmarke) innerhalb der definierten Produktzielgruppe an ihr Haus. Allerdings kann der Discounter aufgrund seiner Machtposition den Markenartikler als Lieferanten für seine Handelsmarke relativ einfach durch einen anderen Markenhersteller oder irgendeine andere Unternehmung ersetzen.

Innerhalb der Entscheidungen, die ein Hersteller bezüglich seiner Absatzwege für eine Marke trifft, muss er stets seine gewählte Basisstrategie berücksichtigen. Wenn er indirekte Absatzwege nutzen will, sind auch Überlegungen einzubeziehen, in welcher Form er mit dem Handel kooperieren kann und muss, um einen bestmöglichen Einfluss auf die Umsetzung seiner Marketingkonzepte zu erlangen. Dies wird umso wichtiger, je größer die (Nachfrage-) Macht des Handels im Absatzkanal ist bzw. je ausgeprägter die Zielkonflikte zwischen Industrie und Handel sind. So ist es z. B. Ziel des Herstellers Mondelez Imagedimensionen für seine Marke Milka aufzubauen und zu erhalten. Ziel der Handelsgruppe Rewe ist es aber, ihre Verbrauchermarkt-

Vertriebslinie als Einkaufstätte zu profilieren. Die Probleme für die Konsumgüterindustrie gipfeln in der Tatsache, dass der Hersteller möglichst oft innovative Neueinführungen in den Markt bringen will, der Handel aber Listungsgebühren für die Aufnahme neuer Produkte verlangt. Bei einer nationalen Listung eines Handelsunternehmens sind dafür in Deutschland, je nachdem in wie vielen Vertriebsschienen die Distribution erfolgen soll, schnell sechs- bis siebenstellige Euro-Beträge vom Hersteller aufzubringen.

Während der Begriff horizontales Marketing alle Konzepte eines Industrieunternehmens umfasst, die dieses zur Beziehungspflege mit seinen Kunden nutzt, beinhaltet der Begriff vertikales Marketing alle Konzepte, die ein Herstellerunternehmen zur Beziehungspflege mit seinen Handelspartnern einsetzt. Die Industrie möchte ihre Marketingkonzepte dabei möglichst einheitlich und ohne großen Einfluss des Handels zum Konsumenten bringen. Um Zielkonflikte zu minimieren, ist es für sie entscheidend, die bestmöglichen Absatzstrukturen und Vertriebssysteme auszuwählen. Weiterhin gibt es die Möglichkeit, über vertragliche Vereinbarungen den eigenen Marketingansatz durchzusetzen. In den folgenden Kapiteln werden Absatzhelfer und Absatzmittler sowie vertragliche Vertriebssysteme näher erläutert.

5.1.2.1 Absatzhelfer

Absatzhelfer sind unternehmensfremde Vertriebsorgane, die für Unternehmen bestimmte akquisitorische Distributionsfunktionen auf vertraglicher Grundlage übernehmen. In erster Linie zählt hierzu die Vermittlung oder der Abschluss von Rechtsgeschäften. Absatzhelfer sind rechtlich selbstständige Personen oder Unternehmen, die innerhalb ihrer Vertriebstätigkeit zwischen den einzelnen Ebenen der Absatzkette beteiligt sind, sie erwerben dabei aber kein Eigentum an der Ware und sind daher keine Absatzmittler. Absatzhelfer nehmen also keine klassische Handelsstufe ein. Es existieren drei Arten von Absatzhelfern:
- Handelsvertreter,
- Kommissionär,
- Handelsmakler.

Der bekannteste Absatzhelfer ist der Handelsvertreter (§§ 84 ff. HGB). Er ist selbstständiger Gewerbetreibender und ständig damit betraut, für andere Unternehmen Geschäfte abzuschließen. Normalerweise vertritt er mehrere Unternehmen (Mehrfirmenvertreter), aber es gibt auch den Einfirmenvertreter, der seine Vertriebsaktivitäten auf ein Unternehmen konzentriert und dabei von diesem wirtschaftlich stark abhängig ist. Oft sind Handelsvertretungen auch größere Unternehmen, die zusätzliche Aufgaben in der Distribution wie z. B. Lagerhaltung oder Kundendienst übernehmen. Der Handelsvertreter handelt in fremdem Namen und auf fremde Rechnung, d. h., er benutzt in der Kommunikation mit dem Kunden die Verkaufsunterlagen seines Auftraggebers (fremder Name) und beim Abschluss eines Geschäfts erfolgt die vollständige Rechnungslegung über den Auftraggeber (fremde Rechnung).

Je nach Vertragsgestaltung hat der Handelsvertreter Vermittlungs- oder Abschlussvollmacht. Die Vollmacht kann aber auch auf eine Inkassovollmacht (auftragsgemäßer Einzug von Rechnungsbeträgen) oder Delkrederevollmacht (Übernahme der Haftung für den Zahlungseingang) erweitert werden. Entsprechend dem Umfang seiner Aufgaben erhält er Vermittlungs-, Abschluss-, Inkasso-, Delkredere-Provision. Meistens wird die Provision als Prozentsatz vom Umsatz gezahlt, sie kann aber auch z. B. an definierte Deckungsbeiträge gekoppelt sein. Manche Unternehmen gewähren Handelsvertretern auch teilweise ein Fixum (Festbetrag), um die Beratungsintensität zu erhöhen, und/oder eine Prämie für die Realisierung eines bestimmten Verkaufsziels. Der Handelsvertreter ist als unternehmensfremdes Verkaufsorgan die klassische Alternative in der Außendienstgestaltung eines Unternehmens zum unternehmenseigenen Verkaufsorgan Reisender. In die Entscheidungsfindung sind sowohl quantitative Kriterien (Kostengesichtspunkte) als auch qualitative Kriterien (Steuerungs- und Motivationsgesichtspunkte) einzubeziehen. Die Beispielrechnung in Abb. 5.31 zeigt einen Kostenvergleich zwischen Handelsvertreter und Reisendem.

Ein weiterer Absatzhelfer ist der Kommissionär (§§ 383 ff. HGB). Er ist selbstständiger Gewerbetreibender und übernimmt für seinen Auftraggeber (Kommittenten) gewerbsmäßig den Verkauf von Waren oder Wertpapieren. Der Kommissionär handelt in eigenem Namen und auf fremde Rechnung, d. h., er organisiert die Kommunikation mit seinen Kunden und die Erstellung der Verkaufsunterlagen selbst (eigener Name) und schließt bei dem Kommissionsgeschäft auch den Vertrag mit dem Kunden. Die wirtschaftlichen Folgen des Rechtsgeschäfts treffen aber den Kommittenten (fremde Rechnung). So bleibt dieser auch Eigentümer der Kommissionsware. Der Kommissionär übernimmt meistens neben dem Verkauf auch die Lagerung der Ware, allerdings ohne das Absatzrisiko zu tragen. Er kann also schwer verkäufliche Ware an den Kommittenten zurückgeben. Der Kommissionär verfügt meistens über einen großen Kundenstamm und damit korrespondierend über sehr gute Marktkenntnisse. Die Vergütung ist mit dem Provisionssystem beim Handelsvertreter weitestgehend vergleichbar, allerdings wird hier auch oft der Begriff Kommission verwendet. Kommissionäre sind häufig im Buch-, Kunst- und Weinhandel anzutreffen.

Die dritte Art des Absatzhelfers ist der Handelsmakler (§§ 93 ff. HGB). Er ist selbstständiger Gewerbetreibender und übernimmt es fallweise, für andere Personen den Abschluss von Verträgen zu vermitteln. Dabei hat er stets die Interessen beider Partner, also Auftraggeber und Kunde, zu wahren. Falls nicht anders vereinbart, erhält der Handelsmakler als Vergütung eine Maklergebühr (Courtage), die jede Partei zur Hälfte trägt. Handelsmakler verfügen meist über sehr gute Marktkenntnisse und spielen eine wichtige Rolle bei der Vermarktung von Finanzdienstleistungen, aber auch als Waren-, Fracht- und Schiffsmakler.

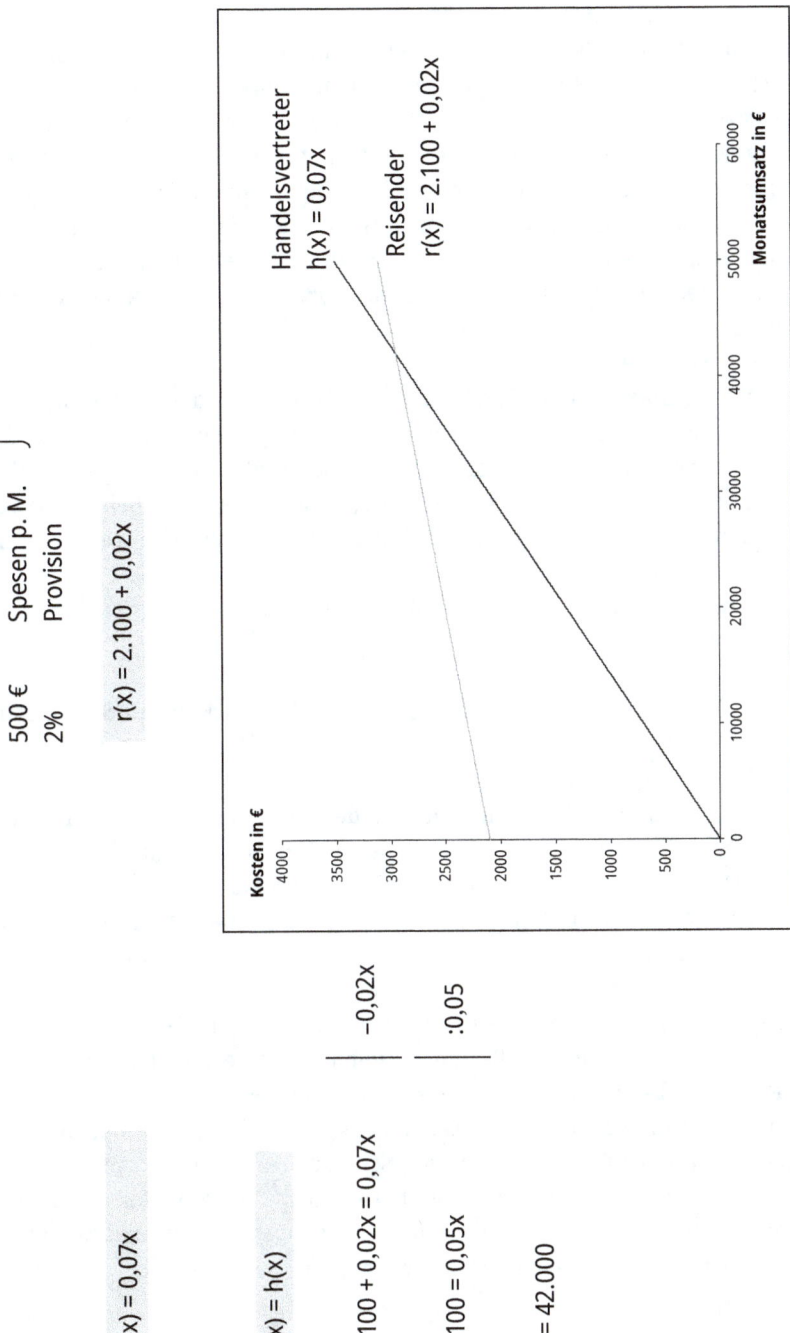

Abb. 5.31: Kostenbeispielrechnung (Quelle: eigene Darstellung).

5.1.2.2 Absatzmittler

Wie der Absatzhelfer ist auch der Absatzmittler rechtlich selbstständig. Er kauft jedoch die weiterzuleitenden Güter in eigenem Namen, bevor er sie weiterverkauft. Der Absatzmittler besetzt eine klassische Handelsstufe. Absatzmittler sind immer Teil des indirekten Vertriebs von Industrieunternehmen. Sie übernehmen gerade in der Konsumgüterindustrie umfangreiche Distributionsfunktionen, wobei abhängig davon, wie stark der Handel als Absatzkanal in die Distributionskette des Herstellers eingebunden ist (Ein-Stufen-, Zwei-Stufen- oder Drei-Stufen-Kanal), Groß- und/oder Einzelhandelsbetriebe eingeschaltet werden. Groß- und Einzelhandel stellen zwei grundsätzliche Handelsstufen dar, die es zu differenzieren gilt.

Der Großhandel
- ist im funktionellen Sinne eine Handelsform, bei der Waren in eigenem Namen für eigene Rechnung eingekauft und weitestgehend unverändert an gewerbliche Wiederverkäufer (z. B. andere Großhändler oder Einzelhandelsbetriebe) bzw. gewerbliche Verwender (z. B. Kantinen, Gaststätten oder Behörden) verkauft werden. Kunden des Großhandels sind darüber hinaus auch weiterverarbeitende Betriebe (Handwerker).
- definiert im institutionellen Sinne die Summe aller Unternehmen, die Großhandel betreiben.

Beispielsweise ist die Metro Deutschland GmbH ein Konzept des Selbstbedienungsgroßhandels.

Der Einzelhandel
- ist im funktionellen Sinne eine Handelsform, bei der Waren in eigenem Namen und auf eigene Rechnung eingekauft und weitestgehend unverändert an Endverbraucher bzw. Privathaushalte verkauft werden.
- definiert im institutionellen Sinne die Summe aller Unternehmen, die Einzelhandel betreiben.

Beispielsweise wird die Rewe-Group dem Einzelhandel zugerechnet.

Ferner lassen sich Groß- und Einzelhandelsunternehmen über die jeweilige Betriebsform abgrenzen, wobei die Betriebsform die Art und Weise bezeichnet, in der ein Handelsunternehmen sein Geschäft im Markt betreibt. Folgende Merkmale charakterisieren grundsätzlich die unterschiedlichen Betriebsformen: strategische Ausrichtung, Kundenkreis/Zielgruppe, Betriebsgröße, Verkaufsform, Sortimentsstruktur und -kompetenz, Warenpräsentation, Serviceangebot, Preis- und Konditionenkonzept, Standortwahl und die Zahl der Betriebsstätten.

Betriebsformen des Großhandels

Idealerweise lassen sich die Betriebsformen des Großhandels über den Umfang der Distributionsfunktionen definieren, die der spezifische Betriebstyp übernimmt (vgl. Abb. 5.32).

Distributions-funktion / Betriebsform	Trans-aktions-funktion	Lage-rung	Trans-port	Finanzie-rung	Sorti-ments-bildung	Quali-tätskon-trolle	Informa-tions-funktion
Sortiments-großhandel	■	☐	☐	☐	☐	☐	☐
Spezial-großhandel	■	☐	☐	☐	■	☐	☐
Strecken-großhandel	■	X	X	X	☐	X	☐
Zustell-großhandel	■	■	☐	☐	☐	☐	☐
Cash-und-Carry-Großhandel	■	■	X	X	☐	☐	☐
Rack-Jobber	■	■	■	☐	■	■	☐

■ Funktion ist spezifisches Betriebsmerkmal
☐ Funktion kann übernommen werden
X Funktion wird von dieser Betriebsform nicht übernommen

Abb. 5.32: Betriebsformen des Großhandels (Quelle: eigene Darstellung in Anlehnung an Scharf/Schubert/Hehn 2009, S. 454).

Der Sortimentsgroßhandel und der Spezialgroßhandel lassen sich in erster Linie über die Breite und Tiefe ihres Sortiments abgrenzen.

Der Sortimentsgroßhandel bietet ein breit gefächertes Sortiment (z. B. viele Warengruppen im Konsumgüterbereich Food/Nonfood) ohne wesentliche Schwerpunkte an und stellt den umsatz- und beschäftigungsstärksten Bereich innerhalb des Lebensmittelgroßhandels dar. Der Sortimentsgroßhandel bezieht seine Waren zum großen Teil von Spezialgroßhändlern und Importeuren sowie aus der Industrie.

Der Spezialgroßhandel konzentriert sein Angebot auf ein schmales, aber dafür tiefes Sortiment (z. B. ausgewählte Warengruppen wie elektrische Haushaltsgeräte, Büroartikel oder Tabakwaren). Wichtigste Teilbereiche sind hier der Elektrogroßhandel, gefolgt vom medizinisch-pharmazeutischen Großhandel und dem Großhandel mit Papier, Druckerzeugnissen sowie Pflanzen und Blumen.

Der Streckengroßhandel leistet keine Lageraufgaben. Der Streckengroßhändler wickelt die Aufträge seiner Kunden direkt über seine Lieferanten ab und trägt daher kein Lagerrisiko. Der Warenfluss findet direkt zwischen Lieferant und Kunde des Streckengroßhändlers statt. Der Streckengroßhandel hat eine große Bedeutung bei großvolumigen Produkten beispielsweise im Baustoffhandel.

Im Zustellgroßhandel liefert der Händler die bestellte Ware selbst oder durch von ihm beauftragte Transportunternehmen an den Einzelhandel. Typisches Beispiel ist hier der Getränkespezialgroßhandel, der eine Kombination des Spezial- und Zustellgroßhandels darstellt.

Für den Cash-and-Carry-Großhandel, auch Selbstbedienungs- oder Abholgroßhandel genannt, ist charakteristisch, dass der Kunde aus dem breiten Sortimentsangebot die gewünschten Produkte selbst zusammenstellt, bar bezahlt und im eigenen Fahrzeug abtransportiert.

Besonders viele Distributionsfunktionen übernimmt der Rack-Jobber (Regalgroßhändler). Neben den Aufgaben eines Zustellgroßhändlers organisiert er für einen spezifischen Bereich eines Handelsbetriebs die Regalpflege. Der Rack-Jobber mietet bestimmte Verkaufsräume oder Regalflächen und bietet dort seine Erzeugnisse auf eigene Rechnung an. Das Serviceprogramm erstreckt sich also auf den Anlieferungsservice (Annahme und Auszeichnung der Waren), den Regalservice (ladeninterne Warenpflege) und den Dispositionsservice (Warenbestandskontrolle und Order der Produkte). Oft ergänzt der Regalgroßhändler so das vorhandene Sortiment der Handelsorganisation. Diese kann ein Unternehmen im Großhandel (z. B. Cash-and-Carry) oder Einzelhandel (z. B. Verbraucher- oder Supermärkte) sein.

Der Großhandel musste in den letzten Jahren stark um seine Marktposition kämpfen und ist als Institution davon bedroht, dass seine Lieferanten und Abnehmer direkte Geschäftsbeziehungen eingehen und er dadurch ausgeschaltet wird. Vor allem die starken Konzentrationsprozesse im Einzelhandel und die Zuspitzung der Wettbewerbsintensität unter den Herstellern sind die Ursache für diese Tendenz. Aber auch der zunehmende E-Commerce ist eine Bedrohung für den Großhandel.

Betriebsformen des Einzelhandels

Der Einzelhandel gehört sicherlich zu den strukturell dynamischsten Bereichen der Wirtschaft. Neue Betriebsformen und Konzepte im Einzelhandel prägen die Handelslandschaft und verdeutlichen die Anpassung an die sich verändernden Bedürfnisse.

Grundsätzlich gibt es drei Kategorien:
- Stationärer Handel (z. B. Verbrauchermärkte, Warenhäuser, Discounter),
- ambulanter Handel (z. B. Markt-/Messehandel oder Wochenmärkte),
- Versandhandel (hier auch: E-Commerce).

Gerade bei Konsumgütern sind alle drei Handelskategorien zu finden, allerdings hat der stationäre Handel eine übergeordnete Bedeutung für diesen Marktsektor. Die Einteilung in Betriebsformen ist hier leider nicht immer ohne Überschneidungen möglich, dennoch ist die folgende Abgrenzung in Theorie und Praxis unbestritten.

Fachgeschäfte sind kleine bis mittelgroße Einzelhandelsbetriebe, die ein branchenspezifisches oder bedarfsgruppenorientiertes Sortiment bei mittlerem bis hohem Preisniveau anbieten. Sie beschränken ihr Angebot zielgerichtet auf eine oder wenige

Warengruppe(n), verfügen dabei aber über eine hohe Sortimentstiefe (z. B. Sportartikel, Textilbekleidung, Schmuck, Getränke & Spirituosen, Musikinstrumente, Bücher). Fachgeschäfte zeichnen sich außerdem durch einen hohen Servicegrad und eine hohe Beratungsintensität durch gut geschultes, fachkundiges Personal aus. Fachgeschäfte befinden sich meist in der Ortsmitte bzw. in Citylage einer Stadt.

Spezialgeschäfte sind den Fachgeschäften sehr ähnlich, sie konzentrieren ihre Angebotsgestaltung aber noch stärker auf ein schmales, aber tiefes Sortiment (z. B. Hut-, Krawattengeschäft, Weinhandlung, Klaviergeschäft, Fachbücher). Im Vergleich zum Sortiment des Fachgeschäfts bietet ein Spezialgeschäft nur einen entsprechenden Sortiments-Ausschnitt an. Ansonsten sind Kriterien wie Service- und Standortpolitik bei beiden Betriebsformen nahezu identisch.

Gemischtwarengeschäfte („Tante-Emma-Läden") besitzen eine relativ breite und gleichzeitig flache Sortimentsstruktur mit Waren des (ländlichen) Haushaltsbedarfs. Sie besetzen konsumentennahe Standorte und bieten ihren Kunden umfangreiche Dienstleistungen wie Anschreiben lassen etc. Gemischtwarenläden sind heute einem starken Verdrängungswettbewerb ausgesetzt.

Fachmärkte sind großflächige Einzelhandelsgeschäfte, die ein tiefes Sortiment aus einem spezifischen Warenbereich (z. B. Matratzenfachmarkt), einem ausgewählten Bedarfsbereich (z. B. Sanitärfachmarkt) oder einem definierten Zielgruppenbereich (Möbelfachmarkt für Naturmöbelliebhaber) präsentieren. Das Sortiment eines Fachmarkts wird meist im Selbstbedienungsprinzip in Randlagen von größeren Städten unter Bereitstellung von ausreichenden Parkmöglichkeiten angeboten. Ausnahmen sind beispielsweise Drogerie-Fachmärkte, die Innenstadtlagen favorisieren. Das Konzept des Fachmarkts stellt quasi eine Mischung aus Fachgeschäft und Verbrauchermarkt dar. Im verschärften Wettbewerb der letzten Jahre haben Fachmärkte ihr Konzept zunehmend preisaggressiver ausgerichtet. Bekannte Beispiele für Bau- und Heimwerker (DIY)-Fachmärkte sind: Obi (Tengelmann-Gruppe), Bauhaus, Toom (Rewe-Group), Hagebau und Hornbach.

Supermärkte sind definiert als Einzelhandelsbetriebe mit einer Verkaufsfläche von 100 bis 999 qm (kleine Supermärkte von 100 bis 399 qm, große Supermärkte von 400 bis 999 qm), deren Sortiment Nahrungs- und Genussmittel inklusive Frischwaren wie Obst, Gemüse, Fleisch usw. im Food-Sektor und ergänzend dazu problemlose Produkte des kurzfristigen Bedarfs (Convenience Goods) im Nonfood-Sektor enthält. Insgesamt umfasst das Sortiment ca. 5.000 bis 12.000 Artikel auf mittlerer Preis- und Qualitätsebene, wobei der Flächenanteil im Nonfood-Bereich selten 25 % überschreitet. Die Supermärkte bieten mit ihren Standorten in Wohngebieten von kleineren Orten und Städten eine bequeme Einkaufsmöglichkeit in der nahen Umgebung und ersetzen so heute die früher bekannten Nachbarschaftsmärkte. Beispiele hierfür sind: Rewe (Rewe-Group), Edeka (Edeka-Gruppe).

Verbrauchermärkte werden in kleine und große Verbrauchermärkte eingruppiert. Während kleine Verbrauchermärkte ein relativ preisgünstiges Sortiment von Food- und Nonfood-Artikeln überwiegend via Selbstbedienung auf 1.000 bis 2.499 qm

Verkaufsfläche offerieren, nutzen große Verbrauchermärkte eine Verkaufsfläche ab 2.500 qm. Verbrauchermärkte haben einen Sortimentsumfang von 21.000 bis zu 63.000 Artikeln, wobei im Nonfood-Sektor dies vielfach auch Ge- und Verbrauchsgüter des kurz- und mittelfristigen Bedarfs sind. Verbrauchermärkte gehören zu den Großbetriebsformen im Einzelhandel, die oft in Stadtrandlagen gelegen und mit zahlreichen Kundenparkplätzen ausgestattet sind. Beispiele hierfür sind: Rewe (Rewe-Group), Kaufland (Schwarz-Gruppe).

Discounter sind eine Betriebsform des Handels, die durch stringente Anwendung des Discount-Prinzips unabhängig von der Größe der Verkaufsfläche ein eng begrenztes Sortiment (zwischen 800 und 1.600 Artikel) von problemlosen Waren mit hoher Umschlagshäufigkeit in Selbstbedienung mittels aggressivster Preispolitik anbietet. Dabei wird weitgehend auf zusätzliche Dienstleistungen wie Service und Beratung sowie eine aufwendige Präsentation der Waren verzichtet. Die Geschäftslokale sind hier oft eine Kombination von Lager- und Verkaufsbereich. Discounter haben eine hohe Flächenabdeckung, wobei die Standorte zentral gelegen sind und trotzdem auf möglichst niedrige Kostenstrukturen geachtet wird. Der Schwerpunkt im Sortiment liegt auf eigenen Handelsmarken, wobei das Angebot von Herstellermarken in den letzten Jahren deutlich zugenommen hat. Zielgruppe der Discounter sind die Preiskäufer, d. h., sehr preisbewusste Personen, die sich an dieser Stelle in ihrem Kaufverhalten für die billige bzw. billigste Alternative einer Produktart entscheiden. Somit stellen Discounter als preisaggressivste Betriebsform die konsequente Umsetzung einer Preis-Mengen-Strategie dar. Als Beispiele sind aufzuführen: Aldi Nord & Aldi Süd, Lidl (Schwarz-Gruppe), Netto (Edeka-Gruppe), Penny (Rewe-Group), Norma (Norma-Group).

Drogeriemärkte sind Einzelhandelsgeschäfte, die ein problemloses, schnell umschlagendes Sortiment mit Schwerpunkt Gesundheits- und Körperpflegeartikel, Wasch-, Putz- und Reinigungsmittel, Babynahrung und -pflege, Haushaltspapiere sowie Kosmetik in Selbstbedienung verkaufen. Drogeriemärkte beinhalten ausschließlich Filialbetriebe. Bekannte Beispiele für Drogeriemärkte sind: dm, Rossmann.

Warenhäuser sind Filial-Großbetriebe im Einzelhandel, die auf einer Verkaufsfläche von mindestens 3.000 qm ein breites Sortiment vor allem aus den Bereichen Bekleidung, Textilien, Haushaltswaren, Wohnbedarf und Nahrungs- und Genussmittel in zentraler Lage anbieten. Hinsichtlich der Sortimentstiefe sind unterschiedliche Ansätze vorhanden, so lassen sich Warenhäuser mit flachen, mittleren und tiefen Sortimenten in der Praxis finden. Charakteristisch für Warenhäuser ist, dass jede Warengruppe (beispielsweise Lebensmittel, Elektrogeräte, Bücher und Zeitschriften) als separate Abteilung mit Fachgeschäftscharakter geführt und größtenteils in Fremdbedienung angeboten wird. Warenhäuser sind heute besonders durch Erlebnisorientierung gekennzeichnet, die u. a. durch Shop-in-Shop-Systeme umgesetzt wird. Typischer Standort für Warenhäuser ist der Innenstadtbereich in Mittel- und Großstädten. Als Beispiel kann Galeria gelten.

Kaufhäuser sind Einzelhandelsbetriebe, die auf vergleichsweise großer Verkaufsfläche in mehreren Stockwerken Waren aus zwei oder mehr Warengruppen, davon wenigstens aus einer Warengruppe in großer Auswahl und Tiefe, überwiegend in Fremdbedienung präsentieren (z. B. Textil- und Bekleidungskaufhäuser). Oft werden die Begriffe Kaufhaus und Warenhaus in der Handelspraxis nicht eindeutig unterschieden, allerdings können die geringere Betriebsfläche und die Konzentration der Kaufhäuser auf spezielle Warengruppen als Differenzierungsmerkmale herangezogen werden. Zudem besitzen Kaufhäuser grundsätzlich keine Lebensmittelabteilung. Als Beispiele sind zu nennen: Peek & Cloppenburg, Breuninger, C&A.

Shoppingcenter sind räumliche und organisatorische Verbunde von zumeist selbstständigen Einzelhändlern sowie ergänzenden Dienstleistungs- und Gastronomiebetrieben. Es handelt sich um künstliche Agglomerationen, die von einem Center-Management unterstützt werden. Ihre Expansion zu überdimensionierten Shopping-Malls nach amerikanischem Vorbild, wobei der Erlebniskauf im Fokus steht, findet auch in Deutschland zunehmend statt (z. B. CentrO Oberhausen).

Weitere Betriebsformen

Convenience Stores sind in Deutschland überwiegend als Tankstellenshops (z. B. Rewe To Go) bekannt. Sie bieten ein begrenztes Sortiment problemloser Ware des täglichen Bedarfs (inkl. Lebensmittel) an und sind durch besonders lange Ladenöffnungszeiten (bis zu 24 Stunden) gekennzeichnet.

Off-Price-Retailer versorgen ihre Kunden ständig mit Sonderposten und richten sich gezielt an die Schnäppchenjäger. Durch den Aufkauf großer Warenposten (z. B. aus Insolvenzmassen) können sie teilweise auch Markenartikel günstiger anbieten. Oft handelt es sich dabei um Produkte zweiter Wahl, Waren mit leichten Mängeln, Auslaufprodukte oder Saisonartikel, die in anderen Betriebsformen kaum verkaufsfähig wären (z. B. Ramba Zamba). Auch die sogenannten Kleinpreis- bzw. Einheitspreisgeschäfte (Ein-€-Laden) gehören dieser Kategorie an.

Factory-Outlet-Center (FOC) sind eine besondere Form von Einkaufszentren, in denen sich mehrere Hersteller unter einem Dach zusammenschließen, um ihre Produkte direkt an die Endabnehmer zu verkaufen. Die Grundidee stammt aus den USA. FOC sind meist an den Stadträndern oder verkehrsgünstig zwischen Städten gelegen. Hauptsächlich werden im Sortiment allerdings keine A-Waren, sondern Zweite-Wahl-Artikel, Produktionsüberhänge, Auslaufmodelle oder Musterkollektionen aus den Warengruppen Mode/Textilien, Lederwaren, Schuhe, Accessoires und Schmuck angeboten.

Boutiquen sind kleine Einzelhandelsgeschäfte, die durch auffällige Aufmachung Kunden ansprechen wollen, die für das den jeweiligen modischen und extravaganten Strömungen angepasste Sortiment (Bekleidung, Schmuck, Kosmetik) besonders aufgeschlossen sind.

Drogerien sind Geschäfte, die klassisch ein breites Sortiment in den Bereichen Gesundheits- und Pflegeartikel, Wasch-, Putz- und Reinigungsmittel, Körperpflege, Kosmetik, Haushaltspapier, Kinderpflege und -nahrung etc. anbieten. In dieser Kategorie kommen Geschäfte mit mehr oder weniger ausgeprägter Spezialisierung (z. B. auf Fotoartikel oder Parfümeriewaren) vor. Im Gegensatz zu den Drogeriemärkten handelt es sich in der Regel nicht um Filialisten.

Apotheken sind Geschäfte, die Arzneimittel verkaufen. Ein Randsortiment (z. B. Husten- und Vitaminbonbons) ist meist vorhanden, doch erreicht es nur einen geringen Umsatzanteil. Verschreibungspflichtige Medikamente dürfen nur in Apotheken verkauft werden. Daneben gibt es auch Medikamente, die zwar nicht verschreibungspflichtig sind, aber dennoch nur in Apotheken (Over the Counter) verkauft werden dürfen.

Kioske sind Verkaufsstellen mit einer Fläche unter 100 qm mit breitem Sortiment (Tabak, alkoholfreie Getränke, Eis, Süßwaren, Zeitschriften, Bier, Spirituosen etc.), bei denen die Ware dem Kunden durch ein Fenster oder eine schalterähnliche Öffnung aus dem Verkaufsraum gereicht wird.

Getränkeabholmärkte sind Geschäfte mit Schwerpunkt in den Warengruppen Bier, alkoholfreie Getränke, Spirituosen und Weine. Das Sortiment wird bei einfacher Geschäftsausstattung auf einer Mindestverkaufsfläche von 50 qm in Selbstbedienung angeboten. Bier und alkoholfreie Getränke werden in der Regel als Kastenware abgegeben.

Als Formen des stationären Einzelhandels werden in der Statistik meist auch die folgenden Betriebe bezeichnet: Bäckereien mit Lebensmittelsortiment, Tankstellen (siehe Convenience Stores), Imbisshallen, Kinos, Schulen mit Verkauf und Saisonkioske in Freibädern und Freizeitparks.

Automatenverkauf hat seine Bedeutung für Zigaretten, Erfrischungsgetränke, Süßwaren, Kondome, Passfotos, Blumen usw. und dient Unternehmen als Distributionsstätte, um eine Überallerhältlichkeit anzustreben. Weiterhin werden auch Snacks, Visitenkarten, Guthabenkarten (z. B. für Amazon), Hemden etc. über Automaten vertrieben.

Neben dem stationären Einzelhandel soll der Vollständigkeit halber auch der ambulante Handel erwähnt werden, der durch eine flexible Standortspaltung gekennzeichnet ist. Die Angebote werden den Kunden auf Messen, Straßen-, Jahres- und Wochenmärkten mit Verkaufswagen oder Verkaufsständen unterbreitet. Der ambulante Handel ist bedeutend für die Einkaufsmöglichkeiten in unterversorgten Gebieten. Das Sortiment besteht aus Convenience Goods, insbesondere Nahrungs- und Genussmitteln.

Versandhandelsunternehmen sind Einzelhändler, die ihre Ware nicht im offenen Ladenlokal verkaufen, sondern diese auf Bestellung durch die Post oder auf anderem Wege versenden. Es wird zwischen Universalversendern (Otto) und Spezialversendern (z. B. Land's End) unterschieden.

Der Versandhandel verlagert sein klassisches Kataloggeschäft immer mehr in den Online-Bereich, sodass heute vielfach die Betriebsform des Internet-Shops hinzugefügt wird. Pionierunternehmen in diesem Bereich wie Amazon begannen mit Produkten wie Bücher und Musik-CD's, erweiterten jedoch stetig ihr Sortiment und sind heute in vielen Produktkategorien eine Alternative zum traditionellen Einzelhandel.

Teleshops bieten in Spezialkanälen (z. B. QVC) Produkte an, die der Kunde telefonisch bestellen kann. Aufgrund der Bequemlichkeit des Einkaufs und der Vorführung der Produkte in einem multisensorischen Medium (Fernsehen) verfügt das Teleshopping über weiteres Potenzial im Einzelhandel.

Dieser Überblick über Absatzmittler und deren Betriebsformen macht deutlich, dass Herstellerunternehmen auf ihrem indirekten Weg zum Endabnehmer vielfältige Überlegungen anstellen müssen, um den optimalen Absatzweg zu finden. Vor allem ist die Bedeutung der Absatzwegeentscheidung deshalb so hoch, da diese fast immer eine langfristige, strukturelle Bindung eines Unternehmens an das gewählte Distributionsgefüge darstellt. Die Absatzwegewahl ist kurz- bis mittelfristig selten zu ändern, sie hat daher auch für die Umsetzung der Basisstrategie eines Unternehmens prägenden Charakter und ist gleichzeitig Bedingung für alle anderen absatzpolitischen Maßnahmen (Produkt, Kontrahierung, Kommunikation) auf der Konzeptionsebene des Marketingmix.

Gerade der schon beschriebene Zielkonflikt zwischen Industrie und Handel macht es für einen Hersteller interessant, Möglichkeiten wahrzunehmen, Absatzmittler stärker konzeptionell an sich zu binden, um seine Marketingausrichtung zielgerichtet zum Konsumenten zu bringen. Hier bilden vertragliche Vertriebssysteme eine Chance.

5.1.3 Vertragliche Vertriebssysteme

Unter dem Aspekt des vertikalen Marketings bieten vertragliche Vertriebssysteme die größte Möglichkeit, ausgewählte selbstständige Handelsunternehmen als Vertriebspartner so einzubinden, dass die eigene Marketingkonzeption annähernd 1 zu 1 die definierte Zielgruppe erreicht. Diese Distributionsmethoden werden auch als Kontraktmarketing bezeichnet. Die Bindung der Handelsbetriebe an den Hersteller kann dabei unterschiedliche Intensitätsgrade einnehmen. Folgende fünf vertragliche Vertriebssysteme haben sich in der Praxis etabliert (Ahlert 1996, S. 214 ff.).

Vertriebsbindungssysteme erstrecken sich je nach Vertragsgestaltung auf bestimmte Kriterien in der distributiven Zusammenarbeit mit dem Handel und dienen dazu, selektive oder exklusive Distributionsformen für Industrieunternehmen zu realisieren. Grundlage der vertraglichen Absicherung sind die aus der Marketingstrategie resultierenden Selektionskriterien des Herstellers, die somit das Leistungsspektrum der gewählten Handelspartner definieren.

Die Vertriebsbindung kann dabei auf verschiedenen Ebenen stattfinden:
- räumliche Kriterien, z. B. Abgrenzung der Absatzgebiete,
- personenbezogene Kriterien, d. h., Einengung auf bestimmte Abnehmerkreise (Kundenbeschränkungsklauseln),

- zeitliche Kriterien, beispielsweise Begrenzung der Vertriebszeit bei Mode-, Neu- oder Auslaufprodukten,
- produktbezogene Kriterien, wie definierte Sortiments-, Beratungs- und Servicestandards.

Vertriebsbindungssysteme treten häufig in den Kategorien Bekleidung, Möbel, Kosmetik, Brauereien und in der Unterhaltungselektronik auf.

Alleinvertriebssysteme werden zur Absicherung von exklusiven Distributionsformen zum Aufbau und/oder zur Durchsetzung eines Luxusmarken-Konzepts eingesetzt. Der Hersteller verpflichtet sich, in einem bestimmten Absatzgebiet nur den alleinvertriebsberechtigten Händler zu beliefern (Gebietsschutz). Im Falle dieser Bezugsbindung verpflichtet sich der Händler zu einer umfangreichen Sortimentsaufnahme (Listung) und Lagerhaltung der Herstellerprodukte. Zusätzlich werden oft weitere Leistungsumfänge wie z. B. Verkaufsförderungsmaßnahmen in den Vereinbarungskatalog aufgenommen. Der Händler profitiert seinerseits von der Markenstärke des Herstellers sowie der Exklusivität seines Sortiments. Er erzielt auf diese Weise für sich Profilierungsmerkmale im direkten Wettbewerb mit seinen Konkurrenten.

Vertragshändlersysteme binden rechtlich selbstständige Handelsbetriebe noch weitaus stärker in die Distribution des Herstellers ein. Der Vertragshändler vertreibt in eigenem Namen und auf eigene Rechnung ausschließlich die Produkte seines Vertragspartners und verzichtet meistens vollständig auf den Verkauf von Konkurrenzerzeugnissen. In der Regel erhält der Händler das Alleinvertriebsrecht für ein definiertes Gebiet und damit eine geografische Absicherung seines Absatzareals. Er verpflichtet sich langfristig zu einer starken Sortimentsbindung an den Hersteller und damit zur Vermarktung seines Handelsunternehmens unter dem Dach der Marketingkonzeption des Herstellers. Dieses Distributionssystem wird auch Lizenz- oder Konzessionsvertrieb genannt. Die Ladenlokale des Vertragshändlers erscheinen teilweise nach außen hin wie Verkaufsfilialen des Herstellers, weil dieser im Rahmen seiner Corporate Identity (CI) den Vertragshändlern bestimmte Corporate-Design-Elemente (Markenlogo, Farbvorgaben, Präsentationseinheiten usw.) zur Verfügung stellt und deren Verwendung meistens auch vorschreibt. Der Hersteller übt mit diesem Vertriebssystem bereits einen enormen Einfluss (auch im Hinblick auf Preispolitik, Verkaufsförderungsmaßnahmen usw.) auf den Absatz seiner Produkte bis hin zum Endabnehmer aus. Sehr typisch ist das Vertragshändlersystem für die Automobilbranche und Brauereien, die diese Distributionsform in der Gastronomie mittels sogenannter Bierlieferungsverträge betreiben.

Franchisesysteme sind eine sehr enge Form von vertraglichen Vertriebssystemen. Der Hersteller (Franchisegeber) ermöglicht dem rechtlich selbstständigen Einzelhändler (Franchisenehmer) die Einbindung seines Betriebs in ein ausgereiftes Vermarktungskonzept gegen Entgelt. Die Franchisegebühr wird meistens in Prozent vom Umsatz berechnet, allerdings verlangen die Franchisegeber oft mit dem Vertragsbeginn einen einmaligen Abschlussbetrag. Der Franchisenehmer erhält so das

Recht, Waren oder Dienstleistungen des Franchisegebers unter Nutzung dessen Namens und gesammelten Know-how anzubieten. Der Name bzw. die Firma des Franchisenehmers tritt völlig in den Hintergrund, er baut also seine eigene Selbständigkeit im Wesentlichen auf die Konzeption und Erfahrung des Franchisegebers auf. Im Vergleich zum Vertragshändlersystem verpflichtet sich der Franchisenehmer vertraglich noch stärker zur konsequenten Einhaltung der Leistungsansprüche des Systemgebers. Die einzelnen Handelsbetriebe müssen die Corporate Identity des Franchisegebers zu 100 % umsetzen, sodass für Außenstehende der Eindruck von Verkaufsfilialen entsteht. Überhaupt lässt sich bei vielen Vertriebssystem-Unternehmen nur mit zusätzlichem internem Wissen prüfen, ob es sich um ein Franchise- oder Filialkonzept handelt.

Franchising hat für beide Vertragspartner große Vorteile. Die Hauptvorteile für den Franchisegeber liegen in der Möglichkeit, mit diesem System sein Marketingkonzept trotz Einschaltung von selbstständigen Handelsbetrieben 1 zu 1 zum Konsumenten zu bringen. Er schließt durch die enge Vertragsbindung mögliche Zielkonflikte mit dem Handel nahezu aus und kontrolliert den gesamten Distributionsweg seiner Waren oder Dienstleistungen. Meist kann der Systemgeber auch auf eine starke Motivation der Vertriebsorgane bauen, da die erfolgreiche Konzeptumsetzung im Interesse aller Beteiligten liegt. Weiterhin kann eine schnelle Expansion unter Vermeidung der sonst üblichen hohen Fixkosten realisiert werden. Ebenso ist das Absatz- und Finanzrisiko begrenzt, da der Franchisegeber z. B. für die Schulden der Franchisenehmer keine Haftung übernimmt. Für den Franchisegeber hängt der Erfolg des Franchisings von der marktweiten Multiplikation seines Konzepts durch die Vertriebseinheiten (Franchisenehmer) ab. Der Erfolgsfaktor Nr. 1 für das Franchising ist somit die Multiplizierbarkeit der Geschäftsidee. Voraussetzung hierfür ist allerdings ein marktgerechtes und erfolgreich erprobtes Geschäftskonzept mit deutlichen Wettbewerbsvorteilen. Nur so sind Partner zu gewinnen, die sich mit Engagement für das Geschäftskonzept des Franchisegebers einsetzen (Boehm 2012).

Die Hauptvorteile für den Franchisenehmer liegen in der Einbettung in ein meist nationales oder auch internationales Vermarktungskonzept. Er profitiert mit seinem Betrieb vor Ort von einem enormen Markenwert sowie etablierten Image- und Kompetenzfaktoren des Konzeptgebers und realisiert so lokale oder regionale Wettbewerbsvorteile. Darüber hinaus wird er von der Zentrale des Franchisegebers laufend geschult und erhält Unterstützung und Beratung in Fragen der Betriebsführung, des Personalmanagements und der Standortpolitik (beispielsweise computergestützte Standortanalysen). Oft kann er auch über Finanzierungshilfen seitens des Konzeptgebers verfügen. Im kommunikativen Bereich nutzt er die Professionalität von groß angelegten Werbe- und Verkaufsförderungsmaßnahmen zur Aktualisierung seines Absatzes am Point of Sale (PoS). Die laufenden, umsatzabhängigen Franchisegebühren sind für ihn variable Kosten.

Typische Franchiseunternehmen sind beispielsweise McDonald's, Burger King (Gastronomie), Obi (Bau- und Heimwerkermärkte), Ayk, Sunpoint (Sonnenstudios),

Portas (Fenster und Türen), Tui Leisure Travel (Touristik), Studienkreis (Nachhilfe), Fressnapf (Tierprodukte), Kieser Training (gesundheitsorientiertes Krafttraining), Musikschule Fröhlich (Musikpädagogik).

Agentursysteme stellen eine so enge Bindung des Handels an den Hersteller dar, sodass hier schon fast von Direktvertrieb gesprochen werden kann. Die Agenturverträge binden die Handelsbetriebe so stark an die Konzeption des Herstellers, dass sie ihre wirtschaftliche Selbständigkeit fast vollständig aufgeben. Ein Beispiel ist das System von Post-Agenturen der Deutschen Post. Das Unternehmen setzt verstärkt auf Post-Agenturen im Einzelhandel, die dann in Lebensmittelgeschäften, in Tabakwarenläden, in Getränkemärkten etc. zu finden sind. Die Grundlage dieses Agentursystems sind Postagenturverträge, deren hoher Bindungsgrad bereits für viel Diskussions- und Gesprächsstoff gesorgt hat.

5.2 Marketinglogistik

Neben der akquisitorischen Distribution stellt die Marketinglogistik (physische Distribution) den zweiten Kernbereich der Distributionspolitik dar. Es geht hierbei um die Warenverteilungsprozesse in einem Unternehmen. Erst wenn der Zielkunde die von ihm gewünschte Produktleistung in der richtigen Qualität und Quantität, zur richtigen Zeit am richtigen Ort in Besitz nehmen kann, ist der grundlegende, physische Distributionsvorgang für ein Unternehmen abgeschlossen.

Die folgende Abb. 5.33 zeigt exemplarisch ein Logistiksystem:

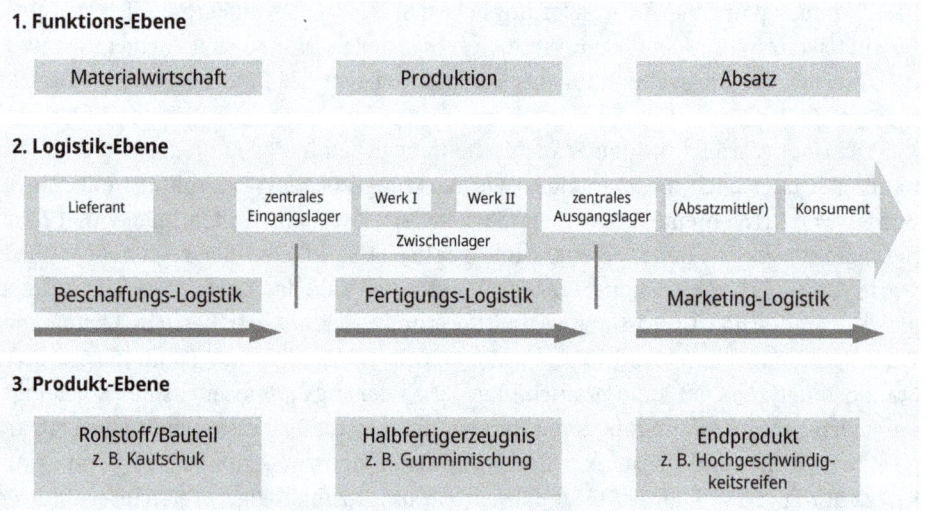

Abb. 5.33: Logistiksystem einer Unternehmung (Quelle: eigene Darstellung).

Die Marketinglogistik überbrückt räumliche und zeitliche Distanzen zwischen Produktbereitstellung (z. B. im zentralen Fertigwarenlager) und Produktübergabe bzw. -verwendung beim Endabnehmer und beschäftigt sich so als absatzbezogener Teilbereich der Unternehmenslogistik mit der Transformation der betrieblichen Leistungen vom Ort ihrer Entstehung bis hin zur Ablieferung bei den Kunden. Sie vervollständigt damit das Logistiksystem einer Unternehmung, dessen dem Absatz vorgelagerte Teilbereiche im Wesentlichen die Fertigungs- und Beschaffungslogistik sind. Das Logistiksystem steuert als integrierte Querschnittsfunktion alle Güter-, Waren- und Informationsprozesse eines Unternehmens über die klassischen Funktionsbereiche und ist Grundlage für ein effizientes Supply-Chain-Management einer Unternehmung.

Die physische Distribution umfasst mit den Komponenten Lieferbereitschaft, Lieferzuverlässigkeit und Lieferflexibilität eine Service-Dimension.

- Lieferbereitschaft kennzeichnet die Verfügbarkeit der Angebotsprodukte im Warenlager des Herstellers und ist die Basis für die Realisation von kurzen Lieferzeiten.
- Lieferzuverlässigkeit beinhaltet die art-, mengen- und zeitgerechte Belieferung der Kunden mit der bestellten Ware.
- Lieferflexibilität ist ein Maß für die Fähigkeit eines Unternehmens, sich an den Wünschen der Kunden auszurichten.

Der Lieferservice bezieht sich ausschließlich auf den körperlichen Aspekt von Warenbewegungen. Selbstverständlich schließen sich innerhalb einer konsequenten Marketingkonzeption und Zielgruppenbearbeitung weitere unternehmerische Absatzaufgaben wie z. B. Produkt-Zusatzleistungen, Absatzkredite, After-Sales-Services oder ganze Kundenbindungsprogramme an, die aber weitestgehend anderen Marketinginstrumenten (Produkt-, Kontrahierungs-, Kommunikationspolitik) zuzuordnen sind. In der heutigen Zeit mit hart umkämpften Absatzmärkten bietet allerdings gerade dieses Aktionsfeld der Distributionspolitik vielfache Chancen, Profilierungsmöglichkeiten zu entwickeln bzw. zu sichern und Präferenzen sowohl bei den Vertriebspartnern als auch bei den Endkunden zu etablieren. So kann beispielsweise ein durch modernste Logistiksysteme entstehender 24-Stunden-Lieferservice maßgebend die Kaufentscheidungen der Kunden beeinflussen.

Für Industrieunternehmen, die ihre Produktleistungen über mächtige Absatzmittler vertreiben, kann eine schlagkräftige Marketinglogistik existenziell sein. Handelspartner mit starker Marktstellung verlangen von ihren Lieferanten umfangreiche logistische Anstrengungen und drohen bei Nichterfüllung der geforderten Serviceleistungen mit der Auslistung der Produkte, was dann auch schnell zur Realität werden kann. Dies betrifft sowohl kleine und mittlere Unternehmen, die für die Handelsbetriebe Eigenmarken herstellen als auch Markenartikel-Konzerne, die Handelsorganisationen mit ihren Herstellermarken beliefern und/oder für diese Handelsmarken produzieren. Vor allem sind hier die Discounter zu nennen, denn wenn preisgünstige Waren des täglichen Bedarfs mit hohen Logistikanforderungen verbunden sind, haben die Logistikkosten einen großen Einfluss auf die Preisentscheidung. Der Kostenfaktor Logistik spielt auch bei sehr speziellen Produktkategorien wie Tiefkühlwaren (z. B. Eis) oder gefährlichen Gütern (z. B. chemische Gefahrenstoffe) eine große Rolle, da für Umschlags-, Transport- und Lagertätigkeiten besondere Vorkehrungen getroffen werden müssen.

Die Logistik hat in den letzten Jahren enorm an Bedeutung gewonnen und war in vielen Unternehmen eine große Potenzialquelle für Optimierungsmöglichkeiten und Produktivitätsreserven. Doch oft kommt es an dieser Stelle im Unternehmen zu Zielkonflikten, da die Marketinglogistik in entsprechender Ausführung auf der einen Seite eine gute Profilierungschance gegenüber dem Wettbewerb bietet, auf der anderen Seite aber hohe Kosten verursacht. Es gilt hier die Grundregel: Je stärker das Serviceniveau gesteigert wird, umso mehr nehmen tendenziell auch die relevanten Kosten zu. Mit Blick auf die Gewinn- und Rentabilitätsziele der Unternehmen muss eine optimale Lösung erarbeitet werden, mit der unter Berücksichtigung von externen und internen Faktoren ein möglichst hohes Lieferserviceniveau bei möglichst niedrigen Logistikkosten realisiert werden kann.

5.2.1 Teilbereiche der Marketinglogistik

Das Marketinglogistiksystem setzt sich aus vier Teilbereichen zusammen (Specht 1998, S. 92 ff.):
- Auftragsabwicklungssystem,
- Lagerhaltungssystem,
- Transportsystem,
- Verpackungssystem.

Auftragsabwicklungssystem
Die Auftragsabwicklung ist das Herzstück der Marketinglogistik, hier laufen alle Auftragsinformationen zusammen. Die Abwicklung umfasst alle Vorgänge rund um den Auftragsprozess (vgl. Abb. 5.34).

Alle relevanten Auftragsdaten, wie z. B. Mengen, Preise, Konditionen und kundenspezifische Auftragsangaben (Kundennummer, Lieferort, Anlieferzeiten usw.), sind Basis für die Abwicklung. Heutzutage erfolgt dieser Prozess computergestützt auf der Grundlage von entsprechenden Datenbanken, die im Sinne einer guten Serviceorientierung des Unternehmens stets gepflegt und aktualisiert sein müssen. Die Auftragsabwicklung ist für das Unternehmen eine Möglichkeit, um den reibungslosen Ablauf der physischen Distribution zu gewährleisten, und übernimmt dabei gleichzeitig eine Kontrollfunktion für die Marketinglogistik.

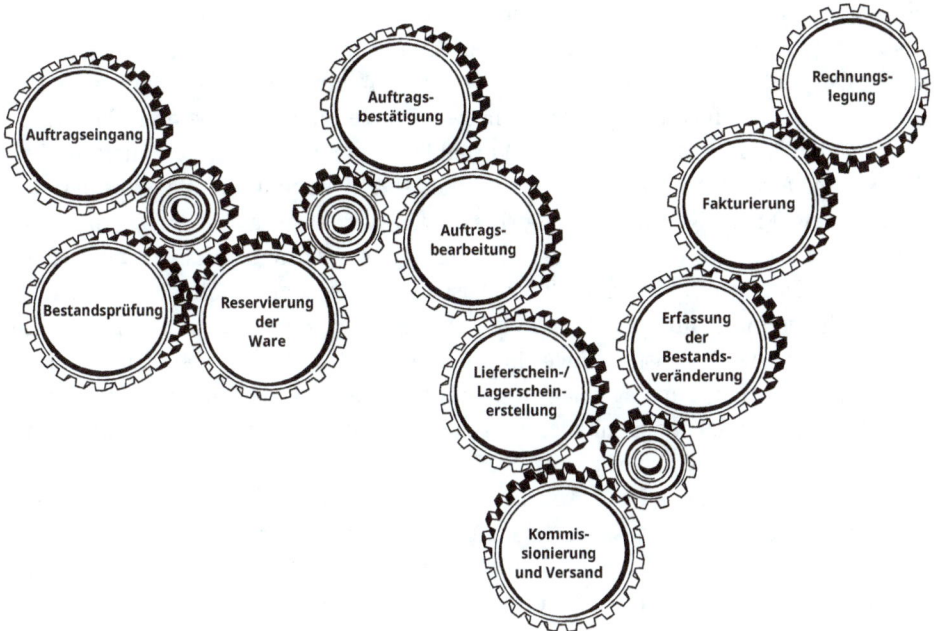

Abb. 5.34: Auftragsabwicklung (Quelle: eigene Darstellung).

Lagerhaltungssystem

Die Lagerhaltung nur aus dem Blickwinkel des Kostenaspekts zu betrachten, wäre zu einseitig und würde eine auf den Absatzmarkt gerichtete Sichtweise vermissen lassen. Moderne Lagerhaltungssysteme sind für viele Unternehmen eine Voraussetzung, um einen überzeugenden Lieferservice innerhalb der Distributionskette zu installieren und damit die Basis für eine logistische Serviceorientierung. Folgende mögliche Aufgaben der Lagerhaltung sind dem Absatzbereich zuzuordnen:
– Servicefunktion durch Bereitstellung eines konzept- und kundenspezifischen Produkt-/Absatzprogramms (z. B. bei Konsumgüterunternehmen),
– Servicefunktion durch den Aufbau eines kundennahen Regionallagersystems (z. B. durch Auslieferungslager),
– Produktivfunktion im Sinne der Bearbeitung und/oder Veredelung von Produkten (z. B. der Reifeprozess für hochwertige Weine und Spirituosen),
– Überbrückungsfunktion bei saisonalen Nachfrageschwankungen (z. B. der Mineralwasserkonsum im Sommer),
– Überbrückungsfunktion bei strukturellen Nachfrageveränderungen (z. B. ein Einbruch der Branchennachfrage),
– Überbrückungsfunktion bei Fehlern in der Absatzplanung (z. B. die Fehleinschätzung der Zielgruppennachfrage).

Innerhalb der Lagerhaltung für ein Unternehmen sind zwei Grundsatzentscheidungen zu treffen. Eine davon betrifft die Überlegung zur Zentralisation oder Dezentralisation, d. h., entweder mit einem Zentrallager oder mehreren dezentralen Lagern (Regionallager, Auslieferungslager) zu arbeiten. Im Vergleich der beiden klassischen Lagerarten hat das zentrale Lager den Vorteil, dass in der Regel die Lagerhaltungskosten (Summe aus direkten Lagerkosten und Kosten der Kapitalbindung eines definierten Zeitraums) niedriger sind und der Personaleinsatz wirtschaftlicher gestaltet werden kann. Dezentrale Lager sind zwar in der Tendenz kostenintensiver, bieten aber aus Absatzsicht den Vorteil, z. B. durch Auslieferungslager die Nähe zu den Kunden zu organisieren und auf diese Weise eine prompte und zuverlässige Belieferung dieser Kunden zu gewährleisten. Viele Unternehmen setzen heute unterschiedliche Ansätze (Mischformen) zur Lagerhaltung ein, um so je nach gewünschter Zielsetzung eine Optimierung der Möglichkeiten zu realisieren. Eine weitere Frage stellt sich im Hinblick darauf, ob die Lagerhaltung in Eigenregie (Eigenlagersystem) oder durch Anmietung von Lagerfläche (Fremdlagersystem) betrieben werden soll. Eigenlagersysteme haben den Vorteil, dass der gesamte Prozess der Lagerhaltung inklusive der Überwachung durch eigenes Personal vorgenommen wird. Nachteilig ist, dass hierdurch hohe Fixkosten verursacht werden. Fremdlagersysteme können je nach Bedarf eingesetzt werden und die anfallenden Kosten haben so einen stärkeren variablen Charakter. Nachteilig ist hier die geringere Einflussnahme auf den Prozess der Lagerhaltung und die Kontrolle des Lagerpersonals.

Mächtige Unternehmen nutzen ihre starke Marktposition oft, um die eigene Lagerhaltung zu reduzieren oder sogar ganz abzubauen. Sie delegieren die Lagerfunktion und auch die damit verbundenen Serviceleistungen auf ihre Zulieferer, die dann unter Berücksichtigung der eigenen Unternehmensziele (Gewinn/Rentabilität) den komplexen Balanceakt zwischen Leistungserfüllung und Kostenkontrolle in den Griff bekommen müssen. Gelingt dies dem Unternehmen nicht, kann das zum Verlust der Wettbewerbsfähigkeit bis hin zur Insolvenz führen.

Die bekannteste Form der Abkehr von der klassischen Lagerhaltung ist das Just-in-Time-Konzept, bei dem z. B. in der Automobilindustrie die Hersteller von ihren Lieferanten fertigungssynchron beliefert werden. Dieses Konzept wird in erster Linie in der Beschaffungslogistik angewandt, in dem die Anlieferung von Rohstoffen, Teilen und Komponenten zeitnah zum Einsatz in der Produktion erfolgt. Heute greifen die Automobilkonzerne meist wieder auf eine Lagerhaltung vor Ort zurück, die allerdings vom Lieferanten organisiert und bezahlt wird. Just-in-Time-Ansätze finden sich aber auch in der Marketinglogistik wieder, in dem z. B. Großhandelsorganisationen ihre Lieferanten „stand-by" halten. D. h., bei Auftragserteilung der Einzelhandelskunden gehen die Informationen über Warenwirtschafts- und sonstige Informationssysteme weiter zu den betreffenden Lieferanten, die dann schnellstmöglich für eine Auslieferung der Ware sorgen. Diese Auslieferungen können entweder als Lieferung auf das Zentrallager des Großhandelsunternehmens (Zentralgeschäft) oder als Direktbelieferung des Einzelhandelskunden (Streckengeschäft) erfolgen.

Transportsystem

Das Transportsystem ist eng verknüpft mit dem distributionspolitischen Ansatz eines Unternehmens. Die Transportprozesse überbrücken räumliche Distanzen, die in der physischen Distribution an das gewählte Absatzwegesystem und das aufgebaute Lagerhaltungssystem gebunden sind. Sie betreffen Warentransportleistungen vom Ausgangslager des Unternehmens zu den verschiedenen Stufen von Außenlagern und von diesen zu den Kunden bzw. deren Lagern. Bei der Entscheidung für das Transportgefüge eines Unternehmens ist zu berücksichtigen, dass das Transportsystem im Verbund mit den anderen Subsystemen der Marketinglogistik Auswirkungen auf die angestrebte Servicekomponente des Unternehmens hat.

Verpackungssystem

Die Verpackung hat verschiedene Funktionen innerhalb der physischen Distribution zu erfüllen:
- Schutz der Ware vor Beschädigung und Zerstörung,
- Sicherstellung der Transport- und Lagerfähigkeit,
- Übermittlung von Informationen über die Eigenschaften der Ware,
- Berücksichtigung ökologischer Aspekte im Transport und bei der Lagerhaltung,
- Bildung geeigneter Transport- und Lagereinheiten/Modulsysteme.

Der letztgenannte Punkt dient in erster Linie zur Erfüllung der Ziele zur Kostenoptimierung im Rahmen von Transport- und Lagervorgängen. So ist gerade die Konsumgüterindustrie durch immer neue Rationalisierungsanforderungen geprägt. Immer häufiger werden aufeinander aufbauende Modulsysteme gefordert. Diese Modulsysteme müssen den kompletten Distributionsweg des Endprodukts berücksichtigen.

Das in Abb. 5.35 beispielhaft dargestellte Anspruchsprofil an ein Distributions-Modulsystem verdeutlicht, wie vielschichtig die Anforderungen an ein solches System sind. Oft entstehen dabei Zielkonflikte im Unternehmen zwischen der Kostenorientierung im Hinblick auf die Preisbildung und der Marketingorientierung im Hinblick auf die Produktprofilierung. Diese Konfliktsituationen nehmen an Dynamik zu.

5.2.2 Re-Distribution

Zum Gesamtumfang der physischen Distribution einer Unternehmung gehören auch punktuelle und/oder generelle Rückholleistungen sowie Recyclingprozesse. Wie schon zu Anfang des Kapitels Distributionspolitik beschrieben, sollten Unternehmen einen logistischen Rückführungskreislauf (Re-Distribution) aufgebaut haben, um bei punktuellen Rückholleistungen, wie z. B. Rückrufaktionen eines fehlerhaften Produkts, eine schnellstmögliche Abwicklung und optimierte Wiedereinführung zu realisieren. Nur so

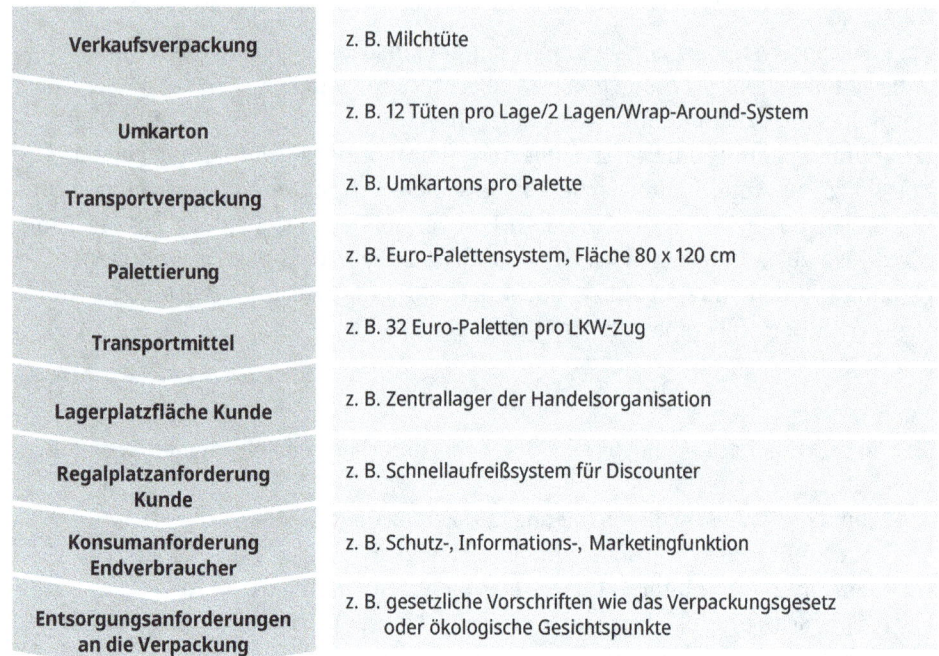

Abb. 5.35: Beispiel für ein Anspruchsprofil an ein Distributions-Modulsystem (Quelle: eigene Darstellung).

kann gewährleistet werden, dass ein einmaliger Produktfehler nicht zur Elimination des Produkts im Markt führt. Generelle Rückholleistungen sind vor allem von Unternehmen zu erbringen, die ihre Unternehmenslogistik an Mehrwegsysteme gekoppelt haben, wie es beispielsweise für die Getränkeindustrie zutrifft.

Letztlich gehört auch der Recyclingprozess für die Entsorgung und evtl. Wiederverwertung von Produkten und/oder deren Verpackung (beispielsweise Verkaufs- und Transportverpackungen) in das Aufgabenfeld der Marketinglogistik. Beispielsweise sind Elektroindustrie und Informationswirtschaft verpflichtet, die Verantwortung für die Abfallbeseitigung alter Elektro- und Elektronikgeräte zu übernehmen. Verbraucher können die alten Produkte – vom Fernseher über den PC bis zur Stereoanlage – gratis bei kommunalen Sammelstellen zurückgeben und die Industrie muss für deren Re-Distribution sowie für die Verwertung und Entsorgung der Teile bzw. Materialien sorgen. Die Rücknahmepflicht betrifft auch Anlagen und Geräte, die vor Inkrafttreten des Gesetzes verkauft wurden und sich keinem Hersteller zuordnen lassen. Unter Betrachtung des produktpolitischen Aspekts ergibt sich für die angesprochenen Industrieunternehmen durch den angegliederten Recyclingprozess eine definitive Erweiterung des klassischen Produktlebenszyklus, die auf der einen Seite zwar die Kostenseite und damit die Gesamtrentabilität eines Produkts beeinflusst, auf der anderen Seite aber wiederum eine Serviceleistung der Unternehmen dokumentiert. Darüber hinaus beeinflusst dieser nachgelagerte Recyclingprozess bereits im Vorfeld die Entwicklung, Herstellung sowie Vermarktung und damit den gesamten Produktlebenszyklus dieser Produkte.

6 Kommunikationspolitik

6.1 Unique Advertising Proposition und Unique Communications Proposition

Schon seit Jahrzehnten existiert im Marketing neben dem strategisch geprägten Ansatz der Unique Selling Proposition (USP) (vgl. Kapitel IV 3.3) eine kommunikationspolitisch orientierte Alleinstellungsebene, die als Unique Advertising Proposition (UAP) bezeichnet und hier als Einstieg in die Kommunikationspolitik verwendet wird.

Die Unique Advertising Proposition konzentriert sich bei der auf gesättigten Märkten häufig anzutreffenden Austauschbarkeit des Produkts auf eine ausschließlich werbliche alleinstellende Positionierung. Es handelt sich um eine rein kommunikative Technik für ein wenig oder gar nicht differenziertes Produkt, das durch die werbliche Umsetzung in der Meinung der Zielgruppe den Rang einer früher möglichen Unique Selling Proposition erlangt. Ausschlaggebend ist nicht die durch die Produktleistung bewirkte, natürliche oder konstruierte Alleinstellung (USP), sondern die durch die Werbungsleistung erzeugte, emotionale Alleinstellung (UAP) in der Vorstellung der Zielpersonen (Relevant Set). Zwei historisch prägnante Beispiele für erfolgreiche Umsetzungen von Unique Advertising Propositions sind die Weltmarken Bacardi und Marlboro.

Bacardi, eine Marke des Familienunternehmens Bacardi & Company, ist seit Jahren eine der erfolgreichsten Spirituosen der Welt. Anfang der 1970er-Jahre war sie noch ziemlich unbekannt. Die Markenverantwortlichen beschlossen deshalb eine intensive und langfristig angelegte Werbekampagne. Der Inhalt dieser Kampagne war allerdings nicht der einzigartige Produktvorteil. Dieser konnte und kann auch heute bei Bacardi nicht gefunden werden, denn Bacardi ist nur ein Rum-Verschnitt. Das Kernprodukt Bacardi weißer Rum liegt auf der niedrigsten Rum-Qualitätsstufe, die z. B. bei guten Barkeepern als Zutat für Longdrinks vollkommen tabu ist, und bot daher von Anfang an weder einen Ansatzpunkt für eine natürliche noch für eine konstruierte Unique Selling Proposition. Übrigens lässt sich daher auch erklären, dass Bacardi weißer Rum überwiegend mit Cola gemischt getrunken wird, was bei hochwertigen Spirituosen unter Kennern undenkbar ist.

Die Bacardi-Familie musste daher für ihre Vermarktungskampagne einen völlig anderen Ausgangspunkt wählen. Rum wird zwar in vielen Ländern hergestellt, aber die Qualität eines echten Jamaika-Rums ist wohl kaum zu übertreffen. Das Geschick bei Bacardi lag nun in der schlüssigen Positionierung der Marke hin auf die Erlebniswelt und das Lebensgefühl der Karibik. Diese Erlebnispositionierung wurde vom Unternehmen mit sehr guten Kampagnen und dem entsprechenden Werbedruck kontinuierlich auf- und ausgebaut. Die Werbekampagnen sind über die Jahre hinweg konsequent aktualisiert worden, allerdings wurde dabei stets darauf geachtet, dass sie weiterhin die karibische Lebenslust transportieren. Auf diese Weise konnte das berühmte „Bacardi-Feeling" entstehen, das der Erlebnisprofilierung mittlerweile seinen Namen gibt und innerhalb der Zielgruppe als Symbol für die Karibik gilt. Diese besteht aus jungen Frauen und Männern im Alter von 18 bis 39 Jahren, wobei die Kernzielgruppe die 18- bis 24-Jährigen sind. So ist eine Unique Advertising Proposition entstanden, die den Erfolg der Marke Bacardi begründet und auch weiterhin erfolgreich zur (werblichen) Differenzierung des Produkts angewendet wird.

Marlboro, eine Marke des internationalen Tabakkonzerns Philip Morris, ist seit Mitte der 1970er-Jahre die Zigarette Nummer Eins in der Welt. Die von Philip Morris 1885 erstmals in London verkaufte und nach dem Earl of Marlborough benannte Zigarettenmarke wurde 1924 unter dem vereinfachten, heute weltweit bekannten Namen in den USA eingeführt. Damals war Marlboro ausschließlich auf das weibliche Geschlecht ausgerichtet und wurde mit einem rosa Filterende (damit der Lippenstift der Frauen nicht zu sehen war) unter dem Slogan „Mild as May" angeboten. In den 1950er-Jahren expandierte der Teilmarkt für Filterzigaretten stark, aber Marlboro konnte davon nicht profitieren und verkaufte sich zunehmend schlechter. Zu dieser Zeit erfolgte die bis 2012 gültige Umpositionierung hin auf die Erlebniswelt und die Abenteuerromantik des Wilden Westens. Elementarer Bestandteil der Vermarktungskampagnen war der Cowboy als Symbol für das authentische und romantische Image des Wilden Westens. Der Markenerfolg von Marlboro war geprägt von dieser Erlebnispositionierung und von dem jahrzehntelangen konsequenten Festhalten der Markenverantwortlichen an dieser Unique Advertising Proposition. Auch bei Marlboro war eine Unique Selling Proposition nicht machbar, denn das Kernprodukt Zigarette ist generell problematisch. Einerseits ist die Zigarette ein Paradebeispiel für ein austauschbares Produkt und andererseits auch noch nachgewiesen gesundheitsschädlich.

Unverständlich war zunächst der Versuch im Jahre 2012 durch die sogenannte „Maybe"-Kampagne der Marke Marlboro ein neues Profil zu geben. Das etablierte Markenimage wurde zugunsten eines jüngeren, erfolgsorientierten Profils geopfert. Da dieses von renommierten Medizinern als Verführung von Jugendlichen zum Rauchen kritisiert wurde, verfehlte die Umpositionierung anfangs ihre Wirkung und sorgte zudem noch für negative Publicity. Dennoch setzte Philip Morris seine Imagekampagne „Don't be a Maybe. Be Marlboro" nach einer kurzen Denkpause Ende des Jahres 2012 mit neuen Bildmotiven und Headlines fort.

Wie die genannten Beispiele zeigen, kann für ein austauschbares Produkt durch konsequente Werbeanstrengungen ein unverwechselbares Erlebnisprofil (Erlebniswelt) verbunden mit der entsprechenden Marke entwickelt und aufgebaut werden. Erste Prämisse ist aber: Das gewählte Erlebnisprofil muss für die Zielgruppe relevant sowie stimulierend sein und diese langfristig ansprechen. Dieses Erlebnisprofil darf zweitens noch nicht von einem Wettbewerber in ähnlichen Ansätzen benutzt bzw. durch diesen vollständig besetzt sein. Berücksichtigt das Unternehmen beide Prämissen, entsteht eine einzigartige Erlebnisprofilierung, die eine deutliche Abgrenzung zu Wettbewerbsmarken ermöglicht.

Der Begriff Unique Advertising Proposition zielt mit dem Wort Advertising auf die klassische Werbung als Mittel zur Positionierung und Profilierung des Angebots und hat damit, wie in den vorgenannten Beispielen erläutert, zwar seine grundsätzliche Bedeutung, diese lässt jedoch immer mehr nach. Sicherlich war bis in die 1980er-Jahre die Werbung das zentrale Element zur Durchsetzung von Marketing- und Kommunikationszielen. Seit dieser Zeit wird aber der klassischen Werbung im explodierenden Werbeumfeld angesichts einer massiven Zunahme von beworbenen Marken und dem entsprechenden Anstieg von Werbemedien und Werbemitteln eine nachlassende Wirkung bestätigt. Die Rahmenbedingungen haben sich durch die ansteigende Reizüberflutung erheblich geändert, sodass von einer Informationsüberlastung (Information Overload) durch die Werbung ausgegangen wird. Diese Bedingungen betreffen aber die Kommunikationsanstrengungen bei der USP genauso. Schon 1987 ermittelte das Institut für Konsum- und Verhaltensforschung in Saarbrücken unter der Leitung von Kroeber-Riel durch eigene empirische Untersuchungen, dass der Anteil nicht beachteter Botschaften/Informationen an den tatsächlich ausgesendeten Botschaften/Informationen in Deutschland 95 % beträgt (Kroeber-Riel/Esch 2000, S. 13). Zudem ist es unstritten, dass eine unverwechselbare Markenprofilierung in gegenwärtigen Marktsituationen nur durch das konzeptionell schlüssige und integrierte Zusammenspiel aller Marketing- und Kommunikationsinstrumente erreicht werden kann. Mittlerweile wird in diesem Zusammenhang häufiger der Begriff Unique Communications Proposition (UCP) verwendet, der nach Ansicht der Autoren als Weiterentwicklung der UAP aufzufassen ist. Als Erweiterung der auf der klassischen Werbung basierenden UAP beinhaltet die UCP eine Betrachtung der Gesamtkommunikation von Erlebniswelten als Positionierungsvorteil.

6.2 Bedeutung der Kommunikationspolitik

Bisher wurden innerhalb des Marketingmix die Produkt-/Unternehmensleistung (Angebotsnutzen), die Preise und Konditionen dieser Leistung (Angebotsbedingung) sowie die Distributionsleistung (Angebotspräsenz) betrachtet. Die Kommunikationsleistung (Angebotsprofilierung) besteht als vierter integraler Marketingmix-Faktor darin, einerseits das funktionale Leistungspaket der Unternehmung als rationale Information auf den Absatzmarkt gerichtet zu kommunizieren und andererseits dieses zusätzlich mit emotionalen Komponenten anzureichern. Nur durch die Kombination von kognitiv-argumentativen und affektiv-visualisierten Komponenten wird es gelingen, das vollständige Leistungspaket einer Unternehmung eindeutig im Markt zu positionieren und deutlich gegenüber dem Wettbewerb zu differenzieren. Die Kommunikationspolitik übernimmt in Wechselbeziehung mit den anderen Marketingmix-Faktoren diese wichtigen Basisaufgaben:

Marken-/Produktpolitik
- Grundlage für eine Marken-Positionierung,
- Kommunikation eines Produktnutzens,
- Auf-, Ausbau und Aktualisierung einer Marke,
- Präsentation einer Produktinnovation unter Auflösung möglicher Marktwiderstände,
- Vorstellung einer Produktvariation, Produktdifferenzierung oder eines Produktrelaunchs,
- Steuerung einer gezielten Produktelimination,
- Erläuterung eines Verpackungskonzepts,
- Darstellung einer Serviceleistung.

Kontrahierungspolitik
- Basis für die Festlegung des Preisniveaus von Markenprodukten (Premium-/Präferenz-Preisstellung),
- Begründung bzw. Rechtfertigung des Endpreises,
- Bekanntmachung bzw. Rücknahme von Preisaktivitäten (z. B. Einführungspreise, Ausverkaufspreise, Rabattaktionen, indirekte Preisreduzierungen),
- Einsatz zur Konzept-Differenzierung im Rahmen der Niedrigpreispolitik (z. B. Kommunikationskampagnen von Discountern).

Distributionspolitik
- Nachfrageaktivierung für den Einzelhandel (Pull-Effekt),
- Argumentationsunterstützung im Rahmen von Push-Konzepten,
- Konzept-Präsentation bei vertraglichen Vertriebssystemen (z. B. Franchisesysteme).

Die beste Marketingkonzeption mit optimal aufeinander abgestimmter Produkt-, Kontrahierungs- und Distributionspolitik nutzt wenig, wenn die relevanten Marktteilnehmer bzw. die definierten Zielpersonen nicht oder in zu geringem Umfang davon erfahren, kein Interesse dafür entwickeln, sich nicht rational sowie emotional angesprochen fühlen und zu guter Letzt das Produkt oder die Dienstleistung logischerweise nicht erwerben. Die Kommunikationspolitik wird deshalb oft als das Sprachrohr des Marketings bezeichnet.

6.3 Kommunikationswirkung und Kommunikationsprozess

Die angestrebte Kommunikationswirkung lässt sich durch das AIDA-Modell von Lewis aus dem Jahr 1898 verdeutlichen:
A = Attention (Aufmerksamkeit erregen),
I = Interest (Interesse wecken),

D = Desire (Wunsch erzeugen),
A = Action (Kaufhandlung auslösen).

Nur wenn die Zielperson den für sie konzipierten Werbespot eines Unternehmens wahrnimmt, der Inhalt des Spots sie interessiert, die Botschaft bei ihr ein relevantes Bedürfnis anspricht und gleichzeitig in ihr den Wunsch nach dem Produkt weckt, besteht die Chance, dass diese Person das beworbene Produkt auch kauft. Gelingt es nicht, diese Wirkungskette zu erzielen, die mit dem Kauf des Produkts endet, mag der beispielhaft angesprochene Spot vielleicht noch als vom Unternehmen bezahlte Unterhaltung gewertet werden können, er ist aber keine Werbung und hat definitiv seine Zielsetzung verfehlt.

Die Kaufwirkung muss nicht unbedingt sofort einsetzen, aber egal ob das Kaufziel kurz-, mittel- oder langfristig angestrebt wird, letztlich ist es immer ein abschließendes Ziel der Kommunikation mit der Zielperson. Es wird daher auch die direkte und indirekte Beeinflussung des Kaufverhaltens unterschieden.

Eine direkte Beeinflussung des Kaufverhaltens findet dann statt, wenn ein Verbraucher unmittelbar dazu motiviert wird, ein bestimmtes Produkt zu kaufen. Der Konsument vollzieht den Entscheidungsprozess zum Kauf des Produkts innerhalb einer kurzfristigen Zeitspanne. Ausgelöst wird dieser Prozess durch Impulse und Anstöße, wie beispielsweise:
- Die Vorführung oder Party im Wohnungsbereich des Kunden, wie sie im Direktvertrieb charakteristisch ist (z. B. Thermomix),
- die emotional anregende und einladende Schaufensterdekoration eines Einzelhandelsgeschäfts,
- der Duft frischer Ware, wie es in Bäckereien oder Kaffeebars üblich ist,
- die Probier- oder Präsentationsaktion im Handelsgeschäft (auch als Point-of-Sale (PoS)-Maßnahme bezeichnet),
- der Werbespot im Vorspann bzw. in der Pause einer Kinovorstellung oder eines Konzerts,
- die Bannerwerbung, die in direkter Verbindung mit dem Produktangebot steht
- die Produktempfehlung im Onlineshop (z. B. bei Amazon).

Eine indirekte Beeinflussung des Kaufverhaltens findet dann statt, wenn ein Verbraucher mittelbar dazu motiviert wird, ein bestimmtes Produkt zu kaufen. Der Konsument vollzieht den Entscheidungsprozess zum Kauf des Produkts in einer mittel- oder sogar langfristigen Zeitspanne. Die prozessauslösenden Impulse und Anstöße benötigen eine längere Wirkungsdauer; beispielsweise:
- wird im Rahmen einer erfolgreichen Einführungskampagne durch das Wahrnehmen und Verarbeiten einer entsprechenden Anzahl eines Werbespots durch die Zielperson eine Aktivierung und eine positive Einstellung derselben zum neuen Produkt erzielt. Erst jetzt kann als logische Konsequenz der Erstkauf der Produktneuheit erfolgen.

- wird durch Maßnahmen der Öffentlichkeitsarbeit das Unternehmen als Ganzes dargestellt. Dieses baut so über Jahre hinweg Vertrauen auf, und wenn im Zielpublikum eine positive Einstellung (Goodwill) gegenüber dem Unternehmen vorhanden ist, wird es zu verstärkten Kaufhandlungen kommen, die auf die PR-Arbeit zurückzuführen sind.

Der Kommunikationsprozess lässt sich kurz und knapp anhand der Kommunikationsformel von Lasswell (1967) erläutern:
- Wer (Kommunikator: Unternehmen, Organisation),
- sagt was (Botschaft),
- über welchen Kanal (Werbeträger, Verkäufer),
- zu wem (Kommunikant: Zielperson, Zielgruppe, Marktteilnehmer),
- mit welcher Wirkung (Kommunikationserfolg: Einstellungen, Image, Kauf).

Eine Kommunikation ist dann erfolgreich zu Stande gekommen, wenn der Empfänger (Kommunikant) die übermittelte Botschaft (Stimulus) aufnimmt, begreift und im Sinne der Zielsetzung weiterverarbeitet, wobei der Grad der Zielerreichung davon abhängig ist, inwieweit der Kommunikationsprozess störungsfrei abläuft. Idealerweise wird die erfolgte Informationsverarbeitung dem Sender (Kommunikator) schnellstmöglich in einer Rückmeldung (Reaktion) erkennbar. Beispielsweise führt ein Unternehmen im Rahmen seines Direktmarketings eine Mailing-Aktion per Briefversand durch. Die im Mailing enthaltenen Informationen (Stimuli) werden so zur Zielgruppe kommuniziert und können z. B. über ein Antwortschreiben (Reaktion) zurückgekoppelt werden. Die Unternehmung kann auf diese Weise die Wirkung ihrer Kommunikation (Response) relativ schnell messen und somit den Erfolg der Aktion bewerten. Hätte das Unternehmen diese Aktion über einen E-Mail-Versand im Internet organisiert, wäre die Rückkopplung sogar noch schneller möglich gewesen.

Die Abb. 5.36 zeigt den gesamten Marketingkommunikationsprozess im Überblick.

Marktstudien haben hinreichend bewiesen, dass die Konsumenten in vielen Konsumgüterkategorien nur zwei bis vier Marken spontan nennen können. Um zu diesen Marken zu gehören, die Verbraucher innerhalb einer Produktkategorie in ihren Köpfen (Relevant Set) gespeichert haben, müssen diese eine Top of Mind Awareness erzielen. Dieses bedeutet aber nur, dass eine Vorentscheidung zugunsten dieser Marken von den Konsumenten im Zielmarkt vorgenommen wird, ohne dass eine bestimmte Kaufentscheidung ansteht. Damit die einzelne Marke von der relevanten Zielgruppe auch gekauft wird, bedarf es einer eindeutigen Positionierung dieser Marke. Damit diese Positionierung auch die Zielpersonen erreicht, ist eine ebenso eindeutige Kommunikationsstrategie zwingend notwendig.

Ungezählte Misserfolge in der Kommunikationsrealität machen deutlich, wie diffizil es ist, eine Botschaft so zu kreieren (codieren), dass sie problemlos, prompt und vor allem präzise von den Zielpersonen entschlüsselt (decodiert) werden kann. Kro-

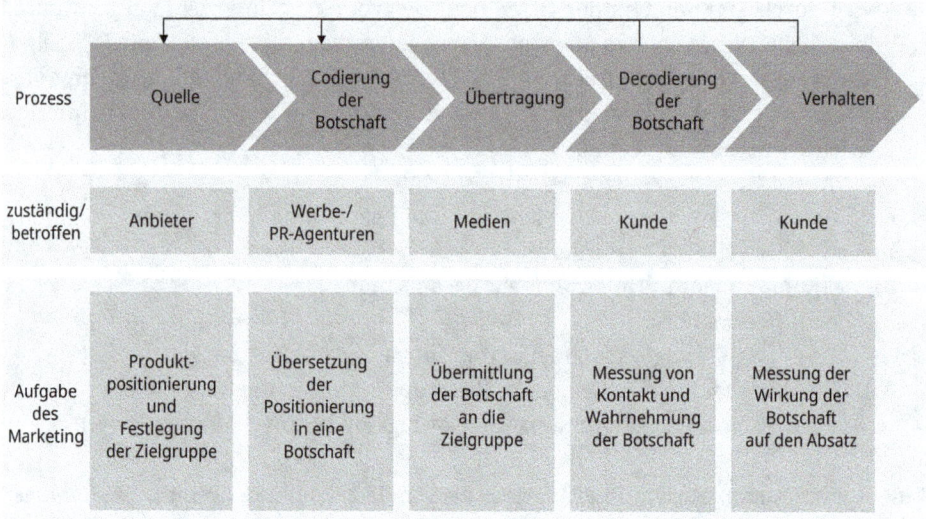

Abb. 5.36: Marketingkommunikationsprozess (Quelle: eigene Darstellung in Anlehnung an Scharf/Schubert 2001, S. 218).

eber-Riel (1990) prägte in diesem Zusammenhang die Forderung nach der Reduktion von Komplexitäten. Diese Forderung resultiert aus der bereits im Vorfeld angesprochenen Informationsüberlastung durch die Werbung und der daraus abgeleiteten ca. 5-%-Chance der korrekten und vollständigen Informationsübermittlung.

Die Reduktion von Komplexitäten bedeutet für die Kommunikationsstrategie eines Unternehmens,
- dass diese auf einen wesentlichen Inhalt fokussiert ist und
- in der Konsequenz auf eine Botschaftsdimension beschränkt wird,
- die für die beworbene Marke authentisch ist und
- so eine eigenständige Positionierung dieser Marke möglich macht,
- wobei diese Positionierung langfristig aufgebaut und genutzt wird.

Nur so kann es gelingen, die Marke in den Köpfen und Herzen der Zielgruppe zu verankern und zugleich positive Impulse im Hinblick auf das Kaufverhalten dieser Personen für die Marke auszulösen. Ein schneller Wechsel von Kommunikationskampagnen („Kampagnen-Hopping") und der darin enthaltenen Botschaft für eine Marke, wie es von manchen Unternehmen betrieben wird, führt nicht zu einer erfolgreichen Markenkommunikation. Oft meinen gerade Markenverantwortliche, die neu in ein etabliertes Unternehmen eintreten, unbedingt sofort Akzente setzen zu müssen. Aber auch Unternehmen mit bestehendem Marketingteam nutzen gerne Änderungen in der Kommunikation, um damit Aktivität zu zeigen, wenn die angestrebten Kommunikationsziele nicht schnellstmöglich erreicht werden. Dabei ist nichts einfacher, als der gegenwärtigen Markenkommunikation eine neue Richtung zu geben. Vielfach erfolgt dieser Schritt aber als reiner Aktionismus und ohne eine Analyse, wie viel Markenwert durch die bisherige Kommunikation aufgebaut wurde und welche Teile davon durchaus in Zukunft erhalten bleiben sollten. Markenwert bedeutet an dieser Stelle die durch die bisherige Kommunikation in der Zielgruppe aufgebauten Imagedimensionen der Marke. Werden einige dieser Dimensionen in der zukünftigen Markenkommunikation nicht mehr gepflegt, ist deren Aufbau sinnlos gewesen und zusätzlich ist das in den Aufbau investierte monetäre Kapital ohne bleibenden Effekt verpufft, sodass Kapital im doppelten Sinne vernichtet wird. Natürlich muss eine Markenkommunikation zu gegebener Zeit aktualisiert und unter Umständen auch neu ausgerichtet werden. Dies sollte aber nur dann geschehen, wenn im Unternehmen gesicherte Erkenntnisse aus der Marktforschung vorliegen, dass diese Änderung notwendig ist und somit ziel- und strategiegerichtet durchgeführt werden kann.

Eine emotionale Beeinflussung der Zielpersonen lässt sich maßgeblich über Bilder erreichen. Es wird hier aus diesem Grunde auch von der Dominanz der Bildinformation gesprochen, wobei damit der konsequente Einsatz von Bildkommunikation in der Werbung gemeint ist (vgl. Kapitel II 2.2.1.1). Kroeber-Riel (1990) stellte in diesem Kontext den Anspruch auf, die Wirkung von Bildern zusätzlich dadurch zu verstärken, dass die Kommunikation einer Marke durch ein zentrales Bildelement geprägt ist. Ein solches Bildelement bezeichnete er als visuelles Präsenzsignal oder Key Visual (Schlüsselbild). Die Zielsetzung ist dabei, ein inneres Bild über die Marke in den Köpfen der Zielgruppe zu verankern. Gelingt es, diesen Anker zu setzen, hat das Unternehmen eine Kommunikationsbasis geschaffen, die den Informationstransfer entscheidend erleichtert und zugleich die emotionale Bindung an die Marke verstärkt. Auf diese Weise wird die Positionierung einer Marke aussichtsreich unterstützt. Zwei Beispiele für visuelle Präsenzsignale sind die lila Kuh von Milka und das grüne Schiff von Beck's. Beide Bildelemente werden seit vielen Jahren erfolgreich in der jeweiligen Kommunikation als Schlüsselbild eingesetzt und damit konsequent als Erkennungs- und Erinnerungssymbol für die Marke genutzt.

Der Einsatz von visuellen Präsenzsignalen in der Kommunikation hat noch einen weiteren fundamentalen Vorteil. Die Aktualisierung der Markenkommunikation ist wesentlich einfacher zu realisieren. Während das Schlüsselbild das konstante Element in der Kommunikationsstrategie darstellt und so die Kontinuität für die Marke sicherstellt, kann durch den integrativen Einbau veränderbarer Elemente neueren Entwicklungen Rechnung getragen werden. Hierdurch ist eine Anpassung der Kommunikation ohne einen wesentlichen Verlust des vorhandenen Markenwerts möglich.

6.4 Ziele der Kommunikationspolitik

Die Ziele der Kommunikationspolitik sind Instrumentalziele, die im Einklang mit den weiteren Zielen des Marketinginstrumentariums (Produkt-, Kontrahierungs- und Distributionspolitik) als Unterziele ihren Beitrag zur Konkretisierung sowohl der ökonomischen als auch der psychologischen Marketingziele leisten (Mittel-Zweck-Beziehung). Sie befinden sich auf der dritten Stufe des Zielsystems einer Unternehmung (vgl. Kapitel III). Wie in jedem Instrumentalbereich müssen auch die Ziele der Kommunikationspolitik zu instrumentellen Teilzielen aufgegliedert werden, die wiederum eine Konkretisierung der Ziele des Instrumentalbereichs Kommunikation bewirken (erneute Mittel-Zweck-Beziehung). Instrumentelle Teilziele befinden sich auf der vierten Stufe des Zielsystems einer Unternehmung und können wie folgt unterschieden werden: Werbeziele, Verkaufsförderungsziele, Ziele der Public Relations, Ziele des persönlichen Verkaufs, Direktmarketingziele, Sponsoringziele, Ziele des Product Placement, Ziele des Event-Marketings, Ziele des Guerilla-Marketings, Ziele des Internetmarketings.

Der vielschichtige Zusammenhang von Zielstrukturen lässt sich an dem folgenden Beispiel verdeutlichen. Die Ausgangsbasis ist ein Unternehmen, das für seine Marke X eine stringente Zielplanung für das kommende Jahr entwickelt hat, um den bisherigen Erfolg der Marke weiter voranzutreiben:

Marketingzielebene
1. Ökonomisches Marketingziel: Absatzsteigerung der Marke X zum Ende des nächsten Jahres um 3 % im Vergleich zum Vorjahr.
2. Psychologisches Marketingziel: Erhöhung des gestützten Bekanntheitsgrads der Marke X von 78 % auf 85 % in der Zielgruppe bis zur Mitte des nächsten Jahres.

Instrumentalzielebene Kommunikation
1. Ökonomisches Kommunikationsziel: Unterstützung des gleichlautenden Marketingziels einer Absatzsteigerung der Marke X zum Ende des nächsten Jahres um 3 % im Vergleich zum Vorjahr.
2. Psychologisches Kommunikationsziel: Verbesserung der Top of Mind Awareness der Marke X von Position 2 auf 1 bei den Zielpersonen bis Mitte des nächsten Jahres durch weitere Implementierung des gewählten Erlebnisprofils.

Instrumentelle Teilzielebene Werbung
1. Ökonomisches Werbeziel: Erreichung von 80 % aller Personen aus der Zielgruppe (Reichweite) mit durchschnittlich 10 Kontaktchancen (Frequenz) im relevanten Zeitraum.
2. Psychologisches Werbeziel: Steigerung des ungestützten Bekanntheitsgrads des die Werbekampagne prägenden visuellen Präsenzsignals von 48 % auf 55 % und Verbesserung der Zuordnung des visuellen Präsenzsignals zur Marke X von 82 % auf 90 % im relevanten Zeitraum.

Ergänzend zu der Zielformulierung ist es für die konzeptionelle Vervollständigung dieses Beispiels wesentlich, auch die entsprechende Strategie auf jeder Ebene aufzuzeigen. Im Beispiel hat das Unternehmen sich für folgende Strategietypen als Grundrichtung für die Zielerreichung auf der entsprechenden Ebene entschieden:

Marketingstrategie
– Klassische Markenartikelstrategie (Präferenzstrategie) für die Marke X.

Kommunikationsstrategie
– Erlebnisprofilierung der Marke X im Rahmen der definierten emotionalen Positionierung unter Einsatz des ausgesuchten visuellen Präsenzsignals mittels Integrierter Kommunikation (vgl. Kapitel V 6.8.2).

Werbestrategie
– Einsatz der reichweitenstarken Basismedien Fernsehen und Publikumszeitschriften unter besonderer Berücksichtigung einer hohen Eindrucksqualität bei der Mediaselektion und Verknüpfung dieser Medien mit dem Internetmarketing im Sinne der Cross-Media-Kommunikation (vgl. Kapitel V 6.8.3).

Zusätzlich bleibt anzumerken, dass im Beispiel aus Vereinfachungsgründen nur Werbung als Instrument der Kommunikationspolitik dargestellt ist. In der Praxis werden auf dieser Ebene von Unternehmen meist Kommunikationspakete (z. B. bestehend aus Werbe-, Verkaufsförderungs-, PR- und Internet-Maßnahmen) geschnürt, um die festgelegte Kommunikationszielsetzung zu realisieren. Darüber hinaus sollte in der Unternehmenspraxis neben der Kommunikationspolitik auch der Einsatz der anderen Marketinginstrumente (Produkt-, Kontrahierungs- und Distributionspolitik) im Sinne einer ganzheitlichen Betrachtung die Erreichung der Marketingzielsetzung konsequent unterstützen.

Der gesamte Prozess der Kommunikationssteuerung und regelung in einem Unternehmen lässt sich idealtypisch durch den Regelkreis der Marktkommunikation veranschaulichen (vgl. Abb. 5.37).

6.5 Push- und Pull-Konzept

Wenn ein Unternehmen vor der Frage steht, welche Instrumente mit welcher Gewichtung das für die Erreichung der Kommunikationsziele sinnvollste Maßnahmen-Paket beinhalten soll, ist die gewählte Basisstrategie der Unternehmung die entscheidende Vorstufe für die Beantwortung dieser Frage. Ist die Basisstrategie, wie im vorhergehenden Beispiel gewählt, eine Präferenzstrategie, gilt es diese in eine entsprechende Kommunikationsstrategie zu überführen. In dem Beispiel entschied sich das Unternehmen an dieser Stelle für eine Erlebnisprofilierung im Rahmen der emotionalen

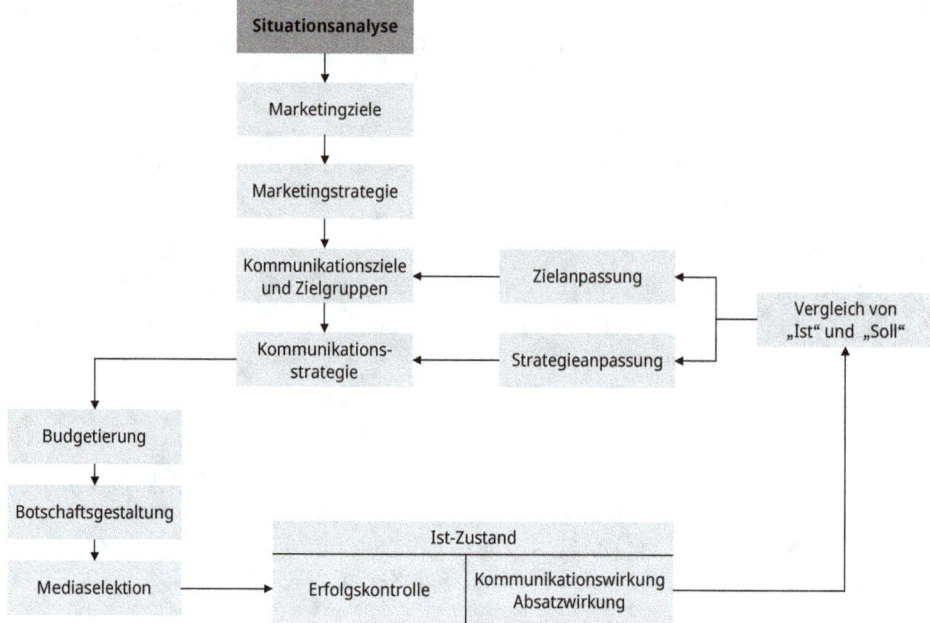

Abb. 5.37: Regelkreis der Marktkommunikation (Quelle: eigene Darstellung in Anlehnung an Meffert 2000, S. 688).

Positionierung der Marke. Bevor nun die kommunikationspolitischen Instrumente zielgerichtet und strategiekonform ausgewählt werden können, ist als weitere Zwischenstufe festzulegen, ob das Maßnahmen-Paket eher einen Push- oder Pull-Effekt im Zielmarkt bewirken soll. In diesem Zusammenhang wird in der Kommunikation auch vom Push- oder Pull-Konzept gesprochen. Ist hier eine Entscheidung getroffen worden, lassen sich nun die Kommunikationsinstrumente konzeptgerecht bestimmen und zu einem bestmöglichen Paket zusammenstellen. Die Abb. 5.38 stellt den Push- und Pull-Effekt anschaulich dar.

Beim Push-Konzept legt das Unternehmen innerhalb der Kommunikationspolitik einen starken Akzent auf alle diejenigen Maßnahmen, die seine Handelspartner motivieren sollen, das Markenprodukt in ihr Sortiment aufzunehmen und dieses in den Geschäftsräumen der angeschlossenen Handelsbetriebe in Richtung auf den Endabnehmer konzeptadäquat (z. B. durch optimale Regal- und/oder Sonderplatzierungen) zu präsentieren. Typisch für einen solchen konzeptionellen Ansatz sind Hinein- und Abverkaufsmaßnahmen der Verkaufsförderung. Zur Abrundung des Konzepts sollten (als Motivationsanreiz) oder müssen (als Reaktion auf die Machtposition des Handels) auch Maßnahmen aus den anderen Instrumentalbereichen, wie z. B. im Rahmen der Kontrahierungspolitik besondere Konditionen, einbezogen werden. Hier sind insbesondere Listungszahlungen und Aktionsrabatte vorstellbar.

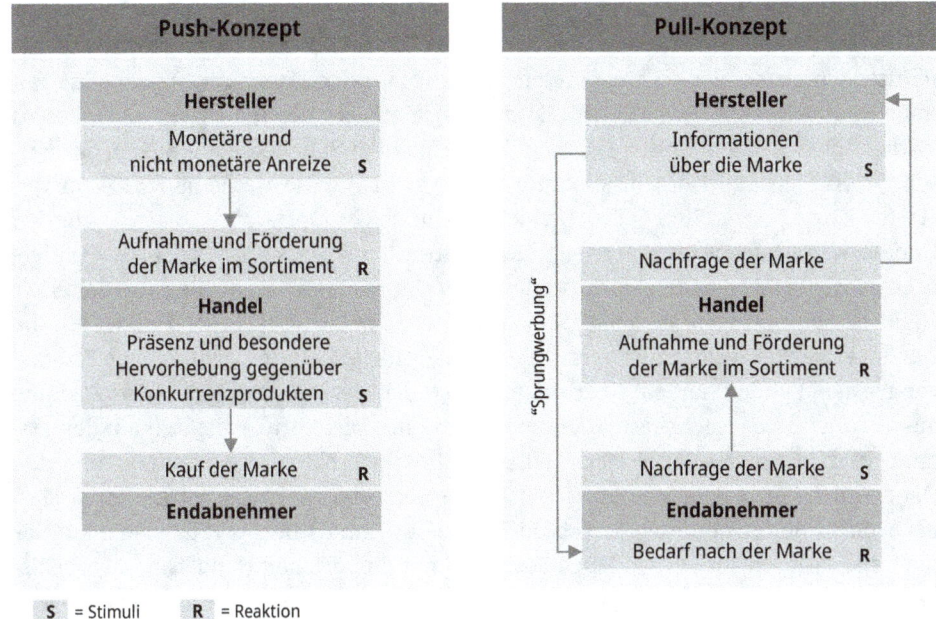

Abb. 5.38: Push- und Pull-Konzept (Quelle: eigene Darstellung in Anlehnung an Meffert 2000, S. 648).

Beim Pull-Konzept richtet das Unternehmen seine Kommunikationspolitik stärker akzentuiert auf alle diejenigen Maßnahmen aus, die den Endverbraucher mobilisieren sollen, durch das Ausüben seiner Nachfrage die Handelsorganisationen zu motivieren, die entsprechend starke Marke in ihr Sortiment aufzunehmen. Idealtypisch räumt der Handel diesem Markenprodukt in den Geschäftsräumen der angeschlossenen Handelsbetriebe schon aus eigener Motivation eine bevorzugte Stellung ein. Beispielsweise sind im Rahmen dieser konzeptionellen Orientierung Maßnahmen der Werbung in Verbindung mit gezielten Public Relations-Aktivitäten in relevanten Fachmedien (bei Nahrungsmitteln z. B. die Lebensmittel Zeitung) sowie entsprechende Verlinkungen zu Social-Media-Plattformen denkbar. Zur Ergänzung des Konzepts sind auch hier Maßnahmen aus den anderen Instrumentalbereichen zwingend notwendig, z. B. muss vom Unternehmen eine stringente Markenpolitik betrieben werden.

Hintergrund für die Einbeziehung der Push-/Pull-Orientierung in die konzeptionelle Ausrichtung der Kommunikation ist der schon innerhalb der Distributionspolitik beschriebene strukturelle Zielkonflikt zwischen den Herstellerunternehmen und den Handelsorganisationen innerhalb des indirekten Absatzwegs der Industrie (vgl. Kapitel V 5.1.2). Die dort ebenfalls erläuterten Begriffe des vertikalen bzw. horizontalen Marketings sind Grundlage für die Push- bzw. Pull-Orientierung der Hersteller.

Die Intensität des kooperativen Verhaltens zwischen Industrie und Handel ist stark von der jeweiligen Machtstellung im Markt abhängig. Es stehen sich dort die Einkaufsmacht der Handelsorganisation und die Markenmacht des Industrieunternehmens gegenüber. Die Ausgangssituation ist nun dadurch geprägt, wer die größere Machtposition besitzt. Ist die Einkaufsmacht der Handelsorganisation stärker ausgebildet, ist das Industrieunternehmen gewissermaßen gezwungen, seine Kommunikationspolitik mit hohen Push-Anteilen zu versehen. Ist die Markenmacht des Industrieunternehmens stärker entwickelt, hat dessen Kommunikationspolitik mit hohen Pull-Anteilen dazu geführt, dass die Handelsorganisation nur schwerlich auf diese Marke im Sortiment verzichten kann. Becker (2013, S. 596) bezeichnet eine solche Marke als Mussmarke für den Handel. Der weltweit fortschreitende Konzentrationsprozess im Handel hat dazu geführt, dass die Waage der Machtproportionen immer mehr zugunsten der Seite der Handelsorganisationen ausschlägt. Das bedeutet zwar nicht, dass der Handel auf die Herstellermarken vollständig verzichten kann, schließlich nutzt er diese zur Profilierung seiner Einkaufsstätten. Aber er sucht sich die Marken nach ihrer Marktstellung aus, d. h., dass nur Herstellermarken mit hoher Pull-Orientierung, die sich auf den ersten Plätzen in den jeweiligen Märkten bzw. Teilmärkten befinden, Mussmarken für den Handel sind. Einige Experten sprechen hier nur noch von zwei bis drei klassischen Markenartikeln in der mittleren Marktschicht, die der Handel benötigt, da er die auf der unteren Marktschicht vorhandenen Segmente mit den eigenen Handelsmarken bedienen kann (vgl. Kapitel V 1). Marken mit schwacher Marktbedeutung erzeugen entweder einen verstärkten Druck des Handels auf die Konditionenpolitik, was wiederum eine erhöhte Push-Orientierung des Herstellers zwingend notwendig macht, oder diese schwachen Marken werden gleich aus dem Sortiment ausgelistet.

Die Abb. 5.39 zeigt die Mechanik erfolgreicher und nicht erfolgreicher Herstellermarken-Konzepte.

Die oben beschriebene Tendenz trifft auf die Situation in Deutschland, ausgelöst einerseits durch die starke Position der Discounter, der Drogeriemärkte sowie der preisaggressiven Fachmärkte, und andererseits durch das in der Breite fehlende Vorhandensein differenzierter Vermarktungskonzepte im sonstigen Handel, besonders zu. Die strategische Reaktion beispielsweise der großen Markenartikelkonzerne ist daher konsequenterweise die Konzentration auf die Kernmarken.

Die geschilderten Bedingungen beeinflussen in hohem Maße die Beziehungen zwischen Industrieunternehmen und Handelsorganisationen. Die Hersteller, die ihre Produkt- bzw. Unternehmensleistungen über den indirekten Distributionskanal absetzen, übernehmen heute vielfältige Initiativen, die gewählten Handelsstufen in kooperativer Form in die Vermarktungskette so einzubinden, dass es für alle Beteiligten zu einer Win-win-Situation kommt. Begriffe wie Efficient Consumer Response bzw. Category-Management sowie Supply-Chain-Management prägen daher heute das vertikale Marketing der Industrie.

Efficient Consumer Response (ECR) bezeichnet die unternehmensübergreifende und partnerschaftliche Kooperation zwischen Hersteller und Handel, die aufbauend auf gegenseitigem Vertrauen und mittels Austausch interner und externer Daten eine Erhöhung relevanter Unternehmensziele für beide Parteien möglich macht. Basis für die Zielsteigerungen im Rahmen der verbesserten Zusammenarbeit sind auf der einen Seite

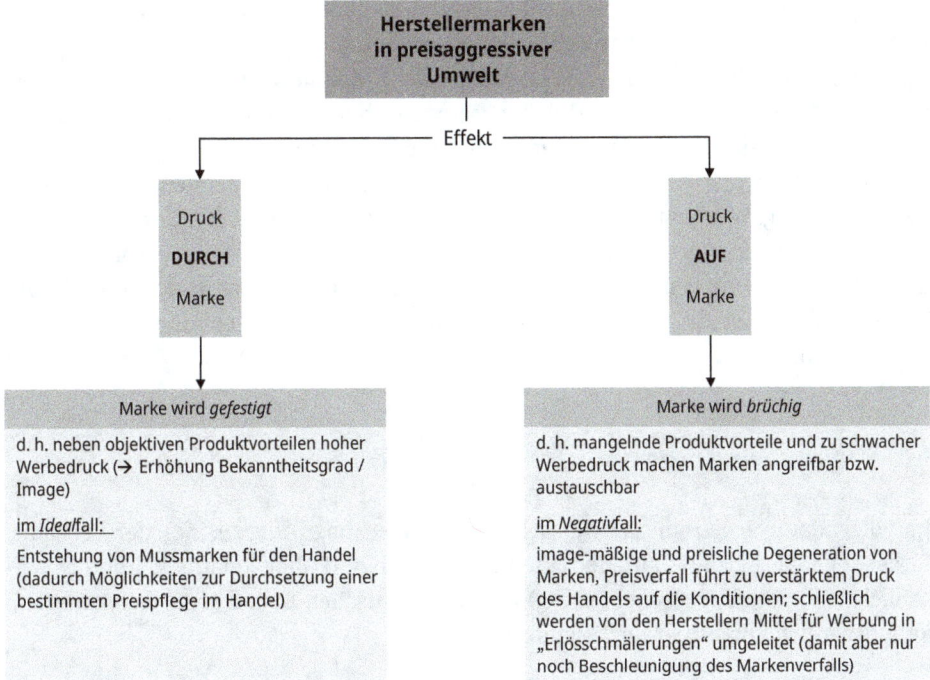

Abb. 5.39: Mechanik erfolgreicher und nicht erfolgreicher Herstellermarken-Konzepte (Quelle: eigene Darstellung in Anlehnung an Becker 2013, S. 597).

effizientere Marketingaktivitäten und auf der anderen Seite optimierte Kostenstrukturen innerhalb der Warenflüsse und Informationsabläufe entlang der Wertschöpfungskette. In der Regel besteht das System des ECR aus vier Elementen: Efficient Replenishment (effiziente Warenversorgung durch Erschließung von Kostensenkungspotenzial in den Bereichen Beschaffung und Logistik), Efficient Assortment (effiziente Sortimentsgestaltung und Warenpräsentation zur Maximierung des Umsatzes pro Quadratmeter Verkaufsfläche), Efficient Promotion (effiziente Verkaufsförderung zur Steigerung der Abverkaufsmenge bei gleichzeitig sinkenden Kosten für Verkaufsförderungsmaßnahmen) und Efficient Product Introduction (effiziente Produkteinführung bzw. Vermeidung von „Penner"-Produkten durch enge Abstimmung von Hersteller und Handel).

Das Category-Management (CM) in den kooperierenden Unternehmen übernimmt die Aufgabe, neue Wachstumspotenziale zu realisieren, in dem alle Marketingaktivitäten im gegenseitigen Dialog optimal auf die jeweiligen Verbraucherwünsche ausgerichtet sind. Dies kann z. B. durch Effizienzsteigerung in der Produktentwicklung, in der Sortimentsgestaltung und in der Verkaufsförderung erreicht werden. Der Hersteller setzt das CM ein, um aus seiner Sicht das Angebot an den Handel im Hinblick auf dessen Bedürfnisse unter Berücksichtigung des gesamten Produktprogramms bzw. der entsprechenden Produktlinien zu koordinieren und zu steuern. Dem CM obliegt die Koordination mit Produktmanagement, Key-Account-Management und Vertrieb sowie die Konzeption und Koordination aller Maßnahmen bezüglich der betreuten Warengruppen (Categories). Der Handel versucht mithilfe des CM seine Warengruppen so zu steuern, dass die Kunden (Endverbraucher) sein Angebot vorziehen und hierdurch der Marktanteil erweitert und die Kundenzufriedenheit erhöht wird.

Das Supply-Chain-Management (SCM) in den zusammenwirkenden Unternehmen hat den Auftrag, Waren- und Informationsprozesse durch die Beseitigung von Ineffizienzen entlang der Wertschöpfungskette unter Berücksichtigung der Verbraucherbedürfnisse zu optimieren. Dies kann beispielsweise durch Effizienzerhöhung in der Lagernachschubversorgung, in der operativen Logistik und in der Administration erzielt werden.

6.6 Klassische Kommunikationsinstrumente

Im Folgenden werden mit der Betrachtung der Werbung (Advertising), der Verkaufsförderung (Sales Promotion), der Öffentlichkeitsarbeit (Public Relations) und des persönlichen Verkaufs (Personal Selling) die vier klassischen Instrumente im Kommunikationsbereich vorgestellt und erläutert.

6.6.1 Klassische Werbung

Die bekannteste Form der Kommunikation eines Unternehmens mit den Zielpersonen in den relevanten Zielmärkten ist die klassische Werbung. Sie ist eine unpersönliche Form der (Massen-)Kommunikation und hat die Aufgabe, die vom Unternehmen ausgewählten Zielgruppen anzusprechen und im Sinne der definierten Kommunikations- und Werbeziele in einer tendenziell mittelfristigen Zeitspanne zu beeinflussen. Dies geschieht mit dem Einsatz von Werbemitteln (z. B. Anzeigen) in bezahlten Werbeträgern (beispielsweise Zeitschriften).

6.6.1.1 Formen der Werbung
Die Werbung kann nach ihren verschiedenen Erscheinungsformen unterschieden werden. Die folgende Aufstellung beinhaltet die wichtigsten Unterscheidungsformen:

Werbung nach Absatzstufen
- Herstellerwerbung produzierender bzw. vermarktender Unternehmen
- Handelswerbung der Handel treibenden Unternehmen

Werbung nach Werbeobjekten
- Produktwerbung zur Darstellung des relevanten Leistungsvorteils
- Absatzprogrammwerbung der Industrie zur Dokumentation der Unternehmenskompetenz
- Sortimentswerbung des Handels zur Darstellung der Einkaufsstättenkompetenz
- Imagewerbung zur Profilierung des gesamten Unternehmens

Werbung im Produktlebenszyklus
- Einführungswerbung zur Bekanntmachung des neuen Produkts bzw. der neuen Marke im Zielmarkt (Vor-/Einführungsphase)
- Expansionswerbung zur Erhöhung des Bekanntheitsgrads (Wachstumsphase)
- Erinnerungswerbung zur Erhaltung des Bekanntheitsgrads (Reifephase)
- Werbung zur Um-/Neupositionierung im Rahmen des Produkt-/Markenrelaunchs (Sättigungsphase)
- Reduktionswerbung zur gezielten Elimination des Produkts bzw. der Marke (Degenerations-/Rückgangsphase)

Werbung nach Anzahl der Werbetreibenden
- Alleinwerbung eines einzelnen, namentlich bekannten Unternehmens (Normalfall, z. B. Werbung von Henkel für die Marke Persil)
- Kollektivwerbung im Sinne einer Sammelwerbung von mehreren Unternehmen unter Nennung ihrer jeweiligen Namen (z. B. Werbeaktionen zu Festtagen von lokalen Anbietern, die meist in Werbegemeinschaften zusammengeschlossen sind)
- Kollektivwerbung im Sinne einer Gemeinschaftswerbung von mehreren Unternehmen ohne Nennung ihrer jeweiligen Namen (z. B. Werbung für spezifische Produkte durch den Verband Garten-, Landschafts- und Sportplatzbau)

Werbung nach Anzahl der Umworbenen
- Segmentwerbung definierter Zielgruppen (z. B. alle Markenverwender in einem Marktsegment)
- Subsegmentwerbung für spezifische, ausgewählte Zielpersonen (z. B. nur die Kernnutzer, auch Heavy User genannt, einer bestimmten Marke)
- Individualwerbung für einzelne Ansprechpartner (z. B. nur die Meinungsführer innerhalb der Kernnutzer/Heavy User dieser Marke; Ansprache z. B. in Special-Interest Zeitschriften durch eine entsprechende Kernbotschaft).

Die Werbung nach Anzahl der Umworbenen zeigt, dass auch bei unpersönlicher Kommunikation ein trichterförmiger, abgestufter Zuschnitt auf Segmente und spezifische Zielpersonen möglich ist. Des Weiteren ist ersichtlich, dass sich das moderne Kommunikationsinstrument des Direktmarketings (vgl. Kapitel V 6.7.1) aus der Individualwerbung entwickelt hat bzw. sich hierauf zurückführen lässt.

Eine bestimmte Werbung stellt immer eine Kombination der hier aufgeführten Unterscheidungsformen dar, d. h., die Einordnung in die entsprechende Erscheinungsform erfolgt in Abhängigkeit von der jeweiligen Blickrichtung auf die Werbung. So kann ein Werbespot eines Industrieunternehmens beispielsweise wie folgt in eine Kette von Erscheinungsformen kategorisiert werden: Herstellerwerbung – Produktwerbung – Expansionswerbung – Alleinwerbung – Segmentwerbung.

6.6.1.2 Entscheidungsprozess der Werbung

Ausgangspunkt des Entscheidungsprozesses der Werbung ist das Marketingkonzept mit den für die Werbung relevanten Zielentscheidungen und Strategiedefinitionen. Anschließend erfolgt im Rahmen der Vorbereitung eine intensive Werbeanalyse. Hierzu sind wesentliche Informationen über die Werbeobjekte, d. h., die zu bewerbenden Produkte und Leistungen des Unternehmens, erforderlich. Konsequenterweise folgt darauf

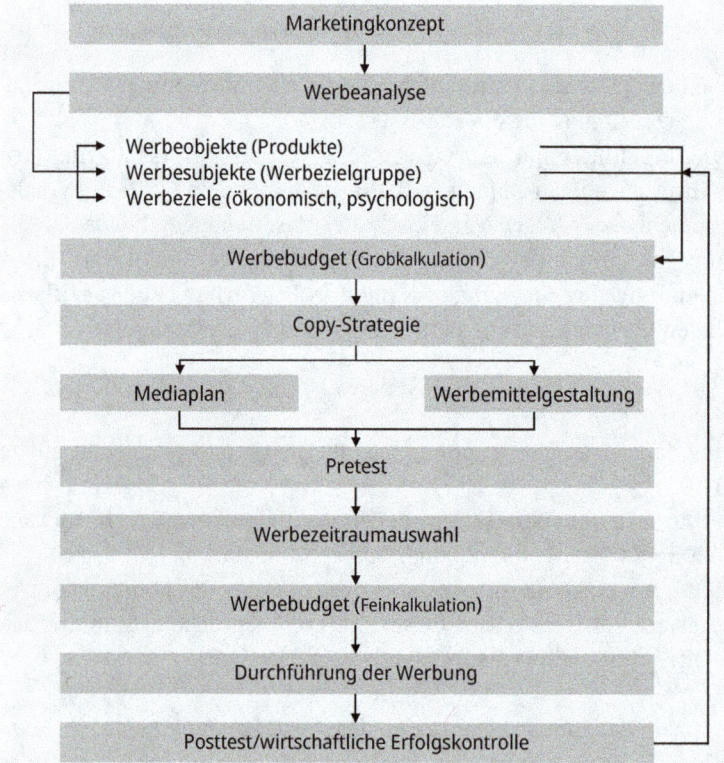

Abb. 5.40: Entscheidungsprozess der Werbung (Quelle: eigene Darstellung in Anlehnung an Scharf/Schubert 2001, S. 223).

die Beschreibung der Werbesubjekte, also der genauen Definition der zu umwerbenden Zielgruppe. Auf dieser Entwicklungsstufe der Werbeplanung gilt es, die operationalen (ökonomischen/psychologischen) Werbeziele zu bestimmen. Die Werbeziele bilden wiederum die Basis zur Grobkalkulation des Werbebudgets. Die Basiselemente des Werbekonzepts sind in der Copy-Strategie festzulegen, in der die Grundkonzeption der Werbeinhalte fixiert wird. Die Copy-Strategie ist die Grundlage für die anschließende Auswahl der Werbeträger (Mediaselektion) bzw. deren Integration in einen Mediaplan und für die Gestaltung der Werbemittel (Anzeige, Spot o. a.). Vor der Realisation der Werbung ist es sinnvoll einen Pretest durchzuführen, um die Wirkung von alternativen Werbemotiven (Sujets) zu erforschen und die Werbemittel zu optimieren. Parallel kann die Auswahl des Werbezeitraums sowie die endgültige Feinkalkulation des Werbebudgets vorgenommen werden. Nach der Durchführung der Werbung erfolgt die Ergebniskontrolle der psychologischen Werbewirkung anhand von Posttests sowie des ökonomischen Werbeerfolgs.

6.6.1.3 Zielgruppen der Werbung

Die Entscheidung, welche Zielpersonen mittels Werbung erreicht werden sollen, steht in direktem Zusammenhang mit der definierten Marketingstrategie und der daraus abgeleiteten Kommunikationsstrategie des Unternehmens. Aus den zu bearbeitenden Marktsegmenten können die relevanten Werbezielgruppen anhand der korrespondierenden Segmentierungskriterien identifiziert werden. Diese Segmentierungskriterien dienen gleichzeitig zur segmentspezifischen Gestaltung der Werbebotschaft. Die Werbezielgruppe umfasst alle Personen, die zielkonform und strategiegerecht mit der auf sie zugeschnittenen Werbebotschaft angesprochen werden sollen:
– derzeitige und/oder zukünftige Käufer,
– Käufer, die selbst nicht Verwender sind (z. B. die Werbung für das Blumenauftragssystem von Fleurop),
– Zielpersonen, die selbst nicht Käufer sind, aber Einfluss auf die Entscheidungen der Käufer nehmen (z. B. Einflussnahme der Kinder auf die Kaufentscheidung der Eltern bei Scout-Schultaschen).

Die Werbezielgruppen können sich im Detaillierungsgrad von den strategisch festgelegten Kundensegmenten unterscheiden, indem sie lediglich einen konzentrierten Ausschnitt darstellen. Die genaue Beschreibung der Zielgruppe hat für die Werbeplanung eine zusätzliche Dimension. Die Werbezielgruppe muss eindeutig über verhaltensbezogene Segmentierungskriterien im Hinblick auf ihre Mediennutzung analysiert und bestimmt werden. Es gilt hierbei, Werbeträger (z. B. TV-Sender) und Werbemittel (z. B. Werbespot) gezielt auszuwählen und im zielgruppenspezifischen Umfeld (z. B. Sendeformat) zu platzieren, dass die Streuverluste so gering wie möglich gehalten werden. Beispielsweise kann für eine bestimmte Zielgruppe die Schaltung von Werbespots im Rahmen der Serie „Big Bang Theory" beim TV-Sender Pro7 sinnvoll sein. Die Informationen über die Erreichbarkeit von Zielgruppen können werbetreibende Unternehmen anhand von eigenen Marktforschungsstudien ermitteln. Die meisten Medienanbieter stellen jedoch auch ihre Mediaanalysen den Unternehmen zur Verfügung, da diese entweder aktuelle oder potenzielle Werbekunden für sie darstellen. Beispielsweise bieten Leserstrukturanalysen und Käufertypologien der Zeitschriftenverlage ihren Anzeigenkunden umfassende Informationen über Käuferstrukturen und Käuferverhalten für bestimmte Markt- und Produktbereiche. Eine herausgehobene Stellung nimmt hier die Markt-Media-Studie b4p (best for planning) ein, die von der Gesellschaft für integrierte Kommunikationsforschung (GIK) auf jährlicher Basis veröffentlicht wird. Die GIK ist ein Gemeinschaftsunternehmen der fünf großen Medienhäuser Axel Springer SE, Bauer Media Group, Funke Mediengruppe, Gruner + Jahr GmbH und Hubert Burda Media.

6.6.1.4 Werbebudgetierung

Die Budgetierung von Werbemaßnahmen ist eine bereits seit Jahrzehnten diskutierte Thematik und eng mit der individuellen Zielplanung eines Unternehmens verbunden. Das Problem besteht darin, die optimale Höhe der Werbeaufwendungen festzulegen. Es gilt dabei exakt die Höhe zu treffen, die zur Erreichung der vom Unternehmen definierten Werbeziele notwendig ist. Die Marketingwissenschaft hat aufwendige mathematische Modelle entwickelt, die jedoch alle eine Schwachstelle aufweisen, da sie die Werbewirkungsfunktion für das zu bewerbende Produkt benötigen. In der Praxis haben sich vier Methoden zur Budgetbestimmung durchgesetzt:

Ausgabenorientierte Methode

Bei dieser Methode orientiert sich die Budgetierung der Werbung an den vorhandenen Finanzmitteln des Unternehmens zu Beginn der Werbeperiode, die aus dem Gewinn der abgelaufenen Periode resultieren. Der Nachteil dieser Methode liegt in der mangelnden Berücksichtigung des beabsichtigten Wirkungseffekts der Werbung zur Erreichung der Werbeziele. In der Konsequenz bedeutet diese Methode, dass wenn kein Gewinn erwirtschaftet wurde, nicht geworben werden kann.

Prozentsatz vom Umsatz-Methode

Bei der umsatzorientierten Methode wird das Werbebudget in Relation zu dem realisierten oder geplanten Umsatz einer Periode festgelegt. Häufig wird dabei ein Prozentsatz vom Umsatz gewählt, der dem Branchendurchschnitt entspricht. Das Spektrum schwankt für Industriegüter zwischen 1 % bis 10 % des Umsatzes, es kann aber, z. B. in der Kosmetikbranche, auch 30 % bis 50 % des Umsatzes erreichen. Es gibt zwei Kritikpunkte an dieser Methode. Zum einen ist die Wahl des Prozentsatzes eher als willkürlich zu bezeichnen. Zum anderen würde ein Umsatzrückgang ein niedrigeres

Werbebudget und damit auch eine reduzierte Werbewirkung zur Folge haben, was wiederum zu einer Umsatzverschlechterung führen könnte.

Konkurrenzorientierte Methode
Dieser methodische Ansatz kann in zwei Submethoden unterteilt werden: Bei der Wettbewerbs-Paritäts-Methode wird das Werbebudget eines Unternehmens an die Werbeausgaben der Hauptkonkurrenten angepasst und auf diese Weise eine Verhältnismäßigkeit der Mittel im Zielmarkt erzeugt. Grundlage für diese Submethode ist das Vorhandensein von Konkurrenzinformationen, die aber das weltweit führende Markt- und Medienforschungsunternehmen The Nielsen Company in Ansätzen als Brutto-Werbeaufwendungen vieler Unternehmen bzw. Marken liefern kann. Diese Submethode wird häufig in stark wettbewerbsintensiven Märkten angewandt, weil es hier keinen Sinn macht, das Werbebudget an Gewinn oder Umsatz zu orientieren, wenn das eigene Unternehmen um den Verbleib im Markt kämpft. Unter diesen Umständen müssen oft intern finanzielle Mittel zugunsten der Werbung umgeschichtet werden, allerdings kann dies nur unter Berücksichtigung der gesamten Liquiditätssituation des Unternehmens geschehen.

Bei der Werbeanteils-Marktanteils-Methode erfolgt die Bestimmung des Werbebudgets in Relation zum absatz- oder umsatzbezogenen Marktanteil des Unternehmens bzw. der Marke. Voraussetzung ist hier ebenfalls das Vorliegen von Informationen über die gesamten Werbeaufwendungen einer Branche. Für viele Branchen werden die Brutto-Werbeaufwendungen von The Nielsen Company ermittelt. Fixiert ein Unternehmen sein Werbebudget im Verhältnis zu seinem Marktanteil, erkauft es sich einen sogenannten Share of Voice, der mit dem Marktanteil korrespondiert. Der vom Unternehmen im Markt erzeugte finanzielle Werbedruck entspricht prozentual dem Marktanteil dieses Unternehmens. Soll die Werbezielsetzung eine Marktanteilssteigerung (Marketingziel) unterstützen, muss das Unternehmen den Share of Voice entsprechend höher ansetzen. Liegt der aktuelle Marktanteil bei 30 % und soll auf 35 % gesteigert werden, ist der Share of Voice auf 35 % oder mehr zu erhöhen.

Problematisch an den beiden konkurrenzorientierten Methoden erweist sich, dass einerseits die Basis für die Werbebudgetierung auf vergangenheitsbezogenen Marktdaten beruht, und andererseits der Wettbewerb stark über die Werbung ausgetragen wird. Dies kann zu einer Vernachlässigung anderer Kommunikations- bzw. Marketinginstrumente führen.

Ziel- und Aufgaben-Methode
Diese Methode legt die Höhe des Werbebudgets nach den angestrebten Werbezielen fest, wobei die finanzielle Situation und die Wettbewerbsbedingungen des Unternehmens berücksichtigt werden. Sie ist somit die sinnvollste aller Ansätze zur Festlegung eines Werbebudgets, setzt aber eine schlüssige Zielplanung und -struktur in dem Unternehmen voraus. Die Werbeziele müssen operationalisiert sein, um konkrete Hand-

lungsanweisungen abzuleiten und ihre Wirkung vorherzubestimmen. Das folgende fiktive Beispiel verdeutlicht diese Methode:

Ein Unternehmen plant die Einführung von fettreduzierten Erdnuss-Flips. Das Produkt soll Ferefli heißen und sich zielgruppenspezifisch an ernährungsbewusste Singlehaushalte mit Tendenz zur Selbstverwöhnung (Cocooning-Trend) richten. Die ausgewählte Zielgruppe beinhaltet ca. 4 Mio. Haushalte. Über die zielgruppenrelevanten Medien sind etwa 80 % der Haushalte, also ca. 3,2 Mio. Singles, zu erreichen. Ökonomisches Marketingziel der Unternehmung ist es innerhalb von acht Monaten 3 % der erreichbaren Haushalte, also 96.000 Singles, als Stammkunden zu gewinnen. Aus bisherigen Markterfahrungen mit vergleichbaren Produkten weiß das Unternehmen, dass etwa 25 % der Personen, die ein neues Produkt ausprobiert haben, zu Stammkunden werden. Folgerichtig müssen bei der Zielsetzung von 3 % Stammkundenanteil viermal so viele Konsumenten angeregt werden, das Produkt Ferefli wenigstens zu probieren. Das ökonomische Kommunikationsziel lautet: Erzielung einer Erstkaufrate von 12 % in dem durch die Werbung erreichbaren Teil der Zielgruppe. Aus der Werbeforschung ist bekannt, dass mindestens zehn Werbekontakte notwendig sind, damit 10 % bis 20 % der kontaktierten Zielpersonen eine Botschaft auch verstehen und annehmen. Das Unternehmen liegt unter Einbezug dieser Werbekontaktfrequenz mit einer geplanten Erstkaufrate von 12 % im realistischen Bereich. Das ökonomische Werbeziel lautet: Erreichung von 80 % aller Personen aus der Zielgruppe (Reichweite) mit durchschnittlich zehn Kontaktchancen (Frequenz).

Dem Unternehmen ist aus der Mediaforschung bekannt, dass es mit den zielgruppenrelevanten Medien etwa 80 % der ernährungsbewussten Singlehaushalte mit Tendenz zur Selbstverwöhnung ansprechen kann. Diese Reichweite von 80 % multipliziert mit der gewünschten Frequenz von zehn Kontaktchancen ergibt den Wert 800. Dieser Wert repräsentiert die Gross Rating Points (GRP), d. h., die Gesamtmenge der zur Zielerreichung erforderlichen Werbekontaktchancen. Die Gross Rating Points bilden in der Praxis vielfach die Entscheidungsgrundlage für die Werbe- und Mediaplanung. In dem Beispiel steht mit den angestrebten 800 GRP fest, welches Werbevolumen zur Erreichung des Werbeziels gekauft werden muss.

Das notwendige Werbebudget lässt sich jetzt mathematisch anhand der Durchschnittskosten pro GRP ermitteln. Eine Werbekontaktchance kostet für die in dem Beispiel ausgewählten Medien im Durchschnitt 3.000 €. Durch die Multiplikation der Gross Rating Points (800) mit den Durchschnittskosten pro GRP (3.000 €) ergibt sich das erforderliche Werbebudget i. H. v. 2,4 Mio. €.

6.6.1.5 Copy-Strategie

In der Copy-Strategie wird die werbeinhaltliche Grundkonzeption für die geplanten Werbemaßnahmen fixiert. Sie bildet den mittel- bis langfristig determinierten Rahmen für den Werbeauftritt eines Produkts bzw. einer Marke (Werbeobjekt). Die Copy-Strategie dient auch als Vorgabe für die kreative Gestaltung der Werbebotschaft.

Meistens wird sie entweder vollständig vom werbetreibenden Unternehmen in Form eines Briefings der beauftragten Werbeagentur an die Hand gegeben oder von beiden Parteien gemeinschaftlich erarbeitet.

Das Briefing umfasst neben der Copy-Strategie alle für die Entwicklung der Werbekampagne notwendigen zusätzlichen Marketingdaten (z. B. Marketing-, Kommunikations- und Werbeziele; Marketing-, Kommunikations- und Werbestrategien) sowie Informationen zum Werbeobjekt (z. B. Produktbeschreibungen, Markenelemente und weitere Detailhinweise). Die Copy-Strategie beinhaltet folgende zentrale Elemente:

Die Positionierung definiert das unverwechselbare Nutzen-/Leistungsangebot des Werbeobjekts (USP/UAP/UCP) und differenziert es auf diese Weise gegenüber dem Wettbewerb. Die für das zu bearbeitende Marktsegment relevante, bereits definierte Werbezielgruppe wird beschrieben und das Anspruchsniveau und die Erwartungsmerkmale der Zielpersonen werden bestimmt. Der Consumer Benefit ist die Beschreibung des funktionalen und/oder emotionalen Nutzen-/Leistungsaspekts in Form eines glaubhaften Produkt- bzw. Markenversprechens in der Kommunikation mit der Zielgruppe. Der Reason Why liefert die nachvollziehbare Begründung des Produkt- bzw. Markenversprechens, entweder über natürliche bzw. konstruierte Kerneigenschaften (USP) oder psychologisch relevante Erlebniswelten (UAP/UCP). Mittels der Werbeidee, d. h., der Art und Weise der werblichen Präsentation, wird die Botschaft bestehend aus Consumer Benefit und Reason Why zur Zielgruppe transportiert, um so die Akzeptanz der Werbeaussage zu erreichen. Mit der Festlegung einer bestimmten Tonality ist der Grundton des Werbeauftritts definiert. Tonality wird daher auch als sogenannte atmosphärische Verpackung der Werbebotschaft bezeichnet. Der gewählte Grundton soll die Beziehungsharmonie zwischen Produkt bzw. Marke und Zielgruppe herstellen und unterstützt die Imageziele (psychologische Werbeziele) für das beworbene Objekt.

Zur Abb. 5.41 sei ergänzend darauf hingewiesen, dass die Positionierung und Zielgruppenbestimmung vom Unternehmen selbst vorgenommen wird, Benefit und Reason Why in der Regel zusammen mit der Werbeagentur diskutiert werden und die Festlegung von Werbeidee und Tonality letztlich Agenturaufgabe darstellt.

6.6.1.6 Mediaselektion

Über Werbeträger wird eine Werbebotschaft vom Sender zum Empfänger transportiert, d. h., sie dienen gewissermaßen der „physischen" Streuung von Werbebotschaften. Innerhalb eines Werbeträgers werden Werbemittel integriert, die für den „psychischen" (kognitiven/affektiven) Transport der Werbebotschaft zu den Zielpersonen eingesetzt werden. Die Auswahl der geeigneten Werbeträger birgt auch immer einen Optimierungsanspruch in sich. Dieser besteht im Sinne des ökonomischen Prinzips entweder darin, bei der Werbezielgruppe eine bestimmte Werbewirkung mit minimalen Kosten oder mit einem gegebenen Budget eine maximale Wirkung erzielen zu wollen. Welchen Optimierungsansatz ein Unternehmen im Blick hat, hängt von der ent-

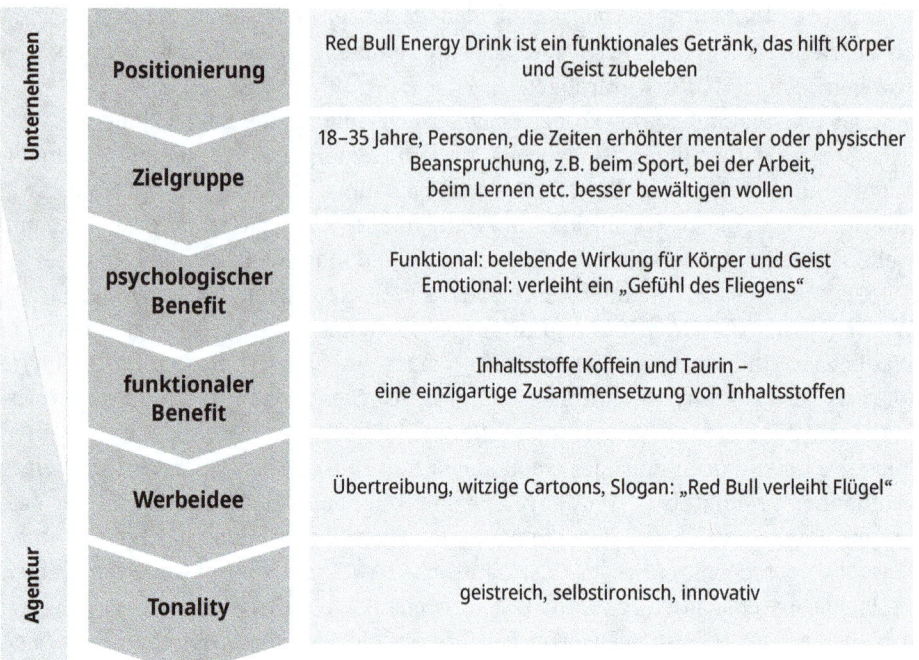

Abb. 5.41: Copy-Strategie am Beispiel Red Bull (Quelle: eigene Darstellung).

sprechenden Ausprägung des definierten Marketingkonzepts ab. Liegen alle wesentlichen Informationen vor, erfolgt die Mediaselektion in zwei Phasen. Innerhalb der Intermediaselektion findet die Auswahl zwischen verschiedenen Werbeträgerkategorien (z. B. Zeitschriften vs. Fernsehen) statt. Im Rahmen der Intramediaselektion werden dann einzelne Werbeträger innerhalb einer gewählten Kategorie (z. B. spezielle Zeitschriften aus der Kategorie Zeitschriften) bestimmt.

Intermediaselektion

Mittels der Intermediaselektion sucht ein Unternehmen die für die Werbekampagne geeigneten Werbeträgerkategorien aus klassischen Mediagattungen wie Zeitschriften (Subkategorie: General-Interest-Zeitschriften, Special-Interest-Zeitschriften, Zielgruppenzeitschriften, Fachzeitschriften), (Tages-)Zeitungen, Fernsehen, Hörfunk, Internet, Kino, Plakat- und Außenwerbung (Out-of-Home-Media, Digital-Out-of-Home-Media) aus. Darüber hinaus können auch spezielle Mediagattungen wie z. B. Anzeigenblätter, Adressbücher, Kataloge, Beilagen in Zeitschriften und Zeitungen (Supplements), Banden- und Trikotwerbung, Verkehrsmittelwerbung sowie Hauswurfsendungen als Werbeträgerkategorien für eine Werbekampagne in Betracht kommen.

In der Praxis wird innerhalb des Planungsprozesses meist eine Vorauswahl relevanter Werbeträgerkategorien vorgenommen. Jede infrage kommende Mediagattung wird anhand festgelegter Kriterien beurteilt, inwieweit sie zur Erreichung der Kommunikations- und Werbezielsetzung beitragen können.

Bezüglich des Werbemediums Fernsehen ergeben sich im Zuge der Entwicklung hin zum Smart-TV weitergehende Möglichkeiten der Werbung, die unter dem Begriff Addressable TV zusammengefasst werden. Voraussetzung hierfür ist der Besitz eines Smart-TV-Gerätes mit dem HbbTV-Standard und die Bestätigung der entsprechenden Nutzungsbedingungen. Der Fernsehzuschauer kann somit nicht nur ein personalisiertes Programm, sondern auch auf ihn zugeschnittene Werbung ausgespielt bekommen. Die individuellen Inhalte werden dabei über den analogen Werbeblock des linearen Programm gelegt oder in das Programm integriert.

Tabelle 5.13 zeigt exemplarisch einige Werbeträgergattungen im Intermediavergleich.

Im Hinblick auf die Bedeutung eines Mediums für die Kampagnenausrichtung wird von einem Basismedium (z. B. Fernsehen, Zeitschriften) und einem flankierenden Medium (z. B. Hörfunk, Internet) gesprochen. Hierbei gilt es zu berücksichtigen, welche Werbe-Subziele (Mediaziele) die als Basismedien und die als flankierende Medien geplanten Werbeträger erfüllen sollen. Im Rahmen einer Werbestrategie, die auf einer klassischen Markenartikelstrategie basiert, sollen die Basismedien meist die Versorgung der Reichweite sicherstellen, während die flankierenden Medien zur Ergänzung der Basiskampagne herangezogen werden, um punktuelle Akzente in zeitlicher und/oder geografischer und/oder zielgruppenspezifischer Hinsicht zu setzen.

Beispielsweise kann ein Markenartikelunternehmen, das im Rahmen seiner Kommunikationspolitik Maßnahmen-Pakete, gebündelt aus Werbung und Verkaufsförderung (VKF) einsetzt, auf diese Weise eine effiziente Kombination aus Push- und Pull-Effekten erzielen:

Die bestehende Basiskampagne der Marke wird parallel zu den geplanten Aktionszeiträumen im Handel in Basismedien geschaltet und sorgt so für den grundsätzlichen Pull-Effekt. Sie bietet dadurch eine zusätzliche Argumentationsgrundlage für das Key-Account- bzw. Category-Management des Markenartiklers, um die Handelspartner zur Teilnahme zu motivieren und damit das Durchsetzen der VKF-Aktionen im Handel zu unterstützen (Push-Effekt).

Zur Information der Zielgruppe und damit zur gleichzeitigen Steigerung des Pull-Effekts kann die Basiskampagne dahingehend ergänzt werden, dass sie neben der Kommunikation der Kernbotschaft auch auf das wesentliche Element der Verkaufsförderungsmaßnahme (z. B. Marke X – zum Jubiläum jetzt 10 % mehr Inhalt zum gleichen Preis) hinweist und als Option zusätzlich die an den Aktionen beteiligten Vertriebslinien der Handelspartner (z. B. in dieser Woche in allen Rewe-Märkten) namentlich aufführt. Dieser VKF-Zusatz trägt zudem zu einer Steigerung der Handelsmotivation und damit des Push-Effekts bei.

Über die flankierenden Medien lässt sich der Pull-Effekt noch weiter ausbauen, in dem die VKF-Aktionen durch regionale Funkspots und/oder lokale Großflächenplakate in der Nähe der Einkaufsstätten begleitet wird. Hierdurch lässt sich die Argu-

Tab. 5.13: Intermediavergleich (Quelle: eigene Darstellung in Anlehnung an Becker 2013, S. 586).

Werbeträger Merkmale	Zeitungen	Zeitschriften	Fernsehen	Rundfunk	Film	Plakat
Funktion des Werbeträgers	Information, aktuelle Nachrichten	Information, Unterhaltung, Bildung	Information, Unterhaltung, Bildung	Information, aktuelle Nachrichten, Unterhaltung, Bildung	Unterhaltung, Erholung	Outdoor-Werbung
Darstellungsbasis	Text, Bild (z. T. Farbwirkung)	Text, Bild (Farbwirkung)	Text, Bild, Ton (multisensorische Ansprache, Farbwirkung)	Ton (Sprache und Musik)	Text, Bild, Ton (multisensorische Ansprache, Farbwirkung)	Text, Bild (Farbwirkung)
Anspracharten	informierende und argumentierende Werbung (vormittags)	argumentierende Werbung, emotionale Appelle	emotionale Appelle, argumentierende Werbung	rationale Werbebotschaften, emotionale Appelle (nur Zusatzmedium)	emotionale Appelle (nur Zusatzmedium)	Vermittlung von Kurzinformationen (nur Zusatzmedium)
Aufnahmesituation	Inhaltsaufnahme in häuslicher Atmosphäre oder Arbeitsplatz	Inhaltsaufnahme in häuslicher Atmosphäre	Empfang in häuslicher Atmosphäre (nachmittags, abends)	Empfang in häuslicher Atmosphäre (ganztags)	Empfang im Filmtheater (überwiegend abends)	Inhaltsaufnahme auf der Straße (eher zufällig)
Werbenutzung	mehrmalige Nutzung möglich	mehrmalige Nutzung möglich, verschiedene Nutzungsphasen	einmalige Betrachtung, zeitlich begrenzt	einmaliger Kontakt, zeitlich begrenzt	einmalige Betrachtung, zeitlich begrenzt	mehrmalige Betrachtung denkbar
Auswahlmöglichkeit	Auswahl auf Grund Leserstruktur-Analysen	Auswahl aufgrund Leserstruktur-Analysen	Auswahl aufgrund Panelbefragung	Auswahl aufgrund Panelbefragung	keine exakte Zielgruppen-bestimmung	keine exakte Zielgruppen-bestimmung
Erscheinungsweise	täglich	wöchentlich, vierzehntägig, monatlich	täglich	täglich	täglich (Mindestbelegung eine Woche)	täglich (Mindestbelegung zehn Tage)
Verfügbarkeit	keine Beschränkungen	keine Beschränkungen	gesetzliche Beschränkungen	unterschiedliche Beschränkungen	Begrenzung auf Filmvorführungen	keine Beschränkung

mentation zum Handel noch schlüssiger gestalten und der Push-Effekt wird noch stärker begleitet. Dies kann dazu führen, dass Aktionsgebühren, wie sie mächtige Handelspartner von den Markenartikelunternehmen fordern, nicht in voller Höhe anfallen oder im Sinne eines funktionierenden Key-Account-/Category-Managements echte Kooperationsmaßnahmen mit den Handelspartnern zustande kommen.

Intramediaselektion
Durch die Intramediaselektion trifft ein Unternehmen die Entscheidung, welche speziellen Werbeträger innerhalb der ausgewählten Werbeträgerkategorien eingesetzt werden sollen. Es erfolgt also eine Konkretisierung auf einzelne Werbeträger anhand der folgenden Auswahlkriterien: Die räumliche Reichweite drückt aus, welche geografische Abdeckung durch ein Medium erzielbar ist (z. B. definiert durch das Sendegebiet einer Hörfunkanstalt). Die quantitative Reichweite gibt an, wie hoch die Anzahl der Personen ist, die in einer bestimmten Zeit mit einem Werbeträger Kontakt haben (z. B. bestimmt durch die Auflagenhöhe bzw. die durchschnittliche Leseranzahl pro Ausgabe einer Zeitschrift). Die qualitative Reichweite ist eine Messgröße, die angibt, wie gut es mithilfe eines Mediums gelingt, genau die Werbezielgruppe zu erreichen (Streuprägnanz). Datenquellen für quantitative als auch qualitative Reichweiten sowie weiterer Informationen zur Media-Nutzung liefern zum einen Analysen der Medien, wie z. B. Best for Planning (b4p) im Auftrag von Axel Springer, Bauer Media Group, Gruner + Jahr, Funke Mediengruppe und Hubert Burda Media, zum anderen die Media-Analyse (MA) der Arbeitsgemeinschaft Media-Analyse – kurz AG.MA genannt – als Zusammenschluss von Zeitungen, Zeitschriften, Verlagen, Sendern und Agenturen sowie die Allensbacher Markt- und Werbeträgeranalyse AWA des Instituts für Demoskopie Allensbach. Die Eindrucksqualität eines Mediums ist ein Schätzwert für die Qualität des Werbekontakts, der von verschiedenen qualitativen Faktoren bestimmt wird, die zur Beurteilung der werbeträgerspezifischen Kommunikationsleistung herangezogen werden. Ein sehr wichtiger Faktor ist das Image des Werbeträgers zur Unterstützung der Glaubwürdigkeit einer Werbebotschaft (z. B. eine Anzeige für ein neues Automodell der Mittelklasse in der Special-Interest-Zeitschrift Auto-Bild). Zugleich ist die Einbettung der Botschaft in das redaktionelle Umfeld des Werbeträgers entscheidend. Dabei ist eine möglichst hohe Affinität zwischen Werbeobjekt und Inhalt des redaktionellen Teils anzustreben, um eine positive Transferwirkung zu erzeugen (beispielsweise der Spot für eine Kapitalanlage einer Investmentgesellschaft im Rahmen der Programmrubrik Investmentcheck des Fernsehsenders N-TV). Außerdem sind die unterschiedlichen Darstellungsmöglichkeiten bei der Gestaltung und Vermittlung von Botschaftsinhalten ein Unterscheidungskriterium für Werbeträger. Die Kontaktfrequenz hat ebenfalls eine große Bedeutung für die Entscheidung zugunsten bestimmter Werbeträger. Mit Frequenz ist die Zahl der Werbekontakte gemeint, denen eine Zielperson aufgrund der gewählten Schaltungen in einem bestimmten Zeitraum durchschnittlich ausgesetzt ist. Diese Größe ist deshalb sehr wichtig, weil die geplante Werbewirkung erst mit einer höheren Anzahl von Kon-

takten erzielbar ist. Die Werbewirkungsforschung geht von fünf bis zehn Kontakten pro Zielperson aus. Einerseits ist zur Bewertung eines Werbeträgers in diesem Zusammenhang seine Verfügbarkeit relevant. Beispielsweise ist die Verfügbarkeit von Printmedien (Zeitschriften und Zeitungen) nahezu unbegrenzt, während die Werbezeiten im Fernsehen und Hörfunk begrenzt sind. Andererseits wird die Anzahl der Werbekontakte von der Häufigkeit der Nutzung bzw. der Nutzungschance bestimmt. Beispielsweise ist der Kontakt mit einem Fernsehspot einmalig, während im Rahmen des zehntägigen Belegungszeitraums einer Plakatwerbung eine Person mehrmals Kontakt mit der Werbebotschaft haben kann.

Zur Beurteilung der Eignung von einzelnen Werbeträgern bzw. ganzen Mediaplänen im Hinblick auf die Kriterien Reichweite und Kontaktfrequenz stehen einem Unternehmen verschiedene Maßzahlen zur Verfügung. Besonders aussagekräftig ist die Gesamtmenge der Kontaktchancen, die daher häufig als Messgröße genutzt wird. Die Gesamtmenge der Kontaktchancen ergibt sich aus der Multiplikation von Reichweite und Frequenz. Diese Größe sind die bereits im Beispiel zur Werbebudgetierung anhand der Ziel- und Aufgaben-Methode beschriebenen Gross Rating Points (GRP). Die GRP bilden in der Praxis oft die Basis für einen Vergleich von alternativen Mediaplänen. Werden z. B. mit einem bestimmten Mediaplan 80 % der Zielpersonen (Reichweite) durchschnittlich zehnmal kontaktiert (Frequenz), dann entspricht dies einem GRP-Wert von 800. 1 GRP ist also ein Maß, bei dem 1 % der Zielgruppe mit durchschnittlich einem Werbekontakt angesprochen wird. Die Aufgabe der Intramediaselektion wird für die meisten Unternehmen von hochspezialisierten Mediaagenturen übernommen, die über entsprechend leistungsfähige Soft- und Hardware als Arbeitsgrundlage verfügen. Die Mediaagenturen stellen dem Auftraggeber gemäß dessen Werbe- und Mediazielsetzung sowie seinen Vorgaben aus der Intermediaselektion entsprechend alternative Mediapläne als Diskussionsgrundlage vor. Diese Pläne werden dann einzeln unter Berücksichtigung der GRP, der Eindrucksqualität der im Plan vorgeschlagenen Werbeträger und der Gesamtkosten des Mediaplans analysiert und miteinander verglichen. Nach einer evtl. noch vorgenommenen Veränderung einzelner Parameter wird abschließend die Entscheidung vom Unternehmen für einen Mediaplan getroffen.

Die Gesamtkosten, die mit dem Einsatz spezieller Medien verbunden sind, stellen einen ausschlaggebenden Bestimmungsfaktor für die Mediaplanung dar. Sie setzen sich zum einen aus den Produktionskosten der Werbemittel (z. B. einer Anzeige) und zum anderen aus den Streukosten der Werbeträger (z. B. diese Anzeige im Stern) zusammen. Die Produktionskosten von Werbemitteln differieren in hohem Maße und sollten detailliert bei Werbeagenturen oder Produktionsgesellschaften angefragt werden (z. B. sind die Produktionskosten eines TV-Spots abhängig von der gewählten Gestaltungsform und -technik, aber unabhängig davon meist höher als die Gestaltungskosten einer Anzeige für eine Tageszeitung). Die Streukosten unterschiedlicher Medien können relativ einfach anhand der Tausenderpreise ermittelt und zum Vergleich herangezogen werden (vgl. Abb. 5.42):

Der gewichtete Tausend-Leser-Preis ist die wertvollere Preisbasis für einen Werbeträgervergleich, da hier entsprechend dem Zielgruppenanteil an der Leserschaft eine zielgruppenspezifische Gewichtung des Tausenderpreises vorgenommen wird.

$$\text{Tausend-Leser-Preis} = \frac{\text{Kosten einer Schaltung} \times 1.000}{\text{Werbeträgerkontakt (Leser)}}$$

$$\text{Tausend-Leser-Preis (gewichtet)} = \frac{\text{Kosten einer Schaltung} \times 1.000}{\text{Leser} \times \text{Anteil der Zielgruppe}}$$

Abb. 5.42: Tausend-Leser-Preise (Quelle: eigene Darstellung).

Die Leserschaft einer Zeitschrift oder Zeitung wird in den seltensten Fällen mit der Werbezielgruppe zu 100 % übereinstimmen. Dies gilt analog auch für einen gewichteten Tausend-Hörer-Preis bzw. gewichteten Tausend-Seher-Preis.

Abschließend ist darauf hinzuweisen, dass die Mediaagenturen aufgrund ihrer Marktstellung in der Lage sind, hohe Sonderkonditionen und Rabatte bei den Medienunternehmen auszuhandeln, die sie in der Regel an ihre eigenen Werbekunden weitergeben.

6.6.1.7 Werbemittelgestaltung

Die Realisation der Werbebotschaft und ihre Gestaltung in konkreten Werbemitteln wie Anzeigen, Fernsehspots, Radiospots, Videoclips, Werbefilme, Leuchtschriften, Signets, Einzelbilder, Plakate, Kataloge, Prospekte, Tragetaschen, Werbegeschenke usw. muss sich eng an den Werbezielen und der Werbezielgruppe orientieren. Die bereits in der Copy-Strategie festgelegten Elemente Werbebotschaft und Werbeidee sind nun in ein Werbethema zu integrieren und kreativ in Bilder und Worte bzw. Filme, Musik, Geräusche oder Düfte umzusetzen. Auf diese Aufgaben sind die Kreativen in den Werbeagenturen, zu denen in erster Linie Texter, Grafiker und Photografen zählen, spezialisiert. Im Folgenden werden die wichtigsten Gestaltungstechniken der Werbung vorgestellt:

Slice of Life

Präsentation zufriedener Produktverwender in einer alltäglichen Lebenssituation mit einem Dialog zwischen den Personen (z. B. die am Frühstückstisch sitzende Familie in der Rama-Werbung). Ein weiteres Beispiel stellt die typische Nimm 2-Werbung dar: Kinder betreten während des Spielens das Haus und bitten die Mutter um Süßigkeiten; die Mutter greift zu Nimm 2, Vitamine und Naschen in einem. Der Vorteil von Slice of Life ist die hohe Glaubwürdigkeit, da diese Alltagssituationen regelmäßig vorkommen und der Werbeadressat sich in den meisten Fällen mit den Inhalten identifizieren kann. Hierin liegt jedoch auch die Gefahr, dass durch die situative Darstellung einer Alltagssituation das beworbene Produkt in den Hintergrund geraten kann.

Erlebniswelt
Einbindung des Produkts oder seiner Verwendungsmöglichkeiten in eine markengerechte emotionale und erlebnisorientierte Stimmungswelt (z. B. das „weiße Buchten mit weißen Stränden-Sommergefühl für leichten Genuss" in der Raffaello-Werbung, Drehort der Spots sind hier meistens die Malediven).

Lifestyle
Gestaltungstechnik für Lifestyle-Produkte, die bestimmte Lifestyles bzw. erstrebenswerte attraktive Umfelder visualisiert (z. B. Yogurette für figurbewusste, aktive Frauen). Die Lifestyle-Technik wird vornehmlich auch für Produkte mit reduzierter Wichtigkeit der Leistung und hoher Wichtigkeit der Sozialwirkung (z. B. Modeartikel, dekorative Kosmetik) eingesetzt.

Voice of God
Dialog zwischen dem Verbraucher und einer Stimme aus dem Nichts (z. B. lange Zeit Basis der Werbung „Lenor und das Gewissen").

Testimonial
Eine glaubwürdige und kompetente Person verbürgt sich für das angebotene Produkt. Ein Testimonial im engeren Sinne ist eine prominente Person, die als Sympathieträger der Marke das Produkt anpreist (z. B. Thomas Gottschalk in der Haribo-Werbung, 2015 nach 24 Jahren als Testimonial für Haribo von Michael „Bully" Herbig abgelöst). Im weiteren Sinne ist ein Testimonial ein Experte, der das Produkt getestet hat und für die eigene Überzeugung einsteht (z. B. Forscher in der Dr.-Best-Werbung). Im weitesten Sinne können auch typische Verbraucher bzw. Verwender als Testimonials bezeichnet werden, wobei eine sehr weite Definition dazu führt, dass beinahe jeder Werbespot mit Testimonials arbeitet. Daher empfiehlt sich eine definitorische Beschränkung auf Stars/Prominente und Experten.

Präsenter
Im Gegensatz zur Testimonialtechnik ist der Präsenter nicht in erster Linie Bürge für die Produktqualität, sondern eine Person, die das Produkt vorstellt und präsentiert (z. B. der Präsenter des Internetdienstanbieters 1&1).

Tell-a-Story
Die Tell-a-Story-Technik bettet Produkte bzw. Marken in eine Dramaturgie ein, d. h., die Marke wird Teil einer Geschichte. Nachteilig an dieser Technik ist der hohe Zeitbedarf für den Spot, da das Produkt erst zu einem späteren Zeitpunkt ins Spiel kommen kann. Ein klassisches Beispiel für diese Technik ist die Generationen-Story von Werther's Echte.

Interview
Das Produkt wird in ein inszeniertes Interview eingebunden, das nach einer Skriptvorlage mit einem sichtbaren oder unsichtbaren Interviewer geführt wird (z. B. die Werbung der Storck-Marke Knoppers).

Demonstration/Before and After
Hier erfolgt eine Beweisführung in der Werbung (technische Kompetenz oder wissenschaftlicher Nachweis), warum das angebotene Produkt besser ist als das der Wettbewerber (z. B. die Ariel-Werbung). Beim Before and After handelt es sich um eine Spielart der Demonstration, wobei der Produktnutzen durch die Darstellung einer Situation vor und nach der Nutzung des Produkts untermauert wird.

Zeichentrick/Computeranimation
Präsentation des Produkts mit gezeichneten oder computeranimierten Szenen, wobei diese Gestaltungstechnik entweder die ganze Werbung prägt oder in real gedrehte Situationen integriert wird (z. B. Paula-Kuh). Auch Symbolfiguren wie Meister Proper zählen zu dieser Gestaltungstechnik.

Product as Hero
Eindeutige Fokussierung auf das Produkt als zentrales Element (Held) der Werbung (z. B. die Produktwerbung von Mercedes, Absolut Vodka).

Bevor eine Werbekampagne realisiert wird, sollte die potenzielle Werbewirkung der ausgewählten Werbemittel bzw. Werbeideen durch einen Pretest ermittelt werden. So können etwaige Schwächen einzelner Werbemittel im Hinblick auf ihre psychologische Werbewirkung frühzeitig entdeckt und abgestellt werden. Zusätzlich bietet der Pretest auch eine Entscheidungsgrundlage für die Auswahl von alternativen Werbesujets. Nachdem die Kampagne über einen bestimmten Werbezeitraum hin geschaltet wurde, ist es gleichfalls sinnvoll, die effektive Werbewirkung durch einen Posttest zu überprüfen. Beide Formen der Werbewirkungsanalyse zielen darauf ab, die Erreichung der psychologischen Beeinflussungsziele einerseits als Möglichkeit im

Vorfeld (Pretest) und anderseits faktisch in der Nachbearbeitung (Posttest) einer Werbekampagne zu messen und so Daten für die Werbeerfolgskontrolle bereitzustellen.

6.6.1.8 Werbetiming

Die Auswahl des Werbezeitraums für eine Kampagne ist in hohem Maße vom zur Verfügung stehenden Budget (z. B. pro Jahr) abhängig. Es ist dabei die Kunst, mit den gegebenen finanziellen Mitteln den Werbedruck für eine Marke innerhalb der Durchführungszeiträume genau so stark aufzubauen, dass eine optimale Werbewirkung im spezifischen Markt- und Konkurrenzumfeld erzielt wird und die Zeiten ohne Werbung für diese Marke so gewählt werden, dass der Rückgang der erzielten Werbewirkung möglichst gering ausfällt.

In der Praxis sind die Entscheidungen in Bezug auf das Werbetiming für ein Produkt bzw. eine Marke von vielen Faktoren beeinflusst. In erster Linie stellen die Kommunikations- und Werbeziele sowie die gleichlautenden Strategien die Entscheidungsbasis dar. Aus ökonomischen Gründen wird ein Produkt oder eine Marke nicht ganzjährig beworben, sondern die Werbeaktivitäten im Rahmen der Gesamtplanung sinnvoll periodisiert. Dabei werden zwei Arten der Periodisierung unterschieden (Weis 2012, S. 535):

Prosaisonale Werbung

Hier werden die Werbemaßnahmen begleitend zur Nachfrageentwicklung durchgeführt. Ziel ist es, in der Nachfragesaison, d. h., in der Zeit, in der Kaufkraft und Kaufbereitschaft bereits relativ hoch sind, die Nachfrage durch gezielte Schaltung der Werbung auf das eigene Produkt bzw. die eigene Marke zu lenken (z. B. Werbung für Sekt zu Weihnachten und Silvester).

Antisaisonale Werbung

Hier finden die Werbeaktivitäten in schwachen Nachfragezeiträumen statt, um individuellen Umsatzschwankungen und Nachfragerückgängen für ein Produkt oder eine Marke entgegenzuwirken. Dabei ist eine antisaisonale Schaltung der Werbung bei Produkten bzw. Marken mit starker Saisongebundenheit nicht empfehlenswert. Allerdings kann hier eine antisaisonale Werbung zu einer Ausdehnung der Saison und somit zur Glättung von Umsatzschwankungen beitragen (z. B. Vorverlegung oder Verlängerung der Sommersaison für Erfrischungsgetränke oder Eiscreme).

6.6.1.9 Werbeerfolgskontrolle

Wie in vielen Bereichen eines Unternehmens, aber vor allem auch vor dem Hintergrund hoher Werbekosten, ist eine Erfolgskontrolle der durchgeführten Werbemaßnahmen zwingend erforderlich. Die größte Problematik besteht aber für eine solche

Kontrolle darin, die isolierte Wirkung der betrachteten Werbekampagne auf eine Erfolgskategorie hin zu bestimmen. Während die Ergebnisprüfung der psychologischen Werbewirkung durch einen Posttest noch relativ einfach möglich ist, bestehen bei der Erfolgskontrolle der ökonomischen Werbewirkung besondere Zurechnungs- und Abgrenzungsprobleme. Auch wenn im Kampagnenzeitraum und danach eine Absatz-/Umsatzsteigerung für eine Marke zu verzeichnen ist, können beispielsweise im Aktionszeitraum zusätzliche Aktivitäten in der Verkaufsförderung stattgefunden und den Absatz-/Umsatzverlauf der beworbenen Marke beeinflusst haben. Vielleicht war in diesem Zeitraum aber auch im Vertrieb eine besonders hohe Grundmotivation vorhanden oder diese hohe Leistungsorientierung ist gezielt durch eine Provisions- und/oder Prämienzahlung erreicht worden. Hinzu kommt, dass es nahezu unmöglich ist, im Rahmen einer Werbekampagne die Wirkung einzelner Werbemittel im Hinblick sowohl auf die psychologischen als auch auf die ökonomischen Beeinflussungskategorien getrennt zu erfassen. Genauso schwierig ist es, die Wirkung von einzelnen Werbemaßnahmen zu bewerten, wenn ein Unternehmen eine Dachmarken- oder Familienmarkenstrategie verfolgt. Hier treten Synergieeffekte auf, die in ihrer Einzelwirkung nicht zu messen sind.

Um trotz dieser Probleme den Werbeerfolg einer Kampagne wenigstens abschätzen zu können, stehen diverse Verfahren zur Verfügung. Diese Verfahren sind danach zu unterscheiden, ob sie für die Messung der psychologischen oder der ökonomischen Werbeziele geeignet sind.

Kontrolle der psychologischen Werbeziele
Als Posttest zur Kontrolle der psychologischen Werbeziele kommen in der Regel zwei Testverfahren in Betracht: Beim Recall-Verfahren, auch als Erinnerungstest bezeichnet, werden Testpersonen befragt, ob sie sich an bestimmte Werbebotschaften erinnern. Im Rahmen des Recalltests werden zwei Subverfahren unterschieden: Die ungestützte und die gestützte Erinnerung. Bei der ungestützten Erinnerung (Free Recall) werden die Zielpersonen aufgefordert, z. B. Details eines Werbespots zu beschreiben, ohne dass in irgendeiner Weise die Erinnerung mit Informationen gestützt wird. Bei der gestützten Erinnerung (Aided Recall) werden den Testpersonen Informationen zur Erinnerung in unterschiedlicher Art gegeben. Beim Recognition-Verfahren, auch Wiedererkennungstest genannt, werden die für den Test ausgewählten Personen z. B. unter Vorlage einer Zeitschrift gefragt, welche Anzeigen sie wiedererkennen.

Darüber hinaus existieren verschiedene, speziell entwickelte Testverfahren zur Messung der Werbewirkung von Plakaten sowie Fernseh- und Radiospots.

Kontrolle der ökonomischen Werbeziele
Die Kontrolle der ökonomischen Werbeziele erweist sich in der Praxis als schwierig, da die Wirkungsleistung nicht eindeutig auf die einzelne Werbemaßnahme zurückführen

ist. Dennoch existieren Verfahren, die es ermöglichen, zumindest Anhaltspunkte über den Werbeerfolg abzuleiten: Eine Methode ist das sogenannte BuBaW-Verfahren. Dieses Bestellungen-unter-Bezugnahme-auf-Werbemittel-Verfahren wird dann eingesetzt, wenn Werbemittel verwendet werden, die mit einem Coupon oder einem Bestellformular versehen sind. Die eingehenden Bestellungen mittels Coupon bzw. Formular werden als Indikator für den Werbeerfolg gewertet. Auf diese Weise lässt sich der zusätzliche Umsatz ermitteln und nach Abzug der Kosten für diese Werbemaßnahme auch der zusätzliche Gewinn errechnen.

Eine weitere Methode zur ökonomischen Werbeerfolgskontrolle ist die Panelforschung, die allerdings nur für solche Produkte infrage kommt, die im Rahmen eines Panels erhoben werden, was in der Regel auf Verbrauchsgüter zutrifft. Die Paneldaten ermöglichen eine sehr gezielte Auswertung, sodass sich für die ökonomische Erfolgskontrolle Annäherungswerte nach Gebieten, Zielgruppen, Handelsorganisationen und deren Vertriebslinien usw. ableiten lassen. Die bekanntesten Typen der Panelforschung sind das Homescan Consumer Panel und das Handelspanel MarketTrack, beide von The Nielsen Company sowie das Verbraucherpanel der Gesellschaft für Konsumforschung (GfK).

6.6.2 Verkaufsförderung

Neben der Werbung hat sich die Verkaufsförderung (Sales Promotion) zum zweiten zentralen Element der Kommunikationspolitik entwickelt. Insbesondere in amerikanischen Konsumgüterunternehmen hat die Sales Promotion seit Jahren einen höheren Anteil am jährlichen Kommunikationsbudget als die Werbung. Auch in Deutschland ist der Trend festzustellen, dass die finanziellen Mittel für Verkaufsförderung kontinuierlich erhöht werden. Einerseits ist diese Entwicklung auf die Informationsüberlastung durch Werbung (Information Overload) zurückzuführen, die dazu führt, dass zahlreiche Unternehmen Etatpositionen für Werbung zu Gunsten von Promotionaktionen umschichten. Andererseits kommt hier für viele Konsumgüterunternehmen auch die Macht der Handelsorganisationen zum Ausdruck, die darin mündet, dass der Handel eine massive Unterstützung in der Verkaufsförderung von den Industrieunternehmen für deren Produkte einfordert. Darüber hinaus wird die Aufwertung der Verkaufsförderung von Untersuchungen verschiedener Marktforschungsinstitute gestützt, die ergeben haben, dass bis zu 70 % aller Kaufentscheidungen erst am Ort des Verkaufs (Point of Sale) getroffen werden (Fuchs/Unger 2003, S. 7; GfK 2010).

Kennzeichen der Verkaufsförderung ist die Zielgruppenansprache am Point of Sale (PoS) mittels zeitlich begrenzter Aktionen, um hier eine direkte Beeinflussung des Kaufverhaltens zu erreichen. Die Maßnahmen am PoS dienen in erster Linie dazu, einem Produkt bzw. einer Marke kurzfristige Absatzimpulse zu verschaffen, die aber auch die Zielsetzung einer ganzjährig geplanten Absatzsteigerung unterstützen können. Darüber hinaus wird die Verkaufsförderung auch zum Aufbau bzw. zur Festigung von Imagedimensionen einer Marke eingesetzt. Das klassische Promotionmittel im Konsumgütermarketing ist das sogenannte Display. Hierdurch werden die Markenartikel in speziellen Aufstellern (Papp-/Karton-Displays) an verkaufsattraktiven Stellen eines Handelsgeschäfts (auch Outlet genannt) präsentiert. Diese Art der Warenpräsentation wird als Zweitplatzierung bzw. Sonderplatzierung bezeichnet, da sie im Aktionszeitraum zusätzlich zur Stammplatzierung der Produkte im Regal stattfindet. Bei größeren Zweitplatzierungen basiert die Präsentation der Ware auf Chep- oder Europalettensystemen, wobei die Paletten im Rahmen eines Logistik-Mehrwegsystems wiederbenutzt werden.

Die Ziele der Verkaufsförderung konkretisieren als instrumentelle Teilziele die Kommunikationsziele einer Unternehmung und kooperieren oft eng mit den Werbezielen.

Instrumentelle Teilzielebene Verkaufsförderung

- Ökonomische Verkaufsförderungsziele: Platzierung einer definierten Zielmenge von Displayeinheiten der Marke X bei den Handelskunden im relevanten Zeitraum, Realisation von 1.000.000 Produktkontakten in der Zielgruppe innerhalb einer groß angelegten Verbraucherpromotion mit Verkostungsaktionen am PoS im relevanten Zeitraum.
- Psychologisches Verkaufsförderungsziel: Unterstützung des Werbeziels „Steigerung des ungestützten Bekanntheitsgrads des die Werbekampagne prägenden visuellen Präsenzsignals von 48 % auf 55 % und Verbesserung der Zuordnung des visuellen Präsenzsignals zur Marke X von 82 % auf 90 % im relevanten Zeitraum" durch die Integration des visuellen Präsenzsignals in die Displaygestaltung.

Grundsätzlich tragen Verkaufsförderungsaktivitäten wesentlich zur Umsetzung des Push-Konzepts eines Unternehmens bei und sind in das vertikale Marketing einzuordnen. Hierbei lassen sich die Aktivitäten in Hinein- und Abverkaufsmaßnahmen für die relevanten Produkte oder Marken unterscheiden. Wichtig ist dabei festzuhalten, dass diese Unterscheidung die Wirkung einzelner Teilbereiche einer ganzheitlich konzipierten Sales Promotion berücksichtigt. Der Zusammenhang einer solchen Promotionaktion wird an einem Beispiel veranschaulicht.

Ein Markenartikler plant für das kommende Jahr eine Sales Promotion für seine Marke X. Der Zeitraum soll die Monate März bis April umfassen. Das Promotionkonzept lautet wie folgt:
- Als Hineinverkaufsmaßnahmen (Sell in) gibt das Unternehmen Sonderkonditionen (z. B. Aktionsrabatte) an die teilnehmenden Handelspartner für den Aktionszeitraum und nutzt einen Platzierungswettbewerb zur Motivation des Marktpersonals, um die Aktion für die Marke X optimal in den einzelnen Geschäften umzusetzen. Zielsetzung dieser Maßnahmen ist es, im Hinblick auf einen vergleichbaren Normalzeitraum höhere Mengen des Aktionsprodukts in den Handel hineinzuverkaufen.

– Als Abverkaufsmaßnahmen (Sell out) ist ein Maßnahmen-Paket bestehend aus Displays mit integriertem Konsumentenpreisausschreiben sowie Produktverkostungen und Warenproben vorgesehen. Dieses Maßnahmen-Paket ist als Zweitplatzierungseinheit in drei Modulmaßen einsetzbar, um so den verschiedenen Vertriebslinien und Outletgrößen der Handelskunden gerecht zu werden. Zielsetzung hier ist es, die Aufmerksamkeit der Zielgruppe beim Einkauf auf das Aktionsprodukt zu lenken und so einen verstärkten Abverkauf sowohl der Display- als auch der Regalware der Marke X in den Handelsgeschäften herbeizuführen.

Idealerweise enthält ein konsequentes Promotionkonzept weiteren Spielraum zur Integration von spezifischen Anforderungen der jeweiligen Handelspartner. Eine maßgeschneiderte, handelsindividuelle Verkaufsförderungsaktion (z. B. speziell für die Rewe-Group) wird als Tailormade Promotion bezeichnet. Meist werden die Promotionkonzepte mithilfe eines Sales Folder (optisch ansprechendes Argumentationsmittel mit Bild- und Textteilen) den Ansprechpartnern im Handel vorgestellt. Dieser Sales Folder enthält alle Argumentationspunkte rund um die gesamte Verkaufsförderungsaktion. Hierzu zählen zusätzlich zur Sales Promotion alle begleitenden Kommunikationsaktivitäten. In dem gewählten Beispiel wird die Promotion z. B. durch eine begleitende Werbekampagne ergänzt. Hierbei verwendet das Unternehmen den aktuellen Werbespot der Marke X. Für den Aktionszeitraum wird dieser allerdings um einen Promotionhinweis erweitert und mit hoher Frequenz geschaltet. Außerdem wird eine PR-Kampagne die Promotion unterstützen. Die Öffentlichkeitsarbeit umfasst dabei sowohl die Marken-PR in zielgruppenrelevanten Medien als auch die Fach-PR in handelsspezifischen Medien. Alle Informationen und Daten sind im Promotion Sales Folder enthalten, um so eine Argumentationskette aufzubauen, welche die Entscheidungsträger in den Handelsunternehmen überzeugen soll. In diesem Sinne zählt der Sales Folder auch zu den Hineinverkaufsmaßnahmen. Im Rahmen des Efficient Consumer Response koordiniert das Category- und Key-Account-Management des Unternehmens das Promotionkonzept mit dem Category-Management der jeweiligen Handelskunden mit einem zeitlichen Vorlauf von 6 bis 12 Monaten. Auf diese Weise werden die Handelspartner frühzeitig in die Planung einbezogen und zur Durchführung der Promotion in ihren angeschlossenen Geschäften motiviert.

Das hier aufgeführte Beispiel stellt den Prozess einer Sales Promotion aus der Sicht des Markenartikelunternehmens dar. Bedingt durch den Konzentrationsprozess im Handel wird es für Industrieunternehmen allerdings immer schwieriger, ihre Verkaufsförderung zu 100 % im Sinne der eigenen Zielsetzung auf die Handelsstufe(n) umzusetzen. Mit steigender Tendenz organisieren die Handelsunternehmen konsumentengerichtete Verkaufsförderungsaktionen in eigener Regie. Beispielsweise führen diese Themenaktionen durch, d. h., im Rahmen einer erlebnisorientierten Einkaufsstättengestaltung werden Handelsaktivitäten am PoS unter spezielle Rubriken gestellt. In diesem Sinne könnten unter dem Thema „Fit in den Frühling" Markenartikel aus dem Lebensmittelsektor wie Lätta, Wasa und Hohes C integriert werden. Handelsorganisationen mit ausgeprägter Einkaufsmacht verlangen hierbei von den Industrieunternehmen nicht selten fünfstellige Euro-Beträge. Diese Aktionsgebühr stellt dabei lediglich eine Grundgebühr zur Sicherung der Teilnahme des Industrieunternehmens an der handelseigenen Aktion dar und beinhaltet meist keine Verpflichtung zur Abnahme einer bestimmten Warenmenge durch das Handelsunternehmen. Zusatzaktivitäten wie z. B. die Integration der Produkte oder Marken des Herstellerunternehmens in die Werbung des Handels (z. B. Handzettel, Beilagen, Anzeigen) im Aktionszeitraum erfordern meist weitere Gebühren.

Die Diskussion der Bedingungen zur Durchführung von Verkaufsförderungsaktionen wird meist im Rahmen von Jahresgesprächen in den Zentralen der Handelsorganisationen geführt. Hier präsentieren die Industrieunternehmen ihre gesamte Jahresplanung dem Zentraleinkauf und teilweise auch den Vertriebsgremien der unterschiedlichen Vertriebslinien einer Handelsunternehmung. Diese Planung kann verschiedene Promotioninhalte umfassen: Klassische Markenpromotion, Aktionen bei Produktneueinführungen oder Veränderungen an bestehenden Produkten (z. B. neues Verpackungsdesign), Vorstellungen von Produktlinienerweiterungen (z. B. neue Geschmacksrichtungen oder neue Verpackungsgrößen), Präsentation eines Markenrelaunchs usw. Diese Jahresgespräche werden von den Industrieunternehmen mit hohem Aufwand unterstützt, da sie ohne Einwilligung der genannten Gremien keine Chance zur Umsetzung ihrer Verkaufsförderung in den jeweiligen Handelsorganisationen haben.

Wie die bisherigen Ausführungen verdeutlichen, ist die Verkaufsförderung eng an den gewählten indirekten Absatzweg eines Herstellerunternehmens gebunden. Der Hersteller muss daher bei der Planung und Durchführung einer Sales Promotion drei Stufen beachten:

1. Verkäuferpromotion (Staff Promotion)
2. Händlerpromotion (Trade Promotion)
3. Verbraucherpromotion (Consumer Promotion)

Ein schlüssiges Promotionkonzept beinhaltet alle drei Stufen, allerdings können die Ausprägungen auf jeder Stufe unterschiedlich sein. Die diversen Möglichkeiten, die jede Stufe bietet, werden daher im Folgenden näher erläutert. Bei der Auflistung der diversen Verkaufsförderungsmaßnahmen wird auf die in vielen Standardwerken übliche Trennung von Preis-Promotions und Nichtpreis-Promotions verzichtet, da eine solche Trennung stringent nicht möglich ist. Vielmehr sind einige Maßnahmen eher preisinduziert als andere.

Verkäuferpromotion (Staff Promotion)

Dieser Stufe sind die Maßnahmen zuzuordnen, die darauf ausgerichtet sind, die Verkaufsorganisation und hier insbesondere den Außendienst eines Unternehmens zu informieren, zu motivieren, zu trainieren und im persönlichen Verkauf an den Handel zu unterstützen:

- Informationsveranstaltungen (z. B. Außendiensttagungen, Sales Events),
- Verkaufsschulungen (z. B. Rollenspiele),
- Verkaufsunterlagen (z. B. Verkaufshandbücher, Argumentationshilfen),
- Aktionsbeschreibungen (z. B. Daten zur Abwicklung der Sales Promotion),
- Sales Folder in gedruckter und/oder digitaler Form (z. B. Aktionsdarstellung und Argumentationskette),
- Produktübersichten (z. B. Beschreibung und Daten des Aktionsprodukts bei einer Onpack-Promotion),
- Veröffentlichung von Testergebnissen (z. B. von Forschungsinstituten),
- Filme/Videos/CDs (z. B. zur Darstellung von Produktfunktionen oder Markenerlebniswelten),
- Werbedamen/Hostessen (z. B. Zuweisung von Einsatzmöglichkeiten pro Verkaufsbezirk bzw. -gebiet zur Durchführung von Verkostungsaktionen),
- Jahresgesprächsmappen (z. B. umfangreiche Unterlagen für Aktionsvereinbarungen in den Jahresgesprächen),
- Aktionsprämien (z. B. pro Verkäufer oder Verkaufsteam),
- On Top-Vergütung (z. B. für die Erreichung bestimmter Aktionsumsätze),
- Verkäuferwettbewerbe (z. B. Veröffentlichung von Ranglisten),
- Incentives für Top-Verkäufer (z. B. Teilnahme an Sportveranstaltungen oder Reisen in exklusive Urlaubsgebiete)
- Vertriebs-App mit umfangreichen Aktionsinformationen.

Händlerpromotion (Trade Promotion)

Auf dieser Stufe befinden sich die Maßnahmen im Promotionkonzept, die dazu dienen, die Absatzmittler zu informieren, sie zur Teilnahme zu motivieren, in der Durchführung zu trainieren und im Abverkauf der Aktionsware zu unterstützen:

- Händlerveranstaltungen (z. B. Händlertagungen, Mitarbeiterschulungen),
- Informations-/Ankündigungsschreiben,
- Handelsmessen und Fachausstellungen,
- Entscheidungshilfen für die Einkaufsgremien bzw. das Category-Management (z. B. Produktmuster bei Onpack-Promotion),
- Bilddateien/Produktabbildungen (z. B. zur Verwendung bei Handzettel- und Beilagenwerbung sowie in Anzeigenseiten des Handels),
- Regalstopper/-wobbler,
- Fußbodenaufkleber oder -beleuchter,
- Displays (z. B. Karton-Display mit Warenträger),

- Displaymaterialien (z. B. Crowner/Plakate sowie Teilnahmekarten und Einwerfboxen),
- Sonder- bzw. Zweitplatzierungen (z. B. über Displays oder Palettensysteme),
- Incentives (z. B. Werbegeschenke zur Motivation der Marktleiter),
- Koordination von Werbedamen-/Hostesseneinsätzen (z. B. zur Durchführung von Verkostungsaktionen),
- Platzierungswettbewerbe (z. B. Handelsgeschäfte mit den besten Aktionsplatzierungen gewinnen eine Teilnahme an einer Top-Musikveranstaltung),
- Schaufensterdekorationen,
- Aktionshinweise an Einkaufswagen,
- Funk-Spots (z. B. zum Einsatz als Ladenfunk),
- Videos mit Endlosschleife (z. B. zur Veranschaulichung des Produktnutzens),
- Apps/Multimedia (z. B. zur In-Store-Darstellung erklärungsbedürftiger Produkte),
- Aktionsvereinbarungen in den Jahresgesprächen (z. B. Aktionszusagen),
- Listungsgelder (z. B. Aktionsgebühren),
- Sonderkonditionen (z. B. Aktionsrabatte),
- Werbekostenzuschüsse (z. B. zur Teilnahme an Handzettel-, Beilagen- und Anzeigenwerbung des Handels).

Verbraucherpromotion (Consumer Promotion)
Die letzte Stufe umfasst alle Maßnahmen, die konzipiert sind, die Konsumenten über das Produkt zu informieren, zur Beschäftigung mit diesem anzuregen, die Marke auf diese Weise in den Köpfen der Zielgruppe zu aktualisieren (Relevant Set) und letztlich das Produkt vor Ort zu kaufen:
- Handzettel,
- Prospekte,
- Kundenzeitungen,
- Verkostungen (Degustationen),
- Sampling (Verteilung von Gratisproben bzw. Mustern, z. B. Mitnehm-/Probierproben),
- Bonuspackungen (Sondergröße des Produkts mit Hinweis auf Mehrinhalt, z. B. 10 % mehr Inhalt oder 8er-Packung und zwei Produkte zusätzlich),
- Multipack (zwei oder mehr identische Produkte, die mittels Banderole verbunden oder in der Verpackung eingeschweißt sind, z. B. Doppelpack bei Duschgel, Bier-Sixpack),
- Verbundpackungen (zwei oder mehr unterschiedliche Produktvarianten oder -sorten, die mittels Banderole verbunden oder in der Verpackung eingeschweißt sind, z. B. Sonnencreme und Après-Lotion),
- Onpack (kostenlose Zugabe, die mit dem Originalprodukt fest verbunden ist, z. B. Miniradio gratis zum Rasierapparat),

- Inpack (kostenlose Zugabe in der Normalverpackung, z. B. Spielzeug in Waschmittelverpackung),
- Packung mit Zweitnutzen (z. B. Senf im Trinkglas),
- Konsumentenpreisausschreiben (z. B. „Wie viele Zähne hat ein Leibniz-Keks von Bahlsen?"),
- Gewinnspiele (auch online), Outletverlosungen (z. B. Glücksrad drehen und gewinnen),
- Coupons, Gutscheine (ermöglichen bei Vorlage im Geschäft einen Preisnachlass beim Produktkauf),
- Sammelbilder (z. B. bei Hanuta: Spieler der Fußball-Nationalmannschaft zur WM),
- Sonderpreisaktionen.

Abschließend gilt es festzuhalten, dass Promotionkonzepte meist das Zusammenspiel mehrerer Elemente des Marketingmix für ein Produkt oder eine Marke nutzen. Neben den kommunikationspolitischen Maßnahmen prägen auch die Produktpolitik (z. B. Bonuspackung), die Kontrahierungspolitik (z. B. Sonderkonditionen für Handel, Sonderpreis für den Verbraucher) und die Distributionspolitik (z. B. Tailormade Promotion mit Modulvarianten für unterschiedliche Vertriebslinien einer Handelsgruppe) die Ausrichtung einer Verkaufsförderungsaktion. Die Erfolgsmessung von Promotions lässt sich u. a. mithilfe des scanningbasierten Handelspanels MarketTrack von The Nielsen Company durchführen; hiermit kann der promotionbedingte Zusatzabsatz ermittelt werden.

6.6.3 Öffentlichkeitsarbeit

Die Öffentlichkeitsarbeit oder Public Relations (PR) zählt ebenfalls zu den klassischen Kommunikationsinstrumenten und bildet zusammen mit der Werbung und der Verkaufsförderung einen Dreiklang in der Kommunikation. Die Abgrenzung der drei Instrumente untereinander kann dahingehend vereinfacht werden, dass die Verkaufsförderung tendenziell kurzfristig, die Werbung eher mittelfristig und die Öffentlichkeitsarbeit (im Sinne von Produkt-PR) zumeist langfristig den Erfolg eines Produkts oder einer Marke beeinflussen soll. Allerdings sind die Zusammenhänge in der Unternehmenspraxis meist wesentlich komplexer. Während Verkaufsförderung und Werbung überwiegend produkt- oder markenbezogene Kommunikationsziele verfolgen, geht die Öffentlichkeitsarbeit, im Sinne von Unternehmens-PR, über diese Ebene hinaus und stellt das Unternehmen als Ganzes in den Fokus der Betrachtung. Hintergrund dieses Ansatzes ist es, dass sich Konsumenten bei ihrer Kaufentscheidung nicht nur von Markenimage und Produktqualität leiten lassen, sondern sich auch am Ruf und an der Kompetenz des Unternehmens insgesamt orientieren.

Die Zielsetzung der PR-Arbeit ist, das Unternehmen positiv in den Blickwinkel der Öffentlichkeit zu rücken und eine Vertrauensbasis zwischen dem Unternehmen und seinem zugehörigen Umfeld aufzubauen. Hieraus lässt sich auch erklären, dass die Zielgruppe der Unternehmens-PR wesentlich breiter angelegt sein muss und über die reinen Produkt- bzw. Markenzielgruppen eines Unternehmens hinausgeht. Die Gesamtzielgruppe der PR wird in die Dimensionen externe und interne Anspruchsgruppen unterschieden.

Die externe Zielgruppe umfasst die relevanten Stakeholder, d. h., an dieser Stelle alle Interessen- oder Anspruchsgruppen, die ein Unternehmen aus seinem Markt- und sonstigem Umfeld identifiziert hat:
- Beschaffungsmarkt, z. B. Lieferanten, Dienstleistungsunternehmen,
- Personalmarkt, z. B. potenzielle Mitarbeiter, Personalberatungen, Personalagenturen,
- Absatzmarkt, z. B. Produkt-/Markenzielgruppen, Absatzhelfer, Handelspartner, Mitbewerber,
- Kapitalmarkt, z. B. Fremdkapitalgeber wie Banken, Vermögensverwalter, Private Equity-Gesellschaften, sonstige Investoren,
- Sonstiges Umfeld, z. B. Medienvertreter, staatliche Institutionen, Parteien, Wirtschafts- und Verbraucherverbände, Gewerkschaften, Bürgerinitiativen, Vereine, Schulen, Hochschulen, Einrichtungen der Kirchen, Wissenschaftler usw.

Zur internen Zielgruppe zählen die Stakeholder, die aus dem Unternehmen heraus Ansprüche an dieses entwickeln:
- Mitarbeiter,
- Eigenkapitalgeber, z. B. Eigentümer, Gesellschafter,
- Pensionäre.

Die Öffentlichkeitsarbeit ist somit durch komplexe Zielgruppenstrukturen geprägt. Dies bedeutet aber nicht, dass alle Teilzielgruppen angesprochen werden sollen. Vielmehr gilt es, die instrumentelle Teilzielebene PR von der Kommunikationszielsetzung der Unternehmung abzuleiten und je nach Ausrichtung, eine detaillierte Zielgruppen- und Medienauswahl zu treffen. Beispielsweise kann die PR die Einführung einer Produktneuheit durch Ankündigungsanzeigen und redaktionelle Beiträge in Publikums- und Fachmedien des Handels unterstützen und vom Unternehmen zeitgleich bei der geplanten Ausgabe von neuen Aktien als Informationsbasis für den Kapitalmarkt genutzt werden.

Im Rahmen der Kommunikationsprozesse mit den jeweiligen Teilzielgruppen bedient sich die Öffentlichkeitsarbeit neben der einstufigen oft auch der zweistufigen Kommunikation (vgl. Kapitel II 2.2.1.1, D. Medienumwelt). Gerade die Unternehmens-PR beinhaltet die Pflege persönlicher Beziehungen zu Meinungsführern und Multiplikatoren, um auf diese Weise z. B. in Presseinformationen, Podiumsgesprächen, Nachrichtensendungen oder Talkrunden wirtschaftliche und politische Dialoge im Sinne der Unternehmensziele zu beeinflussen. Diese Bestrebungen gipfeln in der sogenannten Lobbyarbeit. In diesem Zusammenhang wird das Vorgehen von Politikern kritisch diskutiert, die während oder nach ihrer parlamentarischen Arbeit finanzielle Bezüge von Industrieunternehmen erhalten. Darüber hinaus existieren professionell agierende Lobbyisten, deren Bestreben darin liegt, Inhalte von Verordnungen bis hin zu Gesetzestexten im Sinne der Interessen eines Verbands (z. B. Branche) zu beeinflussen.

Grundsätzlich ist die Öffentlichkeitsarbeit durch einen regen Austausch von Informationen zwischen Unternehmen und Medien gekennzeichnet, der normalerweise ohne Bezahlung stattfindet. Dabei liegt die Herausforderung der Public Relations darin, den Informationsgehalt einer Meldung oder Nachricht so zu gestalten bzw. zu dosieren, dass insbesondere die Entscheidungsträger in den Medienunternehmen das Informationsmaterial lesen und den Inhalt für ihre redaktionelle Berichterstattung nutzen. Z. B. setzt Wasa innerhalb der PR-Arbeit interessante Geschichten im Hinblick auf das Knäckebrot mit Hinweisen zu Nährwert- und Kalorienangaben ein, um so entweder durch Produktabbildungen oder Namensnennung in den Beiträgen zu Schlankheits- oder Fitnessthemen der Frauenzeitschriften berücksichtigt zu werden.

Manche Medien stehen allerdings der Nutzung von Unternehmensinformationen im redaktionellen Teil noch aufgeschlossener gegenüber, wenn das Unternehmen zugleich auch eine bezahlte Werbung im gleichen Medium bucht. Darüber hinaus existieren noch direktere Formen der bezahlten PR, d. h., ein Unternehmen liefert Informationen gegen Bezahlung mit der Sicherheit, dass diese Informationen definitiv und meist unverändert – allerdings redaktionell aufgemacht – veröffentlicht werden. PR-Maßnahmen werden heute von den meisten Unternehmen aktiv und kontinuierlich eingesetzt, um das Unternehmen zu profilieren und einen Abstrahleffekt auf sämtliche Leistungen der Unternehmung zu erzielen. Es gibt aber Situationen, in denen die Öffentlichkeitsarbeit zwangsläufig eingesetzt werden muss bzw. im Unternehmen einen noch höheren Stellenwert erhält. Hierbei handelt es sich um unerwartete Unternehmenskrisen, die in der Berichterstattung der Medien anlassbezogen und prominent aufgegriffen werden. Beispiele hierfür sind:
- Lidl bei der Bespitzelung des eigenen Personals,
- Burger King im Hinblick auf den Hygieneskandal,
- ADAC bei der Manipulation der Vergabe des Autopreises „Gelber Engel",
- VW mit dem Dieselskandal,
- Germanwings im Zusammenhang mit dem vom Co-Pilot verursachten Flugzeugabsturz.

Gerät das Unternehmen in eine solche Schieflage, wird die PR herangezogen, um – idealerweise in einem offenen Prozess – Sachverhalte aufzuklären, Fehler einzugestehen und Verbesserungen zu dokumentieren.

Zusammenfassend werden im Folgenden die verschiedenen PR-Maßnahmen aufgeführt:
- Pressekonferenzen, -gespräche,
- Diskussionsrunden,

- Vortragsveranstaltungen, Ausstellungen,
- Werksbesichtigungen, Tage der offenen Tür,
- Pressemitteilungen, Veröffentlichungen,
- Geschäftsberichte,
- Kunden-, Geschäftspartner- und Mitarbeiterzeitschriften,
- unternehmensinterne Sport-, Kultur- und Sozialeinrichtungen,
- redaktionelle Beiträge in Print-, Funk-, TV- und Digitalmedien,
- PR-Anzeigen, PR-Spots (zur Image- und Kompetenzsteigerung des gesamten Unternehmens),
- Gründung von Stiftungen zu kulturellen, sportlichen oder sozialen Zwecken.

Alle Maßnahmen, die ein Unternehmen im Rahmen seiner Öffentlichkeitsarbeit einsetzt, müssen in das gesamte Kommunikationsinstrumentarium integriert, auf die Kommunikationsstrategie bezogen und auf die Erreichung der Kommunikations-, Marketing- und Unternehmensziele ausgerichtet sein.

6.6.4 Persönlicher Verkauf

Die persönliche und einstufige Kommunikation mit den relevanten Gesprächspartnern charakterisiert den persönlichen Verkauf (Personal Selling). Er stellt das zentrale Bindeglied zwischen dem Unternehmen und seinen Kunden dar. Die Zielsetzung liegt hier hauptsächlich in der Information und Überzeugung der Käuferseite über den Nutzen und die Qualität der angebotenen Produkt- bzw. Unternehmensleistung mit der Absicht, einen Vertragsabschluss (Kauf, Werk-, Miet-, Leasingvertrag usw.) zu erzielen. Der Verkaufsabschluss ist demzufolge das erfolgreiche Ende eines Verkaufsprozesses.

Dauer und Intensität des Verkaufsprozesses sind von unterschiedlichen Kriterien abhängig. Die zwei Hauptkriterien sind die Art der Produkte und die Marktstellung der Kunden. Im Bereich von Investitionsgütern kann dieser Prozess – beispielsweise bei Großprojekten im Anlagenbau (Kraftwerke) – viele Phasen umfassen, die über mehrere Jahre verteilt stattfinden. In Dienstleistungsmärkten wird das Produkt durch den persönlichen Verkauf erst lebendig. Das Verkaufspersonal einer Unternehmung kann das Dienstleistungsprodukt verkörpern und begleitet den Kunden unter Umständen auch über viele Jahre (z. B. bei Versicherungsleistungen).

Bei Konsumgütern spielt die Wahl des Absatzwegs eine entscheidende Rolle. In Unternehmen mit direktem Absatzweg findet der Verkaufsprozess in deutlich kürzeren Zeiteinheiten statt. Beispielsweise überzeugt im Direktvertrieb die Beraterin auf einer „Tupper-Party" einige der anwesenden Personen im Lauf der Vorführung und führt diese noch vor Ort zum Kaufabschluss. Nutzen Unternehmen den indirekten Absatzweg, ist der Verkaufsprozess auf die Absatzmittler bezogen. Hier können die im Rahmen der Verkaufsförderung beschriebenen Jahresgespräche zwischen Industrieunternehmen und Handelsorganisationen als Beispiel dienen. Die Jahresgespräche zielen allerdings nicht auf den direkten Verkauf von Waren. Vielmehr bilden sie eine Vorstufe, die z. B. mit der Listung eines neuen Produkts in den Handelsunternehmen überhaupt erst die Möglichkeit für das anbietende Unternehmen eröffnen, dass dieses Neuprodukt an die entsprechenden Vertriebslinien der Handelsorganisationen verkauft werden kann.

Es ist festzuhalten, dass der persönliche Verkauf grundsätzlich sehr stark auf den Abschluss von Verträgen zielt. Im Sinne eines ganzheitlichen Marketings, bei dem die Kundenzufriedenheit die Basis für die Gewinnerzielung ist und alle Aktivitäten am Kunden orientiert und auf den Zielmarkt ausgerichtet sind, muss der persönliche Verkauf in die Kommunikationspolitik schlüssig eingebunden sein. Der Begriff Verkaufsprozess wird deshalb an dieser Stelle in die Betrachtung von Geschäftsbeziehungen überführt. Hierdurch kommt zum Ausdruck, dass der Verkaufsprozess zwar elementarer Bestandteil der Gestaltung von Geschäftsbeziehungen ist, aber der klassische Ansatz eines konsequenten Marketings weit über diese Dimension hinausgeht. Diese Unternehmenshaltung kann auch durch den Begriff Beziehungsmarketing ausgedrückt werden, das heute oft als Customer-Relationship-Management (CRM) bezeichnet wird. CRM ist kein neuer Ansatz, sondern er dient in rückläufigen, stagnierenden oder schwach wachsenden Märkten den stark unter Wettbewerbsdruck stehenden Unternehmen dazu, den Marketingansatz als strategischen und erfolgsbestimmenden Faktor anzusehen und zu implementieren (Becker 2013, S. 628).

Der Aufgabenbereich im persönlichen Verkauf ist unter den beschriebenen Bedingungen vielfältig und unternehmensindividuell. Er leitet sich aus den spezifischen Verkaufszielen einer Unternehmung ab. Grundsätzlich können die folgenden Aufgabengebiete neben der Auftragserzielung als relevant angesehen werden: Akquisition potenzieller Kunden, Informationsbeschaffung, Durchführung von Marktanalysen, Kundenberatung und -schulung, Überwachung der Auftragsabwicklung, Präsentation von neuen Produkten oder Produktverbesserungen, Umsetzung von Verkaufsförderungsaktionen im Handel, Vermittlung von Finanzierungsleistungen, Kundendienst, Reklamationsbearbeitung usw.

Die Durchführung des persönlichen Verkaufs liegt in den Händen der funktionalen Verkaufsorganisation einer Unternehmung. Hier kommt die in der Praxis häufig anzutreffende organisatorische Trennung zwischen Marketing und Sales zum Ausdruck. Während die Aufgaben im Marketing von Konsumgütern klassisch vom Produkt- oder Brandmanagement unter der Obhut der Marketingleitung wahrgenommen werden, ist der Bereich Sales meist unterschiedlich organisiert. Der Aufbau einer personal- und kostenintensiven Vertriebs- bzw. Verkaufsorganisation ist dabei in erster Linie abhängig von der Größe des Unternehmens und der vorliegenden Kundenstruktur. Verantwortlich für die ihm unterstellte Verkaufsorganisation ist meist der Verkaufs-/Vertriebsleiter. Er ist auch federführend in der Entwicklung und Realisation der Verkaufsstrategie im Rahmen der Marketingstrategie. Für die optimale Ausschöpfung des Kundenpotenzials bei den Großkunden (z. B. im Handel) sorgen die Key-

Account-Manager in Verbindung mit den Category-Managern. Der Außendienst setzt sich überwiegend aus Reisenden und/oder Handelsvertretern zusammen, die für die optimale Ausschöpfung des ihnen anvertrauten Verkaufsgebiets zuständig sind.

Der persönliche Verkauf bildet den Abschluss der klassischen Kommunikationsinstrumente und gleichzeitig auch den Übergang zu den modernen Kommunikationsformen. Er kann – der Definition nach – auch dem Direktmarketing zugeordnet und als Ursprung dieser Kommunikationsform gesehen werden.

6.7 Moderne Kommunikationsinstrumente

Aus den klassischen Kommunikationsinstrumenten haben sich moderne Formen der Kommunikation entwickelt. Aufgrund ihrer Bedeutung in der Praxis werden diese als eigenständige Instrumente nachfolgend dargestellt, wobei weitgehend eine chronologische Reihenfolge eingehalten wird.

6.7.1 Direktmarketing

Unter Direktmarketing werden alle Maßnahmen zusammengefasst, die einen direkten und individuellen Dialog zwischen einem Unternehmen und seiner Zielgruppe ermöglichen (Becker 2013, S. 583). Zielsetzung ist es, diesen Dialogprozess systematisch und kontinuierlich zu gestalten, um die Zielpersonen langfristig an sich zu binden. In diesem Sinne wird alternativ auch der Begriff Dialogmarketing verwendet.

Die Historie des Direktmarketings begann mit persönlich adressierten Werbebriefen, die per Post zugestellt wurden. Hier wurden erstmalig Daten der Zielkunden für die direkte Kommunikation verwendet (Name und Adresse). Zeitlich nachfolgend wurden Anzeigen in Printmedien geschaltet, bei denen Coupons vom Kunden ausgefüllt und zurückgesendet werden konnten. Als nächste Stufe entstand das Telefonmarketing, nachdem auch Telefonnummern als Datenquelle vorhanden waren. Die Direktkommunikation wurde dann durch die Nutzung der Medien Fernsehen und Radio auf die Ebene der persönlichen Interaktion gestellt. Mit Beginn des Internet-Zeitalters erweiterten sich die Möglichkeiten zum Kundendialog, indem digitale und mobile Medien zum Einsatz kamen, z. B. das Mobile-Marketing (Werbung auf Smartphones).

Primär werden folgende Direktmarketingmedien genutzt:
- Direct Mail (adressierte Werbesendungen per Post),
- Telefonmarketing,
- Mobile Marketing (z. B. SMS-Werbung auf Smartphones),
- Couponanzeigen/Beilagen,
- interaktives Fernsehen oder Radio.

Aus dieser Übersicht sollen das Telefonmarketing und das Mobile Marketing genauer betrachtet werden.

Beim Telefonmarketing ist zwischen Inbound- und Outbound-Telefonmarketing zu unterscheiden (Kreutzer 2021, S. 163). Beim Inbound-Telefonmarketing nimmt eine Person mit dem Unternehmen Kontakt auf, um z. B. Informationen anzufordern, eine Bestellung oder eine Reklamation abzugeben. Diese Kundenanfragen werden in der Regel über Customer-Service-Center abgewickelt, einige Unternehmen verfügen zudem über ein spezielles Beschwerdemanagement. Beim Outbound-Telefonmarketing suchen Mitarbeiter von Unternehmen den direkten Kontakt zur Zielperson. Auch SMS- und MMS-Kontakte fallen unter diese Kategorie. Die sogenannten Outbound Calls können zur weiteren Informationsgewinnung sowie zum aktiven Verkauf genutzt werden. Die weitgehende Automatisierung des Telefonmarketings in Form von Computeranrufen hat jedoch dazu geführt, dass solche Anrufe häufig eine Reaktanz hervorrufen. Zudem stellt der Gesetzgeber relativ scharfe rechtliche Vorgaben bezüglich aktivem Telefonmarketing auf, die im Kern dazu führen, dass eine Erlaubnis (Permission) des Angerufenen für diese Art der Ansprache vorliegen muss.

Eine wichtige Weiterentwicklung im Rahmen des Telefonmarketings stellt das Mobile Marketing dar. Hierzu gehören alle kommunikativen Maßnahmen, die ein Unternehmen unter Einsatz der telefonischen Kontaktaufnahme über mobile Endgeräte initiiert, um damit das Verhalten von Interessenten und Kunden zu beeinflussen (Kreutzer 2021, S. 387 ff.).

Kreutzer (2021, S. 392 ff.) unterscheidet hierbei die folgenden Einsatzbereiche:
- Mobile Übermittlung von Informationen durch die Unternehmen (z. B. mobil ausgelieferte Werbung, Nutzung von Location Based Services),
- mobile Gewinnung von Informationen durch die Unternehmen (z. B. Umfragen, Gewinnspiele),
- mobiler Verkauf und Übermittlung von virtuellen Produkten und Dienstleistungen (z. B. Online-Spiele, Musik, Videos, E-Books etc.; beinhaltet auch eine Zahlungstransaktion/M-Commerce),
- mobiler Verkauf von realen Produkten und Dienstleistungen (z. B. Bestellung von Bekleidung etc.).

Die Vorteile dieser Medien gegenüber den ursprünglichen Massenmedien liegen in der gezielten und persönlichen Ansprache der Zielgruppen, in der Verringerung von Streuverlusten sowie der guten Messbarkeit des Erfolgs von Direktmarketingmaßnahmen (z. B. über Response-Erfassung der eingesendeten bzw. online heruntergeladenen Coupons). Das Direkt- bzw. Dialogmarketing baut in Konsumgütermärkten meist auf traditionellen Kommunikationsinstrumenten auf (z. B. Werbung und Verkaufsförderung) bzw. ergänzt diese um den Ansatz der direkten und individuellen Kundenansprache. Abbildung 5.43 verdeutlicht das Zusammenspiel von klassischer Kommunikation und Maßnahmen im Direktmarketing.

Abb. 5.43: Loyalitätsleiter auf dem Weg zum Stammkunden (Quelle: eigene Darstellung in Anlehnung an Holland 1993, S. 58).

In der Literatur wird häufig zwischen passivem, reaktionsorientiertem und interaktionsorientiertem Direktmarketing unterschieden (Bruhn 2010, S. 231). Die Form des passiven Direktmarketings ist als Grenzfall einzuordnen und liegt vor, wenn Verbraucher z. B. durch adressierte Mailings oder Hauswurfsendungen angesprochen werden. Es liegt also kein direkter Kundendialog vor. Das reaktionsorientierte Direktmarketing gibt dem Konsumenten eine Möglichkeit der Reaktion und initiiert somit einen Dialog zwischen Anbieter und Nachfrager. Dies wird meistens in Form einer adressierten Werbesendung umgesetzt, die aus einem Werbebrief, einem Prospekt, einer Rückantwortkarte und einem Versandkuvert besteht. Das interaktionsorientierte Direktmarketing ist dadurch gekennzeichnet, dass Anbieter und Nachfrager in einen unmittelbaren Dialog eintreten, z. B. beim Telefonmarketing.

Das Direktmarketing zielt auf die Gewinnung von Kunden sowie Festigung von langfristigen Kundenbeziehungen ab und unterstützt das Beziehungsmarketing oder Customer-Relationship-Management eines Unternehmens. Grundlage dafür ist das Vorhandensein einer detaillierten und stets aktuellen Datenbasis. Alle neuen Informationen, die sich aus der Umsetzung von Direktmarketingmaßnahmen ergeben, sind sofort wieder in diese Datenbasis aufzunehmen, um ein schlüssiges Informationssystem aufzubauen und zu pflegen. Dieses System wird im Rahmen des sogenannten Database-Marketings genutzt, um selektive Maßnahmen realisieren zu können. Die Zielgruppe kann in einer Datenbank z. B. entsprechend ihres derzeitigen Kaufverhaltens der Produkte des Unternehmens tiefergehend segmentiert werden und daraufhin mit einer der Subsegmentierung entsprechenden Dosierung der Direktmarketingaktivitäten angesprochen werden. Beispielsweise kann im Vergleich zu den Gelegentlichverwendern die Intensität des Direktmarketings zu den Kernnutzern viel höher gestaltet sein.

Das Direktmarketing wird dahingehend in erster Linie von Hersteller-, Handels- und Versandunternehmen genutzt. Seit einiger Zeit setzt auch der Finanzbereich und hier insbesondere die Direktbanken dieses moderne Kommunikationsinstrument verstärkt ein. Beispielsweise analysiert die Comdirect Bank ihre Privatkunden im Hinblick auf ihr Anlageverhalten und informiert diese segmentspezifisch mithilfe von Werbesendungen über neue Finanzprodukte wie Festgeldanlagen, Fonds, Zertifikate usw.

6.7.2 Sponsoring

Beim Sponsoring unterstützt ein Unternehmen (Sponsor) eine Person, Mannschaft, Organisation, Institution oder Veranstaltung (Gesponserter) durch Finanz-, Sach- oder Dienstleistungen und erhält dafür vertraglich zugesicherte Gegenleistungen. Die Gegenleistungen bestehen in den im Vertrag detailliert aufgeführten Aktivitäten und Maßnahmen, d. h., der Gesponserte lässt sich im Sinne der Kommunikations- und Sponsoringziele vermarkten. Dieses moderne Kommunikationsinstrument kann zur Steigerung des Bekanntheitsgrads einer Marke beitragen oder aber die Übernahme von gesellschaftlicher Verantwortung durch ein Unternehmen zeigen. Häufig wird Sponsoring eingesetzt, um das entsprechende Image des Gesponserten auf das Unternehmen bzw. seine Marken zu übertragen.

Grundsätzlich werden im Sponsoring die folgenden fünf Bereiche differenziert (Hermanns 1997):
- Sportsponsoring, gesponsert werden z. B. Einzelsportler, Teams, Mannschaften, Vereine, Verbände, Veranstaltungen, Ligen, Sportstätten;
- Kultursponsoring, gefördert werden z. B. Kunstausstellungen, Konzerte, Musiktourneen, Literaturlesungen, Filmpremieren, Theateraufführungen, Förderpreise, Stiftungen;
- Umwelt- oder Ökosponsoring, gefördert werden z. B. Umweltschutzorganisationen, ökologische Initiativen, Umweltschutzprojekte;
- Sozialsponsoring, unterstützt werden z. B. Bildungsinitiativen, Wissenschaftsprojekte, karitative Einrichtungen;
- Programmsponsoring, gesponsert werden z. B. Programmankündigungen, Filmpräsentationen, Einblendungen bei Game Shows.

Der Hauptteil der Aktivitäten im Sponsoring ist auf das Sportsponsoring konzentriert, gefolgt von Kultur-, Umwelt- und Sozialsponsoring. Das Programmsponsoring ist eine Sonderform des Sponsorings, die der klassischen Werbung schon sehr nahekommt. In den letzten 30 Jahren lässt sich ein großer Anstieg bei den Ausgaben von Unternehmen für Sponsoring feststellen, wobei ungefähr 80 % des gesamten Sponsoringbudgets in den Sport fließt (Nufer 2010, S. 154). In Bezug auf die Einstellung der Konsumenten gegenüber Sportsponsoring zeigt eine Studie, dass diese das finanzielle Engagement von Unternehmen im Sport sehr wertschätzen und somit eine sehr positive Beurteilung hinsichtlich des Effekts von Sportsponsoring zu konstatieren ist (Naskrent/Rüttgers 2012, S. 31). Aufgrund dieser positiven Einstellung erscheinen die hohen Investitionen der Unternehmen für dieses moderne Kommunikationsinstrument gerechtfertigt. Aufgrund des zunehmenden Drucks durch das Ambush-Marketing (vgl. Kapitel V 6.7.5) müssen Sponsoren jedoch darauf achten, dass Konsumenten sie als offizielle Sponsoren wahrnehmen, weil Konkurrenzmarken insbesondere bei Großveranstaltungen durch gezielte Ambush-Aktionen versuchen, das offizielle Sponsoring zu untergraben.

Die konzeptionelle Planung und Realisierung von Sportsponsoringengagements lassen sich am Beispiel der Marke Dextro Energy verdeutlichen. Die Markenverantwortlichen entschieden sich im Jahr 2005 im Rahmen der Planung für das folgende Jahr neben dem Einsatz von klassischen Kommunikationsinstrumenten auch auf Sportsponsoring zu setzen. Zielsetzung war es, das Markenversprechen als „Experte für natürliche Sofortenergie in mentalen und physischen Leistungssituationen" verstärkt mit einer Person aus dem Sportbereich zu verbinden und auf diese Weise die Marke emotional anzureichern und zu aktualisieren.

Als erster Schritt wurden die verschiedenen Sportarten nach folgendem Bewertungsmodell (vgl. Tab. 5.14) analysiert.

Tab. 5.14: Bewertungsmodell zur Analyse relevanter Sportarten am Beispiel der Marke Dextro Energy (Quelle: eigene Darstellung in Anlehnung an Nellessen 2006, S. 40).

Kriterium	Gegenstand der Bewertung
Media-Awareness	Gesicherte und potenzielle Übertragungs- und Umfeldzeiten im Fernsehen sowie Berichterstattungen in allen anderen Medien
Brand-Fit	Inhaltliche Passung der Sportart zu den Werten, der Positionierung sowie den Marketing- und Kommunikationszielen der Marke
Content-Plattform	Zielsetzung: Markenwerte und Positionierung inhaltlich auf der gewählten Plattform vor allem auch im redaktionellen Bereich penetrieren
Relevanz für Medien	Grundsätzliches Interesse der Medien (hier auch insbesondere der redaktionelle Sektor) an dem Themenfeld, z. B. Profilierung einzelner Stars auf nationaler und internationaler Ebene mit Potential für zusätzliche Pressemeldungen und Medienberichte
Alleinstellung	Objektive Beurteilung der Möglichkeit eine positive Alleinstellung als Sponsor in der Sportart zu erreichen
Kosten/Aufwand	Einschätzung der Kosten sowie des zeitlichen und personellen Aufwands im Vergleich zu dem erwarteten Ergebnis
Impact auf Verkauf	Bewertung der Eignung des Sponsoring-Engagement zur Verlinkung an den Point of Sale mit effektiver Wirkung auf das Kaufverhalten/den Abverkauf

Nach dieser Analyse kristallisierte sich Eisschnelllauf als relevante Sportart für die Marke heraus, da hier beim Start eine starke mentale Konzentrationsleistung und direkt anschließend eine enorme physische Kraftleistung zu vollbringen ist. Zudem wurde diese Sportart seit einigen Jahren prominent in den Medien inszeniert und generierte durch die kontinuierlichen Erfolge der deutschen Athletinnen eine hohe Aufmerksamkeit. Im nächsten Schritt erfolgte daher die Auswahl der optimal zur Marke passenden Sportlerin. Hier fiel die Entscheidung auf Anni Friesinger, die zu dieser Zeit als eine der erfolgreichsten Wintersportlerinnen der letzten Jahre galt, einen gestützen Bekanntheitsgrad von 88,4 % aufwies und von 65,9 % der Deutschen als sympathisch empfunden wurde (Nellessen 2006). Anni Friesinger hatte laut Analyse der Markenverantwortlichen die idealen Voraussetzungen, die Markeninhalte „mentale und physische Sofort-Energie" glaubwürdig zu transportieren und so die Marke Dextro Energy emotional neu aufzuladen.

Aufgrund ihres hohen Bekanntheitsgrads sowie ihrer sportlichen Erfolge und damit verbundenen Medienpräsenz konnte dieses Sponsoringengagement für Dextro Energy starke mediale Erfolge erzielen. So erreichte Dextro Energy mit dem Sponsoring von Anni Friesinger in der Wintersaison 2007/08 einen Werbeäquivalenzwert von fast 1,5 Mio. € (IFM 2008, S. 12). Der Werbeäquivalenzwert sagt aus, welche Kosten für die Schaltung klassischer Mediawerbung im TV angefallen wären, um die gleiche On-Screen-Zeit zu erreichen, die mit dem Instrument Sponsoring erzielt wurde.

Die Sportart Eisschnelllauf ist eine saisonale Sportart. Um das Sponsoring von Anni Friesinger auch im Sommer zu nutzen, war Dextro Energy in den Jahren 2006 und 2007 zusätzlich Co-Sponsor der Deutschland Tour. Bei der Deutschland Tour handelte es sich um eine Profi-Rad-Tour quer durch Deutschland in acht Etappen. Neben der Präsenz auf der Deutschland Tour selbst startete Anni Friesinger als Kapitänin eines 15-köpfigen Dextro-Energy-Teams bei einem parallel veranstalteten Wettkampf für Breitensportler. Die Plätze in diesem Team wurden vorab an Hobbyradsportler verlost.

Anni Friesinger stand zudem für zahlreiche PR-Aktionen zur Verfügung und wurde konsequent in die TV- und Printkampagnen sowie in die Verkaufsförderungsmaßnahmen der Marke integriert. Ein letzter Höhepunkt der gemeinsamen Arbeit mit Dextro Energy waren die Olympischen Winterspiele 2010 in Vancouver. Über PR-Aktivitäten unter dem Titel „Road to Vancouver" wurden in den Jahren 2008/09 die Vorbereitungen von Anni Friesinger auf dieses sportliche Ereignis kommunikativ inszeniert und der Gewinn der Goldmedaille in der Teamverfolgung medial genutzt. Nachdem bei einer Knieoperation im März 2010 ein Knorpelschaden festgestellt wurde, erklärte Friesinger im Juli desselben Jahres ihren Rücktritt vom Leistungssport.

Bereits 2008 startete Dextro Energy neben dem Sponsoring von Anni Friesinger sein Engagement im Triathlon. Die Ausdauersportart Triathlon – bestehend aus den Disziplinen Schwimmen, Radfahren und Laufen – ist noch eine sehr junge, jedoch aufstrebende Sportart, die sowohl im Spitzen- als auch im Breitensport stetig neue Anhänger findet. Zudem zählt die Sportart seit 2000 zu den Disziplinen der Olympischen Spiele und 2008 stellte Deutschland mit Jan Frodeno sogar den Oympiasieger.

Dextro Energy war im Jahr 2008 Hauptsponsor des Hamburg City Man, dem bis dato größten Triathlon der Welt (vgl. Abb. 5.44). Bei dieser Weltmeisterschaft mitten in der Metropole Hamburg gingen sowohl 120 Profi- als auch rund 8.000 Breitensportler an den Start, die von rund 600.000 Zuschauern begeistert gefeiert wurden. Dextro Energy verloste Startplätze und unterstützte die Sportler mit Dextrose-Produkten. Mit diesem Sponsoring wurde das Engagement auf eine Sommersportart ausgedehnt, um eine ganzjährige Präsenz im Sport zu erreichen. Zudem stellte diese Ausrichtung den Übergang vom Einzelsportler-Sponsoring zum Veranstaltungs-Sponsoring für die Marke dar.

Abb. 5.44: Sponsoring Dextro Energy (Quelle: eigene Darstellung).

Hintergrund dieses Triathlon-Sponsoring auf strategischer Ebene ist die 2009 erfolgte Einführung einer neuen Produktlinie in den Sporternährungsmarkt unter der Submarke Dextro Energy Sports Nutrition. Diese Produktlinie stellt eine horizontale Diversifikation für die Marke dar und beinhaltet differenzierte Produktkonzepte, die den hobby- und leistungsorientierten Sportler als Zielperson ansprechen und diesen über den gesamten Sportprozess (vor, während und danach) begleiten und unterstützen.

Mittlerweile fokussiert sich das Sponsoring mit der Zielsetzung einer konsequenten Präsentation der spezifischen Produktkonzepte auf den Auftritt als exklusiver Verpflegungssponsor im Rahmen von zielgruppenkonformen Veranstaltungen wie z. B. Rad am Ring (24-Stunden-Rennen für Rennrad- und Mountainbikesportler auf dem legendären Nürburgring).

Das Sponsoring ist selten als isoliertes Instrument in der Kommunikationspolitik einer Unternehmung zu identifizieren, sondern stellt vielmehr ein kommunikatives Dachkonzept dar. Unter diesem Dach lässt sich das Engagement im Sponsoring zur Integration in klassische Kommunikationsinstrumente nutzen:
- Werbung: Z. B. stellt das durch Ausrüsterverträge festgelegte Tragen der Sponsorkleidung mit entsprechenden Logo-Aufschriften und -Emblemen eine Form der Trikotwerbung dar.
- Verkaufsförderung: Z. B. kann die gesponserte Fußballmannschaft als integriertes Element einer Preisausschreibenaktion des Sponsors zu mehr Aufmerksamkeit am PoS verhelfen, wenn als Preise Reisen zu Spielen der Mannschaft in der Champions League locken.
- Öffentlichkeitsarbeit: Z. B. sind Pressekonferenzen eine ideale Möglichkeit zur Präsentation des Sponsoringkonzepts und Vorstellung der Gesponserten.
- Persönlicher Verkauf: Z. B. setzen Sponsoren gesponserte Persönlichkeiten gerne als Repräsentanten der Unternehmung ein, damit diese in persönlichen Gesprächen während einer gesponserten Veranstaltung den Boden für Verkaufsgespräche mit den Top-Kunden ebnen.

Unter diesen Gesichtspunkten ist das Sponsoring ein sehr interessantes Kommunikationsinstrument, mit dem ein Unternehmen seine Kommunikationspolitik abrunden und Subzielgruppen mit weniger Streuverlusten erreichen kann. Als schwierig gestaltet sich in der Praxis allerdings die genaue Messung der Effizienz von Sponsoringmaßnahmen.

6.7.3 Product Placement

Unter Product Placement wird die gezielte Einbindung von Markenartikeln bzw. Markendienstleistungen in Kinofilmen, Fernsehproduktionen oder Videoclips verstanden. Diese Definition klammert bewusst die Produktplatzierung in den Printmedien sowie im Radio aus, da diese Ansätze in der Praxis wenig Relevanz aufweisen (z. B. Nennung von Markennamen in Romanen bzw. Einbindung von Markennamen in Hörspielen) und das diesbezügliche Aktivierungspotenzial recht begrenzt ist (Runia/Wahl/Busch 2008).

Die entsprechenden Produkte und Dienstleistungen sind dabei so geschickt in die Handlungen eingebaut, dass sie vom Zuschauer zwar eindeutig identifiziert, aber auch als authentisch und glaubwürdig eingestuft werden, ohne dass der Eindruck von „Werbung" entsteht. Für diese Leistung erhalten die Filmstudios bzw. Produktionsgesellschaften Geldzahlungen und/oder ihnen werden Markenartikel gratis bzw. Dienstleistungen zur freien Verfügung überlassen. Auf diese Weise refinanzieren diese teilweise ihre enormen Produktionskosten. Product Placement wird hauptsächlich eingesetzt, um einen Imagetransfer von der Hauptperson auf die Marke zu erreichen. Dabei ist von entscheidender Bedeutung, dass diese Person eine Tragfähigkeit für den angestrebten Imagetransfer bietet. Paradebeispiele sind hier die James-Bond-Filme, die historisch viele Marken in die Filmhandlung integriert haben. Im James-Bond-Film „No Time to Die" des Jahres 2021 wurden die folgenden Marken prominent in Szene gesetzt: Aston Martin, Spirit Yachts, Bollinger-Champagner, Tom-Ford-Designeranzüge und Omega-Uhren.

In Deutschland sorgte das Product Placement im Tatort-Kinofilm „Zahn um Zahn" für Aufsehen, in dem Götz George als Kommissar Schimanski laufend Paroli-Hustenbonbons isst. Aber es sind nicht nur die klassischen Heldenrollen, die für Product Placement infrage kommen. Beispielsweise hinterließ das Logo des Computerherstellers Apple in „Forrest Gump" bei den Zuschauern einen bleibenden Eindruck. Als weiteres Beispiel kann in diesem Zusammenhang der Film „Alien: Covenant" aus dem Jahr 2017 gelten, in dem Audi als Marke prominent zu sehen ist. Darüber hinaus zeigt Tom Hanks in „Verschollen", dass Product Placement auch umfangreicher integriert werden kann, denn hier bildet ein Paket des Express-Luftfrachtunternehmens FedEx (Federal Express) das zentrale Element der ganzen Filmgeschichte.

Im Vorfeld von Maßnahmen im Product Placement werden daher das Genre, der Inhalt und die Figuren, die vorgesehenen Schauspieler oder das Renommee des Regisseurs eines Sendeformats bzw. eines Filmes im Hinblick auf das Potenzial analysiert und eingeschätzt, inwieweit eine organische Einbindung der Marke bzw. des Produkts in die Handlung und das Programmumfeld möglich sein wird. Wichtig ist in diesem Kontext die strategische Dimension der Zielgruppenaffinität, d. h., es muss eine hohe Übereinstimmung der Zielgruppen von Marke/Produkt und Programm gewährleistet sein.

Ist diese Übereinstimmung gegeben, bietet das Product Placement wirkungsvolle Vorzüge. Die Marke bzw. das Produkt wird in ein erlebnisorientiertes Umfeld eingebunden und ist hier bezogen auf die Produktkategorie ohne Konkurrenz. Dies führt zu einer im Vergleich zur klassischen Werbung höheren Aktivierung der Zielpersonen (Nieschlag/Dichtl/Hörschgen 2002, S. 1122).

Ein häufig geäußerter Kritikpunkt beim Product Placement ist die relativ schwierige Erfolgsmessung. Zwar lassen sich auch hier die aus der Werbeerfolgskontrolle bekannten Recall- bzw. Recognition-Verfahren anwenden, spezifische Methoden zur Erfolgsanalyse des Product Placement sind allerdings nicht vorhanden.

Insgesamt betrachtet ist das Product Placement als Ergänzung im Kommunikationsmix aber ein interessantes und starkes Instrument, um eine glaubhafte Inszenierung der Marke bzw. des Produkts im zielgruppenrelevanten Erlebnisumfeld zu verwirklichen.

Im Folgenden werden die diversen Erscheinungsformen des Product Placement behandelt (Runia/Wahl/Busch 2008) (vgl. Tab. 5.15).

Product Placement tritt in der Praxis in vielfältigen Varianten auf. In der folgenden Abbildung sind die wichtigsten Erscheinungsformen dargestellt. Eine erschöp-

Tab. 5.15: Erscheinungsformen des Product Placement (Quelle: eigene Darstellung in Anlehnung an Tolle 1995, Sp. 2096, zitiert in Nieschlag/Dichtl/Hörschgen 2002, S. 1121).

Klassifikationsmerkmal	Erscheinungsform
Art der Informationsübertragung	– visuelles Product Placement – verbales Product Placement – kombiniertes Product Placement (visuell und verbal)
Art der platzierten Produkte	– Product Placement i. e. S. (Markenartikel) – Generic Placement (unmarkierte Produkte) – Innovation Placement (neue Produkte/Produktinnovationen) – Corporate Placement (Unternehmen)
Grad der Programmintegration	– On Set Placement (Produkt ist handlungsneutral/Requisite) – Creative Placement (Produkt wird in Handlung integriert) – Image Placement (Gesamtthema des Films ist auf das Produkt ausgerichtet)
Anbindung an Hauptdarsteller/Star	– Placement mit Endorsement (Star bekräftigt Placement, z. B. durch Handlung oder verbale Äußerung) – Placement ohne Endorsement (Produkt wird nicht direkt mit Star in Verbindung gebracht)

fende Auflistung aller Product-Placement-Formen ist aufgrund der sich ständig ändernden Medien- und Kommunikationslandschaft nicht möglich.

Das visuelle Product Placement ist die vorherrschende Variante und beinhaltet die optische Darstellung von Produkten oder Dienstleistungen in Kinofilmen oder TV-Sendungen. Hierbei wird das platzierte Objekt sichtbar in eine Szene eingebunden, damit der Zuschauer das Produkt anhand physischer Merkmale zweifelsfrei identifizieren kann. Dieses wird durch die Darstellung der klassischen Produktmerkmale wie der Wort- und Bildmarke, Farbe oder der Verpackung erreicht.

Das verbale Product Placement umfasst eine rein akustische Darbietung der Marke, z. B. in einem Filmdialog oder auch im Hintergrund einer Filmszene. Ein Beispiel für die verbale Erscheinungsform der Informationsübermittlung innerhalb eines erfolgreichen Hollywood-Blockbusters ist der James Bond-Film „Im Angesicht des Todes". Hier erwähnt Roger Moore in der Rolle als englischer Geheimagent 007 die Marke Whiskas, während er eine Katze füttert. Ebenfalls James Bond, dieses Mal jedoch von Daniel Craig gespielt, führt in dem Film „Casino Royal" einen Dialog über seine Uhr, und dass diese nicht von Rolex, sondern von Omega sei.

Werden Produkte sowohl optisch als auch akustisch in einem Film platziert, liegt ein kombiniertes Product Placement vor. Eine solche Kombination findet beispielsweise in der TV-Serie „Dr. House" statt, indem in der Folge „Ist das Lügen nicht schön" ein Apple iPhone unter der verbalen Hervorhebung der Wortmarke und in einer Großaufnahme des Produkts an den Arzt verschenkt wird.

Bezüglich der Art der platzierten Produkte ist zu konstatieren, dass vor allem Markenartikel als Placement-Objekte infrage kommen. Aufgrund ihrer Markierung und der damit verbundenen Wiedererkennung sind Markenartikel besonders geeignete Objekte. Insbesondere Marken des täglichen Bedarfs sowie Automarken sind glaubwürdige Bestandteile in Filmsequenzen. So werden in den James-Bond-Filmen immer wieder solche Markenprodukte eingebunden. In dem Film „Ein Quantum Trost" nutzt der Geheimagent ein Sony-Vaio-Notebook und telefoniert mit seinem Sony Ericsson-Handy.

Das Generic Placement bezieht sich auf unmarkierte Produkte, wobei hier jedoch häufig ein Markenartikel platziert wird, ohne dessen Markenlogo einzublenden. Diese Marke muss dann idealerweise aufgrund ihrer typischen Formen und Farben erkannt werden. Generic Placement ist nur für Markenartikler interessant, die einen hohen Marktanteil und einen bedeutenden Bekanntheitsgrad haben, da ansonsten zu hohe Streuverluste entstehen, die dann direkt der Konkurrenz nutzen. Ein gutes Beispiel für Generic Placement stellt der Film „Men in Black" aus dem Jahr 1997 dar. In diesem Blockbuster tragen die beiden Agenten, gespielt von Tommy Lee Jones und Will Smith, Sonnenbrillen der Marke Ray Ban. Diese Brillen sind durch ihre besondere Form auch ohne die explizite Darstellung der Wort- oder Bildmarke zu erkennen.

Werden Marktneuheiten mittels Product Placement bekannt gemacht, liegt Innovation Placement vor. Problematisch ist dabei vor allem der fehlende Wiedererkennungseffekt des Produkts. Daher kann dies nur sinnvoll durch Einbettung in eine integrierte Kommunikationskampagne funktionieren. Ein Meilenstein hierfür war abermals ein James Bond-Film. Im Jahr 1995 nutzte 007 in dem Film „Golden Eye" erstmalig ein deutsches Auto, nämlich einen BMW Z3, für eine seiner Verfolgungsjagden. Dieser Roadster wurde im engen zeitlichen Zusammenhang zu dem Film auf dem Markt eingeführt. Im Zuge dieser Einführung startete BMW eine Kommunikationskampagne mit Ausschnitten dieser Actionszenen.

Corporate Placement berücksichtigt die Platzierung von Unternehmensnamen (Corporate Brands), insbesondere aus dem Dienstleistungssektor. Diese Art der Platzierung ist somit Teil der Unternehmenskommunikation und soll das Gesamtbild einer Unternehmung in der Öffentlichkeit positiv beeinflussen. Das Unternehmen FedEx setzte dies 2001 in dem Kinofilm „Cast Away" erfolgreich um. Der geschätzte Werbewert belief sich nach Angaben des Unternehmens auf ca. 54 Mio. US-Dollar. Dafür stellte FedEx 500 Mitarbeiter als Komparsen zur Verfügung, fertigte Uniformen gemäß den Corporate Design-Vorgaben an und ließ den Hauptdarsteller, Tom Hanks, die Unternehmensphilosophie nachsprechen. Abgerundet wurde dieses Corporate Placement durch die Schaltung einer Werbung und dem Auftritt des Vorstandsvorsitzenden in einer Szene.

Weitere Erscheinungsformen ergeben sich, wenn der Grad der Programmintegration betrachtet wird. Beim On Set Placement ist das platzierte Produkt reine Requisite, erscheint also nur am Rande der Handlung und nur für eine kurze Zeitspanne. Für den Handlungsablauf spielt dieses Produkt keine Rolle.

Hingegen wird beim Creative Placement das Produkt in die Handlung integriert, womit es zumindest für einen bestimmten Zeitraum im Mittelpunkt des Films steht. Die Abgrenzung zum On Set Placement ist aber nicht immer trennscharf möglich.

Der höchste Grad der Einbindung ergibt sich durch ein Image Placement, wobei das Thema eines Filmes regelrecht auf die Marke zugeschnitten wird. Zu nennen ist beispielhaft der Film „Die Götter müssen verrückt sein" aus dem Jahr 1980. Hier steht eine leere Coca-Cola-Flasche, die aus einem Flugzeug heraus in das Leben der Eingeborenen eines afrikanischen Wüstenstamms fällt, im Mittelpunkt des Handlungsrahmens.

Schließlich ist eine weitere Unterscheidung dahingehend möglich, ob das Product Placement an den Star eines Filmes angebunden wird. Beim Placement mit Endorsement nutzt der Star das entsprechende Produkt oder äußert sich diesbezüglich. Liegt Placement ohne Endorsement vor, wird die Marke nicht direkt mit dem Star in Verbindung gebracht.

Während Product Placement bei Hollywood-Blockbustern – wie viele Beispiele zeigen – bereits gang und gäbe ist, wurde der Umgang mit Product Placement in den verschiedenen EU-Ländern unterschiedlich ausgelegt.

Eine europaweite Harmonisierung ermöglichte die EU-Fernsehrichtlinie, die zwar nach wie vor Product Placement verbietet, aber Ausnahmen in unterhaltenden Sendungen gestattet. Die Voraussetzung hierfür ist, dass eine Kennzeichnung erfolgt, z. B. mit dem Hinweis „... unterstützt durch Produktplatzierung". Weiterhin gilt aber, dass weder in Nachrichten- und Kindersendungen noch in Religionsprogrammen Product Placement erlaubt ist (Eck/Pellikan/Wieking 2008, S. 13). Die Umsetzung der EU-Richtlinie in deutsches Recht erfolgte im Jahr 2009 (Glockzin 2010). Diese Rechtsgrundlage gilt auch für Product-Placement im Rahmen des Influencer-Marketings, welches im Kapitel 6.7.6 behandelt wird.

6.7.4 Event-Marketing

Die ziel- und strategiekonforme Kommunikation und Präsentation von Produkten, Marken oder des Unternehmens selbst unter Vermittlung von emotionalen und erlebnisorientierten Reizen wird als Event-Marketing bezeichnet. Events sind von Unternehmen initiierte Veranstaltungen ohne direkten Verkaufscharakter, auf denen z. B. Produktneuheiten mit hohem gestalterischem und letztlich auch finanziellem Aufwand in Szene gesetzt werden. Die Ziele des Event-Marketings bestehen darin, über eine hohe Aufmerksamkeit in einen Dialog mit der definierten Zielgruppe zu treten, emotionale Erlebnisse zu vermitteln und Aktivierungsprozesse in Gang zu setzen, um Unternehmens- und Markenbotschaften zu transportieren. Bei optimaler Umsetzung bietet dieses Instrument die Möglichkeit, Streuverluste stark zu minimieren.

Hierzu muss das Event-Marketing professionell geplant, durchgeführt und nachbereitet werden. Dabei lassen sich folgende drei Phasen unterscheiden:

- Pre-Event-Phase: Hier werden das Objekt des Events (Unternehmen, Marke, Produktlinie etc.), die Eventziele und Eventstrategie, der Eventtyp und die Budgetierung festgelegt.
- Main-Event-Phase: Hier steht der reibungslose Ablauf der Veranstaltung im Fokus, d. h., die Eventinszenierung, die Ansprache der Zielgruppe, die Vermittlung der relevanten Botschaften usw.
- Post-Event-Phase: Hier gilt es, die Nachbereitung des Events zu gestalten, z. B. Nachfassaktionen und Folgemaßnahmen, aber auch Budget- und Erfolgskontrolle.

Ein Beispiel für gelungenes Event-Marketing ist der Red Bull Flugtag (vgl. Abb. 5.45). Bei diesem Event stürzen sich „erfinderische Piloten in selbstgebastelten und selbstgestylten Flugkörpern" von einer Plattform in die Lüfte und dann ins Wasser. Dabei werden die „Flugkunst der Piloten" und die „Originalität der Flugelemente" von einer Jury bewertet und die Sieger ausgezeichnet. Mit diesem Event, das kontinuierlich in ausgewählten Städten weltweit stattfindet, gelingt es der Marke Red Bull in effektvoller Art und Weise die Markenbotschaft des unkonventionellen Energiespenders mit dem Claim „Red Bull verleiht Flügel" perfekt zu inszenieren.

Abb. 5.45: Red Bull Flugtag (Quelle: Red Bull Content Pool).

Event-Marketing wird von Unternehmen meist als ein zusätzliches Element eingesetzt, um neben der Basiskommunikation über klassische Instrumente punktuell Akzente zu setzen und so die Marketing- und Kommunikationsziele zu unterstützen. Ein Beispiel hierfür liefert das Unternehmen Coca-Cola mit seiner jährlichen Weihnachtstour. Bereits seit 1997 setzt Coca-Cola in Deutschland während der Adventszeit die roten, hell beleuchteten Weihnachtstrucks zur Aktualisierung und Inszenierung der Marke ein.

Das Event-Marketing kann von Unternehmen nicht nur extern, also in Richtung der Kunden bzw. der Zielgruppe betrieben, sondern auch intern zur Motivation des Verkaufspersonals auf speziell hierfür einberufenen Außendienstkonferenzen genutzt werden.

6.7.5 Guerilla-Marketing

Breitenbach und Schulte (2005) formulieren Guerilla-Marketing als die Kunst, den von Werbung übersättigten Konsumenten eine größtmögliche Aufmerksamkeit durch unkonventionelle und originelle Marketingmaßnahmen zu entlocken. Dazu ist es notwendig, dass sich der Kommunikator möglichst – aber nicht zwingend – außerhalb der klassischen Werbekanäle bewegt. Hierbei spielt insbesondere die Idee der operativen Konsumentenansprache eine größere Rolle als ein eventuell vorhandenes hohes Marketingbudget. Wie Abb. 5.46 zeigt, werden unter dem Oberbegriff des Guerilla-Marketings verschiedene Ausprägungen zusammengefasst. Im vorliegenden Lehrbuch liegt der Schwerpunkt auf den Maßnahmen innerhalb der Kommunikationspolitik. Aktionen des Guerilla-Marketings, die sich auf die anderen Faktoren innerhalb des Marketingmix beziehen, werden nicht weiter betrachtet.

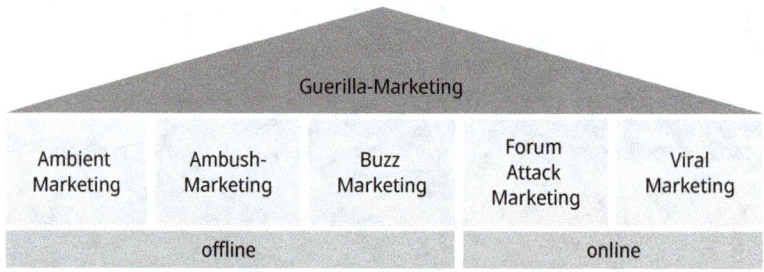

Abb. 5.46: Die verschiedenen Ausprägungen des Guerilla-Marketings (Quelle: eigene Darstellung in Anlehnung an Busch 2010, S. 3).

Ambient Marketing wird definiert durch das Platzieren und Wirken eines Werbemittels in dem direkten Lebensumfeld der relevanten Zielgruppe. Die Integration in die Umwelt der Konsumenten dient dem Zweck, dass diese die Medienformate nicht als störend, sondern als sympathisch und originell wahrnehmen. Medienformate im Ambient Marketing sind im Gegensatz zu anderen Maßnahmen des Guerilla-Marketings plan-, wiederhol- und messbar. In der Regel wird die Platzierung des Werbemittels besonders im Out-of-Home-Bereich vorgenommen, hier allerdings nicht als klassische Werbung (z. B. Plakat), sondern in Form von außergewöhnlichen Maßnahmen. Zu den bevorzugten Aktionsplätzen zählen unter anderem Restaurants, Bars, Diskotheken, aber auch hochfrequentierte Einkaufsstraßen, Bahnhöfe, Flughäfen, Sportstätten und Hochschulen (Schulte 2007).

Als einer der ersten Ansätze im Ambient Marketing innerhalb Deutschlands gilt seit Anfang der 1990er-Jahre die Edgar Freecard. Diese Postkarte – meist mit aufmerksamkeitsstarken Motiven oder Sprüchen verziert – liegt als frei erhältlicher Mitnahmeartikel in zielgruppenrelevanten Szenerestaurants oder Bars aus und wird somit in das Lebensumfeld der Zielgruppe platziert.

Abbildung 5.47 zeigt ein weiteres interessantes Beispiel für Ambient Marketing. Im Jahr 2006 nutzte das Unternehmen Procter & Gamble einen Zebrastreifen, um den Meister-Proper-Mann als Motiv in eine Alltagssituation zu integrieren. Ein einziger weißer unter vielen anderen angegrauten Streifen in Zusammenhang mit dem Konterfei des Putzmanns sollte auf diese Weise die Reinigungskraft des Putzmittels demonstrieren.

Abb. 5.47: Ambient Marketingaktion für die Marke Meister Proper (Quelle: Agentur Grey Worldwide GmbH).

Ambush-Marketing wird in der Fachliteratur auch oft als Schmarotzer-, Parasiten- oder Trittbrettfahrermarketing bezeichnet. Bei dieser Ausprägung des Guerilla-Marketings profitiert ein Unternehmen von der hohen medialen Aufmerksamkeit bei stark frequentierten Veranstaltungen, ohne bei diesen als offizieller Sponsor monetäre Gegenleistungen gegenüber dem Veranstalter erbracht zu haben. Das Ziel des Ambush-Marketings ist es demnach, als vermeintlich offizieller Sponsor der Veranstaltung wahrgenommen zu werden, um somit die Vorteile des Sponsorings ohne hohe Aufwendungen zu erreichen. Hierbei werden solche Veranstaltungen für Trittbrettfahreraktionen okkupiert, die vom direkten Wettbewerber gesponsert werden, um eine möglichst genaue Zielgruppenansprache zu erreichen (Patalas 2006, S. 67).

Ein Beispiel für eine gelungene Ambush-Marketingaktion fand während des Berlin Marathons 1996 statt. Bei diesem Großereignis trat das Unternehmen Adidas als

Hauptsponsor in Erscheinung. Eine ähnliche mediale Aufmerksamkeit wie der Gewinner des Laufes erhielt der älteste Teilnehmer im Läuferfeld. Der zu diesem Zeitpunkt achtzigjährige Läufer mit dem Namen Heinrich beendete diesen Marathonlauf erfolgreich und stand fortan im Fokus der Medien und mit ihm auch das Unternehmen, das ihn sponserte, nämlich der Sportartikelhersteller Nike (Zerr 2003, S. 587). Ein weiteres eindrucksvolles Beispiel fand bei der Fußball-Weltmeisterschaft 2010 in Südafrika statt. Die niederländische Biermarke Bavaria bezahlte 36 Frauen, damit sie in orangenen Miniröcken und T-Shirts zum Fußballspiel zwischen Dänemark und den Niederlanden erschienen. Dabei war die orangene Bekleidung beim Betreten des Stadions verdeckt. Mitten im Spiel fingen diese Frauen an auf sich aufmerksam zu machen, indem sie die orangene Bekleidung inklusive Markenlogo präsentierten.

Eine Studie kommt zu dem Ergebnis, dass Konsumenten eine ablehnende Einstellung gegenüber Ambush-Marketing im Allgemeinen und gegenüber der mit Ambush-Marketing kommunizierten Marke haben. Sind die Konsumenten jedoch im Unklaren darüber, ob es sich um einen Sponsor oder einen Ambusher handelt, beurteilen sie Ambush-Marketing-Aktivitäten positiv (Naskrent/Rüttgers 2012, S. 2).

Nach Schwarzbauer (2009, S. 61) leitet sich der Begriff Buzz Marketing von dem englischen Verb „to buzz" – also herumschwirren – ab. Im Kontext des Guerilla-Marketings bedeutet dies, dass ein Gerücht herumschwirrt bzw. etwas zu einem Stadtgespräch wird. In der Fachliteratur wird der Ausdruck auch oft mit „Word of Mouth", also der Mundpropaganda gleichgesetzt. Damit ein Produkt zu jenem Stadtgespräch werden kann, werden von dem Unternehmen ganz gezielt sogenannte Buzz Agents eingesetzt. Die Buzz Agents betreiben in ihrem sozialen Umfeld, beispielsweise am Arbeitsplatz, in dem direkten Familien- und Bekanntenkreis oder im Sportverein, für diese Produkte Empfehlungsmarketing, indem die besondere Qualität oder der Produktnutzen bei einem persönlichen Gespräch in den Vordergrund gestellt wird. Als Gegenleistung für diese direkte und gesteuerte Art des Empfehlungsmarketings erhalten die Buzz Agents kostenlose Produktmuster, monetäre Leistungen oder Vergünstigungen (Patalas 2006, S. 68). Das Buzz Marketing wird meist von Unternehmen vor oder während der frühen Produkteinführungsphase genutzt, um über die Buzz Agents einerseits die Steigerung der Bekanntheit des Produkts zu forcieren und anderseits noch zusätzliche Informationen über Verbesserungspotenziale zu gewinnen.

Das Unternehmen Henkel nutzte Buzz Marketing für eine Erhöhung der Markenbekanntheit des Produkts Persil Sensitive. Hierfür konnten 7.500 weibliche Buzz Agents sowie deren Freunde und Bekannte das neue Persil Sensitive auf die Hautverträglichkeit testen. Dazu wurden die Buzz Agents mit einer Produktprobe und jeweils 20 Proben zum Weitergeben ausgestattet (trnd 2011).

In engem Zusammenhang mit dem Buzz Marketing stehen auch das Forum Attack und das Viral Marketing. Beide Begriffe beschreiben ebenfalls das gezielte Auslösen von Mundpropaganda, hier jedoch über digitale Medien.

Beim Forum Attack werden gezielt Diskussionsforen zu speziellen Themen und Produkten im Internet durch eigene Mitarbeiter von Unternehmen oder beauftragte

Agenturen infiltriert, um sich innerhalb des Forums als Konsumenten auszugeben. Diese Personen verfassen dann unter anderen Namen positive Empfehlungen für die Produkte des Unternehmens, die dann Lesern und Mitgliedern des Forums als Basis für ihre Kaufentscheidung dienen sollen (Busch 2010, S. 12). Hierzu zählen auch im Auftrag von Unternehmen geschriebene Rezensionen zu bestimmten Produkten, z. B. bei Amazon.

Die Bedeutung von Internetforen und Diskussionsgruppen auf das Kaufverhalten der Konsumenten stellte eine Studie des Marktforschungsunternehmens Fittkau & Maaß aus dem Jahr 2009 heraus. Hierbei geben 59,1 % der befragten Konsumenten an, Produktbewertungen anderer Nutzer zu lesen und diese Meinungen aktiv für die eigene Kaufentscheidung zu nutzen (Fittkau & Maaß 2009).

Der Begriff Viral Marketing erhält seinen Namen anhand einer Assoziation aus der Medizin. Wie ein Virus werden hier in der Regel multimediale Inhalte wie Videos oder Bilder innerhalb von kürzester Zeit von Mensch zu Mensch weitergetragen (Langner 2009, S. 27). Um diesen viralen Effekt zu erzeugen, eignet sich insbesondere das Internet, da über dieses Medium gezielt digitale Netzeffekte genutzt werden können, um multiplikativ eine kostenfreie Verbreitung der Informationen zu erzielen, die dann in exponentieller Geschwindigkeit vonstatten geht (Kollmann 2019, S. 394). Gerade bei den internationalen Plattformen wie Facebook oder YouTube ist dieses durch die oft grenzüberschreitenden Kontakte innerhalb der Mitglieder erreichbar.

Entscheidend beim Viral Marketing ist, dass die multimedialen Inhalte einen möglichst hohen Grad an Involvement beim Empfänger verursachen. Für eine verstärkte Weiterverbreitung innerhalb der elektronischen Netzwerke stehen jene Botschaften, die starke positive Emotionen wie Freude und Spaß oder starke negative Emotionen wie Abschreckung und Ekel beim Empfänger hervorrufen.

Eine sehr erfolgreiche virale Marketingaktion gelang dem Unternehmen Danone im Jahr 2009. Über das Online-Videoportal YouTube wurde den Nutzern ein kurzer Videoclip zur Verfügung gestellt, in dem Kleinkinder auf Rollschuhen erstaunliche Tricks vorführten, nachdem sie Evian getrunken hatten. Binnen Stunden verbreitete sich der Link zu dem computergenerierten Video hunderttausendfach, auch aufgrund der Pinnwandeinträge und Statusmeldungen über Facebook.

Bei allen Aktivitäten des Guerilla-Marketings ist kritisch zu betrachten, dass nicht gegen geltendes Recht verstoßen werden darf. Insbesondere beim Ambient Marketing sollten Maßnahmen im Vorfeld z. B. mit Städten oder Kommunen abgesprochen werden, wenn hierfür öffentlicher Grund und Boden (wie z. B. bei dem in diesem Kapitel dargestellten Beispiel des Zebrastreifens) genutzt wird. Andernfalls drohen hohe Geldbußen aufgrund von Anzeigen wegen des Tatbestands der Sachbeschädigung. Auch beim Ambush-Marketing bewegt sich das „Trittbrettfahren" sehr oft in einer rechtlichen Grauzone, da die dahinterstehenden Unternehmen sich nicht an der Finanzierung der Veranstaltungen beteiligt haben. Aus diesem Grund werden oft Bannmeilen bei Großereignissen eingerichtet, die den offiziellen Sponsoring-Partnern ein exklusives Werbe- und Verkaufsrecht einräumen. Bei einem Verstoß gegen diese

Exklusivrechte werden hohe Geldstrafen fällig. Neben den strafrechtlichen Konsequenzen kann Guerilla-Marketing auch zu einem Imageschaden für ein Unternehmen führen, wenn eine Aktion von den Konsumenten negativ aufgenommen wird.

6.7.6 Internetmarketing

Die steigende Verbreitung und Nutzung des Mediums Internet schafft die Voraussetzungen für das Internetmarketing. Die Besonderheiten des Mediums Internet in der kommunikativen Nutzung lassen sich in Anlehnung an Bauer und Neumann (2002, S. 4 ff.) wie folgt zusammenfassen:
- Durch die Interaktivität können Unternehmen einen direkten Dialogprozess mit der Zielgruppe initiieren. Der Internetnutzer kann beispielsweise bei Interesse auf einen Banner klicken und ihm wird sofort das Angebot gegenübergestellt. Durch Integration von Response-Elementen ergeben sich zugleich neue Chancen für ein kundenorientiertes Direktmarketing.
- Die Eigenschaften des Internets ermöglichen eine Individualisierbarkeit, d. h., die Unternehmen können ihre Kommunikation entsprechend der Interessen der Zielgruppen anpassen.
- Die Multimedialität des Internets erzeugt einen sogenannten sensorischen Effekt, d. h., die Eigenschaften von TV-, Print- und Funkmedien können in diesem Medium vereint werden.
- Ebenso zeichnet die Intensität das Internet aus. Die Kommunikation zwischen dem Unternehmen und den Zielpersonen kann spannender und erlebnisdichter gestaltet werden als in anderen Medien.
- Das Medium Internet beinhaltet durch die hier vorliegende Schnelligkeit und Aktualisierbarkeit ein hohes Maß an Dynamik und Flexibilität. Dies ermöglicht eine jederzeit umsetzbare Anpassung an Marktveränderungen, z. B. in Form von Produktverbesserungen oder neuen Preisen.
- Die Nutzung des Internets garantiert einen Ubiquitätseffekt, durch den Unternehmensaktivitäten auf globalen Märkten erleichtert werden.
- Durch die Virtualität ergeben sich im Internet Möglichkeiten, schnell und kostengünstig emotionale Erlebnisse zu vermitteln, die mithilfe der Elektronik geschaffen werden und den Nutzer interaktiv einbeziehen.
- Die Vernetztheit des Internets ist eine weitere Besonderheit dieses Mediums, mit der die Aufmerksamkeit für Marken- oder Unternehmensleistungen erhöht werden kann, da Verlinkungen zu unterschiedlichen und interessanten Zielseiten machbar sind.

Im Internet-Marketing hat sich die folgende Kategorisierung des Medieneinsatzes durchgesetzt, die jedoch auch Offline-Medien berücksichtigt.

Owned Media bezeichnet alle medialen Kanäle, über deren Kommunikation und Inhalte ein Unternehmen oder eine Organisation eigenverantwortlich entscheidet. Für die Distribution der Inhalte fallen auf diesen Kanälen keinerlei Kosten an. Beispiele für Owned Media-Kanäle sind die eigene Website, (Corporate) Blogs, eigene Magazine, Whitepapers und E-Books.

Paid Media umfasst alle bezahlten Werbeformen. Das können Anzeigen auf Social-Media-Plattformen wie Facebook, Instagram oder LinkedIn sein. Auch Plakatwerbung, Fernsehwerbung oder Suchmaschinenwerbung fallen in diese Kategorie. Durch bezahlte Anzeigen soll der Traffic auf den Owned Media-Kanälen erhöht werden.

Earned Media bezieht sich auf Medien, die ein Unternehmen verdient hat, indem es in unabhängigen Publikationen oder von Nutzern erwähnt wird. Es handelt sich um organisch entstandene Erwähnungen außerhalb des Unternehmens. Dies umfasst Presseberichte, Kundenbewertungen und Mundpropaganda, aber gerade auch Likes auf Facebook oder Follower auf Instagram etc.

Der rasante Bedeutungsanstieg des Internets am Mediennutzungsverhalten der Konsumenten führt gleichzeitig auch zu einem wachsenden Einfluss des Internets auf die Kommunikationsmaßnahmen innerhalb des Marketingmix von Unternehmen. Wie Abb. 5.48 zeigt, findet mit dem Wandel des Internets vom sogenannten Web 1.0 über das Web 2.0 hin zu dem aktuell relevanten Web 2.5 auch eine Weiterentwicklung der korrelierenden internetspezifischen Maßnahmen statt. Hierbei ist anzumerken, dass auch heute und zukünftig alle diese Maßnahmen im Rahmen der weborientierten Kommunikation eines Unternehmens in Betracht kommen können.

Der technische Fortschritt im Bereich mobiler Endgeräte wie Smartphones, PDAs, Note- und Netbooks usw. sowie die Evolution der Technologiedimensionen im Mobil-

Abb. 5.48: Entwicklungsphasen im Internetmarketing (Quelle: eigene Darstellung in Anlehnung an Busch 2010).

funkmarkt wie UMTS (Universal Mobile Telecommunications System), UMTS/HSDPA (High Speed Downlink Packet Access) und LTE (Long Term Evolution) führt dazu, dass Internet-Kommunikation immer häufiger auch zu einer mobilen Kommunikation wird, welche die Konsumenten in ihrem unmittelbaren persönlichen Umfeld erreicht und damit eine effektive, wirtschaftliche und individualisierte Kommunikation ermöglicht. Durch diese Entwicklung wird das Internetmarketing auch weiterhin ein hohes Zukunftspotenzial haben, was sowohl die Nutzung innerhalb der Kommunikationsmaßnahmen von Unternehmen als auch die Kreation von neuen Kommunikationsformen betrifft.

6.7.6.1 Standardformen im Web 1.0

Das Web 1.0 charakterisiert die Anfänge der marketingrelevanten Nutzung des Internets. In dieser Phase steht die Übermittlung von Informationen seitens der Unternehmen an den Konsumenten im Vordergrund der kommunikationspolitischen Maßnahmen im Web.

Zu diesen Maßnahmen zählt eine Internetseite (Website) des Unternehmens, auf dem der Konsument alle nötigen Basisinformationen über ein Produkt oder eine Dienstleistung abrufen kann.

Eine weitere Maßnahme ist die Versendung von elektronischen Newslettern. Kollmann (2019, S. 408) definiert Newsletter als Informationsbriefe, die regelmäßig an Kunden oder Interessenten eines Unternehmens geschickt werden und bestimmte Informationen, z. B. zu Angeboten, erhalten. Hierbei ist es von großer Bedeutung, dass die Konsumenten im Vorfeld ihre Einverständniserklärung für diese Werbeform erteilt haben.

Die Bannerwerbung stellt die am häufigsten verwendete Werbeform des Web 1.0 dar. Diese lässt sich nach Thiel (2004) in folgende Bereiche unterteilen:

- Banner ist eine rechteckige, grafisch gestaltete Werbefläche im Internet, die mindestens mit einem Hyperlink auf das beworbene Produkt hinterlegt wird.
- Buttons stellen eine Art Sonderform der Bannerwerbung dar, wobei ein Button wesentlich kleiner ist und meist nur einen Produkt- oder Unternehmensnamen enthält.
- Skyscraper ist eine vertikale Anzeige, die am rechten Bildschirmrand platziert wird.
- Hockeysticks stellen eine Mischform zwischen Skyscraper und Banner dar, indem sie sowohl die vertikale als auch die horizontale Anzeige umfassen.
- Pop-ups sind eine Werbeform, die in einem eigenen, sich auf dem Bildschirm öffnenden Fenster erscheint.
- Pop-unders verschwinden im Gegensatz zu den Pop-ups im Hintergrund und werden vom User erst wahrgenommen, wenn das ursprüngliche Fenster geschlossen wird.
- Rectangles sind Anzeigen in der Mitte einer Website.

6.7.6.2 Weiterentwicklung zur personalisierten Form (Web 2.0)

Die personalisierte Kommunikation steht bei der Charakterisierung des Web 2.0 im Vordergrund. Bei den Anwendungsformen des Web 2.0 ist der persönliche Kontakt zum Endverbraucher und die individuelle Ansprache des Konsumenten elementar. Um eine möglichst genaue Zielgruppenansprache zu realisieren, basiert der virtuelle Dialog in der Regel auf einem zuvor erstellten Konsumentenprofil. In diesem Profil verarbeitet das Unternehmen alle relevanten Personendaten, wie z. B. das Kaufverhalten oder andere Präferenzen. Auf Basis dieser Informationen wird der Konsument möglichst personalisiert mit den entsprechenden Formen angesprochen.

Unternehmen greifen ferner auf die Möglichkeiten von Foren und Chat Groups zurück. Diese ermöglichen einen themenspezifischen Informationsaustausch unter Interessierten, z. B. bei Markencommunities. Hierbei nutzen Unternehmen die Möglichkeiten des virtuellen Dialogs mit den Konsumenten, um beispielsweise die besonderen Vorzüge der eigenen Produkte hervorzuheben.

Personalisierte Newsletter sind weiterentwickelte Newsletter, die ausschließlich aus personalisierten Produktangeboten bestehen. Dieser personalisierte Newsletter hat den primären Zweck zu verkaufen und nicht zu informieren. Unterstützt wird dies durch das sogenannte One-Click-Shopping, also dem direkten Kauf ohne vorherige Anmeldung. Ein Beispiel für den erfolgreichen Einsatz eines personalisierten Newsletters ist bei ebay zu finden. Für den Fall, dass erfolglos auf ein Produkt geboten wird, folgt eine automatisierte E-Mail mit gleichen Produktvorschlägen anderer Auktionen.

Zudem ist es möglich, individualisierte Bannerwerbung zu schalten. Auf Basis der Nutzerprofile und von Informationen aus dem bisherigen Internetverhalten der Konsumenten, wie z. B. Eingabe bisheriger Schlüsselwörter in Suchmaschinen oder bereits besuchte Internetseiten, lassen sich Werbebanner zielgruppenrelevant schalten.

Bei der kommunikativen Nutzung von Internet-Suchmaschinen wird nach Petersen (2008, S. 322) zwischen den Rubriken Search Engine Marketing (SEM) und Search Engine Optimisation (SEO) unterschieden. Verbreiteter ist inzwischen die Ansicht, den Begriff SEM als Oberbegriff des Suchmaschinenmarketings zu verwenden und diesen in SEO sowie SEA für Search Engine Advertising (SEA) zu unterteilen (Kratz 2009, S. 95 f.).

SEA beinhaltet vom Unternehmen bezahlte Suchergebnisse, die als gesponserte Links bei themenrelevanten Suchanfragen angezeigt werden, was insbesondere bei der Suchmaschine von Google üblich ist. In der Fachliteratur wird dies auch als Keyword Advertising bezeichnet. Die Anzeige der Suchtreffer ist dabei abhängig von der jeweils gestellten Suchanfrage. Die Suchtreffer werden zwar optisch von den unbezahlten Suchergebnissen getrennt, jedoch ist den meisten Usern nicht bewusst, dass es sich um bezahlte Suchergebnisse handelt. Da das Keyword Advertising die Haupteinnahmequelle aller Suchmaschinen darstellt, wird durch die Anbieter viel in SEA investiert und zudem werden viele umfangreiche Analysetools gratis zur Verfügung gestellt, damit Unternehmen diese Werbeform im Internet zunehmend nutzen. Im Gegensatz zu anderen Internet-Werbeformen, wird beim SEA nicht nach Sichtkontakten, sondern nach tatsächlich geklickten Links (Cost-per-Click) abgerechnet.

SEO zielt darauf ab, die eigene Internetseite durch programmiertechnische Spezifikationen innerhalb des Quellcodes möglichst hoch in den Ergebnissen relevanter Suchanfragen zu platzieren. Dies ist insofern von Bedeutung, als dass User, die im Internet nach bestimmten Begriffen suchen, sich in der Regel nur die erste Seite der Suchmaschinenergebnisse bewusst anschauen. Ferner ist zu beachten, dass nur den ersten Rängen, insbesondere der ersten Position auf der ersten Seite besondere Aufmerksamkeit zuteilwird.

Im Kontext von Web 2.0 ist auch das Affiliate Marketing (Lammenett 2021, S. 47 ff.) als Spezialfall zu verorten. Dabei ist Affiliate Marketing im Grunde nichts Neues, sondern ein Rückgriff auf bewährte Vertriebsstrukturen des klassischen (Offline-)Marketings, speziell auf das Vertriebspartnerprinzip. Der Partner (Affiliate) bewirbt Produkte anderer Unternehmen (Merchants) auf seiner eigenen oder einer ganz bestimmten Website. Er erhält für jede Transaktion oder jeden Verkauf, der durch seine Kommunikationsmaßnahmen generiert wird, eine Provision, die zwischen Merchant und Affiliate individuell ausgehandelt wird. Üblich sind Provisionen pro Klick (Pay-per-Click) oder pro Interessent/Abonnent/Adresse/Download (Pay-per-Sale). Internetseiten von Affiliates bieten für viele Werbetreibende die Möglichkeit, eine kleine, aber passgenaue Zielgruppe ohne große Streuverluste anzusprechen. Affiliate Marketing stellt aus Sicht des Merchants eine interessante Alternative zu kostenintensiven Internetmaßnahmen wie Bannerwerbung oder Keyword Advertising dar, da User nicht nur auf eine bestimmte Site geleitet werden, sondern im Idealfall auf eine Vielzahl von Partner-Sites. Aus Sicht des Partners (Affiliate) ergeben sich keine Risiken, denn die Teilnahme an Affiliate-Programmen ist in der Regel nicht mit Zahlungen verbunden und wird auf Erfolgsbasis vergütet. So verdient der Affiliate dann, wenn es gelingt, die Aufmerksamkeit der Besucher seiner Website auf die Angebote des Merchants zu lenken. Der Merchant unterstützt den Affiliate in Form diverser Kommunikationsmittel, die alle mit einem bestimmten Link verknüpft sind, der einen eindeutigen Partnercode enthält. Gelangt ein Besucher über diesen Link zur Website des Merchants und tätigt dort einen Kauf bzw. hinterlässt dort eine Adresse, erhält der Affiliate die vereinbarte Provision. Als dritte Partei können Affiliate-Netzwerke hinzukommen: Affiliate-Netzwerke sind unabhängige Plattformen für Affiliate Marketing. Ihre Aufgabe besteht darin, die Angebote der Merchants als Vermittler bei den richtigen und passenden Affiliates zu platzieren. Bekannte Beispiele für solche Netzwerke sind affilinet und belboon.

6.7.6.3 Social-Media-Marketing (Web 2.5)

In den letzten Jahren ist die Einbindung der verschiedenen sozialen Netzwerke in das kommunikationspolitische Instrumentarium der Unternehmen deutlich angestiegen. Das sogenannte Social-Media-Marketing geht noch über den virtuellen Dialog des

Web 2.0 hinaus und bindet den Konsumenten aktiv in die Kommunikationsmaßnahmen eines Unternehmens ein. Nach Brennan/Flanagan/Wolf (2009, S. 1) bezeichnet Social Media eine Vielfalt digitaler Medien und Plattformen, die es Nutzern ermöglicht, sich ohne große technische Barrieren untereinander auszutauschen, selber mediale Inhalte zu produzieren und diese für andere Nutzer zur Verfügung zu stellen. Hierbei werden häufig internettypische digitale Mittel wie Bilder, Videos usw., aber auch Texte verwendet, die dann häufig einen viralen Effekt hervorrufen.

In Anlehnung an Kollmann (2019, S. 671) wird bei den sozialen Netzwerken in die Bereiche E-Community und User-generated-Content-Portal unterschieden.

E-Community steht als Begriff für die organisierte Kommunikation innerhalb eines elektronischen Kontaktnetzwerks und damit für die Bereitstellung einer technischen Plattform für die Zusammenkunft einer Gruppe von Individuen, die in einer bestimmten Beziehung stehen bzw. zueinanderstehen wollen. Der Fokus des Nutzers liegt dabei auf dem Aufbau dieses digitalen Kontaktnetzwerkes und dem Austausch von individuellen Meinungen und persönlichen Informationen sowie der Selbstpräsentation innerhalb dieser Gruppe. Beispiele für diese Art der sozialen Netzwerke sind Facebook, Instagram und TikTok.

Für die Unternehmen bieten sich in den E-Communities große Chancen, diese als Grundlage für die Kommunikation an die Zielpersonen einzusetzen. Neben Werbebannern, die in diesen Netzwerken noch zielgruppengerechter geschaltet werden können, bieten Fanseiten und Gruppen eine Chance, das eigene Unternehmen oder die Marken innerhalb des sozialen Netzwerks zu präsentieren. Bei diesen Fanseiten können Nutzer mit nur einem Klick die Sympathie für dieses Unternehmen oder diese Marke bekunden. Diese Informationen bekommen alle Mitglieder, die im Kontakt zu dem Nutzer stehen, automatisch angezeigt. Eine Ergänzung stellen kleine Spiele oder Programme dar, die in Bezug zu dem jeweiligen Unternehmen stehen. Diese Apps (engl. Applications) können zur Abrundung des E-Communities-Unternehmensprofils genutzt werden.

Bei einem User-generated-Content-Portal liegt der Schwerpunkt auf der Verbreitung von selbst erstellten digitalen Inhalten ohne Beschränkung der Nutzergruppe. Zu den bekanntesten Portalen zählen zurzeit unter anderem YouTube und die Blogseite WordPress. Auf dem Portal YouTube ist es beispielsweise für Unternehmen möglich, eigene Markenvideokanäle zu betreiben. Auf diesen Kanälen können dann Imagefilme und andere digitale Inhalte gezeigt werden. Im Fall der In-Video-Werbeanzeige kann bei themenrelevanten anderen Videos ein Hinweis des Unternehmens eingeblendet werden.

Gronau (2012, S. 18 ff.) erstellt eine Übersicht der in der Literatur meistgenannten sowie in der Praxis am häufigsten genutzten Social-Media-Typen:
- Blogs (Weblogs), ursprünglich Internet-Tagebücher, haben sich im Lauf der Zeit zu einer Anwendung entwickelt, welche die Möglichkeit bietet, Meinungen zu spezifischen Themen, News oder anderen Inhalten zu veröffentlichen. Unterneh-

men können in diesem Sinne Corporate Blogs nutzen. Blogs konvergieren zunehmend mit anderen Social-Media-Kanälen, z. B. mit sozialen Netzwerken.

- Microblogs stellen eine Unterart der Blogs dar, bei der User kurze, SMS-ähnliche Textnachrichten publizieren, deren Länge in der Regel auf 280 Zeichen begrenzt ist. Der mit Abstand größte Microbloggingdienst ist X (früher Twitter), bei dem täglich viele Millionen sogenannter Tweets auf Microblogs verschickt werden. Die Nutzung von Microblogs wird durch die Verbreitung von Smartphones unterstützt, da rund die Hälfte der aktiven User ihre Microblogs mit diesen Geräten versendet.
- Bewertungsplattformen haben sich aus den Foren bzw. Newsgroups entwickelt, deren Schwerpunkt auf dem Austausch und der Archivierung von Erfahrungen, Meinungen und Fragen liegt, wobei die Interaktion in der Regel nicht in Echtzeit stattfindet. Die Bewertungsplattformen dienen speziell der Bewertung von Leistungen und somit der Information und Orientierung der Verbraucher. Bekannte Plattformen sind z. B. Yelp für Restaurants, Kununu für Arbeitgeber sowie HolidayCheck für Hotels und Pensionen. Auch der Versandhändler Amazon entwickelt sich speziell für Bücher und Musik zu einem umfangreichen Bewertungsportal. Die Bewertungsplattformen gerieten wegen offensichtlich gefälschter, zum Teil von Unternehmen initiierten Bewertungen („Fakes") in die Diskussion.
- Foto-, Video- und Slidesharing nutzen User um Fotos, Videos und Präsentationen zu verbreiten. Diese können dann von anderen Teilnehmern bewertet, kommentiert und weiterempfohlen werden, wodurch sogenannte virale Effekte entstehen können. Bekannte Beispiele solcher Dienste sind YouTube (Videos), Flickr (Fotos) sowie Slideshare (Präsentationen). Insbesondere YouTube bietet Unternehmen durch die Einrichtung eines eigenen Channels Möglichkeiten, Image- und Produktvideos zu veröffentlichen und zu verbreiten.
- Soziale Netzwerke (Social Networks) bieten Usern die Möglichkeit, sich mit anderen Nutzern zu verbinden, auszutauschen und über Neuigkeiten aus ihrem Netzwerk zu informieren. Die bekanntesten sozialen Netzwerke sind Facebook, Instagram und TikTok. Unternehmen können sich in sozialen Netzwerken selbst mittels eines eigenen Profils darstellen und mithilfe des „Gefällt mir"-Buttons entsprechenden Traffic generieren.
- Business-Netzwerke sind eine fokussierte Form der sozialen Netzwerke und werden von Unternehmen und Mitarbeitern gleichermaßen als Selbstdarstellungsseite genutzt. Dank detaillierter Profilinformationen sind Kontakte schnell ausfindig gemacht und kontaktiert. Somit sind Business-Netzwerke sowohl als Research Tool als auch als Vertriebskanal geeignet. Im deutschsprachigen Raum ist Xing das bekannteste Netzwerk, international ist LinkedIn führend.
- Wikis können für geschlossene (unternehmensinterne) oder öffentliche Nutzergruppen zugänglich sein und dienen dem Online-Austausch von Wissen und Informationen. Die bekannteste Wiki-Form ist die Online-Enzyklopädie Wikipedia. Unternehmen haben die Möglichkeit, ab einer gewissen Größe einen eigenen Wi-

kipedia-Eintrag zu erstellen, um sich so einer breiten Öffentlichkeit zu präsentieren. Unternehmensintern können Wikis zum Content-Management verwendet werden.
- Location-based Services wie der führende Anbieter Foursquare zeigen Nutzern an, welche Geschäfte, Cafés, Restaurants oder andere Angebote sich in unmittelbarer Nähe befinden. Das von den Usern nutzbare Tool ist das virtuelle Einchecken an diesen Orten und dessen Veröffentlichung z. B. via Facebook oder X. In dieser Form können Unternehmen z. B. auch auf Aktionen hinweisen.
- Social Bookmarks sind Internet-Lesezeichen, die es Internet-Nutzern ermöglichen, die Favoritenliste ihres Browsers im Web zu hinterlegen. Hierdurch können die gleichen Bookmarks von verschiedenen Rechnern aus genutzt und bearbeitet werden. Der Hauptvorteil liegt im Austausch von Favoritenlisten mit anderen Usern, denn alle Links können öffentlich eingesehen und von anderen Nutzern zu den eigenen Favoriten hinzugefügt werden.

Im Social-Media-Marketing gewinnt das Influencer-Marketing stark an Bedeutung. Wie schon in Kapitel II 2.2.1 angeführt, stellt das Influencer-Marketing eine Weiterentwicklung der Testimonial-Gestaltungstechnik dar. Hierdurch verlagert sich im Zuge der Digitalisierung der Ansatz der Meinungsführerschaft von klassischen zu digitalen Medien (Social-Media-Plattformen, insbesondere YouTube und Instagram). Relevante Kriterien für die Auswahl von Influencern aus Sicht der Marke sind:
- Markenfit (Passung Influencer-Image/Markenimage),
- Glaubwürdigkeit des Influencers,
- Reichweite (Anzahl Follower, Abonnenten).

Eine große Herausforderung beim Social-Media-Marketing ist die Dynamik und die begrenzte Steuerungsmöglichkeit der relevanten Maßnahmen. Zahlreiche Beispiele in der Vergangenheit verdeutlichen, dass auch weltweit agierende Unternehmen die Gefahr des medialen Steuerungsverlusts innerhalb der sozialen Netzwerke unterschätzen.

Roszinsky (2010, S. 27 ff.) benennt fünf Erfolgsfaktoren für den Einsatz von Social-Media-Marketing:
- Eine Interaktion bzw. der Dialog muss von dem kommunizierenden Unternehmen gewollt sein. Damit erkennt es den Konsumenten als gleichwertigen Kommunikationspartner an. Hierfür ist es unvermeidlich, dass eine zielgruppengerechte Ansprache und Tonalität gewählt wird, um somit die Marke authentisch zu repräsentieren.
- Im engen Zusammenhang steht hierzu auch die Glaubwürdigkeit. Die Marke sollte tendenziell eher eine moderierende als bestimmende Rolle einnehmen, da sie als Absender der Social Media Kommunikation wahrgenommen wird. Wichtig hierfür ist auch eine moralisch-ethische Markenkommunikation.

- Das Vertrauen in die Marke ist ein weiterer Erfolgsfaktor, da die Verlässlichkeit in Bezug auf alle Markenaussagen und die Wahrheitstreue von Markenversprechen gegeben sein muss.
- Eine Beteiligung der Konsumenten in der Kommunikationspolitik führt häufig auch zu geäußerter Kritik. Hierbei ist die Offenheit des Unternehmens im Umgang mit den genannten Beanstandungen eine wichtige Grundhaltung.
- Den Mittelpunkt der Bemühungen in Bezug auf das Social-Media-Marketing bildet die Zielgruppenaffinität. Dies bedeutet die Übereinstimmung zwischen der Kommunikationszielgruppe der Marke und den Nutzern der Medien, die für die Markenkommunikation eingesetzt werden. Zudem umfasst es die inhaltliche Dimension der Kampagne. Die Botschaftsinhalte und die gestalterischen Botschaftselemente sind auf die Zielgruppe abzustimmen, um sie bestmöglich zu informieren, zu aktivieren, zu bestätigen oder zu überzeugen.

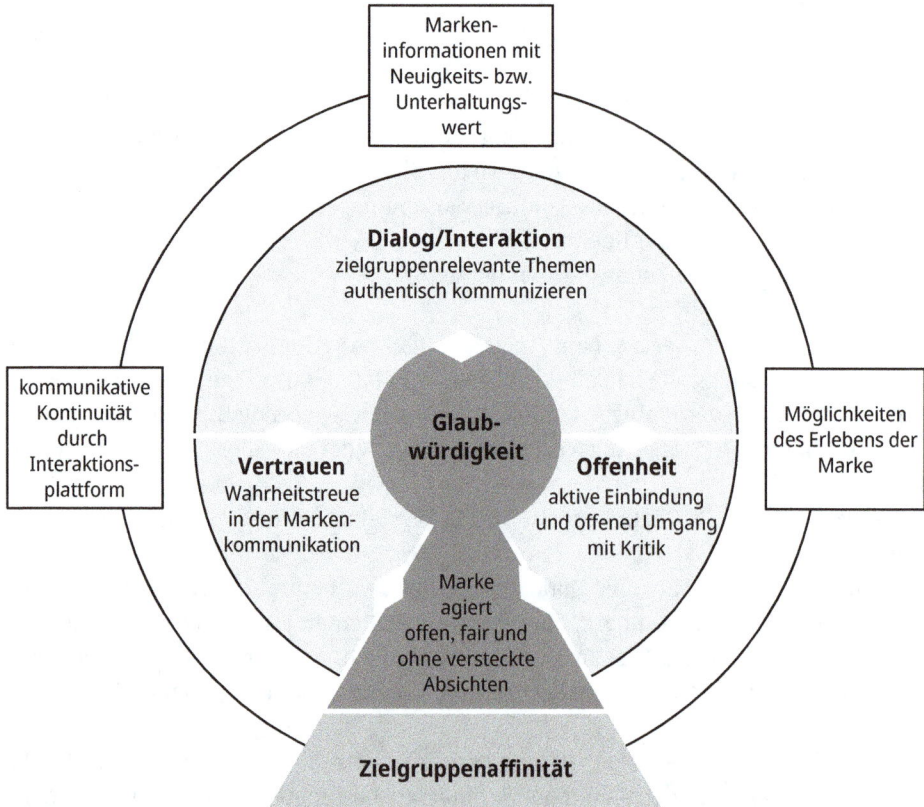

Abb. 5.49: Der Social Media Success Key (Quelle: eigene Darstellung in Anlehnung an Roszinsky 2010, S. 45).

Aus diesen Erfolgsfaktoren leitet Roszinsky (2010, S. 45) einen Social Media Success Key ab. Die Zielgruppenaffinität bildet hiernach das Fundament des Social-Media-Marketings, auf dem alles Weitere aufbaut. Insgesamt liegen Interdependenzen der weiteren Faktoren vor, wobei die Glaubwürdigkeit als zentrales Konstrukt nur dann gegeben ist, wenn die Marke offen, fair und ohne versteckte Absichten agiert. Empfehlungsstimulierende Maßnahmen, wie z. B. Markeninformationen mit Neuigkeits- bzw. Unterhaltungswert, geben dann den Erfolgsfaktoren einen Rahmen. Abbildung 5.49 stellt den Social Media Success Key dar.

6.7.6.4 Kennzahlen für die Messbarkeit von Maßnahmen des Internetmarketings

Das Internet bietet eine gute Möglichkeit, den Erfolg von Internetmarketingmaßnahmen zu messen. Zur quantitativen Beurteilung von Kampagnen im Internet sind folgende Kennzahlen relevant (Gietemann 2006):

- Page Impressions geben eine Aussage über die Sichtkontakte beliebiger Nutzer mit einer Website. Dies entspricht der Summe aller Abrufe der Site und wird auch als Brutto-Reichweite I bezeichnet.
- Bei der Berechnung der Netto-Reichweite I werden von der Brutto-Reichweite I alle Mehrfachzugriffe eines Users abgezogen.
- Unique User sind Besucher einer Website, deren Zugriff nur einmal innerhalb eines fixierten Zeitraums gezählt wird.
- Visits beschreiben die Zahl der Besuche einer Website, wobei von einem Visit nur dann gesprochen wird, wenn es sich um einen intensiven, zusammenhängenden Nutzungsvorgang handelt, d. h., wenn der User mehrere Pages der Site hintereinander (ohne Unterbrechung) abruft.
- Als Brutto-Reichweite II wird die Gesamtsumme aller Visits bezeichnet.
- Bei der Berechnung der Netto-Reichweite II werden von der Brutto-Reichweite II die Mehrfach-Visits eines Users innerhalb eines Zeitraums abgezogen.
- Ad Impressions drücken die Zahl der Sichtkontakte beliebiger User mit einem Online-Werbemittel aus, was gleichzusetzen ist mit der Auslieferung eines Werbemittels durch einen AdServer (Online-Werbeträger).
- Ad Clicks sind die Klicks eines Users auf das Werbemittel.
- Click Through Rate (auch Ad Click Rate) ist eine Maßzahl, die sich aus den Ad Impressions und den Ad Clicks ergibt, d. h., aus dem Verhältnis von Sichtkontakten und Mausklicks auf das Werbemittel.
- Conversion Rate ist die Anzahl der Orders in Relation zu den Ad Clicks.
- Costs per Order ergeben sich, indem das eingesetzte Budget durch die Anzahl der Bestellungen geteilt wird.
- Costs per Click ergeben sich durch die Division des Budgets durch die Anzahl der Clicks.

Ein Rechenbeispiel verdeutlicht den Zusammenhang zwischen den Kennzahlen: Ein Unternehmen schaltet einen Banner auf einer Website und gibt dafür für einen definierten Zeitraum 350 € aus. Die Ad Impressions für diesen Zeitraum betragen 715.157, die Ad Clicks 2.167. Hieraus ergibt sich eine Click Through Rate von 0,3 %. Das Werbemittel führt zu 27 Bestellungen. Die Conversion Rate beträgt 1,25 %, die Costs per Order 12,96 €.

6.8 Integrative Kommunikationskonzepte

Zum Abschluss der Kommunikationspolitik werden mit der Corporate Identity, der Integrierten Kommunikation und der Cross-Media-Kommunikation die drei in Theorie und Praxis bekanntesten bzw. gebräuchlichsten Konzepte beschrieben, die allesamt einen übergeordneten, integrativen Ansatz mit der grundsätzlichen Zielsetzung verfolgen, die Wirkung der Kommunikationsanstrengungen eines Unternehmens zu steigern. Darüber hinaus unterscheiden sie sich aber in ihrer spezifischen Basis und jedes Konzept hat auch einen eigenständigen Fokus in der Detailbetrachtung.

6.8.1 Corporate Identity

Die Kommunikationspolitik einer Unternehmung muss basierend auf einem konsistenten Zielsystem und unter Berücksichtigung der strategischen Grundausrichtung in einem integrativen Konzept zusammengeführt werden. Mit diesem Konzept kann eine unverwechselbare Identität des Unternehmens und damit eine eindeutige Positionierung im Wettbewerbsumfeld geschaffen werden. Die Corporate Identity (Unternehmenspersönlichkeit) bildet den Kern einer Unternehmung und wird durch die Vision, die Mission und die Ziele der Unternehmung bestimmt. Dieses Konzept bezieht sich zum einen auf Dachmarken, zum anderen auf Unternehmensmarken, die nicht als Dachmarken genutzt werden, sondern im Sinne des Stakeholder-Ansatzes ausgerichtet sind. Die Unternehmenspersönlichkeit kann als das definierte und gelebte Selbstverständnis des Unternehmens verstanden werden. Sie bildet die Grundlage für das Führungs-, Markt- und Kommunikationsverhalten (Runia/Wahl 2010).

Für den Aufbau und die Durchsetzung der Corporate Identity sind drei Bestandteile im Identitätsmix verantwortlich:

Das Corporate Behavior kennzeichnet das schlüssige Verhalten eines Unternehmens. Ein Unternehmen wird an seinem realen Verhalten im Markt gemessen und nicht an seinen Ankündigungen oder Versprechen. Deshalb ist die konzeptgeleitete Professionalität der Mitarbeiter im Umgang untereinander und gegenüber den Kunden sowie anderen Anspruchsgruppen von entscheidender Bedeutung. Das schlüssige Verhalten basiert auf der definierten und entsprechend gelebten Unternehmenskultur (Corporate Culture). Hierbei übernimmt die Unternehmensführung eine wichtige Rolle, da sie die Kultur einer Unternehmung stark prägt.

Das Corporate Design gestaltet das unternehmensspezifische Erscheinungsbild. Eine optimale Geschlossenheit im visuellen Auftritt wird durch das einheitliche Zusammenwirken von Unternehmensname, -zeichen und -farben, Gestaltungsrastern, Leitlinien für Design-Elemente in klassischen und modernen Kommunikationsinstrumenten, typischen Sprachmitteln und Sprachstilen sowie einer unverwechselbaren Architektur erreicht. Zudem können auf auditiver Ebene Elemente des Corporate Sound als akustische Dimension im Corporate Design genutzt werden, um so die sichtbare Identitätsgestaltung mit wiedererkennbaren klanglichen Komponenten zu unterstützen. Zu den Elementen des Corporate Sound zählen Klanglogo, Jingle, Werbe- bzw. Unternehmenslied.

Die Corporate Communications umfassen alle kommunikativen Botschaften und Bilder der Unternehmung. Diese müssen sich im Sinne einer identitätsorientierten Kommunikation ebenfalls durch Einheitlichkeit und Eindeutigkeit auszeichnen.

Der Identitätsmix aus Corporate Behavior, Corporate Design und Corporate Communications dient dem Unternehmen als Kanal für die Vermittlung eines definierten Soll-Images gegenüber den internen und externen Stakeholdern. Das Resultat ist das Corporate Image als Spiegelbild der Corporate Identity, d. h., das in den Köpfen und Herzen der Menschen verankerte Ist-Image des Unternehmens.

Abbildung 5.50 verdeutlicht diesen Zusammenhang:

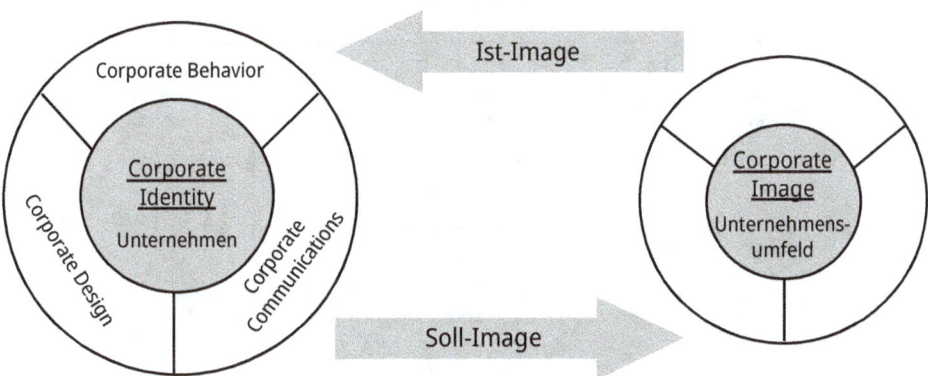

Abb. 5.50: Corporate Identity und Corporate Image (Quelle: eigene Darstellung).

Die Corporate Identity gibt einer Unternehmung die Möglichkeit, sämtliche Kommunikationsaktivitäten an einem stringenten Grundgerüst zu orientieren, damit deren Wirkung zielgenau erfolgen kann und keine kommunikativen Widersprüche entstehen.

6.8.2 Integrierte Kommunikation

Während das Konzept der Corporate Identity die Kommunikation von Unternehmen seit den 1970er-Jahren prägte, rückte in den 1990er-Jahren das Konzept der Integrierten Kommunikation als Begriff für eine integrative Ausrichtung der Kommunikationspolitik in den Vordergrund. Begründung dafür war die weiter zunehmende Informationsüberlastung (Information Overload) durch die Werbung (vgl. Kapitel II 2.2.1.1 und Kapitel V 6.3), die mit der Entwicklung des Internets zum Massenmedium zusätzliche Dynamik erfahren hat.

Integrierte Kommunikation bedeutet eine konsistente Umsetzung der gewählten Kommunikationsstrategie auf der operativen Ebene durch die optimale inhaltliche, formale und zeitliche Abstimmung aller eingesetzten und potenziellen Kommunikationsinstrumente, wobei ein höchstmöglicher Grad der gegenseitigen Unterstützung in der Kommunikationswirkung angestrebt wird, um so die definierten Kommunikationsziele der Marke zu erreichen. Bei dieser Betrachtung handelt es sich um Einzel- bzw. Familienmarken; bei Dachmarken kann alternativ das Konzept der Corporate Identity angewendet werden.

Die Integrierte Kommunikation lässt sich in der Ausprägung über ihre drei Formen näher beschreiben (vgl. Abb. 5.51):

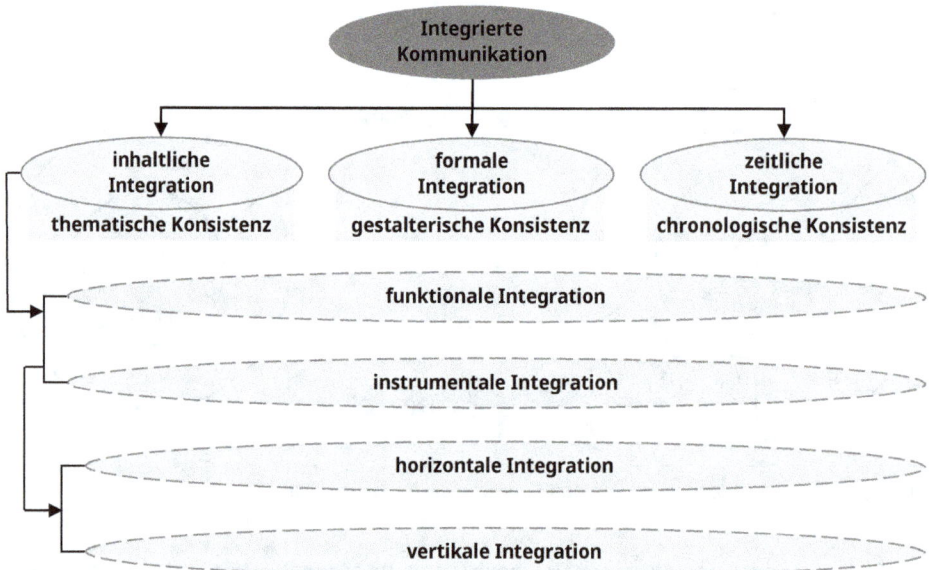

Abb. 5.51: Formen der Integrierten Kommunikation (Quelle: eigene Darstellung).

Die inhaltliche Integration ist im Sinne der thematischen Konsistenz dafür verantwortlich, dass das in der Positionierung definierte unverwechselbare Nutzen-Leistungs-

Versprechen (Consumer Benefit) der Marke (USP/UAP/UCP) durch die nachvollziehbare Begründung (Reason Why) mittels der Botschaft widerspruchsfrei zur Zielgruppe kommuniziert wird und dadurch die Differenzierung gegenüber dem Wettbewerb gelingt. Beispielsweise schafft es BMW, das in der Positionierung behaftete zentrale Markenversprechen „Fahrfreude" durchgängig über die gesamte Unternehmens- und Produktebene in den Fokus der Kommunikation zu stellen und sich so eindeutig gegenüber den Hauptmitbewerbern Audi und Mercedes zu differenzieren. Die inhaltliche Integration dokumentiert den von den Markenverantwortlichen im Unternehmen festzulegenden Teil für die Zusammenarbeit mit internen Kommunikationsabteilungen bzw. externen Kommunikationsagenturen (z. B. als Briefingbestandteil).

In Anlehnung an Bruhn (2006, S. 74 ff.) hat die inhaltliche Integration eine funktionale, instrumentale, horizontale und vertikale Komponente:

Über die funktionale Integration wird festgelegt, welche spezifischen Funktionen einzelne Kommunikationsinstrumente erfüllen sollen. Z. B. können über eine Markenhomepage oder ein Markenportal zusätzliche Informationen zur Unterstützung der Begründung des Nutzen-Leistungs-Versprechens transportiert werden. Mittels der instrumentalen Integration wird das Verbinden der einzelnen Kommunikationsmaßnahmen und -aktivitäten im Hinblick auf die gegenseitige Unterstützung zur Erreichung optimaler Synergieeffekte überprüft. Sowohl die horizontale als auch die vertikale Integration setzen bei der funktionalen und instrumentalen Komponente an. Während die horizontale Integration diese Komponenten dadurch ergänzt, dass die inhaltliche Koordination der Kommunikationsinstrumente auf einer vom Unternehmen genutzten Absatzstufe (z. B. Handelspartner) gesteuert wird, übernimmt die vertikale Integration diese Aufgabe – abhängig von der grundsätzlichen Ausrichtung des vertikalen Marketings einer Unternehmung – über alle genutzten Absatzstufen (z. B. Verkaufspersonal → Handel → Endverbraucher). Zielsetzung ist es, diese Stufen als separate Anspruchsgruppen individuell und über für sie relevante Instrumente anzusprechen, die inhaltliche Integration dabei aber immer in den Mittelpunkt aller Maßnahmen zu rücken.

Diese vier Komponenten der inhaltlichen Integration bilden die Basis der Integrierten Kommunikation, die auch für die formale und zeitliche Integration bindend ist.

Die formale Integration stellt die gestalterische Konsistenz sicher. Dabei können sowohl visuelle als auch auditive Gestaltungselemente zum Einsatz kommen. Zur sichtbaren Wiedererkennung werden meist Markenname, -logo, -zeichen, -farben, -claim, -key visual usw. genutzt, als akustisches Erkennungsmerkmal dient oft eine Klangfolge (auch Klang- oder Audiologo genannt), ein Jingle oder ein Werbesong. Kennzeichnend für die Marke BMW ist das weiß-blaue Rautenmuster im schwarzfarbenen Ring, der innen und außen von einem goldenen Rand umschlossen ist und im oberen Bereich zentriert die Versalien der Marke enthält. Des Weiteren benutzt BMW konsequent den Claim „Freude am Fahren". Auf diese Weise entsteht eine formale Konstante in der Unternehmens- und Markenkommunikation, die zudem in der jeweiligen Modellkampagne mit einem produktspezifischen Claim ergänzt werden kann. So lautete der Claim zur Markteinführung der fünften Generation des 3er BMW im März 2005 „Die treibende Kraft. Der neue BMW 3er". Während der Claim „Freude am Fahren" weiterhin die Basiswerte der Marke (dynamisch-herausfordernd-kultiviert) berücksichtigte, vermittelte der Claim „Die treibende Kraft" die modellspezifischen Werte (sportlich-elegant-innovativ). Auch die Deutsche Telekom kommuniziert mithilfe prägnanter und eindeutig wiedererkennbarer Gestaltungsmittel. Im visuellen Bereich ist in erster Linie die Farbe Magenta zu nennen, aber auch auditiv bedient sich das Unternehmen des mittlerweile sehr bekannten Klanglogos (5 kurze Töne), um sich so in der Kommunikation rund um das magentafarbene „T" hörbar erkennen zu geben.

Die zeitliche Integration sichert die chronologische Konsistenz ab und beinhaltet zwei Dimensionen. Zum einen spielt das Timing (vgl. Kapitel V 6.6.1.8) eine wichtige Rolle, d. h., die Auswahl des Zeitraums für eine Kommunikationskampagne (z. B. das Frühjahr für Diätprodukte). Zum anderen müssen die eingesetzten Kommunikationsinstrumente innerhalb einer Kampagne zeitlich bestmöglich aufeinander abgestimmt sein. Auf diese Weise können sehr gute Erinnerungswerte erzielt und auch der Mitteleinsatz zur Erreichung der Kommunikationsziele kann so optimiert werden. BMW startete die Kampagne für den neuen 3er am 14. Februar 2005 mit Printanzeigen in zielgruppenrelevanten Zeitschriften, der TV-Spot folgte vom 21. Februar bis zum 20. März 2005 in reichweitenstarken Sendern. Parallel bekamen Interessenten über das Mobiltelefon und die Markenhomepage Informationen zum neuen Modell und konnten sich Bilder und Videosequenzen anschauen. Die Botschaft der Kampagne war stringent auf die Stärken des neuen Modells (Sportlichkeit-Eleganz-Innovationskraft) ausgerichtet und wurde durch Gruppenbilder mit Fechtern, Sprintern und Eisschnellläufern visualisiert, wobei die Sportler mit ihren Konturen exakt die Silhouette des Autos nachbildeten. Im März präsentierten die BMW-Vertragshändler den neuen 3er am Point of Sale (PoS) mittels Akrobaten, die im Vordergrund eines überdimensionalen BMW-Logos das neue Modell im Rahmen von sportlichen Übungen in Szene setzten. Auf diese Weise wurde der Bogen von der zeitlichen zur inhaltlichen und formalen Integration in der Kommunikation auch am PoS geschlossen.

Die Marke BMW ist mit dem Markenversprechen „Fahrfreude" ein gutes Beispiel für eine weitere, dritte Dimension, die zwar der zeitlichen Integration zugeordnet werden kann, die aber auch die inhaltliche und die formale Integration wesentlich tangiert. Gemeint ist hier die Kontinuität in der Markenkommunikation. Wenn die Kommunikationsstrategie und die Markenbotschaft langfristig angelegt sind (zeitlicher Aspekt), die Botschaft authentisch das Nutzen-Leistungs-Versprechen der Marke transportiert (inhaltlicher Aspekt) und die festgelegten Gestaltungselemente kontinuierlich eingesetzt werden (formaler Aspekt), steigen auch in der heutigen Markt- und Medienumwelt die Chancen wesentlich, die definierten Kommunikationsziele der Marke zu erreichen.

Zusammenfassend lässt sich sagen, dass die inhaltliche Integration die komplexeste Form der Integrierten Kommunikation ist und daher zeigen viele Unternehmen gerade hier in der Umsetzung große Defizite auf. Aber auch im Einsatz von formaler und zeitlicher Integration gibt es in der Praxis oft Verbesserungspotenzial. Das liegt zum einen an dem enormen internen Planungs-, Organisations- und Abstimmungsaufwand, der besonders Global Player mit Mehrmarkenstrategien bzw. mit Markenstrategien im internationalen Wettbewerb betrifft. Erschwerend kommt für diese Großkonzerne hinzu, dass sich durch die Zusammenarbeit mit den diversen internationalen und nationalen Kommunikationsagenturen im gesamten Koordinationsprozess ein zusätzlicher Grad der Komplexität ergibt. Zum anderen liegt die Problematik auch darin begründet, dass die Markenverantwortlichen im heutigen Wettbewerbsumfeld oft unter so großem operativen Erfolgsdruck stehen, dass Aktionismus zur Erreichung der kurzfristig formulierten Ziele in der Kommunikation dem mittel- bis langfristig angelegten Konzept der Integrierten Kommunikation vorgezogen wird.

Die Integrierte Kommunikation wird in diesem Lehrbuch als Alternativkonzept zur Corporate Identity verstanden. Als theoretische Abgrenzung dient die Orientierung, dass im Rahmen der Corporate Identity der Fokus stärker auf die Unternehmenskommunikation und im Rahmen der Integrierten Kommunikation der Blickwinkel stärker auf die Markenkommunikation gerichtet ist.

6.8.3 Cross-Media-Kommunikation

In den letzten Jahren taucht im Zusammenhang von integrativen Kommunikationskonzepten immer häufiger der Begriff der Cross-Media-Kommunikation auf und wird dabei oft der Integrierten Kommunikation gleichgesetzt. An dieser Stelle wird deutlich darauf hingewiesen, dass diese Betrachtung zu undifferenziert ist. Integrierte Kommunikation und Cross-Media-Kommunikation sind sich ergänzende Konzepte (Bruhn 2006, S. 31), die in ihrer Rangfolge nacheinander gesetzt eine noch stärkere Verdichtung der kommunikativen Ausrichtung einer Marke ermöglichen und somit die Kommunikationswirkung steigern. Während die Integrierte Kommunikation für die Koordination aller Instrumente auf der gesamten operativen Ebene der Kommunikationspolitik verantwortlich zeichnet und so die Kommunikationsziele der Marke unterstützt, steht bei der Cross-Media-Kommunikation die Verbindung von Maßnahmen auf der instrumentellen Teilebene der Werbung und damit die Unterstützung der Werbeziele im Vordergrund.

Cross-Media-Kommunikation charakterisiert die Vernetzung der Kommunikation über klassische und moderne Medien hinweg mit der Zielsetzung einen kommunikativen Mehrwert für das werbetreibende Unternehmen zu generieren und auf diese Weise die Rendite von Werbeinvestitionen zu erhöhen. Der Schwerpunkt der Betrachtung liegt auf den relevanten Trägermedien für die kampagnenrelevante Werbebotschaft einer Marke und berührt somit das Thema der Mediaselektion (vgl. Kapitel V 6.6.1.6). Voraussetzung für die vernetzte Kommunikation ist die durchgängige Werbeidee, die in der Copy-Strategie (vgl. Kapitel V 6.6.1.5) für ein spezifisches Werbeobjekt formuliert ist. Diese Werbeidee gilt es in unterschiedlichen Mediengattungen so zu penetrieren, dass die Werbebotschaft in optimaler Weise die Zielgruppe erreicht. Dabei werden die verschiedenen Mediengattungen im Hinblick auf ihre spezifischen Selektionsmöglichkeiten und Darstellungsformen ausgewählt und für die entsprechende Kampagne inhaltlich und formal aufeinander abgestimmt (SevenOne Media 2003, S. 6). Insofern greift die Cross-Media-Kommunikation auf das Konzept der Integrierten Kommunikation zurück, wobei der zeitliche Aspekt keine zentrale Rolle spielt, da es sich in der Regel um parallel oder nur leicht zeitversetzt geschaltete Werbemaßnahmen innerhalb eines Kampagnenverlaufs handelt. Die Optimierung der Werbewirkung im Rahmen der Cross-Media-Kommunikation ist also auf den Zeitraum einer Kampagne bezogen und vertieft an dieser Stelle die Bestrebungen der Integrierten Kommunikation.

Definitorischer Ansatz der Cross-Media-Kommunikation ist der zeitgleiche Einsatz mehrerer Mediengattungen als Träger der Werbebotschaft, die über die durchgängige Werbeidee in den verwendeten Werbemitteln miteinander verbunden sind. Grundsätzlich erfüllt also schon das Vorhandensein von zwei verschiedenen Mediengattungen diesen Ansatz. Dies ist aber bereits bei einer klassischen Mediamix-Kampagne – z.B. die Kombination von TV-Werbung mit Funk-Unterstützung – der Fall. Auch hier kann die Wahl der jeweiligen Mediengattung aufgrund der selektiven Zielerfüllung oder der besonderen Darstellungsmöglichkeit erfolgen. Beispielsweise spricht die Reichweitenstärke für den Einsatz von TV als Basismedium und die Aktualität für das Hinzuziehen von Funk-Werbung als flankierendes Medium.

Das Konzept der Cross-Media-Kommunikation setzt daher an diesem Punkt an, erweitert diesen Aspekt aber um die besondere Bedeutung, die den ausgewählten Mediengattungen zukommt. Cross-Media-Kampagnen zeichnen sich dadurch aus, dass die Werbeträger sichtbar miteinander verknüpft sind und eine gezielte Führung der Zielpersonen durch deutlich wahrnehmbare Verweise von einem Medium (Lead-Medium) zum anderen (Ziel-Medium) erfolgt. Diese aktive Nutzerführung über die geschalteten Mediengattungen hinweg – auch Medientransfer genannt – hat das Ziel, die Werbezielgruppe vielschichtig anzusprechen und damit sowohl ihr selbst als auch dem werbetreibenden Unternehmen einen spezifischen Mehrwert zu bieten (SevenOne Media 2003, S. 10 ff.). Beispielsweise wird im Rahmen einer Kampagne über die klassische TV-Werbung (Lead-Medium) eine Reichweitenbasis für die Werbeidee aufgebaut, die Marke emotional aufgeladen und so erste Eckpunkte für das Aufnehmen der Werbebotschaft beim Rezipienten gesetzt. Über den integrierten Hinweis auf ein Online-Kampagnen-Special auf der Markenhomepage (Ziel-Medium) wird die Werbeidee als verbindendes Element aufgegriffen und der Nutzer dort mit tiefergehenden Informationen zur Werbebotschaft versorgt. Dies führt aufgrund der multikanalen Ansprache der Kernzielgruppe zu erhöhten Kontaktzahlen, gleichzeitig vertieften Kontaktintensitäten und trägt zur Verminderung von Streuverlusten bei. Im Sinne des Kommunikationsprozesses (vgl. Kapitel V 6.3) entsteht eine intensivere Informationsverarbeitung und Beschäftigung mit den Inhalten des Markenversprechens in einem entspannten, selbstgewählten Umfeld ohne Zeitbegrenzung, sodass auf diese Weise ein höheres Involvement bewirkt wird.

Cross-Media-Kommunikation erweitert die kampagnenbezogene Kombination der Stärken von klassischer Werbung um die besonderen Qualitäten im Internetmarketing. Diese spezifischen Qualitäten wie z. B. Individualisierbarkeit, Interaktivität, Multimedialität, Virtualität (vgl. Kapitel V 6.7.6) geben der Cross-Media-Kommunikation die Berechtigung, als eigenständiges integratives Kommunikationskonzept gewertet zu werden. Darüber hinaus existieren neben der Vernetzung von klassischer Kommunikation wie TV- und Print-Werbung mit Internetmarketing weitergehende Möglichkeiten der geführten, intensiven Zielgruppenansprache z. B. über Direktmarketing oder Event-Marketing. Abbildung 5.52 zeigt die sequenzielle Wirkungsweise von Cross-Media-Kommunikation:

Abb. 5.52: Wirkungsweise von Cross-Media-Kommunikation (Quelle: eigene Darstellung in Anlehnung an SevenOne Media 2003, S. 12).

Es wird aber auch deutlich, dass dieses Konzept im Vergleich zur Integrierten Kommunikation lediglich als Ergänzung zur tiefergehenden Optimierung einer Werbekampagne sinnvoll ist. Cross-Media-Kommunikation kann daher als Subkonzept der Integrierten Kommunikation bezeichnet werden. Sie knüpft dabei in erster Linie an die Form der inhaltlichen Integration und hier insbesondere bei der funktionalen und instrumentalen Komponente an.

Die Entwicklung der Cross-Media-Kommunikation wird von Unternehmen forciert, die selbst stark an der Vermarktung bestimmter, eigener Werbeträger interessiert sind. Hier sind vornehmlich die großen TV-Vermarkter, Verlage und Medienunternehmen zu nennen (Bruhn 2006, S. 30). Darüber hinaus spielen vor diesem Hintergrund auch die Werbe- und Mediaagenturen eine zentrale Rolle. Cross-Media-Kommunikation ist darum als ein Dialogprozess zu verstehen, der im Dreieck von werbetreibenden Unternehmen, Agenturen und Medien stattfindet.

VI **Marketingkontrolle**

Am Ende des Marketingprozesses steht in erster Linie die Ergebniskontrolle, die ggf. zu Anpassungen der Gesamtkonzeption bzw. einzelner Prozessphasen führen kann. Das Marketing gerät in vielen Unternehmen immer wieder unter Rechtfertigungsdruck. Zunehmend wird gefordert, dass der Wert- und Erfolgsbeitrag messbar gemacht werden soll. Vor diesem Hintergrund kommt der Effektivität und der Effizienz des Ressourceneinsatzes eine besondere Bedeutung zu.

Kontrollen beziehen sich im Kern auf die Gegenüberstellung eines eingetretenen Ist-Zustands mit einem vorgegebenen Soll-Zustand bzw. Zielwert. Der Soll-Zustand leitet sich in der Regel aus der Marketingplanung ab, was die enge Verknüpfung von Marketingplanung und -kontrolle verdeutlicht. Ziel der Kontrolle ist zum einen die Sicherstellung der Erreichung eines Soll-Wertes im Rahmen der Feed-back-Kontrolle und zum anderen die Anpassung des Soll-Werts im Sinne einer Feed-forward-Kontrolle (Weber/Schäffer 2016). Häufig erfolgen solche Beurteilungen allerdings ex post, ohne dass zuvor bestimmte Soll-Vorgaben festgelegt wurden. Ein solches Vorgehen kann genau genommen nicht als Ergebniskontrolle, sondern allenfalls als Ergebnisanalyse bezeichnet werden (Köhler 1992, S. 1270).

Grundsätzlich lassen sich zwei Arten von Marketingkontrollen unterscheiden. Verfahrensorientierte Kontrollen vergleichen reale Prozesse mit entsprechenden Vorgaben, z. B. die Einhaltung des Vorgehens und des Terminplans bei einer Neuprodukteinführung. Es überwiegen jedoch die ergebnisorientierten Kontrollen, die sich auf den Abgleich von erzielten und geplanten Ergebnissen beziehen und im Mittelpunkt der Marketingkontrollen stehen (Horváth/Gleich/Seiter 2015). Der Kontrollprozess ist dabei als kontinuierlicher Vorgang zu verstehen, denn nur bei kontinuierlichen Kontrollen der Marketingaktivitäten besteht die Möglichkeit, Abweichungen rechtzeitig zu erkennen und Plan- bzw. Maßnahmenkorrekturen durchzuführen (Meffert 2000, S. 1133).

Die Auswahl geeigneter Kontrollgrößen stellt eines der zentralen Probleme der Marketingkontrolle dar. Grundsätzlich lassen sich sämtliche Marketingziele als Kontrollgrößen heranziehen. Neben den in der Praxis dominierenden ökonomischen, quantitativen Kontrollgrößen wie Absatz, Umsatz oder Marktanteil sind die psychologischen, qualitativen Kontrollgrößen wie Markenbekanntheit, Markenimage oder Kundenzufriedenheit ebenfalls relevant. Letztgenannte sind insbesondere unter dem Aspekt der Frühwarnung und Ursachenanalyse von Bedeutung und verstärkt in die Marketingkontrolle einzubeziehen (Meffert 2000, S. 1141 ff.).

Hinsichtlich der Erscheinungsformen lassen sich die operative und strategische Marketingkontrolle differenzieren, die im Folgenden im Detail dargestellt werden:

Operative Marketingkontrolle
Die operative Marketingkontrolle umfasst insbesondere die Kontrolle der Absatzsegmente, der Marketingorganisationseinheiten, der einzelnen Marketinginstrumente sowie des gesamten Marketingmix (Köhler 1992, S. 1272).

Zu den Methoden der operativen Marketingkontrolle gehören die klassischen Ansätze des Marketingaccountings, d. h., der Kosten- und Erfolgsrechnung. Im Folgenden wird eine Auswahl der Methoden aufgeführt.
- Produktvollkosten- und Produktteilkostenrechnung: Ermittlung des wirtschaftlichen Erfolgs von Produkten
- Absatzsegmentrechnung: Zuordnung des wirtschaftlichen Erfolgs des Unternehmens zu einzelnen Absatzsegmenten, z. B. einzelnen Kunden, Kundensegmenten, Verkaufsregionen oder einzelnen Aufträgen
- Customer Lifetime Value: Ermittlung des zukunftsorientierten Wertes des Kunden über mehrere Perioden
- Profit-Center-Rechnung: Ergebniskontrolle einzelner Marketingorganisationseinheiten

Wirkungskontrollen hinsichtlich einzelner Marketingmaßnahmen, z. B. einer Kommunikationskampagne, erfordern über die Daten des Rechnungswesens hinaus Marktforschungstechniken. Die gesamtmixbezogenen Marketingkontrollen erfolgen anhand relativ hochaggregierter Zielgrößen, wobei der Deckungsbeitragsrechnung sowie dem Einsatz von Kennzahlen und Kennzahlensystemen eine besondere Bedeutung zukommen. Darüber hinaus liefern Marktanteils- und Einstellungsanalysen wichtige Kontrollinformationen.

Strategische Marketingkontrolle

Im Rahmen der strategischen Marketingkontrolle sollen Fehlentwicklungen innerhalb des Marketingplanungs- und Realisationsprozesses sowie des gesamten Marketingsystems aufgezeigt werden. Die strategische Marketingkontrolle umfasst die Durchführungskontrolle, d. h., die Kontrolle der Umsetzung der Marketingstrategie, die Prämissenkontrolle, d. h., die Überprüfung der Annahmen, die der Strategie zugrunde liegen, sowie Marketingaudits, d. h., die Betrachtung des gesamten Marketingsystems.

Zu den Methoden der strategischen Marketingkontrolle zählen z. B. die Gap-Analyse in Zusammenhang mit mehrperiodischen Zielplanungen und Marketingaudits. Letztere beruhen überwiegend auf qualitativen Beurteilungen, wobei Systematisierungshilfen wie Checklisten und Punktbewertungsschemata herangezogen werden können (Köhler 2001, S. 23 ff.). Ein umfassendes Konzept zur Strategieumsetzung und Ergebniskontrolle ist die Balanced Scorecard (Kaplan/Norton 1997).

Der Grundgedanke basierte auf der Erkenntnis, dass eine alleinige Ausrichtung des Unternehmens nach finanziellen Gesichtspunkten unzureichend ist. Kaplan und Norton untersuchten in einer empirischen Studie amerikanische Unternehmen und fanden heraus, dass sowohl quantitative als auch qualitative Kriterien für die Unternehmenssteuerung eingesetzt werden. Sie entwickelten daraufhin das Konzept der Balanced Scorecard. Grundidee der Balanced Scorecard ist die Berücksichtigung unterschiedlicher Perspektiven bei der Leistungsbeurteilung eines Unternehmens- oder

Geschäftsbereichs. Als Grundlage zu deren Steuerung werden perspektivenübergreifende Zusammenhänge unter Hinzuziehung perspektivenspezifischer Messgrößen berücksichtigt (Kaplan/Norton 1997, S. 37 ff.).

Die Balanced Scorecard beschränkt sich auf die wichtigsten Kennzahlen des Unternehmens und gliedert sie in vier Perspektiven, die logisch aufeinander aufbauen (vgl. Abb. 6.1):
– Finanzperspektive,
– Kundenperspektive,
– Potenzialperspektive,
– Prozessperspektive.

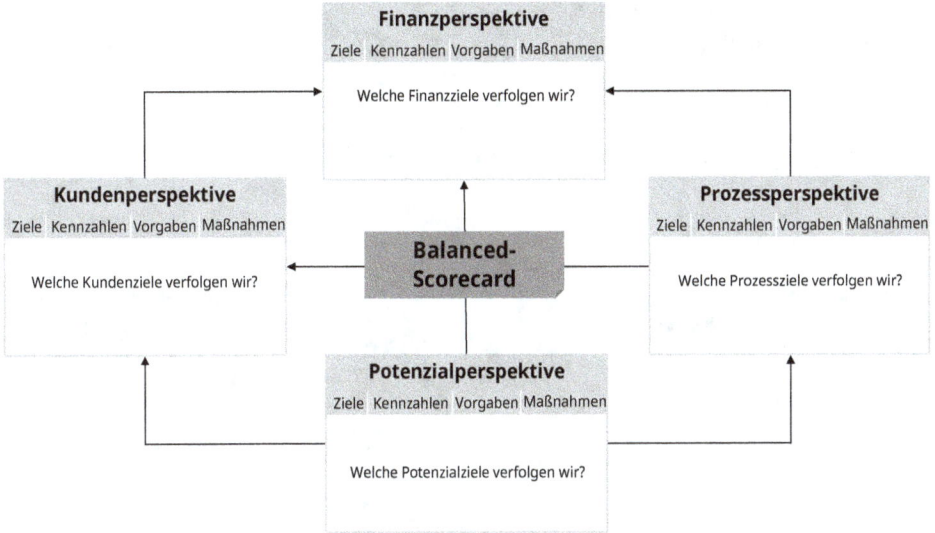

Abb. 6.1: Die vier Perspektiven der Balanced Scorecard (Quelle: eigene Darstellung in Anlehnung an Kaplan/Norton 1997, S. 9).

Die Anwendung des Konzepts der Balanced Scorecard im Marketing kann auf unterschiedliche Weise erfolgen. Zum einen kann das Marketing bei der Entwicklung einer unternehmensweiten Scorecard mitwirken, wobei der Fokus hierbei in der Regel auf der Kundenperspektive liegt. Beispielsweise wird das Ziel einer Steigerung der Kundenbindung im Zusammenhang mit Messgrößen der Kundenzufriedenheit und der Kundenprofitabilität gesehen, woraus sich wiederum Verbindungen zum Marktanteilsziel und zur finanziellen Perspektive ergeben (Köhler 2001, S. 24). Zum anderen können Scorecards zu spezifischen Themenfeldern entwickelt werden. Die Gestaltung der Balanced Scorecard mit vier Perspektiven ist dabei lediglich als Vorschlag zu verstehen, um strategierelevante Informationen zu strukturieren. Die Art und Anzahl der Perspektiven werden individuell auf die Bedürfnisse des Unternehmens ausgerichtet. Ein Beispiel dafür ist eine Scorecard zur Steuerung des Markenportfolios mit den drei Perspektiven Ergebnisperspektive, externe und interne Perspektive (Meffert/Koers 2001, S. 304 ff.). Ein weiteres Beispiel ist eine Sales Scorecard mit den fünf Perspektiven Finanzen, Prozesse, Verhalten, Technik und Kunden (Pufahl 2014).

Die von Döllekes und Geyer (2002) entwickelte Marketing Scorecard basiert auf dem Konzept der Balanced Scorecard und ist ein Modell zur Erfolgskontrolle. Für das Marketing hat sich die Aufteilung der Scorecard in vier Perspektiven bewährt (vgl. Abb. 6.2):
– Finanzperspektive,
– Kundenperspektive,
– Kommunikationsperspektive,
– Markenperspektive.

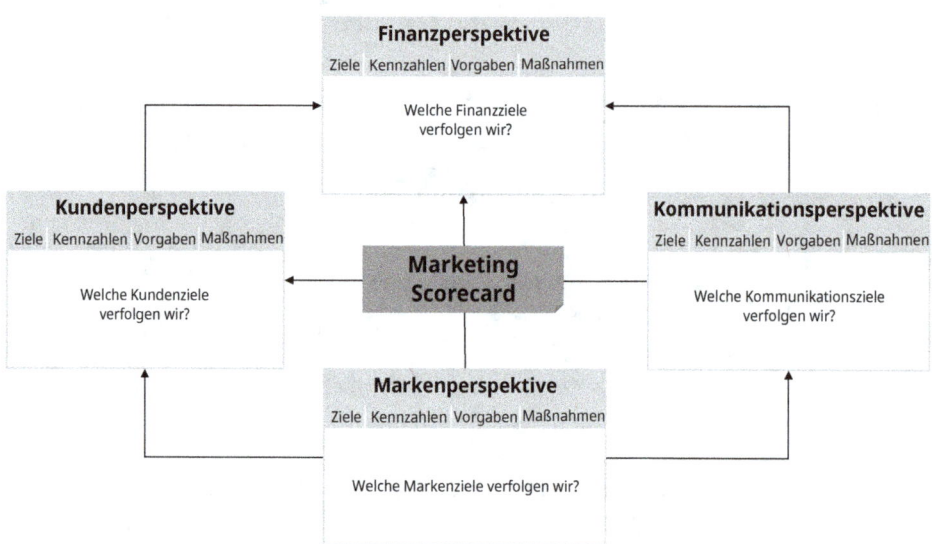

Abb. 6.2: Die vier Perspektiven der Marketing Scorecard (Quelle: eigene Darstellung in Anlehnung an Geyer 2003, S. 16).

Die Finanzperspektive verdeutlicht, inwiefern das verfolgte Marketingkonzept zur Ergebnisverbesserung beiträgt. Die finanziellen Kennzahlen beschreiben zum einen die vom Marketingkonzept zu erwartende finanzielle Leistung und zum anderen die Ziele für andere Perspektiven, deren Kennzahlen grundsätzlich über Ursachen-Wirkungs-Zusammenhänge mit den finanziellen Zielen verbunden sind. Kennzahlen wie absoluter bzw. relativer Marktanteil oder Umsatzentwicklung kommen hier zum Einsatz.

Die Kundenperspektive enthält Kennzahlen, die für den Erwerb von Leistungen entscheidend sind. Kundenbezogene Kennzahlen sind z. B. Kundenzufriedenheit, Kundenloyalität, Kundenbindung, Kundenwert und Neukundengewinnung.

Der Fokus der Kommunikationsperspektive liegt auf Kennzahlen, welche die Kommunikation gegenüber den Kunden und die damit verbundenen Ziele widerspiegeln. Kommunikationsrelevante Kennzahlen sind z. B. Share of Voice und Reichweite.

Die relevanten Kennzahlen zur Führung einer Marke bzw. eines Markenportfolios enthält die Markenperspektive. Hierbei sind Kennzahlen wie Markenbekanntheit, Markenimage, Markenloyalität und Markenwert beispielhaft zu nennen.

Die einzelnen Perspektiven unterliegen keiner Wertigkeit untereinander und garantieren somit eine Ausgewogenheit (Balance). Je Perspektive werden vier bis sieben Kennzahlen herausgearbeitet. Für die festgelegten Kennzahlen sind messbare Ziele (Soll-Werte) zu formulieren, mit denen die tatsächlich erreichten Werte verglichen werden. Unabdingbar ist die Ermittlung der Ist-Werte der Kennzahlen zum Planungszeitpunkt als Ausgangspunkt für die Zielplanung.

Der elementare Mangel am grundlegenden Scorecard-Ansatz ist die unzureichende Außenorientierung. Die Strategien und Handlungen der Wettbewerber können lediglich durch die Art der Messung der Kennzahlen (z. B. relativer Marktanteil, Share of Voice) berücksichtigt werden. Ferner findet sich eine Prämissenkontrolle in diesem Ansatz nicht wieder; dies kann jedoch bei der Kennzahlenauswahl durch eine umfassende Diskussion und Überprüfung der Kennzahlen verbessert werden (Reinecke 2004, S. 111). Die wesentliche Eigenschaft des Balanced Scorecard-Ansatzes ist die Einfachheit des Konzepts und die Komprimierung der Marketingaktivitäten auf eine einzige Darstellung, die ergänzt z. B. durch ein Ampelsystem eine übersichtliche Visualisierung aller Aktivitäten darstellt (Baum/Coenenberg/Günther 2013).

Eine für alle Managementfunktionen aufschlussreiche und somit übergreifend bedeutende Rolle kommt Kennzahlen und Kennzahlensystemen zu (Köhler 2001, S. 24). Kennzahlen sind entweder Verhältniszahlen oder absolute Zahlen, die in konzentrierter Form einen Überblick über die Leistung des gesamten Unternehmens oder einzelne Teilbereiche geben können. Darüber hinaus dienen diese als Grundlage für Informations- und Managementsysteme, wie etwa die zuvor beschriebene Balanced Scorecard. Wichtig für die Handhabung von Kennzahlen und Kennzahlensystemen ist die Beschränkung auf verhältnismäßig wenige aussagekräftige Kennzahlen, da ein ausuferndes System von der praktischen Nutzung abschreckt.

VII Marketingplanung

Marktorientierte Unternehmensplanung ist ein Managementprozess, bei dem Ziele und interne Ressourcen den Markterfordernissen bzw. -chancen angepasst werden. Die eigentliche Marketingplanung bezweckt, die verschiedenen Geschäftseinheiten bzw. Produktlinien so zu gestalten, dass sie in ihrer Gesamtheit zur Erreichung der Unternehmensziele beitragen. Die Marketingplanung erfolgt – wie im vorliegenden Lehrbuch anhand des Marketingprozesses deutlich gemacht – grundsätzlich auf drei Ebenen. Zuerst werden die Marketingziele festgelegt. Auf der strategischen Ebene werden die grundsätzlichen Strategiedimensionen bestimmt. Auf der operativen Mix-Ebene geht es um einen ziel- und strategiekonformen Einsatz der einzelnen Marketinginstrumente.

Letztlich zusammengefügt werden die Elemente des Marketingprozesses in einem ganzheitlichen Marketingkonzept und Marketingplan. Der Unterschied zwischen Marketingkonzept und -plan ist insofern marginal, da die wesentlichen Elemente identisch sind. Der Marketingplan ist in diesem Sinne konkreter, da hier zuständige Personen, genehmigte Budgets und Termine für geplante Maßnahmen enthalten sind.

Als Beispiel für eine Marketingkonzeption, welche die verschiedenen Ebenen systematisch behandelt und aufeinander abstimmt, wird das Modell von Becker skizziert (Kapitel VII 1). In Kapitel VII 2 folgen zum Abschluss zwei Beispiele für den Aufbau von Marketingplänen. In allen Beispielen wird deutlich, dass die Grundstruktur des Marketingprozesses die Basis des Marketingplans bildet.

Vorweg sei bereits darauf hingewiesen, dass ein Marketingkonzept bzw. ein Marketingplan für verschiedene Bezugsobjekte aufgestellt werden kann. Bei Unternehmen mit einem sehr engen Produktprogramm – nur eine Produktlinie oder im Extremfall nur ein Produkt – bezieht sich der Marketingplan auf das gesamte Unternehmen. Für stark diversifizierte Unternehmen mit einer Vielzahl von unterschiedlichen Produktlinien bzw. Marken – bei Konzernen sogar unterschiedlichen Geschäftseinheiten – macht ein einzelner Marketingplan keinen Sinn. Hier werden z. B. je Produktlinie bzw. Marke eigenständige Marketingpläne verfasst.

1 Marketingkonzept nach Becker

Marketing, als die bewusste Führung des gesamten Unternehmens vom Absatzmarkt bzw. vom Kunden her, lässt sich nach Becker (2013, S. 3) nur dann konsequent umsetzen, wenn dem unternehmerischen Handeln eine schlüssig abgeleitete Marketingkonzeption zugrunde gelegt wird. „Eine Marketingkonzeption kann aufgefasst werden als ein schlüssiger, ganzheitlicher Handlungsplan („Fahrplan"), der sich an angestrebten Zielen („Wunschorte") orientiert, für ihre Realisierung geeignete Strategien („Route") wählt und auf ihrer Grundlage die adäquaten Marketinginstrumente („Beförderungsmittel") festlegt" (Becker 2013, S. 5).

Abb. 7.1: Konzeptionspyramide (Quelle: eigene Darstellung in Anlehnung an Becker 2013, S. 4).

Die in der Abb. 7.1 dargestellten drei Konzeptionsebenen sind logisch aufeinander folgende, aber zugleich interdependente Teilstufen des konzeptionellen Marketingprozesses. Der Konkretisierungs- und Detaillierungsgrad nimmt dabei von oben nach unten zu. Die Marketingkonzeption fügt somit in Form einer Synthese die diversen Planungsebenen, Begriffe und Methoden zusammen. Die in Kapitel II vorgestellten Analysen von Umwelt, Markt und Unternehmen dienen als Grundlage zur Erarbeitung einer Marketingkonzeption.

Auf Basis einer umfassenden Marketinganalyse werden zunächst die Ziele (Kapitel III) je Bezugsobjekt in Form eines Zielsystems bestimmt. An der Spitze einer solchen Zielhierarchie stehen zunächst Unternehmensgrundsätze als grundlegende Positionen, Werte, Stile oder Regeln eines Unternehmens. Darauf gründet sich die Mission als Unternehmenszweck, d. h., die Beschreibung der konkreten Marktleistungen des Unternehmens. Die Mission muss konsequenterweise mit einer Vision verbunden sein. Die Vision stellt eine ehrgeizige Weiterentwicklung der Mission dar; Visionslosigkeit hieße Stillstand. Erst an dritter Stelle folgen die eigentlichen, ökonomisch geprägten Unternehmensziele wie Gewinn und Rentabilität. Die daraus abgeleiteten Marketingziele sind zum einen marktökonomisch (Absatz, Umsatz, Marktanteil etc.), zum anderen marktpsychologisch (Bekanntheitsgrad, Image, Kundenzufriedenheit etc.).

Nachdem die Ziele definiert sind, gilt es geeignete Marketingstrategien festzulegen, die zur Zielerreichung beitragen. In Kapitel IV 1 ist bereits auf die Systematik der Strategien von Becker Bezug genommen worden. An dieser Stelle wird das entsprechende Strategieraster in Abb. 7.2 dargestellt:

Strategieebenen	Strategiealternativen					
Marktfeldstrategie	Marktdurchdringungsstrategie	Marktentwicklungsstrategie		Produktentwicklungsstrategie		Diversifikationsstrategie
Marktstimulierungsstrategie	Präferenzstrategie			Preis-Mengen-Strategie		
Marktparzellierungsstrategie	Massenmarktstrategie (totale)	Massenmarktstrategie (partiale)		Segmentierungsstrategie (totale)		Segmentierungsstrategie (partiale)
Marktarealstrategie	lokale Strategie	regionale Strategie	überregionale Strategie	nationale Strategie	multinationale Strategie	internationale Strategie	Weltmarktstrategie

Abb. 7.2: Strategieraster (Quelle: eigene Darstellung in Anlehnung an Becker 2013, S. 352).

Aus dem Raster sind vier grundlegende strategische Dimensionen abzulesen, die einem Unternehmen zur Verfügung stehen. Durch die Verknüpfung der vier Ansatzebenen entsteht ein individuelles Strategieprofil (Becker-Chip). Nach Becker ist es entscheidend, die Strategieebenen aufeinander abzustimmen, um ganzheitlich vorgehen zu können. Das Strategieprofil bildet die Grundlage für die operative Ebene, d. h., den Marketingmix.

Der Marketingmix besteht nach Becker aus drei Instrumentengruppen. Die angebotspolitischen Instrumente umfassen zum einen die Produkt- bzw. Programmpolitik, zum anderen auch die Preispolitik. Somit werden zwei klassische Marketinginstrumente zusammengefasst. Die distributionspolitischen Instrumente beziehen sich auf Absatzwege, Absatzorganisation (im weiteren Sinne Verkaufssteuerung) und Absatzlogistik. Die kommunikationspolitischen Instrumente bestehen auf der einen Seite aus den klassischen Instrumenten (Werbung, Verkaufsförderung, PR; der persönliche Verkauf wird der Distributionspolitik zugerechnet), zum anderen aus modernen Maßnahmen wie z. B. Direktmarketing, Product Placement oder Internetmarketing.

Der besondere Verdienst Beckers liegt darin, dass er den konzeptionellen Ansatz im Marketing begründet hat. Viele Marketinglehrbücher betonen immer noch die operative Ebene des Marketings, obwohl die strategische Ebene schon recht lange in den Marketingkanon Einzug gehalten hat. Becker wertet somit die Strategieebene des Marketings auf, welche er ferner noch systematisch aufbereitet. Zudem wird auch die im Marketing häufig vernachlässigte Zielebene ausführlich thematisiert. Becker erreicht mit seinem Modell einen integrativen, ganzheitlichen Ansatz, der Marketing als Unternehmensphilosophie begreift, und das Funktionendenken (Marketing als Teilfunktion des Unternehmens) endgültig überwindet.

2 Inhalte eines Marketingplans

Die Inhalte eines Marketingplans entsprechen letztlich den Inhalten des im vorliegenden Lehrbuch aufgezeigten Marketingprozesses. Verschiedene in Theorie und Praxis vorgeschlagene Formate von Marketingplänen unterscheiden sich im Wesentlichen durch den jeweiligen Detaillierungsgrad. In der Unternehmenspraxis kommt es darauf an, die für das individuelle Bezugsobjekt (Unternehmen, SGE, Marke, Produktlinie,) wichtigen Elemente aufzuführen und zu einem integrativen, aufeinander abgestimmten Konzept zusammenzuführen. Daraus lässt sich schlussfolgern, dass jeder Marketingplan in der Praxis ein Unikat sein muss. Dennoch ist es von Bedeutung, ein Raster für Marketingpläne vorzugeben, mit dem in der Praxis gearbeitet werden kann. Im Folgenden werden zwei gängige Formate von Marketingplänen skizziert.

2.1 AOSTC-Plan

AOSTC ist ein Akronym, das sich auf die Kernelemente eines Marketingplans bezieht: Analysis, Objectives, Strategies, Tactics, Controls.

Situationsanalyse
Mithilfe einer externen Umweltanalyse und einer internen Unternehmensanalyse wird der Status Quo einer Marke bzw. einer Produktlinie ermittelt und mögliche Potenziale werden aufgedeckt. Die verschiedenen Analysemethoden münden in die SWOT-Analyse (Kapitel II 4).

Zielformulierung
Nach der SWOT-Analyse sind konkrete Ziele zu formulieren, welche den sogenannten Smart-Voraussetzungen genügen, d. h., die gesteckten Ziele sind:
– specific (spezifisch, präzise),
– measurable (messbar, quantifizierbar),
– achievable (erreichbar),
– realistic (realistisch bezüglich der zur Verfügung stehenden Ressourcen),
– timed (Zielerreichung auf Zeiträume bzw. Zeitpunkte bezogen).

Beschreibung des Zielmarkts
Das strategische Marketing bezieht sich in erster Linie auf die Untersuchung der potenziellen Marktsegmente, die Ableitung der relevanten Zielgruppe und die Festlegung der Position im entsprechenden Zielmarkt, kurz die S-T-P-Strategie (Kapitel IV 3).

Marketingtaktik

Die Strategie wird durch die taktischen (bzw. operativen) Marketinginstrumente umgesetzt. Diese operativen Maßnahmen sind in die klassischen 4 P's des Marketingmix (Product, Price, Place, Promotion) eingeteilt.

Plankontrolle

Es gilt, anhand einer Reihe von Kennzahlen Soll-Ist-Vergleiche durchzuführen, um den Erfolg des aufgestellten Planes zu messen und ggf. Nachbesserungen anbringen zu können. Wichtige Daten sind u. a. Umsatz, Marktanteile etc.

Nach Erfassung aller relevanten Plan-Informationen sollte eine kurze Zusammenfassung (Executive Summary) verfasst werden, die direkt hinter dem Deckblatt des Marketingplans aufgeführt wird, um dem Leser die Kernelemente vorweg in Kurzform zu präsentieren. In den Kerntext des Planes gehören nur die wesentlichen Informationen. Alle unterstützenden Daten, Grafiken sowie weiteres Material sollten in einen Anhang am Ende des Marketingplans münden.

2.2 Marketingplan nach Kotler

Nach Kotler/Keller/Bliemel (2007, S. 119 ff.) muss für jede Produktlinie oder Marke einer strategischen Geschäftseinheit ein Marketingplan entworfen werden, der aus acht Teilen besteht:
- Plansynopsis (Kurzfassung) und Inhaltsverzeichnis,
- Analyse der aktuellen Marketingsituation,
- Analyse der Chancen, Gefahren und Problemfragen,
- Planziele,
- Marketingstrategie,
- Taktische Aktionsprogramme,
- Ergebnisprognose,
- Planfortschrittskontrollen.

Plansynopsis

Der Marketingplan sollte mit einer kurzen Zusammenfassung der wichtigsten Ziele und Daten beginnen, die im Hauptteil des Planberichts detailliert erläutert werden. Mit dieser Kurzfassung werden der Unternehmensleitung bzw. anderen vorgesetzten Entscheidungsträgern schnelle Informationen geliefert.

Situationsanalyse

Dieser Teilabschnitt liefert Daten und Informationen über den Zielmarkt (Marktvolumen, Marktpotenzial, Marktwachstum, Größe der Segmente etc.) und über das Bezugsobjekt des Marketingplans, also die Marke oder die Produktlinie (Umsätze, Kosten, Preise, Marketingaufwand, Deckungsbeiträge, Netto-Erlöse etc.). Ferner wird die Wettbewerbssituation anhand der wichtigsten Konkurrenten (Größe, Ziele, Strategien) wiedergegeben.

SWOT-Analyse

Die SWOT-Analyse basiert auf den im vorigen Abschnitt ermittelten Daten. Als Quintessenz der internen Analyse werden die wichtigsten Stärken und Schwächen des Produkts, der Marke bzw. des Unternehmens aufgeführt. Analog repräsentieren die wichtigsten Chancen und Risiken die Ergebnisse der externen Analyse. Auf Grundlage dieser Erkenntnisse werden Problemfragen herausgearbeitet. Entscheidungen zu diesen Problemfragen führen dann zur Ableitung von Zielen, Strategien und Taktiken.

Planziele

Die aufgestellten Planziele bestimmen die nachfolgende Suche nach angemessenen Strategien und Aktionsprogrammen. Die Ziele sind auf zwei Ebenen festzulegen: Die Finanzziele beziehen sich auf das Anstreben eines bestimmten Gewinns und einer bestimmten Kapitalrendite. Um das Gewinnziel zu erreichen, muss dieses mit den Marketingzielen bezüglich Umsatz, Marktanteil oder Markenbekanntheit korrespondieren.

Marketingstrategie

Die Marketingstrategie ist die Erstellung eines „Spielplans", wie die aufgestellten Planziele erreicht werden sollen. Bei der Erarbeitung einer Strategie gibt es definierte Wahlmöglichkeiten, da sich jedes Ziel auf verschiedene Art und Weise erreichen lässt. Letztlich muss eine Entscheidung für eine grundlegende strategische Ausrichtung getroffen werden. Zudem muss die gewählte Marketingstrategie mit anderen Funktionsbereichen (Einkauf, Produktion etc.) abgestimmt sein.

Taktische Aktionsprogramme

Aufbauend auf der Marketingstrategie wird das taktische Aktionsprogramm festgelegt. Dies muss so gestaltet sein, dass vier Fragen beantwortet werden:
1. Was wird im Einzelnen getan?   → Marketinginstrumente
2. Wann wird es getan?   → Zeitpunkte bzw. Zeiträume von Aktionen
3. Wer wird etwas tun?   → Verantwortliche Abteilungen/Mitarbeiter
4. Wie viel wird es kosten?   → Budget

Ergebnisprognose

Mit dem Aktionsplan wird ein vorläufiges Budget erstellt, das der Ergebnisprognose dient. Auf der Erlösseite wird das vorhergesagte Absatzvolumen mit dem durchschnittlichen Verkaufspreis multipliziert; auf der Aufwandsseite werden die verschiedenen Kosten addiert. Die Differenz ergibt dann das prognostizierte Ergebnis, den Gewinn. Gegebenenfalls wird das Budget noch angepasst, in der Regel gemindert, sodass eventuell an einigen Stellen Kosten reduziert werden müssen.

Planfortschrittskontrollen

Im letzten Abschnitt des Marketingplans werden die Kontrollen dargelegt, die zur Überwachung des Planfortschritts – in jeder Planperiode (meist Quartale) – durchgeführt werden. Die in jeder Planperiode erzielten Resultate werden von der entsprechenden Managementebene begutachtet und führen eventuell zu Plankorrekturen. Der verantwortliche Produktmanager muss Gründe für die Nichterreichung der Ziele nennen und Maßnahmen vorschlagen, die doch noch zur Zielerreichung führen.

Literaturverzeichnis

Aaker, D. A. (1996): Building Strong Brands, London.
Aaker, D. A., Joachimsthaler, E. (2000): Brand Leadership, New York.
Abbot, L. (1955): Quality and Competition. An Essay in Economic Theory, New York.
Abell, D. F. (1980): Defining the Business. The Starting Point of Strategic Planning, Englewood Cliffs/N. J.
Ahlert, D. (1996): Distributionspolitik, 3. Aufl., Stuttgart/Jena.
Ahlert, D./Kenning, P./Schneider, D. (2000): Markenmanagement im Handel, Wiesbaden.
Andresen, T./Esch, F.-R. (2001): Der Markeneisberg zur Messung der Markenstärke, in: Esch, F.-R. (Hg.): Moderne Markenführung, 3. Aufl., Wiesbaden.
Ansoff, H. I. (1966): Management-Strategie, München.
Ansoff, H. I. (1976): Managing Surprise and Discontinuity – Strategic Response to Weak Signals, in: Zeitschrift für betriebswirtschaftliche Forschung, Heft 28, S. 129–152.
Arndt, H. (1966): Mikroökonomische Theorie, 2. Bd., Tübingen.
Arndt, J. (1967): Word of Mouth Advertising and Informal Communication, in: D. F. Cox (Hrsg.), Risk Taking and Information Handling in Consumer Behavior, Boston, S. 188–239.
Assael, H. (1987): Consumer Behavior and Marketing Action, Boston.
Ausschuss für Definition zu Handel und Distribution (2006): Katalog E, Definitionen zu Handel und Distribution – Elektronische Fassung, 5. Ausgabe, Köln, S. 88.
Backhaus, K. (1995): Investitionsgütermarketing, 4. Aufl., München.
Backhaus, K. (1999): Industriegütermarketing, 6. Aufl., München.
Bänsch, A. (1996): Käuferverhalten, 7. Aufl., München/Wien.
Bain, J. S. (1959): Barriers to New Competition, Cambridge/Mass.
Bamberger, I. (1981): Theoretische Grundlagen strategischer Entscheidungen, in: Wirtschaftswissenschaftliches Studium, S. 97–104.
Barzen, D., Wahle, P. (1990): Das PIMS-Programm – was es wirklich Wert ist, in: Harvard Manager, Heft 1, S. 100–109.
Bauer, H. H. (1989): Marktabgrenzung: Konzeption und Problematik von Ansätzen und Methoden zur Abgrenzung und Strukturierung unter besonderer Berücksichtigung von marketingtheoretischen Verfahren, Berlin.
Bauer, H./Neumann, M. (2002): Entscheidungskriterien werbetreibender Unternehmen beim Einsatz von Online-Marketing, Mannheim.
Baum, H.-G./Coenenberg, A./Günther, T. (2013): Strategisches Controlling, 5. Aufl., Stuttgart.
Baumgarth, C. (2008): Markenpolitik. Markenwirkungen – Markenführung – Markencontrolling, 3. Aufl., Wiesbaden.
Becker, J. (2013): Marketing-Konzeption. Grundlagen des ziel-strategischen und operativen Marketing-Managements, 10. Aufl., München.
Bergler, R. (1975): Das Eindrucksdifferential – Theorie und Technik, Bern et al.
Birkelbach, R. (1988): Strategische Geschäftsfeldplanung im Versicherungssektor, in: Marketing ZFP, 10. Jg., Nr. 8.
Bodenstein, G./Spiller, A. (2002): Marketing. Strategien, Instrumente und Organisation, Landsberg am Lech.
Boehm, H. (2012): Franchising als Vertriebsstrategie – größere Chancen im härteren Wettbewerb, http://syncon.de/presse_archiv/download_presse/aspekte_des_franchising.pdf, Abfrage vom 14. 11. 2012, 12:30 Uhr.
Bonfadelli, H./Friemel, T. N. (2014): Medienwirkungsforschung, 5. Aufl., Stuttgart/Konstanz.
Booz Allen Hamilton (2005): Starke Marken sind rentabler – Markenorientierte Unternehmen sind fast doppelt so erfolgreich, www.innovations-report.de/htm/berichte/studien/bericht-38726.html, Abfrage vom 15. 07. 2010, 01.10 Uhr.

Breitenbach, P./Schulte, T. (2005): www.guerilla-marketingportal.de/index.cfm, Abfrage vom 23. 01. 2011, 16.44 Uhr.

Brennan, V./Flanagan, W./Wolf, C. (2009): Navigating Social Media in the Business World, in: Hogan & Hartson (Hg.): Intellectual Property Update, S. 1–8. New York.

Brockhoff, K. (1993): Produktpolitik, 3. Aufl., Stuttgart et al.

Bruhn, M. (2006): Integrierte Unternehmens- und Markenkommunikation. Strategische Planung und operative Umsetzung, 4. Aufl., Stuttgart.

Bruhn, M. (2010): Marketing. Grundlagen für Studium und Praxis, 10. Aufl., Wiesbaden.

Bubik, R. (1996): Geschichte der Marketing-Theorie, Frankfurt am Main et al.

Bundesverband Direktvertrieb Deutschland (2018): www.direktvertrieb.de/Definition-Direktvertrieb.71.0.html, Abfrage vom 09. 05. 2018, 12.07 Uhr.

Burmann, C., Blinda, L., Nitschke, A. (2003): Konzeptionelle Grundlagen des identitätsbasierten Markenmanagements, in: Burmann, C. (Hg.), Arbeitspapier Nr. 1 des Lehrstuhls für innovatives Markenmanagement (LiM), Universität Bremen, www.lim.uni-bremen.de/files/burmann/publikationen/LiM-AP-01-Identitaetsbasiertes-Markenmanagement.pdf, Abruf am 02.05.2022.

Burmann, C., Halaszovich, T., Hemmann, F. (2012): Identitätsbasierte Markenführung, Wiesbaden.

Burmann, C., Schallehn, M. (2008): Die Bedeutung der Marken-Authentizität für die Markenprofilierung, in: Burmann, C. (Hg.): Arbeitspapier Nr. 31 des Lehrstuhls für innovatives Markenmanagement (LiM), Universität Bremen, www.lim.uni-bremen.de/files/burmann/publikationen/LiM-AP-31-Marken-Authentizitaet.pdf, Abruf am 02.05.2022.

Burmann, C., Stolle, W. (2007): Markenimage. Konzeptualisierung eines komplexen mehrdimensionalen Konstrukts, in: Burmann, C. (Hg.), LiM-Arbeitspapiere, Nr. 28, Bremen.

Busch, C. (2010): Die sinnvolle Integration neuer Marketinginstrumente, unveröffentlichtes Manuskript.

Busch, C. (2011): E-Marketing – Die Entwicklung der Online-Werbemittel, unveröffentlichtes Manuskript.

CAR Center Automotive Research (2010): Universität Duisburg-Essen, F. Dudenhöffer, Absatz Januar – September 2010 weltweit.

Coenenberg, A. G. (1999): Kostenrechnung und Kostenanalyse, 4. Aufl., Landsberg am Lech.

DaimlerChrysler (2003): Geschäftsbericht 2003, Stuttgart.

Die Welt (2003): Interview mit Patrice Bula vom 14. 11. 2003.

Diller, H./Gentner, J./Müller, I. (2000): Hybrides Kaufverhalten – empirische Analyse anhand von Haushaltspaneldaten, Arbeitspapier Nr. 85 des Lehrstuhls für Marketing an der Universität Erlangen – Nürnberg, Nürnberg.

Döllekes, E./Geyer, O. (2002): Marketing Scorecard, unveröffentlichtes Arbeitspapier, Kienbaum Management Consultants, Düsseldorf.

Dpa-AFX (2003): Interview mit Johann C. Lindenberg vom Juni 2003.

Dressler, M./Telle, G. (2009): Meinungsführer in der interdisziplinären Forschung, Wiesbaden.

Dudenhöffer, F. (2005): Das Phänomen vom Verlust der Mitte, in: FAZ vom 12. 09. 2005, S. 24.

Dyllick, T. (1990): Ökologisch bewusstes Management, Bern.

Eck, S./Pellikan, L./Wieking, K. (2008): Showtime für die Marke, in: Werben und Verkaufen, Nr. 42, S. 12–16.

Edvinsson, L./Malone, M. (1997): Intellectual Capital: Realizing Your Company's True Value by Finding its Hidden Brainpower. New York.

Enzweiler, T. (1990): Wo die Preise Laufen lernen, in: Manager Magazin, 20. Jg., Heft 3, S. 246–253.

Esch, F.-R. (2001): Moderne Markenführung, 3. Aufl., Wiesbaden.

Esch, F.-R. (2008): Strategie und Technik der Markenführung, 5. Aufl., München.

Esch, F.-R. (2010): Strategie und Technik der Markenführung, 6. Aufl., München.

Esch, F.-R. (2012): Strategie und Technik der Markenführung, 7. Aufl., München.

Esch, F.-R./Wicke, A. (2001): Herausforderungen und Aufgaben des Markenmanagements, in: *Esch, F.-R.* (Hg.): Moderne Markenführung, 3. Aufl., Wiesbaden, S. 3–55.

Fassnacht, M. (2013): Traumfabrik. Wie Luxusmarken ticken. Vortrag im Marketing-Club Düsseldorf am 13. 06. 2013.
Feddersen, C. (2010): Repositionierung von Marken – Ein agentenbasiertes Simulationsmodell zur Prognose der Wirkungen von Repositionierungsstrategien, Diss., Wiesbaden.
Fishbein, M. (1967): A Behavior Theory Approach to the Relations between Beliefs about an Object and the Attitude toward the Object, in: ders. (Hg.): Readings in Attitude Theory and Measurement, New York et al., S. 389–400.
Fittkau & Maas Consulting (2009): www.w3b.org/e-commerce/nutzermeinungen-im-internet-beeinflussen-kaufverhalten-erheblich.html, Abfrage vom 11. 02. 2011, 14.36 Uhr.
Foscht, T., Swoboda, B., Schramm-Klein, H. (2015): Käuferverhalten, 5. Aufl., Wiesbaden.
Freiling, J. (2001): Resource-based View und ökonomische Theorie, Wiesbaden.
Freiling, J. (2004): Competence-based View der Unternehmung, in: Die Unternehmung, 58. Jg., Heft 1, S. 5–25.
Freiling, J./Gersch, M./Goeke, C. (2006): Eine „Competence-based Theory of the Firm" als marktprozesstheoretischer Ansatz – Erste disziplinäre Basisentscheidungen eines evolutorischen Forschungsprogramms, in: Schreyögg, G./Conrad, P. (Hg.): Management von Kompetenzen, Bd. 16 Managementforschung, Wiesbaden, S. 37–82.
Freter, H. (1983): Marktsegmentierung, Stuttgart et al.
Freter, H. (1992): Marktsegmentierung, in: Diller, H. (Hg.): Vahlens Großes Marketing Lexikon, München, S. 733–738.
Fritz, W./Lorenz, B./Hauser, U. (2007): Die Discountierung der Gesellschaft. Dimensionen eines Megatrends, Gernsbach.
Fuchs, W./Unger, F. (2003): Verkaufsförderung, Wiesbaden.
Geyer, O. (2003): Kundenorientierung in der Wohnungswirtschaft, in: Immobilien Wirtschaft und Recht, H. 7 + 8, S. 12–16.
GfK (2010): Studie Store Effect,www.gfk.com/group/events_insights/studien/studienarchiv/index.de.print. html, Abfrage vom 11. 11. 2010, 11.11 Uhr.
GfK (2012): Consumer Index – Total Grocery, 01/2012, GfK ConsumerScan, S. 6.
Gietemann, K. (2006): Bestimmung der optimalen Online-Werbe-Strategie auf deutschen Internetportalen auf Basis einer Portfolio-Analyse für die OTTO GmbH & Co. KG, unveröffentlichte Diplomarbeit, FIHE Venlo.
Gilbert, X./Strebel, P. (1987): Strategies to outpace the Competition, in: Journal of Business Strategy, 8. Jg., H. 1, S. 28–36.
Glockzin, K. (2010): „Product Placement" im Fernsehen – Abschied vom strikten Trennungsgebot zwischen redaktionellem Inhalt und Werbung, Multimedia und Recht 2010, S. 161–167.
Goldenberg, J./Han, S./Lehmann, D. R. (2010): Social Connectivity, Opinion Leadership, and Diffusion, in: Wuyts, S./Dekimpe, M. G./Gijsbrechts, E./Pieters, R.: The Connected Consumer, New York 2010, S. 283–305.
Grey Worldwide (2006): www.stroeer.de/markt_news.1049.0.html?newsid=1213, Abfrage vom 17. 01. 2011, 08.58 Uhr.
Griese, K., Bröring, S. (2011): Marketing-Grundlagen. Eine fallstudienbasierte Einführung, Wiesbaden.
Gronau, V. (2012): Erstellung eines Social-Media-Konzepts für ein Technologieunternehmen aus dem B2B-Bereich – Darstellung am Beispiel von Scheidt & Bachmann, Systeme für Parkhaus- und Freizeitanlagen. Unveröffentlichte Master Thesis, FOM Düsseldorf.
Häusel, H.-G. (2004): Brain Script, München.
Häusel, H.-G. (2007): Limbic Success, 2. Aufl., München.
Haley, R. J. (1968): Benefit Segmentation: A Decision Oriented Research Tool, in: Journal of Marketing 3/68, S. 30–35.

Henderson, B. D. (1971): Construction of a Business Strategy. The Boston Consulting Group, Series on Corporate Strategy, Boston.
Henderson, B. D. (1974): Die Erfahrungskurve in der Unternehmensstrategie, Frankfurt am Main.
Hennig-Thurau, T./Gwinner, K. P./Walsh, G./Gremler, D. D. (2004): Electronic Word-of-Mouth via Consumer-opinion Platforms: What motivates Consumers to Articulate Themselves on the Internet, in: Journal of Interactive Marketing, 18. Jg., Nr. 1, S. 38–52.
Hermanns, A. (1997): Sponsoring, München.
Hillmann, K.H. (2007): Wörterbuch der Soziologie, 5. Auflage, Stuttgart.
Hinterhuber, H. H. (2004a): Strategische Unternehmensführung, Bd. 1, Strategisches Denken, 7. Aufl., Berlin.
Hinterhuber, H. H. (2004b): Strategische Unternehmensführung, Bd. 2, Strategisches Handeln, 7. Aufl., Berlin.
Hofbauer, G./Schmidt, J. (2007): Identitätsorientiertes Markenmanagement: Grundlagen und Methoden für bessere Verkaufserfolge, Regensburg.
Holland, H. (1993): Direktmarketing, München.
Homburg, C. (2015): Marketingmanagement, 5. Aufl., Wiesbaden.
Homburg, C./Koschate, N. (2005): Behavioral Pricing – Forschung im Überblick, in: Zeitschrift für Betriebswirtschaft, 75. Jg., 4, S. 383–423; 5, S. 501–524.
Horváth, P./Gleich, R./Seiter, M. (2015): Controlling, 13. Aufl., München.
Huber, M. (2013): Kommunikation und Social Media, 3. Aufl., Konstanz/München.
Hüttner, M./Ahsen, A. v./Schwarting, U. (1999): Marketing-Management. Allgemein – Sektoral – International. 2. Aufl., München/Wien.
IFM Medienanalysen (2008): Unveröffentlichte Saison-Präsentation 2007–2008 Sportsponsorships Dextro Energy, Karlsruhe.
Interbrand (2024): https://interbrand.com/best-global-brands/, Abfrage vom 08. 05. 2024, 10.52 Uhr.
Izard, C. E. (1994): Die Emotionen des Menschen. Eine Einführung in die Grundlagen der Emotionspsychologie, 2. Aufl., Weinheim/Basel.
Kaas, K./Hay, C. (1984): Preisschwellen bei Konsumgütern: Eine theoretische und empirische Analyse, in: Zeitschrift für betriebswirtschaftliche Forschung, 36. Jg., 5, S. 333–346.
Kapferer, J.-N. (2008): The New Strategic Brand Management, Fourth Edition, London.
Kaplan, R./Norton D. (1997): Balanced Scorecard, Stuttgart.
Keller, B. (2017): Die Reise(n) durchs Touchpoint Management, in: Keller, B., Ott, C. S. (Hg.): Touchpoint Management, Freiburg, S. 29–64.
Kluckhohn, C. (1962): Values and Value-Orientation in the Theory of Action, in: Parsons, T./Shilis, E. A. (Hg.): Towards a General Theory of Action, Cambridge, S. 388–433.
Köhler, R. (1992): Überwachung des Marketing, in: Coenenberg, A. G./Wysocki, K. v.: Handwörterbuch der Revision, 2. Aufl., Stuttgart, S. 1269–1284.
Köhler, R. (1993): Beiträge zum Marketing-Management: Planung, Organisation, Controlling, 3. Aufl., Stuttgart.
Köhler, R. (2001): Marketing-Controlling: Konzepte und Methoden, in: Reinecke, S./Tomczak, T./Geis, G., Handbuch Marketingcontrolling, S. 12–31, St. Gallen/ Wien.
Köstinger, P. (2008): Internet-Branding für Offline-Marken, Hamburg.
Kollmann, T. (2019): E-Business: Grundlagen elektronischer Geschäftsprozesse in der Digitalen Welt, 7. Aufl., Wiesbaden.
Kommission der Europäischen Gemeinschaften (2017): Grünbuch. Europäische Rahmenbedingungen für die soziale Verantwortung der Unternehmen. URL: http://eurlex.europa.eu/LexUriServ/LexUriServ.do?uri=COM:2001:0366:FIN:DE:PDF, Abfrage vom 13. 11. 2017, 11.25 Uhr.
Kotler, P. (1982): Marketing-Management, 4. Aufl., Stuttgart.

Kotler, P. (2006): Kotler on Strategic Marketing, Vortrag am 04. 10. 2006 an der Universiteit Nyenrode, Breukelen/Niederlande.
Kotler, P./Bliemel, F. (2001): Marketing-Management, 10. Aufl., Stuttgart.
Kotler, P./Keller, K. L./Bliemel, F. (2007): Marketing-Management, 12. Aufl., Stuttgart.
Kotler, P./Keller, K. L./Opresnik, M. O. (2017): Marketing-Management. Konzepte – Instrumente – Unternehmensfallstudien, 15. Aufl., Stuttgart.
Kranzbühler, A.-M., Kleijnen, M. H. P., Morgan, R. E., Teerling, M. (2018): The Multilevel Nature of Customer Experience Research: An Integrative Review and Research Agenda, in: International Journal of Management Reviews, 20 (2018), S. 433–456.
Kratz, K. (2009): Haifischbecken Internet Marketing. So bringen Sie Ihr Unternehmen im Internet auf Erfolgskurs, 2. Aufl., Norderstedt.
Kreutzer, R. T. (2021): Praxisorientiertes Online-Marketing. Konzepte – Instrumente – Checklisten, 4. Aufl., Wiesbaden.
Kroeber-Riel, W. (1990): Persönliche Auskunft an F. Wahl vom Juli 1990, Rheinberg.
Kroeber-Riel, W./Esch, F.-R. (2000): Strategie und Technik der Werbung, Stuttgart.
Kroeber-Riel, W./Gröppel-Klein (2013): Konsumentenverhalten, 10. Aufl., München.
Kroeber-Riel, W./Gröppel-Klein (2019): Konsumentenverhalten, 11. Aufl., München.
Krups, M. (1985): Marketing innovativer Dienstleistungen am Beispiel elektronischer Wirtschaftsinformationsdienste, Frankfurt am Main.
Lammenett, E. (2021): Praxiswissen Online-Marketing: Affliate-, Infuencer-, Content-, SocialMedia-, Amazon-, Voice-, B2B-, Sprachassistenten- und E-Mail-Marketing, Google Ads, SEO, 8. Aufl., Wiesbaden.
Langner, S. (2009): Viral Marketing, 3. Aufl., Wiesbaden.
Langner, T. (2003): Integriertes Branding. Baupläne zur Gestaltung erfolgreicher Marken, Wiesbaden.
Lasswell, H. D. (1967): The Structure and Function of Communication in Society, in: Berelson, B./Janowitz, M. (Hg.): Reader in Public Opinion and Communication, 2. Aufl., New York et al., S. 178–190.
Lehner, S. (2007): Unternehmenserfolg mit einem scharfen Profil, Salzburg.
Lemon, K. N., Verhoef, P. C. (2016): Understanding Customer Experience Throughout the Customer Journey, in: Journal of Marketing, 80, S. 69–96.
Levitt, T. (1960): Marketing Myopia, in: Harvard Business Review, No. 4, S. 45–56.
Markowitz, H. M. (1959): Portfolio Selection: Efficient Diversification on Investments, New York.
Marshall, A. (1925): Principles of Economics, 8. Aufl., London.
Maslow, A. M. (1975): Motivation and Personality, in: Levine, F. M. (Hg.): Theoretical Readings in Motivation, Chicago, S. 358–379.
Mason, E. (1939): Price and Production Policies of Large Scale Enterprise, in: American Economic Review, Suppl. 29.
McKinsey (Hg.) (1999): Planen, gründen, wachsen. 2. Aufl., Frankfurt am Main.
Meffert, H. (2000): Marketing: Grundlagen marktorientierter Unternehmensführung: Konzepte – Instrumente – Praxisbeispiele, 9. Aufl., Wiesbaden.
Meffert, H./Bruhn M. (2000): Dienstleistungsmarketing, 3. Aufl., Wiesbaden.
Meffert, H./Burmann, C./Kirchgeorg, M. (2008): Marketing: Grundlagen marktorientierter Unternehmensführung: Konzepte – Instrumente – Praxisbeispiele, 10. Aufl., Wiesbaden.
Meffert, H./Burmann, C./Kirchgeorg, M. (2015): Marketing: Grundlagen marktorientierter Unternehmensführung: Konzepte – Instrumente – Praxisbeispiele, 12. Aufl., Wiesbaden.
Meffert, H./Burmann, C./Koers, M. (2005): Markenmanagement, Grundfragen der identitätsorientierten Markenführung, 2. Aufl., Wiesbaden.
Meffert, H./Koers, M. (2001): Integratives Marketingcontrolling auf Basis des Balanced-Scorecard-Ansatzes, in: Reinecke, S./Tomczak, T./Geis, G., Handbuch Marketingcontrolling, S. 292–320, St. Gallen/Wien.
Mehrabian, A./Russell, J. A. (1974): An Approach to Environmental Psychology, Cambridge.

Michelis, D. (2014): Der vernetzte Konsument – Grundlagen des Marketing im Zeitalter partizipativer Unternehmensführung, Wiesbaden.
Mühle, C./Ziegler, B./Eisenbrand, R. (2016): Testimonials neu erfunden: Influencer Marketing mit Celebrities und Social Media Stars, in: Absatzwirtschaft, o. Jg., Nr. 1, S. 78.
Naderer, G. (2009): Marktforschung für Verpackungsdesign – Penta Coach. IFM Mannheim,www.ifm-mannheim.com/images/pdf/6Neues_aus_der_VerpackungsforschungFeb09.pdf, Abfrage vom 16. 11. 2012, 17.20 Uhr.
Naisbitt, J./Aburdene, P. (1992): Megatrends 2000 – Zehn Perspektiven für den Weg ins nächste Jahrtausend, 5. Auflage, Düsseldorf.
Naskrent, J./Rüttgers, C. (2012): Wahrnehmung von Werbung mit Sportereignisbezug: Eine empirische Analyse der Einschätzung von Sponsoring und Ambush-Marketing im Rahmen der Fußball-Europameisterschaft und der Olympischen Spiele im Jahr 2012. KCS Schriftenreihe, Bd. 5, FOM, Essen.
Nellessen, K. (2006): Sportsponsoring-Engagements zur Imageoptimierung von Marken – Umsetzung am Beispiel des Sponsorships zwischen DEXTRO ENERGY und *Anni Friesinger*, unveröffentlichte Diplomarbeit, FIHE Venlo.
Nieschlag, R./Dichtl, E./Hörschgen, H. (2002): Marketing, 19. Aufl., Berlin.
Nufer, G. (2010): Ambush Marketing – Trittbrettfahren bei Sportgroßveranstaltungen, in Bernecker, M. (Hg.): Jahrbuch Marketing 2010/2011. Trendthemen und Tendenzen, Köln, S. 151–166.
Opresnik, M. O., Rennhak, C. (2012): Grundlagen der Allgemeinen Betriebswirtschaftslehre, Wiesbaden.
Otto, R. (1993): Industriedesign und qualitative Trendforschung, Heidelberg.
Parasuraman, A./Zeithaml, V. A./Berry, L.L. (1985): A Conceptual Model of Service Quality, and its Implications for Future Research, in: Journal of Marketing 3/85, S. 41–50.
Patalas, T. (2006): Guerilla Marketing – Ideen schlagen Budget, Berlin.
Pepels, W. (Hg.) (2000): Marktsegmentierung, Heidelberg.
Pepels, W. (2009): Neuromarketing: Ein Blick in das Gehirn des Konsumenten, in: Bernecker, M./Pepels, W. (Hg.): Jahrbuch Marketing 2009, Köln, S. 13–33.
Peters, T. J./Waterman, R. H. (1982): In Search for Excellence, New York.
Peters, T. J./Waterman, R. H. (2003): Auf der Suche nach Spitzenleistungen, Frankfurt am Main.
Petersen, C. (2008): Suchmaschinen: Die Businesslotsen im Internet, in: *Schwartz, T.* (Hg.): Leitfaden Online Marketing, Waghäusel, S. 321–330.
Pfohl, H.-Ch. (1995): Logistiksysteme, Darmstadt.
Piller, F. (2006): Mass Customization: Ein Wettbewerbsstrategisches Konzept im Informationszeitalter, 4. Aufl., Wiesbaden.
Piller, F,/Möslein, K./Ihl, Ch./Reichwald, R. (2017): Interaktive Wertschöpfung kompakt, Wiesbaden.
Plummer, J. T. (1974): The Concept and Application of Life Style Segmentation, in: Journal of Marketing 1/74, S. 33–37.
Polli, R./Cook, V. J. (1967): A Test of the Product Life Cycle as a Model Sales Behaviour, Market Science Institute Working Paper.
Porter, M. E. (1980): Competitive Strategy, New York.
Porter, M. E. (1992): Wettbewerbsstrategie, 7. Aufl., Frankfurt am Main.
Porter, M. E. (1999): Wettbewerbsstrategie. Methoden zur Analyse von Branchen und Konkurrenten, 10. Aufl., Frankfurt am Main.
Porter, M. E. (2000): Wettbewerbsvorteile. Spitzenleistungen erreichen und behaupten, 6. Aufl., Frankfurt am Main.
Prahalad, C. K./Hamel, G. (1990): The Core Competence of the Corporation, in: Harvard Business Review, Vol. 68, Heft 3, S. 79–91.
Procter&Gamble (2001): Moonbeams – Zeitschrift für die Mitarbeiter, Nr. 155, Juni.
Pufahl, M. (2014): Vertriebscontrolling. So steuern Sie Absatz, Umsatz und Gewinn, 5. Aufl., Wiesbaden.
Reeves, R. (1961): Reality in Advertising, New York.

Reinecke, S. (2004): Marketing Performance Management, Wiesbaden.
Reisener, T. (2012): Vorwerk baut das Kobold-Geschäft um, http://www.rp-online.de/wirtschaft/unterneh men/vorwerk-baut-das-kobold-geschaeft-um-1.3092264, Abfrage vom 03. 12. 2012, 10.25 Uhr.
Rheinische Post (2011): Nivea streicht Marken zusammen, Artikel vom 04. 03. 2011.
Rickens, C. (2006): Bedrohte Mitte, in: Manager Magazin, 36. Jg., Heft 2, S. 84–91.
Ries, A./Trout, J. (1982): Positioning: The Battle for Your Mind, New York.
Rogers, E. M. (1962): Diffusion of Innovations, New York.
Roszinsky, S. (2010): Social Media – Erfolgsfaktoren für das internetbasierte Empfehlungsmarketing am Beispiel von DextroEnergy, unveröffentlichte Masterthesis, FOM Düsseldorf.
Runia, P./Wahl, F. (2009): Uniqueness als Credo der Markenführung, in: Bernecker, M./Pepels, W. (Hg.): Jahrbuch Marketing 2009, S. 269–281, Köln.
Runia, P./Wahl, F. (2010): Aus einem Guss. Corporate Identity, in: economag Nr. 12/10, www.economag.de.
Runia, P./Wahl, F. (2011): Markenidentität und Markenimage, unveröffentlichtes Manuskript.
Runia, P./Wahl, F. (2013): Implikationen des demografischen Wandels für die Marketingkonzeption, in: Göke, M./Heupel, T. (Hg.): Wirtschaftliche Implikationen des demografischen Wandels. Herausforderungen und Lösungsansätze, Wiesbaden, S. 131–144.
Runia, P./Wahl, F. (2015): Qualitative Prognosemodelle und Trendforschung, in: Gansser, O. /Krol, B. (Hg.): Markt- und Absatzprognosen. Modelle – Methoden – Anwendung, Wiesbaden, S. 73–88.
Runia, P./Wahl, F. (2017): „Shopper Research" als moderne Ausprägung der qualitativen Marktforschung, in: Gansser, O./Krol, B. (Hg.): Moderne Methoden der Marktforschung. Kunden besser verstehen, Wiesbaden, S. 37–53.
Runia, P./Wahl, F./Busch, C. (2008): Im Rampenlicht. Product Placement – Ein Marketing-Begriff mit vielen Facetten, in: economag Nr. 12/08, www.economag.de.
Runia, P./Wahl, F./Rüttgers, C. (2013): Das Markenimage von Hersteller- und Handelsmarken: Eine empirische Analyse der Imagekomponenten von Körperpflegemarken auf der Grundlage eines Markenidentitätskonzeptes, in: Krol, B. (Hg.): KCS Schriftenreihe, Bd. 8, Essen.
Rusnjak, A., Schallmo, D. R. A. (2018): Customer Experience im Zeitalter des Kunden. Best Practices, Lessons Learned und Forschungsergebnisse, Wiesbaden.
Sattler, H., Völckner, F. (2013): Markenpolitik, 3. Aufl., Stuttgart.
Scharf, A./Schubert, B. (2001): Marketing, 3. Aufl., Stuttgart.
Scharf, A./Schubert, B./Hehn, P. (2009): Marketing, 4. Aufl., Stuttgart.
Schenk, H. O. (2004): Handels-, Gattungs- und Premiummarken des Handels, in: Bruhn, M. (Hg.): Handbuch Markenführung, Bd. 1, 2. Aufl., Wiesbaden, S. 119–150.
Schimansky, A. (2003): Schlechte Noten für Markenbewerter, in: marketingjournal, o.O. 5/2003.
Schmalen, H. (1994): Das hybride Kaufverhalten und seine Konsequenzen für den Handel: Theoretische und empirische Betrachtungen, in: Zeitschrift für Betriebswirtschaft, 64. Jg., 10/1994, S. 1221–1240.
Schnedlitz, P. (2006): Der Supermarkt der Zukunft, in: Schnedlitz, P. et al. (Hg.): Innovationen in Marketing und Handel, Wien, S. 47–91.
Schüür-Langkau, A. (2012): Der Markenkern steuert die Kommunikation, in: Schüür-Langkau, A. (Hg.), Media- und Marketingstrategien in digitalen Zeiten – Trendinterviews mit Branchen-Experten aus Wissenschaft und Praxis, Wiesbaden, S. 105–109.
Schulte, T. (2007): www.guerilla-marketing-portal.de/index.cfm?menuID=119, Abfrage vom 25. 01. 2011, 20.01 Uhr.
Schwarzbauer, F. (2009): Modernes Marketing für das Bankengeschäft, Wiesbaden.
Schweiger, G./Schrattenecker, G. (2016): Werbung: Eine Einführung, 9. Aufl., München.
SevenOne Media (2003): Vernetzte Kommunikation – Werbewirkung crossmedialer Kampagnen, Unterföhring.
Silverman, G. (2001): The Power of Word of Mouth, in: Direct Marketing, 64. Jg., Nr. 5, S. 47–52.

Sinus-Institut (2024): www.sinus-institut.de/sinus-milieus/sinus-milieus-deutschland, Abfrage vom 08. 05. 2023, 10.42 Uhr.

Solomon, M. (2015): Consumer Behavior, 11. Aufl., Edinburgh Gate.

Specht, G. (1998): Distributionsmanagement, 3. Aufl., Stuttgart et al.

Steeger, A. (2004): Wertehaltungen der Kunden im Fokus. Semiometrie als Verfahren zur Gewinnung von Informationen über die Werteprofile der Galeria-Kaufhof-Kunden für eine gezieltere Kundenansprache im Direktmarketing, unveröffentlichte Diplomarbeit, FIHE Venlo.

Strategic Business Insights (2018): www.strategicbusinessinsights.com/vals, Abfrage vom 12. 03. 2018, 11.23 Uhr.

Thaler, R. (1980): Toward a Positive Theory of Consumer Choice, in: Journal of Economic Behavior and Organization, 1. Jg., Heft 1, S. 39–60.

Thaler, R. (1985): Mental Accounting and Consumer Choice, in: Marketing Science, 4. Jg., Heft 3, S. 199–214.

Thiel, C. (2004): Möglichkeiten einer zielgruppengerichteten Ansprache von Werberezipienten unter besonderer Berücksichtigung des Mediums Internet dargestellt am Beispiel AOL, unveröffentlichte Diplomarbeit, FIHE Venlo.

TNS Infratest (2010): www.tns-infratest.com/marketing_tools/Semiometrie.asp, Abfrage vom 17. 12. 2010, 11.35 Uhr.

Trnd (2011), company.trnd.com/de/referenzen/haushalt_reinigung, Abfrage vom 25. 01. 2011, 21.37 Uhr.

Trommsdorff, V. (1975): Die Messung von Produktimages für das Marketing, Köln et al.

Trommsdorff, V./Teichert, T. (2011): Konsumentenverhalten, 8. Aufl., Stuttgart.

Trout, J. (2002): Große Marken in Gefahr, München.

Twedt, D.W. (1972): Some Practical Applications of „Heavy-Half"-Theory, in: Engel, J.F./Fiorillo, H.F./Cayley, M.A. (Hg.): Market Segmentation – Concepts and Applications, S. 265–271, New York et al.

Unilever (2018): www.unilever.de/ueberuns/wer-wir-sind/unsere-vision, Abfrage vom 28. 02. 2018, 13:05 Uhr.

Verhoef, Peter C., Lemon, Katherine N., Parasuraman, A. Roggeveen, Anne, Tsiros, Michael, Schlesinger, Leonard (2009): Customer Experience Creation: Determinants, Dynamics and Management Strategies, in: Journal of Retailing 85 (2009), Nr. 1, S. 31–41.

Vorwerk (2018): corporate.vorwerk.com/de/portraet, Abfrage vom 09. 05. 2018, 12:09 Uhr.

Walsh, G./Kilian, T./Zenz, R. (2011): Strategien der Mundwerbung im Web 2.0 am Beispiel von Medienprodukten, in: Walsh, G./Hass, B. H./Kilian, T. (Hrsg.): Web 2.0. Neue Perspektiven für Marketing und Medien, 2. Aufl., Heidelberg, S. 191–200.

Watson, T. J. jun. (1963): A Business and Its Beliefs: The Ideas That Helped Build IBM, New York.

Weber, J./Schäffer, U. (2016): Einführung in das Controlling, 15. Aufl., Stuttgart.

Weis, H. C. (1999): Marketing. 11. Aufl., Ludwigshafen.

Weis, H. C. (2012): Marketing. 16. Aufl., Ludwigshafen.

Westbrook, R. A. (1987): Product/Consumption-based Affective Responses and Post Purchase Processes, in: Journal of Marketing Research, Nr. 24, S. 258–270.

Wildemann, H. (2009): Innovationscontrolling – Leitfaden zur Selektion, Planung, Steuerung und Erfolgsmessung von F&E-Projekten, 7. Aufl., München.

Zerr, K. (2003): Guerilla Marketing in der Kommunikation – Kennzeichen, Mechanismen und Gefahren. In: Uwe Kamenz (Hg.): Applied Marketing. Anwendungsorientierte Marketingwissenschaft der deutschen Fachhochschulen, Berlin, S. 587.

Zukunftsinstitut (2018): www.megatrend-dokumentation.de/2018, Abruf vom 30. 01. 2018.

Stichwortregister

7-S-Modell 78

Absatzhelfer 269
Absatzmarkt 23
Absatzmittler 272
Absatzpotenzial 30
Absatzprogramm 197
Absatztheorie 10
Absatzvolumen 30
Abschöpfungsstrategie 161
absoluter Marktanteil 30
Abverkaufsmaßnahme 324
After-Sales-Phase 65
Agenda Setting 55
Agentursysteme 282
AIDA-Modell 293
A-I-O-Ansatz 127
akquisitorische Distribution 260
aktivierende Prozesse 31–32
Aktivierung 32
Alleinvertriebssysteme 280
Alter 117
Altersstruktur 199
ambulanter Handel 278
Anlässe 130
Ansoff-Matrix 148
AOSTC-Plan 384
Apotheke 278
atomisierte Segmentierung 113
Auffüllen 195
Auftragsabwicklungssystem 284
Ausschreibung 254
Austausch 5
Automatenverkauf 278

Bedarf 4
Bedürfnisse 4
Before and After 319
Benchmarking 69
Benefit 131, 311
Bereinigung 196
Beruf 120
Beziehung 5
Beziehungsmarketing 5, 332, 335
Bezugsgruppe 52

Bildungsgrad 120
Bonus 256
Bottom-up-Planung 92
Boutique 277
Branchenstrukturanalyse 70
Brand Extension 223
Break-even-Analyse 247
Broadening 10
BuBaW-Verfahren 322

Cash-and-Carry-Großhandel 274
Cashcow 161
Cashflow 159
Category-Management 303
Chancen-Risiken-Analyse 82
Channel-Marketing 263
Checklistverfahren 69
Co-Branding 223
Computeranimation 319
Convenience Goods 194
Convenience Store 277
Copy-Strategie 310
Corporate Behavior 360
Corporate Communications 361
Corporate Design 361
Corporate Identity 360
Corporate Image 361
Cross-Channel-Marketing 267
Cross-Media-Kommunikation 365
Customer Journey 66
Customer-Relationship-Management 332, 335

Dachmarkenstrategie 220
Database-Marketing 116, 335
Deckungsbeitrag 199, 246
Deepening 10
demografische Komponente 18
demografische Segmentierung 117
Demonstration 319
Differenzierungsstrategie 102
Diffusionsprozess 202
direkter Absatzweg 260
Direktmarketing 333
Direktvertrieb 262–263
Discount Pricing 239

Discounter 276
Display 323
Distributionsgrad 266
Distributionspolitik 259
Distributionsqualität 266
Diversifikationsstrategie 150
Dog (Poor) 161
Drei-Stufen-Kanal 265
Drogerie 277
Drogeriemarkt 276

E-Commerce 264
Economies of Scale und Scope 72
Efficient Consumer Response 302
Eigenmarken 186–187
Eindrucksqualität 315
Einkaufsstättenwahl 132
Einkommen 120
Einstellung 35, 122
Ein-Stufen-Kanal 264
einstufige Kommunikation 56
Einzelhandel 272
Einzelmarkenstrategie 219
Emotionen 34
Entscheidungsprozess der Werbung 306
Erfahrungskurve 156
Erfahrungskurvenanalyse 156
Erfahrungsumwelt 32, 48
Erlebniswelt 318
Event-Marketing 344
exklusive Distribution 265

Fachgeschäft 274
Fachmarkt 275
Factory-Outlet-Center 277
Familie 50
Familienlebenszyklus 119
Familienmarkenstrategie 220
Familienstand 119
Filialsystem 261
Fishbein-Modell 36
Five-Forces-Modell 70
Fixation 40
formale Integration 363
Formen der Werbung 304
Frachtbasis 257
Franchisesystem 280
Frei-Haus-Preis 256
Funktionsrabatt 255

Gattungsmarke 186
Gebrauchsgüter 194
gebrochener Preis 233
Gedächtnis 45
gedankliche Lagepläne 48
Gemischtwarengeschäft 275
generische Strategien 102
geografische Segmentierung 114
Geschlecht 119
Getränkeabholmarkt 278
gewichtete Distribution 266
globale Markenstrategie 218
Großhandel 272
Gross Rating Points 310, 316
Grundnutzen 192
Gruppen 49

Handelskalkulation 245
Handelsmakler 270
Handelsmarken 187
Handelsvertreter 269
Händlerpromotion (Trade Promotion) 326
Händlerrabatt 255
Haushaltsgröße 119
Herausstellung 196
Hineinverkaufsmaßnahme 323
horizontale Diversifikation 150
horizontales Marketing 269

Image 35
Incoterms 258
indirekter Absatzweg 264
Individualmarken 187
Influencer-Marketing 357
Information Overload 46
Informationsaufnahme 40
Ingredient Branding 223
inhaltliche Integration 362
innere Bilder 44
Instrumentalziele 94
Integrierte Kommunikation 362
integriertes Marketing 10
intensive Distribution 265
Intermediaselektion 312
Interview 319
Intramediaselektion 315
Investitionsstrategie 161
Involvement 33, 45

Jahresgespräch 325
Just-in-time-Konzept 286

Kalkulationsverfahren 243
Kaufentscheidung 65
Käufermarkt 3
Kaufgewohnheiten 194
Kaufhaus 276
Kaufprozess 62
Kaufverhalten 45
Kennzahlen 375
Kennzahlensystem 375
Key Visuals 45, 297
Key-Account-Manager 261
Key-Issue-Matrix 83
Kiosk 278
klassische Konditionierung 43
kognitive Dissonanz 35, 65
kognitive Prozesse 31, 39
Kommissionär 270
Kommunikationspolitik 290
Kommunikationsprozess 295
Kommunikationswirkung 293
Komplementärbeziehung 24
Konditionenpolitik 255
Konkurrenzanalyse 68
konkurrenzorientierte Preisfestlegung 251
Konsumentenforschung 30
Konsumententypologie 128
Konsumgüter 193
Kontaktfrequenz 315
Kontrahierungspolitik 227
Konzentration 103
Konzeptionsebenen (des Produkts) 192
Kosten 5
Kostenführerschaft 103
Kostenpreise 243
Kreuzpreiselastizität 24
Kultur 54
Kundenstruktur 199
Kundenzufriedenheit 7

Lagerhaltungssystem 285
laterale Diversifikation 150
Leitpreis 254
Lerneffekte 157
Lernen 43
Lieferungsbedingungen 256
Lifestyle 318

Line Extension 223
Linienausweitung 223
Lizenzmarke 222

Makroumwelt 17
Marke 163, 213
Markenbereichsausweitung 223
Markenfamilienstrategie 220
Markenführung 185, 213
Markenname 216
Markentransferstrategie 222
Markentreue 217
Markenwahl 133
Markenwert 216
Markenzeichen 216
Marketing 6
Marketinganalyse 11, 75
Marketingentscheidungsprozess 87
Marketinginstrument 12
Marketingkontrolle 12, 371
Marketingkonzept 7, 381
Marketingkonzeption 381
Marketinglogistik 282, 284
Marketingmanagement 9, 11
Marketingmix 188, 382
Marketingnetzwerk 5
Marketingplan 384
Marketingplanung 379
Marketingprozess 9, 11
Marketing-Scorecard 374
Marketingstrategie 12, 99, 382
Marketingtaktik 385
Marketingziele 12, 94, 382
Markierung 163
Markt 5
Marktabgrenzung 23
Marktanalyse 23
Marktanteils-Marktwachstums-Portfolio 159
Marktdurchdringung 149
Marktentwicklung 149
Marktführerstrategie 107
Marktherausforderung 107
Marktlebenszyklusanalyse 151
Marktpotenzial 29
Marktsättigungsgrad 30
Marktsegmente 110
Marktsegmentierung 110
Marktstimulierungsstrategie 104
Marktvolumen 30

Marktwachstum 159
Mass Customization 107, 113
Massenkommunikation 54
Massenmarketing 112
McKinsey-Portfolio 161
Mediaselektion 311
Mediennutzung 131
Medienumwelt 32, 54
Mehrmarkenstrategie 222
Mehrwegdistribution 266
Meinungsführer 57, 329
Mengenrabatt 255
Middle Pricing 239
Mission 381
Mitläufer 109
Modernisierung 196
Modulsystem 287
Motivation 34
Motivationshierarchie 35
Motive 34
M-R-Modell 49
Multi-Channel-Marketing 267
Multi-Level-Marketing 263
multinationale Markenstrategie 218
Multiplikatoren 329

Nachfrage 4
Nachfragereaktionsfunktion 248
Nationalität 121
Nielsen-Gebiete 115
Nischenbearbeitung 109
Nischenbildung 112
Normstrategien 154, 160
Null-Segmentierung 112
Null-Stufen-Kanal 260
numerische Distribution 266
Nutzen 4, 192
Nutzennachfrage 131

Öffentlichkeitsarbeit 328
Off-Price-Retailer 277
ökologische Komponente 20
ökonomische Komponente 19
Omni-Channel-Marketing 267
Online-Marketing 350

Panelforschung 322
Parallelmarkeneinführung 223
Penetration Policy 238

Penner-Produkte 196
Perceived-Value-Pricing 251
persönlicher Verkauf 331
Persönlichkeit 38, 128
physische Distribution 282
physische Umwelt 48
PIMS-Programm 154
Plansynopsis 385
Point of Sale 322
politisch-rechtliche Komponente 21
Portfolio-Analyse 158
Positionierung 138
Posttest 319
Präferenzstrategie 104
Präsenter 318
Preis mit flexibler Frachtkostenübernahme 257
Preisabsatzfunktion 248
Preisbündelung 241
Preisdifferenzierung 240
Preisfestlegung 241
Preis-Image-Konsistenz 227
Preis-Mengen-Strategie 104
Preisobergrenze 242
Preispolitik 227, 237
Preistests 248
Preisuntergrenze 242
Preisverhalten 132
Premium Pricing 239
Pretest 319
Product as Hero 319
Product Placement 340
Produkt 191
Produktbeurteilung 41
Produktdifferenzierung 211
Produkte 4
Produktelimination 212
Produktentwicklung 150
Produkthierarchie 193
Produktinnovation 206
Produktionskonzept 6
Produktionsprogramm 196
Produktkonzept 6
Produktlebenszyklus 200
Produktlinie 194
Produktpolitik 191
Produkt-Portfolio 205
Produktprogramm 196
Produktrelaunch 212
Produkttypologie 193

Produktvariation 211
Produktwahl 45
Programmanalyse 198
Programmbreite 197
Programmsponsoring 336
Programmtiefe 197
psychografische Segmentierung 121
psychologische Preispolitik 236
Public Relations 328
Pull-Konzept 301
Push-Konzept 300

quantitative Preisdifferenzierung 241
Question Mark 160

Rabattpolitik 255
Rack-Jobber 274
räumliche Preisdifferenzierung 241
Reason Why 311
Recall-Verfahren 321
Recognition-Verfahren 321
Recyclingprozess 288
Re-Distribution 287
Reduktion von Komplexitäten 296
Referenzpreis 235
Regionenpreis 256
Reichweite 315
Reisende 261
relativer Marktanteil 30, 159
Relevant Set 290, 295
Religion 121
Renner-Produkte 196
Ressourcenanalyse 77
Rückzugsstrategie 161

Sales Promotion 322
Schlüsselinformationen 41
Scoringmodell 69
Segmentbildung 112
Segmentierungsgrad 111
Segmentierungskriterien 113
Selektionsstrategie 160
selektive Distribution 265
semantische Netzwerke 44
Semiometrie 123
Service 226
Set-Modell 63
Share of Voice 309
Shopping Goods 194

Shoppingcenter 277
Sinus-Milieus 128
Situationsanalyse 384–385
Skaleneffekte 157
Skimming Policy 237
Skonto 256
Slice of Life 317
Snob-Effekt 35
Social Marketing 8
S-O-R-Modell 31
Sortiment 198
Sortimentsgroßhandel 273
Sortimentsmarken 186
soziale Gruppe 50
soziale Kategorie 49
soziale Schichtung 120
soziale Umwelt 49
soziales Aggregat 50
soziokulturelle Komponente 19
sozioökonomische Kriterien 119
Specialty Goods 194
Spezialgeschäft 275
Spezialgroßhandel 273
Sponsoring 336
S-R-Modell 31
Stakeholder 80, 329
Star 160
Stärken-Schwächen-Analyse 82
Stärken-Schwächen-Profil 77
stationärer Handel 274
STEP-Analyse 21
Storebrand 187
STP-Strategien 110
Strategiemodelle 145
strategische Geschäftseinheit 147
strategisches Geschäftsfeld 145
Streckengroßhandel 273
Streuverluste 307
Strukturvertrieb 263
Subkultur 54
Substitutionsbeziehung 24
Supermarkt 275
Supply-Chain-Management 304
SWOT-Analyse 82, 386

Tailormade Promotion 324
Tausenderpreis 316
technologische Komponente 20
Teilkostenrechnung 246

Teilmärkte 111
Tell-a-Story 319
Testimonial 318
Tonality 311
Top of Mind Awareness 295
Top-down-Planung 92
Total-Quality-Management 95
Trading-down 195
Trading-up 195
Transaktion 5
Transportsystem 287
Treuerabatt 255

Umsatzstruktur 199
Umweltanalyse 17
Umweltsponsoring 336
Umwelttechnik 49
Unique Advertising Proposition 290
Unique Selling Proposition (USP) 138
Unternehmensanalyse 75
Unternehmenskultur 89
Unternehmensvision 89
Unternehmensziele 92, 382
Unternehmenszweck 89

VALS-Ansatz 122
Veblen-Effekt 35
Verbrauchermarkt 275
Verbraucherpromotion (Consumer Promotion) 327
Verbrauchsgüter 193
verhaltensbezogene Segmentierung 130
Verkäufermarkt 3
Verkäuferpromotion (Staff Promotion) 326
Verkaufsförderung 322
Verkaufskonzept 7
Verkaufsniederlassungen 261
Verpackung 224
Verpackungssystem 287
Versandhandelsunternehmen 278
vertikale Diversifikation 150
vertikales Marketing 269
Vertragshändlersysteme 280
Vertriebsbindungssysteme 279
Verwenderstatus 132
Verwendungsrate 132
Vision 381

Voice of God 318
Vollkostenrechnung 242
Vorgabepreise 246

Wahrnehmung 40
Warengruppe 198
Warengruppenmarken 187
Warenhaus 276
Warenzeichen 213
Werbebudgetierung 308
Werbeerfolgskontrolle 320
Werbeidee 311
Werbemittel 317
Werbemittelgestaltung 317
Werbetiming 320
Werbeträger 311
Werbung 304
Werksabgabepreis 256
Wert 38, 122
Wertkettenanalyse 75
Wettbewerbskategorie 68
Wettbewerbsstrategien 102
Wettbewerbsvorteils-Marktattraktivitäts-Portfolio 161

Yield-Management 240

Zahl der Kinder 119
Zahlungsbedingungen 256
Zeichentrick 319
zeitliche Integration 364
zeitliche Preisdifferenzierung 240
Zeitrabatt 255
Ziele der Kommunikationspolitik 297
Zielgruppen der Werbung 307
Zielgruppenbestimmung 134
Zielplanung 92
Zielsystem 87
Zufriedenstellung 5
Zusatznutzen 192
Zustellgroßhandel 274
zweiseitiges Strecken 195
Zwei-Stufen-Kanal 265
zweistufige Kommunikation 57
Zweitmarkenstrategie 268

Zu den Autoren

Prof. Dr. Peter Runia, Dipl.-Kfm., geb. 1968, studierte Wirtschaftswissenschaften mit dem Schwerpunkt Absatz/Handel an der Gerhard-Mercator-Universität Duisburg. Er war nach dem Studium mehrere Jahre als Trainer und Berater tätig und leitete in diesem Rahmen u. a. Seminare zum Thema Marketing für Existenzgründer. Seit 2000 ist er als Dozent für Marketing an der Fontys Internationale Hogeschool Economie, jetzt Fontys International Business Studies, in Venlo/Niederlande beschäftigt. Im Jahr 2001 promovierte er im Fach Sozialwissenschaften an der Gerhard-Mercator-Universität Duisburg. Von 2005 bis 2010 war er neben seiner Dozentur auch verantwortlicher Manager des Studienganges International Marketing an der Fontys Internationale Hogeschool Economie. Seit 2010 ist er hauptamtlicher Professor für Allgemeine Betriebswirtschaftslehre, insbesondere Marketing, an der FOM Hochschule für Oekonomie & Management. Neben seiner Lehrtätigkeit in Bachelor- und Masterprogrammen leitet er Marktforschungsprojekte und berät Unternehmen in Marketingfragen. Seit 2024 ist er Co-Host des Marketing-Podcasts „Duales Studio".

Frank Wahl, Dipl.-Bw. (FH), geb. 1961, studierte Betriebswirtschaftslehre an der Fachhochschule Niederrhein in Mönchengladbach mit den Schwerpunkten Marketing sowie Unternehmensplanung und -kontrolle. Nach dem Studium 1988 betreute er erfolgreich Markenartikel als Junior-Produktmanager bei der Semper Idem Underberg AG in Rheinberg und als Produktmanager bei der Wasa GmbH in Celle. Ab 1995 gab er als Dozent seine Theoriekenntnisse und Praxiserfahrungen an verschiedenen Wirtschaftsschulen unter Anwendung unterschiedlicher Lehr- und Lernkonzepte an die jeweiligen Seminarteilnehmer weiter. Darüber hinaus war er als freiberuflicher Berater für mittelständische Unternehmen aktiv. Seit 2003 ist er als Dozent für Marketing im Studiengang International Marketing an der Fontys Internationale Hogeschool Economie, jetzt Fontys International Business Studies, in Venlo/Niederlande tätig und dort auch verantwortlich für Hochschulkontakte zu nationalen und internationalen Wirtschaftsunternehmen. Zudem ist er Lehrbeauftragter an der FOM Hochschule für Oekonomie & Management in Bachelor- und Masterstudiengängen. Weiterhin berät er Unternehmen und andere Organisationen in strategischen und operativen Marketingthemen.

Olaf Geyer, Dipl.-Kfm., geb. 1969, studierte Betriebswirtschaftslehre mit den Schwerpunkten Marketing und Internationales Management an der Westfälischen Wilhelms-Universität Münster und General Business an der University of California Los Angeles (UCLA). Nach seinem Studium war er mehrere Jahre bei der Kienbaum Management Consultants GmbH tätig, wo er Unternehmen unterschiedlicher Branchen überwiegend in strategischen und marketingrelevanten Fragestellungen beriet. Im Anschluss leitete er das Business Development der Schubert Unternehmensgruppe und war danach Manager bei der Rölfs MC Partner Management Consultants GmbH mit den Schwerpunkten Restrukturierung und Marketing & Sales. Danach war er erneut für die Kienbaum Management Consultants GmbH als Principal tätig und anschließend als Partner & Managing Director bei Advyce Deutschland. Derzeit ist er Partner bei der Strategieberatung Arthur D. Little und leitet dort die Practice Energy, Utilities and Ressources für Central Europe. Bereits seit den Anfängen der Liberalisierung berät er Energieunternehmen in strategischen und operativen Fragestellungen. Seine Projekte reichen von strategischer Neuausrichtung und digitaler sowie klimaneutraler Transformation über Ergebnissicherung, Reorganisation und Kooperation.

Dr. Christian Thewißen, bc., MBA, geb. 1977, studierte nach einer kaufmännischen Ausbildung Absatzwirtschaftslehre an der Fontys Internationale Hogeschool Economie in Venlo/Niederlande. Nach seinem Studium war er mehrere Jahre in unterschiedlichen Funktionen im In- und Ausland in den Bereichen Controlling und M&A für den RWE-Konzern tätig. Seine weitere Hochschulausbildung erlangte er im Rahmen eines berufsbegleitenden MBA-Programms mit dem Schwerpunkt Financial Management an der FOM Hochschule für Oekonomie & Management und Doktorandenstudiums an der University of Economics Bratislava, Slowakei. Von 2007 bis 2013 war er als Berater insbesondere von Energieversorgungsunternehmen bei Roland Berger Strategy Consultants tätig. Danach arbeitete er in unterschiedlichen Managementfunktionen für die EnBW Energie Baden-Württemberg AG. Er ist derzeit Mitglied des Vorstands der TEAG Thüringer Energie AG. Insgesamt ist er seit mehr als 20 Jahren in der Energiebranche tätig mit den Schwerpunkten Strategie & Planung sowie Vertrieb, Service und Digitalisierung.

www.ingramcontent.com/pod-product-compliance
Lightning Source LLC
Chambersburg PA
CBHW082201220526
45470CB00010B/3005